以安為德

辛卯李翀奉題

《供电企业生产安全管理实务手册》

编　委　会

主　　任　赵　鹏

副 主 任　刘　勇　殷　军

成　　员　郑　强　张双瑞　陈　涛　刘继平

冀慧强　钱　滨　刘志刚　刘日堂

李富明　朱宝昌　李美强

主　　编　钱家庆

编写人员　邵连生　褚海波　姚　远　张　震

郑开泰　赵庆来　戴　放　房向阳

曹宝童　苑　林　刘　喆

书　　法　李　翀

序

各级供电企业为了更好地贯彻电力生产“安全第一、预防为主、综合治理”的基本方针，落实企业主体责任，实现对社会责任的承诺，经过长期的安全生产管理实践积累，已经形成了一整套相对成熟的电力企业安全管理体系。《供电企业生产安全管理实务手册》本着简明扼要、联系实际、重点突出的指导思想，内容紧贴安全生产实际，按照安全管理的基本要素，以国家有关部委的相关法律法规以及供电企业安全管理规章制度为主线，梳理并明确了各项管理的依据和具体要求，编写了指导供电企业安全管理工作的实务手册。

参与编写手册的人员均来自天津市电力公司安全生产管理一线，对各自编写部分的内容非常熟悉，特别是其中部分人员作为各基层单位的安全监察专业管理人员，长期从事安全生产工作，具有丰富的管理经验，为此书的编写提出了宝贵的意见。

编辑手册的过程同时也是我们对安全生产管理规章制度归纳整理的过程，使我们的生产安全管理向规范化、标准化又迈进了一步。相信此手册会对电力生产管理的同行起到一定的帮助作用。

前 言

各级供电企业为了更好地贯彻电力生产“安全第一，预防为主、综合治理”的基本方针，落实企业主体责任，针对电力安全生产形势，有效防止电力安全生产事故的发生，减少损失、规范电力企业安全生产规程管理，颁发了大量的安全生产管理制度。为了更好地落实电力安全生产管理的相关法律法规和规章制度、理顺管理关系，使企业获得更大的经济效益和社会效益，我们组织了天津市电力公司的一些安全生产管理人员对国家有关部委颁布的法律法规和供电企业颁发的管理规章制度进行了梳理。

本手册共分十五章，第一章绪论、第八章应急管理工作、第十三章安全生产反违章管理由钱家庆编写；第二章目标责任体系建设、第三章人身安全管理由褚海波编写；第四章安全生产监督检查由曹宝童编写；第五章安全管理措施由姚远编写；第六章安全技术措施由张震编写；第七章职业安全健康环境由戴放编写；第九章安全生产事故调查由赵庆来编写；第十章安全教育培训由苑林编写；第十一章消防、保卫工作由房向阳编写；第十二章基建工程全过程安全监督管理由邵连生编写；第十四章农电安全管理由郑开泰编写；第十五章安全工程专业介绍及安全管理展望由刘喆编写，全稿由钱家庆统筹编撰工作。

在本手册的编写过程中得到了天津市电力公司安全监察质量部的大力支持和帮助，在此深表谢意。

鉴于各位参与者水平和时间所限，手册中难免有疏漏和不妥之处，而且随着新的管理规章制度的不断健全和完善,有些内容也将需要作出相应的修改或更新，恳请广大读者批评指正。希望我们的工作能为电力企业管理工作提供执行安全生产法令和规章制度的媒介，成为电力安全生产管理的工具书。

编 者

目 录

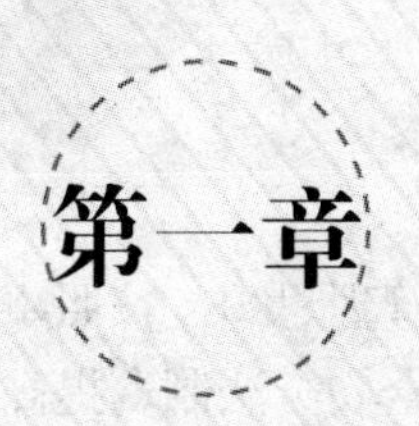

第一章 绪 论

各级安全生产管理人员准确理解各自应落实的岗位安全职责，理顺规范安全生产管理，既能提高企业安全生产管理水平，又能够最大程度地避免人身、电网、设备事故，从而实现家庭的完整、企业的经济和社会效益、社会的和谐，这是最大的德政，在此衷心希望各级安全生产管理人员都树立“以安为德”的思想。

第一节 安全生产管理基本概念

《辞海》中将“安全生产”解释为：为预防生产过程中发生人身、设备事故，形成良好劳动环境和工作秩序而采取的一系列措施和活动。《中国大百科全书》中将“安全生产”解释为：旨在保护劳动者在生产过程中安全的一项方针，也是企业管理必须遵循的一项原则，要求最大限度地减少劳动者的工伤和职业病，保障劳动者在生产过程中的生命安全和身体健康。安全生产是为了使生产过程在符合物质条件和工作秩序下进行的，防止发生人身伤亡和财产损失等生产事故，消除或控制危险、有害因素，保障人身安全与健康、设备和设施免受损坏、环境遭到破坏的总称。

安全生产的目标是减少和控制危害，减少和控制事故，尽量避免生产过程中由于事故所造成的人身伤害、财产损失、环境污染以及其他损失。

安全生产管理就是针对人们在生产过程中的安全问题，运用有效的资源，发挥人们的智慧，通过人们的努力，进行有关决策、计划、组织和控制等活动，实现生产过程中人与机器设备、物料、环境的和谐，达到安全生产的目标。

安全生产管理包括安全生产法制管理、行政管理、监督检查、工艺技术管理、设备设施管理、作业环境和条件管理等。

安全生产管理的基本对象是企业的员工，涉及企业中的所有人员、设备、设施、物料、环境、财务、信息等各方面。保护从业人员的安全和健康是生产经营单位管理人员的重要责任。

安全生产管理的内容包括：安全生产管理机构和安全生产管理人员、安全生产责任制、安全生产管理规章制度、安全生产策划、安全培训教育、安全生产档案等。

电力企业的性质决定了其必须正确解读和贯彻落实国家的安全生产方针。党的十六届五中全会通过的“十一五”规划《建议》，明确提出了坚持“安全第一、预防为主、综合治理”的安全生产方针。安全第一，就是在生产经营活动中，当处理安全与生产经营活动、生产进度、经济效益等的关系上发生矛盾时，要始终把安全放在首要位置，优先考虑从业人员和其他人员的人身安全，实行“安全优先”的原则，在确保安全的前提下，努力实现生产的其他目标。坚持安全第一的方针，对于捍卫人的生命尊严、构建安全社会、促进社会和谐、实现安全发展具有十分重要的意义。预防为主，就是按照系统化、科学化的管理思想，按照事故发生的规律和特点，千方百计预防事故的发生，通过建设安全文化、健全安全法制、提高安全科技水平、落实安全责任、加大安全投入、构筑坚固的安全防线，做到防患于未然，将事故消灭在萌芽状态。综合治理，为适应我国安全生产形势的要求，自觉遵循安全生产规律，正视安全生产工作的长期性、艰巨性和复杂性，抓住安全生产工作中的主要矛盾和关键环节，综合运用经济、法律、行政等手段，人管、法治、技防多管齐下，并充分发挥社会、职工、舆论的监督作用，有效解决安全生产领域的问题。安全生产涉及的领域广泛，每个领域的安全生产又各具特点，需要防治手段的多样化。实现安全生产，必须从文化、法制、科技、责任、投入入手，多管齐下，综合施治。

《安全生产法》对安全生产责任进行了明确规定。落实安全生产责任制是安全生产管理的重要内容。安全生产责任制是按照“安全第一、预防为主、综合治理”和“管生产的同时必须管安全”的原则，将各级负责人员、各职能部门及其工作人员和各岗位人员在安全生产方面应履行的职责和应负的责任加以明确规定的一种制度。

安全生产责任制是供电企业各项安全生产制度的核心和基本制度。

供电企业建立安全生产责任制的目的，一方面是增强各级负责人员、各职能部门及其工作人员和各岗位生产人员对安全生产的责任感；另一方面明确供电企业中各级负责人员、各职能部门及其工作人员和各岗位生产人员在安全生产中应履行的职责和应承担的责任，以充分调动各级人员和各部门在安全生产方面的积极性和主观能动性，确保安全生产。

建立安全生产责任制的重要意义主要体现在两方面：①落实我国安全生产方针和有关安全生产法规和政策的具体要求；②通过明确责任使各级、各类各岗位人员真正重视安全生产工作，对预防事故和减少损失、进行事故调查和处理、建立和谐社会等均具有重要作用。

第二节　安全生产保证体系是安全生产管理的关键

一、各级安全生产第一责任人的职责

（1）根据国家、上级安全生产的方针政策、法律法规负责建立、健全、制定并落实本企业各级领导、各职能部门的安全生产责任制为基础的各项安全生产规章制度，组织落实上级规定和要求。

（2）对安全生产实行全面、全员、全方位、全过程的闭环管理，及时了解安全生产情况，定期听取安全监督部门的汇报，定期主持安全分析会议，及时组织研究解决安全生产工作中出现的重大问题。

（3）保证安全生产所需资金的投入，尤其保证反事故措施和安全技术劳动保护措施所需经费的提取和使用，发挥激励机制的作用，保证安全奖励所需费用的提取和使用。

（4）重视员工的安全教育培训工作。

（5）健全安全生产监督网络，保证安全监督机构及其人员配备符合要求，支持安全监督履行职责。

（6）组织制定并实施本单位的安全生产事故应急处理预案，及时、如实报告安全生产事故，事故处理必须坚持“四不放过”的原则。

（7）对性质严重或典型的事故，应及时掌握事故情况，必要时召开专题事故分析会，提出防止事故重复发生的措施。

二、各级管理人员

安全生产是供电企业的一项长期的综合性工作，各级管理人员必须按照“谁主管，谁负责”原则，落实各岗位安全生产责任，明确安全职责，做到责任分担，并实行下级对上级负责的安全生产逐级责任制。应在各自不同的工作岗位上，贯彻“安全第一，预防为主，综合治理”方针，执行有关安全生产的法律、法规和上级有关规定和规程制度，落实各项安全生产措施，接受安全监督部门的安全监督和指导。在计划、布置、检查、总结、考核生产工作的同时，计划、布置、检查、总结、考核安全工作（即“五同时”）。

三、安全生产保证体系人员

要找准定位，在从事安全生产活动中，作为处在主导地位的管理人员必须对安全生产保证体系和各级人员有一个准确的定位，才能保证开展工作的实际效果达到安全生产工作的管理目标。安全生产保证体系人员的职责定位为：①严格管理：通过各种管理手段，开展严格的安全管理工作，以实现安全生产“预控、可控、在控、能控”目标；②悉心指导：对基层车间、班组、员工在执行安全规章制度中存在的疑问进行悉心指导；③热情服务：作为职能管理人员随时为有需要的员工提供专业的热情服务；④监督落实：依据安全规章制度，监督各级人员岗位安全职责规范的落实。

四、鼓励全员参与管理

供电企业生产现场尤其小型施工作业现场点多、面广，仅依靠行政人员的组织和三级安全网人员的监督是远远不够的，应该在员工“自我控制”的原则下，充分发挥大家的积极性、能动性和创造性，充分发挥全体员工的群众性监督作用。提高全体员工的综合素质，树立安全生产从我做起，在生产活动中做到不伤害自己、不伤害别人、不被别人伤害、监督别人不伤害他人的“四不伤害”，提高全体员工的自我保护意识。实现这样的目标就要求员工自觉地提高业务技术水平，其中包括熟练掌握安全规程制度和规定要求，熟知工作中有哪些危险点，怎样进行分析，应采取哪些安全措施，应当如何进行操作，在工作中都有哪些行为属哪级违章以及违章行为可能造成什么严重后果等。只有具有这样的素质水平才能及时发现问题，提出整改建议。企业要重视和鼓励员工群众性安全管理工作，制定奖励制度并引导和规范员工的群众性安全管理工作，对员工提出的建设性管理意见和避免了人身、电网、设备事故事件的情况予以表彰和奖励，并逐渐营造形成人人参与安全管理的良好氛围。

第三节 安全生产监督体系是安全生产管理的“企业机器”

安全监督部门作为独立的负有监察职责的部门，直接向本企业安全生产第一责任人负责。

（1）负责对本企业进行全面安全监督管理，确保人身安全。

（2）负责制定防止发生人身事故的措施并组织执行。

（3）负责监督各级人员、各部门安全生产责任制的落实，监督各项安全生产规章制度、反事故措施和上级有关安全工作指示的贯彻执行，及时反馈在执行中存在的问题并提出完善修改意见。

（4）负责监督年度“两措”计划的实施，对人身安全防护状况，电网、设备、设施安全技术状况的监督检查中发现的重大问题和隐患，及时下达安全监督通知书，限期解决，并向主管领导报告。

（5）负责监督生产安全事故应急处理预案及大型反事故演习预案的编制与执行。

（6）负责监督安全生产业绩考核办法、安全生产奖惩规定的执行。

（7）负责监督消防、交通安全管理工作。

（8）监督本企业及所属企业安全教育培训计划的落实。

（9）督促加强对特种作业人员、重大危险源、危险物品以及特种设备的安全管理。

（10）负责审查所属各单位安全机构的资质和人员的资格。

（11）协助领导保证安监机构、人员、装备符合开展全面、全员、全过程、全方位的安全管理与监督工作要求。

（12）负责组织编制本企业年度安全技术劳动保护措施计划并监督所需费用的提取和使用情况，依法监督劳保用品、安全工器具、安全防护用品的购置、发放和使用。

（13）负责组织编制本企业职业安全健康管理制度。

（14）负责组织定期或不定期的安全检查。督促开展安全性评价工作，组织发供电安全性评价以及输电网安全性评价的专家验收，对安全性评价查评出的问题督促有关部门整改落实，对所属企业的安全性评价工作进行督促检查。

（15）负责组织召开安委会、安全生产协调例会、安全工作会议、安全分析会、安全监督（安全网）例会、安规考试等，指导安监网的活动，研究分析安监动态，总结安全经验和教训，布置安全工作，并对每月安全生产情况进行总结和分析。

（16）协助本企业领导组织事故调查，监督“四不放过”原则的贯彻落实，完成事故统计、分析、上报工作并提出考核意见。

（17）负责编写安全简报、事故快报、事故通报，并通过会议、文件等各种方式及时通报事故信息和预防措施，广泛吸取事故教训。

（18）负责组织推广安全管理的先进经验，学习和引进安全新技术、新设备设施和安全工器具，促进安全生产管理与监督水平的提高。

（19）对安全生产做出贡献者提出给予表扬和奖励的建议和意见；对事故负有责任者，提出批评和处罚的建议和意见。

（20）参与电网规划、工程和技改项目的设计审查、施工队伍资质审查和竣工验收以及有关科研成果鉴定等工作。

供电企业要正确认识在地区经济迅猛发展、电网建设投资和科技进步稳步提高的形势下，站在服务的立场上应承担的主体责任和社会责任。用发展跟进安全，逐步完善促进提高认识，不断借助国家、行业的法律法规和兄弟单位安全管理先进经验形成并不断完善企业安全生产规章制度体系，首先达到安全生产管理工作的“有法可依”，然后再逐步推进“有法必依和执法必严”，提高安全生产预控、可控、能控、在控能力，最终实现全员都按照规章制度从事安全生产活动，共同营造电力企业的和谐氛围，在创建和谐供电企业，服务于和谐社会，更好地落实企业社会责任的同时，实现企业的健康和谐发展。

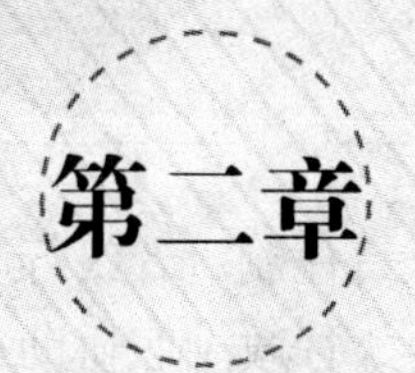

第二章

目标责任体系建设

建立目标责任考核体系是一项影响长远、涉及全局的系统工程，必须立志高远，统筹考虑。我们坚持深入贯彻落实科学发展观，着力促进工作指导思想转变，推动工作落实，着眼健全决策目标，落实执行责任，创新考核方式，完善监督机制，形成目标任务、执行责任和综合考核三位一体，覆盖全面工作，贯穿全年始终的科学工作体系。客观反映安全工作的真实情况，充分发挥其导向作用、激励作用和约束作用，更好地调动积极性和创造性，推动科学发展、和谐发展、率先发展。建设目标责任体系的原则为：

（1）坚持科学导向原则。按照科学发展观的要求，建立目标责任考核体系时，统筹兼顾，全面考虑生产安全，既要发展速度，更要发展质量；既要经济发展，更要社会和谐；既要强调“好”，又不忽视“快”。

（2）坚持客观公正原则。充分考虑各企业在发展基础、工作条件上的差异，综合把握客观条件和主观努力的因素，既注重在原有基础上的进步与发展，又注重同等条件下发生的实际变化；不仅要保证目标能够完成，还要保证责任清晰、分工明确。

（3）坚持民主集中制原则。目标责任体系从提出目标任务到监督考核，再到奖惩兑现，按照民主集中制的原则，年初责任单位提报，有关部室提出意见，总公司研究决定。既注重现实情况，又考虑发展前景；既重视民主，又强调集中，使目标任务、考核办法客观公正，科学合理。

（4）坚持简便易行原则。在建立目标责任体系时，应该注重各项指标数据，这些数据既充分体现工作的质和量，又便于获得，易于考核奖惩，注重数据的可行性、运用的可比性、来源的客观性。在保证重要指标不遗漏的同时，避免过多、过细。同时，在实际操作过程中，明确执行主体，落实责任分工，规范运作行为，确保目标、责任、考核浑然一体，运转高效。

通过强化目标管理和完善考核体系，狠抓督办与落实，能够进一步调动广大干部员工的工作积极性，增强其工作责任感、使命感，使其政治、业务素质得到迅速提升，保证各项工作的顺利进行，最终使得多数干部员工能够有理想、作风正、讲实效、慎用权、严自律。

第一节　职　责　规　范

为了适应各级供电企业安全生产管理形势变化的需要，实行全面、全员、全方位、全过程的安全管理，全面落实安全生产责任制，各级供电企业应该在《电力企业各级领导人员安全生产职责规定》的基础上，组织制订安全生产职责规范，从而规范各级领导和部门的安全职责，落实安全生产责任制，做到各司其职、各负其责、密切配合，共同搞好安全生产。

安全生产是供电企业一项长期性的综合性工作，必须树立科学全面的安全观，坚持“谁主管。谁负责”的原则，建立一级抓一级、一级对一级负责的安全生产责任制。各级行政正职是本企业的安全第一责任人，对安全生产工作负全面的领导责任。各级行政副职协助行政正职开展工作，是分管工作范围内的安全第一责任人，对分管工作范围内的安全生产工作负领导责任，向行政正职负责。

在安全生产过程中，人人有责，各级、各部门人员，都应在各自不同的工作岗位上，贯彻“安全第一，预防为主，综合治理”的方针，执行有关安全生产的法律法规和上级有关规程规定，落实各项安全生产措施，接受安全监督部门的安全监督和指导。在计划、布置、检查、总结、考核生产工作的同时，计划、布置、检查、总结、考核安全工作。

各级供电企业中的各级领导人员、车间领导人员、班组长及各职能部门安全生产的基本职责都应该做到规范、标准，各项职责都应该基于电力生产的工作流程和专业管理特点进行编写，各单位在贯彻落实安全职责时应结合本单位领导和职能部门职责的实际分工，制定本单位的具体职责规范，并报上一级主管部门备案。

一、各级领导人员的安全职责

（一）行政正职的安全职责

（1）行政正职是本企业的安全生产第一责任人，负责贯彻执行有关安全生产的法律、法规、规程、规定，把安全生产纳入企业发展战略和整体规划，做到同步规划、同步实施、同步发展，对本公司系统的安全生产工作负全面的责任。

（2）组织确定企业年度安全生产工作目标和有关安全生产的重大举措。

（3）亲自批阅上级有关安全生产的重要文件并组织落实，协调和处理好领导班子成员及各职能管理部门之间在安全工作上的协作配合关系，建立和完善安全生产保证体系和监督体系，并充分发挥作用。

（4）建立健全并落实各级领导人员、各职能部门的安全生产责任制度，将安全生产工作作为业绩考核的重要内容。

（5）在干部考核、选拔、任用过程中，把安全生产工作业绩作为考察干部的重要内容。

（6）组织制定并督促执行有关安全生产管理的各项规程规定和制度，对安全生产实行严格的考核和奖惩。

（7）区域供电企业总经理直接领导或委托行政副职领导公司安全监督部门，基层供电企业行政正职直接领导安全监督部门。建立能独立、有效地行使职能的安全监督机构，健全安全监督体系，配备足够且合格的安全监督人员和装备，经常听取安监部门的汇报，支持安监部门履行自己的职责和职权。

（8）每年主持召开供电企业安全工作会议，总结、交流经验，布置安全生产工作，定期主持召开安全生产委员会（以下简称安委会）会议、安全分析会，综合分析安全生产趋势，研究采取预防事故的对策，对涉及人身、电网、设备安全运行的重大问题，应亲自主持专题会议研究分析，提出防范措施，及时解决。

（9）确保安全生产所需资金的足额投入，保证反事故措施和安全技术劳动保护措施计划（以下简称“两措”计划）所需经费的提取和使用，保证安全奖励所需费用的提取和使用，建立安全生产奖励基金。

（10）组织制订（或修订）并督促实施电力生产安全事故应急处理预案（包括防汛、抗

震、防台风等)，担任事故应急处理总指挥。

(11) 主持或参加重特大事故的调查处理，坚持“四不放过”的原则。对性质严重或典型的事故，应及时掌握事故情况，必要时召开专题事故分析会，提出防范措施。

(二) 党组 (党委) 书记的安全职责

(1) 在思想政治、组织宣传工作中，突出安全生产的基础地位，坚持党政工团齐抓共管的原则，抓好班子建设、队伍建设，充分发挥党群组织对安全生产的保证和监督作用。

(2) 把安全生产工作列入党委的重要议事日程，参加有关安全生产工作的重要会议和活动。

(3) 在干部考核、选拔、任用及思想政治工作检查评比中，把安全生产业绩作为重要的考核内容。

(4) 领导和组织政工部门、党团组织，紧密围绕安全生产开展思想政治工作，增强职工的安全意识，提高职工的思想素质，营造良好的安全生产环境和安全文化氛围。

(5) 做好事故责任人和责任单位的思想政治工作，稳定职工队伍。

(三) 分管规划计划工作行政副职的安全职责

(1) 组织制定并贯彻执行实现年度安全生产工作目标的年度项目计划。在前期规划、设计中组织贯彻落实 DL 755—2001《电力系统安全稳定导则》等有关安全的规程规定和反事故措施要求。

(2) 组织电网规划、设计审查，确保规划与设计的科学合理、安全经济。设备选型应符合安全生产的各项要求和安全生产管理的各项规定。

(3) 对电力生产运行中发现的涉及电网规划、设计中的问题，负责组织制订并督促落实各项解决措施和方案。

(4) 参加安全委员会会议、安全分析会、安全检查等重要活动，参加有关重、特大事故的调查分析。

(四) 分管基建工作行政副职的安全职责

(1) 组织制定基建年度安全生产工作目标计划，主持基建安全工作会议，部署基建安全文明施工工作。

(2) 建立健全基建安全生产保证体系和监督体系，落实安全文明施工责任制，健全安全管理与考核制度，组织贯彻《电力建设安全健康与环境管理工作规定》，推行基建施工现场标准化作业，做好现场安全文明施工管理工作，及时协调解决安全生产工作中存在的问题。

(3) 在新建、改建或扩建工程建设中，认真贯彻落实国家有关环境保护和职业安全卫生设施与主体工程同时设计、同时施工、同时投产（以下简称“三同时”）的规定。

(4) 负责基建“两措”计划项目落实和资金筹措，审定工程建设项目中涉及重大安全问题的安全技术组织措施并督促执行，确保各类事故措施防范得到落实。

(5) 组织召开基建安全工作有关会议，组织基建安全文明施工检查，参加安委会会议、安全分析会、安全检查等活动。

(6) 组织制订并实施基建的重大人员伤亡、重大施工机械设备损坏、垮（坍）塌等事故应急处理预案，建立有系统、分层次、分工明确、相互协调的事故应急处理体系。

(7) 主持或参加有关事故的调查处理，严格执行“四不放过”的原则。对性质严重或典型的基建事故，应召开专题事故分析会，提出防范措施，并督促落实。

（8）组织开发、推广先进管理方法、施工工艺、技术和设备。

（五）分管生产工作行政副职的安全职责

（1）组织制定本公司年度安全生产工作目标、工作重点和措施，并组织实施。

（2）强化安全生产保证体系，健全生产指挥系统。落实安全生产责任制，健全安全管理与考核制度，并负责检查落实。

（3）充分发挥安全监督体系的作用，完善安全监督手段，经常听取安监部门的工作汇报，支持并督促安监部门履行自己的职责和职权。

（4）组织制定“两措”计划，并督促实施。

（5）组织开展安全性评价、危险点分析和预控、标准化作业，对企业和工作现场的安全状况进行科学分析，找出薄弱环节和事故隐患，及时采取防范措施。

（6）主持安全生产协调例会，主持或参加安全委员会会议、安全分析会，组织安全检查活动，掌握各项规程规定和制度的落实情况，督促解决安全生产中的重大问题或倾向性的问题，做到任务、时间、费用、责任人“四落实”。

（7）组织制订并实施生产重大人员伤亡、大面积停电、设备大范围受损、重要变电站和发电厂全停、大坝垮塌等事故应急处理预案，建立有系统、分层次、分工明确、相互协调的事故应急处理体系，组织反事故演习。

（8）主持或参加有关事故的调查处理，严格执行“四不放过”的原则。对性质严重或典型的电网、设备等事故，应召开专题事故分析会，提出防范措施，并督促落实。

（9）严格执行《电力安全事故应急处置和调查处理条例》（中华人民共和国国务院令第599号），审批事故调查报告和事故统计报表，对事故统计报表的及时性、准确性、完整性负领导责任。

（10）加强安全生产科技工作，组织开发、推广安全生产先进管理方法、技术和设备。

（六）分管农电工作行政副职的安全职责

（1）组织制定农网安全生产工作目标、工作重点，并组织实施。

（2）建立健全农网安全生产保证体系和监督体系，落实安全生产责任制，健全安全管理与考核制度，制定农网各项技术规定和制度，并检查落实；督促加强农网供用电安全管理，及时协调解决安全生产工作中存在的问题。

（3）组织制订农网年度“两措”计划并督促实施。

（4）开展农网安全性评价、危险点分析和预控、标准化作业，对农网的安全状况进行科学分析，找出薄弱环节和事故隐患，及时采取防范措施。

（5）组织制订并实施农网重大人员伤亡等事故应急处理预案，建立有系统、分层次、分工明确、相互协调的事故应急处理体系。

（6）主持或参加农电事故的调查处理，严格执行“四不放过”的原则。对性质严重或典型的农网事故，应召开专题事故分析会，提出防范措施，并督促落实。

（7）参加安全委员会会议、安全分析会、安全检查等重要活动，组织开展农电系统安全管理经验交流，评比表彰活动，加强农电系统员工安全生产教育培训。

（七）分管多种经营工作行政副职的安全职责

（1）组织制定多种经营系统安全生产工作目标、工作重点，落实安全生产责任制，健全

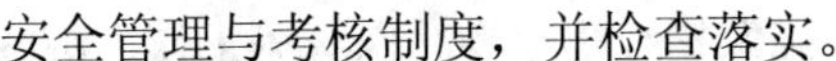

安全管理与考核制度，并检查落实。

（2）建立健全多种经营系统安全生产保证体系，充分发挥安全监督体系的作用，完善安全监督手段，经常听取安监部门的工作汇报，支持安监部门履行自己的职责和职权。

（3）组织审批多种经营企业年度“两措”计划，保证足够的资金投入，并督促检查落实。

（4）贯彻落实有关多种经营安全工作的制度和规定，严格执行承、发包工程和临时工管理制度。对施工单位的施工资质和安全资质进行审查，规范合同管理，明确安全责任，并检查安全措施落实情况。

（5）组织多种经营系统的安全检查活动，掌握各项规程制度的贯彻落实情况，解决安全生产中的重大问题或倾向性的问题，做到任务、时间、费用、责任人“四落实”。

（6）参加安全委员会会议、安全分析会、安全检查等重要活动，每季度召开一次多种经营安全生产情况分析会，研究解决安全生产中存在的问题。

（7）主持或参加有关事故的调查处理，严格执行“四不放过”的原则。对性质严重或典型的事故，应及时掌握事故情况，必要时召开专题事故分析会，提出防范措施，并督促落实。

（八）分管经营工作行政副职的安全职责

（1）在经营管理活动中正确处理安全和效益的关系，树立安全就是效益的观念，建立健全经营业绩考核体系和经营结算体系时，将安全生产作为重要的考核指标。

（2）协助落实“两措”计划资金、重大工程项目安全设施及安全技术措施资金，建立安全奖励基金，协调解决电力设施保护、消防、教育培训、竞赛评比、表彰等各项安全生产活动所需的费用。

（3）组织对用电安全情况进行检查，存在安全隐患的，应下发整改通知书，督促指导用户及时整改，严防用户事故危及人身、电网、设备安全。

（4）组织制订涉及重要用户停电的事故应急处理预案，建立分工明确、相互协调的事故应急处理体系，并组织实施。

（5）主持或参加由于用户原因引起或与重要用户有关的事故调查，并督促事故防范措施的落实。

（6）组织对安全生产项目计划的资金使用情况进行检查，对项目安排和资金使用提出整改建议。

（7）参加安全委员会会议、安全检查、重特大及以上事故调查等活动。

（九）分管其他工作行政副职的安全职责

（1）按照“谁主管、谁负责”的原则，建立健全分管工作范围内的安全生产保证体系，落实安全生产责任制，贯彻执行实现年度安全生产工作目标的具体要求和措施。

（2）督促分管部门和单位，主动接受安监部门的安全监督，加强对重大危险源、特种设备、特种作业人员、临时聘用人员的安全管理。

（3）参加安全委员会会议、安全分析会、安全检查等重要活动，并组织落实有关安全生产的各项要求。

（4）分管人力资源工作的行政副职。做好安全监督机构设置和人员调配、各类人员的安全教育培训、事故善后处理工作，参加重、特大事故的调查处理，配合政府有关部门做好工伤认定工作。

（5）分管消防保卫工作的行政副职。做好消防、电力设施保护、危险物品保管等工作；协调配合有关部门，加强消防设施安全管理；严厉打击盗窃、破坏电力设施行为，协助案件查处。

（6）分管车辆管理工作的行政副职：做好各类车辆的维护保养，驾驶员（含兼职）的管理与培训，配合当地公安部门做好交通事故的调查处理。

（7）分管物资（或物资招投标）工作的行政副职。配合对供应商进行资质审查，确保有关反事故措施及要求在所购设备中得到落实，监督执行消防及危险品保管的规程规定，保证事故抢修物资材料的及时供应，对所购物资符合有关安全强制性标准和质量标准负责。

（8）分管教育培训工作的行政副职。做好全体人员的安全教育培训工作，引进先进的教育方法、教学手段，增强教育的针对性、实践性、现场性，加强学习考核管理，增强培训效果。

（9）分管法律工作的行政副职。做好有关电力安全生产法律法规的普及和培训，为规范安全生产管理体系提供法律依据与建议，为电网规划、工程建设、电力设施保护、运行管理、职业健康安全管理等工作提供全方位的法律支持，为事故处理及责任追究等提供法律意见。

（10）分管后勤工作的行政副职。贯彻执行有关医疗保健、食品卫生、环境卫生及生活福利设施等方面的政策、法规及规定；组织职工定期进行身体健康检查，保障工作环境健康；做好工作区、生活区的消防与特种设备及危险物品等的安全管理与监督工作，做好临时聘用人员的安全管理。

（十）纪检组长（监察专员、纪委书记）的安全职责

（1）经常深入基层，了解安全生产情况，掌握职工思想动态，督促指导基层党团组织及时做好职工思想政治工作，稳定职工队伍，督促领导干部和职能管理部门认真履行自己的安全职责。

（2）督促监察部门按照有关规定参加有关事故的调查处理工作，与有关部门共同查清事故原因，分清事故责任，对责任者提出处理意见，督促事故单位按“四不放过”的原则，认真制定整改措施。

（3）参加安全委员会会议、安全分析会、安全检查等重要活动。

（十一）工委主任（工会主席）的安全职责

（1）组织对各级人员贯彻执行国家有关劳动安全卫生的法律、法规和上级有关规定的情况进行检查，对存在的问题提出完善或解决的意见、建议，并督促整改。

（2）动员和组织工会会员围绕年度安全生产工作目标开展各项活动，会同行政广泛开展各种形式的安全生产竞赛、培训，组织开展合理化建议活动，表彰安全生产先进集体和先进个人，推进企业安全文化建设。

（3）参加安全委员会会议、安全检查等重大安全活动。

（4）参加人身事故的调查处理工作。

（十二）总工程师的安全职责

（1）负责安全生产技术管理工作，完善技术管理制度体系，强化技术监督系统，落实各级技术人员的安全生产责任制，审定重大的安全技术组织措施。

（2）组织编审年度“两措”计划，做到任务、时间、费用、责任人“四落实”，监督检查实施进展情况，并根据需要及时进行完善和调整。

（3）组织修编和审批供电企业有关电网规划，建设、运行、检修等规程和技术管理制度，并组织实施。

（4）负责研究和决定电网运行方式，审定电网安全稳定措施，主持电网反事故演习，解决电网建设。运行、检修中的重大安全技术问题。

（5）审定新建、改（扩）建、大修、技改、科研等工程和项目中涉及重大安全问题的安全组织技术措施，并督促执行。

（6）组织编制并实施各类事故应急处理预案，建立和实施有系统、分层次、分工明确、相互协调的事故应急处理体系。

（7）组织力量研究安全生产的重大技术问题和解决重大隐患，推广先进管理方法、施工工艺、技术和设备，审查安全技术项目和成果报告，审批新技术、新工艺、新设备、新材料试验和推广的安全措施和方案。

（8）主持或参加安全委员会会议、安全生产协调例会、安全分析会、安全监督（安全网）例会、安全检查，及时掌握安全生产情况。

（9）主持或参加有关事故的调查处理，严格执行“四不放过”的原则，对性质严重或典型的事故，应召开专题事故分析会，提出防范措施，并督促落实。

（10）审查事故调查报告和事故统计报表。

（十三）总会计师、总经济师、总审计师的安全职责

（1）完善安全生产激励机制和约束机制，健全业绩考核、资金管理规章制度，并督促执行。

（2）落实“两措”计划资金、重大工程项目安全设施及安全技术措施资金，建立安全奖励基金，解决电力设施保护、消防、教育培训、竞赛评比、表彰等各项安全生产活动所需的费用。

（3）组织对安全生产项目计划的资金使用情况进行检查，对项目安排和资金使用提出整改建议。

（4）参加重大安全技术措施，更改工程项目的审定工作，提出资金费用的落实方案或建议。

（5）协调做好财产保险、人身保险及工伤抚恤工作。

（6）参加安全委员会会议、安全工作会议及有关重特大事故的调查。

二、车间领导人员的安全职责

（一）车间（包括工地、分场、分局、工区、处、所、站、队等）主任的安全职责

（1）车间主任是本车间安全第一责任人，根据本企业的年度安全目标计划，组织制定实现企业年度安全目标计划的具体措施，按车间控制轻伤和障碍、班组控制异常和未遂的安全目标，层层落实安全责任，确保车间安全目标的实现。

（2）组织实施上级下达的“两措”计划，结合安全性评价结果，组织编制本车间的年度“两措”计划，经审批后组织实施。

（3）组织开展安全性评价，推行危险点分析和预控、标准化作业，切实落实各项现场安全措施。

（4）组织或参加制定重要或大型检修（施工、操作）项目安全组织技术措施，并对措施的正确性、完备性承担相应的责任。

（5）每月定期召开安全分析会，至少参加一次班组的安全日活动，抽查班组安全活动记

录，并提出改进要求。

（6）组织安全检查活动，检查指导安全生产工作，严肃查处违章违纪行为。

（7）组织安全规程规定和标准的学习、定期考试及新入厂工人的安全教育工作，协调所属各班组、各专业之间的安全协作配合关系。

（8）做好重大危险源、特种设备、危险物品、特种作业人员、临时聘用人员的安全管理工作。

（9）主持或参加有关事故的调查处理工作，对本车间事故统计报告和报表的及时性、准确性、完整性负责。

（二）车间党支部书记的安全职责

（1）在思想政治宣传工作中，宣传贯彻有关安全生产的方针、政策、法规及上级有关规定，充分发挥党支部对安全生产的保证和监督作用，推进企业安全文化建设。

（2）把安全生产工作列入党支部的重要议事日程，参与车间有关安全生产的重要活动，并动员和组织党员、团员积极参加各种安全生产活动。

（3）搞好车间安全文化建设，带领车间党团组织，围绕企业和本车间的安全生产形势，对职工进行安全思想、敬业精神和遵章守纪教育，使职工树立起牢固的“安全第一”的思想。

（4）了解安全生产情况和员工思想动态，及时解决员工中的思想问题，纠正影响安全生产的不良倾向，及时制止违章违纪行为。

（5）做好事故善后处理工作、事故责任人和责任班组的思想工作。

（三）车间副主任的安全职责

（1）负责分管工作范围内的安全生产工作，并承担相应的安全责任。

（2）组织贯彻落实各项安全规程规定和规章制度，检查各项安全措施的执行情况，严肃查处违章违纪行为。

（3）参加年度“两措”计划的编制、审查工作，并组织实施审批后的“两措”计划。

（4）组织开展安全性评价，推行危险点分析和预控、标准化作业，切实落实各项现场安全措施。

（5）组织或参加制定重要检修（施工、操作）项目的安全技术组织措施，按规定报批后组织实施，组织定期的运行分析、事故预想和反事故演习。

（6）审查有关安全技术措施、规程制度的修改补充意见及设备改造、系统改进等设计方案。

（7）组织做好重大危险源、特种设备、危险物品、特种作业人员、临时聘用人员的安全管理工作。

（8）组织和参加安全分析会，对存在的安全隐患提出改进措施，并组织实施；每月至少参加两次班组的安全日活动，抽查班组的安全活动记录。

（9）组织或参加有关事故或其他不安全事件的调查分析工作，做到“四不放过”。

（四）车间专责工程师（技术员）的安全职责

（1）负责安全生产技术方面的工作。

（2）对生产现场安全措施的合理性、可靠性、完整性等进行审查，监督检查安全技术措施及规章制度的贯彻执行情况，及时制止违章违纪行为，指导班组做好各项安全技术管理工作。

（3）组织开展安全性评价，推行危险点分析和预控、标准化作业，切实落实各项现场安

全措施。

（4）编制设备大修（施工）、非标准检修、更改工程、新技术、新工艺或重要施工项目的安全技术组织措施，经批准后对工作班组进行技术交底和安全措施交底，并布置、指导、检查班组技术员编制分项检修（施工）项目的安全措施和交底工作，认真履行设备检修验收职责。

（5）根据设备、技术、工艺的不同要求，及时提出现场规程、图纸资料或设备系统、检修（施工）工艺、运行规程的补充或修改意见，经审批后监督实施。

（6）组织或参加定期的运行分析、事故预想及反事故演习。

（7）检查班组的安全技术台账，做好安全技术资料、台账、图纸的管理工作。

（8）参加各类安全检查，组织安全技术培训、规程制度的学习与考试工作。

（9）填报事故报告和报表，并提出技术分析和改进意见及措施。

三、班组长的安全职责

（1）班组长是本班组安全第一责任人，对本班组人员在生产作业过程中的安全和健康负责，对所管辖设备的安全运行负责。

（2）负责制定并组织实施控制异常和未遂的安全目标，应用安全性评价、危险点分析和预控等方法，及时发现问题和异常，采取合理安全措施。

（3）组织实行标准化作业，对生产现场安全措施的合理性、可靠性、完整性负责。

（4）贯彻执行安全规程规定和标准，及时对现场规程提出修改建议，及时制止违章违纪行为；组织学习事故通报，吸取教训、采取措施，防止同类事故重复发生。

（5）主持召开好班前、班后会和每周一次或每个轮值的班组安全日活动，并督促做好安全活动记录。

（6）督促工作负责人做好每项工作任务（倒闸操作、检修、施工、试验等）事先的技术交底和安全措施交底工作，并做好记录。

（7）对全体工作人员进行经常性的安全思想教育，协助做好岗位安全技术培训、新入厂工人、变换工种人员的安全教育培训，积极组织班组人员参加急救培训，做到人人能进行现场急救。

（8）组织开展和参加定期安全检查、“安全生产月”和专项安全检查活动，落实上级下达的各项反事故技术措施。

（9）经常检查本班组工作场所（每天不少于一次）的工作环境、安全设施、设备工器具的安全状况，对发现的隐患做到及时登记上报和处理，对本班组人员正确使用劳动防护用品进行监督检查。

（10）支持班组安全员履行自己的职责，对本班组发生的事故、障碍、异常、未遂、违章，及时登记上报，并组织分析原因，总结教训，落实改进措施。

四、各级职能管理部门的安全职责

（一）各级职能管理部门通用的安全职责

（1）建立健全分管工作范围内的安全管理体系，对所承担工作范围内的安全工作负直接管理责任。

（2）建立健全本部门各岗位安全生产责任制，负责本部门的人身安全、交通安全、消防安全等管理工作。

（3）负责分管工作范围内的特种作业人员、重大危险源、危险物品、特种设备以及临时聘用人员的安全管理。

（4）根据职责范围、工作性质以及领导安排，相互协调和配合有关安全的各项工作。

（二）安全监督部门的安全职责

（1）对本企业进行全面安全监督，监督各级人员、各部门安全生产责任制的落实；监督各项安全生产规章制度、反事故措施和上级有关安全工作指示的贯彻执行，及时反馈在执行中存在的问题并提出完善修改意见，向上级有关安全监督机构汇报本企业安全生产情况。

（2）监督“两措”计划的实施。

（3）对人身安全防护状况，电网、设备、设施安全技术状况，环境保护状况的监督检查中发现的重大问题和隐患，报请主管领导，并及时下达安全监督通知书，限期解决。

（4）组织制定职业安全健康管理制度，监督在新建、改建或扩建工程建设中贯彻落实“三同时”原则。

（5）组织编制安全技术劳动保护措施计划，监督安全生产各项资金的使用情况，监督劳保用品、安全工器具、安全防护用品的购置、发放和使用。

（6）监督事故应急处理预案及大型反事故演习预案的编制与执行。

（7）监督安全培训计划的落实，组织或配合《电力安全工作规程》的考试和安全网活动。

（8）监督消防、交通、特种作业人员，重大危险源、危险物品以及特种设备的安全管理。

（9）审查所属各单位安全监督机构的资质和人员的资格，督促检查所属各单位安监机构、人员、装备等状况，确保符合安全管理与监督工作的要求。

（10）组织定期或不定期的安全检查，检查安全性评价工作，组织发供电企业安全性评价以及输电网安全性评价的专家验收，对安全性评价查评出的问题督促有关部门整改落实。

（11）组织和参加召开安全委员会会议、安全生产协调例会、安全工作会议、安全分析会、安全监督（安全网）例会等，指导安全网活动，研究分析安监动态，布置安全工作，并对每月安全生产情况进行总结和分析。

（12）组织或参加事故调查，监督“四不放过”原则的贯彻落实，完成事故统计、分析、上报工作并提出考核意见。通过安全简报、事故快报、事故通报等方式，及时通报安全生产信息。

（13）组织推广安全管理的先进经验，学习和引进安全新技术、新设备设施和安全工器具，促进安全生产管理水平的提高。

（14）参与电网规划、工程和技改项目的设计审查、设备招投标、施工队伍资质审查和竣工验收以及有关科研成果鉴定等工作。

（三）规划计划管理部门的安全职责

（1）编制发展规划、年度经营计划、基建计划时，应按安全生产的有关规定和要求，根据安全生产工作需要及时调整发展规划和项目计划。

（2）在前期规划、设计中贯彻落实 DL 755—2001《电力系统安全稳定导则》等有关规定和要求。

（3）编制项目方案时应将落实职业安全健康、“两措”计划等措施和要求作为方案的重要

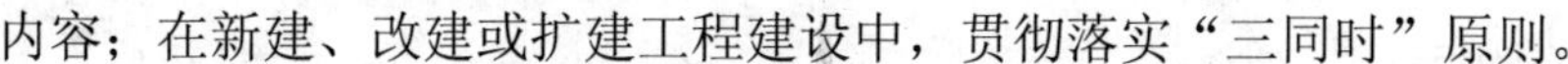

内容；在新建、改建或扩建工程建设中，贯彻落实“三同时”原则。

（4）组织规划、计划及项目审查时，充分听取生产运行管理部门的建议和意见，设备选型应满足安全生产要求和安全管理的各项规定。

（5）对电力生产运行中发现的涉及电网规划、设计中的问题，负责组织制订并督促落实各项解决措施和方案。

（6）参加有关安全的重要会议、安全检查等活动；参加有关重、特大事故的调查分析。

（四）设计管理部门的安全职责

（1）在规划方案、设计中贯彻落实 DL 755—2001《电力系统安全稳定导则》、反事故技术措施等有关要求。

（2）督促设计单位严格执行有关法律法规和工程建设强制性标准，防止因设计不合理导致生产安全事故的发生。设计时应当考虑施工操作安全和防护的需要，对涉及施工安全的重点部位和环节在设计文件中注明，并对防范生产安全事故提出指导意见。

（3）采用新结构、新材料、新工艺和特殊结构的建设工程设计，应督促设计部门提出保障施工作业人员安全和预防生产安全事故的措施及建议。

（4）组织项目设计审查时，充分听取生产运行管理部门的建议和意见，设备选型应满足安全生产要求和安全管理的各项规定。

（5）对电力生产运行中发现的涉及电网规划、设计中的问题，负责组织制订并督促落实各项解决措施和方案。

（6）参加有关事故的调查处理，并督促落实事故防范措施。

（五）工程建设管理部门的安全职责

（1）制定基建系统实现本企业年度安全生产工作目标计划的具体目标、要求和措施并组织实施，组织召开基建安全工作会议，贯彻落实会议要求。

（2）组织落实安全文明施工责任制，推行基建施工现场标准化作业，贯彻落实《电力建设安全健康与环境管理工作规定》，检查各项规程规定、安全技术措施和施工安全措施的执行情况，并组织整改落实。

（3）组织做好现场施工技术管理，确保正常的安全文明施工秩序，组织审查项目标书和承、发包合同中有关安全文明施工的条款、现场安全文明施工措施，及时协调解决工程建设中有关安全文明施工的重大问题。

（4）确保工程安全措施补助费的计列与提取，组织“两措”计划执行，审定工程建设项目安全技术组织措施并督促落实，在新建、改建或扩建工程建设中，组织落实事故防范措施，贯彻执行“三同时”原则。

（5）加强对承、发包工程的管理，组织对施工单位的施工资质和安全资质进行审查；规范合同管理，明确安全责任，检查安全措施落实情况。

（6）组织基建安全施工检查等重要活动，监督检查施工企业大型施工机械的技术检验和安全管理。

（7）编制并组织实施基建重大人员伤亡、重大施工机械设备损坏、垮（坍）塌等事故应急处理预案，建立有系统、分层次、分工明确、相互协调的事故应急处理体系。

（8）组织或参加有关工程建设的事故调查处理，对性质严重或典型的事故，应召开事故现场会，并组织落实防范措施。

（9）组织推广先进管理方法、施工工艺、技术和设备，解决基建安全技术上的突出问题，促进安全文明施工水平的提高。

（10）负责填报基建事故报表。

（六）生产技术管理部门的安全职责

（1）负责电网和设备的运行、检修和技改工程安全管理；编制保障人身、电网、设备安全运行的技术规程规定和标准；提出实现本企业年度安全生产工作目标的具体要求和措施，并组织贯彻落实。

（2）编制并组织实施年度反事故技术措施计划，配合安监部门落实安全技术劳动保护措施计划，对安全生产中的重大问题或倾向性的问题，制定解决措施和方案，做到任务、时间、费用、责任人“四落实”。

（3）组织推行标准化作业，开展安全性评价、危险点分析和预控，对企业和工作现场的安全状况进行科学分析，找出薄弱环节和事故隐患，及时采取预防措施。

（4）加强设备缺陷管理，及时消除安全隐患；审定设备安全稳定运行的极限参数，并监督执行。

（5）编制并组织实施各类安全生产事故应急处理预案，建立有系统、分层次、分工明确、相互协调的事故应急处理体系，参加反事故演习。

（6）做好防汛和大坝的安全管理，组织或参加对并网电厂涉网安全部分的技术监督，确保电网和电厂的安全运行。

（7）主持或参加安全生产协调例会，参加安全委员会会议、安全分析会，组织各类安全检查活动，组织或参加有关事故分析会，找出事故原因，制订并落实反事故措施。

（8）采用新工艺、新技术、新材料或使用新设备时，组织编写相关安全技术规程和规定，培训作业人员，使其掌握安全技术特性和作业方法。

（9）组织开发、推广先进技术和设备，解决安全技术上的突出问题。

（七）电网调度部门的安全职责

（1）负责电网的安全稳定运行和相关的技术监督管理，贯彻执行《电网调度管理条例》等有关规定；制定保障电网安全运行的技术规程规定和标准，编制系统稳定措施，并组织执行。

（2）对各并网发电企业依据并网调度协议进行安全监督。

（3）编制并执行调度部门反事故措施计划，科学合理制定电网运行方式。

（4）加强继电保护、安全稳定自动装置的运行管理，做好调度二次系统安全防护工作，确保调度通信、保护、自动化设备的可靠运行。

（5）编制并实施电网事故应急处理预案，组织电网反事故演习。

（6）组织电网事故处理，组织或参加电网事故分析会，参加有关事故的调查，落实事故防范措施。

（八）农电管理部门的安全职责

（1）负责农网系统的安全管理，编制农网人身、电网、设备安全的规程规定，提出农网系统实现本企业年度安全生产工作目标的具体目标、要求和措施，并组织贯彻落实。

（2）落实安全生产责任制，健全农网安全管理与考核制度，制定农网技术规程规定，并检查落实；督促加强农网供用电安全管理，及时协调解决安全生产工作中存在的问题。

（3）结合农网特点，编制农网反事故措施计划并组织实施。

（4）开展农网输、变、配电及台区标准化建设，推行标准化作业，开展安全性评价，对农网的安全状况进行科学分析，找出薄弱环节，制定解决措施和方案，做到任务、时间、费用、责任人"四落实"。

（5）组织制订并实施涉及农网的重大人员伤亡等事故应急处理预案，建立有系统、分层次、分工明确、相互协调的事故应急处理体系。

（6）加强农电系统各类生产人员的教育培训，农电工的安全管理与考核，增强员工的安全自我防范意识。

（7）组织或参加有关农网安全生产事故的调查处理，督促落实事故防范措施；参加安委会会议、安全分析会、安全检查等重要活动；组织开展农电系统安全管理经验交流，评比表彰活动。

（8）填报农电事故报表。

（九）多种经营管理部门的安全职责

（1）负责多种经营系统的安全管理，编制保障多种经营系统人身、设备安全运行的规章制度，提出多种经营系统实现本企业年度安全生产工作目标的具体目标、要求和措施，并组织贯彻落实。

（2）健全多种经营系统的安全管理与考核制度，加强多种经营系统各企业内部安全保证体系和安全管理制度体系的建设，及时协调解决安全生产工作中存在的问题，支持安监部门履行自己的职责和职权。

（3）结合多种经营企业特点，编制多种经营系统反事故技术措施计划并组织实施，审批各企业年度"两措"计划，保证足够的资金投入，并督促检查落实。

（4）组织贯彻落实有关多种经营安全工作的规定，严格执行承、发包工程和临时工管理制度；对施工单位的施工资质和安全资质进行审查，规范合同管理，明确安全责任，并检查安全措施落实情况。

（5）组织多种经营系统的安全检查活动，掌握各项规程制度的贯彻落实情况，解决安全生产中的重大问题或倾向性的问题，做到任务、时间、费用、责任人"四落实"。

（6）组织编制多种经营生产安全事故应急处理预案并实施。

（7）每季度召开一次多种经营安全生产情况分析会，研究解决安全生产中存在的问题；参加安委会会议、安全分析会、安全检查等重要活动。

（8）主持或参加多种经营企业事故调查处理，严格执行"四不放过"的原则，对性质严重或典型的事故，应及时掌握事故情况，必要时召开专题事故分析会，提出防范措施，并督促落实。

（十）市场营销部门的安全职责

（1）负责电力市场营销工作安全管理，在报装、营业、计量、用电检查等营销业务中落实安全生产的各项规程规定。

（2）组织供用电合同的签订，明确供用电双方应承担的安全责任。

（3）组织用电安全检查，对发现的问题和隐患，发出整改通知，督促用户整改落实，严防用户电气事故危及电网安全。

（4）组织编制并实施涉及重要用户的事故应急处理预案。

（5）组织或参加与用户有关的人身伤亡事故、电网事故、设备事故的调查工作，督促用户实施反事故技术措施。

（十一）车辆管理部门的安全职责

（1）负责车辆交通安全管理，建立并督促执行车辆交通安全管理与考核的相关制度。

（2）组织做好交通车辆（含特种车辆）的维护保养和管理，定期组织交通车辆安全检查，加强驾驶员（含兼职）的管理，配合公安部门做好交通事故的调查处理。

（3）组织做好驾驶人员的安全教育培训，严格执行交通安全管理的各项规定。

（十二）消防管理部门的安全职责

（1）制定有关消防、危险物品管理的规定及制度，并督促落实。

（2）组织协调对有关消防设计中的消防方案、设备产品选型进行审查和消防工程验收。

（3）编制并组织实施火灾等事故应急预案，对要害部门和重点部位应实施监控，组织消防安全检查，并对检查中发现的问题督促整改。

（4）组织消防知识教育培训，负责专、兼职消防队伍的训练和管理，使所有职工正确掌握消防器材的使用方法。

（5）组织或参加有关事故的调查处理，找出事故原因，制订和落实防止火灾事故措施。

（十三）电力设施保护管理部门的安全职责

（1）宣传贯彻《电力设施保护条例》，制定电力设施保护工作的规定和制度，提出工作重点和计划，并组织执行。

（2）组织制定并督促落实防止电力设施被盗、受外力破坏的各项措施，确保电力设施的安全运行。

（3）组织加强重要输电线路、厂站等设施的巡视检查，发现危及电力设施安全的隐患时，向当事人（单位）发出整改通知书；当事人（单位）逾期未整改的，及时上报政府有关部门，并配合处理；对造成重大损失的，配合法律部门，提出民事诉讼。

（4）配合政府有关部门严厉打击盗窃、破坏电力设施等违法犯罪行为。

（十四）干部管理部门的安全职责

在领导干部的考核、任用和选拔中，把安全生产管理到位情况、管理水平和能力作为业绩考核和奖惩情况的重要内容。

（十五）人力资源管理部门的安全职责

（1）建立健全安全生产保证体系和监督体系所需的机构设置和人员配备，确保符合安全生产的有关规定和实际工作的需要。

（2）建立健全劳动保护、安全教育培训、业绩考核的管理规定和制度，并组织执行。

（3）配合制定年度安全技术劳动保护措施计划。

（4）配合教育培训部门做好员工（含特种作业人员、农电工、临时聘用人员）安全生产知识教育、岗位技能培训工作。

（5）参加有关重特大事故的调查处理，配合做好事故伤亡人员的抚恤及善后处理工

作等。

（6）配合有关部门做好工伤认定工作。

（十六）通信管理部门的安全职责

（1）负责通信网络系统的安全稳定运行，确保安全生产通信指挥系统的畅通，制定并执行保障通信网络系统设备安全运行的技术规范、规程及制度。

（2）做好通信设施的防雷、防雨、防火、防盗等工作，组织安全检查，落实整改措施，确保继电保护和安全自动装置的通道畅通，保证通信网络系统安全运行。

（3）加强对通信工程的设计、设备选型、施工、验收等环节的监督，认真落实安全生产各项规程和规定要求。

（4）编制并执行通信网络系统“两措”计划。

（5）编制并实施通信网络系统事故应急处理预案，配合电网反事故演习。

（十七）科技管理部门的安全职责

（1）加大安全生产方面的科技投入，编制有关安全生产的科技规划、年度科技项目计划，落实科技项目资金，并组织实施。

（2）组织审查有关安全生产技术项目和成果报告。

（3）配合组织开发、引进并推广有关安全生产的科技项目和成果。

（十八）信息管理部门的安全职责

（1）负责信息网络系统的安全稳定运行，确保安全生产信息网络系统畅通。

（2）制定并落实信息网络系统各项安全规章制度和措施，加强对信息网络系统的运行监控和管理，有针对性的做好设备防火、防静电、防水、防雷等工作，及时发现网络异常并及时处理。

（3）加强防火墙、入侵检查检测、漏洞扫描等安全技术措施，确保对重要应用信息系统的定期巡检，保证网络与信息系统的安全可靠。

（4）开展安全性评价，对信息系统进行安全风险评估，建立并完善计算机网络系统的各项安全防护措施，确保各类计算机网络系统的安全可靠运行。

（5）编制并实施信息网络安全事故应急处理预案，配合电网反事故演习。

（十九）教育培训管理部门的安全职责

（1）建立健全安全生产教育培训管理规定及制度，编制职工安全生产知识教育、岗位技能培训工作计划并组织落实。

（2）组织安全生产岗前培训，引进先进的教育方法、教学手段，增强培训的针对性、实践性，加强学习考核管理，增强培训效果。

（3）配合组织《安规》考试、安全知识竞赛、技术比武等活动。

（二十）物资管理部门（招、投标中心）的安全职责

（1）组织安全生产所需的物资设备、材料、安全工器具、消防器具等的采购，对所购物资符合有关安全强制性标准和质量标准负责。

（2）督促落实物资保管、存放、运输过程中涉及交通、消防及危险物品保管的规程、规定及制度。

（3）配合对供应商进行资质审查，保证“两措”计划等要求及行业技术规范的落实，负

责防汛及应急物资储备运输，确保事故应急处理物资的供应。

（4）参加编制实施火灾、泄漏等安全事故应急处理预案。

（5）参加有关事故的调查处理。

（二十一）财务管理部门的安全职责

负责有关安全生产各项工作所需的资金筹措和合理使用；确保“两措”费用及时到位，并检查和监督使用情况，确保开支符合规定。

（二十二）审计部门的安全职责

对安全生产各项费用的开支进行检查，对各项工程项目和资金进行审计，对存在的问题提出处理意见。

（二十三）监察部门的安全职责

（1）监督各级领导干部和职能部门履行安全职责。

（2）按照有关规定，参加重特大事故的调查处理，分清事故责任，对监察对象（责任者）提出处理意见。

（二十四）政工部门的安全职责

（1）企业的安全文化建设。结合本单位的安全生产和企业管理实际情况，组织开展企业安全文化创建活动。

（2）在思想政治工作、文明单位考核评比及干部考核、选拔、任用和评比中，把安全生产工作业绩作为重要的考核内容。

（3）组织党、团员积极参加安全生产活动，发挥模范带头作用，抓好班子建设、职工队伍建设。

（4）参加有关安全生产的重大活动。

（二十五）工会的安全职责

（1）协助行政建立健全职业安全健康管理体系及规章制度，组织员工参加安全生产工作的民主监督管理，维护员工在安全生产方面的合法权益。

（2）利用员工代表大会等形式，参与安全生产重大问题的研究，并就涉及劳动者权益的内容提出意见，完善职业安全健康管理的民主监督体系。

（3）在代表员工与企业签订集体合同时，合同条款中应包括职业安全健康管理规定和要求的有关内容，并定期进行检查，对有明显危及员工生命安全和可能造成财产重大损失的隐患，有权代表员工提出停止工作，进行处理的要求，并监督整改。

（4）监督检查安全技术劳动保护措施计划的执行和职业安全健康设施的配置，提出保障职工劳动安全健康的意见和建议，改善员工劳动条件，并督促执行。

（5）组织和参加安全生产劳动竞赛、安全知识竞赛、评比和表彰等活动。

（6）配合职业安全健康管理、安全生产教育培训的管理办法、规定及制度的制定和执行，配合组织普及安全生产知识和紧急救护知识，关心员工生活，帮助员工解决实际困难，让员工安心工作。

（7）参加工程项目的设计审查、竣工验收，监督职业安全健康设施有关规定和要求的实施。对建设项目执行“三同时”进行监督，提出整改意见，并督促落实。

（8）参加有关人身事故的调查处理，做好伤亡家属的慰问、抚恤。

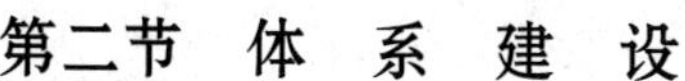

第二节　体　系　建　设

电力企业在实践过程中，已经形成了一个系统的安全生产标准、制度、管理办法等，保证了安全生产的基本需要。电力企业安全生产保证体系和安全监督体系构成了电力企业安全管理的有机整体，两个体系各自发挥作用并协调配合，是电力企业搞好安全生产的关键。

安全生产保证体系和安全监督体系各自的职责和分工又有所不同，安全生产保证体系要保证企业在完成生产任务的过程中实现安全、可靠；要解决安全生产在实施全员、全方位、全过程的闭环管理过程中，谁对哪些工作负责任，在哪些范围内负责，负什么样的责任，使企业生产的每项工作，每个岗位人员都时时、处处考虑到安全问题，落实好安全保证措施。安全监督体系则直接对企业安全第一责任人和安全主管领导负责，要监督、检查安全保证体系在完成生产任务的全过程中，是否严格执行各种规章制度的规定，是否落实了安全技术措施和反事故技术措施，是否保证了企业生产的安全可靠。所以，安全监督体系和安全保证体系是一种制约与被制约的关系，安全监督体系是制约者，安全保证体系是被制约对象。安全生产保证体系起到内因的作用，安全监督体系起到外因的作用。

因此，要夯实企业的安全生产基础，建立长效的安全生产管理机制，确保安全生产，其保证体系的有效运作起着决定性的作用，安全监督体系的作用就是检查、监督安全生产保证体系运转是否正常，是否有效。

一、安全保证体系

安全保证体系十分重要的一环是生产决策指挥系统。各级管理人员和专业技术人员在组织安排各项工作时，要坚持谁主管、谁主办，谁该对这项工作安全负责的原则。也就是说在组织进行某项工作时，不仅提出任务和工作质量要求，而且必须有保证工作安全的各项安全措施，并对工作的安全负责，不要形成生产决策指挥系统只管布置工作任务，工作安全全靠监督体系去监督检查的局面，必须由布置安排工作的主办人员同时布置安排并组织执行相应的安全措施，再加上监督体系的监督检查，就能保证安全措施的全面、完善。

（一）安全保证体系的介绍

在安全保证体系中，有 3 个基本要素：人员、设备、管理。人员素质的高低是安全生产的决定性因素，优良的设备和设施是安全生产的物质基础和保证，科学的管理则是安全生产的重要措施和手段。

（二）安全保证体系的基本构成

电力企业安全生产保证体系由决策指挥保证系统、执行运作保证系统、规章制度保证系统、安全技术保证系统、设备管理保证系统、思想政治工作和员工教育保证系统六大系统组成。

（三）安全保证体系的根本任务

安全保证体系的根本任务为：①要造就一支具有高度事业心、强烈责任感、良好安全意识、娴熟业务技能、遵章守纪的优良品质和严肃认真、一丝不苟、精益求精的工作作风的员工队伍；②努力提高设备、设施的健康水平，充分利用现代化科技成果改善和提高设备、设施的性能，最大限度发挥现有设备、设施的潜力；③不断加强安全生产管理，提高管理水平。

（四）安全保证体系的主要功能

1. 决策指挥保证系统的主要功能

根据国家和上级安全生产的方针政策、法律法规，制定企业安全、环境、质量方针和目标；健全安全生产责任制，对安全生产实行全员、全方位、全过程的闭环管理，发挥激励机制作用；保证安全经费的有效投入，重视员工的安全教育，健全三级安全监督网，审核批准企业安全文化创建方案和目标等。

2. 执行运作保证系统的主要功能

加强班组建设，健全班组规范化安全管理机制；实行规范化、标准化、程序化管理，提高运行检修工作质量；严格现场管理，强化安全纪律，有效治理违章、违制；开展安全技术、业务技能培训，提高员工技术水平和防护能力。

3. 规章制度保证系统的主要功能

建立和完善企业的各项规章制度，实行安全生产法制化管理；从严要求，从严考核，杜绝“有法不依、执法不严”；认真执行“四不放过”原则，用重锤敲响警钟，做到警钟长鸣。

4. 设备管理保证系统的主要功能

加强设备管理，不断提高设备安全运行水平；强化设备缺陷管理，提高设备完好率；落实“反事故措施计划”，保证设备安全运行；应用新技术、新设备、新工艺，提高设备装备水平。

5. 安全技术保证系统的主要功能

加强技术监督和技术管理，应用、推广新的技术监测手段和装备，落实“安全技术和劳动保护措施计划”，改进和完善设备、人员防护措施。

6. 思想政治工作和员工教育保证系统的主要功能

领导干部安全思想、安全纪律教育和考核；党、工、团结合企业安全生产工作开展有针对性的竞赛和宣传活动；职业安全和职业健康监督、检查；员工爱岗敬业、职业道德教育和岗位技能培训。

二、安全监督体系

（一）安全监督体系的介绍及构成

电力企业安全监督体系一般由安全监督部门、车间和班组安全员组成三级安全监督网络，主要起到安全监督和安全管理的功能，即运用行政上赋予的职权，对电力生产和建设全过程的人身和设备安全进行监督，并具有一定的权威性、公正性和强制性，协助领导做好安全管理工作，开展各项安全活动等。

（二）安全监督体系管理的侧重点

电力企业安全监督部门的工作侧重点以安全管理为主，现场监督为辅，以不定期抽查为主要监督方式；车间级安全员的工作侧重点是监督一些工作量较大或工作条件较复杂的大修、基建、改造等工程，其他工程可采取不定期抽查的办法，以较多的精力从事安全管理工作。班组级安全员应主要侧重于现场监督。

（三）安全生产监督规定

为了规范各级供电企业安全生产监督工作，充分发挥监督体系的作用，保证国家和各级供电企业有关安全生产的法律、法规、标准、规定、规程、制度的实施，依据《安全生产工作规定》，促进安全生产水平的提高，各级生产性单位以及管理生产性企业应自上而下建立健

全安全生产监督组织机构和制度，形成完整的安全生产监督体系，并与安全保证体系共同保证安全生产目标的实现。生产性单位指以从事发电、供电、输变电、调度、检修、试验、电力建设等为主要业务的单位（包括多种经营企业）。而且各级安全监督机构在履行安全生产监督职责的同时，应积极探索和推广科学、先进的管理方式和安全生产技术。

1. 安全生产监督

（1）各级供电企业依据资产和管理关系，实行上级供电企业对下级供电企业的安全生产监督，企业内部实行上级对下级的安全生产监督，代管企业对被代管企业依据协议实行安全生产监督。

各级供电企业的安全生产除接受公司系统内部的监督外，还应接受所在地政府有关部门的监督。

（2）母公司的安全生产监督机构可以直接对其全资子公司、控股公司的安全生产工作实行监督。

（3）母公司可以授权分公司对子公司实行安全生产监督，上级供电企业可以授权下级供电企业对纳入供电企业内的县级电网经营企业实行安全生产监督。

（4）供电企业及所属企业在承发包工作中，必须签订安全生产协议，协议中要明确监督的范围、内容及责任，并将安全生产协议书报主管上级并接受其监督。

（5）供电企业行使代管职能的公司和企业，对委托代管的企业和单位根据代管协议行使安全生产监督职能。代管协议中未明确的部分，供电企业内部考核按下属企业同等对待。

（6）安全生产监督的主要内容。

1）对被监督对象执行国家和上级有关安全生产的法律、法规、标准、规定、规程、制度等情况以及被监督对象的协议、合同中涉及安全生产方面的内容实行监督。

2）对被监督对象发生的事故在规定的职权范围内进行调查并提出处理意见。

3）按照规定向上一级安全生产监督机构报告情况。

2. 安全生产监督机构

（1）各级供电企业必须设立二级独立的安全生产监督机构。各级供电企业应设立二级独立的安全生产监督机构。其他与电力生产有关的企业、部门及多种经营企业也应设立安全生产监督机构。

（2）安全生产监督机构应满足以下基本要求：①从事安全生产监督工作的人员符合岗位条件，人员数量能满足从事的安全生产监督工作需要；②专业搭配合理，分工明确，并有各岗位职责规定；③有完成监督任务所必须的设备。

（3）各级供电企业安全监督机构由企业行政正职或行政正职委托的行政副职主管。各级供电企业所属的发供电和施工企业的安全生产监督机构应由行政正职主管。

（4）各级供电企业安全生产监督部门正职领导人员的任命或者免职，在提请决定前，必须报经上一级企业安全生产监督部门认同。

（5）各级供电企业内部的生产、基本建设、农电的安全管理工作由其分管领导及主管部门负责，但安全生产监督机构应归口管理本企业以下的安全生产工作：①组织制定综合性的安全生产管理制度；②会签各部门分管范围内的安全生产管理文件；③事故汇总和统一对外发布安全生产信息。

（6）发、供电企业安全生产监督机构应定期组织三级安全网活动，指导车间、班组专职安全员或兼职安全员的工作。施工企业的安全生产监督机构应建立企业、工程项目部、专业工地三级安全监督工作程序，指导工程项目部、专业工地专职安全员和班组兼职安全员的工作。

（7）安全生产监督机构在履行职责过程中发现重大问题，应提出整改要求，如果所在单位不按要求进行整改的，应向单位下达《安全生产监督通知书》。

《安全生产监督通知书》由安全生产监督机构提出，主管领导签发。

（8）安全生产监督机构有责任分析安全生产工作存在的突出和重大问题，向主管领导汇报，并积极向安全生产保证体系的职能部门提出改进工作的建议。

（9）安全生产监督机构可借助学会、协会、专家组织或其他中介机构和社会组织，对被监督对象的安全生产状况提供诊断、分析、评价等服务。

3. 安全生产监督人员

（1）各级供电企业安全生产监督机构的人员必须符合以下条件：①坚持原则、作风正派、责任心强；②具有本科及以上学历或工程师及以上职称；③熟悉与安全生产有关的法律、法规、标准、规程、制度等；④有 3 年以上相关专业工作经验；⑤身体健康。

（2）发供电和施工企业安全生产监督机构的人员必须符合以下条件：①坚持原则、作风正派、责任心强；②具有大专及以上学历或助理工程师及以上职称；③熟悉本企业的生产过程和与安全生产有关的标准、规程、制度；④有 3 年以上相关专业工作经验；⑤身体健康。

（3）安全生产监督人员实行持证上岗制度。各级供电企业安全生产监督人员持一类安全生产监督证书，由供电企业审查批准并发放；发供电、施工等企业安全生产监督人员持二类安全生产监督证书，由其上级部门审查批准并发放；水电施工企业的安全生产监督证书由其所属水电施工企业的总公司、集团公司批准并发放。

安全生产监督证书由供电企业统一印制并在授权范围内使用。

（4）发供电和施工企业安全生产监督人员执行正常的现场安全生产监督任务时，应着装整齐并佩带“安监”标志，必要时应出示证件。

（5）安全生产监督人员具有以下职权：①有权进入生产区域、施工现场、控制室、调度室检查了解安全情况；②有权制止违章作业、违章指挥、违反生产现场劳动纪律的行为；③有权要求保护事故现场，有权向企业内任何人员调查了解事故有关情况，提取、查阅有关资料，有权对事故现场进行照相、录音、录像等；④对事故调查分析结论和处理有不同意见时，有权提出或向上级安全生产监督机构反映，对违反规程、规定，隐瞒事故或阻碍事故调查的行为有权纠正或越级反映。

（6）安全生产监督人员在行使职权时具有以下义务：①在生产区域、施工现场、控制室、调度室检查工作时有维护正常生产秩序的义务；②在制止违章作业、违章指挥和违反生产现场劳动纪律的行为时有解释理由的义务；③因事故调查需要向有关人员了解事故情况时，有为当事人保密的义务；④对隐瞒事故或事故处理不当的行为，有深入调查的义务。

第三节　目 标 责 任 制

《中华人民共和国安全生产法》（以下简称《安全生产法》）总则第 4 条规定：生产经营单

位必须建立、健全安全生产责任制度，完善安全生产条件，确保安全生产。《中华人民共和国电力法》（以下简称《电力法》）第19条规定：电力企业应当加强安全生产管理，坚持“安全第一，预防为主，综合治理”的方针，建立、健全安全生产责任制。全面落实以行政正职是安全第一责任者为核心的各级安全生产责任制。

为了实现电力企业的安全生产目标，对电力生产所有岗位的员工落实安全生产责任的制度化规定，简称为“电力安全生产责任制”。

一、电力安全生产责任制

1. 电力安全生产级级有责

国务院关于安全生产管理体制重申了十六字令：企业负责，行业管理，国家监察，群众监督。这十六字令明确了企业、行业、国家三级的安全生产责任。首先安全生产是企业负责，即企业必须对其生产全过程的安全负责，同时还应实行行业管理和国家监察以及各级工会（代表群众利益）对生产中的人身安全和健康进行监督。

供电企业在《安全生产工作规定》和《安全生产责任书》中对各级供电企业从总经理、副总经理、总工程师到每个部门，都清楚地规定了各自在电力生产中的安全责任。《安全生产工作规定》明确了：“供电企业实行以各级行政正职为安全第一责任人的各级安全生产责任制，建立、健全有系统、分层次的安全生产保证体系和安全生产监督体系，并充分发挥作用”；总的责任书强调了：“企业各部门负责人对安全生产保证体系和安全生产监督体系的有效运作实行责任分担，保证公司下属企业安全责任制的落实”。从这些基本制度的规定可以看出：公司领导、部门负责人、下属企业，每一级都要落实安全生产责任。

在《安全工作奖惩规定》中，对各级供电企业及其下属企业的领导、有关部门直到车间、班组和个人，都清楚地规定了一旦未落实好安全生产责任制的各项要求发生了生产事故或隐瞒事故，应当受到的处罚。这不是株连，而是因为安全生产级级有责。

2. 电力安全生产人人有责

关于安全生产人人有责的原则，《安全生产法》总则第6条规定：“生产经营单位的从业人员有依法获得安全生产保障的权利，并应当依法履行安全生产方面的义务。”隐患险于明火，防范胜于救灾，责任重于泰山，最充分地说明了安全生产人人有责的原则和要求。关于“安全生产，人人有责”的原则，各单位每一级的领导，各个部门，直到车间、班组和每个岗位的工人，都要落实安全生产责任，做到层层把关，构筑起一道安全生产的铜墙铁壁。

这就是安全生产人人有责，也是安全生产保证体系的内涵。它明确了在一个单位内，安全生产保证体系的组成是全体员工，要落实安全生产责任，领导和管理人员就要做到层层把关，每个岗位的作业人员就要做到分兵把守，这样才可构筑起保证安全生产的壁垒。

3. 电力安全生产责任应是明确的、可操作的岗位安全职责

电力安全生产责任是每个员工为实现电力安全生产目标应尽的法定责任。供电企业为了在系统内落实好级级有责和人人有责的安全生产责任，通过制定《安全生产工作规定》、《安全生产监督规定》、《安全生产工作奖惩规定》等一系列文件，对落实电力安全生产责任加以制度化规定。

各部门、各岗位应有明确的安全职责，做到责任分担，并实行下级对上级的安全生产逐级负责制。各供电企业应该结合各自具体情况，制定出系统内电力生产、建设中安全工作的

实施细则，并对各部门、各岗位的安全职责作出具体的规定，要使每个岗位的领导、管理人员、作业人员的安全生产责任成为可操作的岗位安全职责。

4. 通过“三级控制”将岗位的安全职责落到实处

电力企业要实行“安全生产目标三级控制”，对企业、车间、班组每一级的控制责任和本级的安全生产目标作出详细的规定，这是每一级的员工必须遵守的行为规则。实践证明，岗位安全职责只有通过“三级控制”中每一级控制工作的落实，把各项预防事故的控制工作做严、做细、做实，才能落到实处。反之，安全职责就只能是表面文章，安全工作就会有漏洞、有死角，就容易发生事故，相关责任人和领导者还会受到事故责任的追究和处罚。

5. 落实安全生产责任制的意义

（1）可保证电力安全生产，由此保证实现对全社会连续、稳定、安全可靠供电的承诺。

（2）不会发生因大面积停电造成社会不稳定，甚至更大的危害和灾难（不可抗力造成的危害除外）。

（3）保证各级供电企业完成国有电力资产保值、增值的任务和应得到的经济效益（包括员工应得的利益）。

二、落实安全生产责任制的具体做法

1. 订好“安全生产责任书”

“安全生产责任书”就是把履行安全生产级级有责、人人有责的法定责任确定下来的保证书（或誓言）。

“安全生产责任书”的内容按“安全第一，预防为主，综合治理”安全生产方针的要求，“安全生产责任书”的内容应包括：

（1）本单位或本级应实现的安全生产目标。

（2）本级（或本部门、本岗位）认真履行“安全职责”的誓言。

（3）严格有效执行各项规章制度的保证。

（4）严、细、实做好各项安全控制工作（或称事故预防工作）的承诺。

（5）严格有效执行奖惩规定的决心。

2. 认真制订并有效执行“安全生产责任书”（或保证书）

（1）明确每一级的安全目标和控制责任层层往下签订“安全生产责任书”时，一定要按照“三级控制”的原则和要求，明确每一级安全目标和控制责任。例如班组一级的安全目标是“不发生障碍和轻伤”，控制责任是“控制异常和未遂”，这是按事故发生、发展的规律制定的，完全符合班组一级人员的知识和能力水平。因此班组的安全职责就要围绕落实控制责任和实现本级目标来制订行动的规则，来指导各岗位做好具体的安全控制工作，即事故预防工作。

（2）把各项安全工作做严、做细、做实。在明确了本级的安全目标和控制责任后，落实安全职责的最重要工作就是做好控制工作。这就要求把保证安全生产的每一项具体措施做严、做细、做实。做严，即严格按章程、规定的要求去实施；做细，即采取的措施没有遗漏、作业程序没有错误或颠倒、加工工艺或施工工艺精湛而不粗糙等；做实，即所做的该项安全工作是扎实的、优质的，是经得起时间考验的。

只有各级员工都努力落实本级的控制责任，做好本级、本岗位的控制工作，级级把关、

人人把守，才能实现企业和公司的安全生产目标。

（3）兑现奖惩。制定适合本单位实际情况的“奖惩规定”，并在实践“安全生产责任书”的全过程中认真执行，对好的典型进行表扬奖励，对表现差的，进行批评处罚。奖励时，要注意宣传典型的先进性，以激励员工认真实践“安全生产责任书”，更努力地做好安全工作。批评处罚时，要注意教育和引导，使受罚人真正吸取教训，改正缺点，认真履行安全职责，后来居上。通过实践，形成一套本单位执行“奖惩规定”的有效办法。

3. 订好岗位安全职责

岗位安全职责就是把安全生产责任落到实处的具体行动规则及具体行为。

（1）所有岗位都要订安全职责。不同级别、不同岗位的安全职责是不同的，这是因为“三级控制”每一级的控制责任不同。而每一级的控制责任都和其要实现的安全目标相联系，和其所处的地位、所管辖的工作（设备）范围、所具有的权力紧密相连。“三级控制”工作要求各级领导、各部门、车间、班组及岗位都要订出相应的安全职责，并使安全职责与职务、责任对应起来，以便做好电力生产全过程中与本岗位相关的安全控制工作。

（2）订好岗位安全职责的原则和要求。

1）结合本职业务，订出安全职责。结合本岗位的业务内容，订出安全职责，明确岗位工作中应尽的安全责任，以及为了电力安全生产，本岗位应做的工作。例如，生产经营单位应当具备国家标准规定的安全生产条件，单位的主要负责人要保证本单位的安全生产投入，用于完善安全生产条件，配备劳动保护用品，确保安全生产。因此安全第一责任人或主管安全的领导就有采用安全技术和及时决策更换老旧设备（设施、安全工器具等）、批准相应资金的安全职责；财务部门和有关岗位，就有调配安全生产资金的安全职责，绝不能以“未做计划”、“财政部无此具体规定”等为由拒绝调配资金。

2）严格依照规程、规定，订好安全职责。领导者、管理人员、作业人员在决策、计划、采取安全控制措施或进行操作、作业时，虽然部门不同、岗位不同、具体工作内容不同，但都必须执行即将颁发的《安全生产法》及有关规程中规定的企业和工作人员必须遵守的行为规则。要把依法行事、严格执行相关规程、规定的责任，订入本岗位的安全职责。工作中，要根据具体工作任务，以相关规程及规定作指导，明确为了安全生产在工作中允许做什么、不许做什么，保证做到遵章指挥、遵章操作，做到“四不伤害”。

3）依照规律，订好预控事故的安全职责。安全生产保证体系和监督体系的每一个成员，要结合岗位的安全职责，从专业、管理、监督等各自的专业特点去观察、分析和总结本职工作的经验。通过寿命管理和实际工作体会，去掌握生产系统、设备、设施、安全工器具从投入运行到发生异常、障碍、事故的规律及其主要影响因素。把按规律办事和运用可靠经验提前做好预防事故的控制工作，订入安全职责，以此来保证电网、设备的健康，保持安全生产的可控局面。

4）吸取事故教训，完善安全职责。要认真总结本单位和兄弟单位的事故教训，认真联系本单位的实际与本岗位工作的职责范围，明确预防同类事故（人员伤亡、电网事故、设备损坏）重复发生的责任，完善本岗位的安全职责。还要结合每项工作的实际情况，把相关的、具体的反事故措施及时补充到本单位或本岗位的反事故措施中去。

凡是不符合上述制订岗位安全职责的原则和要求的，都要认真修订补充，因为这是执行

“安全第一、预防为主、综合治理”方针、实行制度化管理的基础工作，是对每个员工进行安全业绩考核的重要依据。

（3）由安监部门牵头自下而上制定安全职责。制定安全职责是一项非常重要而细致的工作。由本单位的安监部门牵头，自下而上，先班组，从岗位开始，由每一个岗位按上述原则写出或经过讨论写出第一稿，经班长、技术员补充后由车间或部门（相关专责工程师及主任）修改补充，安监部门归口并审查，最后由主管安全工作的领导或安全第一责任人批准后颁发执行。

（4）加强对安全职责的监督考核。在电力生产的全过程中，电力企业的每一个员工，都必须认真履行岗位的安全职责，做好各项安全控制工作，直接对安全生产负责，对企业负责。这是安全生产保证体系和监督体系有效运作的要求和体现，也是安全生产责任制的要求和安全生产责任书所保证要做到的，只有这样做，才符合《安全生产法》规定的从业人员“应当依法履行安全生产方面的义务”。各级安监机构及人员，要在职责范围内加强对各级领导、管理人员、作业人员执行规章制度和履行安全职责的有效监督。对认真履行安全职责，在改善安全生产条件、防止安全生产事故、参加抢险救护等方面作出贡献者，给予奖励；对失职造成事故者，给予处罚，以促进岗位安全职责及各项安全控制工作的落实。

三、安全生产目标管理责任制考核表

安全生产目标管理责任制考核表

受考核单位：

<table>
<tr><th>项目分类</th><th>序号</th><th>检查项目</th><th>检　查　情　况</th><th>评价</th></tr>
<tr><td rowspan="8">安全责任体系</td><td rowspan="3">1</td><td rowspan="3">安全生产领导小组建立情况</td><td>已经建立并已经发文公布</td><td>好</td></tr>
<tr><td>已经建立，但未发文公布</td><td>中</td></tr>
<tr><td>未建立安全生产领导小组</td><td>差</td></tr>
<tr><td rowspan="3">2</td><td rowspan="3">安全生产责任制体系建立及落实情况</td><td>已经建立安全生产责任制，内容齐全，责任明确，落实到人；层层分解 HSE 指标，逐级签订责任状，签订人符合要求；并建立考核督查机制，落实责任</td><td>好</td></tr>
<tr><td>已经建立安全生产责任制，逐级签订安全生产责任状，责任落实到人，但未建立考核督查机制</td><td>中</td></tr>
<tr><td>已经建立安全生产责任制，但责任未明确到人或尚未制定安全生产责任制</td><td>差</td></tr>
<tr><td rowspan="2">3</td><td rowspan="2">安全生产目标责任完成情况</td><td>未发生安全生产死亡事故</td><td>好</td></tr>
<tr><td>发生安全生产死亡事故</td><td>差</td></tr>
<tr><td rowspan="6">安全监管体系</td><td rowspan="3">1</td><td rowspan="3">安全管理机构人员配备和工作落实情况</td><td>按规定设置安全管理机构，并配备足够数量的专职安全管理人员</td><td>好</td></tr>
<tr><td>基本按规定设置安全管理机构，配备的专职安全管理人员数量少</td><td>中</td></tr>
<tr><td>没有按规定设置安全管理机构或未配备专职安全管理人员</td><td>差</td></tr>
<tr><td rowspan="3">2</td><td rowspan="3">安全监管情况</td><td>职责明确、责任落实，重大隐患项目整改到位</td><td>好</td></tr>
<tr><td>职责基本明确，责任基本落实，部分重大隐患项目整改到位</td><td>中</td></tr>
<tr><td>职责不明确、责任不落实或重大隐患项目未整改到位</td><td>差</td></tr>
</table>

续表

项目分类	序号	检查项目	检查情况	评价
运行情况	1	安全生产形势的分析情况	每周召开一次安全生产例会，按要求定期向上级报告本公司安全生产形势分析情况	好
			不定期召开安全生产例会，不定期向上级报告本企业安全生产形势分析情况	中
			没有召开安全生产例会或未及时向上级报告本企业安全生产形势分析情况	差
	2	事故应急预案制定及演练情况	按规定制定详细的事故应急预案，并已进行演练	好
			基本按规定制定事故应急预案，应急预案演练基本达到要求	中
			没有按规定制定事故应急预案或未进行应急预案演练	差
	3	安全生产宣传教育情况	认真开展“安全生产月”活动和从业人员安全教育培训，活动形式多样，取得成效	好
			开展“安全生产月”活动和从业人员安全教育培训	中
			未开展“安全生产月”活动或从业人员安全教育培训	差
文件贯彻	1	转发并落实上级安全生产有关文件	100%转发文件，并贯彻落实文件精神	好
			60%以上文件转发，基本落实文件精神	中
			40%以上的文件未转发	差
	2	制定本企业安全生产规范性文件情况	根据本单位实际，制定较全面的安全生产规范性文件，并采取有力措施进行落实	好
			根据本单位实际，制定一部分安全生产规范性文件，并采取措施进行落实	中
			未制定规范性文件	差
安全生产控制指标	—	安全生产指标制定与控制情况	制定安全生产指标，已采取措施，安全生产指标控制良好	好
			制定安全生产指标，已采取措施，安全生产指标控制较好	中
			未制定安全生产指标或安全生产指标已经突破	差
应急救援体系建设	1	安全事故应急预案制定情况	按规定制定详细的安全事故应急预案，预案要素齐全，可操作性强，并已进行演练	好
			基本按规定制定安全事故应急预案	中
			没有按规定制定安全事故应急预案	差
	2	安全生产应急救援体系建设情况	安全生产应急救援体系建设健全	好
			安全生产应急救援体系建设基本健全	中
			安全生产应急救援体系建设不健全	差
事故、隐患、危险源防控	1	隐患排查、报告	及时排查，100%按时报告，记录齐全	好
			有排查，基本按时报告，但记录不全	中
			没有排查，或未按时报告管理处，或没有记录	差
	2	整改措施制定	整治措施内容详细，方法得当	好
			整治措施已制定，但内容不全面	中
			整治措施未制定，或已制定但内容存在较多错误	差

续表

项目分类	序号	检查项目	检 查 情 况	评价
事故、隐患、危险源防控	3	整治行动落实情况	按要求开展综合整治行动，有动员、有部署、有机构、有实施方案，有宣传，取得成效	好
			按要求开展综合整治行动，但工作安排、部署、机构不健全	中
			未按要求开展综合整治行动	差
	4	加强危险源防控管理情况	建立巡回检查制度，实施重点隐患监管，记录详细	好
			建立巡回检查制度，实施重点隐患监管，但记录不详细	中
			未建立巡回检查制度，或未对重点危险源实施重点监管	差
	5	发生辖区生产安全事故报告、查处与责任追究情况	发生生产安全事故按时报告并100%的事故进行了查处	好
			发生生产安全事故基本按时报告，60%以上的事故进行了查处	中
			发生生产安全事故未按时报告，而且查处面低于60%	差
	6	多发性事故整治措施制定与落实情况	认真开展事故分析，制定的整治措施内容详细、方法得当，并且已经落实	好
			开展事故分析，整治措施已制定并已落实	中
			未开展事故分析，整治措施未制定，或已制定但内容存在较多错误	差
	7	事故处理资料保存情况	事故基础资料保存完整	好
			事故基础资料保存基本完整	中
			事故基础资料保存不完整	差
安全检查	1	安全生产工作部署情况	召开专题会议进行部署，并发出通知	好
			未召开专题会议进行部署，但已经发出通知	中
			未召开专题会议进行部署且未发出通知	差
	2	安全生产专项检查情况	主要领导亲自带队，检查重点突出，责任落实，隐患整改到位，处理措施有力	好
			开展大检查并对检查情况进行通报	中
			未开展大检查或未对检查情况通报	差
	3	安全生产月度检查情况	制定具体检查表，重点突出，可操作性强，认真按方案组织实施	好
			制定具体检查表，但未严格按检查表实施	中
			未部署开展安全生产自查自改	差
现场考核	1	各基层队、施工作业现场安全生产情况	抽查到的基层队按规定设置安全管理机构，并配备足够数量的专职安全员。施工作业现场安全、文明、卫生等状况良好	好
			抽查到的基层队没有按规定设置安全管理机构或未配备专职安全员。施工作业现场安全、文明、卫生等状况差	差
	2	安全监察人员履行安全职责情况	遵守有关法律、法规、规范、标准等要求，履行安全监察职责到位	好
			基本能按有关法律、法规、规范、标准等要求履行安全监察职责	中
			人员不到位，履行职责存在较大差距	差
合计（数量）	好____；中____；差____			

考核人（签字）： 考核日期：

第四节　安 全 奖 惩 制 度

为加强“全面、全员、全过程、全方位”安全管理，建立健全安全激励约束机制，落实各级人员安全责任制，在安全工作中做到奖惩分明，依据国家有关法律、法规，各级供电企业应该制定相应的安全奖惩制度，实行安全生产目标管理和以责论处的奖惩制度，对实现安全生产目标的单位和对安全工作做出突出贡献的个人予以表扬和奖励；按照职责管理范围，从规划设计、招标采购、施工验收、生产运行和教育培训等各个环节，对发生安全事故（事件）的单位和责任人进行责任追究和处罚。安全奖惩坚持精神鼓励与物质奖励相结合、思想教育与行政经济处罚相结合的原则。

一、表扬和奖励

供电企业每年对实现安全生产目标的各级供电企业予以表扬奖励，而任一未实现安全目标不予表扬奖励。其中，各级供电企业的安全生产目标分别为：

（一）区域供电企业安全生产目标（含农电、基建）

（1）不发生人身死亡事故。

（2）不发生重大电网、设备事故。

（3）不发生有人员责任的较大及以上电网、设备、火灾事故。

（4）不发生较大施工机械设备损坏事故。

（5）本企业发包、承包、分包的工程现场不发生人身死亡事故。

（6）不发生本企业管理的辅业、多经、修造、试验等单位人身死亡事故。

（7）不发生本企业有责任的较大交通事故。

（8）不发生对企业造成较大影响的安全事件。

（9）不发生 10kV 及以上电压等级的恶性误操作事故。

（10）不发生突发事件、安全事故和各类报表迟报、漏报、瞒报事件。

（二）输变电、供电、发电、施工企业安全生产目标

（1）不发生人身死亡事故。

（2）不发生较大电网、设备事故。

（3）不发生 10kV 及以上电压等级的误操作事故。

（4）本企业发包、承包、分包的工程现场不发生人身重伤和死亡事故。

（5）不发生有人员责任的一般电网、设备、火灾事故。

（6）不发生有人员责任的一般施工机械设备损坏事故。

（7）不发生本企业有责任的一般交通事故。

（8）不发生突发事件、安全事故和各类报表的迟报、漏报、瞒报事件。

（9）满足百日安全个数。

（三）输变电、供电、发电企业年度内实现的百日安全记录个数

（1）1000MW 及以上容量的火电厂 1 个，其他容量的火电厂 2 个。

（2）500MW 及以上容量的水电厂 2 个，其他容量的水电厂 3 个。

（3）35kV 及以上电压等级的主变压器容量 2000MW 及以上的供电企业 1 个，2000～

1000MVA 的供电企业 2 个，1000MVA 及以下供电企业 3 个。

（4）35kV 及以上电压等级的输电线路长度 1000km 及以上的输变电企业 1 个，1000～500km 的输变电企业 2 个，500km 及以下的输变电企业 3 个。

（四）区域供电企业调度部门安全生产目标

（1）不发生人身轻伤及以上事故。

（2）不发生一类障碍及以上事故。

（3）不发生电网事故（事件）迟报、漏报、瞒报事件。

二、处罚

（一）发生特别重大责任事故（一级人身伤亡、电网、设备事件），按以下规定予以处罚

（1）对区域供电企业主要领导、有关分管领导给予降级至撤职处分。

（2）对区域供电企业有关部门负责人给予降级至撤职处分。

（3）对事故责任单位主要领导、有关分管领导给予撤职处分。

（4）对主要责任者所在车间级负责人给予撤职至留用察看两年处分。

（5）对全部责任者给予解除劳动合同处分。

（6）对主要责任者给予解除劳动合同处分。

（7）对同等（共同）责任者给予解除劳动合同处分。

（8）对次要责任者给予留用察看两年至解除劳动合同处分。

（二）发生重大责任事故（二级人身伤亡、电网、设备事件）按以下规定予以处罚

（1）对区域供电企业主要领导、有关分管领导给予行政记大过至降级处分；性质特别严重的，主要领导、有关分管领导应引咎辞职。

（2）对区域供电企业有关部门负责人给予行政记大过至撤职处分。

（3）对事故责任单位主要领导、有关分管领导给予降级至撤职处分。

（4）对主要责任者所在车间级负责人给予撤职至留用察看一年处分。

（5）对全部责任者给予留用察看两年至解除劳动合同处分。

（6）对主要责任者给予留用察看两年至解除劳动合同处分。

（7）对同等（共同）责任者给予留用察看两年至解除劳动合同处分。

（8）对次要责任者给予留用察看一年至解除劳动合同处分。

（三）发生较大责任事故（三级人身伤亡、电网、设备事件）按以下规定予以处罚

（1）对区域供电企业主要领导、有关分管领导给予行政记过至记大过处分。

（2）对区域供电企业有关部门负责人给予行政记大过至降级处分。

（3）对事故责任单位主要领导、有关分管领导给予行政记大过至撤职处分。

（4）对主要责任者所在车间级负责人给予降级至撤职处分。

（5）对全部责任者给予留用察看一年至解除劳动合同处分。

（6）对主要责任者给予留用察看一年至解除劳动合同处分。

（7）对同等（共同）责任者给予留用察看一年至解除劳动合同处分。

（8）对次要责任者给予行政记大过至留用察看两年处分。

（四）发生一般事故（四级人身伤亡、电网、设备事件），对有关责任人员按以下规定予以处罚

1. 人身伤亡和因恶性误操作引发的事故

（1）事故责任单位主要领导、有关分管领导给予行政记过至记大过处分。

（2）对主要责任者所在车间级负责人给予行政记大过至降级处分。

（3）对全部责任者给予行政记大过至解除劳动合同处分。

（4）对主要责任者给予行政记大过至解除劳动合同处分。

（5）对同等（共同）责任者给予行政记大过至留用察看两年处分。

（6）对次要责任者给予行政记过至留用察看一年处分。

2. 220kV 以上变电站全停并造成对煤矿、电铁等重要用户停电事故

（1）对事故责任单位主要领导、有关分管领导给予行政警告至记过处分。

（2）对主要责任者所在车间级负责人给予行政记过至记大过处分。

（3）对全部责任者给予行政记大过至留用察看两年处分。

（4）对主要责任者给予行政记大过至留用察看两年处分。

（5）对同等（共同）责任者给予行政记过至留用察看一年处分。

（6）对次要责任者给予行政记过至记大过处分。

3. 其他一般事故

（1）对事故责任单位主要领导、有关分管领导给予通报批评至行政警告处分。

（2）对主要责任者所在车间级负责人给予行政警告至记过处分。

（3）对全部责任者给予行政记大过至留用察看一年处分。

（4）对主要责任者给予行政记过至留用察看一年处分。

（5）对同等（共同）责任者给予行政记过至记大过处分。

（6）对次要责任者给予行政警告至记过处分。

（五）发生五级事件（人身伤亡、电网、设备、信息系统），对有关责任人员按以下规定予以处罚

（1）对事故责任单位主要领导、有关分管领导给予在公司系统内通报批评处分。

（2）对主要责任者所在车间级负责人给予通报批评至行政警告处分。

（3）对全部责任者给予行政记大过处分。

（4）对主要责任者给予行政记过至记大过处分。

（5）对同等（共同）责任者给予行政警告至记大过处分。

（6）对次要责任者给予行政警告至记过处分。

（六）发生六级事件（人身伤亡、电网、设备、信息系统），对有关责任人员按以下规定予以处罚

（1）对主要责任者所在车间级负责人给予通报批评并扣发三个月奖金处分。

（2）对全部责任者给予行政记过至记大过处分。

（3）对主要责任者给予行政警告至记大过处分。

（4）对同等（共同）责任者给予行政警告至记过处分。

（5）对次要责任者给予通报批评至行政警告处分。

（七）发生七级事件（人身伤亡、电网、设备、信息系统），对有关责任人员按以下规定予以处罚

（1）对主要责任者所在车间级负责人给予扣发一个月奖金处分。

（2）对全部责任者给予行政警告至记大过处分。

（3）对主要责任者给予行政警告至记过处分。

（4）对同等（共同）责任者给予通报批评至行政警告处分。

（5）对次要责任者给予通报批评并扣发三个月奖金处分。

发生八级事件（人身伤亡、电网、设备、信息系统），对有关责任人员由各单位自行制订考核细则。

第五节 安全工作会议

安全工作会议是企业为了更好地学习、贯彻国家有关安全生产的方针政策和上级主管部门有关安全生产工作的文件、会议精神，及时总结安全生产情况并组织落实各项安全措施，确保企业、车间、班组安全生产工作顺利进行，而组织召开的各种安全例行会议。除安全例行会议外，企业、车间、班组可根据生产实际需要，组织召开紧急安全会议，进行事故（障碍）调查分析、文件传达、措施审核制定等，会议形式和内容根据需要而定。

一、安全生产委员会会议

供电企业的各级行政正职作为安全第一责任人，应定期主持召开安全生产委员会会议（以下简称“安委会”）、安全分析会（区域供电企业每季度一次，输变电、供电、发电及施工企业每月一次，下同），掌握安全生产动态，综合分析安全生产趋势，研究采取预防事故的对策；对涉及人身、电网、设备安全运行的重大问题，应亲自主持专题会议研究分析，提出措施，及时解决。

（一）会议前期准备

（1）由供电企业主管生产的副职召开由主要生产管理部门一把手参加的预备会议，确定各项工作完成的时间段，包括上次安委会议题完成情况、征集本次议题、各生产专业主管部门安全生产情况汇报材料的准备等。

（2）安委会成员要广泛征集安委会会议议题，议题要求以部门、车间为单位，涉及本部门的重大课题、难点问题，按照时间节点要求上报专业主管部门，专业主管部门审核后报安委会办公室汇总。

（3）安委会会议议题的格式见表2-1。

表2-1　　安委会会议议题的格式

序号	议题题目	目前现状	资金或其他需求	建议或解决方案	议题上报人姓名
1					
2					

（4）由企业主管生产的副职召开，由主要生产管理部门一把手参加的安委会会议议题及汇报材料审核会，确定需安委会解决的议题及各生产专业主管部门安全生产情况汇报材料定

稿，并确定安委会会议议程、会议召开时间、参加人员（全体安委会成员、安委会办公室成员），并在安委会召开前一周，公布安委会需要审议的议题，以提前做好议题审核准备。

（5）会议议程共由四部分组成。

1）由安全监察部门汇报上次安全生产委员会上通过议题的完成情况报告。

2）由各部室一把手（安委会成员）汇报阶段安全生产情况及本专业存在的主要问题。

3）由主管生产的副职提交安委会会议的新议题，通过大会进行审议。

4）总经理讲话，对上一阶段工作进行评价，部署下一阶段安全生产工作的重点并确定议题的牵头主管、责任部门、完成时限，以上任务列入供电企业督办。

（二）会议通知

由安委会办公室发布关于召开安委会会议的通知，格式如下。

关于召开××公司安全生产委员会会议的通知

各有关部室、车间:

1. 会议时间：××年××月××日××时

2. 会议地点：××会议室

3. 与会人员：

4. 会议要求：相关部门按要求准备好会议发言材料，于××日××时前将材料以电子邮件传至安委会办公室××收。

安委会办公室

××年××月××日

（三）会议纪要

安委会会议结束后一周内发布本次安委会会议纪要，格式如下。

××公司××年第×次安全生产委员会会议纪要

××年××月××日××时，××总经理主持召开了××公司××年安全生产委员会第×次会议，××公司安全生产委员会成员及安委会办公室成员参加了会议。应出席会议人员××人，实际出席会议人员××人。按照会议议程，安监部门总结了××年××阶段安全生产情况及今后工作重点，汇报了上一次安委会议定任务，提交了请本次安委会成员审议的议题，其他部门就本专业安全生产情况进行了汇报。

经过认真讨论对提请审议的议题提出了意见和建议。会议决定由××部门牵头落实本次会议议定的工作任务，并向下次安委会报告完成情况，总经理工作部负责督办考核。

会议要求：

副总经理提出：

总经理指出：

书记指出：

各部室安全生产第一责任人在本次安委会上的发言。

要求：各部门、各单位要认真组织学习××总经理和××书记对安全生产的要求，落实××安委会的工作部署。

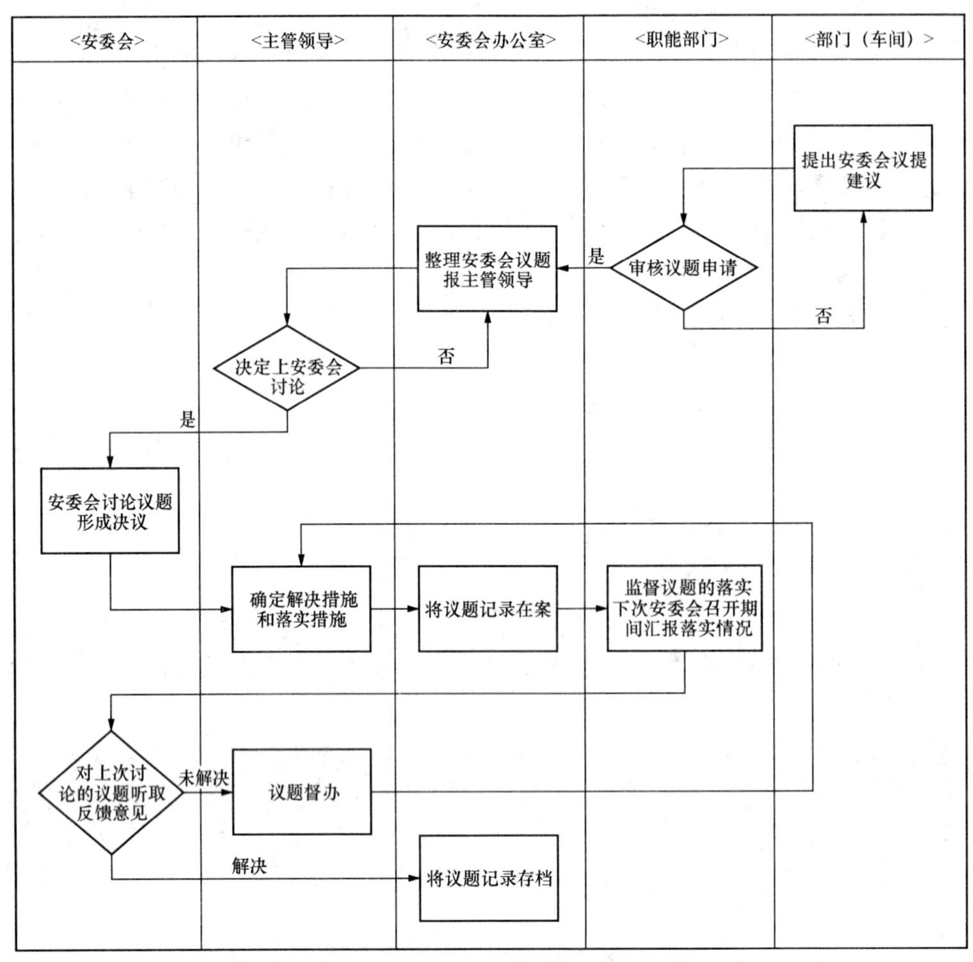

附件：××公司××年安委会第××次会议任务分解表

序号	工作内容	主管领导	责任部门	配合部门	完成期限
1					
2					

二、安全分析会

各级供电企业应每季进行一次安全分析会。输变电、供电、发电及施工企业应每月进行一次安全分析会，综合分析安全生产趋势，及时总结事故教训及安全生产管理上存在的薄弱环节，研究采取预防事故的对策。会议由安全第一责任人主持，安委会成员和有关部门负责人参加。

（1）各级行政正职安全生产工作的基本职责。及时了解安全生产情况，定期听取安全监督部门的汇报，并定期主持安全分析会议，及时组织研究解决安全生产工作中出现的重大问题。

（2）分管基建工作行政副职的安全职责。参加安委会、安全分析会、安全检查等活动，

组织基建安全文明施工检查，经常听取安全生产工作汇报，组织召开基建安全工作有关会议，及时研究和协调解决安全生产中存在的问题。

（3）分管生产工作行政副职的安全职责。主持安全生产协调例会，主持或参加安委会、安全分析会、安全监督（安全网）例会，组织各类安全检查活动，掌握各项规程规定和制度的落实情况，督促解决安全生产中的重大问题或带有倾向性的问题，做到任务、时间、费用、责任人“四落实”。

（4）分管多种经营行政副职的安全职责。参加安委会、安全分析会、安全检查等重要活动，每季度召开一次多种经营安全生产情况分析会，研究解决安全生产中存在的问题。

作为安全管理的一种例行工作，安全分析会会议由企业的安全第一责任者主持召开，会议在每月的月初召开，安全分析会是企业强化安全管理，促进安全生产的重要载体，也是管理层、执行层进行相互沟通、交流的有效渠道，各级供电企业每月针对安全管理工作组织召开的分析会，是综合分析本单位安全生产趋势，及时总结事故教训及安全生产管理上存在的薄弱环节，研究采取预防事故的对策，督促监督事故隐患及时整改。单位安委会成员、各职能部室和各生产车间主要负责人、班组长及安全员参加。

（一）前期准备工作

（1）各车间月初召开由车间领导、生产组长、专责、安全员、班组长参加的本车间安全生产分析会，会议内容包括：①各专业班组月工作基本情况汇报；②事故、障碍、异常情况统计分析；③“两票”统计分析、各类违章查处和考核情况；④各专业在安全生产中存在的问题；⑤下一阶段工作安排。

（2）车间级专职安全员负责整理车间的安全分析报告，内容包括：①本月重点工作完成情况（包括：事故、障碍、异常情况、“两票”统计分析、各类违章查处和考核情况和采取的措施）；②工作中存在的问题；③下一阶段工作安排；④车间的安全分析报告于公司召开安全分析会前 2 天交公司安全监察科综合专责人；⑤安全监察部综合专责人负责汇总车间问题交主任审阅，并按领导指示编写问题解决方案。

序号	车间名称	问题	解决方案	责任部门	责任人
1					
2					

（二）会议议程

（1）由安全监察部门公布上次分析会中各车间问题的解决方案，车间安全员、领导作补充发言。

（2）相关部室作安全分析报告，安全分析报告主要内容包括：①汇报当月的安全生产情况，存在的主要问题和采取的措施；②汇报上月存在问题的跟踪情况；③汇报各类缺陷及消除情况；④汇报本月重点工作内容。

（3）总工、副经理、总经理等发言，提纲为：①简单总结分析本月安全生产情况；②提出几项要求；③布置下一步工作。

（三）会议纪要

召开会议后，由安全监察部门发会议纪要，格式如下。

1. ××公司安全指标完成情况

（1）截至××年××月××日，××公司安全生产长周期为××天，年度安全长周期××天，实现×“百日”安全长周期。

（2）未发生上级部门下达的安全考核指标规定的考核事项。

2. ××年××月的主要工作完成情况

（1）安全管理主要工作完成情况。

（2）生产运行主要工作完成情况。

（3）调度运行主要工作完成情况。

3. 会议明确××年××月的重点工作以及每项工作的牵头部门和配合部门。

4. 总经理提出明确要求以及每项工作的牵头领导、牵头部门和配合部门。

5. ××月安全情况分析、生产运行分析、调度运行分析等作为附件。

三、公司年度、年中安全工作会

以年度安全工作会会议为例，年度安全生产工作会要在上级企业召开的年度安全生产工作会会议结束后，召开本企业年度安全生产工作会，会议由供电企业的安全第一责任者主持召开。

根据上级召开的年度安全生产工作会会议精神，对本企业全年安全生产进行趋势分析并制定相应措施，制定本企业全年安全生产总目标和重点工作内容。车间根据供电企业的年度安全生产工作会会议精神，制订本车间的全年安全生产总目标和重点工作内容，依此类推，完成工作任务和责任的有效传递。

（一）会议前期准备

各部室对全年安全生产情况进行总结，通过数据的对比和分析，形成趋势报告，具体如下。

（1）通过今年和去年的事故、障碍情况对比，分析出主要原因，存在问题所在，制定相应对策。

（2）通过今年和往年的事故、障碍情况连接，做事故、障碍情况趋势图（违章情况对比、供电可靠性、综合电压合格率、调度运行情况、继电保护及安全自动装置动作情况及原因分析对比等）。

（3）以上述数据分析对比为依据，制定相应措施，改进工作，提高管理。

（二）会议内容

企业年度、年中安全工作会每年年初由安全第一责任人主持、安委会成员及生产骨干参加，召开年度安全工作会，主要内容应包括：

（1）通报企业上一年度安全生产指标任务完成情况。

（2）总结企业上一年度安全生产中的特色工作。

（3）分析安全生产中存在的突出问题和主要困难。

（4）宣布当年安全生产指标和重点工作任务。

（5）结合实际安排好当年安全生产工作思路及重点工作。

车间根据年度安全生产工作会会议精神，落实本车间的安全生产目标和责任。

（三）会议议程

（1）相关部室作相关专业的年度安全工作报告。

（2）公司或分公司副经理作公司或分公司年度安全工作报告。

（3）总经理发言，对本年度安全生产做简要评价，对今年工作提出相应要求。

（四）会议纪要

由安全监察部门编写年度安全生产工作会会议纪要，××公司总经理讲话、××公司××年安全生产工作报告、生产技术、调度、基建、营销等专业工作报告，作为附件。

四、安全监督及安全网例会

供电企业应每半年召开一次安全监督例会，由公司安监部门负责人主持，输变电、供电、发电及施工企业安监负责人参加；输变电、供电、发电及施工企业应每月召开一次安全网例会，由企业安监部门负责人主持，安全网有关成员参加。

总结、分析上个月安全生产监督工作的基本情况，提出安全监督工作中发现的问题及拟采取的措施，互相交流经验，落实和传达上级有关安全生产工作的文件精神等，布置下一阶段安全工作任务及阶段性工作任务。各级供电企业安全监察科全体人员、各生产车间和各科室安全员及班组安全员参加会议。会议议程如下。

（1）安全监察科各专工汇报上月安全网会中，车间安全员提出问题的解决情况及上月安全生产存在的主要问题和下一阶段各专业安全生产工作任务。

（2）各车间安全员汇报本月安全生产监督工作基本情况、各项安全管理工作完成情况和遇到的问题。

（3）事故、障碍、异常未遂等情况的分析。

（4）安全生产监督工作基本情况，包括提出安全监督工作中发现的问题及拟采取的措施，公布月稽查简报。

（5）安全管理的好的经验、做法。

（6）传达上级文件和精神。

（7）下月安全重点工作和要求。

（8）由安全监察部副主任作总结性发言，并布置下一阶段重点工作内容。

（9）安全监察部综合岗作好会议记录，会后编写月稽查简报，格式如下。

××××供电企业
安全生产稽查简报
第×期
（20××年）

××分公司安监科　　　　　　　　　　20××年××月××日

---

1. 安全长周期情况
2. 施工现场检查情况
3. 两票执行情况及分析
4. 本月主要工作完成情况
5. 下月重点工作

五、班组安全日活动

班（组）每周或每个轮值进行一次安全日活动，活动内容应联系实际，有针对性，并做好记录，车间领导应参加并检查活动情况。

（一）安全日活动要求

（1）安全日活动是电力企业保证安全生产行之有效的方法，是夯实安全基础的有力保障。班（组）每周或每个轮值要进行一次安全日活动，活动内容应围绕安全工作，联系实际，有针对性和有操作性，做好记录，并录音。车间领导应参加并检查活动情况。

（2）为保证班组安全日活动的有效性，首先需要做会前的充分准备，提前准备好上一周的安全工作总结，活动中明确指出上一周安全工作中存在的问题及应吸取的教训和整改措施，注意收集事故案例，准备好有关的学习资料；活动中要结合本岗位、本专业的实际情况，运用“举一反三”的办法，引导教育员工积极参与，表扬安全生产中出现的好人好事，同时要注意联系实际，避免安全活动与安全生产脱节的不正常现象，防止因活动形式单调而诱发员工的逆反心理，提高安全活动的效果。

（二）班组安全日活动内容

（1）班组及个人一周来的安全情况小结和分析。

（2）对发生的异常和险情做到“四不放过”，制定防范措施。

（3）表彰严格执行规章制度的好人好事。

（4）学习安全规程、事故通报、上级文件，结合班组实际制定落实贯彻措施。

（5）对所管辖的设备进行运行情况和缺陷分析。

（6）安排下周安全事项，讨论制定安全措施和注意事项。安全日活动记录见表 2-2。

表 2-2　　安全日活动记录

学习时间		主持人		车间班组	
参加人数		缺席人员			
安全活动内容（注：只做简单记录，详细见录音记录）					
措施及建议：					
填写人		检查人意见 检查人签字：			

六、班前会、班后会

（1）班前会：接班（开工）前，结合当班运行方式和工作任务，做好危险点分析，布置安全措施，交代注意事项。参加人员为全体工作班成员，接班（开工）前，结合工作任务和工作实际情况，做好危险点分析和预控措施，站队交代好相关工作任务，布置好工作任务，

并做好录音，检查人员的劳动防护用品使用情况，注意每个人的精神状态、身体情况，如有异常立即采取相应措施。

（2）班后会。工作结束后要及时总结讲评当班工作和安全情况，表扬好人好事，批评忽视安全、违章现象并做好记录，每个人都可以简单地谈谈自己的体会，以相互借鉴，取长补短，提高认识和安全意识，并做好记录和录音。

七、现场安全分析会

现场安全分析会是针对人身或设备事故，召开的现场分析会，由安全监察部门牵头，生产技术部门、调度、工会、人事、党办等相关部室相关人员和相关单位、车间、班组的主要成员或全体人员参加，其主要目的是分析总结事故教训，让人身临其境地受到教育和启发，以警醒相关人员遵章守纪，建立健全反违章长效工作机制，重点治理管理性违章，逐步消除装置性违章，加强现场安全管理和监督检查，规范各级人员行为，切实保障人身、电网和设备安全使安全生产“可控、能控、在控”，现场安全分析会程序如下。

（1）相关责任车间安全第一责任人介绍事故经过、现场安全情况及事后现场整改情况。

（2）事故责任人详细介绍现场其他情况及细节，并谈谈个人感想。

（3）安监部门分析事故原因，暴露的问题及现场违章情况，提出整改措施，讲明应吸取的教训，“举一反三”，要求车间彻查安全隐患，提高员工安全意识。

（4）相关领导作总结发言。

（5）注意用安全分析的现场照片、录音来加强安全宣传，会后安监部门下发内部安全通报。

安全工作会议一览表见表2-3。

表2-3　　安全工作会议一览表

序号	会议名称	组织主体	周期（或时间）	主持人	参加人员
1	年度安全生产工作会	供电企业	年初	总经理	有关领导、生产管理部门的负责人，各单位可组织通过电视电话收看
		各单位	年初	总经理	有关领导、生产管理部门以及生产车间的负责人、安全员、班长（站长）
2	安委会	供电企业	半年	总经理	安委会成员及其办公室成员
		各单位	半年	总经理	各单位安委会成员及其办公室成员
3	安全生产务虚会	供电企业	年底	副总经理或安监部门负责人	有关领导、生产管理部门负责人、基层单位主管生产的领导、安监科长
		各单位	年底	安监部门负责人	有关领导、生产管理部门以及生产车间的负责人
4	年中安全分析会	安全监察部门	半年一次	单位一把手	有关领导、生产管理部门以及生产车间的负责人
5	季度安全分析会	安全监察部门	一季度一次	单位一把手	有关领导、生产管理部门以及生产车间的负责人
6	安全分析会	供电企业	季度	分管安全生产领导	有关领导、生产管理部门的负责人及专业人员等

续表

序号	会议名称	组织主体	周期（或时间）	主持人	参加人员
6	安全分析会	各单位	每月	总经理	有关领导、生产管理部门以及生产车间的负责人
		车间、工区	每月	车间、工区负责人	车间、工区班长及以上人员
7	班前、班后会（开工会、收工会）	工作班组	接班（开工前），交班（收工后）	班长	班组成员
				工作负责人	工作成员
8	安全日活动	班组	每周（或每个轮值）	班组长	班组成员
9	安全监督网例会	公司	每月	安监部负责人	各单位安监科长、相关部室人员
		各单位	每月	安监部门负责人	各级专、兼职安全员
10	事故现场分析会	安全监察部门	根据具体情况决定	安全监察部门	相关部门、相关人员

第三章

人身安全管理

人身安全从广义上讲包括生命、健康、行动自由、住宅、人格、名誉等安全，但从刑法立法的本意而言，这里的人身安全应当是作为自然人的身体本身的安全，而不是自然人作为社会成员角色而派生出来的住宅、人格、名誉等安全。人身安全管理是指消除危害人身安全健康的一切不良因素，保障员工的安全和健康、舒适地工作。本章详细阐述了导致人身伤亡事故的伤害种类、人身受伤部位、受伤性质等分类，以及引起人身伤亡事故的起因物、致害物，使员工了解后能够有效地预防人身伤亡事故的发生。另外，本章还阐述了人身受到伤害的类别，员工在生产过程中的不安全状态和不安全行为，为安全生产起到一个良好的基础管理作用，但是百密仍有一疏，生产中仍然会存在人身伤亡事故的隐患，为了坚持以人为本，有效防止和减少事故发生，各级供电企业必须通过人身伤亡统计分析出事故的规律，研究出相应的对策措施，为安全生产、人身安全管理奠定良好的基础。同时，在发生人身伤亡事故后，保证员工或其亲属通过国家制定的工伤保险条例进行索赔，保障因工作遭受事故伤害或者患职业病的员工获得医疗救治和经济补偿，促进工伤预防和职业康复，同时也分散了用人单位的工伤风险，形成一个风险共担的良好局面。

第一节　人身伤亡事故类别

一、人身事故类别

按《电力生产事故调查规程》的规定，在导致电力员工伤亡事故中，主要包括以下21种。

（1）触电。电流流经人身造成的生理伤害。人体接触设备带电体裸露部分或安全距离不够引起对人身触电，接触绝缘破损、外壳带电的手持电动工具。起重作业时，设备误触高压线或感应带电体，触电后发生高处坠落、电灼烧伤均属触电事故，而不属高处坠落和灼烫伤。雷击造成的伤害也列为触电。

（2）高处坠落。由于危险重力势能差引起的伤害，其主要是指高处作业发生的坠落，也适用于高出地面的平台陡壁作业及地面失足坠入孔、坑、沟、升降口、料斗等坠落事故，但不包括其他事故类别作为诱发条件的坠落事故，如线路杆塔上作业时触电后的高处坠落（应统计为触电）。

（3）倒杆塔。输配电线路电杆和铁塔因受外力（车辆碰撞）、大风引起倾倒，或由于立铁塔、架拆线作业方法不当引起杆塔倾倒，使杆塔上作业人员或地面人员受到伤害。劳动安全监督部门无此事故类别，考虑到电力生产中此类事故时有发生，故专门设此事故类别。当向地方劳动安全部门上报此类人身伤亡时，可视情况划分为从构筑物上“高处坠落”或“物体打击”，当用起重机具拆除或起吊杆塔发生的伤亡也可视为“起重伤害”。

（4）物体打击。适用于落下物、飞来物、滚石、崩块等造成的伤害，包括砍伐树木作业发生“回头棒”、“挂枝”伤害和锤击等都属此类伤害，但不包括因爆炸引起的物体打击。

（5）机械伤害。各种机械设备和工具引起的绞、辗、碰、卷轧、割戳、切等造成的伤害，但已列为其他事故机械类别的机械设备造成的伤害除外，如车辆、起重设备、锅炉和压力容器等。

（6）起重伤害。从事起重作业时引起的机械伤害。抓煤机、推取料机及电动葫芦、千斤顶、手拉链条葫芦、卷扬机、线路的张力牵引机等也属起重机械。起重作业时，脱钩砸人、钢丝绳断裂抽人、移动吊物撞人、钢丝绳刮人、滑车碰人，起重机装、拆和使用时倾翻及提升设备过卷扬等造成的人身伤害均属此类别，而不属物体打击。

（7）车辆伤害。凡生产区域内及进厂、进变电站的专用道路或乡村道路（交管部门不处理事故的道路）发生机动车辆（含汽车类、电瓶车类、拖拉机类、有轨车辆类、施工车辆类）在行驶中造成挤压、坠落、撞车或倾覆，行驶时人员上下车，发生车辆运输挂摘钩、车辆跑车等造成的人员伤亡事故，本企业负有“同等责任”、“主要责任”或“全部责任”的本企业员工中伤亡人员应作为电力生产事故统计上报。若车辆伤害不涉及其他企业，则不论责任如何论定（含受伤害员工本人负有责任）均应统计为本企业电力生产事故。

（8）淹溺。大量水经口、鼻进入肺，造成呼吸道阻塞，发生急性缺氧而窒息导致死亡。

（9）灼烫伤。强酸、强碱溅落到身体，火焰引起的烧伤，高温物体（汽、水）引起的烫伤，放射线引起的皮肤损伤，属灼烫伤。电烧伤及火灾事故引起的烧伤不应统计为灼烫事故。

（10）火灾。企业中发生在时间上和空间上失去控制的燃烧所引起的人身伤亡应统计为火灾伤害事故。工厂企业常见火灾有六类：①可燃气体火灾；②可燃液体火灾；③可燃固体火灾；④电气火灾，如各种电动机、变压器、线路电线、开关、控制器等运行、使用时发生火花进而引起火灾；⑤金属火灾（电厂凝汽器钛管等均可能发生火灾）；⑥其他火灾，如散装炸药引起的火灾。

（11）坍塌。建筑物、构筑物（含脚手架）、推置物料倒塌及土石方塌方引起的伤害。

（12）放炮。施工时放炮作业发生的伤亡，它适用于各种爆破作业，如采石、采矿、开山、挖基础、修路、拆除建筑物等。

（13）中毒和窒息。在生产条件下，毒物进入机体与体液和细胞结构发生生化或生物物理变化，扰乱或破坏机体的正常生理功能。食物中毒和职业病均不列入本类别。

（14）刺割。工作时钉子戳入脚，身体被金属或刀片快口割破。在劳动安全监督部门公布的事故类别中无此项，此类事故较多，若发生此类事故，企业往劳动安全监督部门上报时，事故类别应属“其他”。

（15）道路交通。凡员工（含司机及乘车职工）从事与电力生产有关工作中，发生由公安机关调查处理的道路交通事故，且在《道路交通事故责任认定书》中判定本方负有“同等责任”、“主要责任”或“全部责任”，则本企业员工中伤亡人员作为电力生产事故。本企业车辆造成他方车辆损坏或人身伤亡、道路行人、骑车人伤亡，仅向道路交通部门报，电力生产不

与统计。

（16）跌倒。由于跌倒而造成的人身伤害，事故类别应属“跌倒”。

（17）扭伤。由于用力不当造成腰间盘脱出、骨关节脱位、肌肉拉伤、肌肉撕裂等伤害，事故类别应属“扭伤”。

（18）动物伤害。由于动物或森林昆虫等伤害，事故类别应属“动物伤害”。

（19）受压容器爆炸。锅炉汽水受热面爆破、汽水压力管道、生产性压力容器（除氧器、加热器、压缩气体储罐、氢罐等）发生的物理性爆炸（容器壁破裂）和化学爆炸，凡属盛装容器、换热容器、分离容器、气瓶（罐）、槽车等容器爆炸均属此类事故。

（20）其他爆炸。凡不属于火药爆炸以及锅炉、压力容器、气瓶爆炸的事故均列为其他爆炸事故。如可燃气体（乙炔、氢、液化石油气、煤气等）、可燃性蒸气（汽油、苯）、可燃性粉尘（镁、锌粉、面麻纤维、煤尘等）与空气混合引起爆炸。锅炉燃烧室爆炸（炉膛放炮）也属此类事故。

（21）其他。凡不能列入上述类别的伤亡事故，均作为其他伤害。

二、受伤部位

指受伤害人身体受伤的部位（包括中毒等在内），主要有：头骨（颅骨）骨折、颈脊椎骨骨折、胸椎骨骨折、腰椎骨骨折、骶尾盆骨骨折、附肢骨骨折、躯干骨骨折、手掌指骨骨折、脚趾骨骨折、手掌、手指截除、脚掌、脚趾截除、臂、腿截除、灼、烧、烫伤、内脏器官受伤及功能损伤、伤后手术、急性中毒、皮肉破伤、软组织损伤、其他。

三、伤害类型

伤害类型包括：皮肉破损、骨折、多处骨折、轻度灼烫伤、中度灼烫伤、严重灼烫伤、低位截肢、高位截肢、轻度功能障碍、严重功能障碍、低位截瘫、高位截瘫、植物人、电弧烧伤、其他。

四、起因物

起因物是指那些物体或物质作为有害物质或有害环境，引起的不安全状态。

起因物包括：锅炉、压力容器、电气设备、起重机械、泵、风机、发动机、车辆、船舶、动力传送机械、电动工具、非电力手动工具、其他机械、建筑物构筑物、可燃性气体、有毒有害物、放射性物质及设备、钢材、化学品、石油制品、煤、粉尘、梯、木材、工作面（人站立面）、环境、动物、汽、水、其他。

五、致害物

致害物是指直接引起或导致伤害的物体或物质，如易燃易爆物品、有毒有害物、放射源、通风机械、起重工程机械、电气设备、工器具、机械零部件、金属材料、制品、建构筑物、建筑材料、气、水、汽、电、其他。

六、不安全状态

不安全状态是指导致事故发生的有害物质（设备），工器具存在的不安全状态，劳动防护用品缺损或有害环境等。

（1）缺保护、保险信号或有缺陷。包括无防护罩、无安全保险装置、无报警装置、无安全标志、无护栏或其损坏、无防突然来电措施、防突然来电措施不当、电气装置未接地、绝缘不良、噪声大、危房内作业、未装挡车器栏、防护罩未到位、防护调整不当、坑道或隧道支撑防护不当、防爆装置不当、安全距离不够、隐蔽所有缺陷、带电部分裸露、防护不当等。

（2）设备工具有缺陷。包括设计不当、结构不合要求、通道视线遮挡、制动装置缺陷、设备工具缺陷、安全间距不够、防护栏网缺陷、工件毛刺毛边，设施有锋棱、其他不合要求，验电器失灵或未定期试验，漏电保护器失灵等。

（3）强度不够。包括机械强度不够、有机械老伤痕、变形减薄、锈蚀腐蚀减薄、绝缘损坏、绝缘老化、绝缘强度不够、起吊绳索不合要求等。

（4）设备不正常运行。包括设备带病运行、装置不定期校验、设备超负荷运行、超出正常运行参数范围等。

（5）维修调整不当。包括设备失修、设备失灵、设备保养不当、维修整定不良、设备使用不当等。

（6）防护用品缺少或有缺陷。包括无个人防护用品、防护用具不合要求等。

（7）生产环境不良。包括照明亮度不足、照明亮度过强、现场视物不清、通风不良、风流短路、有毒有害气体浓度超限、易燃易爆气体浓度超限、无风放炮作业、瓦斯超限、携违禁品进入、作业场所狭窄、地面不平、作业场地杂乱、工料堆放不安全、安全通道不畅、应砍伐树未处理、交通道配置不当、操作工序不安全、地面滑、地面有油或液体、工作面冰雪覆盖、有其他易滑物、储存方法不安全、环境温湿度不当等。

（8）其他不安全状态。凡不能列入上述的不安全状态，均作为其他不安全状态统计。

七、不安全行为

不安全行为是指造成事故发生的人的行为和管理方面失误，包括工作时个人应采用而实际工作时未采用的防护用品，应采取而工作时未考虑、未执行或未采取的安全措施（包括组织措施和技术措施）以及领导违章指挥、强令工人冒险作业和工人本身违章违纪作业等。

（1）忽视警告误操作，包括随意开停移动设备、开停机器未给信号、开关未锁造成误动、忘记关闭设备、强解除闭锁操作、操作不按规程、误拉误合开关、漏拉漏合开关、忽视警告标志信号、错误操作、奔跑作业、供送料过快、机器超速运转、酒后作业、客货混装、手伸进危险区、工件紧固不劳、用压缩气吹铁屑等。

（2）造成安全装置失效。包括拆除安全装置、安全整定值错误、安全装置失效等。

（3）不执行《电力安全工作规程》要求。包括未使用安全电压工具、未使用安全行灯、未停电、未增加照明、未加绝缘隔板、未用绝缘操作杆、未加绝缘垫、未验电、未接地、未通风、未挂警告牌、未拉安全网、未设安全围栏、未降温、未泄压、无隔离措施、无防倾倒措施、未用触电保安器、未设监护人、未技术交底、无工作票、无操作票、无工作许可、未设安全禁止区、未设隔离区、未及时瞭望、未测易爆易燃气体浓度、未测有毒有害浓度、无防倒转措施、无防误闭锁措施、装置未定期切换等。

（4）使用不安全设备。包括使用不牢固设施、使用无保护设备、使用不合格器具等。

（5）以手代替工具操作。包括用手代替工具、用手清除铁屑、不用夹具手拿工件等。

（6）物体存放不当。包括物体堆放不稳等。

（7）冒险作业。包括冒险进入危险场所、危险进入涵洞、冒险进入有毒容器、接近漏料

处、冒险进入安全禁区、私自进入油罐井、无动火证、易燃易爆场所动明火、脚手架未验收、强行超车、未及时瞭望、攀坐不安全位置、起吊物下作业停留、设备运转时维修、有分散注意力行为等。

(8) 不正确使用安全防护用品。包括无护目镜或面罩、无防护手套、未穿安全工作鞋、未穿安全工作服、未戴安全帽、未扣安全帽扣、未带呼吸护具、未扣安全带、未戴工作帽等。

(9) 安全管理不当。包括无三级安全教育、未定期《安规》考试、未定期体检、特殊工种无证上岗、安全规程不健全、管理失职失误、违规违章渎职、执行考核不力等。

(10) 决策层过失。违章指挥、查处隐患不消除、不制止违章行为、对易燃易爆物品处理失误、指挥不当、劳动组织不合理等。

(11) 其他不安全行为。站、坐不安全位置、抓钢绳攀登、游动吸烟、工作前未作安全检查、无特种作业许可证、无临时电源标志、临时电源不合格、带压检修（符合有关规定并采取经技术负责人批准的安全措施除外）、工作精神不集中、员工身体状态欠佳以及其他不安全行为。

八、事故直接原因和间接原因

(1) 安全装置缺陷。包括设备工器具缺防护装置、设备工器具缺保险装置、设备工器具缺信号装置、防护/保险/信号有缺陷、安全装置未校验、安全装置未定期维修、保护整定错误、防护装置其他缺陷等。

(2) 设备工具缺陷。包括设备/工具/附件有缺陷、设备未按期维修、设备等器具缺信号装置、设备老化、工器具保管不当、绝缘损坏、材质腐蚀减薄、设备工具其他缺点等。

(3) 安全防护用品缺陷。包括无个人防护用品、未使用个人防护用品、不正确使用个人防护用品、个人防护用品有缺陷、个人防护用品未试验、采购不合格用品、防护用品保管不当、防护用品其他缺陷等。

(4) 作业环境不安全。包括工作环境光线差、工作通道不良、工作环境温度高、环境通风不良、无防滑措施、工作地点无栏杆、孔洞未封盖、未设安全围栏、无安全警告牌、现场未定期清理、安全距离不够、脚手架不合要求、上下未设安全隔离、附近有易燃物、附近有带电体、电杆埋深不够、气候恶劣、气候突变、未执行“三同时”、工作场所有其他欠缺等。

(5) 安全技术措施欠缺。包括未开作业单、没有安全交底、安全措施考虑不周、安全措施未审批、安全措施无法执行、安全措施未认真审批、安全技术措施其他欠缺等。

(6) 缺乏指导检查。包括现场有安全隐患、设备隐患未查处、危险作业无人监护、危险作业无许可手续、工作前未查作业环境、没有定期安全检查、查处隐患未及时整改、领导不执行“五同时”、领导决策错误、领导指挥错误、指导检查其他不足等。

(7) 劳动组织不合格。包括人员不能胜任、人数不能胜任、人员搭配不合理、工作无人负责、工作人员体质差、人员未作体检、通信联络指挥差、劳动组织其他缺陷等。

(8) 设计制造缺陷。包括设计收资不够、设计原理错误、设计未经审查、设计不符合规范、设计结构不合理、设计安全裕度不够、未经鉴定、设计缺陷、制造加工质量差、制造焊接质量差、使用材质差、设备选型不当、发现问题未改进、错用材料、布置不当等。

(9) 安全技术知识差。没有进行三级教育、安全考试不及格、日常安全教育不正常、未接受紧急救护培训、未参加安全交底、“三不伤害”意识不强、不懂机具操作方法、不懂工器具使用方法、技术知识其他不足等。

（10）违章违纪。包括违章指挥、违章操作、无证操作、酒后上班、客货混装拆除安全限位装置、解除安全闭锁装置、强用不安全设备、冒险作业、高速行车、违章超车、不执行安全技措、不执行“两票三制”、不接地、不穿劳护鞋、不穿防护服、不戴工作帽、不戴工作镜、不正确使用手套、不戴安全帽、安全帽不扣帽带、不带安全带、安全带不钩牢、不验电、未戴防毒面具、未执行监护、操作前不发警告、游动吸烟、禁火区吸烟、动火、未挂安全警告牌、不守劳动纪律、不服从领导指挥、不服从安监员告诫、不负责任玩忽职守、违章违纪其他等。

（11）安全操作规程欠缺。包括操作规程不全、操作规程不当、无操作规程，操作规程未及时修订等。

（12）其他。包括突然发病、出线突发事件、自然灾害以及前面未包含的其他原因等。

第二节　人身伤亡事故统计

为贯彻“安全第一、预防为主、综合治理”的方针，坚持以人为本，加强人身伤亡统计，分析事故规律，研究对策措施，有效防止和减少事故发生，依据国家有关法律法规和行业有关规程制度，各级供电企业必须做好人身伤亡事故调查、报告及考核工作，在人身伤亡统计过程中必须实事求是，上报数据完整、及时、准确。

一、统计范围

发生下列情况之一，必须按照以下规定进行统计。

（1）在各级供电企业工作场所或承包租赁的工作场所发生的人身伤亡（含生产性急性中毒造成的伤亡）。工作场所是指各级供电企业办公、经营、服务、运行、检修、施工、安装、试验、修配、制造、开采加工场所以及生产仓库、汽车库、线路和电力通信设施的走廊等。此处的人是指在各级供电企业所属场所、租赁场所和承包项目场所内的所有人员，包括本单位各种用工形式的人员和其他人员。

凡生产区域及进厂、进变电站、进矿等的专用道路或乡村道路或水域内（交警或其他交通管理部门不处理事故的道路和水域），机动车辆（含汽车类、电瓶车类、拖拉机类、施工车辆类及有轨车辆类等）或船只等在行驶中发生挤压、坠落、撞车（船）、倾覆、沉没，人员上下车（船），车辆（船只）跑车（移位）等造成的人员伤亡，应作为安全事故统计上报，事故类别填车辆（船只）伤害。而在工作过程中经公安部门认定的自杀，或因病导致伤亡的人身事故，经县以上医院诊断和劳动安全生产监督管理部门调查，确系本人原因或疾病造成的，不按伤亡事故统计。另外，生产性急性中毒是指生产性毒物中毒。因食物中毒和职业病造成的人身伤亡事故本规程不统计。

（2）被单位派出到用户工程工作发生的人身伤亡。

（3）单位组织的集体外出活动，即到系统外场所疗养、参观、学习活动等过程中发生的人身伤亡。

（4）乘坐单位组织的交通工具发生的人身伤亡。单位组织的交通工具指单位所有、租借或外包单位承运的交通工具。

（5）员工因公外出发生的人身伤亡。

二、人身伤害程度及人身事故等级

（一）人身所受伤害程度

（1）死亡。负伤后，在 30 天内死亡的（因医疗事故而死亡的除外，但必须得到医疗事故鉴定部门的确认），均按死亡统计；超过 30 天后死亡的，不再进行死亡补报和统计；轻伤转为重伤也按此原则补报和统计；自事故发生之日起 30 日内，事故造成的伤亡人数发生变化的，应当及时补报。道路交通事故、火灾事故自发生之日起 7 日内，事故造成的伤亡人数发生变化的，应当及时补报。

（2）重伤。按原劳动部（60）中劳护久字第 56 号文《关于重伤事故范围的意见》和原劳动部劳办（1993）140 号文《企业职工伤亡事故报告统计问题解答》执行。

（3）轻伤。指人员受伤后，需休息一个工作日以上，但未达到重伤者。

（二）人身伤亡事故等级划分

（1）特别重大事故（一级人身伤亡事件）。一次事故造成 30 人以上死亡或者 100 人以上重伤者。

（2）重大事故（二级人身伤亡事件）。一次事故造成 10 人以上 30 人以下死亡或者 50 人以上 100 人以下重伤者。

（3）较大事故（三级人身伤亡事件）。一次事故造成 3 人以上 10 人以下死亡或者 10 人以上 50 人以下重伤者。

（4）一般事故（四级人身伤亡事件）。一次事故造成 3 人以下死亡或者 10 人以下重伤者。

（5）五级人身伤亡事件。无人员死亡和重伤，但造成重大影响的人员群体轻伤事件。

（6）六级人身伤亡事件。无人员死亡和重伤，但造成较大影响的人员群体轻伤事件。

（7）七级人身伤亡事件。无人员死亡和重伤，但造成 3 人以上群体轻伤事件。

（8）八级人身伤亡事件。无人员死亡和重伤，但造成 1～2 人轻伤。

三、统计报告

（一）月度报告

（1）各级供电企业发生的人身伤亡，由该企业（部门）填写《人身伤亡报告》（见表 3-1），于次月 5 日前通过电子邮件报上级直属单位安监部门。

代管县供电企业的人身伤亡由所在地区（市）供电企业负责汇总上报区域供电企业安监部门。

（2）各级供电企业应对所属单位（部门）的人身死亡、重伤《人身伤亡报告》进行核准，并于 10 日前将核准意见反馈填报单位，轻伤《人身伤亡报告》可不作核准。

（3）各级供电直属单位将核准后的《人身伤亡报告》，于 10 日前通过电子邮件报上级安全监察部。

（二）年度报告

各级供电直属单位所属企业（部门），于次年 1 月 20 日前将盖有本企业（部门）公章的《____年度人身伤亡用工类别统计表》、《____年度人身伤亡归属统计表》、《____年度人身伤亡总结分析报告》，报上级直属单位安监部门。

表 3-1 人 身 伤 亡 报 告

（汇总）填报单位（章）： 事故简题：

事故编号	上级单位名称	事故单位	隶属关系	经济类型	事故发生时间	事故等级	事故类别	事故伤亡人数	事故归属	安全记录	损工时间（工日）	气象条件	温度
					年 月 日 时 分			死 重 轻					℃

姓名	伤害程度	性别	年龄	工龄	工种1	工种2	本工种工龄	用工类别	有无职业禁忌	紧急救护	触电类别	触电电压kV	伤害类型	受伤部位	有无附图

起因物	致害物	危险作业分类	不安全状态	不安全行为	事故直接原因	直接责任	事故间接原因	间接责任	是否报电监会	
										事故等级

事故经过：

事故暴露问题、防止对策、执行人及完成期限：

单位领导： 审核人： 填报人：

供电企业领导批复	签名：	供电企业安监部门核准	签名：

在进行人身伤亡统计工作过程中，各级供电企业要将该工作作为日常安全管理的重要内容，并纳入安全监督体系。各级供电直属单位每年至少组织一次人身伤亡统计工作专项监督检查，监督检查应包括伤亡统计报告的档案资料及出勤记录、工作日志、人身伤亡报告的完整性、及时性和准确性等相关内容。各级供电企业每年对人身伤亡进行总结分析，从中找出规律，并针对暴露出的主要问题，制定防范措施，有效减少人身伤亡事故，提高安全管理水平。公司各单位必须严格执行人身伤亡统计管理暂行规定，不得以任何借口隐瞒不报。对隐瞒、谎报、故意延迟不报的，除责令补报外，根据情节对有关责任人通报批评，造成严重后果的依据有关规定追究责任，严肃处理。

________年度人身伤亡总结分析报告模板

1. 填报单位：
2. 伤亡次数，其中重大伤亡次数、特大伤亡次数
3. 人身伤亡情况：死亡、重伤、轻伤人数

4. 按照伤亡人员身份分类分析

5. 按照工伤、非工伤分类分析

6. 按照承担责任分类分析

7. 按照伤亡原因分类分析

8. 暴露的主要问题分析

9. 事故规律分析

10. 防范措施

单位领导：　　　　　　　审核人：　　　　　　　填报人：

填报单位（章）

年　月　日

第三节　人身工伤保险

2010 年 12 月 8 日国务院第 136 次常务会议通过《国务院关于修改〈工伤保险条例〉的决定》（中华人民共和国国务院令第 586 号），自 2011 年 1 月 1 日起施行。该条例是为了保障因工作遭受事故伤害或者患职业病的职工获得医疗救治和经济补偿，促进工伤预防和职业康复，分散用人单位的工伤风险。

一、工伤认定

1. 职工有下列情形之一的，应当认定为工伤（中华人民共和国国务院令第 586 号第十四条）

（1）在工作时间和工作场所内，因工作原因受到事故伤害的。

（2）工作时间前后在工作场所内，从事与工作有关的预备性或者收尾性工作受到事故伤害的。

（3）在工作时间和工作场所内，因履行工作职责受到暴力等意外伤害的。

（4）患职业病的。

（5）因工外出期间，由于工作原因受到伤害或者发生事故下落不明的。

（6）在上下班途中，受到非本人主要责任的交通事故或者城市轨道交通、客运轮渡、火车事故伤害的。

（7）法律、行政法规规定应当认定为工伤的其他情形。

2. 职工有下列情形之一的，视同工伤（中华人民共和国国务院令第 586 号第十五条）

（1）在工作时间和工作岗位，突发疾病死亡或者在 48h（小时）之内经抢救无效死亡的。

（2）在抢险救灾等维护国家利益、公共利益活动中受到伤害的。

（3）职工原在军队服役，因战、因公负伤致残，已取得革命伤残军人证，到用人单位后旧伤复发的。

职工有工伤认定中第（1）项、第（2）项情形的，按照《工伤保险条例》的有关规定享受工伤保险待遇；职工有第（3）项情形的，按照《工伤保险条例》的有关规定享受除一次性伤残补助金以外的工伤保险待遇。

3. 但是有下列情形之一的，不得认定为工伤或者视同工伤

（1）故意犯罪的。

（2）醉酒或者吸毒的。

（3）自残或者自杀的。

职工发生事故伤害或按照职业病防治法规定被诊断、鉴定为职业病，所在单位应当自事故伤害发生之日或被诊断、鉴定为职业病之日起30日内，向统筹地区社会保险行政部门提出工伤认定申请。遇有特殊情况，经报社会保险行政部门同意，申请时限可以适当延长。

用人单位未按规定提出工伤认定申请的，工伤职工或其近亲属、工会组织在事故伤害发生之日或者被诊断、鉴定为职业病之日起1年内，可以直接向用人单位所在地统筹地区社会保险行政部门提出工伤认定申请。

用人单位未在本条第一款规定的时限内提交工伤认定申请，在此期间发生符合本条例规定的工伤待遇等有关费用由该用人单位负担。

职工提出工伤认定申请时应当提交工伤认定申请表、与用人单位存在劳动关系（包括事实劳动关系）的证明材料、医疗诊断证明或者职业病诊断证明书（或者职业病诊断鉴定书）等材料。其中，工伤认定申请表应当包括事故发生的时间、地点、原因以及职工伤害程度等基本情况。

工伤认定申请表

编号：

申请人或单位：　　　受伤害职工：　　　申请人与受伤害职工关系：
社会保险号：　　　申请人地址：
邮政编码：　　　联系电话：　　　申报（送表）日期：　　　经办人：

职工姓名		性别		年龄	
身份证号码					
工作单位					
联系电话					
职业、工种或工作岗位		参加工作时　间		申请工伤或视同工伤	
事故时间		诊断时间		伤害部位或疾病名称	
接触职业病危害时间		接触职业病危害岗位		职业病名称	
家庭详细地　址					
伤害经过简述（可附页）：					
受伤害职工或亲属意见： 签　字 年　月　日					
用人单位意见： 法定代表人签字 公　章 年　月　日					

续表

<table>
<tr><td>劳动保障行政部门审查资料情况和受理意见：

印　　章
年　月　日</td></tr>
<tr><td>备注：</td></tr>
</table>

一、填表说明及送审材料清单

（1）用钢笔或签字笔填写，字体工整清楚。

（2）申请人为用人单位或工会组织的，在名称处加盖公章。

（3）事业单位职工填写职业类别，企业职工填写工作岗位（或工种）类别。

（4）伤害部位一栏填写受伤的具体部位。

（5）诊断时间一栏，职业病者，按职业病确诊时间填写；受伤或死亡的，按初诊时间填写。

（6）职业病名称按照职业病诊断证明书或者职业病诊断鉴定书填写，接触职业病危害时间按实际接触时间填写，不是职业病的不填。

（7）受伤害经过简述，应写清事故时间、地点，当时所从事的工作，受伤害的原因以及伤害部位和程度。

二、职业病患者提交材料

职业病患者应写清在何单位从事何种有害作业，起止时间，确诊结果，同时提交以下材料：①劳动合同文书复印件或其他建立劳动关系的有效证明；②医疗机构出具的受伤后诊断证明书或者职业病诊断证明书（或者职业病诊断鉴定书）；③工伤事故报告：内容包括时间、地点、受伤部位、事发经过、事故原因；④受伤者的身份证复印件，若死亡的死亡证和火化证明或火葬收费发票和户口注销复印件、殓葬证；⑤用人单位注册登记资料；⑥受伤时在场工友的证明及其身份证复印件；⑦委托代理的，提交委托书、代理人身份证明。

三、属于下列情况应提供相关的证明材料

（1）因履行工作职责受到暴力伤害的，提交公安机关或人民法院的判决书或其他有效证明。

（2）上下班途中受到机动车事故伤害的，提交：①公安交通管理等部门的责任认定书或其他有效证明；②路线图（标明出住所地址、单位地址、出事地点、勘查人、绘图人以及日期）；③住所地户口簿或居住地证明；④驾驶证、行驶证。

（3）因工外出期间，由于工作原因受到伤害的，提交公安部门证明或其他证明；发生事故下落不明的，认定因工死亡提交人民法院宣告死亡的结论。

（4）在工作时间和工作岗位，突发疾病死亡或者在48h之内经抢救无效死亡的，提交医疗机构的抢救和死亡证明。

（5）属于抢险救灾等维护国家利益、公众利益活动中受到伤害的，按照法律法规规定，提交有效证明。

（6）属于因战、因公负伤致残的转业、复员军人，旧伤复发的，提交《革命伤残军人证》及医疗机构对旧伤复发的诊断证明；对因特殊情况，无法提供相关证明材料的，应书面说明情况。

（7）受伤害职工或亲属意见栏应写明是否同意申请工伤认定，以上所填内容是否真实。

（8）用人单位意见栏，单位应签署是否同意申请工伤，所填情况是否属实，法定代表人签字并加盖单位公章。

（9）劳动和社会保障行政部门审查资料和受理意见栏应填写补正材料的情况，是否受理的意见。

（10）单位领取决定书时，需同职工一同前往签收；职工不能前往的，要提供授权委托书和身份证复印件。

二、劳动能力鉴定

职工发生工伤，经治疗伤情相对稳定后存在残疾、影响劳动能力的，应当进行劳动能力鉴定。劳动能力鉴定是指劳动功能障碍程度和生活自理障碍程度的等级鉴定，其中，劳动功能障碍分为10个伤残等级，最重的为一级，最轻的为十级；生活自理障碍分为三个等级：生活完全不能自理、生活大部分不能自理和生活部分不能自理。

劳动能力鉴定标准由国务院社会保险行政部门会同国务院卫生行政等部门制定。而劳动能力鉴定由用人单位、工伤职工或者其近亲属向设区的市级劳动能力鉴定委员会提出申请，并提供工伤认定决定和职工工伤医疗的有关资料。

三、工伤认定

职工在工伤期间主要享受以下待遇。

（1）职工住院治疗工伤的伙食补助费，以及经医疗机构出具证明，报经办机构同意，工伤职工到统筹地区以外就医所需的交通、食宿费用从工伤保险基金支付，基金支付的具体标准由统筹地区人民政府规定。工伤职工治疗非工伤引发的疾病，不享受工伤医疗待遇，按照基本医疗保险办法处理。工伤职工到签订服务协议的医疗机构进行工伤康复的费用，符合规定的，从工伤保险基金支付。

（2）工伤职工因日常生活或就业需要，经劳动能力鉴定委员会确认，可以安装假肢、矫形器、假眼、假牙和配置轮椅等辅助器具，所需费用按照国家规定的标准从工伤保险基金支付。

（3）职工因工作遭受事故伤害或者患职业病需要暂停工作接受工伤医疗的，在停工留薪期内，原工资福利待遇不变，由所在单位按月支付。

停工留薪期一般不超过 12 个月。伤情严重或者情况特殊，经设区的市级劳动能力鉴定委员会确认，可以适当延长，但延长不得超过 12 个月。工伤职工评定伤残等级后，停发原待遇，按照本章的有关规定享受伤残待遇。工伤职工在停工留薪期满后仍需治疗的，继续享受工伤医疗待遇。

生活不能自理的工伤职工在停工留薪期需要护理的，由所在单位负责。

工伤职工已经评定伤残等级并经劳动能力鉴定委员会确认需要生活护理的，从工伤保险基金按月支付生活护理费。

生活护理费按照生活完全不能自理、生活大部分不能自理或者生活部分不能自理 3 个不同等级支付，其标准分别为统筹地区上年度职工月平均工资的 50%、40%或者 30%。

（4）职工因工致残被鉴定为 1～4 级伤残的，保留劳动关系，退出工作岗位，享受以下待遇。

1）从工伤保险基金按伤残等级支付一次性伤残补助金，标准为：一级伤残为 27 个月的本人工资，二级伤残为 25 个月的本人工资，三级伤残为 23 个月的本人工资，四级伤残为 21 个月的本人工资。

2）从工伤保险基金按月支付伤残津贴，标准为：一级伤残为本人工资的 90%，二级伤残为本人工资的 85%，三级伤残为本人工资的 80%，四级伤残为本人工资的 75%。伤残津贴实际金额低于当地最低工资标准的，由工伤保险基金补足差额。

3）工伤职工达到退休年龄并办理退休手续后，停发伤残津贴，按照国家有关规定享受基本养老保险待遇。基本养老保险待遇低于伤残津贴的，由工伤保险基金补足差额。

4）职工因工致残被鉴定为 1～4 级伤残的，由用人单位和职工个人以伤残津贴为基数，缴纳基本医疗保险费。

（5）职工因工致残被鉴定为五级、六级伤残的，享受以下待遇。

1）从工伤保险基金按伤残等级支付一次性伤残补助金，标准为：五级伤残为 18 个月的本人工资，六级伤残为 16 个月的本人工资。

2）保留与用人单位的劳动关系，由用人单位安排适当工作；难以安排工作的，由用人单位按月发给伤残津贴，标准为：五级伤残为本人工资的 70%，六级伤残为本人工资的 60%，并由用人单位按照规定为其缴纳应缴纳的各项社会保险费。伤残津贴实际金额低于当地最低工资标准的，由用人单位补足差额。

经工伤职工本人提出，该职工可以与用人单位解除或者终止劳动关系，由工伤保险基金

支付一次性工伤医疗补助金，由用人单位支付一次性伤残就业补助金。一次性工伤医疗补助金和一次性伤残就业补助金的具体标准由省、自治区、直辖市人民政府规定。

（6）职工因工致残被鉴定为7～10级伤残的，享受以下待遇：

1）从工伤保险基金按伤残等级支付一次性伤残补助金，标准为：七级伤残为13个月的本人工资，八级伤残为11个月的本人工资，九级伤残为9个月的本人工资，十级伤残为7个月的本人工资。

2）劳动、聘用合同期满终止，或者职工本人提出解除劳动、聘用合同的，由工伤保险基金支付一次性工伤医疗补助金，由用人单位支付一次性伤残就业补助金。一次性工伤医疗补助金和一次性伤残就业补助金的具体标准由省、自治区、直辖市人民政府规定。

（7）工伤职工工伤复发，确认需要治疗的，享受（1）、（2）和（3）条中的工伤待遇。

（8）职工因工死亡，其近亲属按照下列规定从工伤保险基金领取丧葬补助金、供养亲属抚恤金和一次性工亡补助金。

1）丧葬补助金为6个月的统筹地区上年度职工月平均工资。

2)供养亲属抚恤金按照职工本人工资的一定比例发给由因工死亡职工生前提供主要生活来源、无劳动能力的亲属。标准为：配偶每月40%，其他亲属每人每月30%，孤寡老人或者孤儿每人每月在上述标准的基础上增加10%。核定的各供养亲属的抚恤金之和不应高于因工死亡职工生前的工资。供养亲属的具体范围由国务院社会保险行政部门规定。

3）一次性工亡补助金标准为上一年度全国城镇居民人均可支配收入的20倍。

伤残职工在停工留薪期内因工伤导致死亡的，其近亲属享受本条第1款规定的待遇。

一级至四级伤残职工在停工留薪期满后死亡的，其近亲属可以享受本条第1款规定的待遇。

（9）职工因工外出期间发生事故或者在抢险救灾中下落不明的，从事故发生当月起3个月内照发工资，从第4个月起停发工资，由工伤保险基金向其供养亲属按月支付供养亲属抚恤金。生活有困难的，可以预支一次性工亡补助金的50%。职工被人民法院宣告死亡的，按照第（8）条职工因工死亡的规定处理。

但是一旦工伤职工有下列情形之一的，将停止享受工伤保险待遇。

（1）丧失享受待遇条件的。

（2）拒不接受劳动能力鉴定的。

（3）拒绝治疗的。

第四章 安全生产监督检查

输变电、供电及施工企业应根据情况进行定期和不定期安全检查。春季或秋季安全检查应结合季节特点和事故规律每年至少进行一次。安全检查前应编制检查提纲或“安全检查表”，经主管领导审批后执行。检查内容以查领导、查思想、查管理、查规程制度、查隐患为主，对查出的问题要制订整改计划并监督落实。安全检查应逐步结合安全性评价进行。

第一节 安全大检查

一、安全大检查纲要100条

为做好安全大检查工作，促进安全大检查规范化、标准化，制定《安全大检查纲要100条》（以下简称《纲要》），在检查工作中，要对照《纲要》所列内容要点，不断加强对安全大检查的规范化、标准化管理，确保检查质量和效果。

（一）安全责任制及重点工作落实情况

（1）企业下发的年度安全工作意见落实情况。

（2）企业部署的专项安全活动开展情况。

（3）企业部署的安全生产重点工作开展情况。

（4）各部门、各岗位安全责任制落实情况，各级领导特别是安全第一责任人履行安全职责情况。

（5）安全委员会、安全生产分析会召开情况。

（6）修订完善安全生产规章制度情况。

（7）安全性评价工作开展及问题整改情况。

（8）安全隐患排查治理组织落实情况。

（9）反违章工作开展情况。

（10）季节性安全大检查及问题整改情况。

（11）“两措”计划制定和执行情况。

（12）基建、农电、营销等专业安全管理重点工作执行情况。

（13）信息系统安全策略及信息保密规定执行情况。

（14）组织开展年度《电力安全工作规程》培训考试情况。

（15）应急预案制定、应急体系建设、应急管理工作落实情况。

（二）工区（车间）安全管理情况

（16）执行上级安全生产工作部署情况。

（17）安全例行工作（例会）组织落实情况。

（18）工作票、操作票制度执行和落实情况。

（19）组织开展作业安全风险辨识、评估、分析、控制情况。

（20）组织开展班组作业承载力分析情况。

（21）组织开展反违章工作、查处违章行为情况。

（22）事故隐患审核、上报和整改措施执行情况。

（23）设备缺陷管理制度执行及消缺措施落实情况。

（24）高危及重要客户安全管理、客户隐患排查治理工作情况。

（25）特种设备和特种作业人员管理情况，特种设备按规定要求定期检查试验且档案齐全、规范，特种作业人员持证上岗情况。

（26）年度安全培训计划编制和执行情况，开展事故案例警示教育、落实事故防范措施情况。

（27）春（秋）检组织措施、技术措施、安全措施制定和执行情况。

（28）迎峰度夏（冬）措施制定和落实情况。

（三）班组安全管理情况

（29）开展周安全日活动及落实上级安全工作要求情况。

（30）开展作业风险辨识、评估，落实作业风险管控措施情况。

（31）执行标准化作业指导书情况。

（32）事故隐患发现、上报和整改计划完成情况。

（33）班前会人员安排、工作布置、危险点交代、注意事项等执行情况；班后会对当日作业安全措施是否得当进行小结，对违章点评等工作的开展情况进行分析。

（34）工作票、操作票执行、保存、检查和考核符合规定要求。

（35）严格执行防误操作安全管理工作规定情况。

（36）各项反违章工作措施落实情况和违章查处情况。

（37）班组人员配置数量及技能素质满足生产需要情况。

（38）安全工器具和电动工器具管理情况。

（39）班组安全生产、技术资料管理情况。

（40）班组工作人员个人安全防护用具配备和管理情况。

（41）落实三级安全教育培训情况。

（四）生产现场安全管理情况

（42）现场“两票三制”执行情况，安全措施符合工作票要求和工作需要。

（43）有关领导和管理人员到岗到位执行情况。

（44）严格逐项执行标准化作业指导书情况。

（45）组织开工前交底情况，工作负责人向全体工作班成员交代工作内容、人员分工、带电部位、现场安全措施和危险点等。

（46）现场作业人员安全用具和工器具齐全合格，满足工作要求。

（47）现场特种设备、车辆经检验合格，特种作业人员持有效证件上岗情况。

（48）防误闭锁装置不带缺陷运行，解锁工具（钥匙）管理规范满足防误操作规定要求。

（49）现场设备管理情况，设备缺陷、装置性违章等情况。

（50）现场安全设施配置齐全、规范。

（51）现场消防器材配备齐全合格，消防通道畅通，应急照明良好，疏散标志清晰。

（52）现场油料等易燃易爆和危险品管理情况，存放场所环境满足规定要求。

（53）现场动火管理情况，动火工作票签发、执行规范，防火措施落实，监护人员到位。

（54）现场文明生产管理情况。

（55）现场运行、检修规程及设备图纸等安全技术资料管理情况。

（五）基建现场安全管理情况

（56）项目部落实安全生产责任制情况，制定和执行岗位安全职责、安全工作目标和安全奖惩规定。

（57）项目部建立安全管理网络情况，安全监察人员数量、资质满足要求，按规定制定和执行安全培训计划。

（58）项目部按规定要求定期组织安全检查和召开安全会议。

（59）项目部工程安全、技术资料管理情况，施工记录齐全、规范。

（60）项目部建立风险管理台账情况，根据施工现场风险因素变化，及时进行评价和防控措施调整。

（61）项目部制定并执行消防、交通安全管理制度情况，设置专责人，施工现场消防器材配置满足要求，车辆定期进行检查维护。

（62）项目部建立并执行危险品管理制度和危险品台账情况，设置专责人，危险品存放场所环境条件满足要求。

（63）项目部制定施工应急预案、储备应急物资及开展应急演练情况。

（64）现场施工安全方案、安全施工作业票、标准化作业指导书的编制、审核、批准及工作开始前进行交底情况。

（65）项目部施工用电管理制度的制定和执行情况，施工用电管理人员资质、数量满足要求。

（66）大型机械和脚手架管理制度的制定和执行情况，大型机械、起重机械和脚手架的安装、使用和拆除符合规定要求。

（67）项目部工程分包管理情况，签订分包工程施工协议和安全协议，分包作业人员进入现场前必须经安全教育培训和考试合格。

（68）文明施工管理制度的制定和执行情况。

（69）施工现场监理安全管理情况。

（六）春季及度夏反事故措施落实情况

（70）防雷措施落实情况，定期检查厂房、变电站、油库区、输配电设施、独立微波通信站等场所的接地电阻。

（71）变电站避雷器、保护间隙、防止谐振过电压装置等过电压防护设备的运行情况。

（72）保护室、控制室、办公室等场所防雨措施的落实情况。

（73）变电站高压配电室、断路器室排风扇、通风孔等处防进水、防倒灌措施的落实情况。

（74）变电站防汛措施的落实情况。

（75）输变电设施及周围环境防汛措施的落实情况。

（76）输配电设施防风措施落实情况。

（77）变电站防高温措施落实情况。

（78）重点客户迎峰度夏措施落实情况。

（79）防汛、防台风、防山火、防泥石流等应急预案制定和演练、应急物资储备、应急队伍组织情况。

（七）秋季及度冬反事故措施落实情况

（80）输变电设备防污闪措施的落实情况，按计划开展盐密、灰密测量、绝缘子检测等工作。

（81）输电、变电、配电设施防鸟害措施的落实情况。

（82）变电站防火措施的落实情况，高压室通道门、排气装置符合防火要求，防火墙标志明显。

（83）输变电设施及周围环境防火措施的落实情况。

（84）油库等防火重点部位防火措施的落实情况，油库附近无出现电火花和静电起火的可能。

（85）防火监控措施的落实情况，生产及办公场所防火和防盗图像监控系统、火警报警系统运行正常，管理规范。

（86）变电站防寒、防冻措施的落实情况，充油、充气设备的油位、压力符合标准，设备底部无积水。

（87）变电站防小动物措施的落实情况。

（88）变电站设备防寒措施的落实情况，设备机构箱、端子箱等装置内加热器、温控器和加热回路的运行情况。

（89）车辆防寒、防滑、防冻等措施的落实情况。

（八）重大活动保电情况

（90）重大活动及节假日保电方案和措施的制定、执行情况，根据工作需要组织开展督查情况。

（91）保电期间现场工作专项安全措施的制定和落实情况，严格执行现场到岗、到位标准。

（92）针对可能发生的各类突发事件，编制保电应急预案并演练，根据演练效果对应急预案进行评估和完善。

（93）应急值班安排和执行情况，按要求进行24h值班，及时上报有关情况。

（94）应急物资准备情况，应急电源等救援装备配备齐全，安排专业人员管理，保证随时调用和启动。

（95）电网运行方式安排情况，按照保电规格要求，合理安排电网运行方式，保证重要客户可靠供电。

（96）继电保护和安全自动装置的运行情况，保证定值、连片正确投入。

（97）有序用电方案及低频、低压减负荷方案的编制、审核和批准情况。

（98）输电、变电、配电设备运行情况，组织开展设备特巡检查，及时发现并消除设备缺陷，保证必要的备品备件。

（99）重要保电设施防外力破坏措施的落实情况，及时掌握吊车、挖掘机等大型机械的施工信息，采取必要的盯防措施。

（100）信息系统内网和外网物理隔离措施的落实情况。

二、春季安全大检查

春季安全检查大纲见表4-1。

表4-1　　春季安全检查大纲

检查内容	检查项目	检查内容	制订措施	措施落实人及期限
一查安全思想	1．查领导安全思想	（1）认真检查对电业“安全第一”方针和上级有关安全生产的指示、文件、通报等贯彻执行情况 （2）是否定期进行安全情况分析 （3）对本部门存在的不安全隐患是否重视，及时组织解决 （4）对发生的不安全情况是否按“四不放过”的原则及时组织分析 （5）有无违章指挥现象 （6）结合实际制订年度安全目标和落实措施		
	2．查职工安全思想	（1）要组织全体职工结合事故、障碍、异常、差错进行分析，检查“安全第一”的思想树立得牢不牢，找出不安全现象的思想原因 （2）检查在操作和工作中是否存在马虎、凑合、不在乎的思想倾向 （3）在工作中，特别是在工作繁忙的条件下，有无忽视安全和经验主义的行为		
二查安全管理	1．查组织机构	（1）安全生产指挥系统健全 （2）单位的安全生产委员会由行政一把手亲自抓 （3）安全监察机构人员配备充分，安监工作由坚持原则，熟悉专业技术，有工作经验的人员担任 （4）车间（工区）有专职或兼职安全员，班组有安全员 （5）有安全网组织，并定期活动，有记录和整改措施		
	2．安全管理	（1）制定了安全生产责任制，各级人员的安全责任制落实 （2）每月由行政一把手组织召开安全生产分析会解决安全生产中存在的问题 （3）有安全例会制度，定期分析安全情况；车间、班组每周进行一次安全日活动，并有记录 （4）制定了安措、反措技术措施 （5）对新员工进行了三级安全教育，上岗前进行了安全工作规程考试，持合格证上岗 （6）使用临时工、协勤工上岗工作也必须经过三级安全教育和安全工作规程考试，持证上岗 （7）对外单位施工队（包括力工）要有管理办法，签订合同时要认真审查对安全责任能力，安全方面的条款完善，责任明确 （8）工作票签发人、工作负责人、工作许可人必须按规程要求考试，经过批准正式文件公布 （9）对低压电工、电焊工、起重机司机、起重机指挥进行培训，由市劳动部门考试发证，无证不能从事这类专业工作 （10）安全教育、培训管理档案 （11）对发生事故、障碍、异常等不安全情况，严格按照“四不放过”的原则进行分析，认真填写报告 （12）各种安全报表、文件、资料齐全		
三查制度查劳动纪律	1．检查规章制度执行情况	（1）规程制度应该齐全 （2）组织职工按岗位、工种逐条学习运行规程制度、检修规程制度、安全工作规程等有关规程 （3）检查各项规程制度执行情况，有无有章不循、违章不纠现象 （4）检查规程制度存在什么漏洞，提出改进意见		

续表

检查内容	检查项目	检查内容	制订措施	措施落实人及期限
三查制度查劳动纪律	2. 查劳动纪律	（1）有无上班前和在班饮酒现象 （2）有无违反运行值班纪律、检修和基建施工安全纪律现象 （3）有无其他违反劳动纪律现象		
四查防止火灾事故措施	1. 消防管理	（1）各级人员防火责任制，检查责任落实情况 （2）消防组织机构健全，群众消防组织训练有素 （3）有消防规程，并组织各级人员于四月底考试完毕 （4）现场人员会报警，能扑救初起火灾 （5）消防水系统可靠，随时可用 （6）消防设施齐全，消防器材配备充分可靠，放置合理经常处于良好备用状态 （7）防火标示牌齐全，放置位置醒目 （8）消防器材不准移作他用		
	2. 电缆防火	（1）对穿越墙壁楼板的电缆孔洞和竖井必须严密封堵 （2）电缆沟、电缆夹层要保持清洁，禁止堆放杂物，并应采取阻燃措施 （3）电缆定期进行预防性试验 （4）电缆涂阻燃涂料		
	3. 变压器防火	（1）消除变压器渗漏点 （2）变压器卵石坑清洁，能起到漏油隔断作用		
	4. 仓库防火	（1）库房的建筑要符合防火建筑要求 （2）要有仓库防火制度，并有专责人 （3）危险品、易燃易爆物品不能混装混存，更不能和一般物品同库保管，应单独设库分类存放 （4）保管员应熟知“三懂”、“三会”内容		
五查防止电气误操作事故措施	1. 人员素质	运行检修人员责任心强，技术素质符合岗位要求，并有考核记录		
	2. 两票执行情况	（1）工作票签发人、工作责任人、工作许可人必须经过考试批准 （2）工作票、危险源、危险点分析票、操作票无差错，并有分析和检查 （3）送电线路、变电设备应有双重编号 （4）模拟图指示位置与运行方式相符，操作前在模拟图板认真预演 （5）变电运行人员应熟知倒闸操作六项把关规定内容 （6）操作时认真执行复诵制 （7）认真执行监护制度，监护人技术等级应高于操作人技术等级		倒闸操作六项把关规定：操作准备关、接令关、操作票填写关、核对模拟图板关、操作监护关、操作质量检查关
	3. 防误装置	（1）防误装置应设置齐全可靠 （2）有定期检查，维护制度，专责落实 （3）防误装置不能随意退出，必须退出时，应由总工程师批准 （4）三级防误操作组织定期开展活动		
	4. 岗位纪律	（1）严格执行交接班制度 （2）值班精神集中，不脱岗，不做与工作无关的事情 （3）认真按规定巡回检查，有设备巡回检查路线		
	5. 安全遮拦标示牌	（1）安全遮栏、网门齐全，该上锁的锁好，锁头维护到位保证开启灵活 （2）安全标示牌齐全且符合《安规》要求，设置位置正确 （3）临时安全警告牌保存完好，数量满足现场要求 （4）生产场所安全设施标志符合安全设施规范化标准		
六查防止大面积停电和全站停电事故措施	1. 防止大面积停电	（1）35kV及以上母线保护应投入正确 （2）搞好电气反污、清扫及预防性试验等季节性工作；贯彻落实《防止电瓷污闪事故的技术措施》，送电线路污秽等级明确，防污闪措施到位 （3）落实110、220kV少油断路器反事故措施		

续表

检查内容	检查项目	检查内容	制订措施	措施落实人及期限
六查防止大面积停电和全站停电事故措施	2．防止全站停电	（1）定期检查并保证直流系统正常可靠，杜绝由于直流系统故障引起保护、断路器拒动而扩大事故 （2）对辅助设备、公用系统及其他可能造成全站停电的问题，进行一次专题检查，包括设备系统、管理制度、人员培训等方面，发现问题要制订对策，认真落实 （3）检查一、二次系统结构和运行方式方面不合理能影响全站停电的薄弱环节，提出改进措施 （4）落实了直流系统反事故措施和要求，消缺率达到100%		
七查防止继电保护事故措施	防止继电保护事故	（1）电容器保护年校，重合闸传动，线路保护、变电站自投装置传动，雨季前是否完成 （2）还有哪些继电保护未投入运行，对系统运行有何影响 （3）周波保护投入情况，存在什么问题 （4）基建遗留哪些保护问题，如何解决 （5）继电保护反事故措施落实情况 （6）继电保护现场运行规程是否齐全 （7）有关继电保护的反措要求执行情况及存在问题		
八查防止输配电线路事故措施	1．防止输配电线路混断线事故	（1）送电线路交叉跨越，对地距离和导线弛度要符合规程要求 （2）线路防护区的树木、房屋和其他设施对线路的安全距离应符合安全防护规定 （3）线路导线的压接管、补修管、线夹应符合工艺要求，要消除不合格的压接管、补修管和线夹 （4）架空地线不应有锈蚀、断股现象，挂钩销子等部件连接可靠 （5）要防止因外力破坏引起线路事故，保护区域警示标志齐全明显 （6）有双重编号 （7）电杆编号清楚，同杆并架双回线应有色标 （8）线路杆塔拉线是否松弛，绝缘球安装合理、齐全		
	2．防止外力破坏	（1）护线组织机构健全，工作有安排有分工，和公安机关密切配合搞好线路防护工作 （2）加强线路巡视，发现施工吊车、拖拉机、大型施工机械可能造成碰撞导线、拉线时及时采取措施予以制止 （3）采用各种形式做好护线宣传工作 （4）电缆埋设标示牌是否齐全		
九查季节性事故措施	1．防风雨	（1）雨漏检查发现多少处，处理情况 （2）加装防雨罩是否固定 （3）室外端子箱、断路器机构箱是否漏雨 （4）配电断路器柜、控制室、继电保护室门窗是否完好 （5）电缆沟积水排放有什么问题，排水设备电源线是否测试合格，运转正常 （6）对可能危及线路安全运行的树木是否已剪伐 （7）地处低洼容易积水的杆塔拉线是否完好，护坡是否坚固完整 （8）用户变电站是否存在漏雨问题		
	2．防雷	（1）110kV避雷器在线监测装置是否完好，数据正确，发现问题立即停下，停电复测核实 （2）避雷器预试应在雷雨季节前全部完成 （3）避雷器的放电计数器指示明显，雨季应核对动作次数，做好记录 （4）接地系统阻值是否合格，接地点通路检查是否完好 （5）避雷针引下线是否完好，接地电阻是否合格		
	3．防电气设备主绝缘损坏	（1）按计划完成电气设备绝缘试验，整理完整资料提出报告 （2）逐台分析主变压器（TA、TV、电容器）历年预防性试验资料，找出薄弱环节，提出防止主绝缘损坏的对策，并认真执行 （3）安排主绝缘薄弱点消除措施计划		

续表

检查内容	检查项目	检 查 内 容	制订措施	措施落实人及期限
十查防止小动物短路事故措施	1．通往配电室的孔洞，电缆沟盖，配电室的门窗	（1）所有通入室内的孔洞必须封堵严密，而且要做到底数清、编号齐全，并有责任分工 （2）电缆沟盖板齐全、盖严 （3）配电室的门窗严密无孔洞，不严密的及时修 （4）进入室内检修工作，必须及时关门，防止小动物挡板安装牢固，符合要求 （5）因施工或检修把封堵的孔洞打开，完工后施工或检修人员必须立即堵好，运行人员验收把关		
	2．投鼠药情况	各变电站、配电室都要按要求投鼠药，并随时检查鼠药变化情况，有无失效		
	3．巡视情况	（1）有定时巡视制度，发现异常情况应及时采取措施 （2）有专门巡视记录，操作队巡视人员还应记录清楚巡视内容、站名		
十一查防止人身事故措施	1．安全设施和保护装置	（1）定期检查、试验承压设备、部件的安全阀和保护装置 （2）检查电气设备的安全遮拦和安全标志，是否符合规程要求 （3）检查楼梯、栏杆、平台、走道以及坑孔洞的盖板是否符合法规要求 （4）机械的转动部分有防护罩或其他防护装置 （5）厂房和现场常用照明和事故照明应符合规程规定 （6）事故排风装置运转应正常		
	2．安全用具、电动工具	（1）电气安全用具绝缘靴、绝缘手套、绝缘杆、验电器等进行检查试验，要有记录，编号、日期与实际相符 （2）登高作业安全用具脚扣、安全帽、安全带检查试验，外观检查要有记录 （3）漏电保安器全部进行检查测试，传动试验动作灵敏可靠，安装地点符合要求 （4）电动工具进行检查，测绝缘，记录日期及试验数据符合规定 （5）以上用具都要有检查试验记录，并有管理台账		
	3．现场工作	（1）进入工作现场劳保用品穿戴整齐 （2）进入检修和施工现场要戴安全帽，防电弧安全帽保管完好 （3）高处作业要戴安全带或采取其他安全措施 （4）停电作业必须验电和装设接地线 （5）工作照明、应急灯完好，数量充足，断路器柜内工作灯的电压不准超过 36V （6）低压工作应使用绝缘良好的小工具，并有绝缘梯、凳、垫		
	4．保护接地和接零	（1）以下设备应采取接地或接零措施 1）电气设备在正常情况下不带电的金属外壳 2）电力电缆的终端头和中间接头的金属壳 3）配电盘、控制盘及变电站的金属构架及遮栏 4）电缆电线的金属包皮及金属管 5）照明灯具的金属底座和外壳 6）便携式汽油发电机金属部位、互感器二次线圈、高低压架空线路的金属杆塔 7）避雷器、避雷针和屏护装置 8）电动工具 9）可能产生静电的设备 （2）正确采用保护接地和接零 （3）按装时应保证连接可靠，有震动的地方要有防松动措施 （4）在同一台变压器供电的系统中不允许一部分电气设备采用保护接地而另一部分采用保护接零 （5）接地或接零线上不准装设熔断器或断流装置 （6）每个设备均应单独与接地干线连接，不准串联连接 （7）接地或接零所用导线截面积符合规程规定，无砸伤、裂痕、碰断、腐蚀现象 （8）测量接地电阻值符合规程要求，并有测量记录		

续表

检查内容	检查项目	检 查 内 容	制订措施	措施落实人及期限
十一查防止人身事故措施	5．起重机械和起重工具	（1）各式起重机的金属结构、主要零部件、电气设备、安全防护装置，使用与管理应符合 GB 6067.1—2010《起重机械安全规程》的规定 （2）各种起重工具（倒练、千斤顶、钢丝扣、滑车、卡环、麻绳等）进行检查试验，并有管理台账 （3）汽车吊车、高空作业斗臂车、带电作业斗臂车要有合格证、操作规定、操作人员持证操作		
十二查防止交通事故措施	1．组织机构	（1）有交通安全委员会或交通安全领导小组 （2）成立车辆管理部门 （3）部门有专责安全员，汽车班有兼职安全员		
	2．安全教育	（1）组织职工学习交通规则，树立交通安全意识 （2）司机对照交通规则订立行车安全措施和安全驾驶责任书 （3）司机安全教育，不留死角 （4）加强对分散司机安全教育，不留死角		
	3．安全管理	（1）交通安全委员会或交通安全领导小组有例会制度 （2）有汽车使用管理制度 （3）有出车“三检”制度 （4）有技术培训计划和考核制度 （5）坚持安全活动 （6）有车辆维护管理制度 （7）对不安全情况认真组织分析，及时填报安全报表		
	4．行车安全和劳动纪律	（1）严禁无驾驶证开车 （2）兼职司机开车必须经过领导批准 （3）司机遵守交通规则，无违章驾驶 （4）有行车监护制度 （5）司机无职业禁忌病证，如心脏病、高血压等 （6）司机不得班前和在班饮酒，无私自用车现象		

三、秋季安全大检查

为进一步做好电网安全生产工作，防止发生重特大电力生产安全事故，确保电网的稳定运行和对用户的安全可靠供电，结合电网安全生产的特点，就做好秋季安全大检查工作提出要求。

（一）对秋季安全检查工作的要求

（1）各单位要切实做好“秋检”的组织、领导和协调工作，要加强“秋检”工作的领导，要有计划、有落实、有检查、有总结。“秋检”以查管理、查规程制度、查隐患、查措施落实为重点。检查方式以企业自查为主，上级抽查为辅，采取上级供电企业统一部署，基层企业、车间、班组自查，上级供电企业对自查情况以抽查的方式进行。

（2）“秋检”时间紧、任务重、范围广、操作多，各单位要结合具体实际，切实落实“秋检”工作的安全责任，完善设备检修的各项安全措施，进一步加强对一线班组、职工的安全培训和监督指导，严格执行规程规定，严格执行“两票三制”，工作票签发人、工作许可人、工作负责人必须切实负起责任，对每一项工作都要进行危险点分析，制定完善的安全措施和工作程序，并严格执行。坚决纠正各种违章行为，严防发生人身事故和各类误操作事故。

（3）各单位在加强对供电企业内安全生产、安全检查的同时，还要对重点地区、重要

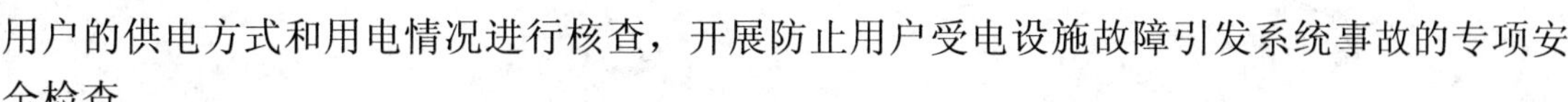

用户的供电方式和用电情况进行核查，开展防止用户受电设施故障引发系统事故的专项安全检查。

（4）调度部门、电力通信部门要做好“秋检”工作，同时调度部门要做好电力电量平衡，保证系统留有合理的旋转备用容量，优化运行方式安排，为发供电企业的设备“秋检”工作创造条件，同时要加强电网运行监视，精心操作，针对电网运行特点做好事故处理预案和应急准备，保证电网安全稳定运行和对重要用户的可靠供电。

（5）各级供电企业要安排好设备消缺工作，包括充分利用国庆节期间系统负荷大幅降低的时机做好节日期间设备检修消缺安排。以安全检查作为发现不安全因素的有效手段，及时对“秋检”查出的问题，结合近年以来供电企业发生的各类事故和《电网重大反事故措施》（试行），制定有效的整改措施并认真落实，确实因故不能及时整改的，要采取相应的防范事故措施和制定事故处理预案。

（6）“秋检”工作应在10月底前完成，对检查中发现问题的整改工作应及时完成，“秋检”过程中发现的影响电网安全的重大问题要随时向上级供电企业汇报，“秋检”结束后要及时对“秋检”工作进行总结上报。

（二）电网调度系统安全检查大纲

1. 安全管理（见表4-2）

表4-2　电网调度系统安全管理

序号	检查项目名称	检查要点
1	安全责任制	安全责任制落实情况
2	安全生产分析	定期举行安全生产分析会，对发现的问题制定整改计划和落实整改情况
3	调度机构外部电源	电力调度通信大楼应具备不同电源点的双路高压进线电源 调度机构交流不停电电源系统备自投切换 检查调度机构供电的可靠性和事故状态下备用电源连续供电能力
4	应急措施	核查特殊情况下调度机构的应急措施
5	调度通信大楼设施	调度通信大楼设施环境不存在漏水、漏油、漏气等不正常现象，调度室、控制室、机房等室内温度和事故照明应符合规定，消防设施齐全并符合规定
6	其他需要检查的项目	

2. 调度运行（见表4-3）

表4-3　电网调度系统调度运行

序号	检查项目名称	检查要点
1	调度规程、规定、制度	调度管理规程及其相关内容的适用性，操作票管理制度、交接班制度、检修申请工作票管理制度是否齐全，是否严格执行
2	调度运行值班管理	调度值班员安全日活动及反事故演习，调度交接班、调度业务联系是否规范，检查调度纪律执行情况，值班调度员人数配置，人员培训情况
3	事故处理应急预案	事故拉路序位落实情况，预防电网事故措施及事故处理预案、“黑启动”方案等应急预案及可操作性，是否有健全的电网事故应急处理的组织措施和技术措施，调度机构通信、自动化设备长时间失电情况下的电网处理预案
4	其他需要检查的项目	

3. 运行方式（见表 4-4）

表 4-4　　电网调度系统运行方式

序号	检查项目名称	检　查　要　点
1	电网安全稳定管理	主要输电断面的运行控制极限，核查年度运行方式中各项安全措施的落实情况，电网稳定管理和运行规定的适应性，进行多重故障分析及应对预案
2	运行方式管理	年度、月度和日运行方式及输变电设备检修计划管理是否规范，特殊方式有事故处理预案
3	备用管理	电网是否按规定留有合理的运行旋转备用和事故备用
4	无功电压管理	无功补偿设备的配置、发电机组进相等无功电压控制措施是否落实
5	机网协调管理	发电机组有关保护的管理、发电机组一次调频的管理、励磁系统 PSS 装置管理、发电厂保厂用电措施的管理
6	其他需要检查的项目	

4. 继电保护及安全自动控制装置（见表 4-5）

表 4-5　　继电保护及安全自动控制装置

序号	检查项目名称	检　查　要　点
1	继电保护配置与整定	查各线路、元件保护的配置及定值配合；发电机组失磁保护、过励磁保护、逆功率保护、失步保护、频率异常保护（低频保护、高频保护）与电网继电保护及安全自动装置的配置和定值配合
2	反事故措施	对照《电力系统继电保护及安全自动装置反事故措施要点》和《电网重大反事故措施》继电保护专业重点实施要求，核查继电保护各项反措要求的落实情况
3	安全自动控制装置	核查电网安全稳定控制装置的动作原理、控制策略、相关定值、现场维护和运行以及设备运行状态 根据负荷变化新情况，核查电网的频率及电压特性，校核低频、低压减载方案的适应性，保证电网低压减载和低频减载装置的有效性和可靠性。定期进行低频（压）减载实测负荷统计，核查低频（压）减载的实际切除容量，保证事故状态下装置的正确动作 核查低频、低压解列装置，系统振荡解列装置、联切装置、远切装置的配置、整定以及设备运行状态
4	规程规定	核查现场继电保护和安全自动装置运行管理规程、运行操作说明；核查线路自动重合闸、备自投的配置；核查故障录波装置、故障测距装置的配置和投运情况
5	其他需要检查的项目	

5. 调度自动化及通信（见表 4-6）

表 4-6　　调度自动化及通信

序号	检查项目名称	检　查　要　点
1	电源系统	核查供电电源（含 UPS、直流系统）设备及运行管理是否存在隐患
2	安全防护	根据信息安全防护新要求核查信息安全管理，是否与公共系统可靠隔离
3	设备	运行设备和备用设备是否正常，缺陷处理情况
4	事故处理预案	检查通信、调度自动化系统非正常停运及关键设备故障处理预案及其运行人员掌握情况，核查通信和调度自动化系统故障情况下的快速恢复能力
5	规程规定	调度自动化、通信运行规程、规定是否齐全，检修、维护职责是否明确，对无人值班站的管理规定
6	其他需要检查的项目	

（三）变电站安全检查大纲

1. 安全管理（见表4-7）

表4-7 变电站安全管理

序号	检查项目名称	检查要点
1	防止全站停电的反事故措施及事故处理预案	制定《防止全站停电的反事故措施及事故处理预案》情况及落实情况
2	全站上一次安全检查的整改落实情况	逐项核查整改落实情况
3	开展安全性评价情况	逐项核查整改落实情况
4	技术监督网络	网络完善、专人负责、活动正常、记录齐全
5	执行调度规程情况	变电站对调度规程学习、考试，使用规范的调度术语以及严格正确执行调度命令情况
6	“两票三制”及接地线管理执行情况	抽查部分工作票、操作票、管理制度是否齐全，抽查执行情况
7	站用电运行方式管理	规程制定和执行情况，站用电是否可靠
8	反事故演习	定期组织反事故演习并根据调度安排参加电网联合反事故演习情况
9	防止误操作工作开展情况及解锁钥匙使用管理	现场防误闭锁装置运行使用情况，是否有借用和保管制度并严格执行
10	防灾、减灾工作	排水道疏通，变电站、断路器站周围可移动物件加固、清理，防冻措施落实
11	应急事故照明设施	充电状态
12	重点防火区域（含电缆）的消防设施	消防、报警设施齐全，能否正常工作，器材在使用期内
13	全站电缆（集中部位的）封堵、防火和消防喷淋装置	集控室、继保室、断路器室等处的电缆封堵、防火是否满足消防规程要求，防小动物情况
14	其他需要检查的项目	

2. 一次设备（见表4-8）

表4-8 变电站一次设备

序号	检查项目名称	检查要点
1	电气主设备	资料内容及规章制度执行情况，监督活动、定期试验、巡视、红外测温、短路容量复核、防腐情况
2	主变压器运行情况	夏季高温期的过载、红外测温异常消缺记录
3	母线构架情况、主回路导线接头发热情况	运行、检查及消缺记录
4	户外端子箱	防腐、防潮、防接地、防雨情况
5	避雷针与避雷器，防雷设施	运行、试验、防腐、短路容量复核情况
6	站内接地网	是否满足要求及测试整改情况
7	外绝缘	绝缘子清扫维护、调爬工作、测盐密情况
8	其他需要检查的项目	

3. 继电保护及安控装置（见表 4-9）

表 4-9　　　变电站继电保护及安控装置

序号	检查项目名称	检查要点
1	继电保护及安控装置运行、整定、检验管理	近期校核情况及履行整定单执行、返回制度情况、有无超期未核情况
2	继电保护及安控装置消缺、反措管理	年内落实执行情况（闭环管理）
3	继电保护及安控装置图纸资料台账管理	图纸、资料、台账修订及记录
4	继电保护、安控装置及二次回路日常运行管理	各类标示清晰、压板位置正确及日常巡回检查情况
5	故障录波器和保护联网	管理制度、投运率和维护记录
6	继电保护及安控装置事故分析及统计	近期事故记录、分析报告、反措落实、主保护动作情况
7	直流小开关及熔丝的管理	建立分级配置图和实际执行情况
8	其他需要检查的项目	

4. 站用电及自动化、通信部分（见表 4-10）

表 4-10　　　变电站站用电及自动化、通信部分

序号	检查项目名称	检查要点
1	站用电交流部分（包括保安电源）的运行方式	设备健康状况，电源分配、熔丝、备件、自切管理等情况
2	站用电直流部分	设备健康状况、试验记录、蓄电池、备件、熔丝管理
3	充电机（器）	充放电、浮充情况记录
4	站内通信系统	设备运行状况，通信质量、防雷措施
5	站内自动化装置及有关设备	管理制度、维护、记录情况，设备健康状况、装置投入率及试验情况
6	站内自动化设备供电电源	UPS 及辅助设备投运、消缺情况
7	自动化信息安全管理	防范措施、手段
8	站内通信、自动化设备防雷及过电压	测试、校验记录
9	通信、自动化电源安全可靠性及使用情况	现场实际状况及用户反映
10	通信站微波铁塔安全情况	现场实际状况
11	其他需要检查的项目	

（四）直流换流站安全检查大纲

1. 安全管理（见表 4-11）

表 4-11　　　直流换流站安全管理

序号	检查项目名称	检查要点
1	组织机构建立、健全情况，规程规定	建立相应的组织机构，部门、人员组成情况，安全分析制度、规程规定及适应性
2	各项措施、责任的落实情况	各级领导和各部门的责任和措施落实

续表

序号	检查项目名称	检 查 要 点
3	各站（包括换流站、变电站）、线路安全检查的整改措施的落实情况	逐项检查影响安全运行的大修和改造项目的完成情况
4	安全性评价工作	自评、专家查评的整改意见
5	技术监督网络	网络完善、专人负责、活动正常、记录齐全
6	“两票三制”执行情况	制度是否完全，具体执行情况
7	站用电运行方式管理	规定制度和执行情况
8	万能解锁钥匙使用管理	借用、保管制度是否齐全
9	反事故预案及应急管理	是否制定和建立并正常开展工作
10	防汛、防滑坡工作	排水道是否畅通，包括换流站、变电站周围可移动物件是否固定、杂物是否清理，线路排水道是否完好，塔基边坡和有滑坡迹象铁塔的加固情况，防汛等物资的准备情况
11	应急事故照明设施	换流站、变电站事故照明设备应处于充电状态
12	重点防火区域（含电缆）的消防设施	消防、报警设施齐全，能否正常工作，各种器材是否在使用期限内
13	电缆沟的封堵、防火工作	集控室、继保室、断路器室等处的电缆封堵、防火、防小动物情况
14	其他需要检查的项目	

2. 直流换流站一次设备及辅助系统设备（见表 4-12）

表 4-12　　直流换流站一次设备及辅助系统设备

序号	检查项目名称	检 查 要 点
1	电气一次设备	换流变压器、换流阀、平波电抗器、直流场高压配电装置、交流滤波器、直流滤波器技术监督工作开展情况；有关资料、记录、设备运行台账是否齐全；巡视、定检、预试执行情况，红外测温工作的开展以及短路容量是否复核
2	主变压器、换流变压器、站用变压器的运行、检修（短路、过载、红外测温）及冷却器投入运行情况	各种运行、检修及预防性试验记录，包括上层油温、预试
3	冷却水、空调、消防系统	检查换流站、变电站、冷却、空调、消防系统设备运行状况是否完好，设备运行及预试检查记录是否齐全，水冷系统水质指标是否合格，空调冷却效果是否完好
4	母线架构情况、主回路及站用电导线接头发热情况	防腐工作，红外测温记录
5	避雷针、避雷器、站内接地网、接地极	是否齐全，试验、运行和防腐情况，接地连接情况，短路容量增大后，是否能满足要求
6	外绝缘	绝缘子清扫维护、调爬工作、定期测盐密情况，防污闪技术措施
7	户外端子箱、控制箱	是否完好，漏水、防潮、防腐、过热情况
8	其他需要说明的设备情况	

3. 直流换流站站用电及直流系统（见表4-13）

表4-13　　直流换流站站用电及直流系统

序号	检查项目名称	检查要点
1	站用电交流部分运行方式	设备运行状况，熔丝选择、备件等
2	站用备用工作电源及快切装置	是否可靠和定期检查
3	事故保安电源系统	运行状况，独立外来交流电源是否有保证，柴油发电机定期试验
4	UPS 系统	运行是否正常，是否定检，熔丝配置情况
5	重要附属设备电源和备用电源配置情况	是否可靠、正常
6	直流系统运行方式	设备运行状况、试验记录、电池容量、备件、熔丝选择，直流操作电源是否与事故照明和动力电源分开，充放电、浮充情况和定期切换记录
7	建立直流小开关及熔丝分级配置图	按图定期检查和更换熔丝
8	其他需要检查的项目	

4. 直流换流站继电保护及安全自动装置、监控系统和远动设备

（1）继电保护及安全自动装置（见表4-14）。

表4-14　　直流换流站继电保护及安全自动装置

序号	检查项目名称	检查要点
1	整定管理	每年是否校核，是否履行整定单执行、返回制度，运行方式有较大变化或重要设备变更是否及时编制整定方案，整定计算资料，有无误整定
2	校核管理	继保校核规程是否编制，是否有计划并上报，校验周期和报告制度
3	运行管理（含二次回路）	运行规程是否齐全，保护屏及继电器标示是否清晰，压板位置是否正确，定期巡检记录
4	设备管理及反措	设备台账是否齐全，缺陷处理形成闭环和记录情况，备品、备件管理情况，新设备是否履行申报手续，资料移交，是否及时落实反措要求
5	故障录波器和保护联网	投运率和维护、校验记录
6	其他需要检查的项目	

（2）监控系统与通信设备（见表4-15）。

表4-15　　直流换流站监控系统与通信设备

序号	检查项目名称	检查要点
1	监控系统及有关设备	监控系统设备运行情况，设备台账、维护、消缺记录等以及防误装置运行情况
2	监控系统（设备）供电电源	UPS 及辅助设备运行情况，蓄电池定期充放电记录。由蓄电池组供电的自动化设备，应检查蓄电池组的管理、运行规程及记录
3	监控系统网络安全性	网络安全是否符合要求，自动化监控系统与站内 MIS 系统的网络连接方式和设备运行状况
4	分析可能存在的危险源（点）	机房安全、消防措施等是否符合要求，屏、柜安全接地、密封情况，防小动物和电源封堵情况

续表

序号	检查项目名称	检查要点
5	通信设备运行情况	通信设备运行状况记录，通信质量、防雷措施
6	通信设备供电电源	定期充放电记录、电池容量
7	其他需要检查的项目	

（五）交、直流输电线路（见表4-16）

表4-16　直流换流站的交、直流输电线路

序号	检查项目	检查要点
1	线路检查	检查防鸟害、防舞动、防覆冰措施制定和落实情况，检查接地线及地网状况，检查防雷击措施落实情况检查线路运行情况，红外接头发热测试记录、事故记录及反措落实情况
2	线路大跨越	检查线路跨越的运行情况，杆塔上警示标志情况
3	外绝缘	绝缘子清扫维护、调爬工作、盐密测试情况，检查沿线污区分布、绝缘配置及防污措施的落实情况；检查绝缘子自爆、零值瓷瓶及更换情况
4	杆塔检查	铁塔、电杆防腐、标牌、警示牌悬挂，塔基边坡加固情况，检查塔基滑坡及反措落实情况
5	通道走廊检查	定期巡视、检查有无违章建筑、不符合规定距离的树木情况，通道障碍物清理及防范组织、技术措施制定和执行情况以及向当地政府有关部门报告情况
6	防外力破坏	检查设施周围地质环境、防盗措施，防止施工破坏措施，防止滑坡、塌方、放炮、开挖等损坏电力设施制定和执行情况
7	其他需要检查的项目	

（六）“防止用户设施故障引发系统事故”安全检查大纲

1. 安全管理（见表4-17）

表4-17　“防止用户设施故障引发系统事故”安全管理

序号	检查项目名称	检查要点
1	各项安全管理制度的建立与完善	安全相关制度的制定
2	设备台账是否建立及执行	主要设备的台账或记录
3	“两票三制”执行情况	抽查部分工作票、操作票
4	安全设施和安全标志的设置	现场具体执行情况
5	防止误操作工作开展情况	现场防误闭锁运行规定以及解锁钥匙使用管理规范
6	安全生产的各项防范措施	防全站停电措施及事故预案防止监控系统破坏后的措施及预案
7	各项规程（安全规程、运行规程、检修规程）	是否缺少，修订及时并符合实际
8	安全工器具的定期试验、正确保管和使用、报废更新等的内容	现场各类制度及台账
9	运行人员资格审查	运行人员资格具备情况
10	防治小动物措施	各主要生产场所防小动物措施到位情况

2. 一次设备管理（见表 4-18）

表 4-18　“防止用户设施故障引发系统事故”一次设备管理

序号	检查项目名称	检　查　要　点
1	电气主设备的绝缘监督工作	资料内容及规程制度执行情况，监督活动开展情况
2	主变压器预防性试验工作	最近一次试验、分析情况
3	主变压器运行及冷却器投运情况	运行及消缺记录
4	母线构架情况、 主回路导线接头发热情况	运行、检查及消缺记录
5	避雷针与避雷器、防雷设施	是否完好和满足要求
6	站内接地网	是否满足要求及测试情况
7	主控开关	近期检验情况
8	进线隔离开关	近期检验情况
9	TA、TV	近期检验情况及短路容量能否满足系统要求
10	输电、配电线路	线路走廊环境、绝缘子自爆、零值瓷瓶数、接头发热、维护清扫、调爬情况
11	线路杆塔基础设施	塔基牢固、锈蚀、外力破坏及接地网情况
12	一次设备修试计划管理	设备修试周期、年度修试计划和完成情况，注明该修试计划未完成的原因
13	备品、备件管理	摆放是否整齐，是否有备品清单

3. 继电保护及安控装置管理（见表 4-19）

表 4-19　“防止用户设施故障引发系统事故”继电保护及安全控制装置管理

序号	检查项目名称	检　查　要　点
1	运行管理	规章制度、现场运行规程修订、完善情况
2	整定管理	近期校核情况及履行整定单执行、返回制度情况
3	检验管理	近期检验情况
4	图纸资料管理	图纸、资料、台账修订及记录
5	二次回路日常运行管理	各类标示清晰、压板位置正确及日常巡回检查情况
6	故障录波器和保护联网	管理制度、投运情况和维护记录
7	备品、备件管理	摆放是否整齐，是否有备品清单
8	其他需要检查的项目	

4. 站用电及其他（见表 4-20）

表 4-20　“防止用户设施故障引发系统事故”站用电及其他管理

序号	检查项目名称	检　查　要　点
1	防误闭锁系统	投运、消缺情况
2	站内通信系统	设备运行状况、通信质量、防雷措施
3	电缆防火和消防喷淋装置	是否符合消防规程要求

续表

序号	检查项目名称	检　查　要　点
4	站用电交流部分（包括保安电源）的运行方式	设备健康状况，电源分配、熔丝、备件、自切管理等情况
5	站用电直流部分	设备健康状况、试验记录、蓄电池、备件、熔丝管理
6	充电机（器）	充放电、浮充情况记录

注　1．本次检查重点是 110kV 及以上电压等级用户及重要用户。

对 110kV 以下电压等级用户及重要用户进行针对性检查，主要过去曾经发生过影响系统事故的用户和管理不善的用户。本大纲针对 110kV 及以上用户，110kV 及以下用户参照执行。

2．本次检查方式采取用户自查与供电部门检查指导相结合的办法。电力管理部门、供电企业联合发文通知用户，要求用户对照检查大纲自查，并对发现的隐患及时整改到位。供电企业在电力管理部门支持下，组织检查指导，对检查中发现的安全隐患进行备案管理、限期整改；对拒不整改的用户，报请有关部门严肃处理。

第二节　全 国 安 全 月

按照中共中央宣传部、国家安全生产监督管理总局、公安部、国家广播电影电视总局、中华全国总工会、共青团中央、中华全国妇女联合会联合下发的《关于开展 2011 年全国“安全生产月”活动的通知》（安监总政法〔2011〕57 号）要求，紧密结合实际，扎实开展活动，有效推动安全生产各项工作。

为认真贯彻中共中央宣传部、国家安全生产监督管理总局、公安部、国家广播电影电视总局、中华全国总工会、共青团中央、中华全国妇女联合会联合下发的《关于开展 2011 年全国“安全生产月”活动的通知》（安监总政法〔2011〕57 号）要求，继续深化“安全生产年”活动，加强安全生产宣传教育工作，进一步提升公司安全生产水平，制定本方案。

一、总体要求

以党的十七届五中全会和中央经济工作会议精神为指导，深入贯彻落实科学发展观，坚持“安全第一、预防为主、综合的治理”的方针，结合继续深化“安全生产年”、企业年度安全工作总体部署和各项目标，组织开展好全国“安全生产月”活动。面向基层、面向群众，进一步宣传贯彻党和国家安全生产的方针、政策，普及电力安全生产法律法规和安全知识，推进企业安全文化建设，为促进公司系统安全生产各项工作营造良好舆论氛围。

二、活动主题

安全责任，重在落实。

以强化企业安全生产主体责任为重点，严格落实责任，健全规章制度，夯实安全基础，提高技术装备水平，全面加强安全监管和安全管理，坚决防范重特大事故的发生。开展全国“安全生产月”活动，要紧紧围绕公司全局工作，结合“抓执行、抓过程、建机制”安全风险管控活动，强化大电网安全运行管理，强化安全隐患排查治理，强化作业过程风险管控，强化直属产业安全管理，推进安全管理标准化，健全安全风险管控机制，全面提升公司安全生产水平。

三、活动时间

全国“安全生产月”活动于 5 月 30 日～6 月 30 日在公司系统同时开展。

6月份的第一个星期为安全生产事故警示教育周。6月份的第二个星期日为安全生产宣传咨询日，要重点突出“安全责任，重在落实”的主题，宣传电力安全生产法律法规、安全知识和安全生产的先进典型等。6月份的第三个星期为应急预案演练周，各单位要结合实际开展电力迎峰度夏、防台防汛和防止大面积停电等应急演练。

四、组织机构

由各单位安全生产委员会负责组织开展本单位“安全生产月”各项活动。

五、活动形式

“安全生产月”活动分为全国性和区域、行业性活动两部分。

（1）全国性活动由组委会组织开展。

1）安全生产事故警示教育周活动。

2）安全生产宣传咨询日活动。

3）应急预案演练周活动。

4）安全生产万里行活动。

5）煤矿班组安全建设和安全社区建设推进活动。

6）“国际矿山安全经验交流会”活动。

7）“生命之歌”大家唱活动。

8）“安康杯”竞赛和“青年安全生产示范岗”活动。公司各单位要按照总部或地方政府的相关要求，广泛动员、认真组织、优质高效地参加各项活动。

（2）区域、行业性活动主要是各地区、各行业、各单位组织开展的活动以及地方媒体的宣传活动。各单位要按照安委会统一部署，结合自身工作实际，立足解决当前安全生产工作中存在的重点、难点问题，采取组织观看警示教育片、安全宣誓、签名、研讨交流、宣讲报告、演讲、文艺演出、事故隐患大排查等方式和手段，以取得实效为目的，有针对性地组织开展安全生产宣传教育活动。

六、活动要求

各单位要充分认识开展“安全生产月”活动的重要性，把“安全生产月”活动作为安全生产工作的重要内容，利用“安全生产月”活动有利时机，结合安全生产宣传教育行动，大力宣传《电力法》、《电力设施保护条例》，向社会普及电力安全知识，解答安全用电常识，营造有利于加强安全生产的社会氛围。各级工会、团委和安监部门要密切配合，充分发挥专业优势，把各项活动组织好、开展好。

（1）深入开展安全专项活动。紧密结合供电企业安全工作部署和迎峰度夏工作要求，继续深入开展“两抓一建”安全风险管控活动，将工作重点转移到防范电网大面积停电事故、重大设备损坏事故和局部影响较大事件上来，抓好迎峰度夏各项措施落实。组织开展电力建设工程预防安全事故专项整治，严格落实基建施工、农网改造工程安全责任和措施，全面强化安全生产管理，确保电网安全稳定。

（2）开展好安全生产事故警示教育周活动。各单位要通过对典型事故和身边事故案例进行剖析，分析原因、总结教训、探索规律，组织举办事故案例展览、反思大讨论、隐患排查等活动，增强职工安全防范意识和自我保护能力，采取切实有效措施防止同类事故发生，坚决遏制重特大事故。要通过播放“安全生产月”主题宣传片《安全责任、重在落实》和系列

安全生产事故警示教育片，提高警示教育活动的针对性、实效性，增强警示教育活动的感染力、影响力和渗透力。

（3）组织好安全生产宣传咨询日活动。各单位统一在 6 月份的第二个星期日开展“电力安全生产宣传咨询日”活动，要突出“安全责任，重在落实”主题，采取员工、群众喜闻乐见、易于参与的形式组织开展活动，充分运用报刊、广播、电视、互联网等大众传媒和基层宣传文化阵地，大力宣传各单位在电力安全风险管控活动、电网隐患排查治理等工作中的先进经验，宣传《电力法》、《电力设施保护条例》，向社会普及电力安全知识，解答安全用电常识，积极营造有利于加强安全生产的社会氛围。

（4）举办好应急预案演练周活动。各单位结合电网特点，针对夏季电力负荷高和易发生台风、雷暴暴雨、洪涝灾害等情况，制定各个层面的应急处置及事故抢修预案；开展电力迎峰度夏、防台防汛和防止大面积停电等应急演练；做好抢修物资、队伍准备，落实应急保障和应急处置各项措施。

（5）配合开展好安全生产万里行活动。全国“安全生产月”活动期间，组委会将在某省以宣传报道各地落实《国务院关于进一步加强企业安全生产工作的通知》（国发〔2010〕23 号）精神为核心，以煤矿、非煤矿山、道路交通、铁路交通、建筑施工、危险化学品、民用爆炸物品、冶金、有色及消防等行业（领域）为重点，开展安全生产万里行活动，活动所涉及的公司系统各单位要积极配合，做好相关工作。

（6）开展煤矿班组安全建设和安全社区建设推进活动。有关单位要按照政府有关部门要求，办好“煤矿安全知识竞赛”和煤矿班组建设先进事迹报告会，组织员工收看电影《金牌班长》和电视连续剧《矿哥矿嫂的平凡生活》，组织开展“落实企业安全生产主体责任”知识竞赛，推进企业主导型和开发区、工业园区的安全社区建设。

（7）开展“生命之歌”大家唱活动。各单位要按照政府有关部门安排，组织开展好“生命之歌”优秀歌曲学唱、传唱活动，举办多种形式的演唱会、歌咏比赛，以群众喜闻乐见的文艺形式，讴歌先进典型，弘扬感人事迹，传唱安全文化，强化安全意识。

（8）请各供电企业于 7 月 4 日前将全国“安全生产月”活动总结以文件和电子文本（通过安监信息系统）两种方式上报。

第三节　专 项 安 全 检 查

一、电网迎峰度夏和主设备专项安全检查

国务院有关部门高度重视电力迎峰度夏和安全生产工作。2010 年 6 月 10 日，国家发展改革委员会召开全国电力迎峰度夏电视电话会议，贯彻落实国务院领导同志关于做好迎峰度夏准备工作的批示要求，对做好迎峰度夏的各项工作进行了部署。6 月 8 日，国有资产管理委员会办公厅下发《关于做好电力关键设备安全质量管理工作的通知》（国资厅发综合〔2010〕58 号），针对某中央企业在建核电基地发生主变压器着火事件，贯彻落实国务院领导同志重要指示要求，汲取教训，落实整改措施，部署立即开展电力关键设备安全大检查。

为认真贯彻国务院有关部门工作部署，全面落实供电企业迎峰度夏动员部署电视电话会

议精神，切实加强迎峰度夏重点措施，坚决防止电网大面积停电事故、重大设备损失事故和局部影响较大事件，确保实现“三个不发生”目标，供电企业在7～8月期间，组织开展电网迎峰度夏和主设备专项安全检查，有关工作安排通知如下：

（一）主要目的

全面落实迎峰度夏工作部署，认真总结春检百日安全活动成效和经验，以防范电网大面积停电事故、重大设备损坏事故和局部影响较大事件为重点，充分发挥安全保证体系和安全监督体系的作用，有效落实防止电网稳定破坏和大面积停电的各项措施，有效落实防止机场、铁路等重要用户和公共场所停电的各项措施，切实加强设备全过程安全质量管理，确保实现“三个不发生”目标，全面完成电网迎峰度夏任务。

（二）检查内容

为突出工作重点，加强指导监督，保证专项安全检查取得良好效果，公司明确以下检查内容和重点：

1. 迎峰度夏工作部署落实情况

（1）贯彻落实供电企业深入开展创先争优活动暨迎峰度夏动员部署电视电话会议精神工作情况。

（2）迎峰度夏电力供需平衡分析及电网安全生产面临形势的把握情况，迎峰度夏存在的主要问题，制定采取的主要措施。

（3）加强迎峰度夏组织领导，落实各级安全责任情况，迎峰度夏物资准备、人员准备、技术准备、应急预案、生产应急值班等工作情况。

2. 防止电网大面积停电措施落实情况

（1）跨区、跨省电网安全生产组织体系建设及运维单位安全生产责任制落实情况，迎峰度夏期间备品备件、故障抢修、灾害防范等措施落实情况。

（2）跨区、跨省电网、三峡送出系统隐患排查治理情况，防止枢纽变电站、重要输电通道全停、直流输电系统双极闭锁等措施制定和落实情况。

（3）迎峰度夏电网安全风险分析及防控措施落实情况，针对电网多重故障及特殊运行方式，开展风险评估、事故预想及采取相应措施执行情况。

（4）针对夏季高气温、大负荷和自然灾害多发的特点，开展重载、满载输变配电设备状态监测和重要输电线路状态巡检工作情况。

3. 防止主设备损坏事故措施落实情况

（1）对近两年供电企业发生的主设备损失事故，特别是今年以来发生的变压器、GIS、电抗器、高压套管故障，举一反三，汲取教训，制定采取针对性措施情况。

（2）设备状态检（监）测和运行分析等技术监督手段和措施运转情况，特别是变压器运行环境治理、主变压器抗短路能力分析、GIS设备内部缺陷检（监）测以及电力电缆通道管理等措施落实情况。

（3）迎峰度夏设备防雷击、防汛、防台风等措施落实情况，隐患排查治理闭环管理机制执行情况。

（4）设备招标采购、运输安装、调试验收、运行维护等环节全过程安全质量管理机制建立和执行落实情况。

4. 防止局部影响较大事件措施落实情况

（1）加强重要电力设施安全防护。

（2）针对机场、电铁、煤矿等重要用户和公共场所，深入开展隐患排查梳理，制定落实整改治理措施情况。

（3）突发事件尤其是造成局部较大影响停电事件的新闻宣传和舆情应对措施制定落实情况。

（4）事故抢修过程中人身安全措施落实情况，领导干部到岗到位、“两票三制”、现场安全风险防控措施落实情况。

（三）工作组织

（1）专项安全检查统一组织，采取企业自查和上级单位督查相结合的方式进行，以自查为主，突出防止电网大面积停电事故、重大设备损坏事故和局部较大影响停电事件。

（2）各级供电企业负责对本单位经营管理电网、受委托运行维护的跨区、跨省电网变电站（换流站）、输电线路开展专项安全检查。

（3）供电企业以跨区电网为重点，组成督导调研组，对有关单位开展专项安全检查情况进行督导调研，具体时间和地点另行通知。

（四）工作要求

（1）开展电网迎峰度夏和主设备专项安全检查，是巩固和深化百日安全活动成效，确保实现“三个不发生”目标的重要举措。各单位要认真领会企业安全工作要求，将当前安全生产重点由春检期间防止人身伤亡和误操作事故，转移到夏季防止电网大面积停电、重大设备损失事故和局部较大影响停电事件上来，加强组织领导，落实工作责任，逐级开展检查，确保取得实效。

（2）各供电单位要以专项安全检查为契机，对迎峰度夏工作进行再检查、再梳理，对电网和设备安全存在的问题和隐患进行再排查、再评估，对各项措施和要求进行再完善、再落实，要做到风险隐患务必心中有数，措施要求务必落实到位，切实促进迎峰度夏安全生产各项工作的落实。

（3）各单位要结合具体工作实际，认真研究制定详细的专项安全检查方案，于 7 月 10 日前通过安监信息系统上报，对检查过程中发现的问题，要逐级督促整改和落实。

二、继电保护专项安全检查

为认真贯彻关于“加强二次系统管理，防止因二次系统原因引发扩大事故”的精神，全面落实《关于加强继电保护工作的意见》、《电网技术改造规划》和继电保护工作会议各项要求，充分发挥安全保证体系和监督体系的共同作用，加强继电保护专业管理，提高工作水平和安全管理水平，保障电网安全稳定运行，特决定组织开展继电保护专项监督检查活动，具体安排如下：

（一）组织方式

继电保护专项监督检查工作，以自查和抽查两种形式进行，以自查为主。各单位按照要求，结合各自继电保护工作实际，组织实施自查工作。为确保工作质量，上级将组织进行抽查。

（二）内容要求

基本内容包括：规程制度建立和贯彻落实，反事故措施和技改落实，全过程技术监督管理，现场运行管理，装置检验管理，软件版本管理，继电保护整定及定值管理，继电保护异常与故障管理，专业管理和人员培训等。

1．总则

本要求主要针对220kV及以上系统（含青海、西藏110kV系统）继电保护设备。对220kV以下系统继电保护设备，参照执行。

2．规章制度

（1）根据近年来国家、行业和企业颁发的继电保护管理规程和标准，制定继电保护运行管理规定、检修管理规定。

（2）继电保护和安全自动装置（特别是进口继电保护装置）的现场运行规程和现场检验规程符合《继电保护和安全自动装置技术规程》和《继电保护和电网安全自动装置检验规程》。

（3）上级颁发的各种反事故措施文件或事故通知等资料齐全。

3．反事故措施和技改落实

（1）在规划设计、配置及选型、基建施工、技术改造等环节中全面落实《继电保护和安全自动装置技术规程》、《电力系统继电保护及安全自动装置反事故措施要点》、《电网重大反事故措施——继电保护专业重点实施要求》等规程规定的要求。

（2）制定继电保护改造规划和逐年改造计划、资金安排。

（3）上年度继电保护改造计划完成情况和本年度继电保护改造计划和资金落实情况。

（4）结合本单位实际，制定防止继电保护“三误”事故的具体措施或要求。

（5）技改、反措项目执行安全、监护到位。

（6）检查二次回路方面执行反事故措施情况。

1）两套主保护分别经专用熔断器由不同直流母线供电。

2）线路纵联保护的通道（含光纤、微波、载波等通道及加工设备和供电电源等）遵循相互独立的原则，按双重化配置。

3）按要求敷设100m^2专用接地铜排。

4）正、负电源之间及电源与跳（合）闸引出端子之间应隔开。

5）保护装置的箱体必须确保可靠接地。

6）高频电缆屏蔽层应两端接地。

7）用于集成电路型、微机型保护的电流、电压和信号接点引入线，应采用屏蔽电缆，屏蔽层在开关场与控制室同时接地。

8）电流互感器及电压互感器的二次回路必须分别有且只能有一点接地。

9）来自电压互感器二次的4根开关场引入线和互感器三次的2（3）根开关场引入线必须分开，不得公用。

10）所有差动保护（母线、变压器、纵差、横差等）在投入运行前，除测定相回路及差回路电流外，必须测各中性线的不平衡电流，以确证回路完整正确。

11）交流回路与直流回路不能共用一根电缆。

12）主变压器、电抗器上的气体继电器应加装防雨罩。

13）不允许使用不能快速返回的电气量保护和非电气量保护作为断路器失灵保护的启动量。

14）对具有防跳回路的断路器，应使用断路器本身的防跳回路。

4. 全过程技术监督管理

（1）入网运行的继电保护装置应经部级以上质检中心确认其技术性能指标符合国家标准和电力行业相关标准。

（2）调度部门参加所调管的继电保护装置从初步设计阶段至投产运行的相关审核工作。

（3）基建投产验收部门制定本单位继电保护基建工程验收相关规定。

（4）对于保护设备的新建、扩建、技改工程，生产人员应提前介入。

5. 现场运行管理

（1）具备与现场实际情况相符的现场运行规程，内容齐全，并符合上级有关规程规定的要求。

（2）运行人员熟练掌握现场运行规程。

（3）保护按规定投退，投退记录齐全。

（4）保护装置及其信号灯的名称标志整洁清楚，把手、按钮、连接片的标识统一、规范、正确；保护屏、连接片、光字牌名称符合规范、术语，连片、控制把手、盘正面继电器标示清晰。

（5）保护柜及相关室外端子箱清洁严密，室外端子箱采取了防潮措施。

（6）继电保护现场工作应有记录。

（7）网控、保护室、电缆夹层等处有禁止使用无线通话设备的明显标示。

（8）值班人员熟练掌握现场高频通道对试方法。

（9）制定继电保护工作标准安全措施，并认真执行。

（10）具有继电保护原理图、展开图、端子排接线图、相关二次回路接线图及保护装置说明书等图纸、资料，并根据设备情况及时更新。

（11）现场所配备的二次图纸经有资质的单位、部门领导或专业人员审核、批准；图实相符，图纸的修改符合程序。

（12）有保护备品、备件管理规定，保护备品、备件的台账清楚，使用情况有记录，账物一致。

（13）年度备品、备件采购计划及时上报，不发生因备品、备件缺少导致保护退出现象。

（14）与相关专业的管理界面清晰，有相应的管理规定。

6. 软件版本管理

（1）统一管理直接管辖范围内微机继电保护装置的软件版本，建立软件版本档案。

（2）线路两端同型号纵联保护软件版本一致。

（3）软件版本变更有书面说明，并经相应试验确认，相关记录完整、清楚。

7. 装置检验管理

（1）严格执行《继电保护和电网安全自动装置检验规程》。

（2）年度检验计划完成率为100%，检验报告齐全并经审核，新投入运行的继电保护设备一年内应进行首次全部检验。

（3）全部检验和部分检验的检验项目和周期满足规程要求，计划性继电保护检修工作落实标准化作业要求。

（4）所有继电保护装置具备现场检验规程。

（5）需定期测试技术参数的保护（如高频保护通道）按规定时间测试，记录齐全、正确。

（6）装置新投入或更改二次回路后，按要求进行相关的检验测试工作。

（7）试验仪器、仪表配置满足要求，仪表经定期检验合格，专用工器具齐全（与继电保护设备连接的调试电脑应专用）。

8. 继电保护整定及定值管理

（1）继电保护定值管理制度健全，落实到位。

（2）继电保护图纸、装置说明书、设备参数等整定资料齐全。

（3）现场装置实际定值与定值单相符。

（4）运行值班室和保护班的定值单齐全、正确，有详细的定值单目录。

（5）认真执行继电保护定值单，相关人员签字完整清晰。

9. 继电保护异常与故障管理

（1）保护装置发生不正确动作后，及时组织有关人员进行调查分析、检查，制定反事故措施并向上级部门汇报。

（2）故障录波资料存档，故障录波远传系统工作正常。

（3）继电保护装置的运行情况、事故和缺陷记录完整、准确。

（4）原因不明的继电保护不正确动作应经过专家论证。

10. 专业管理和人员培训

（1）各级、同级供电企业间继电保护管理界面清晰，按调度关系明确继电保护运行和技术监督管理责任，按设备维护关系明确设备管理责任。

（2）继电保护班组应纳入主业管理，班组人员和技术骨干的数量和素质应满足实际工作需要。

（3）有健全的提高继电保护专业人员技术水平的业务学习制度和各类培训制度，有年度培训计划，并组织各类学习和各种专业技术考试。

（4）定期对运行人员进行继电保护知识的培训，新设备投运前后对运行人员进行专门培训。

（5）上年度继电保护人员培训资金落实情况和全员培训率。

（6）本年度培训计划和资金落实情况。

（7）继电保护人员掌握继电保护专业规程规定，熟悉相关专业管理规定。

（8）明确继电保护设备责任单位或责任人。责任单位、责任人应掌握设备的原理、性能。

（三）工作要求

（1）各单位要高度重视，安监部门和调度部门要密切合作，认真组织做好专项监督检查。要按照要求，制定详细具体的工作方案；根据“继电保护专项监督检查内容要求”，编制本单位继电保护检查细则，将“内容要求”分解落实到每一个单位、每一个变电站和每一台继电保护装置。

（2）要明确监督检查责任，每一项检查都要有专人负责，有详细记录并存档，做到不留死角、不走过场，切实起到以检查促管理、保安全的目的。对因自查工作不到位造成的继电保护事故，按照有关规定，严肃追究责任。

（3）各单位应将调度管辖的电厂和高压用户涉网保护纳入本次监督检查范围，对于暴露出的问题，按照继电保护技术监督和专业管理职责，积极督促落实整改。

（4）自查工作结束后，各单位要形成总结报告，从工作组织、监督检查内容、主要成果、问题和建议等方面，逐一进行总结、分析，并上报。

（5）在总结分析自查情况基础上，上级供电企业组织进行抽查，针对自查和抽查发现的问题，监督落实整改，必要时下发“安全生产监督通知书”，确保专项监督工作取得成效。

三、电力建设工程预防安全事故专项整治工作

为深入贯彻落实《国务院关于进一步加强企业安全生产工作的通知》（国发〔2010〕23号）精神，按照国家电力监管委员会《关于贯彻落实精神继续深化“安全生产年”活动的意见》（电监安全〔2011〕9号）要求，根据《国务院安委会办公室关于印发〈工程建设领域建筑施工预防坍塌事故专项整治工作方案〉的通知》（安委办函二〔2011〕19号），国家电力监管委员会制定了《电力建设工程预防安全事故专项整治工作方案》[办安全〔2010〕23号]。

为深入贯彻落实《国务院关于进一步加强企业安全生产工作的通知》精神，按照电监会《关于贯彻落实〈国务院关于进一步加强企业安全生产工作的通知〉精神继续深化“安全生产年”活动的意见》，根据《国务院安委会办公室关于印发〈工程建设领域建筑施工预防坍塌事故专项整治工作方案〉的通知》，制定本工作方案。

（一）工作要求和目标

坚持“安全第一、预防为主、综合治理”的方针和以人为本、安全发展的理念，以《安全生产法》、《建筑法》、《建设工程安全生产管理条例》以及国家电力监管委员会《电力建设安全生产监督管理办法》（电监安全〔2007〕38 号）、《关于进一步加强电力建设安全生产工作的意见》（电监安全〔2010〕7号）等有关安全生产法律法规和标准为依据，以落实企业安全生产主体责任为重点，以强化施工现场安全管理和落实防范措施为手段，进一步完善电力建设安全生产管理体系，着重解决电力建设安全生产中存在的突出问题和薄弱环节，狠抓隐患排查治理，纠正违规违章行为，有效预防高大模板支撑体系、起重机械、隧道、深基坑、高边坡等施工坍塌事故和高空坠落、机械伤害等事故，坚决遏制重大及以上人身伤亡事故，保持电力建设安全生产形势持续稳定好转的良好局面。

（二）主要任务和措施

（1）严格落实企业主体责任。依法落实工程项目建设、施工、设计、监理等各参建方安全生产主体责任，切实加强施工现场安全监督管理，健全完善安全生产监督管理机构，配足安全管理人员，完善规章制度，细化安全措施，落实各级责任。

（2）切实加强监督管理。编制完善电力建设安全生产总体施工方案以及专项施工方案，严格审查，落实各项安全技术措施；加大安全投入，按要求足额提取和使用安全生产费用；合理确定电力建设工程工期，严肃电力建设工程工期调整行为，强化工期管理；加强督导检查，及时发现纠正存在的突出问题和薄弱环节，防止和遏制人身伤亡事故的发生。

（3）深入开展隐患排查治理。继续深入开展电力建设项目安全生产隐患排查治理工作，加强对施工重点部位和重点环节危险源的分析检查，限期整改不符合安全生产条件的施工现场。在重大隐患未排除、不能确保施工安全时，责令作业人员立即撤离危险区域或暂时停止施工。对整改不合格的，按有关规定予以处罚。

（4）积极推进安全生产标准化达标活动。开展以“施工现场达标升级”为主要内容的企业安全生产标准化创建活动，加强班组安全建设和安全生产规范化管理，建立完善“责任落实、基础扎实、投入到位、管理规范”的企业安全生产保障体系，提高企业本质安全水平。

（5）进一步强化教育培训工作。按照国家电力监管委员会《关于开展2011年电力安全监督管理培训工作的通知》（办安全〔2011〕12号），积极组织人员参加专业培训，提高各级安全管理人员专业技术水平，增强各级管理人员特别是企业法人、工程项目经理和专职安全员的安全管理能力，以及农民工的安全意识。建筑施工“三类人员”及特种作业人员必须严格考核、持证上岗，其他从业人员必须经过培训合格后上岗作业。要依据法律、法规、标准、规范组织现场施工活动，提高事故预防、应急处置和逃生自救能力。

（6）继续开展电力工程建设领域突出问题专项治理工作。按照中央工程治理工作有关要求，落实《电监会2011年工程建设领域突出问题专项治理工作要点》要求，重点深化工程建设领域重点环节治理，规范工程建设项目安全管理和质量管理，着力治理电力工程建设项目转包和违法分包等违法、违规行为，坚决治理工程建设质量低劣、未按标准施工等问题。

（7）强化建筑施工安全技术管理。积极推广应用新型、高效、实用的安全监控、监测技术和预测预警设备及管理系统。如在大型起重机械上安装安全监控管理系统，在隧道施工中应用成熟的预防坍塌的监测、预报技术和监控装置等，提高技术装备水平，增强安全技术监管能力。

（三）工作进度与时间安排

专项整治工作总体上分四个阶段进行。

（1）部署启动阶段。4月，研究制定专项整治方案，部署有关工作。各单位要根据各自工程建设特点，研究制定具体专项整治方案，并认真组织实施。

（2）自查自纠阶段。5～9月，具体实施。各电力企业将电力建设专项整治方案及有关要求贯彻落实到工程建设各有关责任主体单位，开展自查自纠。国家电力监管委员会派出机构要加强分类指导、监督检查。

（3）检查督导阶段。10～11月中旬，国家电力监管委员会组织督查和抽查。对重点地区、重点企业和重点工程进行抽查和督查，发现存在突出问题和重大隐患的，要责令企业整改，并严肃处理。

（4）总结分析阶段。11月下旬～12月，总结分析，归纳评估。各单位对已开展的工作进行分析、研究，全面总结、评估，形成阶段性成果，同时，研究提出继续深化完善的意见和建议等。

（四）工作要求

（1）加强领导，落实责任。开展专项整治是继续深化“安全生产年”活动的重要举措，各单位要高度重视，切实加强组织领导，结合电力建设工程实际，制订切实可行的实施工作方案，明确工作重点和措施，认真组织实施；要注意及时掌握工作动态，定期分析、研究有关问题，加强工作总结，推广经验。阶段工作进展情况和年末专项整治工作总结报告报电监会安全监管局。

（2）突出重点，重在治本。各单位要依据电力建设工程特点，紧紧抓住电力建设施工坍塌、高空坠落、机械伤害等事故易发、多发的主要问题和薄弱环节，重点突破，标本兼治，

重在治本，抓出成效。要抓住汛期、事故多发期等重点时段，以及重点工程的重点部位、重要设施、关键装备和关键岗位，加强日常安全监管和监督检查，做到深入细致、横向到边、纵向到底、不留死角，努力遏制各类电力建设安全事故的发生。

（3）强化监督，严格考核。为确保专项整治工作的进度和质量，电力监管机构适时组织对重点地区、重点企业和重点工程进行监督检查，采取巡检、抽检、互检等方式进行逐级检查，及时发现问题和隐患，限期整改，跟踪落实，有效抵制施工现场违章指挥、违章作业和违反劳动纪律行为，消除事故隐患。对因隐患排查治理工作不力，特别是引发事故的，要依法严厉查处，追究相关单位和人员的责任，确保各项工作落到实处，取得实效。

（4）统筹协调，有序推进。各单位要将专项整治工作与继续深化“安全生产年”活动有机结合起来，加强基础建设，加强责任落实，加强依法监督，确保各项安全措施落实到位；要将专项治理工作与日常安全管理，健全制度，完善标准，推进安全生产长效机制建设有机结合起来，统一部署，统筹兼顾，相互促进，有序推进。

（5）加强沟通，做好宣传。电力监管机构与电力企业间要加强信息沟通，相互配合，形成合力，对一些共性和倾向性的问题共同进行研究；同时，要利用报刊、广播、电视和网络等各种媒体，广泛宣传专项整治工作的目标、内容和要求，以及阶段性工作成效，加强舆论监督和群众监督力度，宣传先进典型，曝光落后单位，形成良好的社会舆论氛围。

（五）具体要求

供电企业为认真贯彻落实国务院安全工作委员会办公室预防建筑施工坍塌事故专项整治相关工作部署，转发国家电力监管委员会《电力建设工程预防安全事故专项整治工作方案》的通知［安监二〔2011〕64 号］并提出以下工作要求。

（1）深入开展供电企业部署的专项安全活动。各单位应加强指导检查，督促下属相关部门、单位把“抓制度执行，抓措施落实，抓监护到位，巩固基建安全基础”基建安全主题活动扎扎实实开展好，把活动各项要求落实到一线施工现场，严格执行基建安全主题活动 30 项重点措施，切实巩固基建安全生产基础强化施工现场安全管理，杜绝违章指挥和违章作业，突出对关键作业现场和高风险作业过程的检查和监护，提高安全工作执行力，确保施工现场安全风险可控、在控，坚决防止发生基建人身伤亡事故，杜绝群死群伤等恶性事故。

（2）严格落实管理人员到岗到位要求。各级供电企业相关管理部门，应加强调查研究，切实掌握下属施工企业在建工程基本情况，摸清存在的主要问题和困难，尽力帮助解决。施工企业各级管理人员，应严格执行公司关于到岗到位的要求，深入施工现场，掌握职工思想动态和安全生产现状，发挥自身的专业知识和管理能力，及时疏导矛盾，指导解决一线施工安全存在的问题。施工项目部应完善各类应急预案，组织开展现场应急培训和演练，有效提升应急保障能力。

（3）持续推进电力建设工程隐患排查治理。各级供电企业要结合全年工作安排，组织下属的在建工程、施工企业持续开展电力建设安全隐患排查治理，围绕查管理、查思想、查安全措施，全面、细致识别和评估各类安全风险，有针对性地制定防控措施，及时消除薄弱环节。尤其是重大高危作业前，必须结合施工作业实际，进行系统的隐患排查，把施工安全方案、设施、设备和作业过程安全措施落到实处。

（4）落实好重大高危作业安全措施。高度重视超高脚手架和跨越架搭拆、大型重物起吊、大体积混凝土连续浇筑、塔吊安装拆除、深基坑开挖等重大高危作业的安全风险防控，严格执行重大高危作业施工安全方案的编制、审查和签字程序，确保安全责任落实到人。认真细致地进行安全方案交底，避免流于形式。务必使参加作业的每名员工，都清楚作业过程中自己面临的安全风险和应对措施，保持注意力高度集中。重大高危作业进行时，项目部相关管理人员、专职安全员应按照规定进行严格的安全监护，作业过程严格执行审定的方案，不得篡改、简化，严控作业过程中的违章。项目监理人员要严格履行安全监督职责，认真落实旁站、巡视、检验监督责任，将重大风险因素、安全隐患纳入旁站监护记录，及时发现、纠正施工中的各种不安全现象。

（5）强化分包工程安全管理。严格落实《建设工程施工分包安全管理规定》和《加强建设工程分包安全监督若干重点要求》等文件要求，切实履行工程分包安全管理职责，强化施工分包全过程管理，严格按照规定程序选择分包队伍，签订规范的《分包安全协议》，做好分包队伍人员的安全培训、技术交底和监护，项目部安全人员加强现场安全检查，及时清退违章人员。施工作业时负责安全监护的员工必须做到与分包作业人员“同进同出”，使分包工程安全始终处于受控状态，有效防范分包工程安全事故。

（6）严防大型起重机械事故。认真执行《电力建设起重机械安全管理重点措施（试行）》和《电力建设起重机械安全监督管理办法》，切实保证大型施工机械转运、安装、使用、拆卸全过程安全措施到位。严格落实大型机械操作、指挥人员持证上岗制度，强化租赁机械的安全管理，确保资质合格、安全协议签订到位。针对老旧机械以及外租、分包单位自带起重机械，更要列为安全管理的重点，认真、全面查处缺陷和隐患，并及时予以整改。相关管理人员要全程跟踪大型起重机械安装拆卸和重要吊装作业的施工过程，做到监护到位，有效防范大型机械安全事故。

四、农电安全生产专项督查

为督查农电年度安全生产重点工作落实情况，企业将组织开展农电安全生产专项督查。督查有关事项如下：

（一）督查的主要内容

（1）查各级安全生产责任制落实情况。

1）是否按要求层层学习宣贯《年度农电安全生产工作意见》精神。

2）是否层层签订安全生产责任状。

3）单位一把手是否定期亲自主持安全会议，及时协调解决安全生产中出现的问题，是否定期参加班组学习及下现场检查执规情况，是否执行“五同时”等。

（2）查电网事故抢修应急预案和迎峰度夏错峰、避峰工作情况。

1）电网事故抢修应急预案编制和演练情况。

2）《有序用电预案》的编制与演练情况，重点查预案的可操作性。

3）电网事故或超计划用电《限电序位表》编制情况，是否已得到政府批准。

4）事故备品、备件制度的落实情况。

（3）查防汛（台风）工作的安排、布置及落实情况。

1）防汛（台风）组织机构与工作责任制的落实情况。

2）结合本地防汛（台风）工作特点，对防汛（台风）工作（包括小水电防汛）部署和检

查情况，对检查发现问题的整改情况。

3）输变电设施重点部位防汛（台风）措施的落实情况。

4）防汛设施的检查落实情况。

5）负有管理责任的蓄水式小水电站的防汛工作落实情况，特别要检查上年专项检查中发现的坝体、泄洪闸等重要水工设施隐患的治理情况。

（4）查农电现场安全管理情况。

1）现场标准化作业开展情况、开展项目以及是否组织对实效性进行评估。

2）“两票”管理制度执行与考核情况。

3）是否设立农电安全管理专责，实行专业化管理的单位是否每季度对县供电企业的安全管理进行检查和评价。

4）“三防十要”反事故措施落实情况。

5）《农网配电典型作业防止重特大人身事故措施（试行）》执行情况。

（5）查农网输配电设施“两清理”工作的开展情况。主要查计划、查布置、查组织、查开展情况，查有关文件、查隐患整改情况等。

（6）查重要客户及高危企业隐患排查开展情况。

1）是否按照《关于对重要客户开展供用电安全隐患治理的通知》要求，开展隐患排查专项整治工作，存在隐患的整改情况。

2）新报装的客户是否按照公司《关于印发〈业扩供电方案编制导则（试行）〉的通知》要求，根据客户用电负荷性质，制订客户受电装置接入系统方案，并组织实施。

3）是否建立了重要客户联系制度。

（7）受到雨雪冰灾侵袭的地区，要特别检查：

1）开展农网线路水泥电杆隐性缺陷专项排查情况，发现的水泥电杆隐性缺陷的整治情况。

2）受损设施的修复情况。

3）断路器开断故障电流次数超过规定次数时，是否进行了检修。

4）输电线路架空地线、接地是否已恢复等。

（二）督查方式

本次督查采取互查方式，公司将抽调有关人员组成督查组，开展督查。

（三）时间安排

5 月下旬开展督查，请各单位参照督查主要内容做好自查工作。

五、劳动保护用品专项监督检查

劳动保护用品是保障从业人员在劳动过程中防止或减轻事故伤害及职业危害所使用的个体防护装备，是保障从业人员生命安全与健康的重要防线。党中央、国务院历来高度重视劳动保护工作，各地区、各部门做了大量工作，取得一定成效，但是劳动防护用品在生产、经营、配备、使用、监督管理等方面还存在许多不容忽视的问题，尤其是一些假冒伪劣劳动防护用品大量进入企业，一些单位不按规定配发劳动防护用品，职工不正确使用劳动防护用品，在伤亡事故和职业危害中因劳动防护用品的问题仍占有一定比例。

为深入贯彻《安全生产法》，进一步加强对劳动防护用品的监督管理，确保从业人员的职业安全与健康，经研究决定，从现在起，用半年左右时间，对生产经营单位劳动防护用品的配备、管理、使用情况进行一次全国范围内的专项监督检查。国家安全生产监督管理总局、中华全国总工会发布《关于开展劳动防护用品专项监督检查的通知》[安监总规划字〔2005〕64 号]，现将有关事项通知如下。

（1）监督检查的重点内容

1）生产经营单位是否按照国家、行业或地方配备标准为从业人员配发劳动防护用品，所配发的劳动防护用品安全防护性能是否符合国家或行业标准。

2）生产经营单位是否按规定教育、监督从业人员正确佩戴、使用劳动防护用品。

3）生产经营单位是否建立了劳动防护用品专项经营管理制度及劳动防护用品采购、验收、保管、发放、使用、更换、报废等管理制度。

4）从监督检查生产经营单位配备的劳动防护用品入手，了解、掌握不符合安全防护性能的劳动防护用品流入渠道，从源头上防止和杜绝不符合安全防护性能的劳动防护用品进入使用领域。

（2）监督检查的重点行业

各类矿山（包括石油天然气开采和煤矿）企业、化工企业、建筑施工企业、冶金及制造加工企业。

（3）监督检查的重点防护用品

安全帽、安全带、防护面具、防尘口罩、防毒面具、特种工作服、安全鞋（靴）、安全网等特种劳动防护用品。

（4）具体要求

1）各省、自治区、直辖市及新疆生产建设兵团安全生产监督管理部门、总工会要贯彻以人为本、从落实科学发展观的高度，以对从业人员生命安全和职业健康极端负责的态度，加强领导，制定方案，组织落实好此次专项监督检查活动。

2）监督检查要注重实效。要结合本地区实际情况，确定监督检查的重点企业和重点区域，有针对性地进行监督检查，摸清情况，找准问题；要从推进落实安全文化、安全法制、安全责任、安全科技、安全投入“五个要素”着眼，标本兼治，探索建立劳动防护用品管理长效机制；要开展各种形式的宣传教育和培训活动，普及劳动防护知识，提高企业安全生产管理水平和职工自我保护意识。

3）对监督检查中发现有下列行为的要依法进行查处。

①不配发劳动防护用品。

②不按有关标准配发劳动防护用品。

③配发不符合安全防护性能的劳动防护用品。

④配发超过使用期限的劳动防护用品。

⑤劳动防护用品管理混乱，并因此给从业人员带来事故伤害及职业危害。

⑥其他违反劳动防护用品管理有关法律、法规、规章制度的行为。

4）要运用法律、行政、经济和检测等多种手段进行监督查处。被查出问题的单位，要限期整改；对问题严重的，要依法严肃处理。通过此次专项监督检查，从使用环节上杜绝不符合国家标准或者行业标准的劳动防护用品进入企业。纠正用人单位不执行国家法律法规、侵害劳动者合法权益的行为，并跟踪整改落实情况。

（5）中央企业按照属地管理的原则，进行监督检查。国务院各有关行业主管部门可参照本通知精神，自行安排对本企业所属企业劳动防护用品的配备、管理、使用情况的监督检查工作。

（6）国家安全生产监督管理总局、全国总工会将组织部分省、自治区、直辖市之间的互查和抽查，并对检查情况进行通报。各省、自治区、直辖市安全生产监督管理部门、总工会对此次专项监督检查活动要进行认真总结，写出书面报告，分别报国家安全生产监督管理总局规划科技司和全国总工会劳动保护部。

第四节　劳动保护监督检查（工会）

工会依法组织职工参加本单位安全生产工作的民主管理和民主监督，维护职工在安全生产方面的合法权益。

根据实际情况和修改后的《中华人民共和国工会法》，全国总工会对劳动保护监督检查工作于 2001 年 12 月 31 日以中华全国总工会文件总工发〔2001〕16 号的形式予以颁布。

一、基层工会劳动保护监督检查委员会工作条例

（1）为发挥基层工会劳动保护监督检查作用，维护职工在劳动过程中的安全与健康，根据《中华人民共和国工会法》、《中华人民共和国劳动法》和国家劳动安全卫生法律法规的有关规定，制定本条例。

（2）企事业工会及所属分厂、车间工会设立工会劳动保护监督检查委员会（或工会劳动保护监督检查小组，下同）。

乡镇工会、城市街道工会及基层工会联合会也可设立工会劳动保护监督检查委员会。

工会劳动保护监督检查委员会在同级工会领导下开展工作。

（3）工会劳动保护监督检查委员会委员由同级工会提名，报上级工会备案。

（4）工会劳动保护监督检查委员会设主任委员 1 人，副主任委员 1～2 人，委员若干人，女职工相对集中的单位，应设女职工委员。主任委员应由工会委员会主席或副主席担任。

工会劳动保护监督检查委员会委员由熟悉劳动保护业务、热心劳动保护工作的工会干部和生产一线的职工担任，工会劳动保护监督检查委员会委员也可聘请行政管理人员担任，但不得超过委员会总人数的三分之一。

（5）根据需要，工会劳动保护监督检查委员会的工作可与职工（代表）大会专门委员会的工作相结合。

（6）工会劳动保护监督检查委员会的职权。

1）监督和协助本单位贯彻执行国家劳动安全卫生法律法规，监督落实安全生产责任制和规章制度，参加涉及职工劳动安全与健康规章制度的制定，参与本单位劳动安全卫生措施、计划和经费投入等方案的制定和实施，对劳动安全卫生的决策、措施提出意见和建议。

2）定期分析研究劳动安全卫生状况，向企事业单位和有关方面反映职工对劳动安全卫生工作的意见、建议和要求，督促和协助企事业单位解决劳动安全卫生方面存在的问题，改善劳动条件和作业环境。

3）参与本单位集体合同中关于劳动安全卫生、工作时间、休息休假和工伤保险等条款的

协商与制定，维护职工劳动安全卫生、休息休假和享受工伤保险的权利。对集体合同、劳动合同中劳动安全卫生条款的执行情况进行监督检查。

4）制止违章指挥、违章作业。组织或协同行政进行安全生产检查，组织职工代表对劳动安全卫生工作进行督查。对事故隐患和职业危害作业点建立档案，监督整改和治理，并督促企事业单位防范事故和职业危害。

5）对违反国家法律法规、不符合劳动安全卫生标准规定的问题，提出整改意见；问题严重的，向企事业行政提出书面整改意见；对拒不整改的，要求政府有关部门采取强制性措施。

6）监督检查新建、扩建和技术改造工程项目的劳动安全卫生设施与主体工程同时设计、同时施工、同时投产使用。

7）参加职工伤亡事故调查和处理，查清事故原因和责任，提出对事故责任者的处理意见，监督和协助企事业单位采取防范措施。对发生的职工伤亡事故和职业病进行研究、分析、总结教训，提出建议。

8）在生产过程中发现明显重大事故隐患和严重职业危害，并危及职工生命安全的紧急情况时，要求企事业行政或现场指挥人员采取紧急措施，包括立即从危险区内撤出作业人员，同时支持或组织职工采取必要的避险措施并立即报告。

9）宣传国家劳动安全卫生法律法规、政策及企事业的规章制度，结合实际情况，组织和发动职工开展安全生产活动，教育职工遵章守纪，提高职工的安全意识和技能。

10）督促企事业单位按国家有关规定发放劳动安全卫生防护用品、用具，监督企事业单位定期对职工进行健康检查。监督企事业单位履行对职业病人的诊断、治疗和康复的责任，督促落实工伤待遇及职业病损害赔偿。监督和协助企事业单位落实女职工和未成年工特殊保护的有关规定。

（7）企事业单位对工会劳动保护监督检查委员会的工作应给予支持，并提供相应的工作条件。对阻挠监督检查工作的单位和个人，有权要求有关部门严肃处理。

（8）上级工会组织支持基层工会劳动保护监督检查委员会的工作，对工作成绩显著的劳动保护监督检查委员会给予表彰和奖励。

（9）本条例解释权属中华全国总工会。

（10）本条例自颁布之日起实施。

二、工会劳动保护监督检查员工作条例

（1）为履行工会劳动保护监督检查的职责，维护职工在劳动过程中的安全与健康，根据《中华人民共和国工会法》、《中华人民共和国劳动法》和国家有关劳动安全卫生法律法规的规定，制定本条例。

（2）工会组织依法履行劳动保护监督检查职责，建立劳动保护监督检查制度，对安全生产工作实行群众监督，维护职工的合法权益。

（3）在县（含）以上总工会、产业工会中设立工会劳动保护监督检查员，可聘请有关方面熟悉劳动保护业务的人员担任兼职工会劳动保护监督检查员。

（4）中华全国总工会，省、自治区、直辖市总工会，全国产业工会，省辖市总工会对工会劳动保护监督检查员有审批权。

省、自治区、直辖市总工会，全国产业工会和中华全国总工会有关部门的工会劳动保护监督检查员由中华全国总工会审批任命。

省辖市总工会、省产业工会的工会劳动保护监督检查员由省、自治区、直辖市总工会、全国产业工会审批任命，报中华全国总工会备案。

县级总工会的劳动保护监督检查员由省辖市总工会审批任命，报省、自治区、直辖市总工会备案。

工会劳动保护监督检查员由其所隶属的工会组织考核、申报。

工会劳动保护监督检查员证件由中华全国总工会统一印制。

（5）工会劳动保护监督检查员在其所隶属的工会组织领导下工作，代表工会组织依法实施劳动保护监督检查；也可受任命机关委托，代表任命机关执行监督检查任务。

（6）工会劳动保护监督检查员应具有大专以上文化程度，具有一定的生产实践经验，并从事工会劳动保护工作一年以上，应有较高的政治、业务水平，熟悉和掌握有关劳动安全卫生法律法规和劳动保护业务。科级以上、从事五年以上劳动保护工作的工会干部也可以担任工会劳动保护监督检查员。工会劳动保护监督检查员任命前必须经过劳动保护岗位培训，考核合格。

（7）工会劳动保护监督检查员代表工会组织行使下列职权。

1）参与劳动安全卫生法律、法规和重大决策、措施的制定，监督劳动安全卫生法律法规和政策的贯彻执行。

2）监督检查本地区、行业和企事业的劳动安全卫生工作，对劳动安全卫生状况进行分析，对危害职工劳动安全与健康的问题进行调查，向政府及有关部门、企事业单位反映需要解决的问题，提出整改治理的建议。

3）制止违章指挥、违章作业。在监督检查时，发现存在事故隐患、职业危害和违反国家劳动安全卫生法律法规的问题，有权要求企事业进行整改，监督企事业采取防范事故和职业危害的措施。发现存在严重事故隐患或职业危害的提请所隶属的工会组织向企事业单位发出书面整改建议，并督促企事业单位解决；对拒不整改的，提请政府有关部门采取强制性措施。

4）在生产过程中发现明显重大事故隐患和严重职业危害，并危及职工生命安全的紧急情况时，有权向企事业行政或现场指挥人员要求采取紧急措施，包括立即从危险区内撤出作业人员，同时支持或组织职工采取必要的避险措施并立即报告。

5）依法参加职工伤亡事故的调查和处理，监督企事业单位采取防范措施，对造成伤亡事故和经济损失的责任者，提出处理意见。对触犯刑律的责任者，建议其追究法律责任。

6）参加新建、扩建和技术改造工程项目劳动安全卫生设施的设计审查和竣工验收，对劳动条件和安全卫生设施存在的问题提出意见和建议。

7）监督和协助企事业单位严格执行国家劳动安全卫生规程和标准，建立、健全劳动安全卫生制度，监督检查劳动安全卫生设施，监督检查技术措施计划的执行及经费投入、使用的情况，监督检查企事业单位的安全生产状况。

8）支持基层工会劳动保护监督检查委员会和工会小组劳动保护检查员开展工作，在劳动保护业务上给予指导。

（8）工会劳动保护监督检查员履行下列义务。

1）严格执行国家法律法规和政策，实事求是，坚持原则，联系群众，依法监督。

2）宣传国家劳动安全卫生法律法规和政策，教育职工遵守国家有关劳动安全卫生的各项法律法规和企事业单位的规章制度，推广先进的安全管理方法、预防事故和职业危害技术。

3）与政府有关部门密切合作。

4）学习相关知识，提高自身素质，适应工会劳动保护监督检查工作的要求。

（9）工会劳动保护监督检查员执行任务时，应出示《工会劳动保护监督检查员证》。实施监督检查时，企事业单位应予以配合，提供方便。对拒绝或阻挠监督检查员工作的单位和个人，提请有关部门严肃处理。

（10）工会劳动保护监督检查员应定期向其所隶属的工会汇报工作。受任命机关委托执行监督检查任务时应向任命机关提交专题报告。

（11）工会组织对工会劳动保护监督检查员进行管理、业务指导和定期培训。

（12）任命机关定期考核工会劳动保护监督检查员的工作，对成绩显著者给予表彰奖励，对失职者取消其监督检查员资格。

（13）工会劳动保护监督检查员所隶属的工会组织为其开展工作提供交通、通信等工作条件和必要的工作经费。工会劳动保护监督检查员按规定享受个人防护用品、保健津贴等待遇。

（14）各省、自治区、直辖市总工会和全国产业工会根据本地区、本行业具体情况，制订实施细则。

（15）本条例解释权属中华全国总工会。

（16）本条例自颁布之日起实施。

三、工会小组劳动保护检查员工作条例

（1）为发扬职工的主人翁精神，发挥群众的监督作用，保证党和国家的劳动保护政策法令和企业的安全卫生规章制度的正确执行，特制定本条例。

（2）工会小组根据需要设劳动保护检查员。劳动保护检查员由工会小组民主推选产生，在工会小组长领导下工作，任期与工会小组长相同。

（3）工会小组劳动保护检查员应具有安全生产和工业卫生知识，热心劳动保护工作，密切联系群众，勇于坚持原则。

（4）劳动保护检查员的职责。

1）组织本组职工学习党和国家的劳动保护政策法令、企业的安全卫生规章制度和安全技术、工业卫生知识，交流经验，提高安全技术素质。

2）协助班组长经常对本组工人，特别是新工人和调换工种的工人进行安全教育，督促其爱护和正确使用劳动保护设施，认真执行安全操作规程和规章制度。

3）经常检查各种生产设备的安全装置和防尘防毒设施的状况，发现问题及时向班组长反映，督促解决，保证其经常处于良好状态和正常运转。

4）协助班组长和有关部门检查有毒有害、易燃易爆危险物品的运输、保管和使用情况，发现问题，督促解决，保证安全。

5）发现伤亡或中毒事故，立即报告，并积极参加抢救工作。协助班组长分析事故原因，采取有效措施，防止事故重复发生。

6）督促班组长按规定及时领取和发放劳动防护用品，并指导工人正确使用。

7）协助班组长做好本组女工经期、孕期、产期、哺乳期的特殊保护工作。

（5）劳动保护检查员的权利。

1）有权制止任何人违章指挥、违章作业，并将情况及时向领导和有关部门报告。

2）发现生产设备、作业环境存在明显重大事故隐患，随时可能危及工人生命安全或会造成国家财产损失的紧急情况，有权停止作业，并组织工人立即撤离危险岗位，及时向领导报告。工人工资照发。

3）因进行正常的劳动保护监督检查活动受到打击报复时，有权越级上告，要求严肃处理。

（6）劳动保护检查员应认真学习、模范执行党和国家的劳动保护政策法令和企业的安全卫生规章制度，勇于同违反者做斗争。

（7）劳动保护检查员善于团结本组工人共同工作，热心为本组工人的安全健康服务，虚心听取群众意见，经常向上级反映情况。

（8）本条例自发布之日起实行，原《工会小组劳动保护检查员工作条例》同时作废。本条例的解释权属于中华全国总工会。

第五章 安全管理措施

第一节　安全技术劳动保护措施计划管理

为防止伤亡事故、减轻劳动强度、创造良好的劳动条件所采取的技术措施与组织管理措施，即研究解决生产过程中不安全因素的危害及其控制措施，称为安全技术。为保护员工在生产劳动中的安全与健康，在法律制度、组织管理、技术和教育上所采取的综合保护措施，叫做劳动保护。安全技术劳动保护措施（简称“安措”）计划，是指以改善企业劳动条件、防止工伤事故、预防职业病和职业中毒为目的的一切技术组织措施，是生产经营、生产财务计划的一个组成部分，以改善企业劳动条件、防止工伤事故、预防职业病和职业中毒为目的，是《中华人民共和国安全生产法》等法律、法规明确规定的安全生产资金投入方式。只有严格制定并执行安措计划，使安全生产投入有效实施，提高安全设施装备水平，提高人员素质，降低工作风险，才能确保电力施工、检修、运行等工作安全。

一、编制原则

目前，安措主要包含防止人身伤害事故、防止电气误操作事故、电力安全器具管理、安全教育培训、劳动作业环境、防止火灾事故、防止交通事故共 7 项内容。制定和实施工作过程中应遵循以下原则：首先是必要性和可行性原则：编制计划时，一方面要考虑安全生产的实际需要，如针对安全生产检查中发现的隐患，可能引发伤亡事故和职业病的主要原因，新技术、新工艺、新设备等的应用，安全技术革新项目和员工提出的合理化建议等方面编制安全技术措施，另一方面还要考虑技术可行性与经济承受能力；其次是自力更生与勤俭节约的原则：要注意充分利用现有的设备和设施挖掘潜力，讲求实效；第三是轻重稳急与统筹安排的原则：对影响最大、危害性最大的醒目应预先考虑，逐步有计划地解决。

安措计划编制应遵循需要、可行、有效、经济的原则，按轻重缓急，突出治理重点，优先解决严重影响员工安全与健康的问题。

（1）电力企业每年应编制年度的安全技术劳动保护措施计划。电力施工企业应编制年度安全技术措施计划及项目安全施工措施。

（2）电力企业年度安全技术劳动保护措施计划应由分管安全工作的领导组织，以安监或劳动人事部门为主，各有关部门参加制订。

（3）安全技术劳动保护措施计划应根据国家、行业、企业颁发的标准，从改善作业环境和劳动条件、防止伤亡事故、预防职业病、加强安全监督管理等方面进行编制；项目安全施工措施应根据施工项目的具体情况，从作业方法、施工机具、工业卫生、作业环境等方面进行编制。

（4）安全性评价结果应作为制订安全技术劳动保护措施计划的重要依据。

（5）电力企业主管部门应优先安排安全技术劳动保护措施计划所需资金。安全技术劳动保护措施计划所需资金每年从更新改造费用或其他生产费用中提取。电力施工企业及有关部

门应根据国家、行业、企业的有关规定，优先安排安全措施计划所需费用。

（6）安全监督部门负责监督安全技术劳动保护措施计划的实施，对存在的问题应及时向主管领导汇报。

（7）电力企业主管领导和车间负责人应定期检查安全技术劳动保护措施计划的实施情况，并保证安全技术劳动保护措施计划的落实。

二、编制依据

（1）国家公布的劳动保护法律、法规、规章和职业安全卫生健康标准。

（2）电力行业颁发的规程、规定及上级安全通报提出的防范措施。

（3）企业颁发的有关规程、规定，发生事故的教训和提出的防范要求。

（4）本企业风险评估（安全评价）、安全检查、专项安全监督、反事故斗争、事故隐患排查等安全监督与管理活动中，提出的防范措施以及消除安全隐患的措施。

（5）有关安全生产、职业安全健康方面的员工代表大会决议和员工合理化建议。

三、编制流程（主要内容）

（一）管理职责

（1）企业安全生产第一责任人对本企业安措计划管理负全面领导责任，要保证安措计划所需资金的提取和使用。

（2）企业分管安全生产工作的领导对本企业安措计划管理负直接领导责任，负责组织安措计划的编制、审批、实施、检查监督、项目验收、总结评价和考核，监督安措费用的有效使用。

（3）企业的安全监察部门是本企业安措计划归口管理部门。负责会同相关部门编制和审核本企业的安措计划，负责安措计划的下达，监督检查实施情况，组织或参加安措项目验收，对本企业安措计划执行情况进行总结评价。其他有关部门应积极配合安措计划管理工作的开展，及时履行本部门的工作职责。

（二）安措计划的主要内容

1. 安全工器具和安全设施

（1）为防止人员触电、高处坠落、机械伤害、物体打击、环境（粉尘、毒气、噪声、电磁、高温）伤害等事故，保障工作人员安全的各种电力安全工器具，配备及其维护。

（2）安全围栏（网、带）、安全警示牌（线）等确保作业过程中人员安全的设备与设施，及其维护。

（3）对电力安全工器具和安全设施进行检测、试验所用的设备、仪器、仪表等。

（4）安全工器具和安全设施外委试验。

（5）其他保护员工安全的设备与设施。

2. 改善劳动条件和环境

（1）防止误操作事故所需要的各种装置、工器具、带电检测设备、计算机和软件等。

（2）高空作业车、高空检修架等安全作业装备的配置及维护。

（3）安全工器具的保管、存放场所和所需设施。

（4）生产场所必须的各种消防器材、工具、消防水系统以及火灾探测、报警、火灾隔离等设施和措施。

（5）蓄电池室、油罐室、油处理室、氧气和乙炔气瓶库等易燃易爆品的防火、防爆、防雷、防静电、通风、照明等措施、设施。

（6）生产场所工作环境（如照明、护栏、盖板等）的改善。

（7）危险品储存、使用、运输、销毁所需要的设备、器材和应采取的安全措施。

（8）事故照明、抢修现场的移动照明设备。

（9）对可能存在有毒有害危险的作业环境进行检测的设施和设备。

3. 教育培训和宣传

（1）企业领导和安全生产管理人员从事生产经营活动相应的安全生产知识和管理能力等的培训。

（2）企业员工相应的安全生产知识、正确使用安全工器具和安全防护用品、紧急救护知识、消防器材使用等的培训。

（3）购置或编印安全技术劳动保护的资料、器具、刊物、宣传画、标语、幻灯及电影等。

（4）举行安全技术劳动保护展览，设立陈列室、安全教育室等。

（5）安全生产知识的考试以及试题库的建立、完善、维护和使用。

4. 其他

（1）人员伤亡应急处理预案的演练。

（2）安全监察工作必须的交通、录音、录像、摄影等设备和装备。

（3）安全信息网络平台建设。

（三）安措计划的制定

（1）企业应根据安措计划项目内容和下一年度生产经营情况预测，结合生产实际情况编制下一年度安措计划。安措计划中应明确项目及其内容、资金、执行和完成时间、责任部门（单位）、执行部门（单位）。

（2）安措计划项目内容第 1、3、4 部分由企业安全监察部门负责协商其他有关部门编制计划，第 2 部分由企业生产管理部门负责协商其他有关部门编制计划。安全监察部门负责安措计划项目的统一汇总、审核、报批。

（3）企业分管安全生产工作的领导组织计划、财务、生产、人资、工会、物资、行政管理等相关部门对企业年度安措计划和项目内容进行核准。批准后的安措计划项目应按项目支出的性质分别纳入企业生产性技改、大修、培训、技术开发等业务计划中。

（4）安措计划正式核准后，企业应以正式文件下达至各执行部门或单位。批准的安措计划项目要以标准格式下达。

企业年度安全技术劳动保护措施计划表

________年________单位

序号	项目	内容要求	项目资金（万元）	执行和完成时间	责任部门	备注

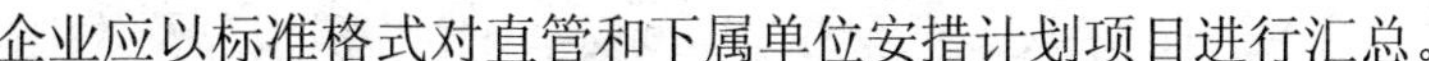

企业应以标准格式对直管和下属单位安措计划项目进行汇总。

企业年度安全技术劳动保护措施计划汇总表

________年________公司

序号	项目	内容要求	项目资金（万元）	执行和完成时间	责任部门	备注

四、监督原则

安措计划项目所需资金纳入预算管理，经批准后执行。企业应统筹安排、周密计划，保证年度安措计划项目资金落实到位。

（1）安措计划编制部门同时为该类安措计划项目实施的责任部门，其他相关部门按照分工予以配合。安措计划项目实施过程中应严格遵守供电企业计划、财务、生产、招投标等有关管理规定。

（2）安措计划项目实施要严格计划管理，列入企业工作计划，在规定的期限内完成所承担的安措计划项目。

（3）有关部门和单位负责人要定期检查安措计划项目的实施情况，对项目实施过程中出现的问题及时进行协调。

（4）安措计划项目完成后，应由项目责任部门组织进行验收。对于重大安措项目，应由企业主管领导组织相关部门，会同项目责任部门进行竣工验收。安措计划项目验收报告应汇总至安全监察部门备案。

（5）企业安全监察部门应按季度对安措计划项目实施情况进行监督检查，及时发现问题，采取措施，保证安措计划项目按时完成。

五、完成情况总结

企业应把每年度安措计划完成情况，即安措计划完成率，列为相关部门或单位考核指标之一

$$安措计划完成率（\%）=\frac{项目完成率+资金完成率}{2}\times100\%$$

$$项目完成率（\%）=\frac{年度已完成安措项目数}{年度计划应完成安措项目数}\times100\%$$

$$资金完成率（\%）=\frac{年度已完成安措资金}{年度计划应完成安措资金}\times100\%$$

（1）企业安全监察部门应全面掌握安措计划的完成情况，及时进行年度工作总结，正确评价安措计划项目在安全生产中的效果，并逐级上报本企业安措计划的执行情况。

（2）电力企业应于每年3月15日前上报本企业上一年度安措计划完成情况及效果评价。

（3）对未编制安措计划、未按照审批的安措项目组织实施的企业，上级主管部门有权责成其限期整改。逾期未改的，可根据有关规定追究企业领导责任。

（4）对违反《安全技术劳动保护措施计划管理办法》规定而发生员工伤亡事故，员工安全健康受到危害的企业，上级主管部门应严格按照“四不放过”的原则追究企业领导和有关人员的责任。

第二节　劳动保护七项重点措施

为了完善安全技术劳动保护各项措施，进一步保护员工在电力生产活动中的安全和健康，电力企业制定了安全技术劳动保护七项重点措施。

一、防止人身伤害事故

安措的重点内容之一就是防止人身伤害事故。减少并杜绝职工在生产过程中的人身伤害事故是贯彻“以人为本”治理企业的重要目标。为有效防止人身伤害事故的发生，企业行政负责人、各级生产管理人员以及从事生产的员工都必须认真执行中华人民共和国《安全生产法》，以及《安全生产工作规定》、《电力安全工作规程》（简称《安规》）等相关规定，重点要求如下。

（一）防止人身触电事故

（1）发电厂、变电站电气设备进行部分停电检修或新设备安装时，工作许可人应根据工作票的要求在工作地点或带电设备四周设置遮栏（围栏），将停电设备与带电设备隔开。围栏上每侧应至少悬挂一个面向工作人员的“止步，高压危险!”等标示牌，防止检修、试验、施工人员走错工作地点，误入带电间隔，误登带电设备，发生人身触电。

（2）无论高压设备是否带电，工作人员不得单独移开或越过遮栏（围栏）进行工作；若有必要移开遮栏（围栏）时，应有监护人在场，并满足设备不停电时的安全距离。

（3）运行中的高压设备，其中性点接地系统的中性点应视作带电体，不得触摸。雷雨天气需要巡视室外高压设备时，应穿绝缘靴，并不得靠近避雷器和避雷针。

（4）雷电时，禁止进行就地倒闸操作。

（5）变电作业时，高压验电应戴绝缘手套。验电器的伸缩式绝缘棒长度应拉足，验电时手应握在手柄处不得超过护环，人体应与验电设备保持安全距离。雨雪天气不得进行室外直接验电。

（6）在室内高压设备上工作，应在工作地点两旁和对面运行设备间隔的遮栏（围栏）上和禁止通行的过道遮栏（围栏）上悬挂“止步，高压危险!”的标示牌。

（7）高压断路器柜内手车断路器拉出后，隔离带电部位的挡板必须可靠封住，禁止开启，并设置“止步，高压危险!”的标示牌。

（8）在办理工作许可手续之前，任何车辆及工作班成员都不得进入遮栏内或触及设备。

（9）在办理工作票许可手续后，工作负责人（监护人）应在设备区外向工作班成员宣讲工作票内容，使每个工作班成员都知道工作任务、工作地点、工作时间、停电范围、邻近带电部位、现场安全措施等注意事项（必要时可以绘图讲解），并进行危险点告知，履行确认手

续后方可开始工作。迟到人员开始工作前，工作负责人应向其详细交代以上各项内容。

（10）工作中，工作负责人必须始终在现场认真履行监护职责。当工作地点分散或工作环境比较危险时，工作负责人应增设专责监护人和确定被监护人员，及时制止违章作业行为。

（11）在电气设备上进行检修，工作班成员在攀登设备构架前，首先应认真核对设备名称、编号、位置，检查现场安全措施无误后方可开始。因故离开工作现场返回工作地点时，必须重新核对设备名称、编号、位置，确认无误后方准继续工作，防止误入带电间隔。

（12）当工作现场布置的安全措施妨碍检修（试验）工作时，工作班成员必须向工作负责人说明情况，由工作负责人征得工作许可人同意后，方可变动安全设施，变动情况应及时记录在值班日志内。

（13）工作班成员在完成工作票所列的工作任务撤离工作现场后，如又发现问题需要处理时，必须向工作负责人汇报，禁止擅自处理。若尚未办理工作终结手续，则由工作负责人向工作许可人说明情况后，在工作负责人带领下进行处理。如已办理工作终结手续，则必须重新办理工作许可手续后方可进行。

（14）因平行或邻近带电设备导致检修设备可能产生感应电压时，应加装接地线或工作人员使用个人保安接地线。

（15）装、拆接地线顺序要正确，并均应使用绝缘棒。人体不得碰触接地线或未接地的导线，以防止感应电触电。检修人员带地线拆设备接头时，必须采取防止地线脱落的可靠措施，防止地线脱落感应电伤人。

（16）在变、配电站（断路器站）的带电区域内或临近带电线路处，禁止使用金属梯子。搬动梯子、管子等长物时，应放倒，由两人搬运，并与带电部分保持足够的安全距离。

（17）在电气设备上进行高压试验，应在试验现场装设遮栏，向外悬挂“止步，高压危险!”标示牌，并派人看守，非试验人员不得靠近。加压过程中应集中精力，不得触及试验的高压引线。试验时不得进行其他检修、维护等工作。当被试设备两端不在同一地点时，两端都要派人看守。试验结束后，要及时断开试验电源，将试验设备及被试设备正确放电。

（18）由于高压试验而拆开的一次设备引线，必须用结实的绳子绑牢，防止引线摇晃触及邻近带电设备或被试设备而造成触电。

（19）试验人员在变电站（断路器站）放、收试验线（电源线）时，应特别小心，防止试验线弹到或接近带电设备，发生人身触电。

（20）室内母线分段部分、母线交叉部分及部分停电检修易误碰有电设备的，应设有明显标志的永久性隔离挡板（护网）。

（21）进行变电站高压配电室（厂用变压器室）内停电清扫母线工作时，应先将备用电源、联络线电源、多回路电源等对侧带电的或所有可能来电的间隔停电。如特殊情况不能停电，则必须将对侧带电的间隔上锁并悬挂“止步，高压危险!”标示牌。

（22）在带电设备附近测量绝缘电阻时，测量人员和绝缘电阻表安放位置，应选择适当，保持安全距离，以免绝缘电阻表引线或引线支持物触碰带电部分。移动引线时，应注意监护。

（23）严禁在带电设备周围使用钢卷尺、皮卷尺和线尺（夹有金属丝者）进行测量工作，防止工作人员触电。

（24）单人操作时不得进行登高或登杆操作。

（25）严禁变电运行人员不认真执行操作监护制误入带电间隔；严禁变电检修（试验）人员不执行工作票制度而擅自扩大工作范围，防止误入带电间隔（误登带电构架）。

（26）变电运行人员在电气设备停电后（包括事故停电），在未拉开有关隔离开关（刀闸）和做好安全措施前，不得触及设备或进入遮栏，以防突然来电。

（27）变电运行人员在电气设备停电后进行清扫等维护工作时，必须填用工作票，并确认设备已停电，明确工作范围，做好各项安全措施，至少有两人一起工作，与带电设备保持足够的安全距离。

（28）线路检修人员应严格执行《安规》关于同杆塔架设多回线路以及相互平行或交叉线路中防止误登有电线路的相关措施，并严禁在有同杆架设的 10kV 及以下线路带电情况下，进行另一回线路的登杆停电检修工作。

（29）线路运行人员事故巡线时，应始终认为线路带电。即使明知该线路已停电，亦应认为线路随时有恢复送电的可能，严禁登杆塔作业。

（30）使用绝缘绳索传递大件金属物品（包括工具、材料等）时，杆塔或地面上作业人员应将金属物品接地后再接触，以防电击。

（31）在带电杆塔上刷油漆、除鸟窝、除风筝、紧杆塔螺栓，检查架空地线、金具、瓷瓶等工作，作业人员活动范围及其所携带的工具、材料等与带电导线最小距离应保证不小于设备不停电时的安全距离。不得通过限制作业人员肢体活动的方式来满足安全距离。

（32）带电作业断、接引线时严禁同时接触未接通的或已断开的导线两个断头，以防人体串入电路。

（33）带电作业断开耦合电容器后，应立即对地放电。

（34）带电作业短接阻波器，被短接前严防等电位作业人员人体短接阻波器。

（35）在 330kV 及以上电压等级的带电线路杆塔及变电站构架上作业，应采取穿静电感应防护服、导电鞋等防静电感应措施（220kV 线路杆塔上作业时宜穿导电鞋），防止静电感应造成人体感电。

（36）采用高架绝缘斗臂车进行带电作业，先检查绝缘臂为合格状态。严禁一个斗内两名作业人员同时接触电源作业，防止作业人员感电。

（37）在处理多条同路敷设的电缆故障时，在锯电缆以前，应与电缆走向图图纸核对相符，并使用专用仪器（如感应法）确切证实电缆无电后，用接地的带绝缘柄的铁钎钉入电缆芯后，方可工作。扶绝缘柄的人应戴绝缘手套并站在绝缘垫上，并采取防灼伤措施。

（38）配电设备接地电阻不合格时，应戴绝缘手套方可接触箱体。

（39）在配电变压器台架上进行检修工作，必须先拉开低压侧隔离开关，后拉开高压侧隔离开关或跌落式熔断器，然后在停电的高压引线、低压引线上验电、接地。操作跌落式熔断器及隔离开关时，必须使用经试验合格的绝缘杆并戴绝缘手套，严禁用手直接摘、挂跌落式熔断器的熔管。

（40）配网低压网改造工程竣工后，必须认真检查旧线路是否已经拆除，防止新旧线路混接造成人身触电伤亡事故。

（41）具有双电源的用户必须装设双投断路器、双投隔离开关或采用可靠的技术手段，落实防止双电源用户反送电的措施。防止用户乱接线或使用没有双投隔离开关闭锁上网的小型

自备发电机从低压侧反送电，所有低压用户均应视为可能反送电的电源。

（42）防止低压触电。要求电气设备进行安全接地，在容易触电的场合使用安全电压，必须使用低压剩余电流动作保护装置。

（43）现场使用的电源线应按规定规范连接，绝缘导线不能破损，电源刀闸盖要齐全。检修（试验）电源板应安装漏电保安器，并按要求定期检查试验，确认保护动作正确。

（44）严禁用导线直接插入插座取得电源，插座与插头应配套、完好无损。

（45）生产现场各种用电设备和电动工具、机械，特别是检修现场临时使用的砂轮机、电钻、电风扇等，其电动机或金属外壳、金属底座必须可靠接地或接零。

（46）在金属容器内进行焊接工作时，使用的行灯电压不准超过 12V。行灯变压器的外壳应可靠接地，不准使用自耦变压器。

（47）电焊机应可靠接地，高、低压侧接线柱必须设护罩，以防工作中误触碰。不停电更换焊条，必须戴焊工手套进行。

（48）在潮湿等恶劣环境下进行电焊工作，必须站在干燥的木板上或穿橡胶绝缘鞋。

（49）在高压线附近进行勘测、施工作业时，使用的测量、钻探和施工工具、设备应与高压线保持足够的安全距离。在高压线下测量时，不应使用金属标尺。必须做好监护，防止测量、钻探工具与高压线安全距离不足，发生电击伤人事故。

（50）油漆工、土建工等非电气人员或外单位人员进入生产现场必须经过安全教育培训和安全技术交底，并按规定办理进站施工手续和工作票。工作前，工作负责人应向工作班全体人员清楚交待现场安全措施、带电部位和其他安全注意事项。

工作中，设备管理部门应指派专人进行监护。专责监护人因故暂时离开作业现场时，应通知工作负责人暂停工作，工作人员必须撤离现场，不能以赶进度为理由擅自继续工作。

（二）防止高处坠落事故

（1）经医生诊断，患有高血压、心脏病、贫血病、癫痫病、糖尿病以及患有其他不宜从事高处作业和登高架设作业病症的人员，不允许参加高处作业。

（2）发现现场工作人员有饮酒、精神不振、精力不集中等症状时，禁止登高作业。

（3）高处作业应使用安全带（绳），安全带（绳）使用前应进行检查，并定期进行试验。高处作业人员应衣着灵便，宜穿软底鞋。

（4）能在地面进行的工作，不在高处作业；高处作业能在地面上预先做好的工作，必须在地面上进行，尽量减少高处作业和缩短高处作业时间。

（5）安全带（绳）应挂在牢固的构件上或专为挂安全带用的钢丝绳上，安全带不得低挂高用，禁止系挂在移动或不牢固的物件上。

（6）凡坠落高度在 2.0m 以上的工作平台、人行通道（部位），在坠落面侧应设置固定式防护栏杆。

（7）在没有脚手架或者在没有栏杆的脚手架上工作，或坠落相对高度超过 1.5m 时，必须使用安全带，或采取其他可靠的安全防护措施。

（8）在未做好安全措施的情况下，不准登在不坚固的结构上（如彩钢板屋顶）进行工作。

（9）楼梯、钢梯、平台均应采取防滑措施。直钢梯高度超过 3m 时，应装设护笼，以防上下梯子时坠落。

（10）砍剪树木时，不应攀抓脆弱和枯死的树枝，并使用安全带。安全带不得系在待砍剪树枝的断口附近或以上。不得攀登已经锯过或砍过的未断树木。

（11）使用绝缘斗臂车作业，必须先检查绝缘臂为合格状态，在绝缘斗中的作业人员应正确使用安全带和绝缘工具。

不得用汽车吊（斗臂车）悬挂吊篮上人作业。不得用斗臂起吊重物。在斗臂上工作应使用安全带。

（12）上杆塔作业前，应先检查根部、基础和拉线是否牢固。新立电杆在杆基未完全牢固或做好临时拉线前，严禁攀登。遇有冲刷、起土、上拔或导地线、拉线松动的电杆，应先培土加固，打好临时拉线或支好杆架后，再行登杆。

（13）登杆塔前，应先检查登高工具、设施，如脚扣、升降板、安全带、梯子和脚钉、爬梯、防坠装置等是否完整牢靠。禁止携带器材登杆或在杆塔上移位。严禁利用绳索、拉线上下杆塔或顺杆下滑。

（14）上横担进行工作前，应检查横担联结是否牢固和腐蚀情况，检查时安全带（绳）应系在主杆或牢固的构件上。

（15）在杆塔高空作业时，应使用有后备绳的双保险安全带，安全带和保护绳应分挂在杆塔不同部位的牢固构件上，应防止安全带从杆顶脱出或被锋利物损坏。人员在转位时，手扶的构件应牢固且不得失去后备保护绳的保护。220kV 及以上线路杆塔宜设置高空作业人员上下杆塔的防坠安全保护装置。

（16）钢管杆横担处应设有检修人员转位时手扶用的牢固的手扶构件。

（17）生产厂房装设的电梯，使用前应经国家有关部门检验合格，取得准用证，并定期检验。电梯应有专责人负责维护管理。严格执行安全使用规定和定期检验、维护、保养制度。电梯的安全闭锁装置、自动装置、机械部分、信号照明等有缺陷时必须停止使用，并采取必要的安全措施，防止高空摔跌等伤亡事故。

（三）防止机械伤害事故

（1）机械设备安全防护距离、防护罩、防护屏和设备本体安全对人身安全极其重要，应符合 GB 5083—1999《生产设备安全卫生设计总则》、GB 23821—2009《机械安全防止上下肢触及危险区的安全距离》、GB 8196—2003《机械安全防护安全固定式和活动式防护装置设计与制造一般要求》等有关标准的规定。

（2）转动机械和传动装置的外露部分应装设可靠的防护罩、盖或栏杆方可使用。严禁戴手套或手上缠抹布，在裸露的球轮、齿轮、链条、钢绳、皮带、轴头等转动部分进行清扫或其他的工作。工作人员应特别小心，不使衣服及擦拭材料被机器挂住，扣紧袖口，发辫应放在帽内。

（3）在操作转动机械设备时，严禁用手扶持加工件或戴手套操作。

（4）机械设备工作时，禁止进行润滑、清洁（清扫）、拆卸、修理等工作。转动和传动机械等设备检修时必须切断电源，并采取防止转动、移动的可靠措施。检修后进行开停试运行前，应将防护设施装设好，方可进行试运行。

（5）搬拆大型机具时要拆开搬运。装车、卸车及转移时，不准人货混装。

（6）机械上的各种安全防护装置及监测、指示、报警、保险、信号装置应完好齐全，有

缺损时应及时修复。安全防护装置不完整或已失效的机械不得使用。

（7）敷设电缆时，应有专人统一指挥，电缆移动时，严禁用手搬动滑轮，以防压伤。

（8）严禁随意跨越输煤机、卷扬机等设备的钢绳、皮带或在皮带上站立。

（9）严禁在运行中将转动的设备防护罩或遮栏打开，或将手伸进遮栏内。电动机的引出线和电缆头以及外露的转动部分均应装设牢固的遮栏或护罩。

（10）严格执行设备运行规程，防止机械设备超载运行发生事故伤人。

（11）立、撤杆塔过程中，吊件垂直下方、受力钢丝绳的内角侧严禁有人。

（12）放线、撤线和紧线工作时，人员不得站在或跨在已受力的牵引绳、导线的内角侧和展放的导、地线圈内以及牵引绳或架空线的垂直下方，防止意外跑线时抽伤。

（13）进行石坑、冻土坑打眼或打桩时，应检查锤把、锤头及钢钎。扶钎人应站在打锤人侧面。打锤人不得戴手套。作业人员应戴安全帽。

（14）立杆及修整杆坑时，应有防止杆身倾斜、滚动的措施，如采用拉绳和叉杆控制等。

（四）防止物体打击事故

（1）任何人进入生产现场（办公室、控制室、值班室和检修班组室除外），应戴合格的安全帽，并要扎紧系好下颚带。企业应制定职工安全帽佩戴场所的具体要求和管理规定。

（2）在高处作业现场，工作人员不得站在作业处的垂直下方，高空落物区不得有无关人员通行或逗留。在行人道口或人口密集区从事高处作业，工作点下方应设围栏或其他保护措施。

（3）在起吊、牵引过程中，受力钢丝绳的周围、上下方、内角侧和起吊物的下面，严禁有人逗留和通过。吊运重物不得从人头顶通过，吊臂下严禁站人，不准用手拉或跨越钢丝绳。

（4）在高处上下层同时作业时，中间应搭设严密牢固的防护隔离设施，以防落物伤人。工作人员必须戴安全帽。

（5）钻床、金属切削机床等加工件的固定夹具应完好，防夹具脱落装置应可靠。加工时，夹具应将工件夹紧，防止工件飞脱伤人。

（6）砂轮机禁止安装在正对着附近设备及操作人员或经常有人过往的地方。砂轮机必须进行定期检查匹配、防护、接地等。砂轮必须装有用钢板制成的防护罩，其强度应保证当砂轮碎裂时挡住碎块。

（7）使用砂轮机磨削工件时，应戴防护眼镜或装设防护玻璃。操作者应站在砂轮的侧面，以免故障时，砂轮飞出或破碎伤人。

（8）生产现场使用的手提式高速砂轮机，应由有经验的工作人员操作。使用前应先检查磨具是否匹配，禁止将低转速的砂轮片用于高速砂轮机上。禁止自制夹具套用其他砂轮片或磨具，防止砂轮片破碎伤人。

（9）卸水泥杆时，除打好掩木防止车身倾斜、杆子滚动伤人以外，还应加拦绳固定好，防止散堆。不得将数根水泥杆同时滚向卸杆的车厢侧，应松一根放一杆。

（10）在卸水泥杆时应利用跳板或圆木组成斜道，向下滚动时应用大绳溜放，缓缓滚下，严禁在溜放的杆子前方站人。

（11）用绳子牵引水泥杆上山，必须将水泥杆绑牢，钢丝绳不得触磨地面，爬山路线两侧5m 以内，不得有人停留或通过。

（12）线路施工紧线时，应检查接线管或接线头以及过滑轮、横担、树枝、房屋等处有无卡住现象。如遇导、地线有卡、挂住现象，应松线后处理。处理时操作人员应站在卡线处外侧，采用工具、大绳等撬、拉导线。严禁用手直接拉、推导线。

（13）线路拆旧施工时，断线杆塔要先安装可靠的拉线，做好防止倒杆塔措施。工作人员不得站在导线的下方和内角侧，防止断线时意外跑线伤人。

（14）立、撤杆塔过程中基坑内严禁有人工作。除指挥人及指定人员外，其他人员应在离开杆塔高度的1.2倍距离以外。

（15）在从事压力容器作业时（如开关液压机构，氧气瓶、氮气瓶、乙炔瓶等压力容器），应严格执行操作规程，以防喷出物或容器损坏伤人。

（五）防止噪声、中毒事故

（1）防噪声污染。

1）噪声污染会对人身造成伤害，按照工业卫生的要求，生产场所噪声水平必须符合GB 12348—2008《工业企业厂界环境噪声排放标准》以及GBJ 87—1985《工业企业噪声控制设计规范》的规定。

2）工作场所的噪声测量应符合GBJ 122—1988《工业企业噪声测量规范》的有关规定，设备本身的噪声测量应符合相应设备有关标准的规定。

3）工程设计应选用噪声和振动水平符合国家现行有关标准的设备，必要时，应对设备提出允许的限制值，或采取相应的降低声源噪声、防止噪声传播等防护措施。

4）控制室、计算机室、通信值班室等室内空调装置应采取消声、减振措施。

5）采取个人防护措施，包括在耳道塞防声棉、防声耳塞或佩带耳罩，头盔等防声工具。

（2）防SF_6气体中毒。

1）进入SF_6配电装置低位区或电缆沟进行工作应先检测含氧量（不低于18%）和SF_6气体含量是否合格。

2）在SF_6配电装置室低位区应安装能报警的氧量仪和SF_6气体泄漏报警仪，在工作人员入口处也要装设显示器。这些仪器应定期试验，保证完好。

3）工作人员进入SF_6配电装置室，入口处若无SF_6气体含量显示器，应先通风15min，并用检测仪测量SF_6气体含量合格。尽量避免一人进入SF_6配电装置室进行巡视，不准一人进入从事检修工作。

4）设备解体检修前，应对SF_6气体进行检验。根据有毒气体的含量，采取安全防护措施。检修人员需穿着防护服并根据需要配戴防毒面具。打开设备封盖后，现场所有人员应暂离现场30min。取出吸附剂和清除粉尘时，检修人员应戴防毒面具和防护手套。

5）SF_6配电装置发生大量泄漏等紧急事故时，人员应迅速撤出现场，开启所有排风机进行排风。未配戴隔离式防毒面具人员禁止入内。只有经过充分的自然排风或恢复排风后，人员才准进入。发生设备防爆膜破裂事故时，应停电处理，并用汽油或丙酮擦拭干净。

6）进行气体采样和处理一般渗漏时，要戴防毒面具并进行通风。

7）SF_6断路器进行操作时，禁止检修人员在其外壳上进行工作。

8）检修结束后，检修人员应洗澡，把用过的工器具、防护用具清洗干净。

（3）在下水道、煤气管线、潮湿地、垃圾堆或有腐质物等附近挖坑施工时，应设监护人，在挖深超过 2m 的坑内工作时，应采取戴防毒面具、带救生绳、向坑中送风等安全措施。监护人应密切注意坑内工作人员，防止煤气、沼气、H_2S 等有毒气体中毒。

（4）电缆隧道应有充足的照明，并有防火、防水、通风的措施。电缆井内工作时，禁止只打开一只井盖（单眼井除外）。进入电缆井、电缆隧道前，应先用吹风机排除浊气，再用气体检测仪检查井内或隧道内的易燃易爆及有毒气体的含量是否超标，并作好记录。电缆沟的盖板开启后，应自然通风一段时间后方可下井工作。电缆井、隧道内工作时，通风设备应保持常开，以保证空气流通。

在电缆隧道内进行长距离巡视时，工作人员应携带便携式有害气体测试仪及自救呼吸器。

（5）对在工作中接触有毒、有害、危险物品或从事危险性作业的工作人员，其人身安全专用防护用品要根据实际情况及时配备。

二、防止电气误操作事故

为防止电气误操作事故，应全面落实《电力安全工作规程》、《防止电气误操作装置管理规定》及其他有关规定。

1. 加强防误操作管理

（1）切实落实防误操作工作责任制，各单位应设专责（职）人员负责防误闭锁装置的运行、检修、维护、管理工作。防误闭锁装置的检修、维护管理应纳入运行、检修规程范畴，与相应主设备统一管理。

（2）加强运行、检修人员的专业培训，严格执行操作票、工作票制度，并使“两票”制度标准化、管理规范化。

1）严格按照操作指令填写操作票，严禁无票操作。操作票由操作人员填写，运行值班负责人审核签名。

2）特别重要和复杂的倒闸操作，由熟练的运行人员操作，运行值班负责人监护。

3）遇有大型、复杂的操作任务，操作票也可由上值填写，下值操作。但模拟预演前必须进行仔细审核，核对系统实际运行状态，尤其是地线使用情况。

应杜绝当值所有操作均由一人开票的情况。

4）装设工作票中所需接地线（合接地隔离开关）时，应严格执行验电接地的技术措施，其中调度下令装设的接地线（合接地隔离开关）应根据调度指令执行。

（3）严格执行调度指令。倒闸操作时，不允许改变操作顺序，当操作发生疑问时，应立即停止操作，并向发令人报告，不允许随意修改操作票。

1）调度指令应由有权接受调度指令的人员接听并逐条记录。

2）应制订和完善防误闭锁装置的运行规程及检修规程，加强防误闭锁装置的运行、维护管理，确保防误闭锁装置正常运行。

3）微机开票系统、微机模拟系统、微机连锁系统、现场模拟屏等必须与现场实际运行方式一致。

（4）对于没有安装状态检测器的微机防误闭锁装置，倒闸操作时必须认真核对检查项目，防止空走程序而导致误操作。

1）在交接班时，应说明防误闭锁装置的运行情况（包括电脑钥匙的充电情况）。每年春、秋检之前对防误闭锁装置进行一次全面的检查和维护，发现问题应按处理缺陷程序办理。

2）防误闭锁装置的检修应列入相应设备的检修项目中，并与检修设备同步验收、同步投运。

（5）防误装置的闭锁逻辑关系必须满足各种运行方式需要，由于软件原因不能实现闭锁逻辑关系的，必须有提示运行人员的补充规定。

（6）防误闭锁装置不得随意退出运行，停用防误闭锁装置要经本企业生产领导（总工程师）批准，并报有关部门备案，同时要制定并落实相应的防误措施；短时间退出防误闭锁装置时，应经变电站负责人或发电厂当班值长批准，并应按程序尽快投入。

1）防误闭锁装置的解锁工具（钥匙）应封存管理，并有启封使用登记和批准制度，并记录解锁原因。解锁工具（钥匙）的使用应实行分级管理，严格履行审批程序。所有操作人员和检修人员严禁擅自使用解锁工具（钥匙）。若遇特殊情况，应经值班调度员、值长、站长或其他有资格人员批准，方能使用解锁工具（钥匙），使用后应及时封存。单人操作时，检修人员在倒闸操作过程中严禁解锁，如确需解锁，应履行批准手续、待增派运行人员到现场后处理。

2）防误闭锁装置失灵和退出运行时应采取临时措施并做好记录。

3）在防误闭锁装置退出运行期间或经许可使用解锁工具（钥匙）进行倒闸操作时，必须采取加强监护的措施。

2. 防误操作技术措施

（1）新建、扩建变电工程及主设备经技术改造后，防误闭锁装置应与主设备同时投运。

（2）断路器或隔离开关闭锁回路不能用重动继电器，应直接用断路器或隔离开关的辅助触点。操作断路器或隔离开关时，应以现场状态为准。

1）电磁锁应优先使用交流电源。当使用直流电源时，应有专用直流保险，并在端子箱内安装隔离开关，操作时合上电源。

2）对于分相操作的隔离开关或接地隔离开关，应严格按相操作、按相检查。

（3）防误闭锁装置电源应与继电保护及控制回路电源独立。

（4）采用计算机监控系统时，远方、就地操作均应具备防止误操作闭锁功能。利用计算机实现防误闭锁功能时，其防误操作规则必须经本单位电气运行、安监、生技部门共同审核，经主管领导批准并备案后方可投入运行。

变电站（升压站）应优先采用微机防误闭锁方案。

（5）成套高压断路器柜“五防”功能应齐全、性能良好。断路器柜出线侧宜装设带电显示装置，带电显示装置应具有自检功能，并与线路侧接地隔离开关实行连锁；配电装置有倒送电源时，间隔网门应装有带电显示装置的强制闭锁。

3. 加强培训

加强对运行、检修人员防误操作培训，使其掌握防误闭锁装置的原理、性能、结构和操作程序，能熟练操作和维护。

4. 人员技能要求

所有运行人员应熟悉掌握防误闭锁装置的运行规程，检修人员应熟练掌握防误闭锁装置的检修规程，做到“四懂三会”（懂防误闭锁装置的原理、性能、结构和操作程序；会操作、消缺、维护）。

三、电力安全工器具管理

（1）电力安全工是具是指为防止触电、灼伤、坠落、摔跌等事故，保障工作人员安全的各种专用工具和器具。要严格按照国家及《电力安全工器具管理规定（试行）》的要求，对电力安全工器具管理实行购置、验收、保管、配置、发放、使用、试验、检查、报废全过程管理。

（2）严格按照供电企业有关规定与要求，结合本企业实际，每年在安全技术劳动保护措施计划中列专项资金，用于购置和配足电力安全工器具。

（3）严格控制电力安全工器具的购置，杜绝不符合国家、电力行业标准的产品进入生产现场。各单位使用的电力安全工器具、专项检修工器具（如检修平台、检验装置）等，均应到经电力安全工器具质量监督检验测试中心认可的专业生产厂家去购买。

（4）电力安全工器具的使用要按照国家、电力行业相关标准、规程以及厂家使用说明书的要求，正确使用。

（5）电力安全工器具的日常管理要定点、定位、定量，台账清楚。

（6）严格按照《电力安全工器具预防性试验规程》对电力安全工器具进行试验检测，不合格者一律报废。

（7）凡是未经检验（包括检验超期）、标识不清、损坏的电力安全工器具，严禁使用。

（8）企业要配齐对电力安全工器具进行试验检测的仪器、仪表等设备。

（9）电力安全工器具的保管、存放所需要的设施符合《电力安全工作规程》的要求。

四、安全教育培训

（1）定期对有关作业人员进行安全规程、制度、技术等培训，使其熟练掌握有关安全措施和要求，明确各自安全职责，提高安全防护的能力和水平。

（2）对临时工和外来工作人员的安全管理应符合《安全生产工作规定》要求，临时工和外来工作人员必须经过安全培训并考试合格方可工作。

（3）应针对当前安全生产中存在的问题及实际工作特点开展安全培训工作。负责安全培训的部门和相关人员应该深入了解安全生产中存在的危及人身安全的隐患，结合工作实际制定安全教育计划。

（4）企业每年春检预试前应组织一次安全规程的考试。

（5）在岗生产人员应定期进行有针对性的现场考问、反事故演习、技术问答、事故预想等现场培训。

（6）安全培训要结合生产现场实际，通过培训增强职工辨识危险、有害因素的能力，提高人身安全防护技能。

（7）企业对本单位班组安全日活动要提出具体要求，并下发到班组，提高安全日活动的质量。充分利用班组安全日活动这种形式，开展安全教育和培训，及时检查班组安全工作中存在的死角，制定有效的措施。

（8）企业应结合生产实际，经常性开展多种形式的安全思想教育，提高员工安全防护意识，掌握安全防护知识和伤害事故发生时的自救、互救方法。

（9）企业要做好新入厂人员（包括实习、代培人员）、临时聘用人员的三级安全教育培训工作，经安全工作规程考试合格后方可进入生产现场工作。

（10）企业要建立安全教育室。要运用安全录像、幻灯、计算机多媒体、广播、闭路电视等多种形式普及安全技术知识，并进行经常性的演讲、竞赛等，不断提高职工的安全意识和安全防护技能。

（11）安全教育培训应列入安全技术劳动保护措施计划，重点内容如下。

1）企业领导和安全生产管理人员从事生产经营活动相应的安全生产知识和管理能力的培训。

2）企业职工相应的安全生产知识、紧急救护知识、消防器材使用的培训。

3）购置或编印安全技术劳动保护的资料、器具、刊物、宣传画、标语、幻灯及电影等。

4）举行安全技术劳动保护展览会、设立陈列室、安全教育室等。

5）紧急救护等安全操作方法（包括紧急救护模拟人购置）的教育训练及座谈会、报告会等。

6）建立与贯彻有关安全生产规程制度的措施。

五、劳动作业环境

（1）作业现场的生产条件和安全设施应符合《电力安全工作规程》和《电力建设安全工作规程》（DL5009）的有关要求。工作人员的劳动防护用品应合格、齐备。

（2）生产现场各种安全标志、设备及安全工器具标示、安全警示线、安全防护等安全设施符合原国家电力公司《电力生产企业安全设施规范手册》要求。

（3）经常有人工作的场所或施工车辆上宜配备急救箱，存放急救用品，并应指定专人定期检查、补充或更换。

（4）各类作业人员应被告知其作业现场和工作岗位存在的危险因素、防范措施及事故紧急处理措施。

（5）工作人员在作业现场内可能发生人身伤害事故的地点，应设立安全警示牌，并采取可靠的防护措施。凡检修时可能形成的坠落高度在2.0m以上的孔、坑应预留装设临时防护栏杆的槽孔等措施。

（6）工作场所的照明应保证足够的亮度。在操作盘、重要表计、主要楼梯、通道、调度室、机房、控制室等地点，还应设有事故照明。

（7）生产场所的井、沟、坑、孔、洞，必须覆以与地面齐平的坚固盖板。施工中的预留孔和检修中需打开的孔洞，应加装可靠的临时盖板，未加盖板前必须设置临时围栏，悬挂标示牌等。临时打的孔洞，施工结束后必须恢复原状。

（8）所有楼梯、平台、通道、栏杆都应保持完整，铁板必须铺设牢固。铁板表面应有纹路以防滑跌。

（9）对交叉作业现场应制订完备的交叉作业安全防护措施。

（10）现场作业人员有权了解作业现场存在的危险因素、防范及应急措施；有权拒绝违章指挥，拒绝在威胁人身及设备安全的条件下作业。

六、防止火灾事故

1. 加强防火组织和消防设施管理

（1）为了防止重大火灾事故的发生，应逐项落实《电力设备典型消防规程》（DL 5027—1993）等有关规定。

（2）企业应建立防止火灾事故组织机构，必须配备消防专责人员并建立有效的消防组织网络，企业行政正职为消防工作第一责任人。健全消防工作制度，定期对消防工作进行检查。应确保各单位、各车间、各班组、各作业人员了解各自管辖范围内的重点防火要求和灭火方案。

（3）生产现场必须具有完善的消防设施，企业应建立训练有素的群众性消防队伍，力求在起火初期及时发现、及时扑灭，并使当地消防部门了解掌握电力部门火灾事故的特点，以便及时扑救。

（4）企业在有关场所应配备正压式空气呼吸器，并进行使用培训，以防止救护人员在灭火时中毒或窒息。

（5）调度室、变电站主控制室等安装火灾自动报警系统的场所，要确保其系统正常运行，不得擅自停运，要定期检修防止误报。

（6）消防水系统、火灾自动报警自动灭火系统、变压器水喷雾灭火系统及各类消防器材的检测、检修周期不应超过一年，发现故障应立即组织排除。

（7）通信机房、计算机房等安装气体灭火系统的场所，要确保其系统正常运行，不得擅自停运，要定期检修防止误喷。

（8）高层建筑、电厂、变电站应每年进行防雷检测。

（9）氢站、氧站、油库等易燃易爆物品存放库及大型设备仓库要加强用火用电及禁烟管理，确保消防设施完好，消防通道畅通。

（10）在新、扩建工程设计中，消防水系统应同生活水、工业水系统分离，以确保消防水量、水压不受其他系统影响，消防泵的备用电源应由保安电源供给。消防水系统应定期检查、维护。

2. 防火

（1）电缆防火工作必须贯彻设计、基建施工和生产运行的全过程管理，从各个方面采取综合措施，防止电缆着火、事故蔓延。

（2）新建、扩建工程中的电缆选择与敷设应按《火力发电厂与变电站设计防火规范》（GB 50229—2006）有关要求进行设计。必须严格按照设计要求完成各项电缆防火设施，并与主体工程同时投产。

（3）严格按照设计图册和有关规程规范施工，做到布线整齐，各类电缆按规定分层布置，电缆的弯曲半径应符合要求，避免任意交叉并留出足够的人行通道。

（4）控制室、断路器室、计算机室、通信机房等通往电缆夹层、隧道、穿越楼板、墙壁、柜、盘等处的所有电缆孔洞和盘面之间的缝隙（含电缆穿墙套管与电缆之间缝隙）必须采用合格的防火材料封堵。

（5）扩建工程敷设电缆时，施工单位应加强与运行单位配合工作。对贯穿变电站设备产生的电缆孔洞和损伤的阻火墙，在施工期间应有临时的封堵措施，施工结束后及时恢复永久封堵。

（6）电缆竖井和电缆沟应分段做防火隔离，对敷设在隧道（包括城市电缆隧道）的电缆要采取分段阻燃措施。

（7）应尽量减少电缆中间接头的数量。如需要，应按工艺要求制作安装电缆头，经质量验收合格后，再用耐火防爆槽盒将其封闭。

（8）建立健全电缆维护、检查及防火、报警等各项规章制度。重要的电缆隧道、夹层应安装温度火焰、烟气监视报警器。坚持定期对电缆夹层、电缆沟道的巡视检查，对电缆特别是电缆中间接头、电缆交叉互联系统应定期进行红外测温，按规定进行预防性试验。

（9）电缆夹层、竖井、电缆隧道和电缆沟等部位应保持清洁，不积水，照明采用安全电压且照明充足，禁止堆放杂物。在上述部位进行动火作业应办理动火工作票，并有可靠的防火措施。

（10）加强直流电缆防火工作。直流系统的电缆应采用阻燃电缆，两组蓄电池的电缆应尽可能单独铺设。

3. 检修现场防火

检修现场应有完善的防火措施，在禁火区（含电缆夹层）动火应按动火作业管理制度和动火票工作制度进行。

4. 防爆重点场所防火

氢站、氧站、蓄电池室、油罐室、油处理室等防火、防爆重点场所的照明、通风设备应采用防爆型。

5. 无人值守变电站防火

无人值守变电站应安装火灾自动报警或自动灭火设施，其火灾报警信号应接入有人监视遥测系统，及时发现火警。

6. 带电作业人员防火

带电作业的等电位作业人员在作业中严禁用酒精、汽油等易燃品擦拭带电体及绝缘部分，防止起火。

七、防止交通事故

1. 防止车辆行驶事故

（1）驾驶员应严格执行《中华人民共和国道路交通安全法》及企业有关规定，每天出车前后应对车辆进行安全性能方面的全面检查，并作详细记录，杜绝病车上路。不得驾驶安全设施不全或者有安全隐患的机动车，确保行车安全。

严禁酒后驾车、私自驾车、无证驾车、疲劳驾驶、超速行驶、超载行驶。严禁领导干部迫使驾驶员违章驾车。

（2）驾驶员长途驾驶时间达三小时，必须休息一次，每次休息时间不应少于20min。

（3）机动车行驶至有人看守路口、交叉路口、装卸作业、人行稠密地段、下坡道、设有警告标志处或转弯、调头时，货运汽车载运易燃、易爆等危险货物时，应当减速或者停车，在确认安全后通过。

（4）机动车行驶至积水路段、无人看守路口或机动车行经人行横道时，应当减速行驶；遇行人正在通过人行横道，应当停车让行。

（5）夜间行驶或者在容易发生危险的路段行驶，以及遇有沙尘、冰雹、雨、雪、雾、结冰等气象条件时，应当降低行驶速度。

（6）雨中行车时，禁止滑行并尽量避免猛打方向盘和紧急制动。应使用刮水器，发现工作不良应停止行驶进行检查排除。大雨或久雨后，应注意道路变化，尽量在路中行驶，会车

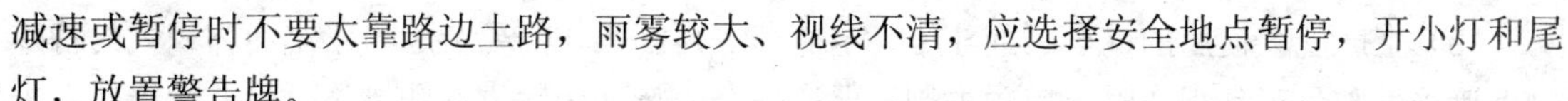

减速或暂停时不要太靠路边土路，雨雾较大、视线不清，应选择安全地点暂停，开小灯和尾灯，放置警告牌。

（7）下坡行驶时，驾驶员要思想集中，判断准确，认真操作并随时做好停车准备，时刻注意制动器作用是否有效。根据坡度情况选择适当挡位，万一脚制动器失效，应马上越级换入低速挡，利用发动机制动作用和手动制动器控制车速。

（8）按规定超车，超车后在不影响被超车辆行驶的情况下，再驶入正常行驶路线，不准强行超车，不得超车后在高速行驶的情况下猛打方向盘以防车辆失控碰撞他车或路边行人、树木等。

（9）机动车在道路上发生故障，需要停车排除故障时，驾驶人应当立即开启危险报警闪光灯，将机动车移至不妨碍交通的地方停放；难以移动的，应当持续开启危险报警闪光灯，警告标志应当设置在故障车来车方向 150m 以外，车上人员应当迅速转移到右侧路肩上或者应急车道内，并且迅速报警。

（10）严禁驾驶员边开车边打手机或查看短信息。必要时，应选择安全地点靠右暂停，电话联系结束后，再集中精神驾驶。

（11）机动车载人不得超过核定的人数，客运机动车不得违反规定载货。乘车人的头、手不得伸出车厢挡板，车厢挡板上严禁坐人。

（12）驾驶员和乘坐人员在车辆行驶途中应按规定使用安全带。

（13）乘车人员严禁在车上玩耍、吵闹或与司机闲聊，影响司机驾驶，严禁向车外扔杂物。

2. 防止车辆在场区作业事故

（1）变电站等工作场所或办公区域内道路上应在明显的位置按规定设置限速交通标志、警示标志或者安全防护设施。应在职工上下班时间、就餐时间人流密集的出入口和路段，干道与职工人数较多的生产车间、办公楼衔接处标划出人行横道线（斑马线），必要时设置减速提示线，实行强制性减速。

（2）机动车在保证安全的情况下，在没有限速标志的厂站内行驶时，车速不得超过15km/h。

（3）变电站进行新、扩建施工时，应对运输道路进行硬化处理。车辆进入基建施工现场时，应将时速限制在 15km/h 以内。机动车在进出厂房、仓库大门、停车场、加油站、危险地段、生产现场、倒车时，时速不得超过 5km/h。

（4）变电站内通往户外设备区域的通道上，应设置移动式栏杆，上面可标注“未经许可，禁止车辆进入”或“生产重地，高压危险”等警告语。任何车辆进入高压设备场地内，包括检修车、工程车、大小货车、电试车、起重车以及外来车辆等，均应征得站长、值班长许可，并做好相应安全措施。防止安全距离不够，带电设备对车辆放电。

（5）生产现场内部使用的特殊车辆，如微型工具车、机械运输车、吊车、电瓶车、翻斗车、铲车等机械车辆，应按国家规定进行年检，由国家有关部门核发厂内机动车辆牌照。

（6）厂区内机动车辆驾驶人员属特种作业人员，必须持证上岗。特种作业人员经国家有关部门考核、发证和按规定周期进行年审。驾驶员应按准驾车类驾驶，其他车种不得混开，并在企业范围指定区域内行驶。

（7）翻斗车、铲车、自卸车、吊重汽车等除驾驶室外，一律不准载人（包括操作室）。

（8）生产现场使用的铲车、翻斗车、电瓶车等，因工作需要装运质量小而体积大的特殊物件遮挡驾驶员正常视线时，应预先制订保证安全的特殊运输方案和措施，设专人指挥，采用慢速倒车行驶等方式。

（9）施工作业需占用机动车道时，必须在来车方向前50m的机动车道上设置交通警示牌（若施工作业需占用高速公路车道时，必须在来车方向前150m的车道上设置交通警示牌），并将工作现场围蔽。夜间不能恢复道路原来状态时，应在警示牌上方悬挂红色警示灯。

（10）在公路或公路旁进行施工作业的工作人员，必须穿反光衣。路面应设置警示标志，机动车周围设围栏。

第三节　安全设施规范化

一、基本概念及主要原则

电力生产企业安全设施规范化是采用不同图形、色彩及文字组合的各种设备标志、安全警示牌、安全警戒线、安全遮拦等规范的形式，给员工提供一个准确、清晰的现场安全生产环境；是对生产现场的安全工器具、消防设备等设施规范的定置管理，可以加强和促进现场安全装备配置和管理水平的提高，最终达到保证现场安全生产的目的。

安全设施规范化工作开展的目的是使发供电企业生产现场安全设施管理达到规范、统一，为职工创造一个清晰、安全的工作环境，提高安全管理水平，体现电力企业的总体形象；同时提高处于公共场所电力安全设施的规范化水平，避免公众受到意外伤害。本项工作的开展避免了安全设施设置的混乱现象，在不额外增加相关费用的情况下，使安全设施达到了规范化并提高了其实用性。1998年，原国家电力公司发布了《电力生产企业安全设施规范手册》，作为电力企业安全标准化的指导性文件，在全国发供电企业内推行安全设施规范化工作；2010年，根据安全管理标准化建设的管理要求，在总结原国家电力公司《电力生产企业安全设施规范手册》（修订版）输变电有关内容使用经验的基础上，制定了《安全设施标准》，明确了输变电安全设施的配备标准及设置、使用的规范性要求。按照标准，全国各发供电企业逐步开展安全设施规范化整改工作，并将相关要求应用到新建、改建、扩建工程中去，使安全设施规范化工作转为安全监督、设备管理的常态工作。

目前，安全设施的质量标准已比较完善，但受设备更新、扩建工程等的影响，要保持并提高安全设施的规范化水平，要坚持以下几个方面的原则。

（1）安全设施规范化的工作应作为设备管理的重要内容，设备运行、维护部门应将安全设施规范化工作作为设备维护的重要内容，及时维护、更新老化、失效的安全设施。

（2）要把好工程验收关口。在工程验收时，将安全设施规范化验收作为重要内容，对不符合要求的项目，严格按装置性违章处理；在工程的中期阶段，验收工作应提前介入，确保正式验收时不存在遗留问题。

（3）基层供电企业应定制安全设施规范化的相关工作程序，提高标准的可操作性。

二、变电设施标准（安全标志、设备标志、安全警示线、安全防护设施）

（一）术语和定义

（1）安全设施（safety facilities）。生产经营活动中将危险因素、有害因素控制在安全范围内

以及预防、减少、消除危害所设置的安全标志、设备标志、安全警示线、安全防护设施等的统称。

（2）安全色（safety colour）。传递安全信息含义的颜色，包括红、蓝、黄、绿四种颜色。红色传递禁止、停止、危险或提示消防设备、设施的信息。蓝色传递必须遵守规定的指令性信息。黄色传递注意、警告的信息。绿色传递表示安全的提示性信息。

（3）对比色（contrast colour）。使安全色更加醒目的反衬色，包括黑、白两种颜色。黑色用于安全标志的文字、图形符号和警告标志的几何边框；白色作为安全标志红、蓝、绿的背景色，也可用于安全标志的文字和图形符号。

安全色与对比色同时使用时，应按照表 5-1 搭配使用。

安全色与对比色的相间条纹为等宽条纹，倾斜约 45°。红色与白色相间条纹表示禁止或提示消防设备、设施的安全标记。黄色与黑色相间条纹表示危险位置的安全标记。蓝色与白色相间条纹表示指令的安全标记，传递必须遵守规定的信息。绿色与白色相间条纹表示安全环境的安全标记。

表 5-1　　安 全 色 的 对 比 色

安全色	对比色	安全色	对比色
红	白	黄	黑
蓝	白	绿	白

（4）安全标志（safety sign）。用以表达特定安全信息的标志，由图形符号、安全色、几何形状（边框）和文字构成。安全标志分禁止标志、警告标志、指令标志、提示标志四大基本类型。

（5）禁止标志（prohibition sign）。禁止或制止人们不安全行为的图形标志。

（6）警告标志（warning sign）。提醒人们对周围环境引起注意，以避免可能发生危险的图形标志。

（7）指令标志（direction sign）。强制人们必须做出某种动作或采用防范措施的图形标志。

（8）提示标志（information sign）。向人们提供某种信息（如标明安全设施或场所等）的图形标志。

（9）环境信息标志（environmental information sign）。所提供的信息涉及较大区域的图形标志。

（10）局部信息标志（partial information sign）。所提供的信息只涉及某地点甚至某个设备或部件的图形标志。

（11）辅助标志（supple mentary sign）。附设在主标志下，起辅助说明作用的标志。

（12）组合标志（combination sign）。在一个矩形载体上同时含有安全标志和辅助标志的标志。

（13）多重标志（multiple sign）。在一个矩形载体上含有两个及以上安全标志和（或）伴有辅助标志的标志。标志应按照安全信息重要性的顺序排列。

（14）设备标志（device sign）。用以标明设备名称、编号等特定信息的标志，由文字和（或）图形构成。

（15）安全警示线（safety warning line）。界定危险区域、防止人身伤害及影响设备（设施）正常运行或使用的标识线。

（16）安全防护设施（safety protection facility）。防止外因引发的人身伤害、设备损坏而配置的防护装置和用具。

（17）道路交通标志（road traffi csign）。用图形符号、颜色和文字向交通参与者传递特定信息、用于管理交通的设施。

（18）消防安全标志（fire safety sign）。用以表达与消防有关的安全信息，由安全色、边框、以图像为主要特征的图形符号或文字构成的标志。

（二）安全设施设置要求

（1）安全设施应清晰醒目、规范统一、安装可靠、便于维护，适应使用环境要求。

（2）安全设施所用的颜色应符合 GB 2893—2008《安全色》的规定。

（3）变电设备（设施）本体或附近醒目位置应装设设备标志牌，涂刷相色标志或装设相位标志牌。

（4）变电站设备区与其他功能区、运行设备区与改（扩）建施工区之间应装设区域隔离遮栏。不同电压等级设备区宜装设区域隔离遮栏。

（5）生产场所安装的固定遮栏应牢固，工作人员出入的门等活动部分应加锁。

（6）变电站入口应设置减速线，变电站内适当位置应设置限高、限速标志。设置标志应易于观察。

（7）变电站内地面应标注设备巡视路线和通道边缘警戒线。

（8）安全设施设置后，不应构成对人身伤害、设备安全的潜在风险或妨碍正常工作。

（三）安全设施安装制作要求

（1）安全标志、变电设备标志应采用标牌安装。

（2）标志牌标高可视现场情况自行确定，但对于同一变电站、同类设备（设施）的标志牌标高应统一。

（3）标志牌规格、尺寸、安装位置可视现场情况进行调整，但对于同一变电站、同类设备（设施）的标志牌规格、尺寸及安装位置应统一。

（4）标志牌应采用坚固耐用的材料制作，并满足安全要求。对于照明条件差的场所，标志牌宜用荧光材料制作。

（5）低压配电屏（箱）、二次设备屏等有触电危险或易造成短路的作业场所悬挂的标志牌应使用绝缘材料制作。

（6）除特殊要求外，安全标志牌、设备标志牌宜采用工业级反光材料制作。

（7）涂刷类标志材料应选用耐用、不褪色的涂料或油漆。各类标线应采用道路线漆涂刷。

（8）变电站使用的红布幔应采用纯棉布制作。

（9）所有矩形标志牌应保证边缘光滑，无毛刺、无尖角。

（四）安全标志的一般规定

（1）变电站设置的安全标志包括禁止标志、警告标志、指令标志、提示标志四种基本类型和消防安全标志、道路交通标志等特定类型。

（2）安全标志一般使用相应的通用图形标志和文字辅助标志的组合标志。

（3）安全标志一般采用标志牌的形式，宜使用衬边，以使安全标志与周围环境之间形成较为强烈的对比。

（4）安全标志所用的颜色、图形符号、几何形状、文字，标志牌的材质、表面质量、衬边及型号选用、设置高度、使用要求应符合 GB 2894—2008《安全标志及其使用导则》的规定。

（5）安全标志牌应设在与安全有关场所的醒目位置，便于进入变电站的人们看到，并有足够的时间来注意它所表达的内容。环境信息标志宜设在有关场所的入口处和醒目处，局部环境信息应设在所涉及的相应危险地点或设备（部件）的醒目处。

（6）安全标志牌不宜设在可移动的物体上，以免标志牌随母体物体相应移动，影响认读。标志牌前不得放置妨碍认读的障碍物。

（7）多个标志在一起设置时，应按照警告、禁止、指令、提示类型的顺序，先左后右、先上后下地排列且应避免出现相互矛盾、重复的现象，也可以根据实际，使用多重标志。

（8）安全标志牌的固定方式分附着式、悬挂式和柱式。附着式和悬挂式的固定应稳固不倾斜，柱式的标志牌和支架应连接牢固。临时标志牌应采取防止脱落、移位措施。

（9）安全标志牌应设置在明亮的环境中。

（10）安全标志牌设置的高度尽量与人眼的视线高度相一致，悬挂式和柱式的环境信息标志牌的下缘距地面的高度不宜小于 2m，局部信息标志的设置高度应视具体情况确定。

（11）安全标志牌的平面与视线夹角应接近 90°，观察者位于最大观察距离时，最小夹角不低于 75°。

（12）安全标志牌应定期检查，如发现破损、变形、褪色等不符合要求时，应及时修整或更换。修整或更换时，应有临时的标志替换，以避免发生意外伤害。

（13）变电站入口应根据站内通道、设备、电压等级等具体情况，在醒目位置按配置规范设置相应的安全标志牌。如“当心触电”、“未经许可不得入内”、“禁止吸烟”、“必须戴安全帽”等，并应设立限速的标识（装置）。

（14）设备区入口，应根据通道、设备、电压等级等具体情况，在醒目位置按配置规范设置相应的安全标志牌。如“当心触电”、“未经许可不得入内”、“禁止吸烟”、“必须戴安全帽”及安全距离等，并应设立限速、限高的标识（装置）。

（15）各设备间入口，应根据内部设备、电压等级等具体情况，在醒目位置按配置规范设置相应的安全标志牌。如主控制室、继电器室、通信室、自动装置室应配置“未经许可不得入内”、“禁止烟火”；继电器室、自动装置室应配置“禁止使用无线通信”；高压配电装置室应配置“未经许可不得入内”、“禁止烟火”；GIS 组合电器室、SF_6 设备室、电缆夹层应配置“禁止烟火”、“注意通风”、“必须戴安全帽”等。

（五）禁止标志及设置规范

（1）禁止标志牌的基本形式是一长方形衬底牌，上方是禁止标志（带斜杠的圆边框），下方是文字辅助标志（矩形边框）。图形上、中、下间隙，左、右间隙相等。

（2）禁止标志牌长方形衬底色为白色，带斜杠的圆边框为红色，标志符号为黑色，辅助标志为红底白字、黑体字，字号根据标志牌尺寸、字数调整。禁止标志的基本形式与标准色如图 5-1 所示。常用禁止标志及使用规范见表 5-2。

图 5-1　禁止标志的基本形式与标准色

表 5-2　　变电设施常用禁止标志及使用规范

序号	名　称	标　志　示　例	使用范围和地点
1	禁止烟火	禁止烟火	主控制室、继电器室、蓄电池室、通信室、自动装置室、变压器室、配电装置室、检修、试验工作场所、电缆夹层、隧道入口、危险品存放点等处
2	禁止用水灭火	禁止用水灭火	变压器室、配电装置室、继电器室、通信室、自动装置室等处（有隔离油源设施的室内油浸设备除外）
3	禁止跨越	禁止跨越	不允许跨越的深坑（沟）等危险场所、安全遮栏等处
4	禁止攀登	禁止攀登	不允许攀爬的危险地点，如有坍塌危险的建筑物、构筑物等处
5	禁止吸烟	禁止吸烟	设备区入口、主控制室、继电器室、通信室、自动装置室、变压器室、配电装置室、电缆夹层、隧道入口、危险品存放点等处

续表

序号	名　　称	标　志　示　例	使用范围和地点
6	禁止停留	禁止停留	对人员有直接危害的场所，如高处作业现场、吊装作业现场等处
7	未经许可 不得入内	未经许可 不得入内	易造成事故或对人员有伤害的场所入口处，如高压设备室入口、消防泵室、雨淋阀室等处
8	禁止通行	禁止通行	有危险的作业区域，如起重、爆破现场，道路施工工地的入口等处
9	禁止堆放	禁止堆放	消防器材存放处、消防通道、逃生通道及变电站主通道、安全通道等处
10	禁止穿化纤服装	化纤 禁止穿化纤服装	设备区入口、电气检修试验、焊接及有易燃、易爆物质的场所等处

续表

序号	名　称	标 志 示 例	使用范围和地点
11	禁止使用无线通信	禁止使用无线通信	继电器室、自动装置室等处
12	禁止合闸 有人工作	禁止合闸 有人工作	一经合闸即可送电到施工设备的断路器（开关）和隔离开关（刀闸）操作把手上等处
13	禁止合闸 线路有人工作	禁止合闸 线路有人工作	线路断路器（开关）和隔离开关（刀闸）把手上
14	禁止分闸	禁止分闸	接地隔离开关与检修设备之间的断路器（开关）操作把手上
15	禁止攀登 高压危险	禁止攀登 高压危险	高压配电装置构架的爬梯上，变压器、电抗器等设备的爬梯上

（六）警告标志及设置规范

（1）警告标志牌的基本形式是一长方形衬底牌，上方是警告标志（正三角形边框），下方是文字辅助标志（矩形边框）。图形上、中、下间隙，左、右间隙相等。

（2）警告标志牌长方形衬底色为白色，正三角形边框底色为黄色，边框及标志符号为黑色，辅助标志为白底黑字、黑体字，字号根据标志牌尺寸、字数调整。警告标志的基本形式与标准色如图 5-2 所示。常用警告标志及使用规范见表 5-3。

图 5-2　警告标志的基本形式与标准色

表 5-3　　**常用警告标志及使用规范**

序号	名　称	标 志 示 例	使用范围和地点
1	注意安全	注意安全	易造成人员伤害的场所及设备等处
2	注意通风	注意通风	SF_6 装置室、蓄电池室、电缆夹层、电缆隧道入口等处
3	当心火灾	当心火灾	易发生火灾的危险场所，如电气检修试验、焊接及有易燃易爆物质的场所
4	当心爆炸	当心爆炸	易发生爆炸危险的场所，如易燃、易爆物质的使用或受压容器等地点
5	当心中毒	当心中毒	在装有 SF_6 断路器、GIS 组合电器的配电装置室入口，生产、储运、使用剧毒品及有毒物质的场所

续表

序号	名　称	标 志 示 例	使用范围和地点
6	当心触电	当心触电	有可能发生触电危险的电气设备和线路，如配电装置室、开关等处
7	当心电缆	当心电缆	暴露的电缆或地面下有电缆处施工的地点
8	当心机械伤人	当心机械伤人	易发生机械卷入、轧压、碾压、剪切等机械伤害的作业地点
9	当心伤手	当心伤手	易造成手部伤害的作业地点，如机械加工工作场所等处
10	当心扎脚	当心扎脚	易造成脚部伤害的作业地点，如施工工地及有尖角散料等处
11	当心吊物	当心吊物	有吊装设备作业的场所，如施工工地等处

续表

序号	名　称	标 志 示 例	使用范围和地点
12	当心坠落	 当心坠落	易发生坠落事故的作业地点，如脚手架、高处平台、地面的深沟（池、槽）等处
13	当心落物	 当心落物	易发生落物危险的地点，如高处作业、立体交叉作业的下方等处
14	当心腐蚀	 当心腐蚀	蓄电池室内墙壁等处
15	当心坑洞	 当心坑洞	生产现场和通道临时开启或挖掘的孔洞四周围栏等处
16	当心弧光	 当心弧光	易发生由于弧光造成眼部伤害的焊接作业场所等处
17	当心塌方	 当心塌方	有塌方危险的区域，如堤坝及土方作业的深坑、深槽等处

续表

序号	名　称	标　志　示　例	使用范围和地点
18	当心车辆	当心车辆	生产场所内车、人混合行走的路段，道路的拐角处、平交路口，车辆出入较多的生产场所出入口处
19	当心滑跌	当心滑跌	地面有易造成伤害的滑跌地点，如地面有油、冰、水等物质及滑坡处
20	止步 高压危险	止步高压危险	带电设备固定遮栏上，室外带电设备构架上，高压试验地点安全围栏上，因高压危险禁止通行的过道上，工作地点临近室外带电设备的安全围栏上，工作地点临近带电设备的横梁上等处

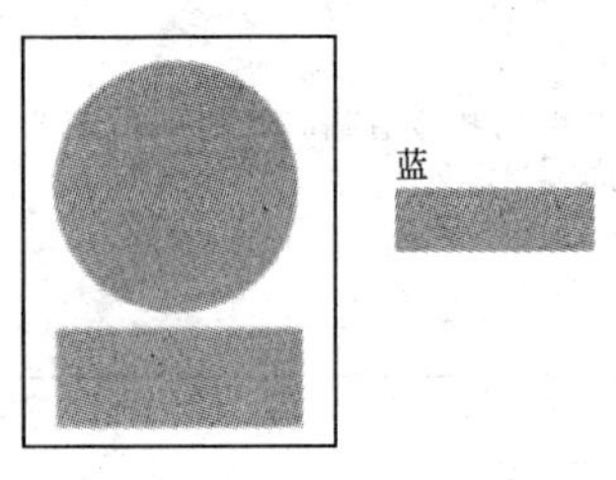

图 5-3　指令标志的基本形式与标准色

（七）指令标志及设置规范

（1）指令标志牌的基本形式是一长方形衬底牌，上方是指令标志（圆形边框），下方是文字辅助标志（矩形边框）。图形上、中、下间隙，左、右间隙相等。

（2）指令标志牌长方形衬底色为白色，圆形边框底色为蓝色，标志符号为白色，辅助标志为蓝底白字、黑体字，字号根据标志牌尺寸、字数调整。指令标志的基本形式与标准色如图 5-3 所示。常用指令标志及使用规范见表 5-4。

表 5-4　　常用指令标志及使用规范

序号	名　称	标　志　示　例	使用范围和地点
1	必须戴防护眼镜	必须戴防护眼镜	对眼睛有伤害的作业场所，如机械加工、各种焊接等处

续表

序号	名称	标志示例	使用范围和地点
2	必须戴防毒面具	必须戴防毒面具	具有对人体有害的气体、气溶胶、烟尘等作业场所，如有毒物散发的地点或处理有毒物造成的事故现场等处
3	必须戴安全帽	必须戴安全帽	生产现场（办公室、主控制室、值班室和检修班组室除外）佩戴
4	必须戴防护手套	必须戴防护手套	易伤害手部的作业场所，如具有腐蚀、污染、灼烫、冰冻及触电危险的作业等处
5	必须穿防护鞋	必须穿防护鞋	易伤害脚部的作业场所，如具有腐蚀、灼烫、触电、砸（刺）伤等危险的作业地点
6	必须系安全带	必须系安全带	易发生坠落危险的作业场所，如高处建筑、检修、安装等处
7	必须穿防护服	必须穿防护服	具有放射、微波、高温及其他需穿防护服的作业场所

（八）提示标志及设置规范

（1）提示标志牌的基本形式是一正方形衬底牌和相应文字，四周间隙相等。

（2）提示标志牌衬底色为绿色，标志符号为白色，文字为黑色（白色）黑体字，字号根据标志牌尺寸、字数调整。提示标志的基本形式与标准色如图 5-4 所示，常用提示标志及使用规范见表 5-5。

图 5-4　提示标志的基本形式与标准色

表 5-5　　　　常用提示标志及使用规范

序号	名　称	标 志 示 例	使用范围和地点
1	在此工作	在此工作	工作地点或检修设备上
2	从此上下	从此上下	工作人员可以上下的铁（构）架、爬梯上
3	从此进出	从此进出	工作地点遮栏的出入口处
4	紧急洗眼水		悬挂在从事酸、碱工作的蓄电池室、化验室等洗眼水喷头旁
5	安全距离	220kV 设备不停电时的安全距离	根据不同电压等级标示出人体与带电体最小安全距离。设置在设备区入口处

（九）道路交通标志及设置规范

（1）变电站设置限制高度、速度等禁令标志，基本形式一般为圆形，白底，红圈，黑图案。其设置、位置、形式、尺寸、图案和颜色等应符合 GB 5768.2—2009《道路交通标志和标线第 2 部分：道路交通标志》、GB4387—2008《工业企业厂内铁路、道路运输安全规程》的规定。

（2）限制高度标志表示禁止装载高度超过标志所示数值的车辆通行。变电站入口处、不同电压等级设备区入口处等最大允许高度受限制的地方应设置限制高度标志牌（装置）。限制高度标志牌的基本形状为圆形，白底、红圈、黑图案。以图 5-5 所示限制高度标志牌为示例，表示装载高度超过 3.5m 的车辆禁止进入。

图 5-5　限制高度标志牌示例

（3）限制速度标志表示该标志至前方解除限制速度标志的路段内，机动车行驶速度（单位为 km/h）不准超过标志所示数值。变电站入口处、变电站主干道及转角处等需要限制车辆速度的路段起点应设置限制速度标志牌。限制速度标志牌的基本形状为圆形，白底、红圈、黑图案。以图 5-6 限制速度标志牌为

示例，表示限制速度为 5km/h。

（十）消防安全标志及设置规范

（1）应在变电站的主控制室、继电器室、通信室、自动装置室、变压器室、配电装置室、电缆隧道等重点防火部位入口处以及储存易燃易爆物品仓库门口处合理配置灭火器等消防器材，在火灾易发生部位设置火灾探测和自动报警装置。

图 5-6　限制速度标志牌示例

（2）各生产场所应有逃生路线的标示，楼梯主要通道门上方或左（右）侧装设紧急撤离提示标志。

（3）消防安全标志表明下列内容的位置和性质。

1）火灾报警和手动控制装置。

2）火灾时疏散途径。

3）灭火设备。

4）具有火灾、爆炸危险的地方或物质。

（4）消防安全标志按照主题内容与适用范围，分为火灾报警及灭火设备标志、火灾疏散途径标志和方向辅助标志，其设置场所、原则、要求和方法等应符合 GB 13495—1992《消防安全标志》、GB 15630—1995《消防安全标志设置要求》的规定。

（5）常用消防安全标志及设置规范见表 5-6。

表 5-6　　**常用消防安全标志及使用规范**

序号	名　称	标　志　示　例	使用范围和地点
1	消防手动启动器		依据现场环境，设置在适宜、醒目的位置
2	火警电话		依据现场环境，设置在适宜、醒目的位置
3	消火栓箱		生产场所构筑物内的消火栓处
4	地上消火栓		固定在距离消火栓 1m 的范围内，不得影响消火栓的使用
5	地下消火栓		固定在距离消火栓 1m 的范围内，不得影响消火栓的使用

续表

序号	名　称	标　志　示　例	使用范围和地点
6	灭火器	灭火器	悬挂在灭火器、灭火器箱的上方或存放灭火器、灭火器箱的通道上。泡沫灭火器器身上应标注"不适用于电火"字样
7	消防水带		指示消防水带、软管卷盘或消防栓箱的位置
8	灭火设备或报警装置的方向		指示灭火设备或报警装置的方向
9	疏散通道方向		指示到紧急出口的方向，用于电缆隧道指向最近出口处
10	紧急出口	紧急出口 紧急出口	便于安全疏散的紧急出口处，与方向箭头结合设在通向紧急出口的通道、楼梯口等处
11	从此跨越	从此跨越	悬挂在横跨桥栏杆上，面向人行横道
12	消防水池	1号消防水池	装设在消防水池附近醒目位置，并应编号
13	消防沙池	1号消防沙池	装设在消防沙池（箱）附近醒目位置，并应编号
14	防火墙	1号防火墙	在变电站的电缆沟（槽）进入主控制室、继电器室处和分接处、电缆沟每间隔约60m处应设防火墙，将盖板涂成红色，标明"防火墙"字样，并应编号

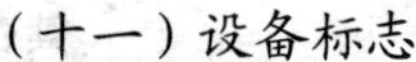

（十一）设备标志

（1）变电站设备（含设施，下同）应配置醒目的标志。配置标志后不应构成对人身伤害的潜在风险。

（2）设备标志由设备名称和设备编号组成。

（3）设备标志应定义清晰，具有唯一性。

（4）功能、用途完全相同的设备，其设备名称应统一。

（5）设备标志牌应配置在设备本体或附件醒目位置。

（6）两台及以上集中排列安装的电气盘应在每台盘上分别配置各自的设备标志牌。两台及以上集中排列安装的前后开门电气盘前、后均应配置设备标志牌且同一盘柜前、后设备标志牌一致。

（7）GIS 设备的隔离开关和接地开关标志牌根据现场实际情况装设，母线的标志牌按照实际相序位置排列，安装于母线筒端部；隔室标志安装于靠近本隔室取气阀门旁醒目位置，各隔室之间通气隔板周围涂红色，非通气隔板周围涂绿色，宽度根据现场实际确定。

（8）电缆两端应悬挂标明电缆编号名称、起点、终点、型号的标志牌，电力电缆还应标注电压等级、长度。

（9）各设备间及其他功能室入口处醒目位置均应配置房间标志牌，标明其功能及编号，室内醒目位置应设置逃生路线图、定置图（表）。

（10）电气设备标志文字内容应与调度机构下达的编号相符，其他电气设备的标志内容可参照调度编号及设计名称。一次设备为分相设备时应逐相标注，直流设备应逐极标注。

（11）设备标志牌基本形式为矩形，衬底色为白色，边框、编号文字为红色（接地设备标志牌的边框、文字为黑色），采用反光黑体字。字号根据标志牌尺寸、字数适当调整。根据现场安装位置不同，可采用竖排。标志牌尺寸可根据现场实际适当调整。设备标志及设置规范见表 5-7。

表 5-7　　设备标志及设置规范

序号	名　　称	标 志 示 例	使用范围和地点
1	变压器（电抗器）标志牌	1号主变压器 1号主变压器 A相	（1）安装固定于变压器（电抗器）器身中部，面向主巡视检查路线，并标明名称、编号 （2）单相变压器每相均应安装标志牌，并标明名称、编号及相别 （3）线路电抗器每相应安装标志牌，并标明线路电压等级、名称及相别
2	主变压器（线路）穿墙套管标志牌	主变压器 111kV穿墙套管 A B C 主变压器 110kV穿墙套管 B	（1）安装于主变压器（线路）穿墙套管内、外墙处 （2）标明主变压器（线路）编号、电压等级、名称。分相布置的还应标明相别

续表

序号	名　称	标 志 示 例	使用范围和地点
3	滤波器组、电容器组标志牌	3601ACF 交流滤波器	（1）在滤波器组（包括交、直流滤波期，PLC噪声滤波器、RI噪声滤波器）、电容器组的围栏门上分别装设，安装于离地面1.5m处，面向主巡视检查路线 （2）标明设备名称、编号
4	阀厅内直流设备标志牌	020FQ 换流阀 A相 02DCCT 电流互感器	（1）在阀厅顶部巡视走道遮栏上固定，正对设备，面向走道，安装于离地面1.5m处 （2）标明设备名称、编号
5	滤波器、电容器组围栏内设备标志牌	C1 电容器 R1 电阻器 L1 电抗器	（1）安装固定于设备本体上醒目处，本体上无位置安装时考虑落地固定，面向围栏正门 （2）标明设备名称、编号
6	断路器标志牌	500kV 姚郑线 5031 断路器 500kV 姚郑线 5031 断路器 A相	（1）安装固定于断路器操作机构箱上方醒目处 （2）分相布置的断路器标志牌安装在每相操作机构箱上方醒目处，并标明相别 （3）标明设备电压等级、名称、编号
7	隔离开关标志牌	500kV 姚郑线 50314 隔离开关 500kV 姚 郑 线 50314	（1）手动操作型隔离开关安装于隔离开关操作机构上方100mm处 （2）电动操作型隔离开关安装于操作机构箱门上醒目处 （3）标志牌应面向操作人员 （4）标明设备电压等级、名称、编号

续表

序号	名　称	标　志　示　例	使用范围和地点
8	电流互感器、电压互感器、避雷器、耦合电容器等标志牌	500kV 姚郑线 电流互感器 A相 220kV Ⅱ段母线 1号避雷器 A相	（1）安装在单支架上的设备，标志牌还应标明相别，安装于离地面 1.5m 处，面向主巡视检查路线 （2）三相共支架设备，安装于支架横梁醒目处，面向主巡视检查线路 （3）落地安装加独立遮栏的设备（如避雷器、电抗器、电容器、所用变压器、专用变压器等），标志牌安装在设备围栏中部，面向主巡视检查线路 （4）标明设备电压等级、名称、编号及相别
9	换流站特殊辅助设备标志牌	LTT 换流阀 空气冷却器 1号屋顶式 组合空调机组	（1）安装在设备本体上醒目处，面向主巡视检查线路 （2）标明设备名称、编号
10	控制箱、端子箱标志牌	500kV 姚郑线 5031 断路器端子箱	（1）安装固定于控制箱门，端子箱门 （2）标明间隔或设备电压等级、名称、编号
11	接地隔离开关标志牌	500kV 姚郑线 503147 接地隔离开关 A相 500kV 姚 郑 线 503147	（1）安装于接地隔离开关操作机构上方 100mm 处 （2）标志牌应面向操作人员 （3）标明设备电压等级、名称、编号、相别
12	控制、保护、直流、通信等盘柜标志牌	220kV滨人线光纤纵差保护屏	（1）安装于盘柜前后顶部门楣处 （2）标明设备电压等级、名称、编号
13	室外线路出线间隔标志牌	220kV滨人线 A　B　C	（1）安装于线路出线间隔龙门架下方或相对应围墙墙壁上 （2）标明电压等级、名称、编号、相别

续表

序号	名　　称	标 志 示 例	使用范围和地点
14	敞开式母线标志牌	220kV Ⅰ段母线 A B C 220kV Ⅰ段母线 A	（1）室外敞开式布置母线，母线标志牌安装于母线两端头正下方支架上，背向母线 （2）室内敞开式布置母线，母线标志牌安装于母线端部对应墙壁上 （3）标明电压等级、名称、编号、相序
15	封闭式母线标志牌	220kV Ⅰ段母线 A B C 10kV Ⅱ段母线 A B C	（1）GIS设备封闭母线，母线标志牌按照实际相序排列位置，安装于母线筒端部 （2）高压断路器柜母线标志牌安装于断路器柜端部对应母线位置的柜壁上 （3）标明电压等级、名称、编号、相序
16	室内出线穿墙套管标志牌	10kV凤燕线 A B C	（1）安装于出线穿墙套管内、外墙处 （2）标明出线线路电压等级、名称、编号、相序
17	熔断器、交（直）流开关标志牌	回路名称： 型　号： 熔断电流：	（1）悬挂在二次屏中的熔断器、交（直）流开关处 （2）标明回路名称、型号、额定电流
18	避雷针标志牌	1号避雷针	（1）安装于避雷针距地面1.5m处 （2）标明设备名称、编号
19	明敷接地体		全部设备的接地装置（外露部分）应涂宽度相等的黄绿相间条纹。间距以100～150mm为宜
20	地线接地端（临时接地线）	接地端	固定于设备压接型地线的接地端
21	低压电源箱标志牌	220kV 设备区 电源箱	（1）安装于各类低压电源箱上的醒目位置 （2）标明设备名称及用途

（十二）安全警示线

（1）安全警示线。用于界定和分割危险区域，向人们传递某种注意或警告的信息，以避免人身伤害。安全警示线包括禁止阻塞线、减速提示线、安全警戒线、防止碰头线、防止绊跤线、防止踏空线和生产通道边缘警戒线等。

（2）安全警示线颜色和尺寸。一般采用黄色或与对比色（黑色）同时使用。

1）禁止阻塞线。禁止阻塞线的作用是禁止在相应的设备前（上）停放物体，以免意外发生。禁止阻塞线采用 45°黄色与黑色相间的等宽条纹，宽度宜为 50～150mm，长度不小于禁止阻塞物 1.1 倍，宽度不小于禁止阻塞物 1.5 倍。

2）减速提示线。减速提示线的作用是提醒在变电站内的驾驶人员减速行驶，以保证变电站设备和人员的安全。减速提示线一般采用 45°黄色与黑色相间的等宽条纹，宽度宜为 100～200mm。可采取减速带代替减速提示线。

3）安全警戒线。安全警戒线的作用是为了提醒在变电站内的人员，避免误碰、误触运行中的控制屏（台）、保护屏、配电屏和高压断路器柜等。安全警戒线采用黄色，宽度宜为 50～150mm。

4）防止碰头线。防止碰头线的作用是提醒人们注意在人行通道上方的障碍物，防止意外发生。防止碰头线采用 45°黄色与黑色相间的等宽条纹，宽度宜为 50～150mm。

5）防止绊跤线。防止绊跤线的作用是提醒工作人员注意地面上的障碍物，防止意外发生。防止绊跤线采用 45°黄色与黑色相间的等宽条纹，宽度宜为 50～150mm。

6）防止踏空线。防止踏空线的作用是提醒工作人员注意通道上的高度落差，避免发生意外。防止踏空线采用黄色线，宽度宜为 100～150mm。

7）生产通道边缘警戒线。在变电站生产道路运用的安全警戒线的作用是提醒变电站工作人员和机动车驾驶人员避免误入设备区。生产通道边缘警戒线采用黄色线，宽度宜为 100～150mm。

（3）设备区巡视路线。设备区巡视路线的作用是提醒变电站工作人员按标准路线进行巡视检查。设备区巡视路线采用白色实线标注，其线宽宜为 100～150mm，在弯道或交叉路口处采取白色箭头标注，也可采取巡视路线指示牌方法进行标注。

安全警示线及设置规范见表 5-8。

表 5-8　　安全警示线及设置规范

序号	名　称	标 志 示 例	使用范围和地点
1	禁止阻塞线		（1）标注在地下设施入口盖板上 （2）标注在主控制室、继电器室门内外、消防器材存放处、防火重点部位进出通道 （3）标注在通道旁边的配电柜前（800mm） （4）标注在其他禁止阻塞的物体前
2	减速提示线		标注在变电站站内道路的弯道、交叉路口和变电站进站入口等限速区域的入口处

续表

序号	名　　称	标　志　示　例	使用范围和地点
3	安全警戒线		（1）设置在控制屏（台）、保护屏、配电屏和高压断路器柜等设备周围 （2）安全警戒线至屏面的距离宜为300～800mm，可根据实际情况进行调整
4	防止碰头线		标注在人行通道高度小于1.8m的障碍物上
5	防止绊跤线		（1）标注在人行横道地面上高差300mm以上的管线或其他障碍物上 （2）采用45°间隔斜线（黄/黑）排列进行标注
6	防止踏空线		（1）标注在上下楼梯第一级台阶上 （2）标注在人行通道高差300mm以上的边缘处
7	生产通道边缘警戒线	设备区 生产通道 设备区	（1）标注在生产通道两侧 （2）为保证夜间可见性，宜采用道路反光漆或强力荧光油漆进行涂刷
8	设备区巡视路线		标注在变电站室内外设备区道路或电缆沟盖板上

（十三）安全防护设施

安全防护设施用于防止外因引发的人身伤害，包括安全帽、安全工器具柜、安全工器具、试验合格证标志牌、固定防护遮栏、区域隔离遮栏、临时遮栏（围栏）、红布幔、孔洞盖板、

爬梯遮栏门、防小动物挡板、防误闭锁解锁钥匙箱等设施和用具。工作人员进入生产现场，应根据作业环境中所存在的危险因素，穿戴或使用必要的防护用品。安全防护设施及配置规范见表 5-9。

表 5-9　　安全防护设施及配置规范

序号	名　　称	标　志　示　例	使用范围和地点
1	安全帽		（1）安全帽用于作业人员头部防护。任何人进入生产现场（办公室、主控制室、值班室和检修班组室除外），应正确佩戴安全帽 （2）安全帽应符合 GB 2811—2007《安全帽》的规定 （3）安全帽前面有供电企业标志，后面为单位名称及编号，并按编号定置存放 （4）安全帽实行分色管理。红色安全帽为管理人员使用，黄色安全帽为运行人员使用，蓝色安全帽为检修（施工、试验等）人员使用，白色安全帽为外来参观人员使用
2	安全工器具柜（室）		（1）变电站应配备足量的专用安全工器具柜 （2）安全工器具柜应满足国家、行业标准及产品说明书关于保管和存放的要求 （3）安全工器具室（柜）宜具有温度、湿度监控功能，满足温度为-15～35℃，相对湿度为 80%以下，保持干燥通风的基本要求．
3	安全工器具试验合格证标志牌	安全工器具试验合格证 名称______编号 试验日期____年___月___日 下次试验日期____年___月___日	（1）安全工器具试验合格证标志牌贴在经试验合格的安全工器具的醒目位置 （2）安全工器具试验合格证标志牌可采用粘贴力强的不干胶制作，规格为 60mm×40mm
4	接地线标志牌及接地线存放地点标志牌	01号接地线 D_1 编号：01 电压：220kV 牡丹变电站 D	（1）接地线标志牌固定在接地线接地端线夹上 （2）接地线标志牌应采用不锈钢板或其他金属材料制成，厚度 1.0mm （3）接地线标志牌尺寸为 D=30～50mm，D_1=2.0～3.0mm （4）接地线存放地点标志牌应固定在接地线存放醒目位置

续表

序号	名　称	标　志　示　例	使用范围和地点
5	固定防护遮栏		（1）固定防护遮栏适用于落地安装的高压设备周围及生产现场平台、人行通道、升降口、大小坑洞、楼梯等有坠落危险的场所 （2）用于设备周围的遮栏高度不低于1700mm，设置供工作人员出入的门并上锁；防坠落遮栏高度不低于1050mm，并装设不低于100mm高的护板 （3）固定遮栏上应悬挂安全标志，位置根据实际情况而定 （4）固定遮栏及防护栏杆、斜梯应符合GB 4053.2—2009《固定式钢梯及平台安全要求第2部分：钢斜梯》、GB 4053.3—2009《固定式钢梯及平台安全要求第3部分：工业防护栏杆及钢平台》的规定，其强度和间隙满足防护要求 （5）检修期间需将栏杆拆除时，应装设临时遮栏，并在检修工作结束后将栏杆立即恢复
6	区域隔离遮栏		（1）区域隔离遮栏适用于设备区与生活区的隔离、设备区间的隔离、改（扩）建施工现场与运行区域的隔离，也可装设在人员活动密集场所周围 （2）区域隔离遮栏应采用不锈钢或塑钢等材料制作，高度不低于1050mm，其强度和间隙满足防护要求
7	临时遮栏（围栏）		（1）临时遮栏（围栏）适用于下列场所： 1）有可能高处落物的场所 2）检修、试验工作现场与运行设备的隔离 3）检修、试验工作现场规范工作人员活动范围 4）检修现场安全通道 5）检修现场临时起吊场地 6）防止其他人员靠近的高压试验场所 7）安全通道或沿平台等边缘部位，因检修拆除常设栏杆的场所 8）事故现场保护 9）需临时打开的平台、地沟、孔洞盖板周围等 10）直流换流站单极停电工作，应在双极公共区域设备与停电区域之间设置围栏 （2）临时遮栏（围栏）应采用满足安全、防护要求的材料制作。有绝缘要求的临时遮栏应采用干燥木材、橡胶或其他坚韧绝缘材料制成

续表

序号	名　称	标 志 示 例	使用范围和地点
7	临时遮栏（围栏）	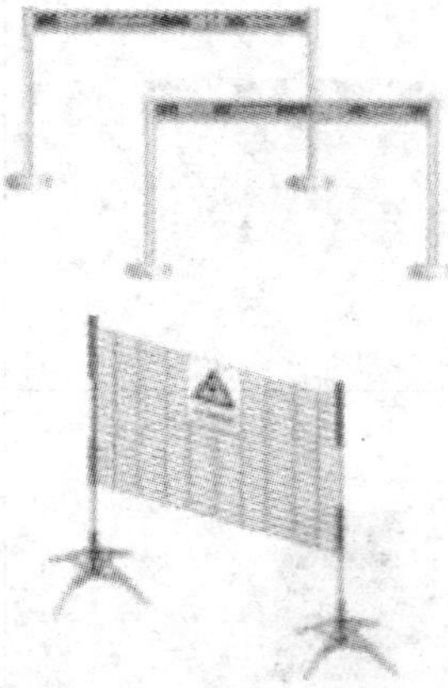	（3）临时遮栏（围栏）高度为 1050～1200mm，防坠落遮栏应在下部装设不低于 180mm 高的挡脚板 （4）临时遮栏（围栏）强度和间隙应满足防护要求，装设应牢固可靠 （5）临时遮栏（围栏）应悬挂安全标志，位置根据实际情况而定
8	红布幔	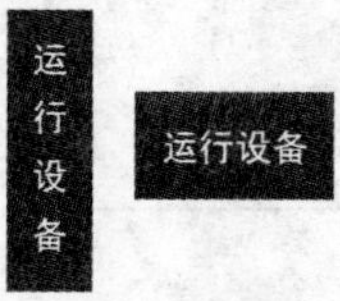 运行设备　运行设备　红布幔	（1）红布幔适用于变电站二次系统上进行工作时，将检修设备与运行设备前后以明显的标志隔开 （2）红布幔尺寸一般为 2400mm×800mm、1200mm×800mm、650mm×120mm，也可根据现场实际情况制作 （3）红布幔上印有运行设备字样，白色黑体字，布幔上下或左右两端设有绝缘隔离的磁铁或挂钩
9	孔洞盖板	 覆盖式  镶嵌式	（1）适用于生产现场需打开的孔洞 （2）孔洞盖板均应为防滑板且应覆以与地面齐平且坚固的有限位盖板。盖板边缘应大于孔洞边缘 100mm，限位块与孔洞边缘距离不得大于 25～30mm，网络板孔眼不应大于 50mm×50mm （3）在检修工作中如需将盖板取下，应设临时围栏。临时打开的孔洞，施工结束后应立即恢复原状；夜间不能恢复的，应加装警示红灯 （4）孔洞盖板可制成与现场孔洞互相配合的矩形、正方形、圆形等形状，选用镶嵌式、覆盖式，并在其表面涂刷 45° 黄黑相间的等宽条纹，宽度宜为 50～100mm （5）盖板拉手可做成活动式，便于钩起
10	爬梯遮栏门		（1）应在禁止攀登的设备、构架爬梯上安装爬梯遮栏门，并予编号 （2）爬梯遮栏门为整体不锈钢或铝合金板门。其高度应大于工作人员的跨步长度，宜设置为 800mm 左右，宽度应与爬梯保持一致 （3）在爬梯遮栏门正门应装设“禁止攀登高压危险”的标志牌

续表

序号	名　称	标　志　示　例	使用范围和地点
11	防小动物挡板		（1）在各配电装置室、电缆室、通信室、蓄电池室、主控制室和继电器室等出入口处，应装设防小动物挡板，以防止小动物短路故障引发的电气事故 （2）防小动物挡板宜采用不锈钢、铝合金等不易生锈、变形的材料制作，高度应不低于 400mm，其上部应设有 45°黑黄相间色斜条防止绊跤线标志，标志线宽宜为 50～100mm
12	防误闭锁解锁钥匙箱		防误闭锁解锁钥匙箱是将解锁钥匙存放其中并加封，根据规定执行手续后使用。防误闭锁解锁钥匙箱为木质或其他材料制作，前面部为玻璃面，在紧急情况下可将玻璃破碎，取出解锁钥匙使用。防误闭锁解锁钥匙箱存放在变电站主控制室
13	防毒面具和正压式消防空气呼吸器	过滤式防毒面具 正压式消防空气呼吸器	（1）变电站应按规定配备防毒面具和正压式消防空气呼吸器 （2）过滤式防毒面具是在有氧环境中使用的呼吸器 （3）过滤式防毒面具应符合 GB 2890—2009《呼吸防护自吸过滤式防毒面具》的规定。使用时，空气中氧气浓度不低于18%，温度为-30～45℃且不能用于槽、罐等密闭容器环境 （4）过滤式防毒面具的过滤剂有一定的使用时间，一般为 30～100min。过滤剂失去过滤作用（面具内有特殊气味）时，应及时更换 （5）过滤式防毒面具应存放在干燥、通风，无酸、碱、溶剂等物质的库房内，严禁重压。防毒面具的滤毒罐（盒）的储存期为 5 年（3 年），过期产品应经检验合格后方可使用 （6）正压式消防空气呼吸器是用于无氧环境中的呼吸器 （7）正压式消防空气呼吸器应符合 GA 124—2004《正压式消防空气呼吸器》的规定 （8）正压式消防空气呼吸器在储存时应装入包装箱内，避免长时间曝晒，不能与油、酸、碱或其他有害物质共同储存，严禁重压

三、线路设施标准（安全标志、设备标志、安全警示线、安全防护设施）

（一）术语和定义

参考前面“变电设施标准”中的术语和定义。

（二）安全设施的配置要求

（1）安全设施应清晰醒目、规范统一、安装可靠、便于维护，适应使用环境要求。

（2）安全设施所用的颜色应符合 GB 2893—2008《安全色》的规定。

（3）电力线路杆塔应标明线路名称、杆（塔）号、色标，并在线路保护区内设置必要的安全警示标志。

（4）电力线路一般应采用单色色标，线路密集地区可采用不同颜色的色标加以区分。

（5）安全设施设置后，不应构成对人身伤害、设备安全的潜在风险或妨碍正常工作。

（三）安全设施安装制作要求

与“变电设施标准”要求相同。

（四）安全标志的一般规定

（1）电力线路设置的安全标志包括禁止标志、警告标志、指令标志、提示标志四种基本类型和消防安全标志等特定类型。

（2）电缆隧道入口，应根据电压等级等具体情况，在醒目位置按配置规范设置相应的安全标志牌。

如“当心触电”、“当心中毒”、“未经许可不得入内”、“禁止烟火”、“注意通风”、“必须戴安全帽”等。

（3）电力线路杆塔，应根据电压等级、线路途经区域等具体情况，在醒目位置按配置规范设置相应的安全标志牌。如“禁止攀登高压危险”等。

（4）在人口密集或交通繁忙区域施工，应根据环境设置必要的交通安全标志。

其他要求与“变电设施标准”（2）～（12）条相同。

（五）禁止标志及设置规范

部分标志与变电设施禁止标志相同。线路常用禁止标志及使用规范见表 5-10。

表 5-10　线路常用禁止标志及使用规范

序号	名　称	标 志 示 例	使用范围和地点
1	禁止吸烟	禁止吸烟	电缆隧道出入口、电缆井内、检修井内、电缆接续作业的临时围栏等处
2	禁止烟火	禁止烟火	电缆隧道出入口等处

续表

序号	名　　称	标　志　示　例	使用范围和地点
3	禁止跨越	禁止跨越	不允许跨越的深坑（沟）等危险场所、安全遮栏等处
4	禁止停留	禁止停留	对人员有直接危害的场所，如高处作业现场、吊装作业现场等处
5	未经许可 不得入内	未经许可 不得入内	易造成事故或对人员有伤害的场所，如电缆隧道入口处
6	禁止通行	禁止通行	有危险的作业区域入口处或安全遮栏等处
7	禁止堆放	禁止堆放	消防器材存放处、消防通道等处

续表

序号	名 称	标 志 示 例	使用范围和地点
8	禁止合闸 线路有人工作	 禁止合闸 线路有人工作	线路断路器（开关）和隔离开关（刀闸）把手上
9	禁止攀登高压危险	 禁止攀登 高压危险	线路杆塔下部，距地面约 3m 处
10	禁止开挖下有电缆	 禁止开挖 下有电缆	禁止开挖的地下电缆线路保护区内
11	禁止在高压线下钓鱼	 禁止在高压线下钓鱼	跨越鱼塘线路下方的适宜位置
12	禁止取土	 禁止取土	线路保护区内杆塔、拉线附近适宜位置

续表

序号	名　　称	标　志　示　例	使用范围和地点
13	禁止在高压线附近放风筝	禁止在高压线附近放风筝	经常有人放风筝的线路附近适宜位置
14	禁止在保护区内建房	禁止在保护区内建房	线路下方及保护区内
15	禁止在保护区内植树	禁止在保护区内植树	线路电力设施保护区内植树严重地段
16	禁止在保护区内爆破	禁止在保护区内爆破	线路途经石场、矿区等
17	线路保护警示牌	线路保护区内 禁 止 植 树	（1）对应装设易发生外力破坏的线路保护区内 （2）尺寸：1000mm×600mm （3）材料工艺：使用水泥预制，表面光滑，双面白底红字（黑体字），下方要有举报电话 （4）警示牌文字可选用下列内容或根据，实际情况采用适宜内容：线路保护区内禁止植树、线路保护区内禁止采石放炮、线路保护区内禁止取土、线路保护区内禁止建房、线路保护区内禁止垂钓、线路保护区内禁止放风筝

（六）警告标志及设置规范

与“变电设施标准（六）”的要求相同。线路常用警告标志及使用规范见表5-11。

表 5-11　　线路常用警告标志及使用规范

序号	名　称	标　志　示　例	使用范围和地点
1	注意安全	注意安全	易造成人员伤害的场所及设备等处
2	注意通风	注意通风	电缆隧道入口等处
3	当心火灾	当心火灾	易发生火灾的危险场所，如电气检修试验、焊接及有易燃易爆物质的场所
4	当心爆炸	当心爆炸	易发生爆炸危险的场所，如易燃易爆物质的使用或受压容器等地点
5	当心中毒	当心中毒	可能产生有毒物质的电缆隧道等地点
6	当心触电	当心触电	有可能发生触电危险的电气设备和线路
7	当心电缆	当心电缆	暴露的电缆或地面下有电缆处施工的地点

续表

序号	名　称	标 志 示 例	使用范围和地点
8	当心机械伤人	当心机械伤人	易发生机械卷入、轧压、碾压、剪切等机械伤害的作业地点
9	当心伤手	当心伤手	易造成手部伤害的作业地点，如机械加工工作场所等处
10	当心扎脚	当心扎脚	易造成脚部伤害的作业地点，如施工工地及有尖角散料等处
11	当心吊物	当心吊物	有吊装设备作业的场所，如施工工地等处
12	当心坠落	当心坠落	易发生坠落事故的作业地点，如脚手架、高处平台、地面的深沟（池、槽）等处
13	当心落物	当心落物	易发生落物危险的地点，如高处作业、立体交叉作业的下方等处

续表

序号	名 称	标 志 示 例	使用范围和地点
14	当心坑洞	当心坑洞	生产现场和通道临时开启或挖掘的孔洞四周的围栏等处
15	当心弧光	当心弧光	易发生由于弧光造成眼部伤害的焊接作业场所等处
16	当心车辆	当心车辆	生产场所内车、人混合行走的路段，道路的拐角处、平交路口，车辆出入较多的生产场所出入口处
17	当心滑跌	当心滑跌	地面有易造成伤害的滑跌地点，如地面有油、冰、水等物质及滑坡处
18	止步 高压危险	止步高压危险	带电设备固定遮栏上、室外带电设备构架上、高压试验地点安全围栏上、因高压危险禁止通行的过道上、工作地点临近室外带电设备的安全围栏上、工作地点临近带电设备的横梁上等处

（七）指令标志及设置规范

与“变电设施标准（七）”的内容相同。线路常用指令标志及使用规范见表 5-12。

表 5-12　　线路常用指令标志及使用规范

序号	名 称	标 志 示 例	使用范围和地点
1	必须戴防护眼镜	必须戴防护眼镜	对眼睛有伤害的作业场所，如机械加工、各种焊接等处

续表

序号	名　　称	标　志　示　例	使用范围和地点
2	必须戴安全帽	必须戴安全帽	生产现场（办公室、主控制室、值班室和检修班组室除外）佩戴
3	必须戴防护手套	必须戴防护手套	易伤害手部的作业场所，如具有腐蚀、污染、灼烫、冰冻及触电危险的作业等处
4	必须穿防护鞋	必须穿防护鞋	易伤害脚部的作业场所，如具有腐蚀、灼烫、触电、砸（刺）伤等危险的作业地点
5	必须系安全带	必须系安全带	易发生坠落危险的作业场所，如高处建筑、检修、安装等处

（八）提示标志及设置规范

与“变电设施标准（八）”的内容相同。线路常用提示标志及使用规范见表5-13。

表5-13　　线路常用提示标志及使用规范

序号	名　　称	标　志　示　例	使用范围和地点
1	在此工作	在此工作	在工作地点处
2	从此上下	从此上下	工作人员可以上下的铁（构）架、爬梯上
3	从此进出	从此进出	工作地点遮栏的出入口处

（九）消防安全标志及设置规范

（1）应在电缆隧道入口处以及储存易燃易爆物品仓库门口处合理配置灭火器等消防器材，在火灾易发生部位设置火灾探测和自动报警装置。

（2）各生产场所应有逃生路线的标示，楼梯主要通道门上方或左（右）侧装设紧急撤离提示标志。

（3）消防安全标志表明下列内容的位置和性质。

1）火灾报警和手动控制装置。

2）火灾时疏散途径。

3）灭火设备。

4）具有火灾、爆炸危险的地方或物质。

（4）消防安全标志按照主题内容与适用范围，分为火灾报警及灭火设备标志、火灾疏散途径标志和方向辅助标志，其设置场所、原则、要求和方法等应符合 GB 13495—1992《消防安全标志》、GB 15630—1995《消防安全标志设置要求》的规定。线路常用消防安全标志及设置规范见表 5-14。

表 5-14　　线路常用消防安全标志及使用规范

序号	名　称	标 志 示 例	使用范围和地点
1	消防手动启动器		依据现场环境，设置在适宜、醒目的位置
2	火警电话		依据现场环境，设置在适宜、醒目的位置
3	消火栓箱		生产场所构筑物内的消火栓处
4	灭火器		悬挂在灭火器、灭火器箱的上方或存放灭火器、灭火器箱的通道上。泡沫灭火器器身上应标注“不适用于电火”字样
5	消防水带		指示消防水带、软管卷盘或消防栓箱的位置
6	灭火设备或报警装置的方向		指示灭火设备或报警装置的方向
7	疏散通道方向		指示到紧急出口的方向，用于电缆隧道指向最近出口处

续表

序号	名　称	标　志　示　例	使用范围和地点
8	紧急出口	紧急出口	便于安全疏散的紧急出口处，与方向箭头结合设在通向紧急出口的通道、楼梯口等处
9	从此跨越	从此跨越	悬挂在横跨桥栏杆上，面向人行横道

（十）设备标志

（1）电力线路应配置醒目的标志。配置标志后，不应构成对人身伤害的潜在风险。

（2）设备标志由设备编号和设备名称组成。

（3）设备标志应定义清晰，能够准确反映设备的功能、用途和属性。

（4）同一单位每台设备标志的内容应是唯一的，禁止出现两个或多个内容完全相同的设备标志。同一调度机构直接调度的每台设备标志的内容应是唯一的。

（5）配电变压器、箱式变压器、环网柜、柱上断路器等配电装置，应设置按规定命名的设备标志。

（6）线路每基杆塔均应配置标志牌或涂刷标志，标明线路的名称、电压等级和杆塔号。新建线路杆塔号应与杆塔数量一致。若线路改建，改建线路段的杆塔号可采用“n+1”或“n−1”（n 为改建前的杆塔编号）形式。

（7）耐张型杆塔、分支杆塔和换位杆塔前后各一基杆塔上，应有明显的相位标志。相位标志牌基本形式为圆形，标准颜色为黄色、绿色、红色。

（8）在杆塔适当位置宜喷涂线路名称和杆塔号，以在标志牌丢失情况下仍能正确辨识杆塔。

（9）杆塔标志牌的基本形式一般为矩形，白底，红色黑体字，安装在杆塔的小号侧；特殊地形的杆塔，标志牌可悬挂在其他的醒目方位上。

（10）同杆塔架设的双（多）回线路应在横担上设置鲜明的异色标志加以区分。各回路标志牌底色应与本回路色标一致，白色黑体字（黄底时为黑色黑体字）。色标颜色按照红、黄、绿、蓝、白、紫排列使用。

（11）同杆架设的双（多）回路标志牌应在每回路对应的小号侧安装，特殊情况可在回路对应的杆塔两侧面安装。

（12）110kV 及以上电压等级线路悬挂高度距地面 5～12m、涂刷高度距地面 3m；110kV 及以下电压等级线路悬挂高度距地面 3～5m、涂刷高度距地面 3m。

（13）电缆线路均应配置标志牌，标明线路的名称、电压等级、型号、长度、起止变电站名称。

（14）电缆标志牌的基本形式是矩形，白底，红色黑体字。

（15）电缆两端及隧道内应悬挂标志牌。隧道内标志牌间距约为 100m，电缆转角处也应悬挂。与架空线路相连的电缆，其标志牌固定于连接处附近的本电缆上。

（16）电缆接头盒应悬挂标明电缆编号、始点、终点及接头盒编号的标志牌。

（17）电缆为单相时，应注明相位标志。

（18）电缆应设置路径、宽度标志牌（桩）。城区直埋电缆可采用地砖等形式，以满足城市道路交通安全要求。线路设备标志及设置规范见表 5-15。

表 5-15　　线路设备标志及设置规范

序号	名　称	标 志 示 例	使用范围和地点
1	单回路杆号标志牌	500kV姚郑线 001号	安装在杆塔的小号侧。特殊地形的杆塔，标志牌可悬挂在其他的醒目方位上
2	双回路杆号标志牌	500kV嵩郑Ⅰ线 001号 500kV嵩郑Ⅱ线 001号	安装在杆塔的小号侧杆塔水平材上。标志牌底色应与本回路色标一致，字体为白色黑体字（黄底时为黑色黑体字）
3	多回路杆号标志牌	500kV马嵩Ⅰ线 001号 500kV马嵩Ⅱ线 001号	安装在杆塔小号侧的杆塔水平材上。标志牌底色应与本回路色标一致，字体为白色黑体字（黄底时为黑色黑体字）。色标颜色按照红、黄、绿、蓝、白、紫排列使用
4	涂刷式杆号标志	500 kV 马 嵩 Ⅱ 线	涂刷在铁塔主材上，涂刷宽度为主材宽度，长度为宽度的 4 倍。双（多）回路塔号应以鲜明的异色标志加以区分。各回路标志底色应与本回路色标一致，白色黑体字（黄底时为黑色黑体字）
5	双（多）回路杆塔标志	500kV 马嵩Ⅰ线 500kV 马嵩Ⅱ线	标志牌装设在杆塔横担上，以鲜明异色区分
6	相位标志牌	A　B　C	装设在终端塔、耐张塔、换位塔及其前后一基直线塔的横担上 电缆为单相时，应注明相别标志

续表

序号	名称	标志示例	使用范围和地点
7	涂刷式相位标志		涂刷在杆号标志的上方，涂刷宽度为铁塔主材宽度，长度为宽度的3倍
8	配电变压器、箱式变压器标志牌	10kV金凤线 001号变压器	装设于配电变压器横梁上适当位置或箱式变压器的醒目位置。基本形式是矩形，白底，红色黑体字
9	环网柜、电缆分接箱标志牌	10kV金凤线 001号环网柜	装设于环网柜或电缆分接箱醒目处。基本形式是矩形，白底，红色黑体字
10	分段断路器标志牌	10kV金凤线 001号分段断路器	装设于分支线杆上的适当位置。基本形式是矩形，白底，红色黑体字
11	电缆标志牌	110kV东月线 自：东风变 至：月季变 型号：YJLW02	电缆线路均应配置标志牌，标明电缆线路的名称、电压等级、型号参数、长度和起止变电站名称。基本形式是矩形，白底，红色黑体字
12	电缆接头盒标志牌	220kV滨人线 自：滨河变 至：人民变	电缆接头盒应悬挂标明电缆编号、始点、终点及接头盒编号的标志牌
13	电缆接地盒标志牌	220kV滨人线 自：滨河变 至：人民变 长度：600米	电缆接地盒应悬挂标明电缆编号、始点、起点至接头盒长度及接头盒编号的标志牌

（十一）安全防护设施

（1）安全防护设施用于防止外因引发的人身伤害，包括安全帽、安全带、临时遮栏（围栏）、孔洞盖板、爬梯遮栏门、安全工器具试验合格证标志牌、接地线标志牌及接地线存放地点标志牌、杆塔拉线、接地引下线、电缆防护套管及警示线、杆塔防撞警示线等装置和用具。

（2）工作人员进入生产现场，应根据作业环境中所存在的危险因素，穿戴或使用必要的防护用品。所有升降口、大小坑洞、楼梯和平台，应装设不低于 1050mm 高的栏杆和不低于 100mm 高的护板。如在检修期间需将栏杆拆除时，应装设临时遮栏，并在检修工作结束后将栏杆立即恢复。安全防护设施及配置规范见表 5-16。

表 5-16　　安全防护设施及配置规范

序号	名　称	标　志　示　例	使用范围和地点
1	安全帽		（1）安全帽用于作业人员头部防护。任何人进入生产现场（办公室、主控制室、值班室和检修班组室除外），应正确佩戴安全帽 （2）安全帽应符合 GB 2811—2007《安全帽》的规定 （3）安全帽前面有国家电网公司标志，后面为单位名称及编号，并按编号定置存放 （4）安全帽实行分色管理。红色安全帽为管理人员使用，黄色安全帽为运行人员使用，蓝色安全帽为检修（施工、试验等）人员使用，白色安全帽为外来参观人员使用
2	安全工器具试验合格证标志牌	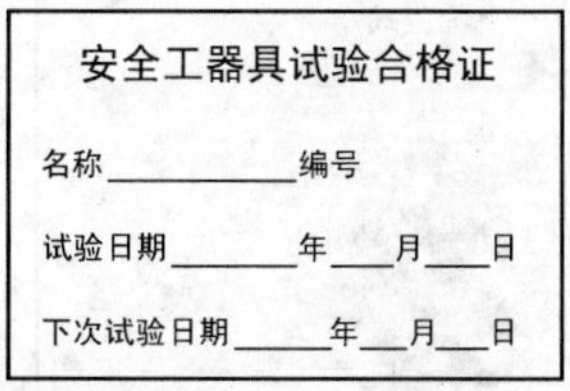 安全工器具试验合格证 名称______编号 试验日期____年__月__日 下次试验日期____年__月__日	（1）安全工器具试验合格证标志牌贴在经试验合格的安全工器具的醒目位置 （2）安全工器具试验合格证标志牌可采用粘贴力强的不干胶制作，规格为 60mm×40mm
3	接地线标志牌及接地线存放地点标志牌	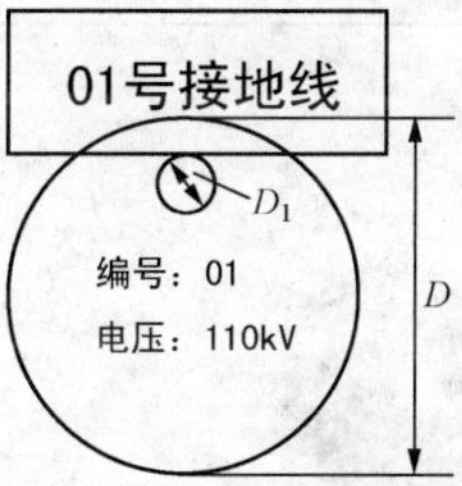 01号接地线 D_1 编号：01 电压：110kV D	（1）接地线标志牌固定在接地线接地端线夹上 （2）接地线标志牌应采用不锈钢板或其他金属材料制成，厚度 1.0mm （3）接地线标志牌尺寸为 D=30～50mm，D_1=2.0～3.0mm （4）接地线存放地点标志牌应固定在接地线存放醒目位置
4	临时遮栏（围栏）		（1）临时遮栏（围栏）适用于下列场所。 1）有可能高处落物的场所 2）检修、试验工作现场与运行设备的隔离 3）检修、试验工作现场规范工作人员活动范围 4）检修现场安全通道 5）检修现场临时起吊场地 6）防止其他人员靠近的高压试验场所 7）安全通道或沿平台等边缘部位，因检修拆除常设栏杆的场所 8）事故现场保护 9）需临时打开的平台、地沟、孔洞盖板周围等

续表

序号	名　称	标　志　示　例	使用范围和地点
4	临时遮栏（围栏）	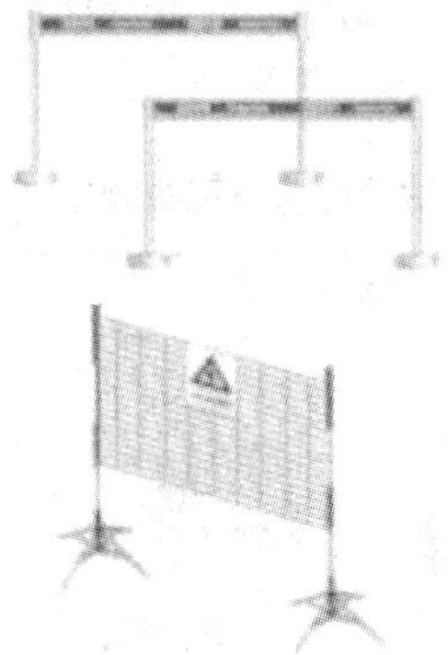	（2）临时遮栏（围栏）应采用满足安全、防护要求的材料制作。有绝缘要求的临时遮栏应采用干燥木材、橡胶或其他坚韧绝缘材料制成 （3）临时遮栏（围栏）高度为 1050～1200mm，防坠落遮栏应在下部装设不低于 180mm 高的挡脚板 （4）临时遮栏（围栏）强度和间隙应满足防护要求，装设应牢固可靠 （5）临时遮栏（围栏）应悬挂安全标志，位置根据实际情况而定
5	孔洞盖板	 覆盖式  镶嵌式	（1）适用于生产现场需打开的孔洞 （2）孔洞盖板均应为防滑板且应覆以与地面齐平且坚固的有限位盖板。盖板边缘应大于孔洞边缘 100mm，限位块与孔洞边缘距离不得大于 25～30mm，网络板孔眼不应大于 50mm×50mm （3）在检修工作中如需将盖板取下，应设临时围栏。临时打开的孔洞，施工结束后应立即恢复原状；夜间不能恢复的，应加装警示红灯 （4）孔洞盖板可制成与现场孔洞互相配合的矩形、正方形、圆形等形状，选用镶嵌式、覆盖式，并在其表面涂刷 45°黄黑相间的等宽条纹，宽度宜为 50～100mm （5）盖板拉手可做成活动式，便于钩起
6	防毒面具和正压式消防空气呼吸器	 过滤式防毒面具  正压式消防空气呼吸器	（1）变电站应按规定配备防毒面具和正压式消防空气呼吸器 （2）过滤式防毒面具是在有氧环境中使用的呼吸器 （3）过滤式防毒面具应符合 GB2890—2009《呼吸防护自吸过滤式防毒面具》的规定。使用时，空气中氧气浓度不低于 18%，温度为-30～45℃且不能用于槽、罐等密闭容器环境 （4）过滤式防毒面具的过滤剂有一定的使用时间，一般为 30～100min。过滤剂失去过滤作用（面具内有特殊气味）时，应及时更换 （5）过滤式防毒面具应存放在干燥、通风，无酸、碱、溶剂等物质的库房内，严禁重压。防毒面具的滤毒罐（盒）的储存期为 5 年（3 年），过期产品应经检验合格后方可使用 （6）正压式消防空气呼吸器是用于无氧环境中的呼吸器 （7）正压式消防空气呼吸器应符合 GA 124—2004《正压式消防空气呼吸器》的规定 （8）正压式消防空气呼吸器在储存时应装入包装箱内，避免长时间曝晒，不能与油、酸、碱或其他有害物质共同储存，严禁重压

续表

序号	名称	标志示例	使用范围和地点
7	安全带		（1）安全带用于防止高处作业人员发生坠落或发生坠落后将作业人员安全悬挂 （2）在没有脚手架或者在没有栏杆的脚手架上工作，高度超过 1.5m 时，应使用安全带 （3）安全带应符合 GB 6095—2009《安全带》的规定 （4）安全带应标注使用班站名称、编号，并按编号定置存放 （5）安全带存放时应避免接触高温、明火、酸类以及有锐角的紧硬物体和化学药物
8	杆塔拉线、接地引下线、电缆防护套管及警示标识		（1）在线路杆塔拉线、接地引下线、电缆的下部，应装设防护套管，也可采用反光材料制作的防撞警示标识 （2）防护套管及警示标识，长度不小于 1.8m，黄黑相间，间距宜为 200mm
9	杆塔防撞警示线		（1）在道路中央和马路沿外 1m 内的杆塔下部，应涂刷防撞警示线 （2）防撞警示线采用道路标线涂料涂刷，带荧光，其高度不小于 1200mm，黄黑相间，间距 200mm

第四节 安全工器具

一、安全工器具日常管理

（一）安全工器具的购置与验收

（1）安全工器具必须符合国家和行业有关安全工器具的法律、行政法规、规章、强制性标准及技术规程的要求。

（2）电力企业对电力安全工器具实行入围制度。

1）电力工业电力安全工器具质量监督检验测试中心每年公布一次电力安全工器具生产厂家检验合格的产品名单。

2）电力企业每年在电力工业电力安全工器具质量监督检验测试中心公布的电力安全工器具生产厂家检验合格的产品名单中，采取招标的方式确定供电企业内可以采购的电力安全工器具入围产品，并予以公布。对于没有使用经验的新型安全工器具，在小范围试用基础上，组织有关专家评价后，方可参与招标入围。

3）基层单位对入围产品，若发现质量、售后服务等问题，应及时向上级安监部门反映，查实后，将取消该产品入围资格，并向电力工业电力安全工器具质量监督检验测试中心通报。

（3）基层单位必须在电力安全工器具质量监督检验测试中心公布的入围产品名单中，选择业绩优秀、质量优良、服务优质且在系统内具有一定使用经验、使用情况良好的产品，采取招标的方式购置所需的电力安全工器具。

（4）采购安全工器具必须签订采购合同，并在合同中明确生产厂家的责任。

1）必须对制造的安全工器具质量和安全技术性能负责。

2）负责对用户做好其产品使用、维护的培训工作。

3）负责对有质量问题的产品，及时、无偿更换或退货。

4）根据用户需要，向用户提供安全工器具的备品、备件。

5）因产品质量问题造成的不良后果，由产品生产厂家承担相应的责任，并取消其同类产品的推荐资格。

（5）电力安全工器具必须严格履行验收手续，由采购部门负责组织验收，安监部门派人参加，并在验收单上签字确认。合格者方可入库或交使用单位，不合格者坚决予以退货。

（二）试验及检验

（1）各类电力安全工器具必须通过国家和行业规定的型式试验，进行出厂试验和使用中的周期性试验。

（2）各类电力安全工器具必须由具有资质的电力安全工器具检验机构进行检验。

（3）应进行试验的安全工器具如下。

1）规程要求进行试验的安全工器具。

2）新购置和自制的安全工器具。

3）检修后或关键零部件经过更换的安全工器具。

4）对其机械、绝缘性能发生疑问或发现缺陷的安全工器具。

5）出了质量问题的同批安全工器具。

（4）周期性试验及检验周期、标准及要求应符合：《电力安全工器具预防性试验规程》、《电力安全工作规程》（变电部分）、《电力安全工作规程》（线路部分）、《电业安全工作规程》（热力和机械部分）、DL 5009.2—2004《电力建设安全工作规程》（第 2 部分：架空电力线路）、GB 2891—1995《过滤式防毒面具面罩性能试验方法》、GB 2892—1995《过滤式防毒面具滤毒罐性能试验方法》、GA 124—1996《正压式消防空气呼吸器》、DL/T 846.6—2004《高电压测试设备通用技术条件第六部分：六氟化硫气体检漏仪》。

（5）电力安全工器具经试验或检验合格后，必须在合格的安全工器具上（不妨碍绝缘性能且醒目的部位）贴 “试验合格证”标签，注明试验人、试验日期及下次试验日期。

（三）检查及使用

1. 检查及使用的总体要求

（1）有关单位应定期统一组织电力安全工器具的使用方法培训，凡是在工作中需要使用电力安全工器具的工作人员，都必须定期接受培训。

（2）安全工器具的使用应符合《电力安全工作规程》（变电部分）、《电力安全工作规程》（线路部分）、《电业安全工作规程》（热力和机械部分）、DL 5009.2—2004《电力建设安全工作规程》（第 2 部分：架空电力线路）等规程和产品使用要求。

（3）安全工器具使用前应进行外观检查。

（4）对安全工器具的机械、绝缘性能发生疑问时，应进行试验，合格后方可使用。

（5）绝缘安全工器具使用前应擦拭干净。

（6）使用绝缘安全工器具时应戴绝缘手套。

2. 安全帽

（1）安全帽的使用期。从产品制造完成之日起计算，植物枝条编织帽不超过两年，塑料帽、纸胶帽不超过两年半，玻璃钢（维纶钢）橡胶帽不超过三年半。对到期的安全帽，应进行抽查测试，合格后方可使用，以后每年抽检一次，抽检不合格，则该批安全帽报废。

（2）使用安全帽前应进行外观检查，检查安全帽的帽壳、帽箍、顶衬、下颚带、后扣（或帽箍扣）等组件应完好无损，帽壳与顶衬缓冲空间在25～50mm。

（3）安全帽戴好后，应将后扣拧到合适位置（或将帽箍扣调整到合适的位置），锁好下颚带，防止工作中前倾、后仰或其他原因造成滑落。

（4）高压近电报警安全帽使用前应检查其音响部分是否良好，但不得作为无电的依据。

3. 安全带

（1）安全带使用期一般为3～5年，发现异常应提前报废。

（2）安全带的腰带和保险带、绳应有足够的机械强度，材质应有耐磨性，卡环（钩）应具有保险装置。保险带、绳使用长度在3m以上的应加缓冲器。

（3）使用安全带前应进行外观检查。

1）组件完整、无短缺、无伤残破损。

2）绳索、编带无脆裂、断股或扭结。

3）金属配件无裂纹，焊接无缺陷，无严重锈蚀。

4）挂钩的钩舌咬口平整不错位，保险装置完整可靠。

5）铆钉无明显偏位，表面平整。

（4）安全带应系在牢固的物体上，禁止系挂在移动或不牢固的物件上。不得系在棱角锋利处。安全带要高挂和平行拴挂，严禁低挂高用。

（5）在杆塔上工作时，应将安全带后备保护绳系在安全牢固的构件上（带电作业视其具体任务决定是否系后备安全绳），不得失去后备保护。

4. 脚扣

（1）脚扣使用前应进行外观检查。

1）金属母材及焊缝无任何裂纹及可目测到的变形。

2）橡胶防滑块（套）完好，无破损。

3）皮带完好，无霉变、裂缝或严重变形。

4）小爪连接牢固，活动灵活。

（2）正式登杆前在杆根处用力试登，判断脚扣是否有变形和损伤。

（3）登杆前应将脚扣登板的皮带系牢，登杆过程中应根据杆径粗细随时调整脚扣尺寸。

（4）特殊天气使用脚扣时，应采取防滑措施。

（5）严禁从高处往下扔摔脚扣。

5. 绝缘手套

（1）绝缘手套使用前应进行外观检查，如发现有发黏、裂纹、破口（漏气）、气泡、发脆等损坏时禁止使用。

（2）进行设备验电，倒闸操作、装拆接地线等工作应戴绝缘手套。

（3）使用绝缘手套时应将上衣袖口套入手套筒口内。

6. 绝缘杆

（1）使用绝缘杆前，应检查绝缘杆的堵头，如发现破损，应禁止使用。

（2）使用绝缘杆时人体应与带电设备保持足够的安全距离，并注意防止绝缘杆被人体或设备短接，以保持有效的绝缘长度。

（3）雨天在户外操作电气设备时，操作杆的绝缘部分应有防雨罩。罩的上口应与绝缘部分紧密结合，无渗漏现象。

7. 绝缘隔板和绝缘罩

（1）绝缘隔板只允许在 35kV 及以下电压的电气设备上使用，并应有足够的绝缘和机械强度。用于 10kV 电压等级时，绝缘隔板的厚度不应小于 3mm，用于 35kV 电压等级时不应小于 4mm。

（2）绝缘隔板和绝缘罩使用前应检查表面洁净、端面不得有分层或开裂，绝缘罩还应检查内外是否整洁，应无裂纹或损伤。

（3）现场带电安放绝缘挡板及绝缘罩时，应带绝缘手套。

（4）绝缘隔板在放置和使用中要防止脱落，必要时可用绝缘绳索将其固定。

8. 电容型验电器

（1）电容型验电器上应标有电压等级、制造厂和出厂编号。对 110kV 及以上验电器还需标有配用的绝缘杆节数。

（2）使用前应进行外观检查，验电器的工作电压应与被测设备的电压相同。

（3）非雨雪型电容型验电器不得在雷、雨、雪等恶劣天气时使用。

（4）使用电容型验电器时，操作人应戴绝缘手套，穿绝缘靴（鞋），手握在护环下侧握柄部分。人体与带电部分距离应符合《安规》规定的安全距离。

（5）使用抽拉式电容型验电器时，绝缘杆应完全拉开。

（6）验电前，应先在有电设备上进行试验，确认验电器良好；无法在有电设备上进行试验时，可用高压发生器等确证验电器良好。如在木杆、木梯或木架上验电，不接地不能指示者，经运行值班负责人或工作负责人同意后，可在验电器绝缘杆尾部接上接地线。

9. 核相器

（1）核相器应按照使用说明书的要求正确使用。

（2）核相器绝缘杆部分的使用要求为：验电前，应先在有电设备上进行试验，确认验电器良好；无法在有电设备上进行试验时，可用高压发生器等确证验电器良好。如在木杆、木梯或木架上验电，不接地不能指示者，经运行值班负责人或工作负责人同意后，可在验电器绝缘杆尾部接上接地线。

10. 绝缘靴

（1）绝缘靴使用前应检查：不得有外伤，无裂纹、无漏洞、无气泡、无毛刺、无划痕等缺陷。如发现有以上缺陷，应立即停止使用并及时更换。

（2）使用绝缘靴时，应将裤管套入靴筒内，并要避免接触尖锐的物体，避免接触高温或腐蚀性物质，防止受到损伤。严禁将绝缘靴挪作他用。

（3）雷雨天气或一次系统有接地时，巡视变电站室外高压设备应穿绝缘靴。

11. 绝缘胶垫

绝缘胶垫应保持完好，出现割裂、破损、厚度减薄，不足以保证绝缘性能等情况时，应及时更换。

12. 接地线

（1）接地线应用多股软铜线，其截面应满足装设地点短路电流的要求，但不得小于 25mm^2，长度应满足工作现场需要；接地线应有透明外护层，护层厚度大于 1mm。

（2）接地线的两端线夹应保证接地线与导体和接地装置接触良好、拆装方便，有足够的机械强度，并在大短路电流通过时不致松动。

（3）接地线使用前，应进行外观检查，如发现绞线松股、断股、护套严重破损、夹具断裂松动等不得使用。

（4）装设接地线时，人体不得碰触接地线或未接地的导线，以防止感应电触电。

（5）装设接地线，应先装设接地线接地端；验电证实无电后，应立即接导体端，并保证接触良好。拆接地线的顺序与此相反。接地线严禁用缠绕的方法进行连接。

（6）设备检修时模拟盘上所挂地线的数量、位置和地线编号应与工作票和操作票所列内容一致，与现场所装设的接地线一致。

（7）个人保安接地线仅作为预防感应电使用，不得以此代替《安规》规定的工作接地线。只有在工作接地线挂好后，方可在工作相上挂个人保安接地线。

（8）个人保安接地线由工作人员自行携带，凡在 110kV 及以上同杆塔并架或相邻的平行有感应电的线路上停电工作，应在工作相上使用，并不准采用搭连虚接的方法接地。工作结束时，工作人员应拆除所挂的个人保安接地线。

13. 梯子

（1）梯子应能承受工作人员携带工具攀登时的总质量。

（2）梯子不得接长或垫高使用。如需接长时，应用铁卡子或绳索切实卡住或绑牢并加设支撑。

（3）梯子应放置稳固，梯脚要有防滑装置。使用前，应先进行试登，确认可靠后方可使用。有人员在梯子上工作时，梯子应有人扶持和监护。

（4）梯子与地面的夹角应为 65°左右，工作人员必须在距梯顶不少于 2 挡的梯蹬上工作。

（5）人字梯应具有坚固的铰链和限制开度的拉链。

（6）靠在管子上、导线上使用梯子时，其上端需用挂钩挂住或用绳索绑牢。

（7）在通道上使用梯子时，应设监护人或设置临时围栏。梯子不准放在门前使用，必要时应采取防止门突然开启的措施。

（8）严禁人在梯子上时移动梯子，严禁上下抛递工具、材料。

（9）在变电站高压设备区或高压室内应使用绝缘材料的梯子，禁止使用金属梯子。搬动梯子时，应放倒两人搬运，并与带电部分保持安全距离。

14. 过滤式防毒面具（简称“防毒面具”）

（1）使用防毒面具时，空气中氧气浓度不得低于 18%，温度为–30～45℃，不能用于槽、罐等密闭容器环境。

（2）使用者应根据其面型尺寸选配适宜的面罩号码。

（3）使用前应检查面具的完整性和气密性，面罩密合框应与佩戴者颜面密合，无明显压痛感。

（4）使用中应注意有无泄漏和滤毒罐失效。

（5）防毒面具的过滤剂有一定的使用时间，一般为 30～100min。过滤剂失去过滤作用（面具内有特殊气味）时，应及时更换。

15. 正压式消防空气呼吸器（简称“空气呼吸器”）

（1）使用者应根据其面型尺寸选配适宜的面罩号码。

（2）使用前应检查面具的完整性和气密性，面罩密合框应与人体面部密合良好，无明显压痛感。

（3）使用中应注意有无泄漏。

16. SF_6气体检漏仪

（1）应按照产品使用说明书正确使用。

（2）工作人员进入 SF_6配电装置室，入口处若无 SF_6气体含量显示器，应先通风 15min，并用 SF_6气体检漏仪测量 SF_6气体含量合格。

（四）保管及存放

（1）安全工器具的保管及存放必须满足国家和行业标准及产品说明书要求。

（2）绝缘安全工器具应存放在温度−15～35℃、相对湿度 5%～80%的干燥通风的工具室（柜）内。

（3）安全工器具应统一分类编号，定置存放。

（4）绝缘杆应架在支架上或悬挂起来且不得贴墙放置。

（5）绝缘隔板应放置在干燥通风的地方或垂直放在专用的支架上。

（6）绝缘罩使用后应擦拭干净，装入包装袋内，放置于清洁、干燥通风的架子或专用柜内。

（7）验电器应存放在防潮盒或绝缘安全工器具存放柜内，置于通风干燥处。

（8）核相器应存放在干燥通风的专用支架上或者专用包装盒内。

（9）脚扣应存放在干燥通风和无腐蚀的室内。

（10）橡胶类绝缘安全工器具应存放在封闭的柜内或支架上，上面不得堆压任何物件，更不得接触酸、碱、油品、化学药品或在太阳下暴晒，并应保持干燥、清洁。

（11）防毒面具应存放在干燥、通风，无酸、碱、溶剂等物质的库房内，严禁重压。防毒面具的滤毒罐（盒）的储存期为 5 年（3 年），过期产品应经检验合格后方可使用。

（12）空气呼吸器在储存时应装入包装箱内，避免长时间曝晒，不能与油、酸、碱或其他有害物质共同储存，严禁重压。

（13）遮栏绳、网应保持完整、清洁无污垢，成捆整齐存放在安全工具柜内，不得严重磨损、断裂、霉变、连接部位松脱等；遮栏杆外观醒目，无弯曲、无锈蚀，排放整齐。

（五）报废

（1）符合下列条件之一者，即予以报废。

1）安全工器具经试验或检验不符合国家或行业标准。

2）超过有效使用期限，不能达到有效防护功能指标。

（2）报废的安全工器具应及时清理，不得与合格的安全工器具存放在一起，更不得使用

报废的安全工器具。

（3）报废的安全工器具应及时统计上报到安监部门备案。

二、分类

（一）定义及分类

电力安全工器具是指防止触电、灼伤、坠落、摔跌等事故，保障工作人员人身安全的各种专用工具和器具。安全工器具分为绝缘安全工器具、一般防护安全工器具、安全围栏（网）和标示牌三大类。

1. 绝缘安全工器具

绝缘安全工器具分为基本和辅助两种绝缘安全工器具。

（1）基本绝缘安全工器具是指能直接操作带电设备、接触或可能接触带电体的工器具，如电容型验电器、绝缘杆、绝缘隔板、绝缘罩、携带型短路接地线、个人保安接地线、核相器等。

1）电容型验电器是通过检测流过验电器对地杂散电容中的电流，检验高压电气设备、线路是否带有运行电压的装置。电容型验电器一般由接触电极、验电指示器、连接件、绝缘杆和护手环等组成。

2）绝缘杆是用于短时间对带电设备进行操作或测量的绝缘工具，如接通或断开高压隔离开关、跌落熔丝具等。绝缘杆由合成材料制成，结构一般分为工作部分、绝缘部分和手握部分。

3）绝缘隔板是由绝缘材料制成，用于隔离带电部件、限制工作人员活动范围的绝缘平板。

4）绝缘罩是由绝缘材料制成，用于遮蔽带电导体或非带电导体的保护罩。

5）携带型短路接地线是用于防止设备、线路突然来电，消除感应电压，放尽剩余电荷的临时接地装置。

6）个人保护接地线（俗称“小地线”）用于防止感应电压危害的个人用接地装置。

7）核相器是用于鉴别待连接设备、电气回路是否相位相同的装置。

（2）辅助绝缘安全工器具是指绝缘强度不是承受设备或线路的工作电压，只是用于加强基本绝缘安全工器具的保安作用，用以防止接触电压、跨步电压、泄漏电流电弧对操作人员的伤害，不能用辅助绝缘安全工器具直接接触高压设备带电部分。属于这一类的安全工器具有：绝缘手套、绝缘靴（鞋）、绝缘胶垫等。

1）绝缘手套是由特种橡胶制成的，起电气绝缘作用的手套。

2）绝缘靴是由特种橡胶制成的，用于人体与地面绝缘的靴子。

3）绝缘胶垫是由特种橡胶制成的，用于加强工作人员对地绝缘的橡胶板。

2. 一般防护安全工器具（一般防护用具）

是指防护工作人员发生事故的工器具，如安全帽、安全带、梯子、安全绳、脚扣、防静电服（静电感应防护服）、防电弧服、导电鞋（防静电鞋）、安全自锁器、速差自控器、防护眼镜、过滤式防毒面具、正压式消防空气呼吸器、SF_6气体检漏仪、氧量测试仪、耐酸手套、耐酸服及耐酸靴等。

（1）安全帽是一种用来保护工作人员头部，使头部免受外力冲击伤害的帽子。

（2）高压近电报警安全帽是一种带有高压近电报警功能的安全帽，一般由普通安全帽和高压近电报警器组合而成。

（3）安全带是预防高处作业人员坠落伤亡的个人防护用品，由腰带、围杆带、金属配件等组成。安全绳是安全带上面保护人体不坠落的系绳。

（4）梯子由木料、竹料、绝缘材料、铝合金等材料制作的登高作业工具。

（5）脚扣是用钢或合金材料制作的攀登电杆工具。

（6）防静电服是用于在有静电的场所降低人体电位，避免服装上带高电位引起其他危害的特种服装。

（7）防电弧服是一种用绝缘和防护的隔层制成的保护穿着者身体的防护服装，用于减轻或避免电弧发生时散发出的大量热能辐射和飞溅融化物的伤害。

（8）导电鞋是由特种性能橡胶制成的，在220～500kV带电杆塔上及330～500kV带电设备区非带电作业时为防止静电感应电压所穿用的鞋子。

（9）速差自控器是一种装有一定长度绳索的器件，作业时可不受限制地拉出绳索，坠落时，因速度的变化可将拉出绳索的长度锁定。

（10）护目眼镜是在维护电气设备和进行检修工作时，保护工作人员不受电弧灼伤以及防止异物落入眼内的防护用具。

（11）过滤式防毒面具是用于有氧环境中使用的呼吸器。

（12）正压式消防空气呼吸器是用于无氧环境中的呼吸器。

（13）SF_6气体检漏仪是用于绝缘电器的制造以及现场维护、测量SF_6气体含量的专用仪器。

3. 安全标示牌

包括各种安全警告牌、设备标示牌等。

4. 预防性试验

为防止使用中的电力安全工器具性能改变或存在隐患而导致在使用中发生事故，对电力安全工器具进行试验、检测和诊断的方法和手段。

（二）电容型验电器

通过检测流过验电器对地杂散电容中的电流，检验设备、线路是否带电的装置。

1. 电容型验电器的试验项目、周期和要求（见表5-17）

表5-17　　电容型验电器的试验项目、周期和要求

序号	项目	周期	要　求				说　明
1	起动电压试验	1年	起动电压值不高于额定电压的40%，不低于额定电压的15%				试验时接触电极应与试验电极相接触
2	工频耐压试验	1年	额定电压/kV	试验长度/m	工频耐压/kV		
					1min	5min	
			10	0.7	45	—	
			35	0.9	95	—	
			66	1	175	—	
			110	1.3	220	—	
			220	2.1	440	—	
			330	3.2	—	380	
			500	4.1	—	580	同一批次抽测，不少于2条，接线鼻与软导线压接的应做该试验

2. 试验方法

（1）验电器起动电压试验。高压电极由金属球体构成，在 1m 的空间范围内不应放置其他物体，将验电器的接触电极与一极接地的交流电压高压电极相接触，逐渐升高高压电极的电压，当验电器发出“电压存在”信号，如“声光”指示时，记录此时的起动电压，如该电压在（0.15～0.4）倍额定电压之间，则认为试验通过。

（2）工频耐压试验。高压试验电极布置于绝缘杆的工作部分，高压试验电极和接地极间的长度即为试验长度，根据表 5-17 中规定确定两电极间距离，如在绝缘杆间有金属连接头，两试验电极间的距离还应在此值上再加上金属部件的长度，绝缘杆间应保持一定距离，以便于观察试验情况。接地极和高压试验电极以宽 50mm 的金属箔或用导线包绕。

对于各个电压等级的绝缘杆，施加对应的电压。对于 10～220kV 电压等级的绝缘杆，加压时间 1min；对于 330～500kV 电压等级的绝缘杆，加压时间 5min。

缓慢升高电压，以便能在仪表上准确读数，达到 0.75 倍试验电压值起，以每秒 2%试验电压的升压速率至规定的值，保持相应的时间，然后迅速降压，但不能突然切断，试验中各绝缘杆应不发生闪络或击穿，试验后绝缘杆应无放电、灼伤痕迹，应不发热。

若试验变压器电压等级试验的要求，可分段进行试验，最多可分成 4 段，分段试验电压应为整体试验电压除以分段数再乘以 1.2 倍的系数。

（三）携带型短路接地线

用于防止设备、线路突然来电，消除感应电压，放尽剩余电荷的临时接地装置。

1. 携带型短路接地线的试验项目、周期和要求（见表 5-18）

表 5-18　携带型短路接地线的试验项目、周期和要求

序号	项目	周期	要求				说明
1	成组直流电阻试验	不超过 5 年	在各接线鼻之间测量直流电阻，对于 25、35、50、70、95、120mm^2 各种截面，平均每米的电阻值应小于 0.79、0.56、0.40、0.28、0.21、0.16MΩ				同一批次抽测，不少于两条，接线鼻与软导线连接的应做该试验
2	操作棒的工频耐压试验	4 年	额定电压/kV	试验长度/m	工频耐压/kV		试验电压加在护环与紧固头之间
					1min	5min	
			10	—	45	—	
			35	—	95	—	
			66	—	175	—	
			110	—	220	—	
			220	—	440	—	
			330	—	—	380	
			500	—	—	580	

2. 试验方法

（1）成组直流电阻试验。成组直流电阻试验用于考核携带型短路接地线线鼻和汇流夹与多股铜质软导线之间的接触是否良好；同时，也可考核多股铜质软导线的截面积是否符合要求，以组合式接地线为例，其测量接线如图 5-7 所示。

成组直流电阻试验采用直流电压降法测量，常用的测量方式为电流—电压表法，试验电流宜不小于 30A。

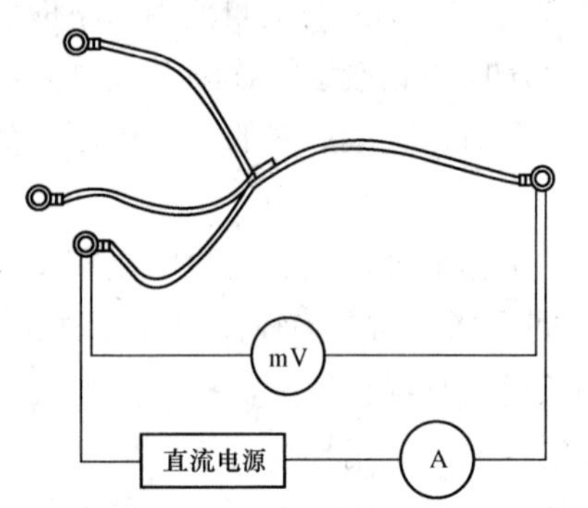

图 5-7　携带型短路接地线成组直流电阻试验

进行接地线的成组直流电阻试验时，应先测量各接地线鼻间两两的长度，根据测得的直流电阻值，算出每米的电阻值，其值如符合表 5-20 的规定，则为合格。

（2）工频耐压试验。试验电压加在操作棒的护环与紧固头之间，其余同（1）。

（四）个人保护接地线

主要用于防止感应电压危害的个人用接地装置。

1. 个人保护接地线的试验项目、周期和要求（见表 5-19）

表 5-19　　个人保护接地线的试验项目、周期和要求

项　目	周　期	要　　求	说　　明
成组直流电阻试验	不超过 5 年	在各接线鼻之间测量直流电阻，对于 10、16、25mm² 各种截面，平均每米的电阻值应小于 1.98、1.24、0.79MΩ	同一批次抽测，不少于两条

2. 试验方法

成组直流电阻试验方法同携带型短路接地线成组直流电阻试验，如测得的直流电阻值符合表 5-21 的规定，则认为合格。

（五）绝缘杆

1. 绝缘杆的试验项目、周期和要求（见表 5-20）

表 5-20　　绝缘杆的试验项目、周期和要求

项　目	周期	要求			
		额定电压/kV	试验长度/m	工频耐压/kV	
				1min	5min
工频耐压试验	1 年	10	0.7	45	—
		35	0.9	95	—
		66	1	175	—
		110	1.3	220	—
		220	2.1	440	—
		330	3.2	—	380
		500	4.1	—	580

2. 试验方法

高压试验电极布置于绝缘杆的工作部分，高压试验电极和接地极间的长度即为试验长度，根据表 5-20 中规定确定两电极间距离，如在绝缘杆间有金属连接头，两试验电极间的距离还应再此值上再加上金属部件的长度，绝缘杆间应保持一定距离，以便于观察试验情况。接地极和高压试验电极以宽 50mm 的金属箔或用导线包绕。

对于各个电压等级的绝缘杆，施加对应的电压。对于 10～220kV 电压等级的绝缘杆，加压时间 1min；对于 330～500kV 电压等级的绝缘杆，加压时间 5min。

缓慢升高电压以便能在仪表上准确读数，达到 0.75 倍试验电压值起，以每秒 2%试验电压的升压速率至规定的值，保持相应的时间，然后迅速降压，但不能突然切断，试验中各绝缘杆应不发生闪络或击穿，试验后绝缘杆应无放电、灼伤痕迹，应不发热。

若试验变压器电压等级试验的要求，可分段进行试验，最多可分成 4 段，分段试验电压应为整体试验电压除以分段数再乘以 1.2 倍的系数。

（六）核相器

1. 核相器的试验项目、周期和要求（见表 5-21）

表 5-21　　核相器的试验项目、周期和要求

<table>
<tr><th>项　目</th><th>周　期</th><th colspan="4">要　　求</th><th>说　　明</th></tr>
<tr><td rowspan="3">A. 连接导线绝缘强度试验</td><td rowspan="3">必要时</td><td colspan="2">额定电压/kV</td><td>工频耐压/kV</td><td>持续时间/min</td><td rowspan="9">浸在电阻率小于 100W·m 的水中</td></tr>
<tr><td colspan="2">10</td><td>8</td><td>5</td></tr>
<tr><td colspan="2">35</td><td>28</td><td>5</td></tr>
<tr><td rowspan="3">B. 绝缘部分工频耐压试验</td><td rowspan="3">1 年</td><td>额定电压/kV</td><td>试验长度/m</td><td>工频耐压/kV</td><td>持续时间/min</td></tr>
<tr><td>10</td><td>0.7</td><td>45</td><td>1</td></tr>
<tr><td>35</td><td>0.9</td><td>95</td><td>1</td></tr>
<tr><td rowspan="3">C. 电阻管泄漏电流试验</td><td rowspan="3">半年</td><td>额定电压/kV</td><td>工频耐压/kV</td><td>持续时间/min</td><td>泄漏电流/mA</td></tr>
<tr><td>10</td><td>10</td><td>1</td><td>≤2</td></tr>
<tr><td>35</td><td>35</td><td>1</td><td>≤2</td></tr>
<tr><td>D. 动作电压试验</td><td>1 年</td><td colspan="4">最低动作电压应达 0.25 倍额定电压</td><td></td></tr>
</table>

2. 试验方法

（1）连接导线绝缘强度试验。导线应拉直，放在电阻小于 100Ω·m 的水中浸泡，也可直接浸泡在自来水中，两端应有 350mm 长度露出水面，试验电路如图 5-8 所示。

在金属盆与连接导线之间施加表 5-21 规定的电压，以 1000V/s 的恒定速度逐渐加压，到达规定电压后，保持 5min，如果没有出现击穿，则试验合格。

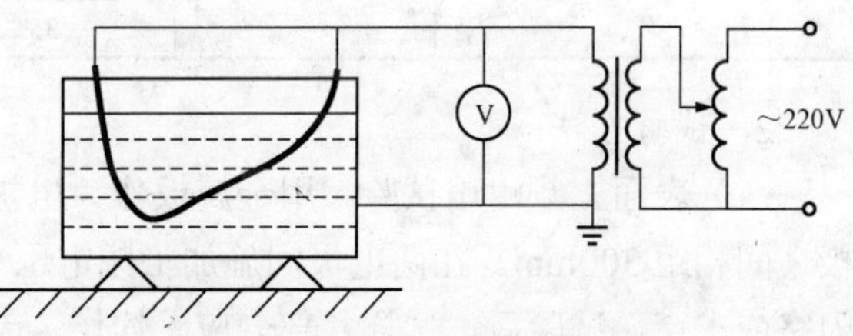

图 5-8　连接导线绝缘强度试验电路

（2）绝缘部分工频耐压试验。试验电压加在核相棒的有效绝缘部分，试验方法同绝缘杆工频耐压试验。

（3）电阻管泄漏电流试验。依次对两核相棒进行试验，将待试核相棒的试验电极接至交流电压的一极上，其连接导线的出口与交流电压的接地极相连接，施加表 5-21 规定的电压，如泄漏电流小于表 5-21 规定的值，则试验通过。

（4）动作电压试验。将核相器的接触电极与一极接地的交流电压两极相接触，逐渐升高交流电压，测量核相器的动作电压，如动作电压最低达到 0.25 倍额定电压，则认为试验通过。

（七）绝缘罩

1. 绝缘罩的试验项目、周期和要求（见表 5-22）

表 5-22 绝缘罩的试验项目、周期和要求

项目	周期	要求		
工频耐压试验	1 年	额定电压/kV	工频耐压/kV	时间/min
		6～10	30	1
		35	80	1

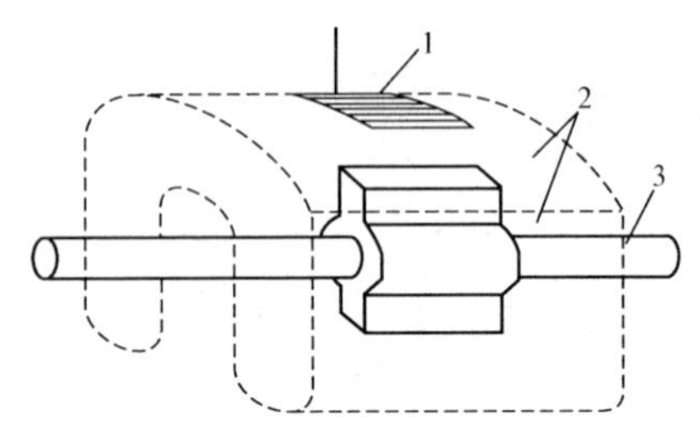

图 5-9 试验电极布置

1—接地电极；2—金属箔或导电漆；3—高压电极

2. 试验方法

工频耐压试验：对于功能类型不同的遮蔽罩，应使用不同形式电极。通常遮蔽罩的内部电极是一金属芯棒，并置于遮蔽罩内中心处，遮蔽罩外部电极为极地电极，由导电材料，如金属箔或导电漆等制成，试验电极布置如图 5-9 所示。

在试验电极间，按表 5-22 规定，施加工频电压，持续时间 5min，试验中，试品不应出现闪络或击穿。试验后，试样各部位应无灼伤、发热现象。

（八）绝缘隔板

1. 绝缘隔板的试验项目、周期和要求（见表 5-23）

表 5-23 绝缘隔板的试验项目、周期和要求

序号	项目	周期	要求			说明
1	表面工频耐压试验	1 年	额定电压/kV	工频耐压/kV	持续时间/min	电极间距离 300mm
			6～35	60	1	
2	工频耐压试验	1 年	额定电压/kV	工频耐压/kV	持续时间/min	
			6~10	30	1	
			35	80	1	

2. 试验方法

（1）表面工频耐压试验。用金属板作为电极，金属板的长为 70mm，宽为 30mm，两电极之间相距 300mm。在两电极间施加工频电压 60kV，持续时间 1min，试验过程中不应出现闪络或击穿，试验后，试样各部分应无灼伤、无发热现象。

（2）工频耐压试验。试验时，先将待试验的绝缘隔板上下铺上湿布或金属箔，除上下四周边缘各留出 200mm 左右的距离以免沿面放电之外，应覆盖试品的所有区域，并在其上下安好金属极板，然后按表 5-23 中的规定加压试验。试验中，试品不应出现闪络和穿击；试验后，试样各部位应无灼伤、无发热现象。

（九）绝缘胶垫

1. 绝缘胶垫的试验项目、周期和要求（见表 5-24）

表 5-24　　绝缘胶垫的试验项目、周期和要求

项　目	周　期	要　求			说明
工频耐压试验	1 年	电压等级	工频耐压/kV	持续时间/min	使用于带电设备区域
		高压	15	1	
		低压	3.5	1	

2. 试验方法

绝缘胶垫试验接线图如图 5-10 所示。试验时先将绝缘胶垫上下铺上湿布或金属箔，并应比被测绝缘胶垫四周小 200mm，连续均匀升压至表 5-24 规定的电压值，保持 1min，观察有无击穿现象，若无击穿，则试验通过。试样分段试验时，两段试验边缘要重合。

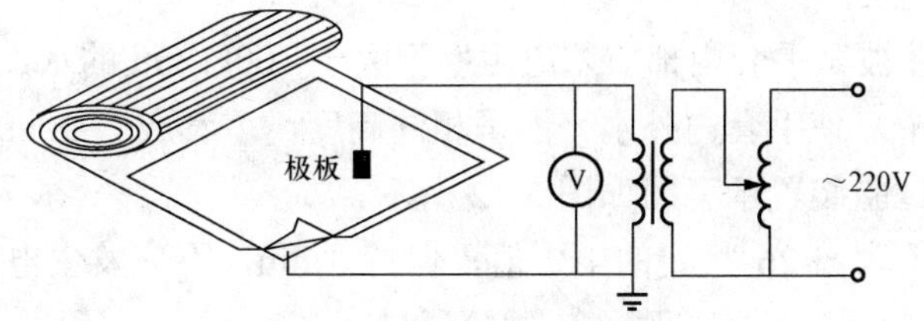

图 5-10　绝缘胶垫试验接线图

（十）绝缘靴

1. 绝缘靴的试验项目、周期和要求（见表 5-25）

表 5-25　　绝缘靴的试验项目、周期和要求

项　目	周　期	要　求		
工频耐压试验	半年	工频耐压/kV	持续时间/min	泄漏电流/mA
		15	1	≤7.5

2. 试验方法

工频耐压试验：将一个与试验鞋号一致的金属片为内电极放入鞋内，金属片上铺满直径不大于 4mm 的金属球，其高度不小于 15mm，外接导线焊一片直径大于 4mm 的铜片，并埋入金属球内。外电极为置于金属器内的浸水海绵，绝缘靴试验电气接线图如图 5-11 所示。

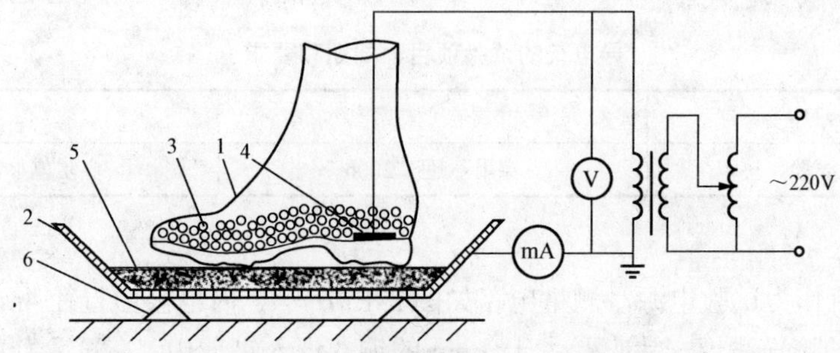

图 5-11　绝缘靴试验电气接线图

1—被试靴；2—金属盘；3—金属球；4—金属片；5—海面和水；6—金属支架

以 1kV/s 的速度使电压从零上升到所规定电压值的 75%，然后再以 100V/s 的速度升到规定的电压值，当电压升到表 5-25 规定的电压时，保持 1min，然后记录毫安表的电流值。电流值小于 10mA，则认为试验通过。

（十一）绝缘手套

1. 绝缘手套的试验项目、周期和要求（见表 5-26）

表 5-26　　绝缘手套的试验项目、周期和要求

项　目	周　期	要　求			说　明
工频耐压试验	半年	电压等级	工频耐压/kV	持续时间/min	泄漏电流/mA
		高压	8	1	≤9
		低压	2.5	1	≤2.5

2. 试验方法

工频耐压试验：在被试手套内部放入电阻率不大于 100Ω·m 的水，如自来水，然后浸入盛有相同水的金属盆中，使手套内外水平面呈相同高度，手套应有 90mm 的露出水面部分，这一部分应该擦干，试验装置示意图如图 5-12 所示。

以恒定速度升压至表 5-26 规定的电压值，保持 1min，不应发生电气击穿，测量泄漏电流，其值满足表 5-26 规定的数值，则认为试验通过。

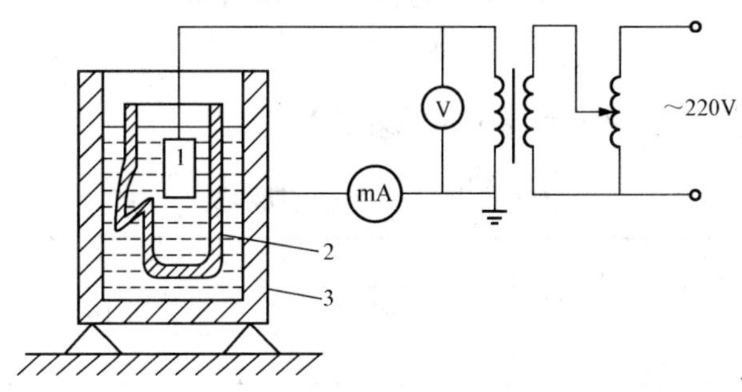

图 5-12　绝缘手套试验装置示意图

1—电极；2—试样；3—盛水金属器皿

（十二）导电鞋

1. 导电鞋的试验项目、周期和要求（见表 5-27）

表 5-27　　导电鞋的试验项目、周期和要求

项　目	周　期	要　求
直流电阻试验	穿用不超过 200h	电阻值小于 100kW

2. 试验方法

以 100V 直流作为试验电源，测量电路如图 5-13 所示。内电极由直径 4mm 的钢球组成，外电极为铜板，外接导线焊一片直径大于 4mm 的铜片埋入钢球中。在试验鞋内装满钢球，钢球总质量应达到 4kg，如果鞋帮高度不够，装不下全部钢球，可用绝缘材料加高鞋帮高度。

加电压时间为 1min。测量电压值和电流值，并根据欧姆定律算出电阻，如电阻小于 100Ω，则试验通过。

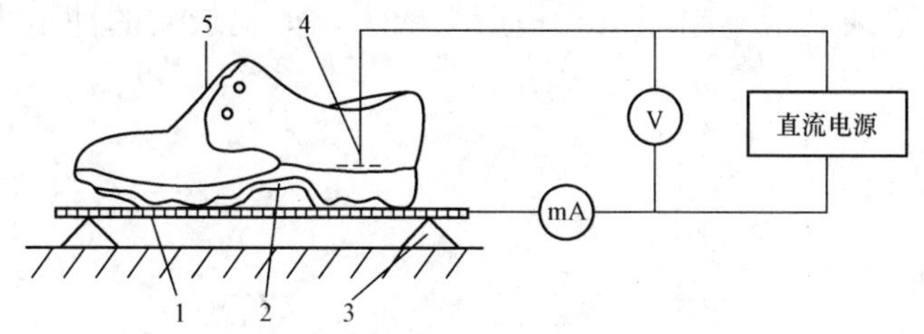

图 5-13 导电鞋电阻值测量电路

1—铜板；2—导电涂层；3—绝缘支架；4—内电极；5—试样

（十三）安全带

1. 安全带的试验项目、周期和要求（见表 5-28）

表 5-28 安全带的试验项目、周期和要求

项目	周期	要求			说明
		种类	试验静拉力/N	载荷时间/min	
静负荷试验	1 年	围杆带	2205	5	牛皮带试验周期为半年
		围杆绳	2205	5	
		护腰带	1470	5	
		安全绳	2205	5	

2. 试验方法

静负荷试验：用拉力试验机进行试验，安全带整体静负荷试验图如图 5-14 所示，拉伸速度为 100mm/min，根据表 5-28 中的种类，施加对应的静拉力，载荷时间为 5min，如不变形或破断，则认为合格。

（十四）安全帽

1. 安全帽的试验项目、周期和要求（见表 5-29）

表 5-29 安全帽的试验项目、周期和要求

项目	周期	要求	说明
冲击性能试验	按规定期限	受冲击力小于 4900N	使用寿命：从制造之日起，塑料帽不大于 2.5 年，玻璃钢帽不大于 3.5 年
耐穿刺性能试验		钢锥不接触头模表面	

2. 试验方法

安全帽的使用期，从产品制造完成之日计算，根据表 5-29 的规定，使用期满后，要进行抽查测试合格后方可继续使用，抽检时，每批从最严酷使用场合中抽取，每项试验，试样不少于两项，以后每年抽检一次，有一项不合格则该批安全帽报废。

（1）冲击性能试验。试验示意图如图 5-15 所示，基座由不小于 500kg 的混凝土座构成。将头模压力传感器装置及底座垂直安放在基座上，压力传感器装置安装在头模与底座之间，

帽衬调至适当位置后将一顶完好的安全帽戴到头模上，钢锤从 1m 高度（锤的地面至安全帽顶的距离）自由导向落下冲击安全帽。钢锤重心运动轨迹应与头模中心线和传感器敏感轴重合。通过记录显示一起测出头模所受的力。如记录到的冲击力小于 4900N，则试验通过。

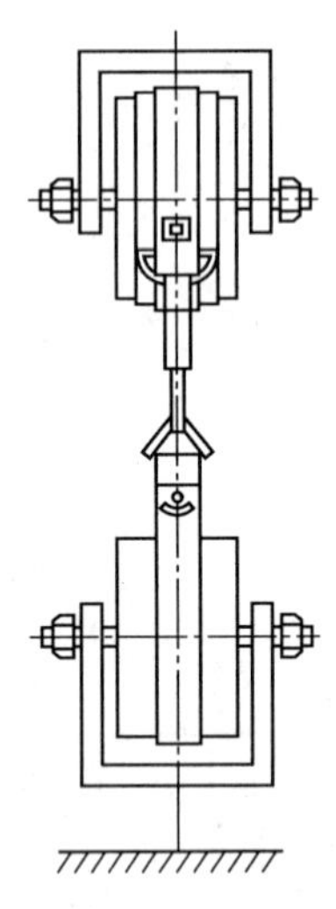

图 5-14　安全带整体静负荷试验图

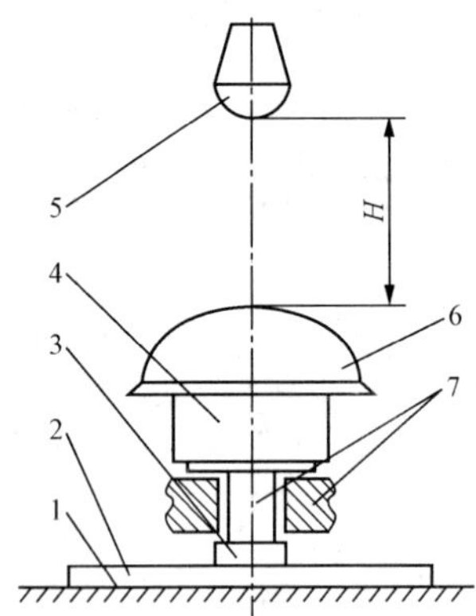

图 5-15　冲击吸收性能试验示意图（采用压电式力传感器）

1—混凝土基座；2—底座；3—压电式传感器；4—头模；5—钢锤；6—安全帽；7—力传感器配套装置

H—冲击距离

（2）耐穿刺性能试验。试验示意图如图 5-16 所示，将一顶完好的安全帽安放在头模上，安全帽衬垫与头模之间放置电接触显示装置的一个电极，该电极由铜片或铝片制成，如钢锥与该电极相接触，可形成一个电闭合回路。电接触显示装置会有指示。用 3kg 的钢锥从 1m 高度自由或导向下落穿刺安全帽，钢锥着帽点应在帽顶中心 100mm 范围内的薄弱部分，穿刺后观察接触显示装置，如无显示，则试验通过。

（十五）脚扣

1. 脚扣的试验项目、周期和要求（见表 5-30）

表 5-30　　脚扣的试验项目、周期和要求

项　目	周　期	要　求
静负荷试验	1 年	施加 1176N 静压力，持续时间 5min

2. 试验方法

静负荷试验示意图如图 5-17 所示，将脚扣安放在模拟的等径杆上，用拉力试验机对脚扣的踏盘施加 1176N 的静压力，时间为 5min，卸荷后，活动钩在扣体内滑动应灵活。无卡阻现象，其他受力部位不得产生有足以影响正常工作的变形和其他可见的缺陷。

3. 脚扣的验收标准

（1）脚扣“围杆钩”需采用无缝钢管或合金材料等制成，材质特性必须符合 GB 699—88

或 GB 3077—88 国家标准的要求。

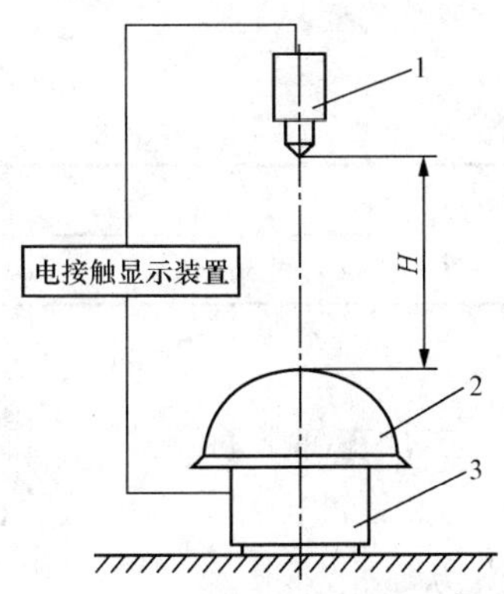

图 5-16　耐穿刺性能试验示意图

1—钢锥；2—安全帽；3—头模

H—冲击距离

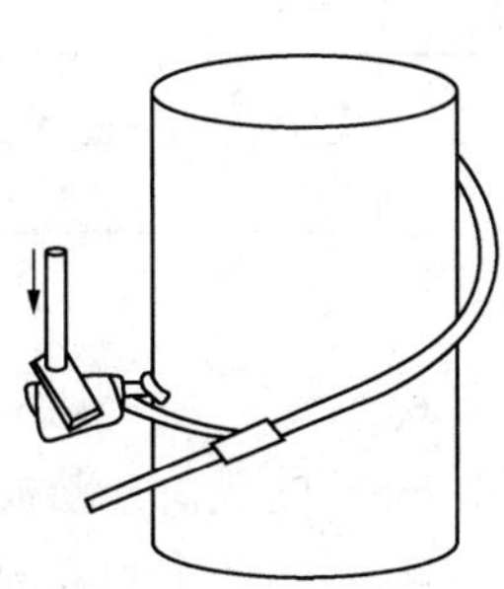

图 5-17　脚扣试验示意图

（2）“脚踏板”、“小爪”的材质采用冷轧钢板冲压成形且厚度分别不得低于 2mm 和 6mm。

（3）“防滑橡胶”宜采用天然橡胶或丁苯橡胶制成，其中“围杆钩”防滑橡胶包胶厚度应不小于 5mm，采用尼龙夹层橡胶板制作的防滑橡胶其厚度不得小于 8mm，“小爪”防滑橡胶厚度应不小于 10mm。

（4）脚扣所有焊接处表面应平整光洁、无裂纹、无气孔缩孔、无咬边、烧穿和夹渣以及未焊透与未熔合等缺陷。

（5）脚扣在无载荷的情况下，活动部件应灵活、可靠、无卡阻现象，活动围杆钩与套管之间的间隙配合应满足使用中移动和锁止要求。

（6）钢制零件表面做镀锌防腐处理，要求镀层均匀、牢固、无划痕。

（7）脚踏板上用于穿脚扣带的方孔与脚扣带的接触部分须做金属板回弯圆滑处理且不得有毛刺，以防脚扣带在此处过早磨损。

（十六）升降板

1. 升降板的试验项目、周期和要求（见表 5-31）

表 5-31　　升降板的试验项目、周期和要求

项　目	周期	要　　求
静负荷试验	半年	施加 2205N 静压力，持续时间 5min

2. 试验方法

静负荷试验：将升降板安放在拉力机上，升降板试验示意图如图 5-18 所示。施加表 5-31 规定的静压力，加载速度应均匀缓慢上升，在规定的静压力下载荷时间为 5min，如围杆绳不破断、撕裂，钩子不变形，踏板无损，则认为试验通过。

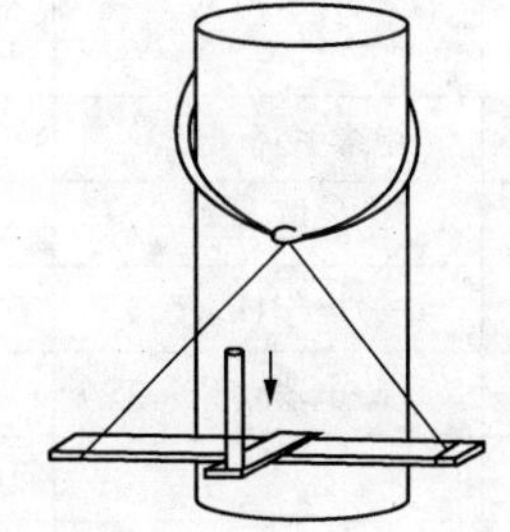

图 5-18　升降板试验示意图

（十七）竹（木）梯

1. 竹（木）梯的试验项目、周期和要求（见表 5-32）

表 5-32　　竹（木）梯的试验项目、周期和要求

项　　目	周期	要　　求
静负荷试验	半年	施加 1765N 静压力，持续时间 5min

2. 试验方法

静负荷试验：将梯子置于工作状态，与地面的夹角为 75°±5°，在梯子的经常站立部位，对梯子的踏板施加 1765N 的载荷，踏板受力区应有 10cm 宽，不允许冲击性加载，试验在此载荷下持续 5min，卸荷后，梯子的各部件不发生永久变形和损伤。

（十八）试验报告

试验完毕后，实验人员应该及时出具试验报告，用不干胶或挂牌制成标志牌，图 5-19 为安全工器具试验合格证标志牌。

安全工器具试验合格证

名称：　　　　编号：

试验日期：　　　　年　　月　　日

下次试验日期：　　　　年　　月　　日

试验人：

长 6cm，宽 4cm

图 5-19　安全工器具试验合格证标志牌

三、安全工器具的标准化配置

变电站安全工器具配置参考表见表 5-33。班组安全工器具配置参考表见表 5-34。

表 5-33　　变电站安全工器具配置参考表

<table>
<tr><th rowspan="2">序号</th><th rowspan="2">工具名称
（单位）</th><th colspan="3">500kV 变电站</th><th colspan="3">220kV 变电站</th><th colspan="3">110kV 变电站</th><th colspan="2">35kV 变电站</th></tr>
<tr><th>500 kV</th><th>220 kV</th><th>110 kV</th><th>220 kV</th><th>110 kV</th><th>35 kV</th><th>110 kV</th><th>35 kV</th><th>10 kV</th><th>35 kV</th><th>10 kV</th></tr>
<tr><td>1</td><td>绝缘手套（双）</td><td>2</td><td colspan="2">2</td><td colspan="3">3</td><td colspan="3">3</td><td colspan="2">2</td></tr>
<tr><td>2</td><td>绝缘靴（双）</td><td>2</td><td colspan="2">2</td><td colspan="3">3</td><td colspan="3">3</td><td colspan="2">2</td></tr>
<tr><td>3</td><td>绝缘操作杆（套）</td><td>2</td><td>2</td><td>2</td><td>2</td><td colspan="2">2</td><td>2</td><td colspan="2">2</td><td colspan="2">2</td></tr>
<tr><td>4</td><td>验电器（只）</td><td>2</td><td colspan="2">2</td><td>2</td><td colspan="2">2</td><td>2</td><td colspan="2">2</td><td colspan="2">2</td></tr>
<tr><td>5</td><td>接地线（组）</td><td>6</td><td>8</td><td>6</td><td>6</td><td>8</td><td>6</td><td>8</td><td colspan="2">6</td><td>6</td><td>4</td></tr>
<tr><td>6</td><td>工具柜（个）</td><td colspan="3">2（智能、普通各一）</td><td colspan="3">2（智能、普通各一）</td><td colspan="3">1（普通）</td><td colspan="2">1（普通）</td></tr>
<tr><td>7</td><td>安全带（副）</td><td colspan="3">2</td><td colspan="3">2</td><td colspan="3">2</td><td colspan="2">2</td></tr>
<tr><td>8</td><td>安全帽（顶）</td><td colspan="3">10</td><td colspan="3">10</td><td colspan="3">8</td><td colspan="2">6</td></tr>
</table>

续表

序号	工具名称（单位）	500kV 变电站			220kV 变电站			110kV 变电站			35kV 变电站	
		500 kV	220 kV	110 kV	220 kV	110 kV	35 kV	110 kV	35 kV	10 kV	35 kV	10 kV
9	绝缘梯（架）	4（人字、平梯各二）			4（人字、平梯各二）			3（人字一、平梯二）			2(人字、平梯各一)	
10	防毒面具（套）	4			4			3			2	
11	登高板（副）	2			2			2			2	
12	防电弧服（件）	4			4			3			3	
13	SF_6气体检漏仪（套）	1（GIS 站和室内有 SF_6断路器站）			1（GIS 站和室内有 SF_6断路器站）			1（GIS 站和室内有 SF_6断路器站）				
14	接地线架（套）	1（20 格）			1（20 格）			1（14 格）			（10 格）	
15	标示牌（禁止合闸，有人工作！）（块）	20			15			15			10	
16	标示牌（禁止分闸！）（块）	20			15			15			10	
17	标示牌（禁止攀登，高压危险！）（块）	20			15			15			10	
18	标示牌（止步，高压危险！）（块）	15			10			10			10	
19	标示牌（在此工作！）（块）	20			15			15			10	
20	标示牌（禁止合闸，线路有人工作！）（块）	20			15			15			10	
21	红布幔（块）	10（2.4m×0.8m）			8（2.4m×0.8m）			6（2.4m×0.8m）			4（2.4m×0.8m）	

注　各单位可根据本单位的实际需要参考配置。

表 5-34　　班组安全工器具配置参考表

序号	工具名称（单位）	变电检修班	线路检修班	试验班	通讯班
1	绝缘手套（双）	4	4	2	2
2	绝缘靴（双）	4	4	2	2
3	绝缘操作杆（套）	4	4		
4	验电器（只）	220、110kV 各 2、10kV 每人 1	220、110kV 各 2、10kV 每人 1	10kV（220V）每人一只	10kV（220V）每人一只
5	接地线（组）	220、110kV 各 8 组、35kV 6 组	220、110 各 8 组、35kV 6 组		
6	工具柜（个）	智能 1 个、普通 2 个（每人一门）	智能 1 个、普通 2 个（每人一门）	1（普通）	1（普通）
7	安全带（副）	每人一副	每人一副		
8	安全帽（顶）	每人一顶	每人一顶	每人一顶	每人一顶
9	绝缘梯（架）	4（人字、平梯各二）	4（人字、平梯各二）	3（人字一、平梯二）	2（人字、平梯各一）
10	登高板（副）	每人一副	每人一副	—	—
11	防电弧服（件）	4	4	—	—

续表

序号	工具名称（单位）	变电检修班	线路检修班	试验班	通讯班
12	个人保安线（根）		每人一根	—	—
13	标示牌（禁止合闸，有人工作！）（块）	10	10	5	5
14	标示牌（禁止合闸，高压危险！）（块）	10	10	5	5
15	标示牌（在此工作！）（块）	10	10	5	5
16	红布幔（块）		6（2.4m×0.8m）	2（2.4m×0.8m）	2（2.4m×0.8m）

注 电厂各检修班、供电所、线路运行班、其他班组可根据实际需要参考配置，开关站参照同电压等级的变电站配置。

第六章 安全技术措施

第一节 反事故措施

一、反事故措施计划

（1）电力企业每年应编制年度的反事故措施计划。

（2）电力企业年度反事故措施计划应由分管生产的领导组织，以生产技术部门为主，各有关部门参加制订。

（3）反事故措施计划应根据上级颁发的反事故技术措施、需要消除的重大缺陷、提高设备可靠性的技术改进措施以及本企业事故防范对策进行编制。反事故措施计划应纳入检修、技改计划。

（4）安全技术措施计划应根据国家、行业、企业颁发的标准，从改善作业环境和劳动条件、防止伤亡事故、预防职业病、加强安全监督管理等方面进行编制；项目安全施工措施应根据施工项目的具体情况，从作业方法、施工机具、工业卫生、作业环境等方面进行编制。

（5）安全性评价结果应作为制订反事故措施计划的重要依据。防汛、抗震、防台风等应急处理预案所需项目，可作为制订和修订反事故措施计划的依据。

（6）电力企业主管部门应优先安排反事故措施计划所需资金。

（7）安全监督部门负责监督反事故措施计划和安全技术劳动保护措施计划的实施，对存在的问题应及时向主管领导汇报。

（8）电力企业主管领导和车间负责人应定期检查反事故措施计划的实施情况，并保证反事故措施计划的落实。

（9）为认真贯彻落实“安全第一、预防为主、综合治理”工作方针，完善各项反事故措施，进一步提高电网安全生产水平，通过总结分析近年来供电企业发生重大事故的特征，组织制订了《电网重大反事故措施》。

（10）做好防止电网生产重大事故的措施，是保证电网安全稳定运行的重要条件，是制造、设计、安装、调试、生产等各个单位的共同任务。因此，各有关方面都应认真贯彻落实《电网重大反事故措施》。

二、电网重大反事故措施

1. 防止人身伤亡事故

（1）加强作业现场危险点分析和做好各项安全措施。

1）工作或作业现场的各项安全措施必须符合《电力安全工作规程》和《电力建设安全工作规程》的有关要求。

2）根据工作内容认真做好作业现场危险点分析，并据此做好各项安全措施，要定期检查危险点分析工作，确保其针对性和有效性。

3）在作业现场内可能发生人身伤害事故的地点，设立安全警示牌，并采取可靠的防护措施。对交叉作业现场应制订完备的交叉作业安全防护措施。

（2）加强作业人员培训。

1）定期对有关作业人员进行安全规程、制度、技术等培训，使其熟练掌握有关安全措施和要求，明确各自安全职责，提高安全防护的能力和水平。对于临时和新参加工作人员，必须强化安全技术培训，必须在证明其具备必要的安全技能，并在有工作经验的人员带领下方可作业。禁止在没有监护的情况下指派临时或新参加工作人员单独从事危险性工作。

2）应结合生产实际，经常性开展多种形式的安全思想教育，提高员工安全防护意识，掌握安全防护知识和伤害事故发生时的自救、互救方法。

（3）加强对外包工程人员管理。

1）加强对各项承包工程的安全管理，明确业主、监理、承包商的安全责任，并根据有关规定严格考核，做到管理严格，安全措施完善。

2）在有危险性的电力生产区域（如有可能引发火灾、爆炸、触电、高空坠落、中毒、窒息、机械伤害、烧烫伤等人员、电网、设备事故的场所）作业，发包方应事先进行安全技术交底，要求承包方制定安全措施，并配合做好相关安全措施。

（4）加强安全工器具管理。认真落实安全生产各项组织措施和技术措施，配备充足的、经国家或省、部级质检机构检测合格的安全工器具和防护用品，并按照有关标准、规程要求定期检验，坚决淘汰不合格的工器具和防护用品，提高作业安全保障水平。

2. 防止系统稳定破坏事故

（1）加强电网规划和建设。

1）加强电网规划设计工作，制定完备的电网发展规划和实施计划，尽快强化电网薄弱环节，确保电网结构合理、运行灵活和坚强可靠。

2）合理规划电源接入点。受端系统应具有多个方向的多条受电通道，每条通道的输送容量不应超过受端系统最大负荷的10%～15%。

3）发电厂不应装设构成电磁环网的联络变压器。

4）一次设备投入运行时，相关继电保护、安全自动装置、稳定措施和电力专用通信配套设施等应同时投入运行。

5）加强系统稳定控制和保障电网安全最后防线措施的设计研究工作，稳定控制措施设计应与系统设计同时完成。合理设计稳定控制措施和失步、低频、低压等解列措施，合理、足量地设计和实施高频切机、低频减负荷及低压减负荷方案。

6）加强 110kV 及以上电压等级母线、220kV 及以上电压等级主设备快速保护建设。220kV 及以上电压等级变压器、高压电抗器等主设备的微机保护应按双重化配置，220kV 及以上环网运行线路应配置双重化全线速动保护，必要时 500（330）kV 及枢纽 220kV 厂站母线采用双重化母差保护配置。

（2）电网安全运行管理和技术措施。

1）严格执行各项电网运行控制要求，禁止超稳定极限值运行。电网一次设备故障后，应按照故障后方式电网运行控制的要求，尽快将相关设备的潮流（或发电机出力、电压等）控制在规定值以内。须按照电网运行控制要求进行控制的设备，应通过调度机构 EMS 系统实现

实时在线监测，并应有越限告警功能。

2）电网正常运行中，必须按照有关规定留有一定的旋转备用容量。

3）避免和消除严重影响系统安全稳定运行的电磁环网。在高一级电压网络建设初期，对于暂不能消除的影响系统安全稳定运行的电磁环网，应采取必要的稳定控制措施，同时应采取后备措施限制系统稳定破坏事故的影响范围。

4）电网联系较为薄弱的省级电网之间及区域电网之间宜采取自动解列等措施，防止一侧系统发生稳定破坏事故时扩展到另一侧系统。特别重要的系统（政治、经济、文化中心）应采取自动措施防止相邻系统发生事故时直接影响到本系统的安全稳定运行。

5）电网运行控制极限管理是保障系统安全稳定运行的重要手段，应认真做好电网运行控制极限管理，根据系统发展变化情况，及时计算和调整电网运行控制极限。

6）加强并网发电机组涉及电网安全稳定运行的励磁系统、PSS（电力系统稳定器）和调速系统的运行管理，其参数设置、设备投停、设备改造等必须满足接入电网安全稳定运行要求。

7）加强稳定控制措施及保障系统安全最后防线运行措施的运行管理，低频、低压减负荷装置和其他安全自动装置应足额投入。应密切跟踪系统变化情况，及时调整稳定控制措施，完善失步、低频、低压解列等安全自动装置的配置，做好相应定值管理、检修管理和运行维护工作。

8）避免220kV及以上电压等级线路、枢纽厂站的母线、变压器等设备无快速保护运行。母线无母差保护时，应尽量减少无母差保护运行时间并严禁安排母线及相关元件的倒闸操作。受端系统枢纽厂站继电保护定值整定困难时，应侧重防止保护拒动。

9）加强断路器设备运行维护和检修管理，确保能够快速、可靠地切除故障。对于500kV（330kV）厂站、220kV枢纽厂站分闸时间分别大于50、60ms的断路器设备，应尽快通过检修或技术改造提高其分闸速度，对于经上述工作后分闸时间仍达不到以上要求的断路器要尽快进行更换。

（3）加强系统稳定计算分析。

1）重视和加强系统稳定计算分析工作。规划、设计和调度部门必须严格按照《电力系统安全稳定导则》和相关规定要求的深度进行系统安全稳定计算分析，并根据计算分析情况合理安排运行方式，适时调整控制策略，不断完善相关电网安全稳定控制措施。

2）电网调度部门确定的电网运行控制极限值，一般按照相关规定在计算极限值的基础上留有一定的稳定储备，在系统设计阶段计算线路（或断面）输送能力时应考虑这一因素。

3）在系统规划设计和电网运行有关稳定计算中，发电机组均应采用详细模型，以正确反映系统动态稳定特性。

4）应保证系统设计和电网运行有关稳定计算模型和参数的准确性和一致性，系统规划计算中对现有电力系统以外部分可采用典型详细模型和参数。

5）加强有关计算模型、参数的研究和实测工作，并据此建立系统计算的各种元件、控制装置及负荷的详细模型和参数。并网发电机组的保护定值必须满足电网安全稳定运行的要求。

（4）防止系统电压崩溃。为防止系统电压崩溃，应全面贯彻执行《电力系统安全稳定导则》（DL 755—2001）、《电力系统电压和无功电力技术导则》（SD 325—1989）、《电力系统无功补偿配置技术原则》，并提出如下要求。

1）在电网规划设计中，必须同步进行无功电源及无功补偿设施的规划设计。无功电源及无功补偿设施的配置应确保无功电力在负荷高峰和低谷时段均能分（电压）层、分（供电）区基本平衡，并具有灵活的无功调整能力和足够的检修、事故备用容量。受端系统应具有足够的无功储备和一定的动态无功补偿能力。

2）并网机组额定出力时，滞相功率因数应不低于 0.9。新机组满负荷时进相额定功率因数应不低于–0.95，老机组应不低于–0.97。

3）电网主变压器最大负荷时高压侧功率因数不应低于 0.95，最小负荷时不应高于 0.95。

4）100kVA 及以上高压供电的电力用户，在用电高峰时段变压器高压侧功率因数应不低于 0.95，其他电力用户功率因数应不低于 0.9。

5）电网局部电压发生偏差时，应首先调整该局部厂站的无功出力，改变该点的无功平衡水平。当母线电压低于调度部门下达的电压曲线下限时，应闭锁接于该母线的变压器分头。

6）变电站电压监测系统和 EMS 系统应保证有关测量数据的准确性。中枢点电压超出电压合格范围时，必须及时向运行人员告警。

7）电网应保留一定的无功备用容量，以保证正常运行方式下，突然失去一回线路、一台最大容量无功补偿设备或本地区一台最大容量发电机（包括发电机失磁）时，能够保持电压稳定。无功事故备用容量应主要储备于发电机组、调相机和静止型动态无功补偿设备。

8）在电网运行中，当系统电压持续降低并有进一步恶化趋势时，必须采取果断措施，及时进行拉路限电，防止发生系统电压崩溃事故。

3. 防止机网协调事故

（1）加强发电机组与电网密切相关设备的管理。

1）并网电厂涉及电网安全稳定运行的励磁系统和调速系统、继电保护和安全自动装置、高压侧或升压站电气设备、调度通信和自动化设备等应纳入电力系统统一规划、设计、运行管理，其技术性能和参数应达到国家及行业有关标准要求，其技术规范应满足所接入电网要求，并应达到技术监督及安全性评价的要求。

2）根据电网安全稳定运行的需要，200MW 及以上火力发电机组和 90MW 及以上水轮发电机组应配置电力系统安全稳定器（PSS），以改善系统阻尼特性。

3）200MW 及以上并网机组的高频率、低频率保护，过电压保护、低电压保护、过励磁保护、失磁保护、失步保护、阻抗保护及振荡解列装置、发电机励磁系统（包括 PSS）等设备（保护）定值必须经有关调度部门审定。其中机组低频率保护的定值应低于系统低频减载的最低一级定值，机组低电压保护定值应低于系统（或所在地区）低压减载的最低一级定值。

（2）加强发电机组一次调频的运行管理。并网发电机组的一次调频功能参数应按照电网运行的要求进行整定，一次调频功能应按照电网有关规定投入运行。

（3）加强发电机组的参数管理。机组并网调试前三个月，发电厂应向相应调度部门提供电网计算分析所需的主设备（发电机、变压器等）参数、二次设备（TA、TV）参数及保护装置技术资料以及励磁系统（包括 PSS）、调速系统技术资料（包括原理及传递函数框图）等。发电厂应经静态及动态试验验证定值整定正确，并向调度部门提供整定调试报告。同时，发电厂应根据有关调度部门电网稳定计算分析要求，开展励磁系统（包括 PSS）、调速系统、原

动机的建模及参数实测工作，并将试验报告报有关调度部门。

（4）发电机非正常及特殊运行方式下的要求。

1）发电机应具备进相运行能力。

① 100MW 及以上火电机组在额定出力时，功率因数应能达到超前 0.95～0.97。励磁系统应采用可以在线调整低励限制的微机励磁装置。

② 发电厂应根据发电机进相试验绘制指导实际进相运行的 *P–Q* 图，编制相应的进相运行规程，并根据电网调度部门的要求进相运行。发电机应能监视双向无功功率和功率因数。根据可能的进相深度，当静稳定成为限制进相因素时，应监视发电机功角进相运行。

③ 新投产的大型汽轮发电机应具有一定的耐受带励磁失步振荡的能力。发电机失步保护应考虑既要防止发电机损坏又要减小失步对系统和用户造成的危害。为防止失步故障扩大为电网事故，应当为发电机解列设置一定的时间延迟，使电网和发电机具有重新恢复同步的可能性。

④ 发电厂应制定完备的发电机带励磁失步振荡故障的应急措施，并按有关规定作好保护定值整定，包括：

（a）当失步振荡中心在发电机—变压器组内部时，应立即解列发电机。

（b）当发电机电流低于三相出口短路电流的 60%～70%时（通常振荡中心在发电机—变压器组外部），发电机组应允许失步运行 5～20 个振荡周期。此时，应立即增加发电机励磁，同时减少有功负荷，切换厂用电，延迟一定时间，争取恢复同步。

2）发电机失磁异步运行。

① 严格控制发电机组失磁异步运行的时间和运行条件。根据国家有关标准规定，不考虑对电网的影响时，汽轮发电机应具有一定的失磁异步运行能力，但只能维持发电机失磁后短时运行，此时必须快速降负荷。若在规定的短时运行时间内不能恢复励磁，则机组应与系统解列。

② 发电机失去励磁后是否允许机组快速减负荷并短时运行，应结合电网和机组的实际情况综合考虑。如电网不允许发电机无励磁运行，当发电机失去励磁且失磁保护未动作时，应立即将发电机解列。

3）频率异常。

① 为防止频率异常时发生电网崩溃事故，发电机组应具有必要的频率异常运行能力。正常运行情况下，汽轮发电机组频率异常允许运行时间见表 6-1。

表 6-1　　　　汽轮发电机组频率异常允许运行时间

频率范围/Hz	允许运行时间	
	累计/min	每次/s
51.0 以上～51.5	>30	>30
50.5 以上～51.0	>180	>180
48.5～50.5	连续运行	
48.5 以下～48.0	>300	>300
48.0 以下～47.5	>60	>60
47.5 以下～47.0	>10	>20
47.0 以下～46.5	>2	>5

② 电网低频减载装置的配置和整定，应保证系统频率动态特性的低频持续时间符合相关规定，并有一定裕度。发电机组低频保护定值可按汽轮机和发电机制造厂有关规定进行整定，但不得低于表 6-1 所列的每次允许时间。

4. 防止电气误操作事故

为防止电气误操作事故，应全面落实《电力安全工作规程》、《防止电气误操作装置管理规定》及其他有关规定，并提出如下要求。

（1）加强防误操作管理。

1）切实落实防误操作工作责任制，各单位应设专人负责防误装置的运行、检修、维护、管理工作。防误装置的检修、维护管理应纳入运行、检修规程范畴，与相应主设备统一管理。

2）加强运行、检修人员的专业培训，严格执行操作票、工作票制度，并使两票制度标准化，管理规范化。

3）严格执行调度命令。倒闸操作时，不允许改变操作顺序，当操作发生疑问时，应立即停止操作，并报告调度部门，不允许随意修改操作票。

4）应制订和完善防误装置的运行规程及检修规程，加强防误闭锁装置的运行、维护管理，确保防误闭锁装置正常运行。

5）建立完善的万能钥匙使用和保管制度。防误闭锁装置不能随意退出运行，停用防误闭锁装置时，必须履行批准手续；短时间退出防误闭锁装置时，应经值长或变电站站长批准，并按要求尽快投入运行。

（2）完善防误操作技术措施。

1）新、扩建变电工程及主设备经技术改造后，防误闭锁装置应与主设备同时投运。

2）断路器或隔离开关闭锁回路不能用重动继电器，应直接用断路器或隔离开关的辅助触点；操作断路器或隔离开关时，应以现场状态为准。

3）防误装置电源应与继电保护及控制回路电源独立。

4）采用计算机监控系统时，远方、就地操作均应具备防止误操作闭锁功能。利用计算机实现防误闭锁功能时，其防误操作规则必须经本单位电气运行、安监、生技部门共同审核，经主管领导批准并备案后方可投入运行。

5）成套高压断路器柜“五防”功能应齐全、性能良好。断路器柜出线侧宜装设带电显示装置，带电显示装置应具有自检功能，并与线路侧接地隔离开关实行连锁；配电装置有倒送电源时，间隔网门应装有带电显示装置的强制闭锁。

（3）加强对运行、检修人员防误操作培训，使其掌握防误装置的原理、性能、结构和操作程序，能熟练操作和维护。

5. 防止枢纽变电站全停事故

（1）完善枢纽变电站一次设备。

1）枢纽变电站在非过渡阶段应有三条以上输电通道，在站内部分母线或一条输电通道检修情况下，发生 N–1、N–2 故障时不应出现变电站全停的情况。

2）枢纽变电站宜采用双母分段接线或 3/2 接线方式。根据电网结构的变化，应满足变电站设备的短路容量。

3）严格按照有关标准进行断路器设备选型，对运行中不符合有关标准的断路器应及时进行改造，在改造以前应加强对设备的运行监视和试验。

（2）防止直流系统故障造成枢纽变电站全停。

1）枢纽变电站直流系统应充分考虑设备检修时的冗余，应采用两组蓄电池、三台充电机的方案，每组蓄电池和充电机应分别接于一段直流母线上，第三台充电装置（备用充电装置）可在两段母线之间切换，任一工作充电装置退出运行时，手动投入第三台充电装置。

2）直流母线应采用分段运行方式，每段母线分别由独立的蓄电池组供电，并在两段直流母线之间设置联络断路器，正常运行时该断路器处于断开位置。

3）加强直流保险管理，直流保险应按有关规定分级配置。直流保险（熔断器）必须采用质量合格的产品，防止因直流保险熔断而扩大事故。

4）严格直流专用低压断路器的分级配置管理，防止因直流低压断路器不正常脱扣造成事故扩大。保护装置应采用直流专用低压断路器。

5）严格蓄电池组的运行维护管理，防止运行环境温度过高或过低造成蓄电池组损坏。

（3）防止继电保护误动造成枢纽变电站全停。

1）为提高继电保护的可靠性，重要线路和设备必须坚持按双重化配置互相独立保护的原则。传输两套独立的主保护通道相对应的电力通信设备也应为两套完整独立的、两种不同路由的通信系统，其相应的通信监控监测信息应被采集汇总到上一级调度（通信）机构的通信监控主站系统。

2）在各类保护装置接于电流互感器二次绕组时，应考虑到既要消除保护死区，同时又要尽可能减轻电流互感器本身故障时所产生的影响。

3）继电保护及安全自动装置应选用抗干扰能力符合有关规程规定的产品，并采取必要的抗干扰措施，防止继电保护及安全自动装置在外界电磁干扰下不正确动作造成枢纽变电站全停。

（4）防止母线故障造成枢纽变电站全停。

1）对于双母线接线方式的变电站，在一条母线停电检修及恢复送电过程中，必须做好各项安全措施，防止全站停电。对检修或事故跳闸停电的母线进行试送电时，应首先考虑用外来电源送电。

2）定期对枢纽变电站支柱绝缘子，特别是母线支柱绝缘子、隔离开关支柱绝缘子进行检查，防止绝缘子断裂引起母线事故。

3）变电站带电水冲洗工作必须保证水质要求，并严格按照《带电水冲洗实施导则》规范操作，母线冲洗时要投入可靠的母差保护。

（5）防止运行操作不当造成枢纽变电站全停。

1）运行人员必须严格执行电网运行有关规程、规定。操作前要认真核对接线方式，检查设备状况。严肃“两票三制”制度，操作中禁止跳项和漏项。

2）加强防误闭锁装置的运行和维护管理，确保防误闭锁装置正常运行。微机防误闭锁装置的电脑钥匙必须按照有关规定严格管理。

3）在倒闸操作过程中，应避免用带断口电容器的断路器切带电磁式电压互感器的空母线，防止产生谐振过电压。

6. 防止输电线路事故

为防止输电线路事故的发生，应严格执行《预防 110（66）kV～500kV 架空输电线路事故措施》、《110（66）kV～500kV 架空输电线路技术监督规定》及其他有关规定，并提出以下重点要求：

（1）设计阶段应注意的问题。

1）加强设计、基建及运行单位的沟通，充分听取运行单位的意见。条件许可时，运行单位应从设计阶段介入工程。

2）充分考虑特殊地形、气象条件的影响，尽量避开重冰区及易发生导线舞动的地区，并合理选取杆塔形式及强度。对易覆冰、风口、高差大的地段，宜缩短耐张段长度，同时杆塔设计应留有裕度。

3）线路应尽可能避开矿场采空区等可能引起杆塔倾斜、沉陷的地区。

4）220kV 及以上新建线路在农田、繁华地段不宜采用拉线塔。

5）45°及以上转角塔的外角侧宜使用双串瓷或玻璃绝缘子，以避免风偏放电。

6）设计阶段应因地制宜开展防雷设计，适当提高输电线路防雷水平。对 500kV 线路及重要电源线，防雷保护角应不大于 10°。

7）做好防洪、防汛设计。输电线路应按 50 年一遇防洪标准进行设计。对可能遭受洪水、暴雨冲刷的杆塔应采取可靠的防汛措施；铁塔的基础护墙要有足够强度，并有良好的排水措施。

8）对于重要的直线型交叉跨越塔，包括跨越 110kV 及以上线路、铁路、高等级公路和高速公路、通航河流等，应采用双悬垂串、V 形或八字形绝缘子串结构，并尽可能采用双独立挂点。

9）线路设计中应考虑防止导地线断线的措施，对导地线、拉线金具要有明确要求。

10）加强杆塔防盗设计，110kV 及以上电压等级输电线路杆塔 8m 及以下宜采用防盗螺栓。

11）使用复合绝缘子时，应综合考虑线路的防雷、防风偏、防鸟害等项性能。城区线路应慎用玻璃绝缘子，以防止自爆伤人。

（2）基建阶段应注意的问题。

1）线路器材应符合标准和设计要求，不允许使用不合格产品。

2）塔材、金具、绝缘子、导线等材料在运输、保管和施工过程中，应妥善加以保管，严防硌压产生宏观压痕。

3）复合绝缘子相对易于破损，在施工中应避免损坏复合绝缘子的伞裙、护套及端部密封，严禁人员沿复合绝缘子上下导线。

4）严格按照设计要求进行施工，隐蔽工程应经监理单位、建设单位和运行单位质量验收合格后方可掩埋，否则严禁立杆塔、放线。

5）水泥杆应有埋入深度标识。新建线路在选用水泥杆时，应采用在根部标有明显埋入深度标识的、符合设计要求的水泥杆，为施工及验收工程质量提供直观可靠的检测依据，并为提高运行维护质量提供有效手段。

（3）运行中应注意的问题。

1）各单位应结合本单位实际制定倒杆塔、断线等事故的反事故预案，并在材料、人员上给予落实。

2）加强线路巡视。

① 严格按照有关规定进行线路巡视，在恶劣气象条件发生后应组织特巡。

② 大负荷期间应增加夜巡，并积极开展红外测温工作，以有效检测接续金具（如压接管、耐张线夹等）的连接状况。

③ 加强新技术、新设备的使用和推广，积极采用先进的智能巡检系统，条件许可时应开展直升机巡线工作。

3）及时处理线路缺陷，尽量缩短线路带缺陷运行时间。

4）加强铁塔构件、金具、导地线等设备腐蚀的观测和技术监督，应按照《架空输电线路运行规程》（DL/T 741—2010）的要求，对于运行年限较长、出现腐蚀严重、有效截面损失较多、强度下降严重的，要积极开展防腐处理，必要时进行更换。

5）防止外力破坏。

① 可能引起误碰线路的区段，应悬挂限高警示牌或采取其他有效警示手段。

② 积极争取地方政府和公安部门的支持，充分发挥电力企业保卫部门的作用，积极宣传《电力法》、《电力设施保护条例》，开展群众护线工作，严厉打击盗窃线路器材的犯罪活动。

7. 防止输变电设备污闪事故

为防止发生输变电设备污闪事故，应严格执行《污秽条件下使用的高压绝缘子的选择和尺寸确定》（GB/T 26218—2010），并提出以下重点要求。

（1）设计与基建阶段应注意的问题。

1）应加强设计、基建、运行及科研单位的沟通和协调，并充分听取运行单位及电力科研单位的意见。

2）新建和扩建输变电设备的外绝缘配置应以污区分布图为基础，并综合考虑环境污染变化因素。对于一、二级污区，可采用比污区图提高一级配置原则；对于三级污区，应结合站址具体位置周围的污秽和发展情况，对需要加强防污措施的，在设计和建设阶段充分考虑采用大爬距定型设备，同时结合采取防污闪涂料或防污闪辅助伞裙等措施；对于四级污区，应在选站和选线阶段尽量避让。如不能避让，应在设计和建设阶段考虑设备形式的选择，变电站可以考虑采用 GIS 或 HGIS 等设备或者全户内变电站（应进行技术经济比较），线路可以考虑采用大爬距定型设备，同时结合采取防污闪涂料等措施。

3）绝缘子覆冰闪络是污秽闪络的一种特殊形式。重冰区绝缘设计应采用增强绝缘、V 形串、不同盘径绝缘子组合等形式，通过增加绝缘子串长、阻碍冰凌桥接以及改善融冰状况下导电水膜形成条件，防止冰闪事故。

4）加强绝缘子全过程管理，全面规范选型、招标、监造、验收及安装等环节，确保使用设计合理、质量合格的绝缘子。

（2）运行阶段应注意的问题。

1）完善防污闪管理体系，明确和落实防污闪主管领导和专责人的具体职责。

2）及时修订污区分布图。定期开展盐密测量、污源调查和运行巡视工作，及时修订污区分布图。目前，盐密测量应按照《关于开展‘用饱和盐密修订电网污区分布图’工作的通知》的要求，逐步过渡到按 3～5 年的积污量取值。

3）调爬与清扫。

① 运行设备外绝缘爬距原则上应与污秽等级相适应，对于不满足污秽等级要求的应予以调整，如受条件限制不能调整的，应采取必要的防污闪补救措施。

② 加强设备清扫工作，落实“清扫责任制”和“质量检查制”，其中应重点关注自洁性能较差的绝缘子（如钟罩式绝缘子）。站内带电水冲洗工作必须严格执行《带电水冲洗规程》，有关操作人员必须经培训合格。

③ 在调爬和清扫中应防止在局部留下防污漏洞或死角，如具有多种绝缘配置的线路中相对薄弱的区段，配置过于薄弱的耐张绝缘子，输、变电结合部等。

（3）绝缘子使用注意事项。

1）玻璃绝缘子与瓷绝缘子。对于盘形悬式玻璃绝缘子自爆和瓷绝缘子零值问题，一方面应坚持定期检测和更换，另一方面对劣化率高于《盘形悬式绝缘子劣化检测规程》的，应结合生产厂家、产品批次、运行时间、运行条件等因素进行综合分析，必要时应全部更换，并与设计、基建及生产厂家及时交换信息。

2）复合绝缘子。应严格执行《标称电压高于 1000V 交流架空线路用复合绝缘子使用导则》（DL/T 864—2004）的有关规定，并注意以下事项。

①在合成绝缘子存放期间及安装过程中，严禁任何可能损坏绝缘子的行为；在安装合成绝缘子时，严禁反装均压环。

②使用合成绝缘子进行防污调爬时，应综合考虑线路的防雷、防风偏、防鸟害等性能。

③对运行中的合成绝缘子应参照“盐密监测点”设置一定数量的“憎水性监测点”，定期检测绝缘子憎水性，以分析该批产品的外绝缘状况。对于严重污秽地区的复合绝缘子宜进行表面电蚀损检查。在进行杆塔防腐处理时，应防止防腐漆滴落到复合绝缘子表面。

④应定期换下一定比例的复合绝缘子做全面性能试验。对于确定性能已明显老化、不能确保安全运行的产品批次应及时更换。

3）防污闪涂料与防污闪辅助伞裙。

绝缘子表面涂覆“RTV 防污闪涂料”和加装“防污闪辅助伞裙”是防止变电设备污闪的重要补充措施，其使用应分别符合《绝缘子常温固化硅橡胶防污闪涂料》（DL/T 627—2004）和《防污闪辅助伞裙使用指导性意见》（调网〔1997〕130 号）的要求，其中避雷器不宜单独加装辅助伞裙，但可将辅助伞裙与防污闪涂料结合使用。

（4）户内绝缘子防污闪要求。

室内设备外绝缘爬距的设计及调整应符合《户内绝缘子运行条件（电气部分）》（DL/T 729—2000）的要求，并结合室内实际情况确定相应的防污闪措施。

8. 防止直流输电和换流设备事故

（1）防止换流阀损坏事故。

1）加强换流阀设计、制造、安装到投运的全过程管理，明确专责人员及其职责。

2）对于高压直流系统换流阀设备，应进行赴厂监造和验收。监造验收工作结束后，赴厂人员应提交监造报告，并作为设备原始资料存档。

3）每个换流阀中必须增加一定数量的晶闸管级。各阀中的冗余晶闸管级数，应不小于 12 个月运行周期内损坏的晶闸管级数期望值的 2.5 倍，也不应少于 2～3 个晶闸管级。

4）在换流阀的设计、制造和安装中，应能消除任何原因导致的火灾，并消除火灾在换流

阀内蔓延的可能性。阀内的非金属材料应为阻燃材料，并具有自熄灭性能。所有塑料材料中应添加足够的阻燃剂，但不应降低材料的机械强度和电气绝缘特性等必备物理特性。

5）为防止阀厅发生火灾事故，应加强火情早期检测，宜选用响应时间快、灵敏度高的检测设备。检测设备的固定应采用韧性材料，严防管道脱落。

6）应保证换流阀冷却系统在运行时无漏水和堵塞情况。阀的结构应能保证泄漏出的液体自动沿沟槽流出，离开带电部件，汇流至检测器并报警。

7）冷却系统必须配备完善的漏水监视和保护措施，确保及时测量冷却系统故障，并发出报警。当有灾难性泄漏时，必须自动断开换流器电源以防止换流阀损坏。应避免冷却系统漏水、冷却水中含杂质以及冷却系统腐蚀等原因导致的电弧和火灾。

8）完善自动监视功能，包括阀避雷器动作和阀漏水检测功能。

9）定期清扫阀塔内部件，包括电阻、电容、电感、晶闸管及其冷却器、防火隔板、水管、光纤盒、悬吊螺杆、工作平台、屏蔽罩等设备，需擦拭均匀，保证阀塔内电位分布均匀。

10）平波电抗器试验须使用专用试验仪器。具体试验项目有：短路试验、阻抗试验、触发试验、保护性触发试验、恢复保护试验和反向耐压试验。

（2）防止换流变压器（平波电抗器）事故。

1）加强对设备从选型、订货、验收到投运的全过程管理，明确专责人员及其职责。

2）严格按照有关规定对新购设备进行验收，确保改进措施落实在设备制造、安装、试验阶段，投产时不遗留同类型问题。

3）定购设备前，应向厂家索取做过突发短路试验变压器的试验报告或抗短路能力动态计算报告。在设计联络会前，应取得所定购变压器的抗短路能力计算报告。

4）换流变压器和平波电抗器应赴厂监造和验收，并按照赴厂监造关键控制点的要求进行监造。监造验收工作结束后，赴厂人员应提交监造报告，并作为设备原始资料存档。

5）工厂试验时应将供货的套管安装在换流变压器（平波电抗器）上进行试验，所有附件出厂时均应按实际使用方式经过整体预装，厂家应提供主要材料和附件的工厂试验报告和生产厂家出厂试验报告。

6）认真执行交接试验规程。设备在出厂和投运前，应做低电压短路阻抗测试或用频响法测试绕组变形以作原始记录。在安装和大修后须进行现场局部放电试验。

7）换流变压器在运输过程中，必须使用具有时标且有合适量程的三维冲击记录仪。换流变压器在更换就位过程中宜使用具有时标且有合适量程的三维冲击记录仪。经相关单位共同验收后，用户方保留记录纸。

8）加强设备重气体保护的运行管理。在正常运行过程中，重气体保护应投跳闸。若需退出重气体保护时，应预先制定安全措施，并经有关主管领导批准。

9）加强变压器（平波电抗器）油的质量控制。在运行中应严格执行有关标准，完善在线色谱分析功能。工作现场应具有色谱分析装置和试验分析人员，以做到及时检测。

10）完善变压器（平波电抗器）的消防设施，定期进行维护、试验。

（3）防止直流断路器事故。

1）以交流断路器的单相单元作为基础的直流高速断路器或直流断路器，应满足交流断路器的技术要求，并适当改进以满足用作直流断路器的不同要求。

2）直流高速断路器或直流断路器利用金属氧化物避雷器作为电流转换的消能元件时，应提供并联接入的避雷器吸收的总能量及分流控制指标（包括避雷器多柱和多芯间的分流）。

3）对于弹簧操作机构，应加强弹簧、轴、销的防腐防锈，每年应检查并记录弹簧拉伸长度，防止因弹簧断裂造成断路器事故。

4）断路器应按照规定的检修周期，实际累计短路开断电流及状态进行检修，尤其要加强对机构的检修，防止断路器拒分、拒合和误动以及灭弧室的烧损或爆炸。

5）严格执行交接预试规程，测量断路器分合闸最低动作电压，防止出现断路器拒动及误动事故。

6）应充分发挥 SF_6 气体质量监督管理中心的作用，做好新气管理、运行设备的气体监测和异常情况分析，监测应包括 SF_6 压力表和密度继电器的定期校验。

7）加强断路器充电装置的维护工作，应按照规定的检修周期进行检修维护，防止断路器因充电装置故障误动和拒动。

（4）防止直流穿墙套管事故。

1）对于 SF_6 绝缘套管，应配置相应的气体密度（或压力）监视装置，在低于设备要求值时，可靠退出运行。

2）定期对套管进行维护，检查 SF_6 气体密度监视装置和压力计。

3）坚持“逢停必扫”原则，保持套管的外绝缘水平，防止耐污水平下降。

（5）防止绝缘子放电事故。

1）换流站户外垂直套管爬距应满足运行要求，防止不均匀湿闪事故发生。

2）变电设备外绝缘配置必须达到污秽等级要求，有关防污改造可采取更换防污设备或涂防污涂料等措施。

3）密切跟踪换流站周围污染源盐密值的变化情况，据此及时调整所处地区的污秽等级，并采取相应措施使设备爬电比距与所处地区的污秽等级相适应。

4）为防止户内支持绝缘子污闪放电，在外绝缘爬距符合《户内设备技术条件》的同时，必须保证户内直流场空调通风系统的运行，并根据季节气候变化，调节和保持合适的温度和湿度。

5）积极开展绝缘子超声波探伤和带电裂纹检测工作，以及时发现缺陷，防止事故发生。

（6）防止直流控制保护设备事故。

1）直流系统控制保护应至少采用完全双重化配置，每套控制保护应有独立的硬件设备，包括专用电源、主机、输入电路、输出电路和保护功能软件。

2）直流保护应采用分区重叠布置，每一区域或设备至少设置双重化的主、后备保护。

3）直流保护系统的结构设计应避免单一元件的故障引起直流保护误动跳闸。如果双（多）重化直流保护系统相互独立，之间不采用切换方式防误动，则每套保护必须有完善的防误动措施，实现防误动逻辑的硬件应与实现保护逻辑的硬件相互独立。

4）应充分发挥技术管理的职能作用，加大直流控制保护技术监督力度，有针对性地指导运行维护单位加强控制保护工作。

5）有关控制系统软件及参数的修改须经主管部门的同意。保护策略、参数及现场二次回路变更须经相关保护管理部门同意。

9. 防止大型变压器损坏事故

为防止大型变压器损坏事故，应严格执行《预防 110（66）kV～500kV 油浸式变压器（电抗器）事故措施》、《110（66）kV～500kV 油浸式变压器（电抗器）技术监督规定》等有关规定，并提出以下重点要求。

（1）加强变压器的全过程管理。

1）加强变压器选型、定货、验收及投运的全过程管理。应选择具有良好运行业绩和成熟制造经验生产厂家的产品。在设备订购前，应向生产厂家索取做过相似变压器突发短路试验的试验报告和抗短路能力动态计算报告；在设计联络会前，应取得所订购变压器的抗短路能力动态计算报告，并进行核算工作。

2）严格按有关规定对新购变压器进行验收，确保变压器按订货合同要求进行制造、安装、试验。

3）220kV 及以上电压等级的变压器应赴厂监造和验收，按变压器赴厂监造关键控制点的要求进行监造，有关监造关键控制点应在合同中予以明确。监造验收工作结束后，监造人员应提交监造报告，并作为设备原始资料存档。

（2）相关试验和运输要求。

1）出厂试验要求。

① 测量电压为 $1.5U_m/\sqrt{3}$ 时，220kV 及以上电压等级变压器的局部放电试验的放电量为：自耦变压器中压端不大于 200pC，高压端不大于 100pC，其他变压器不大于 100pC。

② 测量电压为 $1.5U_m/\sqrt{3}$ 时，110kV 电压等级变压器的局部放电试验放电量不大于 100pC。

③ 500kV 变压器应分别在油泵全部停止和全部开启时（除备用油泵）进行局部放电试验。

2）应向制造厂索取主要材料和附件的工厂检验报告和生产厂家出厂试验报告。工厂试验时应将供货的套管安装在变压器上进行试验。所有附件在出厂时均应按实际使用方式经过整体预装。

3）认真执行交接试验规程。110kV 及以上电压等级变压器在出厂和投产前，应用频响法测试绕组变形或做低电压短路阻抗测试以留原始记录。220kV 及以上电压等级或 120MVA 及以上容量的变压器在新安装时必须进行现场局部放电试验，110kV 电压等级的变压器在新安装时，如有条件宜进行现场局部放电试验。220kV 及以上电压等级变压器进行涉及变压器绝缘部件或线圈的大修后，应进行现场局部放电试验。

4）大型变压器在运输过程中，应按照相应规范安装具有时标且有合适量程的三维冲击记录仪。到达目的地后，制造厂、运输部门、用户三方人员应共同验收，记录纸和押运记录应提供用户留存。

（3）防止变压器绝缘事故。

1）加强变压器运行巡视，其中应特别注意变压器冷却器潜油泵负压区出现的渗漏油。

2）新安装和大修后的变压器应严格按照有关标准或厂家规定真空注油和热油循环，真空度、抽真空时间、注油速度及热油循环时间、温度均应达到要求。对有载分接开关的油箱应同时按照相同要求抽真空。

3）装有密封胶囊或隔膜的大容量变压器，必须严格按照制造厂说明书规定的工艺要求进行注油，防止空气进入，并结合大修或停电对胶囊和隔膜的完好性进行检查。

4）对薄绝缘、铝线圈及运行超过 20 年的变压器，应加强技术监督工作。如发现严重缺陷，变压器本体不宜再进行改造性大修，对更换下来的变压器也不应再迁移安装。

5）对新的变压器油要加强质量控制，用户可根据运行经验选用合适的油种。油运抵现场后，在取样试验合格后，方能注入设备。加强油质管理，对运行中油应严格执行有关标准，对不同油种的混油应按照 GB/T 7595—2000 的规定执行。

6）每年应至少进行一次红外成像测温检查。

（4）防止分接开关事故。

1）无励磁分接开关在改变分接位置后，必须测量使用分接的直流电阻和变比，合格后方可投运。

2）加强有载分接开关的运行维护管理。当开关动作次数达到制造厂规定值时，应进行检修，并对开关的切换时间进行测试。

（5）采取措施保证冷却系统可靠运行。

1）潜油泵的轴承应采取 E 级或 D 级，禁止使用无铭牌、无级别的轴承。对强油导向的变压器，油泵应选用转速不大于 1500r/min 的低速油泵；对已运行的变压器，其高速泵应进行更换；对于盘式电动机油泵，应注意定子和转子的间隙调整，防止铁心的平面摩擦。运行中如出现过热、振动、杂音及严重漏油等异常时，应安排停运检修。

2）为保证冷却效果，变压器冷却器每 1～2 年应进行一次冲洗，并宜安排在大负荷来临前进行。

3）强油循环的冷却系统必须配置两个相互独立的电源，并采用自动切换装置，应定期进行切换试验，有关信号装置应齐全可靠。

4）新建或扩建变压器一般不采用水冷方式。对特殊场合必须采用水冷却系统的，应采用双层铜管冷却系统。对目前正在使用的单铜管水冷却变压器，应始终保持油压大于水压，并加强运行维护工作，同时应采取有效的运行监视方法，及时发现冷却系统泄漏故障。

（6）加强变压器保护管理。

1）变压器本体、有载分接开关的重气体保护应投跳闸。若需退出重气体保护，应预先制定安全措施，并经总工程师批准，限期恢复。

2）新安装的气体继电器必须经校验合格后方可使用。气体保护投运前必须对信号跳闸回路进行保护试验。

3）气体继电器应定期校验。当气体继电器发出轻气体动作信号时，应立即检查气体继电器，及时取气样检验，以判明气体成分，同时取油样进行色谱分析，查明原因及时排除。

4）变压器本体保护应加强防雨、防震措施。

5）变压器本体保护宜采用就地跳闸方式，即将变压器本体保护通过较大启动功率中间继电器的两副接点分别直接接入断路器的两个跳闸回路，减少电缆迂回带来的直流接地、对微机保护引入干扰和二次回路断线等不可靠因素。

（7）防止变压器出口短路。

1）应在技术和管理上采取有效措施，改善变压器运行条件，最大限度地防止或减少变压器的出口短路。为减少变压器低压侧出口短路几率，可根据需要在母线桥上装设绝缘热缩保

护材料。

2）110kV 及以上电压等级变压器在遭受出口短路、近区多次短路后，应做低电压短路阻抗测试或用频响法测试绕组变形，并与原始记录进行比较，同时应结合短路事故冲击后的其他电气试验项目进行综合分析。正常运行的变压器应至少每 6 年测一次绕组变形。

（8）防止套管事故。

1）套管安装就位后，带电前必须进行静放，其中 500kV 套管静放时间应大于 36h，110～220kV 套管静放时间应大于 24h。

2）定期对套管进行清扫。

3）如套管的伞裙间距低于规定标准，应采取加硅橡胶伞裙套等措施，防止污秽闪络和大雨时闪络。在严重污秽地区运行的变压器，可考虑在瓷套涂防污闪涂料等措施。

4）定期采用红外热成像技术检查运行中套管引出线联板的发热情况及油位，防止因接触不良导致引线过热开焊或缺油引起的套管故障。

5）作为备品的 110kV 及以上套管应竖直放置。如水平存放，其抬高角度应符合制造厂要求，以防止电容芯子露出油面受潮。对水平放置保存期超过一年的 110kV 及以上套管，当不能确保电容芯子全部浸没在油面以下时，安装前应进行局部放电试验、额定电压下的介损试验和油色谱分析。

6）运行人员正常巡视应检查记录套管油位情况，注意保持套管油位正常。套管渗漏油时，应及时处理，防止内部受潮损坏。

（9）预防变压器火灾事故。

1）按照有关规定完善变压器的消防设施，并加强维护管理，重点防止变压器着火时的事故扩大。

2）现场进行变压器干燥时，应做好防火措施，防止加热系统故障或线圈过热烧损。

10. 防止互感器损坏事故

为防止互感器损坏事故，应严格执行《预防 110（66）kV～500kV 互感器事故措施》、《110（66）kV～500kV 互感器技术监督规定》等有关规定，并提出以下重点要求：

（1）加强对互感器类设备从选型、定货、验收到投运的全过程管理，重要互感器应选择具有较长、良好运行经验的互感器类型和有成熟制造经验的制造厂。

（2）各类油浸式互感器。

1）选型原则。

① 油浸式互感器应选用带金属膨胀器微正压结构形式。

② 所选用电流互感器的动热稳定性能应满足安装地点系统短路容量的要求，特别要注意一次绕组串或并联时的不同性能。

③ 电容式电压互感器的中间变压器高压侧不应装设 MOA。

2）出厂试验要求。

① 110～500kV 互感器在出厂试验时，应按照各有关标准、规程的要求逐台进行全部出厂试验，包括高电压下的介损试验、局部放电试验、耐压试验。

② 对电容式电压互感器应要求制造厂在出厂时进行 $0.8U_{1n}$、$1.0U_{1n}$、$1.2U_{1n}$ 及 $1.5U_{1n}$ 的铁磁谐振试验（U_{1n} 指额定一次相电压）。

3）新安装和大修后互感器的投运。

① 互感器安装用构架应有两处与接地网可靠连接。

② 电磁式电压互感器在交接试验和投运前，应进行 $1.5U_m/\sqrt{3}$（中性点有效接地系统）或 $1.9U_m/\sqrt{3}$（中性点非有效接地系统）电压下的空载电流测量，其增量不应大于出厂试验值的 10%。

③ 电流互感器的一次端子所受的机械力不应超过制造厂规定的允许值，其电气连接应接触良好，防止产生过热性故障和电位悬浮。互感器的二次引线端子应有防转动措施，防止外部操作造成内部引线扭断。

④ 已安装完成的互感器若长期未带电运行（110kV 及以上大于半年，35kV 及以下一年以上），在投运前应按照预试规程进行预防性试验。

⑤事故抢修安装的油浸式互感器，应保证静放时间。

4）互感器的检修与改造。

① 220kV 及以上电压等级的油浸式互感器不应进行现场解体检修。

② 油浸式互感器检修时，应严格执行《互感器运行检修导则》（DL/T 727—2000），要注意器身暴露时间不得超过规定，复装时必须真空注油，其中绝缘油应经真空脱气处理。

③ 老型带隔膜式及气垫式储油柜的互感器，应加装金属膨胀器进行密封改造。现场密封改造应在晴好天气进行。对尚未改造的互感器应在每年预试或停电检修时，检查顶部密封状况，对老化的胶垫与隔膜应予以更换。对隔膜上有积水的互感器，应对其本体和绝缘油进行有关试验，试验不合格的互感器应退出运行。绝缘性能有问题的老旧互感器，退出运行不再进行改造。

5）运行维护及缺陷处理。

① 对硅橡胶套管和加装硅橡胶伞裙的瓷套，应经常检查硅橡胶表面有无放电现象，如果有放电现象应及时处理。

② 运行人员正常巡视应检查记录互感器油位情况。对运行中渗漏油的互感器，应根据情况限期处理，必要时进行油样分析，对于含水量异常的互感器要加强监视或进行油处理。油浸式互感器严重漏油及电容式电压互感器电容单元渗漏油的应立即停止运行。

③ 应及时处理或更换已确认存在严重缺陷的互感器。对怀疑存在缺陷的互感器，应缩短试验周期进行跟踪检查和分析查明原因；对于全密封型互感器，油中气体色谱分析仅 H_2 单项超过注意值时，应跟踪分析，注意其产气速率，并综合诊断：如产气速率增长较快，应加强监视；如监测数据稳定，则属非故障性氢超标，可安排脱气处理；当发现油中有乙炔大于 $1\times10^{-6}\mu L/L$ 时，应立即停止运行。对绝缘状况有怀疑的互感器应运回实验室从严进行全面的电气绝缘性能试验，包括局部放电试验。

④ 如运行中互感器的膨胀器异常伸长顶起上盖，应立即退出运行。当互感器出现异常响声时应退出运行。当电压互感器二次电压异常时，应迅速查明原因并及时处理。

⑤ 在运行方式安排和倒闸操作中，应尽量避免用带断口电容的断路器投切带有电磁式电压互感器的空母线；当运行方式不能满足要求时，应进行事故预想，及早制订预防措施，必要时可装设专门消除此类谐振的装置。

⑥ 当采用电磁单元为电源测量电容式电压互感器的电容分压器 C_1 和 C_2 的电容量和介损

时，必须严格按照制造厂说明书规定进行。

⑦ 为避免油纸电容型电流互感器底部事故时扩大影响范围，应将接母差保护的二次绕组设在一次母线的 L1 侧。

⑧ 根据电网发展情况，应注意验算电流互感器动热稳定电流是否满足要求。若互感器所在变电站短路电流超过互感器铭牌规定的动热稳定电流值时，应及时改变变比或安排更换。

⑨ 每年至少进行一次红外成像测温等带电监测工作，以及时发现运行中互感器的缺陷。

⑩ 加强油质管理。用户可根据运行经验选用合适的油种。新油运抵现场后，在取样试验合格后，方能注入设备。对运行中油应严格执行有关标准。对不同油种的混油应按照 GB/T 7595—2008《运行中变压器油质量》的规定执行。

（3）110～500kV SF_6 绝缘电流互感器。

1）工厂验收及出厂试验要求。

① 应重视和规范气体绝缘电流互感器的监造、验收工作。

② 如具有电容屏结构，其电容屏连接筒应要求采用强度足够的铸铝合金制造，以防止因材质偏软导致电容屏接筒移位。

③ 加强对绝缘支撑件的检验控制。

④ 出厂试验时各项试验包括局部放电试验和耐压试验必须逐台进行。

2）运输。

① 制造厂应采取有效措施，防止运输过程中内部构件震动移位。用户自行运输时应按制造厂规定执行。

② 运输时应注意防震，可垫放缓冲物体，并按制造厂规定匀速限速行驶。运输时在每台产品上安装振动测试记录仪器，到达目的地后应在各方人员到齐情况下检查振动记录，若振动记录值超过允许值，则产品应返厂检查。

③ 运输时所充气压应严格控制在允许的范围内。

3）新安装互感器的投运。

① 进行安装时，密封检查合格后方可对互感器充 SF_6 气体至额定压力，静置 1h 后进行 SF_6 气体微水测量。气体密度表、继电器必须经校验合格。

② 气体绝缘的电流互感器安装后应进行现场老炼试验。老炼试验后进行耐压试验，试验电压为出厂试验值的 90%。条件具备且必要时还宜进行局部放电试验。

4）运行维护。

① 1～4 年应对气体密度继电器进行校验。

② 运行中应巡视检查气体密度表，产品年漏气率应小于 1%。

③ 若压力表偏出绿色正常压力区时，应引起注意，并及时按制造厂要求停电补充合格的 SF_6 新气。一般应停电补气，个别特殊情况需带电补气时，应在厂家指导下进行。

④ 补气较多时（表压小于 0.2MPa），应进行工频耐压试验（试验电压为出厂试验值的 80%～90%）。

⑤ 运行中 SF_6 气体含水量不应超过 300ppmV，若超标时应尽快退出运行。

⑥ 设备故障跳闸后，应先使用 SF_6 分解气体快速测试装置，对设备内气体进行检测，以确定内部有无放电，避免带故障强送再次放电。

11. 防止开关设备事故

（1）选用高压断路器设备的技术措施。

1）所选用的高压断路器设备除应满足相关国家标准外，还应符合《交流高压断路器技术标准》、《交流高压隔离开关和接地开关技术标准》、《气体绝缘技术封闭开关设备技术标准》及《关于高压隔离开关订货的有关规定（试行）》，不得选用已明令停止生产、使用的各种型号开关设备。

2）断路器应选用无油化产品，其中真空断路器应选用本体和机构一体化设计制造的产品。

3）投切电容器组的断路器应选用开断时无重燃及适合频繁操作的开关设备。

4）隔离开关和接地开关应选用符合《关于高压隔离开关订货的有关规定（试行）》完善化技术要求的产品。

5）高压开关柜应选用“五防”功能完备的加强绝缘型产品，其外绝缘应满足的条件为：

① 空气绝缘净距离。对12kV产品，应不小于125mm；对40.5kV产品，应不小于360mm。

② 爬电比距。对瓷质绝缘，爬电比距应不小于 18mm/kV；对有机绝缘，爬电比距应不小于20mm/kV。

（2）新装和检修后开关设备的有关技术措施。

1）设备的交接验收必须严格执行国家和电力行业有关标准，不符合交接验收标准的设备不得投运。

2）新装及检修后的开关设备必须严格按照《电气装置安装工程电气设备交接试验标准》、《电力设备预防性试验规程》、产品技术条件及有关检修工艺的要求进行试验与检查，不合格者不得投运。

3）断路器在新装和大修后必须测量机械行程特性，并符合有关技术要求。

（3）预防开关设备运行操作故障的措施。

1）断路器运行中，由于某种原因造成油断路器严重缺油，SF_6断路器气体压力异常、液压（气动）操动机构压力异常导致断路器分合闸闭锁时，严禁对断路器进行操作。严禁油断路器在严重缺油情况下运行。油断路器开断故障电流后，应检查其喷油及油位变化情况，当发现喷油时，应查明原因并及时处理。

2）在对故障掉闸线路实施强送后，无论成功与否，均应对实施强送的断路器进行仔细检查。

3）断路器在开断故障电流后，值班人员应对其进行巡视检查。

4）断路器发生拒分时，应立即采取措施将其停用，待查明拒动原因并消除缺陷后方可投入。

5）加强高压断路器分合闸操作后的位置核查，尤其是发电机变压器组断路器以及起联络作用的断路器，在并网前和解列后应到运行现场核实其机械位置，并根据电压、电流互感器或带电显示装置确认断路器触头状态，防止发生非全相并网和非全相解列事故。

6）室外SF_6开关设备发生爆炸或严重漏气等故障时，值班人员应穿戴防毒面具和穿防护服，从上风侧接近设备。如室内安装运行SF_6开关设备，在进入室内前必须先行强迫通风15min以上，待含氧量和SF_6气体浓度符合标准后方可进入。

7）在运行巡视时，应注意隔离开关、母线支柱绝缘子瓷件及法兰有无裂纹，夜间巡视时

应注意瓷件有无异常电晕现象。

8）在隔离开关倒闸操作过程中，应严格监视隔离开关动作情况，如发现卡滞应停止操作并进行处理，严禁强行操作。

（4）预防断路器设备拒动、误动故障的措施。

1）为防止运行断路器绝缘拉杆断裂造成拒动，应定期检查分合闸缓冲器，防止由于缓冲器性能不良使绝缘拉杆在传动过程中受冲击，同时应加强监视分合闸指示器与绝缘拉杆相连的运动部件相对位置有无变化，并定期做断路器机械特性试验，以及时发现问题。对于LW6型等早期生产的、采用“螺旋式”连接结构绝缘拉杆的断路器应进行改造。

2）对气动机构宜加装汽水分离装置和自动排污装置，对液压机构应注意液压油油质的变化，必要时应及时滤油或换油，防止压缩空气中的凝结水或液压油中的水分使控制阀体生锈，造成拒动。未加装汽水分离装置和自动排污装置的气动机构应定期放水，如放水发现油污时应检修空压机。在冬季或低温季节前，对气动机构应及时投入加热设备，防止压缩空气回路结冰造成拒动。

3）断路器在投运前、检修后及运行中，应定期检查操动机构分合闸脱扣器的低电压动作特性，防止低电压动作特性不合格造成拒动或误动。在操作断路器时，如控制回路电源电缆压降过大，不能满足规定的操作电压，应将其更换为截面更大的电缆以减少压降，防止由于电源电缆压降过大造成断路器拒动。设计部门在设计阶段亦应考虑电缆所造成的线路压降。

4）当断路器大修时，应检查液压（气动）机构分、合闸阀的阀针是否松动或变形，防止由于阀针松动或变形造成断路器拒动。

5）加强操动机构的维护检查，保证机构箱密封良好，防雨、防尘、通风、防潮及防小动物进入等性能良好，并保持内部干燥清洁。

6）加强辅助开关的检查维护，防止由于松动变位、节点转换不灵活、切换不可靠等原因造成断路器设备拒动。

（5）预防断路器灭弧室故障的措施。

1）根据可能出现的系统最大运行方式，每年定期核算断路器设备安装地点的短路电流。如断路器设备额定开断电流不能满足要求，应采取以下措施。

① 合理改变系统运行方式，限制和减少系统短路电流。

② 采取加装电抗器等限流措施限制短路电流。

③ 在继电保护方面采取相应措施，如控制断路器的跳闸顺序等。

④ 更换为短路开断电流满足要求的断路器。

2）断路器设备应按规定的检修周期和实际短路开断次数及状态进行检修，做到“应修必修，修必修好”。

3）当断路器液压机构打压频繁或突然失压时应申请停电处理。在设备停电前，严禁人为起动油泵，防止因慢分使灭弧室爆炸。

4）积极开展真空断路器真空度测试，预防由于真空度下降引发的事故。

（6）预防断路器设备绝缘闪络、爆炸的措施。

1）根据设备现场的污秽程度，采取有针对性的防污闪措施，防止套管、支持绝缘子和绝缘提升杆闪络、爆炸。

2）断路器断口外绝缘应满足不小于 1.15 倍相对地外绝缘爬电距离的要求，否则应加强清扫工作或采取其他防污闪措施。

3）新装、大修的 72.5kV 及以上电压等级断路器，绝缘拉杆在安装前必须进行外观检查，不得有开裂起皱、接头松动和超过允许限度的变形。如发现运行断路器绝缘拉杆受潮，应及时烘干处理，不合格者应予更换。

4）充胶（油）电容套管应具有有效的防止进水和受潮措施，发现胶质溢出、开裂、漏油或油箱内油质变黑时应及时进行处理或更换。应保证末屏接地良好，防止由于接地不良造成套管放电、爆炸。

（7）预防断路器设备载流回路过热的措施。

1）在交接和预防性试验中，应严格按照有关标准和测量方法检查接触电阻。

2）定期用红外线测温设备检查断路器设备的接头部、隔离开关的导电部分（重点部位：触头、出线座等），特别是在重负荷或高温期间，加强对运行设备温升的监视，发现问题应及时采取措施。

3）定期检查断路器设备的铜铝过渡接头。

（8）预防断路器设备机械损伤的措施。

1）认真对断路器设备的各连接拐臂、联板、轴、销进行检查，如发现弯曲、变形或断裂，应找出原因，更换零件并采取预防措施。

2）断路器的缓冲器应调整适当，性能良好，防止由于缓冲器失效造成断路器设备损坏。

3）断路器设备基础不应出现塌陷或变位，支架设计应牢固可靠，不可采用悬臂梁结构。

（9）加强断路器合闸电阻的检测和试验，防止断路器合闸电阻缺陷引发故障。在断路器产品出厂试验、交接试验及预防性试验中，应对合闸电阻的阻值、断路器主断口与合闸电阻断口的配合关系进行测试。

（10）预防断路器分合时间与保护装置动作时间配合不当引发故障的措施。

1）解决断路器分合时间与继电保护装置动作时间配合不当的问题，必须以满足电力系统安全稳定要求为前提，因此不宜通过延长继电保护装置动作时间来解决，而应通过断路器自身采取可靠措施来实现。

2）根据《电力系统安全稳定导则》（DL/T 755—2001）及有关规定要求，断路器分合时间的设计取值应不大于 60ms，推荐采用不大于 50ms。

3）应重视对以下两个参数的测试工作。

① 断路器分合时间。测试结果应符合产品技术条件中的要求。

② 断路器辅助开关的转换时间与主触头动作时间之间的配合。

（11）预防控制回路电源和二次回路引发开关设备故障的措施。

1）各种直流操作电源均应保证断路器合闸电磁铁线圈通电时的端子电压不低于标准要求。对于电磁操动机构合闸线圈的端子电压，当关合电流小于 50kA（峰值）时不低于额定操作电压的 80%；当关合电流等于或大于 50kA（峰值）时不低于额定操作电压的 85%，并均不高于额定操作电压值的 110%，以确保合闸和重合闸的动作可靠性。不能满足上述要求时，应结合具体情况予以改进。

2）220kV 及以上电压等级变电站站用电应有两路可靠电源，新建变电站不得采用硅整流

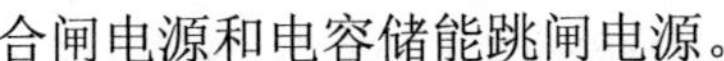

合闸电源和电容储能跳闸电源。

3）定期检查直流系统各级熔丝或直流低压断路器配置是否合理，熔丝是否完好。

（12）预防隔离断路器故障的措施。

1）应对不符合《关于高压隔离开关订货的有关规定（试行）》完善化技术要求的 72.5kV 及以上电压等级隔离开关应进行完善化改造。

2）新安装或检修后的隔离开关必须进行回路电阻测试，另外应积极开展瓷绝缘子探伤和触指压力测试。

3）加强对隔离开关导电部分、转动部分、操动机构、瓷绝缘子等的检查与润滑，防止机械卡涩、触头过热、绝缘子断裂等故障的发生。隔离开关各运动部位用润滑脂宜采用性能良好的锂基润滑脂。

4）应在绝缘子金属法兰与瓷件的胶装部位涂以性能良好的防水密封胶。

5）与隔离开关相连的导线弛度应调整适当，避免产生太大的拉力。

6）为预防 GW6 型隔离开关运行中“自动脱落分闸”，在检修中应检查操动机构蜗轮、蜗杆的啮合情况，确认没有倒转现象，检查并确认隔离开关主拐臂调整是否过死点，检查平衡弹簧的张力是否合适。

（13）预防高压断路器柜故障的措施。

1）新建、扩建和改造工程宜选用加强绝缘型金属封闭式高压断路器柜，特别是发电厂和潮湿污秽地区必须选用加强绝缘型且母线室封闭的高压断路器柜。

2）高压断路器柜内的绝缘件（如绝缘子、套管、隔板和触头罩等）应采用阻燃绝缘材料（如环氧或 SMC 材料），严禁采用酚醛树脂、聚氯乙烯及聚碳酸酯等有机绝缘材料。

3）应在断路器柜配电室配置通风、防潮设备和湿度计，并在梅雨、多雨季节或运行需要时起动，防止凝露导致绝缘事故。

4）为防止断路器柜火灾蔓延，在断路器柜的柜间、母线室之间及与本柜其他功能隔室之间应采取有效的封堵隔离措施。

5）手车断路器每次推入柜内后，应保证手车到位和隔离插头接触良好，防止由于隔离插头接触不良、过热引发断路器柜内部故障。

6）高压断路器柜内母线及各支引线宜采用可靠的绝缘材料包封，以防止小动物或异物造成母线短路。

7）应尽快淘汰柜体为网门结构的断路器柜。

（14）预防 SF_6 断路器及 GIS 故障的措施。

1）SF_6 断路器设备应定期进行微水含量和泄漏检测，如发现不合格情况应及时进行处理。在处理过程中，设备内的 SF_6 气体应予回收，不得随意向大气排放以防止污染环境及造成人员中毒事故。

2）室内安装运行的 SF_6 断路器设备，应设置一定数量的氧量仪和 SF_6 浓度报警仪。

3）应充分发挥 SF_6 气体质量监督管理中心的作用，做好新气管理、运行设备的气体监测和异常情况分析。基建、生产用 SF_6 气体必须经 SF_6 气体质量监督管理中心检测合格，并出具检测报告后方可使用。

4）SF_6 压力表和密度继电器应定期进行校验。

12. 防止接地网和过电压事故

为防止接地网和过电压事故，应认真贯彻《交流电气装置的接地》（DL/T 621—1997）、《接地装置特性参数测量导则》（DL/T 475—2006）、《交流电气装置的过电压保护和绝缘配合》（DL/T 620—1997）及其他有关规定，并提出以下重点要求。

（1）防止接地网事故。

1）设计、施工的有关要求。

① 在输变电工程设计中，应认真吸取接地网事故教训，并按照相关规程规定的要求，改进和完善接地网设计。

② 对于 220kV 及以上重要变电站，当站址土壤和地下水条件会引起钢质材料严重腐蚀时，宜采用铜质材料的接地网。

③ 在新建工程设计中，应结合所在区域电网长期规划考虑接地装置（包括设备接地引下线）的热稳定容量，并提出有接地装置的热稳定容量计算报告。

④ 在扩建工程设计中，除应满足应结合所在区域电网长期规划考虑接地装置（包括设备接地引下线）的热稳定容量，并提出有接地装置的热稳定容量计算报告的要求以外，还应对前期已投运的接地装置进行热稳定容量校核，不满足要求的必须在现期的基建工程中一并进行改造。

⑤ 变压器中性点应有两根与主地网不同干线连接的接地引下线，并且每根接地引下线均应符合热稳定校核的要求。重要设备及设备架构等宜有两根与主地网不同干线连接的接地引下线，并且每根接地引下线均应符合热稳定校核的要求。连接引线应便于定期进行检查测试。

⑥ 施工单位应严格按照设计要求进行施工，预留设备、设施的接地引下线必须经确认合格，隐蔽工程必须经监理单位和建设单位验收合格，在此基础上方可回填土。同时，应分别对两个最近的接地引下线之间测量其回路电阻，测试结果是交接验收资料的必备内容，竣工时应全部交甲方备存。

⑦ 接地装置的焊接质量必须符合有关规定要求，各设备与主地网的连接必须可靠，扩建地网与原地网间应为多点连接。

⑧ 对于高土壤电阻率地区的接地网，在接地电阻难以满足要求时，应采用完善的均压及隔离措施，方可投入运行。对弱电设备应有完善的隔离或限压措施，防止接地故障时地电位的升高造成设备损坏。

2）运行维护的有关要求。

① 对于已投运的接地装置，应根据地区短路容量的变化，校核接地装置（包括设备接地引下线）的热稳定容量，并结合短路容量变化情况和接地装置的腐蚀程度有针对性地对接地装置进行改造。对于变电站中的不接地、经消弧线圈接地、经低阻或高阻接地系统，必须按异点两相接地校核接地装置的热稳定容量。

② 接地引下线的导通检测工作应 1～3 年进行一次，应根据历次测量结果进行分析比较，以决定是否需要进行开挖、处理。

③ 定期（时间间隔应不大于 5 年）通过开挖抽查等手段确定接地网的腐蚀情况。如发现接地网腐蚀较为严重，应及时进行处理。铜质材料接地体地网不必定期开挖检查。

④ 认真执行《电力设备预防性试验规程》（DL/T 596—1996）及《接地装置工频特性参

数的测量导则》（DL/T 475—1992）有关接地装置的试验要求，同时应测试各设备与接地网的连接情况，严禁设备失地运行。

（2）防止雷电过电压事故。

1）220kV 线路应全线架设双避雷线，山区的 110kV 线路亦应架设双避雷线。

2）经常空充的 35～220kV 线路，应在线路断开点附近采取防雷保护措施，如加装间隙或避雷器。对经常开路运行而又带有电压的柱上断路器或隔离开关的两侧均应加装避雷器保护。

3）对于雷害事故多发的线路，应通过雷电观测等手段掌握雷电活动规律，找出线路重雷区和易击点，采取综合防雷措施，提高线路耐雷水平。可以采取的措施主要包括降低杆塔接地电阻、增加绝缘子片数、架设耦合地线等，对于山区易击段、易击点的杆塔可以采取安装线路避雷器的措施，对于同塔双回线可以采取不平衡绝缘措施。

4）加强避雷线运行维护工作，定期打开部分线夹检查，保证避雷线与杆塔接地点可靠连接。

5）严禁利用避雷针、变电站构架和带避雷线的杆塔作为低压线、通信线、广播线、电视天线的支柱。

（3）防止变压器中性点过电压事故。

1）切合 110kV 及以上有效接地系统中性点不接地的空载变压器时，应先将该变压器中性点临时接地。

2）为防止在有效接地系统中出现孤立不接地系统并产生较高工频过电压的异常运行工况，110～220kV 不接地变压器的中性点过电压保护应采用棒间隙保护方式。对于 110kV 变压器，当中性点绝缘的冲击耐受电压≤185kV 时，还应在间隙旁并联金属氧化物避雷器，间隙距离及避雷器参数配合应进行校核。间隙动作后，应检查间隙的烧损情况并校核间隙距离。

（4）防止谐振过电压事故。

1）为防止 110kV 及以上电压等级断路器断口均压电容与母线电磁式电压互感器发生谐振过电压，可通过改变运行和操作方式避免形成谐振过电压条件。新建或改造工程应选用电容式电压互感器。

2）为防止中性点非直接接地系统发生由于电磁式电压互感器饱和产生的铁磁谐振过电压，可采取以下措施。

① 选用励磁特饱和点较高的，在 $1.9U_m/\sqrt{3}$ 电压下，铁心磁通不饱和的电压互感器。

② 在电压互感器（包括系统中的用户站）一次绕组中性点对地间串接线性或非线性消谐电阻、加零序电压互感器或在开口三角绕组加阻尼或其他专门消除此类谐振的装置。

③ 加强用电监察工作，10kV 以下用户电压互感器一次中性点应不接地。

（5）防止弧光接地过电压事故。

1）对于中性点不接地的 6～35kV 系统，应根据电网发展每 3～5 年进行一次电容电流测试。当单相接地故障电容电流超过《交流电气装置的过电压保护和绝缘配合》（DL/T 620—1997）规定时，应及时装设消弧线圈；单相接地电流虽未达到规定值，也可根据运行经验装设消弧线圈，消弧线圈的容量应能满足过补偿的运行要求。在消弧线圈布置上，应避免由于运行方式改变出现部分系统无消弧线圈补偿的情况。

2）对于装设手动消弧线圈的 6～35kV 非有效接地系统，应根据电网发展每 3～5 年进行一次调谐试验，使手动消弧线圈运行在过补偿状态，合理整定脱谐度，保证电网不对称度不大于相电压的 1.5%，中性点位移电压不大于额定电压的 15%。

3）对于自动调谐消弧线圈，在定购前应向制造厂索取能说明该产品可以根据系统电容电流自动进行调谐的试验报告。自动调谐消弧线圈投入运行后，应根据实际测量的系统电容电流对其自动调谐功能的准确性进行校核。

（6）防止并联电容补偿装置操作过电压事故。

1）对于 3～66kV 并联电容补偿装置，为避免发生投切电容器组时出现幅值较高的操作过电压，应采用合闸过程中触头弹跳小、开断时重击穿几率低的断路器。

2）3～66kV 并联电容补偿装置应装设金属氧化物避雷器，作为过电压后备保护装置。

（7）防止避雷器事故。

1）新上或更换的 110kV 及以上电压等级避雷器，宜采用金属氧化物避雷器。对 110～200kV 普阀避雷器，应积极进行更换。

2）对金属氧化物避雷器，必须坚持在运行中按规程要求进行带电试验。当发现异常情况时，应及时查明原因。35kV 及以上电压等级金属氧化物避雷器可用带电测试替代定期停电试验，但对 500kV 金属氧化物避雷器应 3～5 年进行一次停电试验。

3）严格遵守避雷器电导电流测试周期，雷雨季节前后各测量一次。

4）110kV 及以上电压等级避雷器宜安装电导电流在线监测表计。对已安装在线监测表计的避雷器，每天至少巡视一次，每半月记录一次，并加强数据分析。

5）严格金属氧化物避雷器的选型管理，严禁错用金属氧化物避雷器。

6）为使避雷器动作负载平衡，变电站 110kV 及以上电压等级避雷器应采用同类型避雷器，如有混装（即同一变电站同时使用金属氧化物避雷器、磁吹避雷器和普阀避雷器）情况，应进行改造更换。

13. 防止直流系统事故

为防止直流系统事故，应严格执行《预防直流电源系统事故措施》、《直流电源系统技术监督规定》及有关规程、规定，并提出以下要求。

（1）加强蓄电池组的运行管理和维护。

1）严格控制浮充电方式和运行参数。

① 浮充电运行的蓄电池组，除制造厂有特殊规定外，应采用恒压方式进行浮充电。浮充电时，严格控制单体电池的浮充电压上、下限，防止蓄电池因充电电压过高或过低而损坏。

② 浮充电运行的蓄电池组，应严格控制所在蓄电池室环境温度不能长期超过 30℃，防止因环境温度过高使蓄电池容量严重下降，运行寿命缩短。

2）进行定期核对性放电试验，确切掌握蓄电池的容量。

① 新安装或大修中更换过电解液的防酸蓄电池组，在第一年内，每半年进行一次核对性放电试验；运行一年以后的防酸蓄电池组，每隔一、两年进行一次核对性放电试验。

② 新安装的阀控密封蓄电池组，应进行全核对性放电试验。以后每隔三年进行一次核对性放电试验。运行了六年以后的蓄电池组，每年做一次核对性放电试验。

（2）保证直流系统设备安全稳定运行。

1）保证充电、浮充电装置稳定运行。

① 新、扩建或改造的变电站选用充电、浮充电装置，应满足稳压精度优于 0.5%、稳流精度优于 1%、输出电压纹波系数不大于 1%的技术要求。在用的充电、浮充电装置如不满足上述要求，应逐步更换。

② 应定期对充电、浮充电装置进行全面检查，校验其稳压、稳流精度和纹波系数，不符合要求的，应及时对其进行调整，以满足要求。

2）加强直流系统熔断器的管理，防止越级熔断。

① 各级熔断器的定值整定，应保证级差的合理配合。上、下级熔体之间（同一系列产品）额定电流值，应保证 2～4 级级差，电源端选上限，网络末端选下限。

② 为防止事故情况下蓄电池组总熔断器无选择性熔断，该熔断器与分熔断器之间，应保证 3～4 级级差。

3）加强直流系统用直流开关的管理。

① 新、扩建或改造的变电站直流系统用断路器应采用具有自动脱扣功能的直流断路器，不应用普通交流断路器替代。在用直流系统用开关如采用普通交流开关的，应及时更换为具有自动脱扣功能的直流开关。

② 当直流开关与熔断器配合时，应考虑动作特性的不同，对级差做适当调整，直流断路器下一级不应再接熔断器。

（3）防止直流系统误操作的措施。

1）新、扩建或改造的变电站直流系统的馈出网络应采用辐射状供电方式，不应采用环状供电方式。在用设备如采用环状供电方式的，应尽快改造成辐射状供电方式。

2）防止直流系统误操作。

① 改变直流系统运行方式的各项操作必须严格执行现场规程规定。

② 直流母线在正常运行和改变运行方式的操作中，严禁脱开蓄电池组。

③ 充电、浮充电装置在检修结束恢复运行时，应先合交流侧开关，再带直流负荷。

（4）直流系统配置原则。

1）330kV 及以上电压等级变电站应采用三台充电、浮充电装置，两组蓄电池组的供电方式。

2）重要的 220kV 变电站应采用三台充电、浮充电装置，两组蓄电池组的供电方式。

（5）加强直流系统的防火工作。直流系统的电缆应采用阻燃电缆，两组蓄电池的电缆应分别铺设在各自独立的通道内，尽量避免与交流电缆并排铺设，在穿越电缆竖井时，两组蓄电池电缆应加穿金属套管。

14. 防止继电保护事故

为了防止继电保护事故，应认真贯彻《继电保护和安全自动装置技术规程》、《继电保护及安全自动装置运行管理规程》、《继电保护及安全自动装置检验条例》、《继电保护和安全自动装置现场工作保安规定》、《35～110kV 电网继电保护装置运行整定规程》、《220～500kV 电网继电保护装置运行整定规程》、《电力系统继电保护技术监督规定（试行）》、《电力系统继电保护及安全自动装置反事故措施要点》、《电力系统继电保护及安全自动装置运行评价规程》、《大型发电机变压器继电保护整定计算导则》等有关标准和规程、规定，并提出以下要求。

（1）规划。

1）继电保护是电网的重要组成部分。在一次系统规划建设中，应充分考虑继电保护的适应性，避免出现特殊接线方式造成继电保护配置及整定难度的增加，为继电保护安全可靠运行创造良好条件。

2）继电保护装置的配置和选型，必须满足有关规程规定的要求，并经相关继电保护管理部门同意。

（2）继电保护配置。

电力系统重要设备的继电保护应采用双重化配置。

1）继电保护双重化配置的基本要求。

① 两套保护装置的交流电压、交流电流应分别取自电压互感器和电流互感器互相独立的绕组。其保护范围应交叉重叠，避免死区。

② 两套保护装置的直流电源应取自不同蓄电池组供电的直流母线段。

③ 两套保护装置的跳闸回路应分别作用于断路器的两个跳闸线圈。

④ 两套保护装置与其他保护、设备配合的回路应遵循相互独立的原则。

⑤ 两套保护装置之间不应有电气联系。

⑥ 线路纵联保护的通道（含光纤、微波、载波等通道及加工设备和供电电源等）、远方跳闸及就地判别装置应遵循相互独立的原则按双重化配置。

2）330kV 及以上电压等级输变电设备的保护应按双重化配置。

3）220kV 及以上电压等级线路保护应按双重化配置。

4）220kV 及以上电压等级变压器、高抗、串补、滤波器等设备微机保护应按双重化配置。每套保护均应含有完整的主、后备保护，能反应被保护设备的各种故障及异常状态，并能作用于跳闸或给出信号。

① 充分考虑电流互感器二次绕组合理分配，对确无法解决的保护动作死区，在满足系统稳定要求的前提下，可采取起动失灵和远方跳闸等后备措施加以解决。

② 双母线接线变电站的母差保护、断路器失灵保护应经复合电压闭锁。

5）变压器、电抗器宜配置单套本体保护，应同时作用于断路器的两个跳闸线圈。未采用就地跳闸方式的变压器本体保护应设置独立的电源回路（包括直流空气小开关及其直流电源监视回路）和出口跳闸回路且必须与电气量保护完全分开。非电量保护中开关场部分的中间继电器，必须由强电直流起动且应采用起动功率较大的中间继电器，其动作速度不宜小于10ms。

（3）继电保护设计。

1）采用双重化配置的两套保护装置应安装在各自保护柜内，并应充分考虑运行和检修时的安全性。

2）有关断路器的选型应与保护双重化配置相适应，必须具备双跳闸线圈机构。

3）断路器三相位置不一致保护应采用断路器本体三相位置不一致保护。

4）纵联保护应优先采用光纤通道。

5）主设备非电量保护应防水、防油渗漏、密封性好。气体继电器至保护柜的电缆应尽量减少中间转接环节。

6）新建和扩建工程宜选用具有多二次的电流互感器，优先选用贯穿（倒置）式电流互感器。

7）差动保护用电流互感器的相关特性应一致。

8）对闭锁式纵联保护，“其他保护停信”回路应直接接入保护装置，而不应接入收发信机。

（4）基建调试、验收。

1）应从保证设计、调试和验收质量的要求出发，合理确定新建、扩建、技改工程工期。基建调试应严格按照规程规定执行，不得为赶工期减少调试项目，降低调试质量。

2）基建单位应至少提供以下资料：一次设备实测参数、通道设备的参数和试验数据、通道时延（包括接口设备、高频电缆、阻波器、结合滤波器、耦合电容器等）、电流互感器的试验数据（如变比、伏安特性及10%误差计算等）、气体继电器试验报告、全部保护竣工图纸（含设计变更）。

3）基建验收。

① 验收方应根据有关规程、规定及反措要求制定详细的验收标准。

② 应保证合理的设备验收时间，确保验收质量。

③ 必须进行所有保护整组检查，模拟故障检查保护压板的唯一对应关系，避免有任何寄生回路存在。

④ 对于新投设备，做整组试验时，应按规程要求把被保护设备的各套保护装置串接在一起进行。

（5）运行管理。

1）严格执行和规范现场安全措施，防止继电保护“三误”事故。

2）配置足够的保护备品、备件，缩短继电保护缺陷处理时间。

3）加强微机保护装置软件版本管理，未经主管部门认可的软件版本不得投入运行。

4）建立和完善继电保护故障信息管理系统，严格按照国家有关网络安全规定，做好有关安全防护。一般不允许开放远方修改定值、软件和配置文件的功能。

5）加强阻波器、结合滤波器等高频通道加工、结合设备的定期检修，落实责任单位，消除检修管理的死区。

6）所有差动保护（母线、变压器等）在投入运行前，除测定相回路和差回路外，还必须测量各中性线的不平衡电流、电压，以保证保护装置和二次回路接线的正确性。

7）未配置双套母差保护的变电站，在母差保护停用期间应采取相应措施，严格限制母线侧隔离开关的倒闸操作，以保证系统安全。

8）定期对继电保护微机型试验装置进行全面检测，确保装置的精度及各项功能满足继电保护试验需要。

9）加强继电保护装置运行维护工作。装置检验应保质保量，严禁超期和漏项，应特别加强对基建投产设备在一年内的全面校验，提高继电保护设备健康水平。

10）继电保护专业和通信专业应密切配合。注意校核继电保护通信设备（光纤、微波、载波）传输信号的可靠性和冗余度，防止因通信问题引起保护不正确动作。

11）加强对纵联保护通道加工设备的检查，重点检查通信PCM、载波机等设备是否设定了不必要的收、发信环节的延时或展宽时间。

12）相关专业人员在继电保护回路工作时，必须遵守继电保护的有关规定。

13）针对电网运行工况，加强备用电源自动投入装置的管理。

14）保护软件及现场二次回路变更须经相关保护管理部门同意。

（6）定值管理。

1）依据电网结构和继电保护配置情况，按相关规定进行继电保护的整定计算。

2）当灵敏性与选择性难以兼顾时，应首先考虑以保灵敏度为主，防止保护拒动，并备案报主管领导批准。

3）宜设置不经任何闭锁的、长延时的线路后备保护。

（7）二次回路。

1）严格执行有关规程、规定及反措，防止二次寄生回路的形成。

2）严格执行《关于印发继电保护高频通道工作改进措施的通知》的有关要求，高频通道必须敷设 $100mm^2$ 铜导线。

3）保护室与通信室之间所用信号传输电缆，应采用双绞双屏蔽电缆，屏蔽层在两端分别接地。

4）装设静态型、微机型继电保护装置和收发信机的厂、站接地电阻应按规定（《计算机场地通用规范》GB/T 2887—2011 和《计算机场地安全要求》GB/T 9361—2011）不大于 0.5Ω，上述设备的机箱应构成良好电磁屏蔽体并有可靠的接地措施。

5）对经长电缆跳闸的回路，应采取防止长电缆分布电容影响和防止出口继电器误动的措施。

6）如果断路器只有一组跳闸线圈，失灵保护装置工作电源应与相对应的断路器操作电源取自不同的直流电源系统。

（8）新设备投产时应认真编写保护启动方案，做好事故预想，确保设备故障能可靠切除。

（9）加强继电保护技术监督。在发、输、配电工程初设审查、设备选型、设计、安装、调试、运行维护等阶段，均必须实施继电保护技术监督，应按照依法监督、分级管理、专业归口的原则实行技术监督、报告责任制和目标考核制度。

15. 防止电网调度自动化系统与电力通信网事故

（1）防止电网调度自动化系统事故。

1）为防止电网调度自动化系统事故，应认真贯彻落实《电网调度自动化系统运行管理规程》、《国调水调自动化系统运行管理规定》、《电力系统调度自动化设计技术规程》、《电网调度自动化系统实用化要求》、《网、省调电网调度自动化系统实用化验收细则》、《地区电网调度自动化系统实用化验收细则》、《电网水调自动化系统实用化要求及验收细则》、《电测量变送器检定规程》、《电工测量变送器运行管理规程》、《电网调度自动化信息传输规定》、《远动设备及系统接口》、《全国电力二次系统安全防护总体方案》等的有关要求，规范和提高电网调度自动化水平。

2）调度自动化的监视控制与数据采集系统（SCADA）/能量管理系统（EMS）、电力市场运营系统（PMOS）、电能量计量系统、广域向量测量系统、水调自动化系统、调度数据网络等主站系统应采用冗余配置，互为热备用，服务器的存储容量和 CPU 负载应满足相关规定

要求。

3）加强对调度自动化主站各系统、发电厂和变电站的计算机监控系统及电力调度数据网络系统的安全防护，并满足《全国电力二次系统安全防护总体方案》的有关要求，完善安全防护措施和网络安全隔离措施，分区应合理，隔离要可靠。

4）为适应电网运行管理和电力市场运营的需要，应在发电厂机组出口及升压变压器高压侧安装远传电能量计量表计，其信息应能够远传至有关调度运行机构。

5）调度自动化主站各系统供电电源应配备专用的不间断电源装置（UPS），交流供电电源应采用两路来自不同电源点供电。变电站远动装置、计算机监控系统及其测控单元、变送器等自动化设备的供电电源应配专用的不间断电源（UPS），相关设备应加装防雷（强）电击装置。

6）电网内的远动装置、电能量终端、计算机监控系统及其测控单元、变送器等自动化设备必须是通过具有国家级检测资质的质检机构检验合格的产品。

7）调度范围内重要变电站的自动化设备至调度主站应具有两路不同路由的通信通道（主/备双通道）。

8）各级调度机构不宜将变电站的监控终端放置在调度室内进行远程遥控操作。

9）变电站基、改建工程中调度自动化设备的设计、选型应符合调度自动化专业有关规程规定，并须经相关调度自动化管理部门同意。现场设备的接口和传输规约必须满足调度自动化主站系统的要求。

10）各单位调度自动化系统运行维护管理部门应结合本网实际，建立健全各项管理办法和规章制度，必须制订和完善有关调度自动化系统运行管理规程、调度自动化系统运行管理考核办法、机房安全防火制度、文明生产制度、系统运行值班与交接班制度、系统运行维护制度、运行与维护岗位职责和工作标准。

11）制定和落实调度自动化系统应急预案和故障恢复措施，系统和数据应定期备份。

12）应按照有关规定的要求，结合一次设备检修，定期对调度范围内厂站远动信息进行测试。有关遥信传动试验应具有传动试验记录，遥测精度应满足相关规定要求。

（2）防止电力通信网事故。

1）电力通信系统网络的规划必须与电网一次系统规划同步，以满足电网发展需要。

2）电网调度机构与其调度范围内的下一级调度机构、变电站及大（中）型发电厂之间必须设立两个及以上独立的通信传输通道。

3）直接影响电网安全稳定运行的同一条线路的两套继电保护和同一系统的两套安全自动装置应配置两套独立的通信设备，并分别由两套独立的通信电源供电，两套通信设备和通信电源在物理上应完全隔离。

4）继电保护复用接口设备传输允许命令信号时，原则上不应带有延时展宽，防止系统功率倒向时，引起继电保护误动作。

5）电力调度机构与变电站和大（中）型发电厂的调度自动化实时业务信息的传输应同时具备网络和专线通道，网络通道与专线通道应采用不同的物理通道。

6）电力调度机构、通信枢纽、变电站和大（中）型发电厂的通信光缆或电缆应全线穿管敷设，并尽可能采用不同路由的电缆进入通信机房和主控室。通信电缆沟应与一次动力电缆沟相分离，如不具备条件，应采取电缆沟内部分隔等措施进行有效隔离。

7）通信设备应具有独立的通信专用直流电源系统（蓄电池供电时间一般应不少于 4h），在供电比较薄弱或重要通信站应配备柴油发电机，不允许采用厂站直流系统经逆变给通信设备供电。

8）电网或发电厂的通信设备（含通信电源系统）应具备完善的通信监测系统和必须的声响告警装置。

9）通信设备（含电源设备）的防雷和过电压能力应满足《电力系统通信站防雷运行管理规程》的要求。

10）为保证在发生自然灾害情况下的通信电路畅通，通信设备应具备有效的防震措施。

16. 防止垮坝、水淹厂房事故

为防止垮坝、水淹厂房事故的发生，应认真贯彻《中华人民共和国防洪法》、《防汛条例》、《水库大坝安全管理条例》等法律法规，以及《防汛管理办法》、《防汛检察大纲》等规定，并重点要求如下。

（1）健全防汛组织机构，强化防汛工作责任制，明确防汛目标和防汛重点。

（2）加强防汛与大坝安全工作的规范化、制度化建设，及时修订和完善能够指导实际工作的《防汛手册》。

（3）做好大坝安全检查（日常巡查、年度详查、定期检查和特种检查）、监测、维护工作，确保大坝处于良好状态。对已确认的病、险坝，必须立即采取补强加固措施，并制定险情预计和应急处理计划。

（4）汛期前应认真开展汛前检查，明确防汛重点部位、薄弱环节，制定科学、具体、切合实际的防汛预案。汛前检查情况应及时上报主管单位。

汛前应做好防止水淹厂房、廊道、泵房、变电站、进厂铁（公）路以及其他生产、生活设施的可靠防范措施，特别是地处河流附近低洼地区、水库下游地区、河谷地区的生产、生活建筑要保证排水畅通，防止河水倒灌和暴雨水淹。

（5）汛前备足必要的防洪抢险器材、物资，并建立保管、更新、专项使用制度。

（6）在重视防御江河洪水灾害的同时，应落实防御和抵抗上游水库垮坝、下游尾水顶托及局部暴雨造成的厂坝区山洪、支沟洪水、山体滑坡、泥石流等地质灾害的各项措施。

（7）对影响大坝、灰坝安全和防洪度汛的缺陷、隐患及水毁工程，应实施永久性的工程措施，优先安排资金，抓紧进行检修、处理。检修、处理过程应符合有关规定要求，确保工程质量。

（8）汛期加强防汛值班，及时了解和上报有关防汛信息。防汛抗洪中发现异常现象和不安全因素时，应及时采取措施，并报告上级主管部门。防汛领导机构人员要加强防汛工作领导。

（9）汛期后应及时总结，对存在的隐患进行整改，总结情况应及时上报主管单位。

17. 防止火灾事故

为了防止重大火灾事故的发生，应逐项落实《电力设备典型消防规程》（DL 5027—1993）等有关规定，并重点要求如下。

（1）加强防火组织和消防设施管理。

1）各单位应建立防止火灾事故组织机构，企业行政正职为消防工作第一责任人，必须配备消防专责人员并建立有效的消防组织网络。健全消防工作制度，定期对消防工作进行检查，应确保各单位、各车间、各班组、各作业人员了解各自管辖范围内的重点防火要求和灭火方案。

2）必须具有完善的消防设施，建立训练有素的群众性消防队伍，力求在起火初期及时发现、及时扑灭，并使当地消防部门了解掌握电力部门火灾抢救的特点，以便及时扑救。消防设施应定期检查，按时更换过期设施，禁止使用过期设施。

3）供电生产、施工企业在有关场所应配备必要的正压式空气呼吸器，并进行必要的使用培训，以防止救护人员在灭火中中毒或窒息。

4）在新、扩建工程设计中，消防水系统应同工业水系统分离，以确保消防水量、水压不受其他系统影响，消防泵的备用电源应由保安电源供给。消防水系统应定期检查、维护。

（2）电缆防火。

1）电缆防火工作必须贯彻设计、基建施工和生产运行的全过程管理，从各个方面采取综合措施，杜绝电缆着火、蔓延事故。

2）新、扩建工程中的电缆选择与敷设应按《火力发电厂与变电站设计防火规范》（GB 50229—2006）有关要求进行设计。必须严格按照设计要求完成各项电缆防火措施，并与主体工程同时投产。

3）严格按照正确的设计图册施工，做到布线整齐，各类电缆按规定分层布置，电缆的弯曲半径应符合要求，避免任意交叉并留出足够的人行通道。

4）控制室、断路器室、计算机室、通信机房等通往电缆夹层、隧道、穿越楼板、墙壁、柜、盘等处的所有电缆孔洞和盘面之间的缝隙（含电缆穿墙套管与电缆之间缝隙）必须采用合格的不燃或阻燃材料封堵。

5）扩建工程敷设电缆时，应加强与运行单位密切配合。对贯穿在役电站设备产生的电缆孔洞和损伤的阻火墙，应及时恢复封堵。

6）电缆竖井和电缆沟应分段做防火隔离，对敷设在隧道的电缆要采取分段阻燃措施。

7）应尽量减少电缆中间接头的数量。如需要，应按工艺要求制作安装电缆头，经质量验收合格后，再用耐火防爆槽盒将其封闭。

8）建立健全电缆维护、检查及防火、报警等各项规章制度。重要的电缆隧道、夹层应安装温度火焰、烟气监视报警器。坚持定期对电缆夹层、沟的巡视检查，对电缆特别是电缆中间接头应定期进行红外测温，按规定进行预防性试验。

9）电缆夹层、竖井、电缆隧道和电缆沟等部位应保持清洁，不积水，照明采用安全电压且照明充足，禁止堆放杂物。在上述部位进行动火作业应办理动火工作票，并有可靠的防火措施。

10）加强直流电缆防火工作。直流系统的电缆应采用阻燃电缆，两组电池的电缆应尽可能单独铺设。

（3）检修现场应有完善的防火措施，在禁火区（含电缆夹层）动火应按动火作业管理制度和动火票工作制度进行。变压器现场检修工作期间应有专人值班，不得出现现场无人情况。

（4）蓄电池室、油罐室、油处理室等防火、防爆重点场所的照明、通风设备应采用防爆型。

（5）无人值守变电站应安装火灾自动报警或自动灭火设施，其火灾报警信号应接入有人监视遥测系统，以及时发现火警。

18. 防止交通事故

（1）建立健全交通安全管理机构。

1）建立健全交通安全管理机构（如交通安全委员会），按照“谁主管、谁负责”的原则，对本单位所有车辆驾驶人员进行安全管理和安全教育。交通安全应与安全生产同布置、同考核、同奖惩。

2）建立健全交通安全监督、考核、保障制约机制，严格落实责任制。必须实行“准驾证”制度，无本企业准驾证人员，严禁驾驶本企业车辆。

3）各级行政领导，必须经常督促检查所属车辆交通安全情况，把车辆交通安全作为重要工作纳入议事日程，并及时总结，解决存在的问题，严肃查处事故责任者。

4）必须认真执行国家交通法规和本企业有关车辆交通管理规章制度，逐渐完善车辆交通安全管理制度，完善安全管理措施（含厂内车辆和驾驶员），做到不失控、不漏管、不留死角，监督、检查、考核到位，保障车辆运输安全。

（2）加强对各种车辆维修管理。各种车辆的技术状况必须符合国家规定，安全装置完善可靠。对车辆必须定期进行检修维护，在行驶前、行驶中、行驶后对安全装置进行检查，发现危及交通安全问题，必须及时处理，严禁带病行驶。

（3）加强对驾驶员的管理和教育。

1）加强对驾驶员的管理，提高驾驶员队伍素质。定期组织驾驶员进行安全技术培训，提高驾驶员的安全行车意识和驾驶技术水平。对考试、考核不合格或经常违章肇事的应不准从事驾驶员工作。

2）严禁酒后驾车，私自驾车，无证驾车，疲劳驾驶，超速行驶，超载行驶。严禁领导干部迫使驾驶员违章驾车。

（4）加强对多种经营企业和外包工程的车辆交通安全管理。多种经营企业和外地施工企业行政正职是本单位车辆交通安全的第一责任者，对主管单位行政正职负责。多种经营企业和外地施工企业的车辆交通安全管理应当纳入主管单位车辆交通安全管理的范畴，接受主管单位车辆交通安全管理部门的监督、指导和考核，对发生负同等及以上责任重、特大车辆交通人身死亡事故的多种经营企业和外地施工企业，对其主管单位实行一票否决。

第二节　标准化管理

一、作业现场标准化

现场标准化作业是以企业现场安全生产、技术和质量活动的全过程及其要素为主要内容，按照企业安全生产的客观规律与要求，制定作业程序标准和贯彻标准的一种有组织的活动。开展现场标准化作业是确保现场作业任务清楚、危险点清楚、作业程序清楚、安全措施清楚、安全责任清楚，人员到位、思想到位、措施到位、执行到位、监督到位的有效措施，是生产管理长效机制的重要组成部分。现场标准化作业指导书是开展现场标准化作业的具体形式。

为确保电网安全生产可控、在控、能控，全面推进供电企业现场标准化作业工作，强化现场标准化作业工作的管理，规范现场标准化作业的准备、执行和考核。

为规范输变电工程安全文明施工管理，实现“安全管理制度化、安全设施标准化、现场布置条理化、机料摆放定置化、作业行为规范化、环境影响最小化”的管理目标，营造安全文明施工的良好氛围，保障从业人员的安全和健康，树立新时期电力企业施工新形象，企业组织编制《输变电工程安全文明施工标准化工作规定》。

二、现场标准化作业工作的管理

各单位应根据实际情况，建立现场标准化作业工作管理制度，明确现场标准化作业工作的开展、检查、评估、考核等工作的要求。

各单位应将现场标准化作业作为各项现场工作的基本形式，所有现场作业均应遵循标准化作业的基本原则。凡列入生产计划的现场作业，均应编写现场标准化作业指导书，并在指导书的指导下开展工作。

各单位应建立现场标准化作业工作监督检查机制，定期对现场标准化作业工作开展情况及现场标准化作业指导书执行情况进行监督检查，保证现场标准化作业工作的深入、有效开展。

各单位应建立现场标准化作业工作评估和持续改进的机制，定期对现场标准化作业工作及作业指导书执行情况进行统计、分析、评价，及时提出整改意见和措施，修正和完善作业指导书，不断提高现场标准化作业工作管理水平。

各单位应积极采用现代化的科技管理手段，逐步实现现场标准化作业工作管理的数字化、信息化、网络化。

各单位应建立现场标准化作业工作的考核制度，并纳入单位安全、工作质量考核体系，定期发布考核结果。

三、现场标准化作业指导书

1. 现场标准化作业指导书的编制

（1）编制和执行现场标准化作业指导书是实现现场标准化作业的具体形式和方法。现场标准化作业指导书应突出安全和质量两条主线，保证安全、质量的可控、在控和能控，达到事前管理、过程控制的要求和预控目标。

（2）各单位进行列入生产计划的各项现场作业时，应结合现场实际情况，按照《现场标准化作业指导书编制导则》（以下简称“导则”）要求，编写针对具体工作的现场标准化作业指导书。

（3）各单位应结合实际情况，制定现场标准化作业指导书的编写、审核、批准程序。现场标准化作业指导书执行前必须经过相应程序的审批。

（4）为更好地推进现场标准化作业工作，指导下级单位现场标准化作业指导书的编制工作，各单位可以按照“导则”的要求，根据实际情况编制现场标准化作业指导书范本（简称“范本”）。“范本”应符合有关规定、标准、规范以及各单位的生产实际和各项管理制度的要求，内容应包括对应现场作业应考虑的典型环节和主要因素。

（5）现场标准化作业指导书编制应遵守的一般原则。

1）坚持“安全第一，预防为主，综合治理”的方针，体现凡事有人负责、凡事有章可循、凡事有据可查、凡事有人监督的“四个凡事”原则。

2）符合安全生产法规、规定、标准、规程的要求，具有实用性和可操作性。内容应简单、明了且含义具有唯一性。

3）应针对现场和作业对象的实际，进行危险点分析，制定相应的防范措施，体现对现场作业的全过程控制，对设备及人员行为实现全过程管理，而不是照抄照搬“范本”。

4）应集中体现工作（作业）要求具体化、工作人员明确化、工作责任直接化、工作过程程序化，并起到优化作业方案，提高效率、降低成本的作用。

（6）各类现场作业指导书都应有编号且具有唯一性和可追溯性。

2. 现场标准化作业指导书的应用

（1）各单位进行列入生产计划的各项现场作业时，必须使用经过批准的现场标准化作业指导书。

（2）现场标准化作业指导书在使用前必须进行专题学习和培训，保证作业人员熟练掌握作业程序和各项安全、质量要求。

（3）各单位应在遵循现场标准化作业基本原则的基础上，根据各自实际情况对现场标准化作业指导书的使用作出明确规定，并可以采用必要的方便现场作业的措施。

（4）在现场作业实施过程中，工作负责人对现场标准化作业指导书按作业程序的正确执行负全面责任。工作负责人应亲自或指定专人根据执行情况逐项打勾或签字，不得跳项和漏项，并做好相关记录（能够记录设备实际位置的项目记录实际位置，有具体数据的项目记录实际数据）。有关人员也必须履行签字手续。对于在杆塔上等高处特殊作业项目，签字可以与作业分开进行，但在开工前作业人员应学习并掌握工作流程和安全、质量要求，作业时地面负责人应及时提醒高处作业人员注意作业行为、掌握工作节奏和进度，作业人员返回地面后应对高处作业质量补充履行签字手续，以保证作业质量达到指导书的要求。

（5）依据现场标准化作业指导书进行工作的过程中，如发现与现场实际、相关图纸及有关规定不符等情况时，应由工作负责人根据现场实际情况及时修改现场标准化作业指导书，经现场标准化作业指导书审批人同意后，方可继续按现场标准化作业指导书进行作业。作业结束后，现场标准化作业指导书审批人应履行补签字手续。

（6）依据现场标准化作业指导书进行检修过程中，如发现设备存在事先未发现的缺陷或异常，应立即汇报工作负责人，并进行详细分析，制定处理意见，并经现场标准化作业指导书审批人同意后，方可进行下一项工作。设备缺陷或异常情况及处理结果，应详细记录在现场标准化作业指导书中。作业结束后，现场标准化作业指导书审批人应履行补签字手续。

（7）施工作业完成后，工作负责人应对现场标准化作业指导书的应用情况作出评估，明确修改意见并在作业完工后及时反馈现场标准化作业指导书编制人。现场标准化作业指导书编制人应及时作出修订或完善。

（8）事故抢修、紧急缺陷处理、特巡等突发临时性工作应尽量使用现场标准化作业指导书。在条件不允许情况下，可不使用现场标准化作业指导书，但应按照现场标准化作业要求，在工作开始前进行危险点分析并采取相应的安全措施。

3. 现场标准化作业指导书的管理

（1）各单位应按分层管理原则对现场标准化作业指导书进行管理。各级单位都要明确现场标准化作业指导书管理的负责人、专责人，负责现场标准化作业管理制度的严格执行。

（2）现场标准化作业指导书一经批准，不得随意更改。如因现场作业环境发生变化、指导书与实际不符等情况需要更改时，必须立即修订并履行相应的批准手续后才能继续执行。

（3）执行过的现场标准化作业指导书应经评估、签字后存档。运行作业指导书保存时间不少于一年，检修作业指导书保存不少于一个检修周期。

（4）现场标准化作业指导书实施动态管理。各单位应及时进行检查总结、补充完善。作业人员应及时填写使用评估报告，对指导书的针对性、可操作性进行评价，提出改进意见，并结合工作实际进行修改。

（5）对于未使用现场标准化作业指导书进行的事故抢修、紧急缺陷处理、特巡等突发临时性工作，应在工作完成后，根据工作开展情况，及时补充编写针对类似工作的现场标准化作业指导书，用于今后类似工作。

四、输变电工程安全文明施工标准化要求

（1）为贯彻“安全第一、预防为主、综合治理”的方针，进一步规范输变电工程现场安全文明施工管理，全面推行建设工程安全文明施工标准化工作，提高安全作业环境水平，保障从业人员安全与健康，倡导绿色施工，依据国家有关安全健康与环境保护的法律、法规和《电力建设安全健康与环境管理工作规定》等文件，结合输变电工程建设具体情况制定规定。

（2）用于指导、规范电力系统220kV及以上电压等级新建输变电工程建设现场的安全文明施工组织与管理，其他工程项目可参照执行。

（3）贯彻以人为本的理念，通过创建安全文明施工工地，努力做到：安全管理制度化、安全设施标准化、现场布置条理化、机料摆放定置化、作业行为规范化、环境影响最小化，营造安全文明施工的良好氛围。

（4）项目法人（工程建设管理单位）负责工程建设现场安全文明施工的规划、监督和指导。

1）依法选择具有相应资质和安全业绩的设计、监理、施工单位，并与其签订安全管理责任书，明确各方工程安全管理责任。

2）负责组建项目安全生产委员会（以下简称安委会），并担任安委会主任。安委会要定期召开会议，协调解决工程建设过程中重大的安全文明施工问题。

3）依据本规定编制工程建设项目安全文明施工总体规划，提出工程建设项目安全文明施工管理目标、管理及保障措施，并对本规定在工程建设全过程的有效实施进行监督、指导。

4）依法管理工程项目，坚持合理工期、合理造价，为安全文明施工创造条件。

5）招标时根据工程建设规模、电压等级，单列安全文明施工补助费用（此费用不作投标报价），并确保此费用及时拨付到位。

6）委派专人负责工程项目安全文明施工管理工作，定期组织安全文明施工检查。

7）对设计、监理、施工等工程参建方建立安全绩效考核制度和激励机制。

（5）工程建设监理单位依据法律、法规、工程建设强制性标准及工程建设监理合同实施监理，履行安全文明施工监理职责。

1）根据业主提出的项目安全管理目标及安全文明施工规划，制定相应的控制措施。

2）在监理大纲、监理规划中明确工程项目安全监理目标、措施、计划和工作程序。

3）监督施工项目部自身安全保障体系的有效运转，严格审查安全文明施工方案和安全技术措施，并监督实施。

4）监理人员责任意识和专业能力满足安全控制要求，并配备合格的专责安全工程师。

5）对重要工序、危险性作业和特殊作业实施旁站监理。

6）控制工程关键节点（如开工、土建交付安装、安装交付调试以及整套启动、移交运行等）所具备的安全文明施工条件。

7）协调解决各施工承包商间交叉作业和工序交接中影响安全文明施工的问题，并进行跟踪控制。

8）定期组织安全文明施工检查，监督检查施工现场安全文明施工状况，发现问题及时督促整改，实行闭环管理。

（6）工程设计单位应为工程建设全过程的安全文明施工提供与设计相关的技术服务和支持。

1）按照法律、法规和工程建设强制性标准进行设计，防止因设计不合理导致安全事故的发生。完善工程本体安全设施设计，为各类安全防护装置的使用创造条件。

2）充分考虑施工安全操作和防护的需要，对防范安全事故提出指导性意见。

3）采用新技术、新工艺、新材料、新设备或特殊结构的工程，在设计文件中提出保障人员安全和预防事故的措施建议。

4）工程设备与材料选型必须符合国家有关安全健康与环境保护的要求。

5）及时交付图纸，合理设计地下电缆、管道等沟道，使变电站（换流站）有条件在工程开工初期即能完成主要混凝土道路施工。

6）及时交付图纸，确保变电站（换流站）开工初期即能建成围墙，土建交付安装前能做到地下设施一次施工完成。

7）设计应对弃土堆放、避免水土流失、处置施工废弃物等提出合理措施。

（7）施工单位是工程项目安全文明施工的主体，负责安全文明施工的具体实施。

1）按照项目法人提出的项目安全管理目标及安全文明施工规划，编制有针对性的工程项目安全文明施工二次策划，提交监理审核后实施。二次策划主要内容有：①工程概况；②安全文明施工管理目标；③安全文明施工管理组织机构；④安全文明施工责任制；⑤管理规章制度以及消防、交通、保卫、防触电、防汛、防雷等措施；⑥施工现场总平面布置要求，包括临时建筑、设施、道路、作业区、办公区、生活区、大型施工机械的布置等；⑦安全文明施工设施和安全标牌、标识及其设置等；⑧环境保护措施，包括粉尘、噪声控制措施，现场排水和污水处理措施，植被保护措施，施工区域内现有市政管网和周围的建、构筑物的保护措施。

2）建立健全安全文明施工的各项规章制度和操作规程。

3）保证安全文明施工所需资金的投入，安全文明施工补助费用须专款专用，不得挪作他用。

4）开展危险点辨识及预控活动，编制有针对性的安全技术措施（方案），并确保措施（方案）的有效实施。

5）按规定配备合格的专（兼）职安全管理人员。

6）定期组织安全文明施工检查。

7）加强施工管理人员和作业人员的安全教育培训，特殊工种须持证上岗。

8）向施工人员提供合格的劳动保护及安全防护用品（用具），并监督其正确使用。

9）严格工程分包、劳务分包的安全管理，将力工等临时作业人员的安全教育培训等纳入正式员工管理范畴。

10）遵守环境保护的法律、法规，倡导绿色施工，减少施工对环境的危害和污染。

11）为施工现场从事危险作业的人员办理意外伤害保险。

12）开展工程项目安全健康环境自评价工作。

（8）项目法人应在施工招标前编制安全文明施工规划，明确提出安全文明施工要求和保障措施。监理单位对安全文明施工规划进行分解、协调，监督各项要求和措施的落实。施工单位在开工前，根据安全文明施工规划，统筹布局，认真进行施工现场的安全文明施工二次策划，并负责实施。

（9）承包商办公区、生活区布置要求。

1）变电站（换流站）工程项目施工办公和生活临建房屋，宜在围墙外设置，并与施工区分区围护、隔离，全站临建设施主色调与现场环境相协调。

2）项目监理部办公场所应独立于施工项目经理部设置。

3）项目监理部、施工项目经理部办公区布置及办公设施。

① 办公区和生活区应相对独立，办公区入口应设立项目部铭牌。施工项目部应设置会议室，将安全文明施工组织机构图、安全文明施工管理目标、安全文明施工岗位责任制、工程施工进度横道图等设置上墙。

② 办公室、会议室宜配备取暖设施、空调以及必要的办公、生活设备。

③ 监理、施工承包商应具备工程文件资料的邮送条件，并能利用电子邮件、传真、无线通信等实现图文、声讯信息的即时、可靠传递，逐步推行建立工程项目管理网站（特殊项目受外部条件限制除外）。

4）项目监理部、施工项目经理部的生活设施：

① 员工食堂应配备不锈钢厨具、冰柜、消毒柜等设施，干净整洁，符合卫生防疫要求。

② 员工宿舍应有良好的居住条件，通风良好、整洁卫生、室温适宜，有防蚊蝇等措施，并有专项管理办法。

③ 应为员工提供洗浴、盥洗设施。卫生间洁净，无明显异味。

④ 为员工提供必要的文化娱乐设施。

⑤ 保障各种形式外协工的住宿、餐饮等生活卫生条件。

⑥ 施工区应设置废料收集装置。生活区应设置垃圾箱，垃圾及时清运。

（10）变电站（换流站）现场安全文明施工总体布局规范要求。

1）视觉形象。通过施工总平面布置及规范建筑物、装置型设施、安全设施、标志、标识牌等式样、标准等，以达到现场视觉形象统一、整洁、醒目、美观的整体效果。

2）模块化管理。现场施工总平面应按实际功能划分为各个功能模块，分为办公区、生活区、施工区、设备材料堆放区。各模块区主要由现场环形混凝土道路、塑钢网板、铁艺栏杆、钢管栏杆等分隔而成。

3）施工区域化管理。施工现场实行安全文明施工责任区域化管理。按作业内容或施工区域，由网板、绝缘网、围栏等对作业场地进行围护、隔离、封闭，并设置安全标志、标识，明确安全责任人。

4）定置化管理。规划、绘制施工平面定置图，机料堆放实现定置化。

5）围墙。工程正式开工前，应先期修筑变电站（换流站）围墙，便于进行封闭式管理。

6）施工场地。

① 施工场地应保持平整。基坑、沟道开挖出的土方应及时清运（条件允许可就地平整），运输车辆应做到车轮不带泥上公路，运输途中不遗洒。

② 混凝土搅拌站、砂石堆放场、库房、机械设备材料堆放、材料加工场以及停车场等场地结实、平整，地面无积水。

7）道路。

① 变电站（换流站）施工必须做到先修筑进站硬化路面主干道和站区环形混凝土路面主干道路。站区内混凝土道路既可采用一次性浇筑成形的方案，也可采用先浇筑施工层，工程竣工前再浇筑移交层的方案，道路两侧应形成排水坡度。

② 根据施工需要修筑的临时道路可采用泥结石硬化路面。办公区、生活区、材料加工场的人行便道路面硬化宽度不宜小于 1m。

③ 道路混凝土面层浇筑后，必须有效进行成品或半成品保护。禁止在路面上拌砂浆（混凝土）或堆放各种材料，严禁吊车直接在路面上支腿，禁止直接在路面上进行焊接操作，禁止使用撬杠在路面上移动电杆、构架等，禁止漏油车辆或履带式吊车在成品路面上行驶。对路面进行定期清扫，保证路面整洁。

8）道路标志。进变电站（换流站）的主干道两侧应设置国家标准式样的路标、交通标志、限速标志和区域警戒标识。变电站（换流站）内道路应设置施工区域指示标志。

9）排水管沟。道路两侧应先期修筑排水管沟，并定期维护，确保全站排水系统畅通。

10）建筑物。变电站（换流站）内只允许存在以下临时建筑物。

① 施工队工具间、库房等应为轻钢龙骨活动房或砖石砌体房、集装箱式房屋。

② 临时工棚及机具防雨棚等应为装配式构架、上铺瓦楞板。

施工现场禁用石棉瓦、脚手板、模板、彩条布、油毛毡、竹笆等材料搭建工棚。

11）装置型设施。

① 宣传告示类：含宣传栏、标语、彩旗、灯箱等。

② 道路交通类：含路桩、指示警示牌、限速标志、减速坎、禁行标识等。

③ 区域围护类：含安全围栏、塑钢网板等。

④ 废料垃圾回收类：含各类废品回收设施、垃圾箱等。

⑤ 标识类：含设备、材料、物品、场地标识、规程、规范、职责图表等，其制作、布设要求为：

现场所有的标志牌、标识牌、宣传牌等制作标准、规范，宜采用彩喷绘制。

标牌埋设、悬挂、摆设要安全可靠，做到规范、标准。

标志牌、标识牌框架、立柱、支撑件，应使用钢结构或不锈钢结构。

12）大型标志牌。施工承包商应在办公区或施工区设置“四牌一图”（工程项目名称牌、

工程项目管理目标牌、工程项目建设管理责任牌、安全文明施工纪律牌、施工总平面布置图），也可增设主要承包商简介、工程鸟瞰图等内容。

13）大门。施工承包商应修筑变电站（换流站）大门，要求简洁明快，大门一般由灯箱、围栏、人员通行侧门、警卫室等组成。

14）机具、工具房。

① 进入现场的机械设备、工器具、工具房、脚手管等，应经过整修、油漆，确保完好、整洁。

② 机械设备安全操作规程牌悬挂应醒目、规范。

③ 中、小型机具应保持清洁，表面油漆完好，并悬挂醒目、规范的操作规程标牌。

④ 中、小型机具在现场露天使用时，应有牢固且标准适用的防雨设施。

⑤ 工具房、集装箱（含电焊机集装箱）宜集中放置且摆放整齐。

15）施工用电设施。变电站（换流站）施工用电严格按国家标准采用三相五线制，站内配电线路宜采用直埋电缆敷设，埋设深度不得小于0.7m，并在地面设置明显标志。如采用架空线，应按标准沿围墙布线，以满足现场临时用电需要。一、二、三级配电盘柜和便携式电源盘必须满足电气安全及相关技术要求，漏电保安器应定期试验，确保功能完好。

16）照明设施。施工作业区采用集中广式照明，局部照明采用移动立杆式灯架。

17）消防设施。按规定配备合格、有效的消防器材，并使用消防器材架、箱。

18）其他设施。

① 氧气瓶、乙炔瓶现场搬运使用托架（小车）。

② 氧气瓶、乙炔瓶存放使用箱笼。

③ 卷扬机操作控制台宜使用组合式金属罩棚。

19）绿化。办公区、生活区宜设置绿化带，种植花草树木。

20）饮水点。在适宜的地点设置工棚式饮水点，保持室内清洁，饮水洁净卫生。

21）吸烟室。在现场适宜的区域设置箱式或工棚式吸烟室，禁止流动吸烟。

（11）输电线路现场安全文明施工规范要求。

1）视觉形象。施工现场主要通过施工总平面规划及规范工棚、彩旗、安全设施、标志、标识牌等的设置，以形成良好的安全文明施工氛围。

2）施工区域化管理。

① 基础开挖、杆塔组立、张力场、牵引场等场地实行封闭管理。采用插入式安全围栏（安全警戒绳、彩旗，配以红白相间色标的金属立杆）进行围护、隔离、封闭。

② 施工区域设置安全标志、标识（施工岗位责任牌、施工友情提示牌、安全警示牌、主要机械设备操作规程牌等）。林区、农牧区作业应配备一定数量的消防器材。

③ 基础施工。土石方、机具、材料应实现定置堆放。材料堆放应铺垫隔离。场地是耕地的，要求按生土、熟土分别堆放，施工完后恢复原貌。

④ 杆塔组立施工，机料（机具、工具、材料）应定置堆放，高处作业时螺栓、垫片等应放在专用袋内。

⑤ 牵、张场临时占地面积不宜超出张力架线导则要求，宜选择相对平整的场地做张力场、牵引场；牵、张场应按定置图布置装配式或帐篷式休息室，设置临时厕所、工棚式工具房和

指挥台。

3）作业现场设备材料堆放。

① 设备材料堆放场地应坚实、平整，地面无积水。

② 施工机具、材料应分类放置整齐，并做到标识规范、铺垫隔离。

③ 电缆、导线等应按定置化要求集中放置，整齐有序，标识清楚。

4）工棚。宜采用活动式帐篷或采用装配式工棚。线路工程现场禁用石棉瓦、脚手板、模板、彩条布、油毛毡、竹笆等材料搭建工棚。

（12）按要求配备使用安全设施和文明施工设施。安全设施须专人管理，定期进行性能检查、试验。

1）安全标志牌。用于现场、仓库、危险区域作安全提示、指令、警告、禁令标志。

2）安全围栏和临时提示栏。用于安全通道、重要设备保护、带电区分界、高压试验等危险区域的区划。

3）安全自锁器（含配套缆绳）。施工人员垂直攀登杆塔时使用的全过程安全防护设施。

4）速差自控器。杆塔短距离垂直攀登或安装附件时为施工人员提供的全过程安全防护设施。

5）全方位防冲击安全带。用于高处作业相对固定地点的坠落防护。

6）防静电服（屏蔽服）。用于 330kV 及以上工程施工人员在邻近高压、强电场中的人身防护。

7）验电器。用于检查线路或设备是否带电。

8）工作接地线和保安接地线。用于防止邻近高压线路静电感应触电或误合闸触电的安全接地。

9）绝缘安全网和绝缘绳。通常用于带电跨越施工。

10）水平安全绳。用于人员高处水平移动过程中的人身防护。

11）电源配电箱。适用于施工现场临时动力控制电源。

12）下线爬梯。施工人员高处上下悬垂瓷瓶串和安装附件时专用的铝合金或软爬梯，一般与速差自控器配套使用。

13）高处作业平台。通常用于平衡挂线压接作业。

14）孔洞盖板及临时防护栏杆。孔洞及沟道临时盖板使用 4～5mm 厚花纹钢板（或其他材料）制作并涂以黑黄相间的警告标志和禁止挪用标志。直径 1m 以上（含 1m）的孔洞及高处临空面，应搭设红白相间的脚手架栏杆进行安全防护或设置钢管栏杆进行临边防护。

15）便携式卷线盘。用于施工现场小型工具及临时照明电源。

16）安全通道。安全通道根据施工需要可分为斜型走道、斜梯通道、水平通道，要求安全防护可靠，投入使用前设置必要的标牌、标识。

17）漏电保安器。在二、三级盘内均应装设，每月试验一次，并做好记录。

18）危险品库。易燃、易爆危险品必须设置专用危险品库房，并配置醒目标识，专人严格管理。

19）水冲式厕所。变电站（换流站）办公、生活、施工区域宜设置水冲式厕所，并保持洁净。缺水地区如采用旱厕，应保持洁净。

（13）输变电工程建设项目应严格遵守国家环境保护法律、法规，倡导绿色施工，尽力减少施工对环境的影响。

1）工程设计应充分考虑环保措施，山区基础宜采用全方位高低腿设计，林区采用高跨设计，减少对原始地貌和自然环境的破坏。

2）按设计要求施工，严格控制基面开挖，杜绝出现“平地起坑”等现象，严禁随意弃土。

3）线路施工作业面尽可能少占耕地，基础开挖实行生熟土分离，施工后尽可能恢复植被。

4）砂石、水泥等施工材料必须铺垫，并及时清理施工遗留物。

5）灌注桩施工须设置泥浆沉淀池，禁止将泥浆水直接排入农田、池塘。

6）山区施工宜尽量选用原有的小道作为小运道路，减少对山体植被的破坏。

7）导地线展放作业尽可能采用跨越施工技术，积极探索导线展放新技术，减少对跨越物损害。

8）施工、生活废水不随意排放；施工、生活垃圾分类回收，不随意倾倒。

（14）根据国家标准，对安全文明施工所涉及的颜色作如下说明。

1）国家规定的安全色有红、蓝、黄、绿四种颜色。其含义是：红色表示禁止、停止，也表示防火；蓝色表示指令、必须遵守的规定；黄色表示警告、注意；绿色表示提示、安全状态、通行。

2）国家规定的对比色是黑白两种颜色。安全色及其相应的对比色是：红色—白色、黄色—黑色、蓝色—白色、绿色—白色。

3）安全标志是由安全色、几何图形和图形符号构成，分为禁止标志、警告标志、指令标志、提示标志四类。

4）临时建筑物色调。固定式的为蓝色或白色，活动式的为蓝色。

5）其他色调：灰色、银白色、橙色主要用于小型工机具和用电设施等设备，大型机具本色刷新。

（15）根据本规定编制的《输变电工程安全文明施工标准化图册》，旨在提供对本规定部分内容的直观解释。《图册》内容分强制性规定和推荐性规定两部分，其中安全设施类（A）、用电安全类（B）、安全防护用品类（C）为强制性规定，其余为推荐性规定。强制性规定要求所有工程项目必须按规定实施，推荐性规定要求有条件的工程按规定实施。

第三节 两票管理制度

供电企业及在供电企业内工作的其他组织、个人必须按规定严格执行两票（工作票、操作票）三制（交接班制、巡回检查制、设备定期试验轮换制）和设备缺陷管理等制度。施工作业严格执行安全施工作业票和安全交底制度。

一、操作票制度

（1）倒闸操作由操作人员填用操作票。

（2）操作票应用黑色或蓝色的钢（水）笔或圆珠笔逐项填写。用计算机开出的操作票应与手写票面统一，操作票票面应清楚整洁，不得任意涂改。操作票应填写设备的双重名称，即设备名称和编号。操作人和监护人应根据模拟图或接线图核对所填写的操作项目，并分别手工或电子签名，然后经运行值班负责人（检修人员操作时由工作负责人）审核签名。每张操作票只能填写一个操作任务。

（3）下列项目应填入操作票内。

1）应拉合的设备[断路器（开关）、隔离开关（刀闸）、接地隔离开关（装置）等]，验电，装拆接地线，合上（安装）或断开（拆除）控制回路或电压互感器回路的低压断路器、熔断器，切换保护回路和自动化装置及检验是否确无电压等。

2）拉合设备[断路器（开关）、隔离开关（刀闸）、接地隔离开关（装置）等]后检查设备的位置。

3）进行停、送电操作时，在拉合隔离开关（刀闸）、手车式开关拉出、推入前，检查断路器（开关）确在分闸位置。

4）在进行倒负荷或解、并列操作前后，检查相关电源运行及负荷分配情况。

5）设备检修后合闸送电前，检查送电范围内接地隔离开关（装置）已拉开，接地线已拆除。

6）高压直流输电系统启停、功率变化及状态转换、控制方式改变、主控站转换，控制保护系统投退，换流变压器冷却器切换及分接头手动调节。

7）阀冷却、阀厅消防和空调系统的投退、方式变化等操作。

8）直流输电控制系统对断路器进行的锁定操作。

（4）倒闸操作的基本条件。

1）有与现场一次设备和实际运行方式相符的一次系统模拟图（包括各种电子接线图）。

2）操作设备应具有明显的标志，包括命名、编号、分合指示，旋转方向、切换位置的指示及设备相色等。

3）高压电气设备都应安装完善的防误操作闭锁装置。防误操作闭锁装置不得随意退出运行，停用防误操作闭锁装置应经本单位分管生产的行政副职或总工程师批准。短时间退出防误操作闭锁装置时，应经变电站站长或发电厂当班值长批准，并应按程序尽快投入。

4）有值班调度员、运行值班负责人正式发布的指令，并使用经事先审核合格的操作票。

5）下列三种情况应加挂机械锁。

① 未装防误操作闭锁装置或闭锁装置失灵的隔离开关手柄、阀厅大门和网门。

② 当电气设备处于冷备用时，网门闭锁失去作用时的有电间隔网门。

③ 设备检修时，回路中的各来电侧隔离开关操作手柄和电动操作隔离开关机构箱的箱门。机械锁要一把钥匙开一把锁，钥匙要编号并妥善保管。

（5）倒闸操作的基本要求。

1）停电拉闸操作应按照断路器（开关）→负荷侧隔离开关（刀闸）→电源侧隔离开关（刀闸）的顺序依次进行，送电合闸操作应按与上述相反的顺序进行，禁止带负荷拉合隔离开关（刀闸）。

2）开始操作前，应先在模拟图（或微机防误装置、微机监控装置）上进行核对性模拟预演，无误后，再进行操作。操作前应先核对系统方式、设备名称、编号和位置，操作中应认真执行监护复诵制度（单人操作时也应高声唱票），宜全过程录音。操作过程中应按操作票填写的顺序逐项操作。每操作完一步，应检查无误后做——个“√”记号，全部操作完毕后进行复查。

3）监护操作时，操作人在操作过程中不准有任何未经监护人同意的操作行为。

4）操作中发生疑问时，应立即停止操作并向发令人报告。待发令人再行许可后，方可进行操作。不准擅自更改操作票，不准随意解除闭锁装置。解锁工具（钥匙）应封存保管，所有操作人员和检修人员禁止擅自使用解锁工具（钥匙）。若遇特殊情况需解锁操作，应经运行管理部门防误操作装置专责人到现场核实无误并签字后，由运行人员报告当值调度员，方能使用解锁工具（钥匙）。单人操作时，检修人员在倒闸操作过程中禁止解锁，如需解锁，应待增派运行人员到现场，履行上述手续后处理。解锁工具（钥匙）使用后应及时封存。

5）电气设备操作后的位置检查应以设备实际位置为准，无法看到实际位置时，可通过设备机械位置指示、电气指示、带电显示装置、仪表及各种遥测、遥信等信号的变化来判断。判断时，应有两个及以上的指示且所有指示均已同时发生对应变化，才能确认该设备已操作到位。以上检查项目应填写在操作票中作为检查项。

6）换流站直流系统应采用程序操作，程序操作不成功，在查明原因并经调度值班员许可后可进行遥控步进操作。

7）用绝缘棒拉合隔离开关（刀闸）、高压熔断器或经传动机构拉合断路器（开关）和隔离开关（刀闸），均应戴绝缘手套。雨天操作室外高压设备时，绝缘棒应有防雨罩，还应穿绝缘靴。接地网电阻不符合要求的，晴天也应穿绝缘靴。雷电时，一般不进行倒闸操作，禁止在就地进行倒闸操作。

8）装卸高压熔断器，应戴护目眼镜和绝缘手套，必要时使用绝缘夹钳，并站在绝缘垫或绝缘台上。

9）断路器（开关）遮断容量应满足电网要求。如遮断容量不够，应将操动机构（操作机构）用墙或金属板与该断路器（开关）隔开，应进行远方操作，重合闸装置应停用。

10）电气设备停电后（包括事故停电），在未拉开有关隔离开关（刀闸）和做好安全措施前，不得触及设备或进入遮栏，以防突然来电。

11）单人操作时不得进行登高或登杆操作。

12）在发生人身触电事故时，可以不经许可，即行断开有关设备的电源，但事后应立即报告调度（或设备运行管理单位）和上级部门。

13）同一直流系统两端换流站间发生系统通信故障时，两站间的操作应根据值班调度员的指令配合执行。

14）双极直流输电系统单极停运检修时，禁止操作双极公共区域设备，禁止合上停运极中性线大地/金属回线隔离开关（刀闸）。

15）直流系统升降功率前应确认功率设定值不小于当前系统允许的最小功率且不能超过当前系统允许的最大功率限制。

16）手动切除交流滤波器（并联电容器）前，应检查系统有足够的备用数量，保证满足当前输送功率无功需求。

17）交流滤波器（并联电容器）退出运行后再次投入运行前，应满足电容器放电时间要求。

（6）下列各项工作可以不用操作票。

1）事故应急处理。

2）拉合断路器（开关）的单一操作。上述操作在完成后应做好记录，事故应急处理应保存原始记录。

（7）同一变电站的操作票应事先连续编号，计算机生成的操作票应在正式出票前连续编号，操作票按编号顺序使用。作废的操作票，应注明“作废”字样，未执行的应注明“未执行”字样，已操作的应注明“已执行”字样。操作票应保存一年。

二、工作票制度

1．工作票方式

在电气设备上的工作，应填用工作票或事故应急抢修单，其方式有以下 6 种。

（1）填用变电站（发电厂）第一种工作票。

（2）填用电力电缆第一种工作票。

（3）填用变电站（发电厂）第二种工作票。

（4）填用电力电缆第二种工作票。

（5）填用变电站（发电厂）带电作业工作票。

（6）填用变电站（发电厂）事故应急抢修单。

2．填用第一种工作票的工作

（1）高压设备上工作需要全部停电或部分停电者。

（2）二次系统和照明等回路上的工作，需要将高压设备停电者或做安全措施者。

（3）高压电力电缆需停电的工作。

（4）换流变压器、直流场设备及阀厅设备需要将高压直流系统或直流滤波器停用者。

（5）直流保护装置、通道和控制系统的工作，需要将高压直流系统停用者。

（6）换流阀冷却系统、阀厅空调系统、火灾报警系统及图像监视系统等工作，需要将高压直流系统停用者。

（7）其他工作需要将高压设备停电或要做安全措施者。

3．填用第二种工作票的工作

（1）控制盘和低压配电盘、配电箱、电源干线上的工作。

（2）二次系统和照明等回路上的工作，无需将高压设备停电者或做安全措施者。

（3）转动中的发电机、同期调相机的励磁回路或高压电动机转子电阻回路上的工作。

（4）非运行人员用绝缘棒、核相器和电压互感器定相或用钳形电流表测量高压回路的电流。

（5）大于设备不停电时安全距离的相关场所和带电设备外壳上的工作以及无可能触及带电设备导电部分的工作。

（6）高压电力电缆不需停电的工作。

（7）换流变压器、直流场设备及阀厅设备上工作，无需将直流单、双极或直流滤波器停用者。

（8）直流保护控制系统的工作，无需将高压直流系统停用者。

（9）换流阀水冷系统、阀厅空调系统、火灾报警系统及图像监视系统等工作，无需将高压直流系统停用者。

4．填用带电作业工作票的工作

带电作业或与邻近带电设备距离小于设备不停电时安全距离规定的工作。

5．填用事故应急抢修单的工作

（1）事故应急抢修可不用工作票，但应使用事故应急抢修单。

（2）事故应急抢修工作。电气设备发生故障被迫紧急停止运行，需短时间内恢复的抢修和排除故障的工作。

（3）非连续进行的事故修复工作，应使用工作票。

6．工作票的填写与签发

（1）工作票应使用黑色或蓝色的钢（水）笔或圆珠笔填写与签发，一式两份，内容应正确，填写应清楚，不得任意涂改。如有个别错、漏字需要修改，应使用规范的符号，字迹应清楚。

（2）用计算机生成或打印的工作票应使用统一的票面格式，由工作票签发人审核无误，手工或电子签名后方可执行。

（3）工作票一份应保存在工作地点，由工作负责人收执，另一份由工作许可人收执，按值移交。工作许可人应将工作票的编号、工作任务、许可及终结时间记入登记簿。

（4）一张工作票中，工作票签发人、工作负责人和工作许可人三者不得互相兼任。

（5）工作票由工作负责人填写，也可以由工作票签发人填写。

（6）工作票由设备运行单位签发，也可由经设备运行单位审核合格且经批准的修试及基建单位签发。修试及基建单位的工作票签发人及工作负责人名单应事先送有关设备运行单位备案。

（7）承发包工程中，工作票可实行“双签发”形式。签发工作票时，双方工作票签发人在工作票上分别签名，各自承担《国家电网公司电力安全工作规程》工作票签发人相应的安全责任。

（8）第一种工作票所列工作地点超过两个，或有两个及以上不同的工作单位（班组）在一起工作时，可采用总工作票和分工作票。总、分工作票应由同一个工作票签发人签发。

总工作票上所列的安全措施应包括所有分工作票上所列的安全措施。几个班同时进行工作时，总工作票的工作班成员栏内，只填明各分工作票的负责人，不必填写全部工作人员姓名。分工作票上要填写工作班人员姓名。

总、分工作票在格式上与第一种工作票一致。

分工作票应一式两份，由总工作票负责人和分工作票负责人分别收执。分工作票的许可和终结，由分工作票负责人与总工作票负责人办理。分工作票必须在总工作票许可后才可许可，总工作票必须在所有分工作票终结后才可终结。

（9）供电单位或施工单位到用户变电站内施工时，工作票应由有权签发工作票的供电单位、施工单位或用户单位签发。

7．工作票的使用

（1）一个工作负责人不能同时执行多张工作票，工作票上所列的工作地点，以一个电气连接部分为限。

1）所谓一个电气连接部分，是指电气装置中，可以用隔离开关同其他电气装置分开的部分。

2）直流双极停用，换流变压器及所有高压直流设备均可视为一个电气连接部分。

3）直流单极运行，停用极的换流变压器、阀厅、直流场设备、水冷系统可视为一个电气连接部分。双极公共区域为运行设备。

（2）一张工作票上所列的检修设备应同时停、送电，开工前工作票内的全部安全措施应一次完成。若至预定时间，一部分工作尚未完成，需继续工作而不妨碍送电者，在送电前，应按照送电后现场设备带电情况，办理新的工作票，布置好安全措施后，方可继续工作。

（3）若以下设备同时停、送电，可使用同一张工作票。

1）属于同一电压，位于同一平面场所，工作中不会触及带电导体的几个电气连接部分。

2）一台变压器停电检修，其断路器也配合检修。

3）全站停电。

（4）同一变电站内在几个电气连接部分上依次进行不停电的同一类型工作，可以使用一张第二种工作票。

（5）在同一变电站内，依次进行同一类型带电作业可以使用一张带电作业工作票。

（6）持线路或电缆工作票进入变电站进行架空线路、电缆等工作，应增填工作票份数，由变电站工作许可人许可，并留存。上述单位的工作票签发人和工作负责人名单应事先送有关运行单位备案。

（7）需要变更工作班成员时，应经工作负责人同意，在对新的作业人员进行安全交底手续后，方可进行工作。非特殊情况不得变更工作负责人，如确需变更工作负责人应由工作票签发人同意并通知工作许可人，工作许可人将变动情况记录在工作票上。工作负责人允许变更一次。原、现工作负责人应对工作任务和安全措施进行交接。

（8）在原工作票的停电及安全措施范围内增加工作任务时，应由工作负责人征得工作票签发人和工作许可人同意，并在工作票上增填工作项目。若需变更或增设安全措施者应填用新的工作票，并重新履行签发许可手续。

（9）变更工作负责人或增加工作任务，如工作票签发人无法当面办理，应通过电话联系，并在工作票登记簿和工作票上注明。

（10）第一种工作票应在工作前一日送达运行人员，可直接送达或通过传真、局域网传送，但传真传送的工作票许可应待正式工作票到达后履行。临时工作可在工作开始前直接交给工作许可人。第二种工作票和带电作业工作票可在进行工作的当天预先交给工作许可人。

（11）工作票有破损不能继续使用时，应补填新的工作票，并重新履行签发许可手续。

8．工作票的有效期与延期

（1）第一、二种工作票和带电作业工作票的有效时间，以批准的检修期为限。

（2）第一、二种工作票需办理延期手续，应在工期尚未结束以前由工作负责人向运行值班负责人提出申请（属于调度管辖、许可的检修设备，还应通过值班调度员批准），由运行值班负责人通知工作许可人给予办理。第一、二种工作票只能延期一次。带电作业工作票不准延期。

第四节　防　误　管　理

为了加强防止电气误操作安全管理和装置管理，防止电气误操作事故的发生，保障人身、电网和设备安全，依据《电力安全工作规程》、《电力生产事故调查规程》、《电网重大反事故

措施》等制定《防止电气误操作安全管理规定》。

适用于3kV及以上电压等级电气设备。3kV以下电压等级电气设备的防止电气误操作安全管理规定由各企业、单位自行制定。

各电力企业和设备运行单位都应遵守，同时制定实施细则。电力系统内的设计、基建、生产、农电等有关单位颁发的相关制度不得与本规定抵触。

一、防误操作管理措施

1. 设备停、复役申请

电气设备停、复役申请应充分考虑防止电气误操作工作的安全要求，其工作流程应满足各级调度部门的有关规定。

2. 操作票管理

（1）操作票的填写、审核和使用及倒闸操作的基本条件和要求执行《电力安全工作规程》有关规定。

（2）倒闸操作典型操作票的编写、审核、批准执行《变电站管理规范》有关要求。

3. 倒闸操作管理

（1）基本要求。

1）操作人员应考试合格且名单经运行管理单位批准公布。

2）现场设备应有明显标志，包括命名、编号、分合指示、旋转方向、切换位置的指示和区别电气相别的色标。

3）一次系统模拟图或电子接线图应与现场实际相符合。

4）应具备齐全和完善的运行规程、典型操作票和统一规范的调度操作术语。

5）应有确切的操作指令和合格的操作票。

6）应有合格的操作工具、安全用具和设施（包括对号放置接地线的专用装置）。

7）电气设备应有完善的防止电气误操作闭锁装置。

（2）基本步骤。

1）操作人员按预先布置的操作任务（操作步骤）正确填写操作票。

2）经审票并预演正确。

3）操作前明确操作目的，做好危险点分析和预控。

4）接受调度发布的操作指令及发令时间。

5）操作人员检查核对设备命名、编号和状态。

6）按操作票逐项唱票、复诵、监护、操作，确认设备状态与操作票内容相符并打勾。

7）向调度汇报操作结束及时间。

8）做好记录并使系统模拟图与设备状态一致，然后签销操作票。

4. 防误装置管理

（1）防误装置应简单、可靠，操作和维护方便。

（2）防误装置应实现“五防”功能。

1）防止误分、误合断路器；

2）防止带负荷拉、合隔离开关或手车触头；

3）防止带电挂（合）接地线（接地刀闸）；

4）防止带接地线（接地刀闸）合断路器（隔离开关）；

5）防止误入带电间隔。

（3）“五防”功能除“防止误分、误合断路器”现阶段因技术原因可采取提示性措施外，其余“四防”功能必须采取强制性防止电气误操作措施。

强制性防止电气误操作措施指：在设备的电动操作控制回路中串联以闭锁回路控制的接点或锁具，在设备的手动操控部件上加装受闭锁回路控制的锁具，同时尽可能按技术条件的要求防止走空程操作。

（4）防误装置应选用符合产品标准，并经电力企业鉴定的产品。通过鉴定的防误装置，必须经试运行考核后方可推广使用。新型防误装置的试运行应经电力企业同意。

（5）变、配电装置改造加装防误装置时，应优先采用微机防误装置或电气闭锁方式。

（6）新建变电站防误装置优先采用单元电气闭锁回路加微机“五防”的方案；无人值班变电站采用在集控站配置中央监控防误闭锁系统时，应实现对受控站远方操作的强制性闭锁。

（7）高压电气设备应安装完善的防止电气误操作闭锁装置，装置的性能、质量、检修周期和维护等应符合防误装置技术标准规定。

（8）成套高压断路器设备应具有机械连锁或电气闭锁，电气设备的电动或手动操作闸刀必须具有强制防止电气误操作闭锁功能。

二、防误操作装置

1. 防误装置的构成及使用要求

（1）微机防误装置。

1）微机防误装置应满足《微机型防止电气误操作装置通用技术条件》（DL/T 687—2010）的要求。

2）应做好微机防误装置一次电气设备的有关信息备份。当信息变更时应及时更新备份，以满足防误装置发生故障时的恢复要求。

3）应制定微机防误装置主机数据库和口令权限管理办法。

4）现场操作通过电脑钥匙实现，操作完毕后应将电脑钥匙中当前状态信息返回给防误装置主机进行状态更新，以确保防误装置主机与现场设备状态对应。

（2）电气闭锁。电气闭锁是将断路器、隔离开关、接地隔离开关等设备的辅助接点接入电气操作电源回路构成的闭锁。接入回路中的辅助接点应满足可靠通断的要求，辅助开关应满足响应一次设备状态转换的要求，电气接线应满足防止电气误操作的要求。

（3）电磁闭锁装置。电磁闭锁装置是将断路器、隔离开关、隔离网门等设备的辅助接点接入电磁闭锁电源回路构成的闭锁。接入回路中的辅助接点应满足可靠通断的要求，辅助开关应满足响应一次设备状态转换的要求，电气接线应满足防止电气误操作的要求。

（4）机械闭锁装置。机械闭锁装置是利用电气设备的机械联动部件对相应电气设备操作构成的闭锁。机械闭锁装置应满足操作灵活、牢固和耐环境条件等使用要求。

2. 防误装置解锁管理要求

（1）以任何形式部分或全部解除防误装置功能的电气操作，均视作解锁。

（2）防误装置的解锁工具（钥匙）或备用解锁工具（钥匙）必须有专门的保管和使用制度，内容包括：倒闸操作、检修工作、事故处理、特殊操作和装置异常等情况下的解锁申请、

批准、解锁监护、解锁使用记录等解锁规定。微机防误装置授权密码和解锁钥匙应同时封存。

（3）正常情况下，防误装置严禁解锁或退出运行。

（4）特殊情况下，防误装置解锁执行下列规定。

1）防误装置及电气设备出现异常要求解锁操作，应由设备所属单位的运行管理部门防误装置专责人到现场核实无误，确认需要解锁操作，经专责人同意并签字后，由变电站值班员报告当值调度员，方可解锁操作。

2）若遇危及人身、电网和设备安全等紧急情况需要解锁操作，可由变电站当值负责人下令紧急使用解锁工具（钥匙），并由变电站值班员报告当值调度员，记录使用原因、日期、时间、使用者、批准人姓名。

3）电气设备检修时需要对检修设备解锁操作，应经变电站站长当值值长批准，并在变电站值班员监护下进行。

3. 防误装置日常管理要求

（1）防误装置日常运行时应保持良好的状态。运行巡视及缺陷管理应同主设备一样对待。检修维护工作应有明确分工和专门单位负责。检修项目与主设备检修项目协调配合。

（2）防误装置整体停用应经电力企业主管生产的行政副职或总工程师批准后方可进行，同时报有关主管部门备案。

涉及防止电气误操作逻辑闭锁软件的更新升级（修改）时，应首先经运行管理部门审核，结合该间隔断路器停运或做好遥控出口隔离措施，报相关电力企业批准后方可进行。升级后应验证闭锁逻辑的正确恢复，并做好详细记录及备份。

（3）运行人员（或操作人员）及检修维护人员应熟悉防误装置的管理规定和实施细则，做到“三懂二会”（懂防误装置的原理、性能、结构；会操作、维护）。新上岗的运行人员应进行使用防误装置的培训。

（4）防误装置管理应纳入变电站现场规程。防误装置投运前，应制定现场运行规程及检修维护制度，明确技术要求、定期检查、维护和巡视内容等。运行和检修单位（部门）应做好防误装置的基础管理工作，建立健全防误装置的基础资料、台账和图纸。

（5）防误装置应与主设备同时设计、同时安装、同时验收投运，对于未安装防误装置或防误装置验收不合格的设备，运行单位或有关部门有权拒绝该设备投入运行。

4. 设备检修中的操作规定

设备检修过程中需要进行的操作，不得改变运行系统接线方式和安全措施，并且一般应采用常规操作方法在安全措施范围内进行。若采用非常规操作方法，应经现场当值运行人员许可并在监护下进行。

5. 接地

（1）接地的定义。

1）操作接地是指改变电气设备状态的接地。操作接地由操作人员负责实施。

2）工作接地是指在操作接地实施后，在停电范围内的工作地点，对可能来电（含感应电）的设备端进行的保护性接地。

（2）操作接地线的使用和管理，执行《电力安全工作规程》有关规定。

变、配电站内操作接地线的挂设点应事先明确设定，并实现强制性闭锁。

6. 工作接地线的管理

(1) 在变、配电站内工作，外部人员不得将任何形式的接地线带入站内。工作中需要加挂工作接地线，应使用变、配电站内提供的工作接地线。运行人员应对本站内装拆工作接地线的地点和数量正确性负责。

(2) 在线路上工作，工作负责人应对本作业班组装拆的工作接地线地点和数量正确性负责。

三、防误装置运行、维护技术原则

1. 防误装置的技术原则

(1) 高压电气设备的防误装置应有专用的解锁工具（钥匙）。

(2) 防误装置的结构应满足防尘、防蚀、不卡涩、防干扰、防异物开启和户外防水、耐低温要求。

(3) 防误装置不得影响所配设备的操作要求，并与所配设备的操作位置相对应。防误装置应不影响断路器、隔离开关等设备的主要技术性能（如合闸时间、分闸时间、分合闸速度特性、操作传动方向角度等），尽可能不增加正常操作和事故处理的复杂性，微机防误装置应不影响或干扰继电保护、自动装置和通信设备的正常工作。

(4) 防误装置使用的直流电源应与继电保护、控制回路的电源分开，交流电源应是不间断供电电源。

(5) 电磁锁应采用间隙式原理，锁栓能自动复位。

(6) 微机防误装置的机械挂锁应采用防锈和防腐材料制作。远方操作中使用的微机防误装置电编码锁必须具有远方遥控开锁和就地电脑钥匙开锁的双重属性。

(7) 微机防误装置的操作钥匙应具有经授权密码可跳过当前操作步骤的功能。电脑操作钥匙还应具有对同一地址码的电编码锁和机械编码锁进行开锁的双重属性。

(8) 通过对受控站电气设备位置信号采集，实现防误装置主机与现场设备状态的一致性，主站远方遥控操作、就地操作实现“五防”强制闭锁功能。

(9) 满足多个设备同时操作的要求，可实现多任务并行操作的方式。

(10) 对使用常规闭锁技术无法满足防止电气误操作要求的设备（如联络线、封闭式电气设备等），宜采取加装带电显示装置等技术措施达到防止电气误操作要求。

对采用间接验电的带电显示装置，在技术条件具备时应与防误装置连接，以实现接地操作时的强制性闭锁功能。

(11) 断路器和隔离开关电气闭锁回路应直接使用断路器和隔离开关的辅助接点，严禁使用重动继电器。

2. 计算机监控系统防止电气误操作要求

(1) 中央计算机监控系统防误闭锁功能应实现对受控站电气设备位置信号的实时采集，实现防误装置主机与现场设备状态的一致性。当这些功能故障时，应发出告警信息。

(2) 采用计算机监控系统时，电气设备的远方和就地操作应具备完善的电气闭锁功能，或间隔内的电气闭锁加覆盖全站的可实现遥控闭锁的微机防误功能。若具有前置机操作功能的，亦应具备上述闭锁功能。

(3) 操作控制功能可按远方操作、站控层、间隔层、设备级的分层操作原则考虑。无论

设备处在哪一层操作控制，设备的运行状态和选择切换开关的状态都应具备防误闭锁功能。

（4）计算机监控系统应具有操作监护功能，以允许监护人员在操作员工作站上对操作实施监护。

（5）当进行 RTU 校验、保护校验、断路器检修等工作时，应能利用“检修挂牌”禁止计算机监控系统对此断路器进行遥控操作。

当一次设备运行而自动化装置需要进行维护、校验或修改程序时，应能利用“闭锁挂牌”闭锁计算机监控系统对所有设备进行遥控操作。

（6）运行人员在设备现场挂、拆接地线时，应在“一次系统接线图”上对应设置、拆除模拟接地线，以保持两者状态一致。在设备上挂拆接地线，若设有联闭锁软件，则该接地线挂拆应参与闭锁判断。所有设置、拆除模拟接地线，均应通过口令校验后方可执行。

3. 二次设备防止电气误操作管理原则要求

（1）对压板操作、电流端子操作、切换开关操作、插拔操作、二次开关操作、按钮操作、定值更改等继电保护操作，应制定正确操作要求和防止电气误操作措施。

1）保护出口的二次压板投入前，应检查无出口跳闸电压、装置无异常、无掉牌信号。二次压板应有醒目和位置正确的标牌（标签）。

2）涉及二次运行方式的切换开关，如母差固定连接方式切换开关、备用电源自投切换开关、电压互感器二次联络切换开关等在操作后，应检查相应的指示灯或光字牌，以确认方式正确。

3）二次设备的重要按钮在正常运行中，应做好防误碰的安全措施，并在按钮旁贴有醒目标签加以说明。

4）应对不同类型保护制定二次设备定值更改的安全操作规定，如微机保护改变定值区后应打印或确认定值表，调整时间继电器定值时应停用相关的出口连片，时间定值调整后应检查装置无异常后再投入出口连片等。

（2）严格执行《电力安全工作规程》“二次工作安全措施票”及相关管理规定。

四、防误操作管理体系构建

（1）供电企业负责防止电气误操作安全管理规章制度及防误装置技术标准的制定、修订，每两年组织召开一次专业会议。中国电力科学研究院负责提供防止电气误操作技术支持，每年三月底前发布防误装置年度分析报告。

（2）各级供电企业应成立防止电气误操作工作小组，由主管生产的行政副职或总工程师任组长，安监、生产、基建、农电、调度等部门参加，并在安全监察部或生产技术部设立专责（职）人员。工作小组应组织制定本单位防止电气误操作工作岗位责任制，明确各有关部门和人员的管理职责。定期分析防止电气误操作工作存在问题，提出工作目标和计划，检查、督促和考核工作落实情况。制定防止电气误操作及防误装置管理规定、技术措施和年度工作计划，定期检查计划落实情况。每年二月底前向上级单位上报上年度专业工作总结、事故分析报告及本年度工作计划，同时抄送中国电力科学研究院。每年召开一次防止电气误操作专业会议。审定所辖（代管）单位的防误装置技术方案及年度工作计划。组织或参加电气误操作事故调查分析，制定反事故措施，负责所辖（代管）单位的防误装置技术监督、信息反馈和经验交流。

（3）各级供电企业应成立防止电气误操作工作小组，由主管生产的行政副职或总工程师任组长，安监、生产、基建、农电、调度等部门参加，并在安全监察部或生产技术部设立专责（职）人员。工作小组应组织制定本单位防止电气误操作工作岗位责任制，明确各有关部门和人员的管理职责，定期分析防止电气误操作工作存在问题，提出工作目标和计划，检查、督促和考核工作落实情况，制定防止电气误操作及防误装置管理规定实施细则和相关规章制度，定期检查落实情况。每年一月底前向上一级单位上报上年度专业工作总结、事故分析报告及本年度工作计划。各级供电企业应将防误装置大修、维护和技术改造项目纳入本单位反事故技术措施，组织防误装置技术培训，参加新建、扩建和改建工程中有关防误装置选型、设计审查、投运前验收工作。

（4）检修、基建、调试等单位和有关部门应对所从事的作业任务和过程中涉及的防止电气误操作工作负责。

第五节 风 险 管 控

为贯彻“安全第一、预防为主、综合治理”方针，推行安全管理标准化，实施安全风险管理，健全安全工作长效机制，针对生产作业活动全过程，辨识作业安全风险，落实关键环节管控措施，防范人身伤害事故和人员责任事故，制定了《生产作业风险管控工作规范》。

规范梳理了生产作业活动流程，针对计划编制、作业组织、现场实施等关键环节，明确了主要风险及其控制措施，以对作业活动安全风险实施超前分析和流程化控制，形成“流程规范、措施明确、责任落实、可控在控”的安全风险管控机制。

一、风险识别

（1）以防控人身触电、高处坠落、物体打击、机械伤害、误操作等典型事故风险为重点，从管理类和作业行为两方面分析和识别生产作业活动动态风险。

（2）以防止电网运行方式安排不当，在临时方式、过渡方式、检修方式等特殊方式下由于控制措施不合理，以及外力破坏而造成电网停电的风险。

（3）风险识别和分析应包含存在的影响电网、设备及人身安全因素、危险源点和其他可能影响安全的薄弱环节，需提醒有关部门（单位）注意和重视的事项。

二、风险预警

（1）对于可能发生人身伤害事故和有人员责任的电网和设备事故的作业安全风险，建立安全预警机制，加强对生产过程风险预控。

（2）风险预警实行分类、分级管理，形成以企业、车间、班组为主体的风险预警管理体系。

（3）风险预警内容由主题、事由、时段、风险分析、控制建议措施、各部门（单位）响应措施等组成。

（4）建立风险预警跟踪机制，加强风险预警执行情况的检查和指导。

三、风险控制

（1）相关部门和单位按照工作职责和流程管理，针对生产作业风险，从计划、组织、实施阶段拟定指导性预防措施，包括工作方案、措施制定、人员组织、资源调配等情况。

（2）组织学习工作方案，开展安全交底，组织现场勘察，制定并落实具体控制措施。

（3）严格执行“两票三制”，明确工作内容、工作范围、安全措施、主要风险、防范措施等。

（4）强化现场组织协调，工作负责人、专责监护人切实履行职责，有序开展工作。

（5）领导干部和管理人员到岗到位，指导现场工作，及时协调和解决现场工作出现的情况和问题。

（6）加强现场监督，及时指出和制止违章，执行违章考核。

第六节　特　种　设　备

一、特种设备

（1）特种设备是指涉及生命安全、危险性较大的锅炉、压力容器（含气瓶，下同）、压力管道、电梯、起重机械、客运索道、大型游乐设施和场（厂）内专用机动车辆。

（2）特种设备生产、使用单位应当建立健全特种设备安全、节能管理制度和岗位安全、节能责任制度。

（3）特种设备生产、使用单位的主要负责人应当对本单位特种设备的安全和节能全面负责。

（4）特种设备生产、使用单位和特种设备检验检测机构，应当接受特种设备安全监督管理部门依法进行的特种设备安全监察。

（5）特种设备的生产（含设计、制造、安装、改造、维修，下同）、使用、检验、检测及其监督检查，应当遵守《特种设备安全监察条例》（2003 年 3 月 11 日中华人民共和国国务院令第 37 号公布根据 2009 年 1 月 24 日《国务院关于修改〈特种设备安全监察条例〉的决定》修订）

二、特种设备的使用

（1）特种设备使用单位，应当严格执行本条例和有关安全生产的法律、行政法规的规定，保证特种设备的安全使用。

（2）特种设备使用单位应当使用符合安全技术规范要求的特种设备。特种设备投入使用前，使用单位应当核对其是否附有本条例规定的相关文件。

（3）特种设备在投入使用前或者投入使用后 30 日内，特种设备使用单位应当向直辖市或者设区的市的特种设备安全监督管理部门登记。登记标志应当置于或附着于该特种设备的显著位置。

（4）特种设备使用单位应当建立特种设备安全技术档案。安全技术档案应当包括以下内容。

1）特种设备的设计文件、制造单位、产品质量合格证明、使用维护说明等文件以及安装技术文件和资料。

2）特种设备的定期检验和定期自行检查的记录。

3）特种设备的日常使用状况记录。

4）特种设备及其安全附件、安全保护装置、测量调控装置及有关附属仪器仪表的日常维护保养记录。

5）特种设备运行故障和事故记录。

6）高耗能特种设备的能效测试报告、能耗状况记录以及节能改造技术资料。

（5）特种设备使用单位应当对在用特种设备进行经常性日常维护保养，并定期自行检查。特种设备使用单位对在用特种设备应当至少每月进行一次自行检查，并作出记录。特种设备使用单位在对在用特种设备进行自行检查和日常维护保养时发现异常情况的，应当及时处理。

（6）特种设备使用单位应当对在用特种设备的安全附件、安全保护装置、测量调控装置及有关附属仪器仪表进行定期校验、检修，并做好记录。

（7）锅炉使用单位应当按照安全技术规范的要求进行锅炉水（介）质处理，并接受特种设备检验检测机构实施的水（介）质处理定期检验。

（8）从事锅炉清洗的单位，应当按照安全技术规范的要求进行锅炉清洗，并接受特种设备检验检测机构实施的锅炉清洗过程监督检验。

（9）特种设备使用单位应当按照安全技术规范的定期检验要求，在安全检验合格有效期届满前 1 个月向特种设备检验检测机构提出定期检验要求。检验检测机构接到定期检验要求后，应当按照安全技术规范的要求及时进行安全性能检验和能效测试。未经定期检验或者检验不合格的特种设备，不得继续使用。

（10）特种设备出现故障或者发生异常情况，使用单位应当对其进行全面检查，消除事故隐患后，方可重新投入使用。

（11）特种设备不符合能效指标的，特种设备使用单位应当采取相应措施进行整改。

（12）特种设备存在严重事故隐患，无改造、维修价值，或者超过安全技术规范规定使用年限，特种设备使用单位应当及时予以报废，并应当向原登记的特种设备安全监督管理部门办理注销。

（13）电梯的日常维护保养必须由依照本条例取得许可的安装、改造、维修单位或者电梯制造单位进行。电梯应当至少每 15 日进行一次清洁、润滑、调整和检查。

（14）电梯的日常维护保养单位应当在维护保养中严格执行国家安全技术规范的要求，保证其维护保养电梯的安全技术性能，并负责落实现场安全防护措施，保证施工安全。

（15）电梯的日常维护保养单位，应当对其维护保养电梯的安全性能负责。接到故障通知后，应当立即赶赴现场，并采取必要的应急救援措施。

（16）电梯、客运索道、大型游乐设施等为公众提供服务的特种设备运营使用单位，应当设置特种设备安全管理机构或者配备专职的安全管理人员；其他特种设备使用单位，应当根据情况设置特种设备安全管理机构或配备专职、兼职的安全管理人员。

（17）特种设备的安全管理人员应当对特种设备使用状况进行经常性检查，发现问题的应当立即处理；情况紧急时，可以决定停止使用特种设备并及时报告本单位有关负责人。

（18）电梯投入使用后，电梯制造单位应当对其制造的电梯的安全运行情况进行跟踪调查和了解，对电梯的日常维护保养单位或者电梯的使用单位在安全运行方面存在的问题，提出改进建议，并提供必要的技术帮助。发现电梯存在严重事故隐患的，应当及时向特种设备安全监督管理部门报告。电梯制造单位对调查和了解的情况，应当作出记录。

（19）锅炉、压力容器、电梯、起重机械、客运索道、大型游乐设施、场（厂）内专用机

动车辆的作业人员及其相关管理人员（以下统称特种设备作业人员），应当按照国家有关规定经特种设备安全监督管理部门考核合格，取得国家统一格式的特种作业人员证书，方可从事相应的作业或者管理工作。

（20）特种设备使用单位应当对特种设备作业人员进行特种设备安全、节能教育和培训，保证特种设备作业人员具备必要的特种设备安全、节能知识。

（21）特种设备作业人员在作业中应当严格执行特种设备的操作规程和有关的安全规章制度。

（22）特种设备作业人员在作业过程中发现事故隐患或者其他不安全因素，应当立即向现场安全管理人员和单位有关负责人报告。

三、特种设备的检验、检测

（1）从事本条例规定的监督检验、定期检验、型式试验以及专门为特种设备生产、使用、检验检测提供无损检测服务的特种设备检验、检测机构，应当经国务院特种设备安全监督管理部门核准。特种设备使用单位设立的特种设备检验检测机构，经国务院特种设备安全监督管理部门核准，负责本单位核准范围内的特种设备定期检验工作。

（2）特种设备检验检测机构，应当具备下列条件。

1）有与所从事的检验检测工作相适应的检验检测人员。

2）有与所从事的检验检测工作相适应的检验检测仪器和设备。

3）有健全的检验检测管理制度、检验检测责任制度。

特种设备的监督检验、定期检验、型式试验和无损检测应当由依照本条例经核准的特种设备检验检测机构进行。

（3）特种设备检验、检测工作应当符合安全技术规范的要求。

（4）从事本条例规定的监督检验、定期检验、型式试验和无损检测的特种设备检验检测人员应当经国务院特种设备安全监督管理部门组织考核合格，取得检验、检测人员证书，方可从事检验、检测工作。检验、检测人员从事检验、检测工作，必须在特种设备检验、检测机构执业，但不得同时在两个以上检验、检测机构中执业。

（5）特种设备检验、检测机构和检验、检测人员进行特种设备检验、检测，应当遵循诚信原则和方便企业的原则，为特种设备生产、使用单位提供可靠、便捷的检验、检测服务。

（6）特种设备检验、检测机构和检验、检测人员对涉及的被检验、检测单位的商业秘密，负有保密义务。

（7）特种设备检验、检测机构和检验、检测人员应当客观、公正、及时地出具检验、检测结果、鉴定结论。检验、检测结果、鉴定结论经检验、检测人员签字后，由检验、检测机构负责人签署。

（8）特种设备检验、检测机构和检验、检测人员对检验、检测结果、鉴定结论负责。

（9）国务院特种设备安全监督管理部门应当组织对特种设备检验、检测机构的检验、检测结果、鉴定结论进行监督抽查。

（10）县以上地方负责特种设备安全监督管理的部门在本行政区域内也可以组织监督抽查，但是要防止重复抽查。监督抽查结果应当向社会公布。

（11）特种设备检验、检测机构和检验、检测人员不得从事特种设备的生产、销售，不得以其名义推荐或者监制、监销特种设备。

（12）特种设备检验、检测机构进行特种设备检验、检测，发现严重事故隐患或者能耗严重超标的，应当及时告知特种设备使用单位，并立即向特种设备安全监督管理部门报告。

（13）特种设备检验、检测机构和检验、检测人员利用检验、检测工作故意刁难特种设备生产、使用单位，特种设备生产、使用单位有权向特种设备安全监督管理部门投诉，接到投诉的特种设备安全监督管理部门应当及时进行调查处理。

第七章

职业安全健康环境

第一节 安 全 评 价

一、安全评价的定义、目的和意义

（一）安全评价的定义

安全评价是以实现工程、系统安全为目的，应用安全系统工程的原理和方法，对工程、系统中存在的危险、有害因素进行识别与分析，判断工程、系统发生事故和急性职业危害的可能性及其严重程度，提出安全对策建议，从而为工程、系统制定防范措施和管理决策提供科学依据。

（二）安全评价的目的

安全评价的目的是查找、分析和预测工程、系统存在的危险、有害因素及可能导致的危险、危害后果和程度，提出合理、可行的安全对策措施，指导危险源监控和事故预防，以达到最低事故率、最少损失和最优的安全投资效益。安全评价可达到以下目的。

（1）提高系统本质安全化程度。通过安全评价，对工程或系统的设计、建设、运行等过程中存在的事故和事故隐患进行系统分析，针对事故和事故隐患发生的可能原因事件和条件，提出消除危险的最佳技术措施方案，特别是从设计上采取相应措施，设置多重安全屏障，实现生产过程的本质安全化，做到即使发生误操作或设备故障时，系统存在的危险因素也不会导致重大事故发生。

（2）实现全过程安全控制。在系统设计前进行安全评价，可避免选用不安全的工艺流程和危险的原材料以及不适的设备、设施，避免安全设施不符合要求或存在缺陷，并提出降低或消除危险的有效方法。系统设计后进行安全评价，可查出设计中的缺陷和不足，及早采取改进和预防措施。系统建成后进行安全评价，可了解系统的现实危险性，为进一步采取降低危险性的措施提供依据。

（3）建立系统安全的最优方案，为决策提供依据。通过安全评价，可确定系统存在的危险源及其分布部位、数目，预测系统发生事故的概率及其严重度，进而提出应采取的安全对策措施等。决策者可以根据评价结果选择系统安全最优方案和进行管理决策。

（4）为实现安全技术、安全管理的标准化和科学化创造条件。通过对设备、设施或系统在生产过程中安全性是否符合有关技术标准、规范相关规定的评价，对照技术标准、规范找出存在的问题和不足，实现安全技术和安全管理的标准化、科学化。

（三）安全评价的意义

安全性评价工作是经过实践检验的、对电力企业安全生产行之有效的管理方法。将这一方法融入企业安全生产管理之中，实施自下而上与自上而下相结合的基于风险辨识、风险分析、风险评估、风险控制的闭环过程管理，对于夯实企业安全生产基础具有积极的作用。

安全评价的意义在于可有效地预防事故的发生，减少财产损失和人员伤亡。安全评价与日常安全管理和安全监督监察工作不同。安全评价是从系统安全的角度出发，分析、论证和评估可能产生的损失和伤害及其影响范围、严重程度，提出应采取的对策措施等。

（1）安全评价是安全管理的一个必要组成部分。“安全第一、预防为主、综合治理”是我国的安全生产方针，安全评价是预测、预防事故的重要手段。通过安全评价可确认生产经营单位是否具备必要的安全生产条件。

（2）有助于政府安全监督管理部门对生产经营单位的安全生产实行宏观控制。安全预评价能提高工程设计的质量和系统的安全可靠程度。安全验收评价是根据国家有关技术标准、规范对设备、设施和系统进行的符合性评价，能提高安全达标水平。安全现状评价可客观地对生产经营单位的安全水平作出评价，使生产经营单位不仅了解可能存在的危险性，而且明确改进的方向，同时，也为安全监督管理部门了解生产经营单位安全生产现状，实施宏观调控打下基础。专项安全评价可为生产经营单位和政府安全监督管理部门决策提供科学依据。

（3）有助于安全投资的合理选择。安全评价不仅能够确认系统的危险性，而且能进一步预测危险性发展为事故的可能性及事故造成损失的严重程度，并以此说明系统危险可能造成负效益的大小，合理地选择控制措施，确定安全措施投资的多少，从而使安全生产投入和可能减少的负效益达到合理平衡。

（4）有助于提高生产经营单位的安全管理水平。安全评价可以使生产经营单位安全管理变事后处理为事先预测、预防。传统安全管理方法的特点是凭经验进行管理，多为事故发生后再进行处理。通过安全评价，可以预先识别系统的危险性，分析生产经营单位的安全状况，全面评价系统及各部分的危险程度和安全管理状况，促使生产经营单位达到规定的安全要求。

安全评价可以使生产经营单位安全管理变纵向单一管理为全面系统管理。安全评价使生产经营单位所有部门都能按照要求认真评价本系统的安全状况，将安全管理范围扩大到生产经营单位各个部门、各个环节，使生产经营单位的安全管理实现全员、全方位、全过程、全天候的系统化管理。

安全评价可以使生产经营单位安全管理变经验管理为目标管理。安全评价可以使各部门、全体员工明确各自的安全目标，在明确的目标下，统一步调、分头进行，从而使安全管理工作做到科学化、统一化、标准化。

（5）有助于生产经营单位提高经济效益。安全预评价可减少项目建成后由于安全要求引起的调整和返工建设。安全验收评价可将潜在的事故隐患在设施开工运行前消除。安全现状评价可使生产经营单位了解可能存在的危险，并为安全管理提供依据。生产经营单位安全水平的提高无疑可带来经济效益的提高，使生产经营单位真正实现安全生产和经济效益的同步增长。

（四）安全评价的原则

（1）安全评价贵在真实。各级领导应鼓励和倡导通过安全评价发现问题，保证评价能客观真实地反映企业安全生产状况和存在问题。评价结果应不作为对有关企业、机构和人员安全生产考核的依据。

（2）安全评价重在整改。为促进企业整改，提高企业安全生产水平，各单位应认真组织制定整改计划，落实整改资金及措施，监督整改完成，保证安全评价收到实效。整改落

实与完成情况应作为对有关企业、机构和人员安全生产考核的依据。

（五）对安全评价的要求

（1）安全评价应与企业日常安全生产管理工作相结合，针对电网运行、设备工况、生产环境、作业过程等随时作出评价，分析企业安全生产中存在的问题，发现危险因素和安全隐患，制定针对性的控制措施，逐步建立基于风险管理的安全生产长效管理机制。

（2）安全评价应与现代安全管理手段相结合，吸收国内外先进的管理理念与管理方法，并融合技术监督、可靠性管理、反事故措施、危险点分析、现场作业程序标准化等行之有效的安全管理方法，逐步建立与国际标准管理体系接轨的安全生产管理体系，使安全评价工作引向深入。

（3）安全评价工作应实行闭环动态管理，企业应结合安全生产实际和安全评价内容，以2～3年为一周期，按照“评价、分析、评估、整改”的过程循环推进，即按照评价标准开展自评价或专家评价，对评价过程中发现的问题进行原因分析，根据危害程度对存在问题进行评估和分类，按照评估结论对存在问题制定并落实整改措施，然后在此基础上进行新一轮的循环。

（4）安全评价工作实行规范化、制度化管理，企业应逐步建立安全评价的动态跟踪制度和评估分析制度，对专家建议的反馈制度、定期通报和内部交流制度、自查和整改考核制度，使安全评价贯穿到整个安全生产管理过程之中。

（5）安全评价应采用企业自评价和专家评价相结合的方式进行，各基层企业组织自评价，上级单位组织专家评价。供电企业应建立符合评价工作要求的安全评价专家库，专家评价的评价组成员应从专家库中产生。

二、安全评价的依据

（一）供电企业开展安全评价的有关法律法规

（1）《中华人民共和国劳动法》。该法于1994年7月5日由第八届全国人民代表大会常务委员会第八次会议通过，自1995年1月1日起施行。

（2）《中华人民共和国安全生产法》。该法于2002年6月29日由第九届全国人民代表大会常务委员会第二十八次会议通过，自2002年11月1日起施行。

（3）《安全生产许可条例》。该法于2004年1月7日由中华人民共和国国务院第三十四次常务会议通过，自2004年1月13日公布实施。

（4）《安全评价机构管理规定》（国家安全生产监督管理局第13号令）。该规定于2004年10月20日发布，自2005年1月1日起施行。

（5）《注册安全工程师管理规定》（国家安全生产监督管理总局第11号令）。该规定于2006年12月22日国家安全生产监督管理总局局长办公会议审议通过，自2007年3月1日起施行。

（二）供电企业开展安全评价的有关规章制度

《国家电网公司电力生产安全性评价工作管理办法》（试行）

（三）对安全评价机构及人员的要求

（1）国家对安全评价机构和安全评价人员实行资质许可制度。安全评价机构应当取得相应的安全评价资质证书（以下统称资质证书），并在资质证书确定的业务范围内从事安全评价活动。安全评价人员应当取得相应的资格，方可执业。

未取得资质证书的安全评价机构及其安全评价人员，不得从事安全评价活动（《安全评价机构管理规定》国家安全生产监督管理局第13号令第三条）。

（2）安全评价机构应当依照法律、行政法规、标准的规定，遵守执业准则，依法独立开展安全评价工作，如实反映所评价的安全事项，并对其安全评价结果承担法律责任（《安全评价机构管理规定》国家安全生产监督管理局第13号令第十六条）。

（3）安全评价机构承担安全评价项目时，应当依法与委托方签订安全评价合同，明确双方的权利、义务（《安全评价机构管理规定》国家安全生产监督管理局第13号令第十七条）。

（4）安全评价机构从事安全评价工作的收费，应当符合法律、行政法规的规定。法律、行政法规没有规定的，应当按照行业自律标准或指导性标准收费（《安全评价机构管理规定》国家安全生产监督管理局第13号令第十八条）。

（5）安全评价机构及其安全评价人员在从事安全评价活动时，应当恪守职业道德，遵循诚实守信的原则，不得泄露被评价单位的技术和商业秘密［《安全评价机构管理规定》国家安全生产监督管理局第13号令第十九条］。

（6）注册安全工程师的执业范围包括：安全生产管理、安全生产检查、安全评价或者安全评估、安全检测检验、安全生产技术咨询和服务、安全生产教育和培训、法律及法规规定的其他安全生产技术服务［《注册安全工程师管理规定》（国家安全生产监督管理总局令第11号）第十七条］。

三、安全评价的分类

目前根据工程、系统生命周期和评价的目的，将安全评价分为安全预评价、安全验收评价、安全现状评价和专项安全评价等四类。

（一）安全预评价

安全预评价是根据建设项目可行性研究报告的内容，分析和预测该建设项目可能存在的危险、有害因素的种类和程度，提出合理可行的安全对策措施及建议。

安全预评价实际上就是在项目建设前应用安全系统工程的原理和方法对系统（工程、项目）中存在的危险性、有害因素及其危害性进行预测性评价。

安全预评价内容主要包括危险及有害因素识别、危险度评价和安全对策措施及建议。安全预评价以拟建建设项目作为研究对象，根据建设项目可行性研究报告提供的生产工艺过程、使用和产出的物质、主要设备和操作条件等，研究系统固有的危险及有害因素，应用安全系统工程的原理和方法，对系统的危险性和危害性进行定性、定量分析，确定系统的危险、有害因素及其危险、危害程度；针对主要危险、有害因素及其可能产生的危险、危害后果，提出消除、预防和降低危险、危害的对策措施；评价采取措施后的系统是否能满足规定的安全要求，从而得出建设项目应如何设计、管理才能达到安全指标要求的结论。

通过安全预评价形成的安全预评价报告，将作为项目报批的文件之一，向政府安全管理部门提供的同时，也提供给建设单位、设计单位、业主，作为项目最终设计的重要依据文件之一。建设单位、设计单位、业主在项目设计阶段、建设阶段和运营时期，必须落实安全预评价所提出的各项措施，切实做到建设项目安全设施的“三同时”。

（二）安全验收评价

安全验收评价是在建设项目竣工验收之前、试生产运行正常后，通过对建设项目的设施、

设备、装置的实际运行状况及管理状况的安全评价，查找该建设项目投产后存在的危险、有害因素，确定其程度，提出合理可行的安全对策措施及建议。

安全验收评价是运用安全系统工程的原理和方法，在项目建成试生产正常运行后，在正式投产前进行的一种检查性安全评价。它通过对系统存在的危险和有害因素进行定性和定量的检查，判断系统在安全上的符合性和配套安全设施的有效性，从而作出评价结论并提出补救或补偿措施，以实现系统安全的目的。

安全验收评价是为安全验收进行的技术准备。在安全验收评价中要查看安全预评价提出的安全措施在设计中是否得到落实，初步设计中的各项安全设施是否在项目建设中得到落实，还要查看施工过程中的安全监理记录，安全设施调试、运行和检测情况，以及隐蔽工程等的安全设施落实情况。最终形成的安全验收评价报告，将作为建设单位向政府安全生产监督管理机构申请建设项目安全验收审核的依据。

（三）安全现状评价

安全现状评价是针对系统或某一个生产经营单位的总体或局部生产经营活动的安全现状进行的评价。通过安全现状评价查找其存在的危险、有害因素，确定其程度，提出合理可行的安全对策措施及建议。

这种对在用生产装置、设备、设施、储存、运输及安全管理状况进行的现状评价，是根据政府有关法规的规定或生产经营单位安全管理的要求进行的，主要包括以下内容。

（1）全面收集评价所需的信息资料，采用合适的系统安全分析方法进行危险因素识别，给出量化的安全状态参数值。

（2）对于可能造成重大后果的事故隐患，采用相应的评价数学模型进行事故模拟，预测极端情况下的影响范围，分析事故的最大损失以及发生事故的几率。

（3）对发现的事故隐患，分别提出治理措施，并按危险程度的大小及整改的优先度进行排序。

（4）提出整改措施和建议。

（四）专项安全评价

专项安全评价是针对某一项活动或场所，如一个特定的行业、产品、生产方式、生产工艺或生产装置等存在的危险、有害因素进行的安全评价，目的是查找其存在的危险、有害因素，确定其程度，提出合理可行的安全对策措施及建议。

专项安全评价通常是根据政府有关部门的要求进行的，是对专项安全问题进行的专题安全分析评价。

四、安全评价的程序

（一）评价的内容

安全评价是一个运用安全系统工程的原理和方法，识别和评价系统、工程中存在的风险、有害因素的过程。这一过程包括危险、有害因素的识别及危险和危害程度评价两部分。危险、有害因素识别的目的在于识别危险来源；危险和危害程度评价的目的在于确定和衡量来自危险源的危险性、危险程度及应采取的控制措施，以及采取控制措施后仍然存在的危险性是否可以被接受。在实际的安全评价过程中，这两方面是不能截然分开、孤立进行的，而是相互交叉、相互重叠于整个评价工作中。以安全现状评价为例，安全现状评价工作流程图如图 7-1 所示。

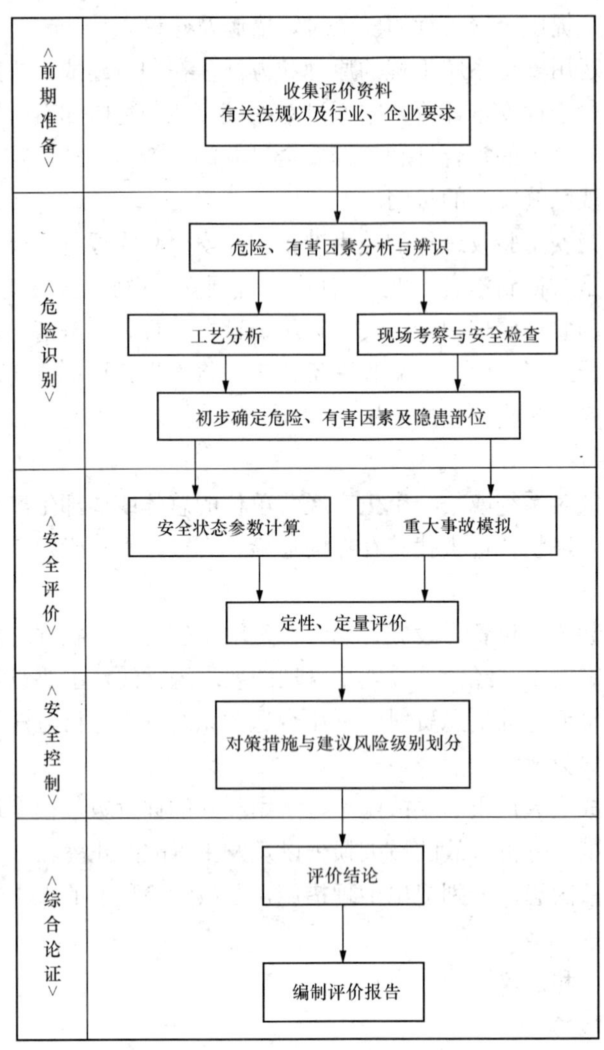

图 7-1　安全现状评价工作流程图

1. 安全评价内容

（1）安全评价内容应覆盖与企业安全生产有关的各个环节、各个方面，并且评价内容应随生产发展、技术进步和环境变化不断完善和更新。

（2）安全评价内容应包含上一轮评价时提出的需要重点整改的项目，并应根据上一轮评价工作的完成情况对评价内容进行补充、更新和完善。

2. 安全评价层次

供电企业应结合生产管理范围和安全工作需要组织开展各种层次的安全评价，一般包括：输电网安全评价、供电企业安全评价、电网调度系统安全评价、直流输电系统安全评价、电力二次系统及其他相关专业的安全评价。

3. 安全评价范围

企业的开展安全评价工作时，应结合生产实际将评价标准所列项目没有覆盖的生

产现场运行设备、各项反事故措施、运行规程和规定等纳入安全评价内容，并制定相应的评价项目和评价标准，而对于评价标准所列项目没有对应评价对象的内容应予以剔除。

（二）开展安全评价的程序

安全评价程序主要包括：①前期准备；②危险、有害因素辨识与分析；③定性、定量评价；④提出安全对策措施，形成安全评价结论及建议，编制安全评价报告。安全评价基本流程如图 7-2 所示。

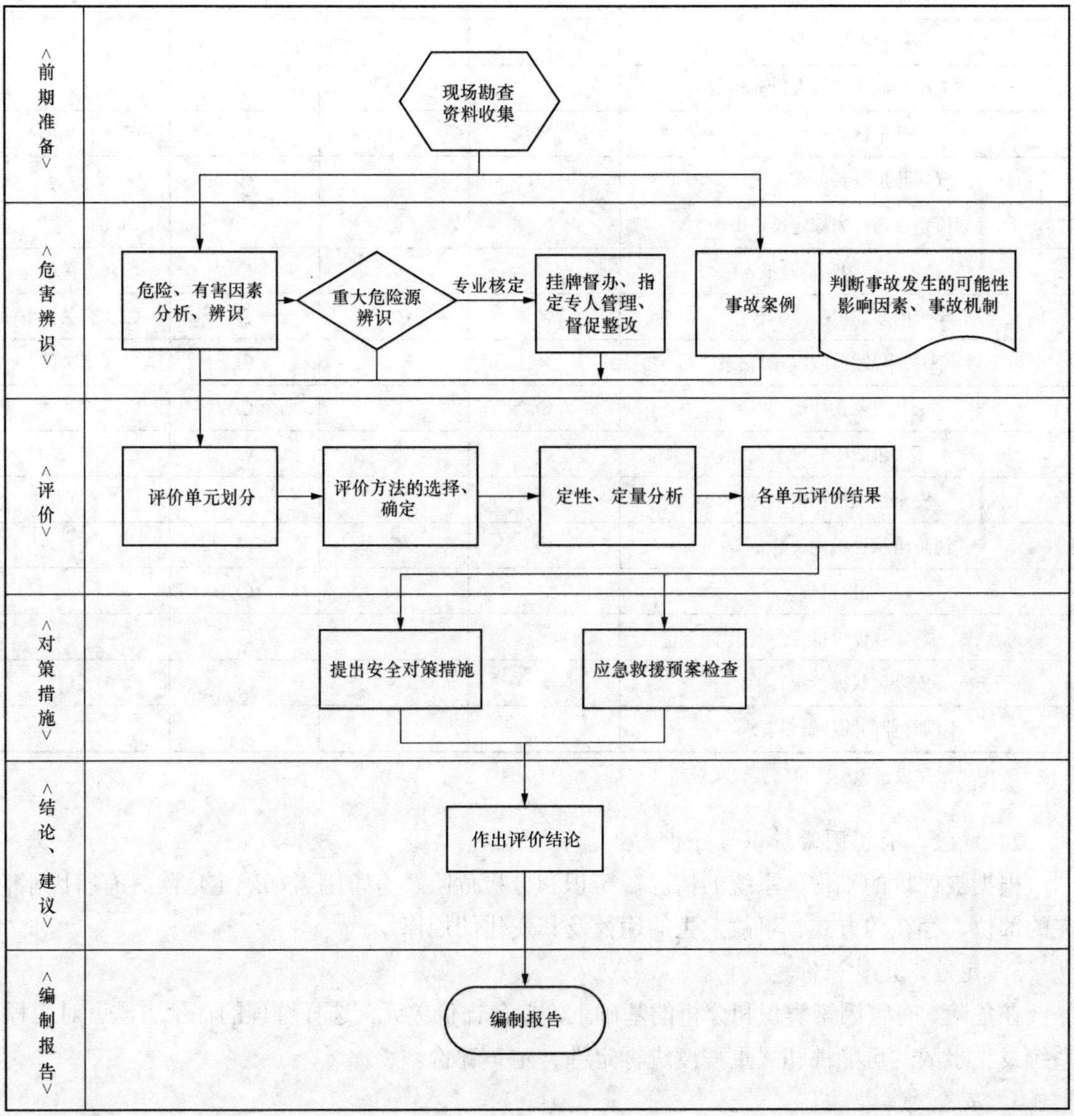

〈前期准备〉
现场勘查
资料收集

〈危害辨识〉
危险、有害因素分析、辨识
重大危险源辨识
专业核定
挂牌督办、指定专人管理、督促整改
事故案例
判断事故发生的可能性影响因素、事故机制

〈评价〉
评价单元划分
评价方法的选择、确定
定性、定量分析
各单元评价结果

〈对策措施〉
提出安全对策措施
应急救援预案检查

〈结论、建议〉
作出评价结论

〈编制报告〉
编制报告

图 7-2　安全评价基本流程

1. 前期准备

明确被评价对象和范围，收集国内外相关法律法规、技术标准及工程、系统的技术资料。

根据评价分类对应地准备相关资料。各类安全评价所需资料、数据见表 7-1。

表 7-1　　各类安全评价所需资料、数据对照表

资料类别 \ 评价类型	安全预评价	安全验收评价	安全现状评价	专项安全评价
有关法规、标准、规范	○	○	○	○
评价所依据的工程设计文件	○	○	○	×
厂区或装置平面布置图	○	○	○	○
工艺流程图与工艺概况	○	○	○	○
设备清单	○	○	○	○
厂区位置图及厂区周围人口分布数据	○	○	○	○
开车试验资料	×	○	○	○（有关的）
气体防护设备分布情况	○	○	○	○
强制检定仪器仪表标定检定资料	×	○	○	○（有关的）
特种设备检测和检验报告	×	○	○	○（有关的）
近年来的职业卫生监测数据	×	○	○	○（有关的）
近年来的事故统计及事故记录	×	×	○	○（有关的）
气象条件	○	○	○	○
重大事故应急预案	○	○	○	○（有关的）
安全组织机构网络	○	○	○	○
消防组织、机构、装备	○	○	○	○
预评价报告	×	○	○	×
验收评价报告	×	×	○	×
安全现状评价报告	×	×	×	○
不同行业的其他资料要求	×	×	×	○

注　表中“○”表示该类评价需要该项资料。

2. 危险、有害因素辨识与分析

根据被评价的工程、系统的情况，辨识和分析危险、有害因素，确定危险、有害因素存在的部位、存在的方式、事故发生的途径及其变化的规律。

3. 定性、定量评价

在危险、有害因素辨识和分析的基础上，划分评价单元，选择合理的评价方法，对工程、系统发生事故的可能性和严重程度进行定性、定量评价。

4. 安全对策措施

根据定性、定量评价结果，提出消除或减弱危险、有害因素的技术和管理措施及建议。

5. 安全评价结论及建议

简要地列出主要危险、有害因素的评价结果，指出工程、系统应重点防范的重大危险因素，明确生产经营者应重视的重要安全措施。

6. 安全评价报告的编制

根据安全评价的结果编制相应的安全评价报告。

五、安全评价报告的重点内容

（一）安全对策措施

安全对策措施是要求设计单位、生产单位、经营单位在建设项目设计、生产经营、管理中采取的消除或减弱危险、有害因素的技术措施和管理措施，是防止事故和保障整个生产、经营过程安全的对策措施。

1. 安全对策措施的基本要求

（1）能消除或减弱生产过程中产生的危险、危害。

（2）处置危险和有害物，并降低到国家规定的限值内。

（3）预防生产装置失灵和操作失误产生的危险、危害。

（4）能有效地预防重大事故和职业危害的发生。

（5）发生意外事故时，能为遇险人员提供自救和互救条件。

2. 制定安全对策措施应遵循的基本要求

（1）安全技术措施等级顺序。当安全技术措施与经济效益发生矛盾时，应优先考虑安全技术措施方面的要求，并应按下列安全技术措施等级顺序选择安全技术措施。

1）直接安全技术措施。生产设备本身应具有本质安全性能，不出现任何事故和危害。

2）间接安全技术措施。若不能或完全能实现直接安全技术措施时，必须为生产设备设计出一种或多种安全防护装置（不得留给用户去承担），最大限度地预防、控制事故或危害的发生。

3）指示性安全技术措施。间接安全技术措施也无法实现或实施时，须采用检测报警装置、警示标志等措施，警告、提醒作业人员注意，以便采取相应的对策措施或紧急撤离危险场所。

4）若间接、指示性安全技术措施仍然不能避免事故、危害发生，则应采用安全操作规程、安全教育、安全培训和个体防护用品等措施来预防、减弱系统的危险、危害程度。

（2）根据安全技术措施等级顺序的要求应遵循的具体原则。

1）消除。通过合理的设计和科学的管理，尽可能从根本上消除危险、有害因素，如采用无害化工艺技术，生产中以无害物质代替有害物质，实现自动化、遥控作业等。

2）预防。当消除危险、有害因素有困难时，可采取预防性技术措施，预防危险、危害的发生，如使用安全阀、安全屏护、漏电保护装置、安全电压、熔断器、防爆膜、事故排放装置等。

3）减弱。在无法消除危险、有害因素和难以预防的情况下，可采取降低危险、危害的措施，如加设局部通风排毒装置，生产中以低毒性物质代替高毒性物质，采取降温措施，设置避雷、消除静电、减震、消声等装置。

4）隔离。在无法消除、预防减弱的情况下，应将人员与危险、有害因素隔开和将不能共存的物质分开，如遥控作业，设安全罩、防护屏、隔离操作室、安全距离、事故发生时的自救装置（如防护服、各类防毒面具）等。

5）连锁。当操作者失误或设备运行一旦达到危险状态时，应通过连锁装置终止危险、危害的发生。

6）警告。在易发故障和危险性较大的地方，应设置醒目的安全色、安全标志；必要时设置声、光或声光组合报警装置。

（3）安全对策措施应具有针对性、可操作性和经济合理性。

1）针对性是指针对不同行业的特点和通过评价得出的主要危险、有害因素及其后果，提出对策措施。由于危险、有害因素及其后果具有隐蔽性、随机性、交叉影响性，对策措施不仅要针对某项危险、有害因素孤立地采取措施，而且为使系统达到安全的目的，应采取优化组合的综合措施。

2）可操作性是指提出的对策措施是设计单位、建设单位、生产经营单位进行设计、生产、管理的重要依据，因而对策措施应在经济、技术、时间上是可行的，能够落实和实施的，并尽可能具体指明对策措施的依据条款，以便于具体操作。

3）经济合理性是指不应超越国家及建设项目、生产经营单位的经济、技术水平，按过高的安全要求提出安全对策措施，即在采用先进技术的基础上，考虑到进一步发展的需要，以安全法规、标准和规范为依据，结合评价对象的经济、技术状况，使安全技术装备水平与工艺装备水平相适应，求得经济、技术、安全的合理统一。

4）对策措施应符合国家有关法规、标准及设计规范的规定。在安全评价中，应严格按有关设计规定的要求提出安全对策措施。

3. 安全对策措施的主要内容

安全对策措施的主要内容包括：厂址及厂区平面布局的对策措施、防火对策措施、防爆对策措施、电气安全对策措施、机械伤害对策措施、其他安全对策措施（包括高处坠落、物体打击、安全色、安全标志、特种设备等方面）、有害因素控制对策措施（包括尘、毒、窒息、噪声和振动等有害因素的控制对策措施）和安全管理对策措施。

（二）评价结论

安全评价结论应体现系统安全的理念，要阐述整个被评价系统的安全能否得到保障，系统客观存在的固有危险、有害因素在采取安全对策措施后能否得到控制及其受控的程度如何。

1. 取得评价结论的一般工作步骤

（1）收集与评价相关的技术与管理资料。

（2）按评价方法从现场获得与评价单元相关的基础数据。

（3）经数据处理对照相应评价方法的评价标准得到各单元评价结果。

（4）综合单元评价结果整合成单元评价小结。

（5）各单元评价小结整合成评价结论。

2. 评价结论的主要内容

安全评价结论的内容，因评价种类（安全预评价、安全验收评价、安全现状评价和专项安全评价）的不同而各有差异。通常情况下，安全评价结论的主要内容包括三大部分。

（1）结果分析。

1）辨识结果分析。列出辨识出的危险源，确定重大危险源和危险目标。

2）评价结果分析。各评价单元评价结果概述、归类、事故后果分析、风险（危险度）排序等。

3）控制结果分析。前馈控制（预防性、前瞻性的安全设施和安全管理）结果和后馈控制（事故应急救援预案）结果的分析。

（2）评价结论。

1）评价对象是否符合国家安全生产法规、标准要求。

2）评价对象在采取所要求的安全对策措施后达到的安全程度。

3）根据安全评价结果，作出可接受程度的结论。

（3）持续改进方向。

1）对受条件限制而遗留的问题提出改进方向和措施建议。

2）对于评价结果可接受的项目，还应进一步提出要重点防范的危险、危害因素；对于评价结果不可接受的项目，要指出存在的问题，列出不可接受的充足理由。

3）提出保持现有安全水平的要求（加强安全检查、保持日常维护等）。

4）进一步提高安全水平的建议（冗余配置安全设施，采用先进工艺、方法、设备）。

5）其他建设性的建议和希望。

（三）安全评价报告的格式

1. 安全预评价报告的格式

（1）封面。封面上应有（建设项目）安全预评价报告书、预评价单位全称、完成预评价报告书的日期（年、月）和预评价报告书的编号（与大纲编号相同）。

（2）安全预评价单位资格证书影印件。

（3）著录项。评价课题组组长、主要人员和审核人员。

（4）目录。

（5）编制说明。

（6）前言。

（7）正文。

（8）附件。

（9）附录。

2. 安全验收评价报告的格式

（1）封面。

（2）评价机构安全验收评价资格证书影印件。

（3）著录项目录。

（4）编制说明。

（5）前言。

（6）正文。

（7）附件。

（8）附录。

3. 安全现状评价报告的格式

（1）前言。

（2）目录。

（3）评价项目概述。

1）评价项目概况。

2）评价范围。

3）评价依据。

（4）评价程序和方法。

1）评价程序。

2）评价方法。

（5）预先危险性分析。

（6）危险度与危险指数分析。

（7）事故分析与重大事故的模拟。

1）重大事故原因分析。

2）重大事故概率分析。

3）重大事故预测、模拟。

（8）职业卫生现状评价。

（9）对策措施与建议。

（10）评价结论。

第二节 风险评估

一、风险评估的定义

风险评估（Risk Assessment）是指在风险事件发生之前或之后（但还没有结束），该事件给人们的生活、生命、财产等各个方面造成的影响和损失的可能性进行量化评估的工作。即风险评估就是量化测评某一事件或事物带来的影响或损失的可能程度。

二、风险评估任务和注意事项

（一）风险评估的主要任务

（1）识别评估对象面临的各种风险。

（2）评估风险概率和可能带来的负面影响。

（3）确定组织承受风险的能力。

（4）确定风险消减和控制的优先等级。

（5）推荐风险消减对策。

（二）风险评估过程注意事项

1. 几个关键问题

（1）要确定保护的对象（或者资产）是什么，它的直接和间接价值如何。

（2）资产面临哪些潜在威胁，导致威胁的问题所在，威胁发生的可能性有多大。

（3）资产中存在哪里弱点可能会被威胁所利用，利用的容易程度又如何。

（4）一旦威胁事件发生，组织会遭受怎样的损失或者面临怎样的负面影响。

（5）组织应该采取怎样的安全措施才能将风险带来的损失降低到最低程度。

解决以上问题的过程，就是风险评估的过程。

2. 几个对应关系

（1）每项资产可能面临多种威胁。

（2）威胁源（威胁代理）可能不止一个。

（3）每种威胁可能利用一个或多个弱点。

3. 风险评估的三种可行途径

在风险管理的前期准备阶段，组织已经根据安全目标确定了自己的安全战略，其中就包括对风险评估战略的考虑。所谓风险评估战略，其实就是进行风险评估的途径，也就是规定风险评估应该延续的操作过程和方式。

风险评估的操作范围可以是整个组织，也可以是组织中的某一部门，或者独立的信息系统、特定系统组件和服务。影响风险评估进展的某些因素，包括评估时间、力度、展开幅度和深度，都应与组织的环境和安全要求相符合。组织应该针对不同的情况来选择恰当的风险评估途径。

三、安全风险管理工作的目的和范围

（一）安全风险管理工作的目的

实施安全风险管理，针对电网、设备和生产环境中存在的隐患、缺陷和问题，有效组织安全性评价、隐患排查治理、年度方式分析、安全检查等工作，系统辨识安全生产风险，落实整改治理措施，防范安全生产事故的发生。

（二）安全风险管理工作的范围

范围包括生产性企业以及管理生产性企业的各级供电企业，其中生产性企业是指以从事输电、变电、调度、检修、试验、电力建设等为主要业务的企业。

（三）供电企业安全风险管理

（1）供电企业应结合工作性质和管理范围，从物质基础、安全管理、人员素质等方面，查找安全隐患和薄弱环节，系统分析和评估企业安全风险，采取措施控制人身伤亡、设备损坏、供电安全等各类事故风险，保障企业生产经营安全。企业安全风险管理的基础是企业安全风险评估、供电企业安全评价等。

（2）供电企业在开展企业安全风险管理时，应结合实际编制本企业安全风险评估（安全评价）标准、危险源辨识手册、检查评估方法，针对人身安全、设备安全、供电安全等，开展周期性、即时性危险源辨识和风险评估。对存在的各类危害因素和事故隐患进行风险分析，找出问题产生的根源，划分风险度大小（如将风险分为重大风险、一般风险、安全隐患等），为实施风险控制准备基础。

（3）供电企业在开展企业安全风险管理时，应对存在的安全风险进行全面梳理，按照风险度大小，研究制定预防措施和控制方案，组织制定整改计划，并认真贯彻实施。对关键点风险控制过程、控制结果、措施有效性等，组织进行评估。对暂时不能整改的重大隐患，制定落实有效的预防控制措施。对需要上级单位和地方政府提供支持的隐患治理，及时上报备案，保证风险控制和责任规避的落实。

（4）供电企业在开展企业安全风险管理时，应有针对性地制定对策与措施，分类实施风险控制和事故防范。对人员违章等行为性安全风险，主要从加强培训教育和考核、提高安全意识和技能等方面落实措施；对组织措施不落实、管理制度不完善等管理性安全风险，主要从加强和完善安全管理机制方面落实措施；对作业安全防护措施不完善、现场环境不符合安全要求、电网结构薄弱、设备陈旧老化等客观性安全风险，主要从增加安全投入、加快电网建设、实施技术改造等方面落实措施。

（5）供电企业及相关企业在开展企业安全风险管理时，应定期（如每年）组织管理评审，分析总结本单位安全风险管理主要成效、存在问题及有关意见和建议；安全风险评估标准、危险源辨识手册、检查评估方法等的适应性、针对性、可操作性以及安全风险控制和事故防范措施落实情况。在总结评审的基础上，研究制定下一轮实施方案及改进措施，实现持续改进［《国务院关于进一步加强企业安全生产工作的通知》（国发〔2010〕23 号）16、《建设工程项目管理规范》（GB/T 50326—2006）16］。

四、风险评估的流程

安全生产工作意见的十八项重点工作中要求："针对人员责任事故较为突出的问题，开展企业综合安全风险评估研究，在现有安全性评价工作的基础上，从夯实电网安全物质基础、强化企业安全管理、防止人身事故和人员责任事故全方位入手，逐步推行企业安全风险评估机制。"

《安全风险管理工作基本规范（试行）》和《生产作业风险管控工作规范（试行）》在现有的安全评价标准的基础上，进一步拓展和延伸安全评价内容，把风险评估作为一个完整体系来调整和充实安全评价的内容，认真研究企业综合安全评价标准及其查评方法，全面提高企业安全风险防范水平。在安全评价的基础上，实现安全风险评估要做好四个转变：①转变工作目标，重点关注人身风险评估，着力防止人身事故和人为责任事故；②转变工作内容，以风险意识教育和辨识能力培训为先导，以作业现场风险辨识与防范为重点，兼顾安全风险评估、量化和持续改进；③转变工作重点，注重安全生产条件、作业现场人的行为和管理过程控制；④转变工作方式，由周期性查评转变为周期性查评和生产管理过程实施动态管理相结合的模式。

开展安全风险评估，建立安全风险管理体系，有效控制人身事故和人员责任事故，是供电企业更新安全管理理念，深化安全管理工作的重要措施。它促进电力安全生产工作从事后防范的"事故管理"阶段，转变到预防为主、超前控制的"风险管理"阶段；从规章制度的"强制执行"阶段，转变到员工安全的"自发行为"阶段，实现安全生产风险的控制化管理。在风险管理中，领导者应当切实履行安全责任，在人、财、物各方面支持安全生产工作；管理者需要努力完善制度，解决实际问题，加强过程管理；更重要的是，员工需要更加重视生命的价值，提高风险意识，学会识别、评估现场的风险，主动采取措施控制风险。这样，才能在隐患转变为风险从而导致事故之前，预先识别出危险因素，实施"事前控制"，更加直接、更加有效地提高安全生产管理水平，实现安全管理阶段式跨越，彻底预防电气误操作事故的发生。

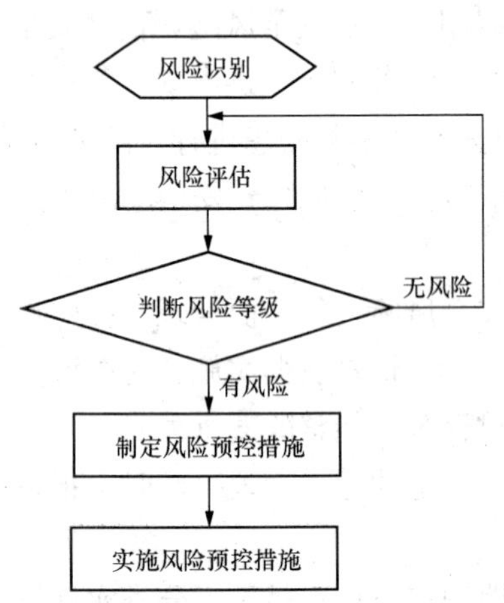

图 7-3　风险管理流程图

风险管理流程就是从风险识别、风险评估和风险预控三个方面入手论述如何控制风险、预防事故的发生如图 7-3 所示。

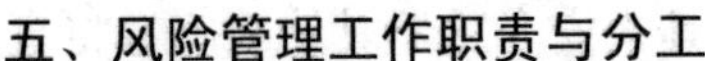

五、风险管理工作职责与分工

（一）一般要求

贯彻“统一领导、分级管理、落实责任、健全机制”的基本要求，明确各单位、各部门的职责，统筹实施安全评价、隐患排查治理、年度方式分析、安全检查等工作，建立分层次、分专业的安全风险管理体系，形成持续改进的安全管理工作机制。

（二）各级供电企业

各级供电企业等重点控制人身伤亡、设备损坏、供电中断等事故风险，负责本企业风险管控具体方案和措施，定期通报各类风险的识别（发现）、评估和整改情况，对本企业存在的重大和一般风险承担闭环管理责任。

（三）职能部门

生技、基建、调度、营销、农电等职能部门按照“谁主管、谁负责”的原则，负责管理范围内的电网、供电、人身、设备等各类安全风险的辨识、分析和防控工作，组织开展专业安全性评价（评估）、隐患排查治理、年度方式分析、安全检查等工作，落实各自职责和义务。安监部门牵头制定本单位安全工作计划，协调实施安全风险管理工作，监督落实整改治理措施和方案。

（四）工区、班组

工区、班组、个人重点控制现场环境中的人身伤害、设备损坏、电网故障等安全风险，做好班组、现场风险评估、预警和控制工作，落实安全性评价、隐患排查、安全检查等具体整改措施和要求，并结合日常工作及时排查、发现、上报安全隐患、缺陷和问题。

六、风险识别

我们可以通过开展安全评价、隐患排查、年度方式分析、安全检查等工作，系统排查和梳理电网、设备和生产环境中存在的安全隐患和问题，并对问题和隐患进行分析评估，以确定风险来源、风险特征、风险等级、风险后果等，建立风险识别和评估机制。

（一）人员风险

人员风险是指电气专业人员在进行生产作业过程中由于身心、技能、违反规章制度等因素导致风险事故发生、引发一定风险损失的行为，包括身心风险和思想意识风险等几部分。

身心风险是指人们在操作过程中由于身体、生理或精神、心理上的影响，如醉酒、疲劳、粗心大意、精神紧张、心不在焉等，从而引发风险事故发生的几率和扩大损失程度的因素。

（二）设备风险

设备风险都是在日常工种中存在的客观点。因此，我们必须客观、充分地认识到这些风险点的存在，把每一种可能出现的风险防范于心，同时加强电气设备等管理流程的标准化、规范化和制度化，这样才能最大限度地降低设备带来的风险，避免各种安全事故的发生。

（三）作业环境风险

1. 安全工器具风险

电力安全工器具是指从事电力生产工作的人员在生产过程中，为防止触电、灼伤、高空坠落、摔跌等事故发生和保障人身安全而使用的专用工器具。安全工器具的缺陷也将直接影响到电力企业在生产过程中的人身和设备安全。

2. 恶劣气候条件风险

天气的好坏直接或间接影响到工作的质量，进而引发误操作事故。

其中恶劣气候包括大风天气、大雾天气、雨雪天气、空气污浊等。

3. 现场复杂条件风险

在操作现场，工作场所的照明、环境等复杂条件多少会对倒闸操作带来一些不安全因素，有可能会引起误操作事故的发生。

七、风险评估

风险评估是在风险识别的基础上，通过定性和定量等技术手段估计和评价风险发生的可能性和危害程度，确定风险指标值，通过与风险标准进行比较，确定风险等级，由此确定风险是否可以接受以及风险控制措施。定性风险评估可以通过经验总结或分析历史资料数据中各种风险次数，估计风险发生的概率，风险事件后果的估计，对风险损失的性质、范围大小和风险损失的时间分布。定量风险评估可以通过对电力企业生产全过程的全部风险与影响进行评价分级，根据评价分级结果有针对性地进行风险与影响控制，应用风险值的作业条件风险评价法或风险坐标图等辅助进行定量评估。

（一）风险评估的原则

风险评估是一项技术性非常强的工作，GB/T 28001—2001《职业健康安全管理体系 规范》强调，组织（公司、部门、工区和班组等）在对已存在的危险源进行风险评估时，应充分考虑组织已采取的控制措施及其有效性，确定风险是否可允许。组织应针对不可允许风险制定出具体可行的改进计划，通过改进计划的实施，使不可允许风险变为可允许风险，这样才能保证达到消除、降低风险的目的。

（1）完整性原则。为了保证评估取得预期效果，应当综合评估日常工作过程中各个方面存在的风险，全面反映工作中的可能性状态，确保评估范围的完整、评估内容的完整和评估流程的完整。

（2）标准化原则。认真遵循国际和国内标准制定评估要求，编写评估方案、安排评估流程，严格按照预先定义的实施方案开展风险评估和进行评估工作的管理，确保评估定义过程、操作流程和操作方法的规范性。

（3）可控性原则。在风险评估过程中，应该按照标准的项目管理方法对人员、组织、项目进行风险控制管理，以保证风险评估在实施过程中的可控性。

（4）最小影响原则。风险评估的部分工作内容可能会对电力系统的运行带来负面影响，必须设计合理、灵活的风险评估实施方案，对可能造成影响的工作内容进行有效管理，把风险评估对电力系统造成负面影响的概率降到最低。

（二）风险评估方法

风险评估的内容一般包括对风险本身的界定、对风险作用方式的界定和对风险后果的界定。对风险本身的界定包括风险发生的可能性、风险强度、风险持续时间、风险发生的区域及关键风险点等；对风险作用方式的界定包括风险对企业的影响是直接的还是间接的，是否会引发其他的相关风险、风险对企业的作用范围等；对风险后果的界定包括风险对企业造成

的损失，避免风险会付出多大的代价等。

当前最传统也最广泛的风险分析方法主要是基于知识（Knowledge-based）的分析方法、基于模型（Model-based）的分析方法、定量（Quantitative）分析和定性（Qualitative）分析以及定量和定性相结合的分析方法。最近几年也出现了一些分析工具，按这些方法分析的结果同相应的风险分析标准和规范进行比较，它们共同的目标都是找出单位信息资产面临的风险及其影响，以及目前安全水平与单位安全需求之间的差距。

1. 基于知识的分析方法

基于知识的分析方法又称作经验方法，采用这种分析方法，风险分析团队不需要通过繁琐的流程和步骤，可节省大量精力、人员、时间和资源；只需通过特定途径收集相关信息，识别单位当前的资产、资产所存在的漏洞、组织的风险和当前采取的安全措施等信息，与特定的标准或最佳实践进行比较，从中找出不符合的地方，并按照标准或最佳实践推荐选择安全措施，最终达到降低和控制风险的目的。

基于知识的分析方法，最重要的还在于完整详细的收集和评估信息，主要方法一般是：问卷调查、会议讨论、人员访谈、对当前的策略和相关文档进行复查。

2. 基于模型的分析方法

基于模型的评估可以分析出系统自身内部机制中存在的危险性因素，同时又可以发现系统与外界环境交互中的不正常和有害的行为，从而完成系统脆弱点和安全威胁的定性分析。由于目前没有非常完善的模型，因此这种方法较少使用。

3. 定量分析方法

定量分析就是对风险的程度用直观的数据表示出来。其主要思路是对构成风险的各个要素和潜在损失的程度赋予数值或货币金额，度量风险的所有要素（资产价值、弱点级别、脆弱性级别等）都被赋值，计算资产暴露程度、控制成本以及在风险管理流程中确定的所有其他值时，尽量具有相同的客观性，这样风险分析的整个过程和结果都可以被量化了。

从理论上讲，通过定量分析可以对安全风险进行准确的定义和分级，但是这种方法也有一些固有的难以克服的明显缺点，如定量分析所赋予的各种数据的准确性并不可靠，没有正式且严格的方法来有效计算资产和控制措施的价值，很多数据的赋予个人主观性较强，实施烦琐，工期很长等，并且使用定量分析的方法需要同单位各相关人员交流以了解并掌握其业务流程，这需要耗费大量的成本、大量的人力资源和时间来完成其全部周期，经常会出现员工对如何计算具体数值发生争论的情形，影响项目继续推行进展。从实际使用情况来看，单纯采用定量分析的案例并不多见。

4. 定性分析方法

定性分析方法是目前采用最为广泛的一种方法，它与定量风险分析的区别在于不需要对资产及各相关要素分配确定的数值，而是赋予一个相对值。通常通过问卷、面谈及研讨会的形式进行数据收集和风险分析，涉及各业务部门的人员，它带有一定的主观性，往往需要凭借专业咨询人员的经验和直觉，或者业界的标准和惯例，为风险各相关要素（资产价值，威胁，脆弱性等）的大小或高低程度定性分级，如“高”、“中”、“低”三级等。通过这样的方法，对风险的各分析要素赋值后，我们可以定性的区分这些风险的严重等级，避免了复杂的赋值过程，简单且又易于操作。与定量分析相比较，定性分析的准确性稍好但精确度不细。定性分析消除了烦琐的容易引起争议的赋值，实施流程和工期大为降低，只是对相关咨询人员的经验和能力提出了更高的要求。定性分析过程相对较直观，定量分析基于客观。此外，定量分析的结果很直观，容易理解，而定性分析的结果则很难有统一的解释。

当前最常用的分析方法一般都是定量和定性相结合的方法，对一些可以明确赋予数值的要素直接赋予数值，对难于赋值的要素使用定性方法，这样不仅更清晰地分析了单位资产的风险情况，也极大简化了分析的过程，加快了分析进度。

选择风险分析的方法和判断标准，应考虑行业自身特点，区别它们各自的关注点，灵活制定风险分析过程和分析方法。

八、风险预警

根据风险等级，建立风险预警和跟踪机制，明确预警内容和要求，跟踪相关单位和部门的响应。风险预警内容应包括风险描述、风险等级、后果分析、整改要求等。对于一般风险，提出整改意见和要求，定期统计分析整改情况，督促按期整改。对于重大风险，由上级单位挂牌督办，下发整改通知书，督促限期整改。

九、风险预控

按照管理职责和范围，针对电网、设备和企业安全生产中存在的风险，研究制定预防措施和整改治理方案，从规划发展、基建工程、技改大修计划等方面，组织实施整改计划，开展安全管理专项行动。

对关键环节风险控制过程、控制结果、措施有效性等，组织进行评估；对暂时不能整改的重大问题和隐患，制定落实有效的预防控制措施和应急预案；对需要上级单位和地方政府提供支持的重大问题和隐患的整改治理，及时上报备案。

（一）风险预控的方法

为了有效地实现供电企业风险管理的目标，在识别和评估风险的基础上，企业必须采用适当的风险控制策略以达到风险损失最小化的目标。通常情况下，对风险的应对，一是采取措施防患于未然，尽可能地消除或减轻风险，将风险的发生控制在一定的程度下；二是通过适当的风险转移安排，减轻风险事件发生后对项目目标的影响。供电企业常用的风险控制的方法主要包括以下4个方面。

（1）风险自留。对风险量小以至于不便于采取其他控制方式的风险，或者自己不得不承担的风险采取风险自留。采取这种控制方法，必须对风险做出比较准确的评估，使自身具有相应的承担能力，同时，应制定风险应急计划和应急措施等。

（2）风险回避。通过风险分析与评估，取消风险量很大并且没有有效措施降低风险量的事件，以避免风险的出现。

（3）风险抑制。通过采取措施，降低风险事件发生的几率，减少风险事件造成的损失。风险抑制的方法不能完全消除风险，会存在残余的风险。对风险量大、风险无法回避和转移的事件，通常采用风险抑制，但需考虑所采取措施的成本。

（4）风险转移。通过某种方式，将某些风险的后果连同应对风险的权力和责任转移给他人，自己不再直接面对风险。

风险预控仅是安全生产保证体系中的一种手段，其目的是消除和控制风险，是落实“预防为主”方针的具体方法。事故隐患无处不在，如不加以控制随时可能爆发事故。因此，通过对电气操作过程中的风险进行评估、消除和控制，将大大改善劳动作业环境，提高设备的安全可靠性，促进供电企业的安全生产。

（二）风险预控的具体措施

1. 人员风险预控的具体措施

（1）人员选拔。人员选拔是基础，应挑选那些品行端正、热爱所从事工作、基本条件符合岗位要求的人员。人员选拔要有一个相对科学的标准，避免选择人员的主观随意性。

（2）身体检查。对已初步选定的人员进行身体检查，身体条件或健康状况应能满足所从事岗位的需要。

（3）岗前培训。通过培训，让员工了解所从事岗位工作的性质、特点对工作人员的要求，让员工在开始工作时即对自己应如何做好工作有一个比较清晰地了解和准备，同时，要注意对员工职业道德的培养。

（4）安全教育。着重对员工进行安全基础知识、基本安全技术培训教育，以了解事故危害，提高员工安全意识和责任感，具备基本满足工作需要的安全素质。

（5）开展各种教育活动。在平时的工作之余，电力企业应开展各种教育活动，提高员工的素质。着重培训员工掌握所从事工作的技术知识和技能，不断提高员工的技术水平，总结积累工作经验，增强处理技术问题的能力。通过对心理素质等方面的进一步培训，提高其综合素质和业务能力。

（6）提高职工积极性。突出人的重要性，了解员工思想动态，引导员工思想认识，解决员工实际困难，根据其综合素质和工作表现，为员工提供职业生涯规划，调动员工工作积极性，增强员工对企业的认同感。

（7）技术奖惩。通过对员工工作业绩和安全生产情况的考核，及时肯定其工作成绩，奖励可以是物质的，但也不能忽视精神鼓励的积极作用。对员工的过错也应进行处罚，这样才能在给予其动力的同时也保持压力和警戒，做到努力工作、安全工作。

（8）有效监督。通过有效地手段对员工行为进行监督，防止不安全情况和事故的发生，这是保障电气倒闸操作安全的重要环节，通过监督能阻止过失性失误，轻率侥幸等行为导致的事故发生。

2. 设备风险预控的具体措施

（1）坚持设计标准。把好电气设备的设计质量关、安全关，在工作起步阶段，即为电气专业的安全生产奠定了良好的基础。

（2）把好材料关。按设备性能要求，选择合适的材料，避免因材料不合格带来的事故以及事故扩大。

（3）把好制造关。在制造阶段把好质量关，使设备在安全性能上和技术性能上满足要求，防止制造阶段留下的安全风险，流入生产环节带来事故。

（4）把好安装关。在安装阶段也要把好质量关，保证设备性能的充分发挥，避免造成因安装质量不良引起的设备性能下降、损坏，直至引发事故。

（5）及时维修。对设备运行中出现的故障及时进行维修，防止问题扩大带来事故。维修要达到检修质量标准。

（6）保持合格的备品、备件。有充足合格的备品、备件，能缩短故障处理时间，降低事故损失。

（7）重视人机匹配。既要充分发挥设备的功效，又要便于人的操作与维护，以提高工作效率，降低安全风险。突出点在人，把人放在首位，充分考虑到人的长处和局限，尽量让设备、环境来适应人的要求和条件。

3. 作业环境风险预控的具体措施

（1）社会环境的影响。社会思潮、风俗习惯对人的工作态度、工作作风的影响是显而易见的，要注意引导员工正确对待不良风气的影响，营造良好的企业文化和工作氛围，促进员工工作积极性的提高。

（2）作业环境的影响。作业环境对人能否正确、有效地开展工作的影响是多方面的，要营造和形成一个清洁、规范、整齐符合人机工程学要求，有利于员工健康工作的环境。

（3）减少各类干扰。干扰不仅对员工带来影响，也对设备的正常使用带来影响，要尽量消除和减轻各类干扰对人、机带来的危害，避免因干扰而造成的事故。

（4）创造良好人际关系。良好的人际关系环境有利于工作中员工的相互协作，提高效率，而一个紧张的人际关系环境，则易诱发矛盾、冲突，进而造成事故和人员伤害。

4. 管理风险预控的具体措施

（1）建立健全安全管理机构。安全管理机构是组织安全生产的重要指挥管理部门，只有建立健全安全管理机构，才能保障安全生产的正常开展。企业的生产规模越大，安全管理机构的作用也就越明显。

（2）建立健全各级安全责任制。明确各级人员的岗位责任，让人人都明白“我该做什么”，才能有目的地指挥其行为，承担相应的责任，做到“凡事有章可循，凡事有据可查，凡事有人负责，凡事有人监督”，才能避免冲突，防止在安全管理中出现“空白”带来事故。

（3）进行安全检查和安全教育。进行安全检查能及时发现问题，安排处理问题，把事故消灭在萌芽状态。进行安全检查还能考核员工的安全素质和安全生产业绩。进行安全教育能提高员工安全意识和安全素质，做到“警钟长鸣”，促进安全生产。

（4）制定安全计划。对安全生产情况进行分析，对一段时期内安全工作的开展、安全设备的配备和完善，有一个目标和切合实际的实施计划，做到有效、有步骤地进行实施，能提高安全管理的整体水平。

（5）认真分析事故，严格追究事故责任。通过分析，掌握安全生产整体水平和存在的具体问题，按轻重缓急制定对策，及时处理避免事故的发生。若事故已经发生，必须严格追究事故责任，在起到处罚警戒作用的同时，还能吸取教训，避免重犯，弥补不足。

第三节 环 境 评 估

一、环境评估概念

（一）环境保护

在电力行业中，环境保护一般来讲，是指电力建设工程项目作为一个污染源在建设过程

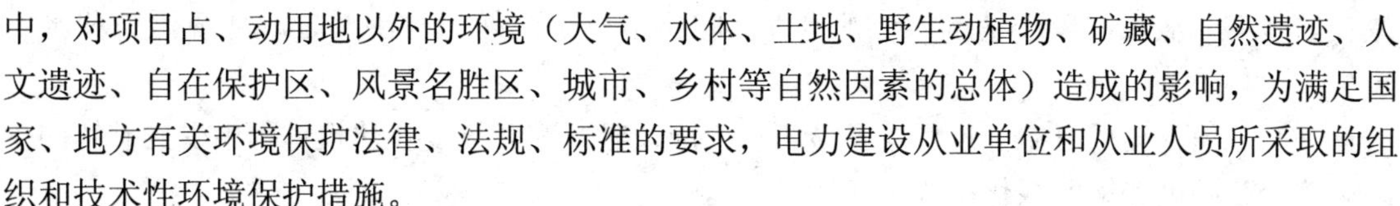

中，对项目占、动用地以外的环境（大气、水体、土地、野生动植物、矿藏、自然遗迹、人文遗迹、自在保护区、风景名胜区、城市、乡村等自然因素的总体）造成的影响，为满足国家、地方有关环境保护法律、法规、标准的要求，电力建设从业单位和从业人员所采取的组织和技术性环境保护措施。

（二）环境评价

环境评价是环境影响评价和环境质量评价的简称。从广义上说，环境评价是对环境系统状况的价值评定、判断和提出对策。

1. 环境影响评价

环境影响评价是指对规划和建设项目实施后可能造成的环境影响进行分析、预测和评估，提出预防或者减轻不良环境影响的对策和措施，进行跟踪监测的方法与制度。通俗说就是分析项目建成投产后可能对环境产生的影响，并提出污染防止对策和措施。

2. 环境质量评价

从环境卫生学角度按照一定的评价标准和方法对一定区域范围内的环境质量进行客观的定性和定量调查分析、评价和预测。环境质量评价实质上是对环境质量优与劣的评定过程，该过程包括环境评价因子的确定、环境监测、评价标准、评价方法、环境识别，因此环境质量评价的正确性体现在上述 5 个环节的科学性与客观性。常用的方法有数理统计方法和环境指数方法两种。

环境影响评价简称环评、环境评价、环境评估等。英文缩写 EIA，即 Environmental Impact Assessment。

二、电力建设工作中环境保护的工作重点

环境保护是我国的一项基本国策，其法律、法规、标准是强制性执行规定。企业各级领导必须从执法的高度重视环境保护工作，建立环境保护责任制，加强宣传教育工作，使员工自觉执行环境保护措施，在工程建设过程中，防止和尽量减少对施工场地和周围环境的影响。

（1）项目法人应执行电力建设项目环境影响评价制度和环境保护设施与主体工程“三同时”的规定。施工企业的施工技术部门在编制施工组织设计时，应根据施工过程中或其他活动中产生的污染气体、污染、废渣、粉尘、放射性物质以及噪声、振动等可能对环境造成的污染和危害，单独编制环境保护措施。

（2）企业应将环境保护教育纳入教育培训计划。在组织安全教育培训时，应针对工程的实际，将环境保护的措施和要求，以及环境保护的法律、法规知识作为教育培训的重要内容，对员工进行培训教育。

（3）工程现场的办公区、生活区应采取绿化措施，改善生态环境。现场应设置足够数量的废料、垃圾筒和水冲式厕所，并有专人清扫，保持现场施工环境的卫生。

（4）工程建设过程中产生的建筑垃圾和生活垃圾，应及时清运到指定地点，集中处理，防止对环境造成污染。

（5）工程建设项目的施工、生活用水，应按照清、污分流方式，合理组织排放。污水应经处理达到标准后排放，并优先安排在施工现场的复用。工程施工期间挖、填、平整场地以及土石方的堆放，必须按施工组织设计确定的方案和施工时间段，严格管理，防止局部水土流失。施工弃渣、垃圾严禁倒入江河湖海，防止造成淤泥妨碍行洪及造成环境污染和水土流失。

（6）工程建设项目施工过程中及竣工后，应及时修整和恢复在建设过程中受到破坏的生态环境，并尽可能采取绿化措施。

（7）对违反环境保护的法律、法规和措施，以致造成环境破坏或污染事故的单位和个人，应由企业技术或行政负责人组织有关部门人员对事故进行调查处理，追究事故责任。对环境保护工作做出显著成绩的单位和个人，应及时给予表彰和奖励。

第四节　隐　患　排　查

一、隐患排查工作的目的和意义

安全生产事故隐患排查治理是企业安全生产工作的重要内容。国家安全监督总局在2007年12月发布了《安全生产事故隐患排查治理暂行规定》，提出“生产经营单位应当建立健全事故隐患排查治理和建档监控等制度”。国资委2008年8月印发的《中央企业安全生产监督管理暂行办法》明确规定，“中央企业应当建立健全生产安全事故隐患排查和治理工作制度”。

安全生产事故隐患排查治理是企业管理的重要内容，按照“谁主管、谁负责”和“全方位覆盖、全过程闭环”的原则，明确责任主体，落实职责分工，实行分级分类管理。

“安全生产事故隐患排查治理是企业管理的重要内容”引自中共中央政治局委员、国务院副总理、国务院安全生产委员会主任张德江在2009年1月15日全国安全生产电视电话会议上的讲话，指出事故隐患排查治理如同人事管理、计划管理、财务管理、运行管理一样，是企业生产经营活动一个重要的组成部分，是管理、运营企业必须要做的一项日常工作。“谁主管、谁负责”要求事故隐患排查治理做到安全生产保证体系和监督体系联合行动，相互配合、协调推进，保证体系承担从发现隐患到治理消除的闭环责任，监督体系承担督办、督查、统计分析责任。“全方位覆盖、全过程闭环”要求在公司系统各专业、各部门都要落实排查治理事故隐患的相关要求，而不能认为仅是生产部门的工作。只要可能发生人身伤亡、可能出现安全事故的单位、工作场所、管理措施、人员行为，都要纳入事故隐患排查治理范围。

二、安全生产事故隐患的定义与分级

（一）安全生产事故隐患的定义

安全生产事故隐患（以下简称“事故隐患”）是指安全风险程度较高，可能导致事故发生的作业场所、设备及设施的不安全状态、非常态的电网运行工况、人的不安全行为及安全管理方面的缺失。

事故隐患，一方面从广度上说明导致隐患的因素，不仅仅限于静态的设备、设施和装置，而是包括人的不安全行为、物的不安全状态和环境的不安全因素，以及安全管理上的不当或缺失等各方面；另一方面从深度上说明判定隐患的原则，即只有那些风险程度较高、可能引发安全生产事故的情况，才可定性为《安全生产事故隐患排查治理管理办法》所指的事故隐患。由于电网企业生产方式的特殊性，电网运行方式、工况的各种变化，电网的非正常运行

状态，也可能形成事故隐患。因此，将可能导致事故发生的非常态电网运行工况也定义为事故隐患。

（二）安全生产事故隐患的分级

根据可能造成的事故后果，事故隐患分为重大事故隐患和一般事故隐患两个等级。

（1）重大事故隐患是指可能造成人身死亡事故，重大及以上电网、设备事故，由于供电原因可能导致重要电力用户严重生产事故的事故隐患。

（2）一般事故隐患是指可能造成人身重伤事故，一般电网和设备事故的事故隐患。

要根据可能造成的“事故”后果，确定事故隐患等级。

电力系统发展至今，呈现了规模巨大、元件海量、层级众多、实时运行、动态变化、控制复杂等特点。供电企业管理的单位数量多、类型多、层级多，人员、设备、电网、房屋建筑、工作设施、公共卫生等都可能存在安全隐患。由于这两条主要原因，目前还不能给出量化、精确的事故隐患定义和分级标准。

因此，目前只能给出定性说明，执行的效果（对事故隐患的排查、评估、定级等）很大程度要依赖于具体人员的专业知识、工作经验和责任心。随着事故隐患排查治理理论研究、工作经验、资料数据的深入和积累，将来可以研究提出事故隐患定义、分级分类的定量标准。

安全生产工作常说到的违章、风险、重大危险源等，如同设备缺陷，应理解为和事故隐患存在一定的“交集”，即违章、风险、重大危险源等要满足一定的条件（可能导致事故），才成为事故隐患，不能简单等同。“重要电力用户严重生产事故”，主要是指中断供电将会对用电单位造成人身伤害或其他严重危害，如发生中毒、爆炸、透水、火灾等情况并造成较大及以上人身伤亡事故，造成重大政治影响和社会影响，造成严重环境污染事故以及特殊重要用电场所正常工作受到影响。

（三）电力设备缺陷和事故隐患的关系

超出设备缺陷管理制度规定的消缺周期仍未消除的设备危急缺陷和严重缺陷，即为事故隐患。根据其可能导致事故后果的评估，分别按重大或一般事故隐患治理。

被判定为事故隐患的设备缺陷，应继续按照各级供电企业现有设备缺陷管理规定进行处理，同时纳入规定的事故隐患管理流程进行闭环督办。

以上两条共同说明事故隐患与设备缺陷的关系。

（1）并非所有的设备缺陷都纳入事故隐患管理，在“设备缺陷管理制度”规定的一个消缺周期内进行了有效控制的设备缺陷不纳入事故隐患管理。严重缺陷、危急缺陷的消除周期按照各级供电企业现行规定执行。

（2）鉴于设备危急缺陷和严重缺陷对安全运行的危害较大，因此不能按期消除的设备危急缺陷和严重缺陷纳入管理流程，目的是加强监督、加快治理。

（3）无论是否纳入事故隐患管理，设备缺陷仍要按照各单位现有的设备缺陷管理规定和工作流程加紧消除，即构成事故隐患的设备缺陷应同时执行两个管理流程，不能偏废。

（4）一般和轻微设备缺陷，无论是否超周期，均不纳入事故隐患管理。

（四）事故隐患的分类

人身事故依据国务院《生产安全事故报告和调查处理条例》判定，电网和电力设备事故依据《电力生产事故调查规程》判定，交通、消防及煤矿等非电力生产事故依据国家有关规定判定。

《安全生产事故隐患排查治理管理办法》所称的“事故”，要严格依据现行的国家有关法规和《电力生产事故调查规程》中的相关条款判定，而不能按照日常工作、语言交流中用到的广义的“事故”判定，以提高判定事故隐患的可操作性和准确性。

政府有关部门、供电企业如发布了新的相关条例、规定或者规程，应自动按照新版执行。如果新版规程定义了“较大电网、设备事故”，“重大及以上电网、设备事故”则应调整适用于较大电网、设备事故。

事故隐患划分为输电、变电、调度及二次系统、发电、配电、电网规划、信息、施工机具、交通、消防、其他共十一大类进行统计，每一类均包含设备、系统、管理及其他隐患。

事故隐患的专业分类，主要目的是为统计、分析、报告工作提供方便，不代表责任部门归属（各单位专业职能部门的具体设置和职能和这十类也未必完全对应），也不表示事故隐患的分类。

基建、大修技改、农电、多经等通常依据专业管理分工描述的情况可根据本条分类进行具体划分。例如：基建工程中输电线路/变电站的电气、土建可分别对口划入输电/变电专业，基建、技改、民用建筑使用的大型施工机械均划入施工机具，农电的 10～35kV 线路划入配电专业，发电厂的基建、技改工程划入发电等。调度及二次系统方面，涉及一次电网当前运行工况和二次设备，比较复杂，因此统一归类为调度及二次系统。继电保护、安控装置、通信装置本身问题，因其一般装设在变电站，可列入变电分类；如属选型不当、功能不全、定值错误等问题，则可列入调度及二次系统分类。发电、输电、配电、调度都可能存在信息、施工机具、交通、消防事故隐患，这种情况下的事故隐患，因其和电力生产关系相对较弱，可统计入后四类。

不便归入前十类的事故隐患可划入“其他”类。不能将事故隐患理解成仅仅是设备隐患，因此最后特别说明“每一类（隐患）均包含设备、系统、管理及其他隐患”。

三、隐患排查工作中的职责分工

根据“统一领导、落实责任、分级管理、分类指导、全员参与”的要求，供电企业建立从总部到各级供电企业组成的三级事故隐患排查治理工作机制。

各供电企业主要负责人对本单位事故隐患排查治理工作全面负责。

事故隐患所在单位是事故隐患排查、治理和防控的责任主体。规划设计、人力资源、生产、调度、基建、营销、农电、信息、保卫和辅业多产等专业职能部门是本专业事故隐患的归口管理部门，组织、指导、协调专业范围内事故隐患排查治理工作，承担闭环管理责任。

事故隐患所在单位，是指对事故隐患所依附的客体（包括设备、设施、人员、管理措施等）负直接管理责任的单位或者部门，如设备运维单位、房屋产权单位、受委托管理单位、租赁设备的当前使用单位等。基于供电企业目前的管理体制、机构设置等实际情况，通常情况下，事故隐患所在单位是基层供电企业或者其下属工区、车间。作为安全生产保证体系的各类专业职能部门，依据既定的职责分工，对事故隐患从发现到消除的排查治理全过程承担

相应的管理责任，确保闭环。

少数情况下事故隐患所在单位是各级供电企业专业职能部门。

各级安监部门是事故隐患排查治理的监督部门，督办、检查事故隐患排查治理工作，归口负责相关数据的汇总、统计、分析。

专业职能部门主要负责事故隐患排查治理的具体操作，同时兼顾本专业的数据统计、分析等；在专业部门工作基础上，安监部门对事故隐患排查治理所有数据的汇总、统计、分析工作负主要负责和最终责任，以确保数据的唯一性、权威性。

（一）供电企业的主要职责

（1）贯彻执行国家、行业有关安全生产的法律、法规、规程、制度和文件要求，组织制定供电企业安全生产事故隐患排查治理相关管理制度并监督执行。

（2）督促指导各级供电企业开展事故隐患排查治理工作，汇总、统计、分析供电企业事故隐患排查治理情况，向国家和政府有关部门汇报。

（3）各专业职能部门对分管专业范围内事故隐患的排查治理负有管理职责，指导、协调各级供电企业对重大事故隐患进行治理。

（4）组织跨区电网建设、运行重大事故隐患的排查治理，保证资金投入。

（5）对各级供电企业事故隐患排查治理工作进行专项监督检查。

（6）遇有重大问题时，协调政府相关部门或其他行业单位，促进事故隐患治理工作。

（二）各级供电企业的主要职责

（1）负责重大事故隐患排查治理的闭环管理。

（2）贯彻执行政府部门及供电企业有关要求，组织所属单位开展事故隐患排查治理工作，保证事故隐患排查治理所需资金投入。

（3）核定所属单位上报的重大事故隐患，组织制定、审查批准治理方案，监督、协调治理方案实施，对治理结果进行验收。

（4）对由于主网架结构性缺陷、主设备普遍性问题以及重要枢纽变电站、跨多个基层供电企业管辖的重要输电线路处于检修或切改状态造成的事故隐患进行排查、评估、定级，制定治理方案，明确治理责任主体，并组织实施。

（5）按照公司总部委托范围，具体负责受委托运行维护的跨区电网事故隐患排查治理。

（6）检查所属单位事故隐患排查治理开展情况，协调解决所属单位在工作执行过程中遇到的各种问题，针对共性、苗头性、倾向性事故隐患，适时组织开展专项排查治理活动。

（7）汇总、统计、分析本单位事故隐患排查治理情况，向上级供电企业和地方政府有关部门汇报。

事故隐患，无论一般隐患还是重大隐患，各级供电企业应承担排查治理的主要责任。对于跨省联络线路及变电站，根据自运行或委托运行具体情况，按照要求执行。根据实际情况，此类隐患治理的具体工作可仍由各级供电企业委托公司承担。

主网架结构性缺陷或主设备普遍性问题，可能受投资、项目审批等因素限制，短期内不能解决，但不能以此为理由回避隐患排查治理的责任主体和制定实施计划。

（三）各职能部门的主要职责

（1）根据安排，负责重大事故隐患控制、治理等相关工作，并负责一般事故隐患排查治理的闭环管理。

（2）负责事故隐患的评估定级。对评估为重大等级的事故隐患，及时报上级企业核定。

（3）编制重大事故隐患治理方案，报送上级公司审查。

（4）具体实施重大事故隐患的治理，对重大事故隐患治理结果进行预验收并向上级公司申请验收。

各单位将生产经营项目、工程项目以及场所、设备发包、出租的，应当与承包、承租单位签订安全生产管理协议，并在协议中明确各方对事故隐患排查、治理和防控的管理职责；对承包、承租单位的事故隐患排查治理负有统一协调和监督管理的职责。

四、事故隐患排查治理

事故隐患排查治理应纳入日常工作中，按照“（排查）发现→评估→报告→治理（控制）→验收→销号”的流程形成闭环管理。

排查、发现事故隐患应结合各部门、各专业的常规工作、专项工作和监督检查活动进行，其主要工作方式有：电网年度和临时运行方式分析、各类安全评价、各级各类安全检查和专项督查、设备的日常巡视和检修预试、已发生事故的原因分析。

强调事故隐患排查治理必须纳入各单位日常的生产管理、基建管理、安全管理、后勤管理等工作环节，一旦发现隐患，立即纳入管理流程，切实做到防患于未然，绝不能把事故隐患排查治理仅仅当作特定的活动和短期工作。事故隐患排查治理工作流程图如图 7-4 所示。

（一）事故隐患等级的评估

事故隐患的等级由事故隐患所在单位评估确定。

对于发现的事故隐患应立即进行评估，按照预评估、评估、核定三个步骤确定其等级。各级供电企业还应开展定期评估，全面核定各级各类事故隐患等级。定期评估周期为各级供电企业每月一次，每季度召开一次季度总结会，可结合安全委员会会议、安全分析会等进行。

主要考虑事故隐患性质、等级的动态变化，应做到定期跟踪、准确定位，保证治理成效。重大隐患经过治理，虽没有按期消除，但是其危险性和后果在一定程度上有所降低，事故隐患的等级可能由重大变为一般；一般事故隐患由于没有按期消除，而且控制不力，可能演化为重大隐患，需要重新评估。

定期评估就是每月、每季度对各级各类事故隐患重新梳理，核查事故隐患登记有无遗漏，核定每个事故隐患定级是否准确，梳理、统计新增事故隐患和已有事故隐患整改完成情况，掌握未完成整改的事故隐患的现状，使事故隐患的管理做到全面、准确、有效。

各级供电企业对发现的事故隐患（包括本单位发现的、各项专业检查发现的和上级检查发现的各种事故隐患）进行评估，确定等级，填写“重大事故隐患排查治理档案表”、“一般事故隐患排查治理档案表”。

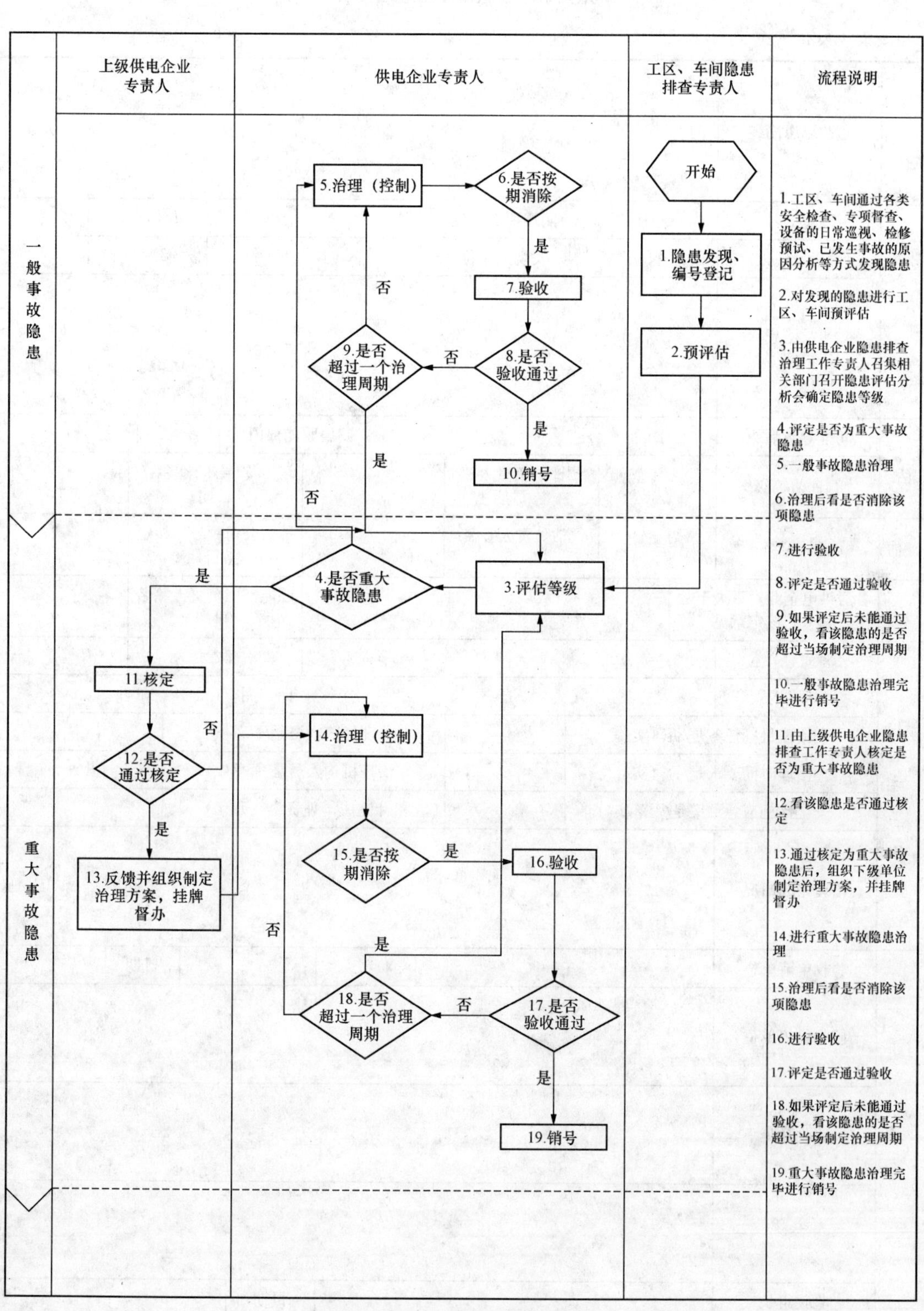

图 7-4 事故隐患排查治理工作流程图

重大事故隐患排查治理档案表

××××年　　　　　　　　　　　　　　　　××××公司

<table>
<tr><td rowspan="4">发现</td><td>事故隐患简题</td><td colspan="5"></td></tr>
<tr><td>隐患编号</td><td></td><td>隐患所在单位</td><td></td><td>专业分类</td><td></td></tr>
<tr><td>隐患发现人</td><td></td><td>发现人单位</td><td></td><td>发现日期</td><td></td></tr>
<tr><td>事故隐患内容</td><td colspan="5"></td></tr>
<tr><td rowspan="2">预评估</td><td>可能导致后果</td><td colspan="2"></td><td>归属职能部门</td><td colspan="2"></td></tr>
<tr><td>预评估等级</td><td></td><td>预评估负责人签名/日期</td><td></td><td>工区领导审核签名/日期</td><td></td></tr>
<tr><td>评估</td><td>评估等级</td><td></td><td>评估负责人签名/日期</td><td></td><td>地市公司领导审核签名/日期</td><td></td></tr>
<tr><td>核定</td><td>各级供电企业对重大事故隐患的核定意见</td><td colspan="2"></td><td>职能部门负责人签名/日期</td><td colspan="2"></td></tr>
<tr><td rowspan="6">治理</td><td>治理责任单位</td><td colspan="2"></td><td>治理责任人</td><td colspan="2"></td></tr>
<tr><td>治理期限</td><td colspan="5">自　　年　　月　　日至　　年　　月　　日</td></tr>
<tr><td>治理目标任务是/否落实</td><td></td><td colspan="2">治理经费物资是/否落实</td><td colspan="2"></td></tr>
<tr><td>治理时间要求是/否落实</td><td></td><td colspan="2">治理机构人员是/否落实</td><td colspan="2"></td></tr>
<tr><td>安全措施应急预案是/否落实</td><td></td><td colspan="2">累计完成治理资金（万元）</td><td colspan="2"></td></tr>
<tr><td>治理完成情况</td><td colspan="5"></td></tr>
<tr><td rowspan="5">验收</td><td>验收申请单位</td><td></td><td>负责人</td><td></td><td>日期</td><td></td></tr>
<tr><td>验收组织单位</td><td colspan="5"></td></tr>
<tr><td>验收意见</td><td colspan="5"></td></tr>
<tr><td>结论</td><td colspan="5"></td></tr>
<tr><td>验收组长</td><td colspan="2"></td><td>日期</td><td colspan="2"></td></tr>
</table>

注　1. 事故隐患按发现顺序编号，格式为：单位汉字名称简写+年号+顺序号。

2. 本表由事故隐患所在单位负责填写、流转和管理，验收结束后报安全监察部门建档。

一般事故隐患排查治理档案表

××××年度　　　　　　　　　　　　　　　　　　××公司

<table>
<tr><td rowspan="4">发现</td><td>事故隐患简题</td><td colspan="6"></td></tr>
<tr><td>隐患编号</td><td></td><td>隐患所在单位</td><td></td><td>专业分类</td><td colspan="2"></td></tr>
<tr><td>隐患发现人</td><td></td><td>发现人单位</td><td></td><td>发现日期</td><td colspan="2"></td></tr>
<tr><td>事故隐患
内容</td><td colspan="6"></td></tr>
<tr><td rowspan="3">预评估</td><td>可能导致后果</td><td colspan="3"></td><td>归属职能部门</td><td colspan="2"></td></tr>
<tr><td rowspan="2">预评估等级</td><td rowspan="2"></td><td>预评估负责人</td><td></td><td>日期</td><td colspan="2"></td></tr>
<tr><td>工区领导审核</td><td></td><td>日期</td><td colspan="2"></td></tr>
<tr><td rowspan="2">评估</td><td rowspan="2">评估等级</td><td rowspan="2"></td><td>评估负责人</td><td></td><td>日期</td><td colspan="2"></td></tr>
<tr><td>地市公司领导</td><td></td><td>日期</td><td colspan="2"></td></tr>
<tr><td rowspan="3">治理</td><td>治理责任单位</td><td colspan="3"></td><td>治理责任人</td><td colspan="2"></td></tr>
<tr><td>治理期限</td><td colspan="6">自　年　月　日至　年　月　日</td></tr>
<tr><td>治理完成情况</td><td colspan="6"></td></tr>
<tr><td rowspan="5">验收</td><td>验收申请单位</td><td colspan="2"></td><td>负责人</td><td></td><td>日期</td><td></td></tr>
<tr><td>验收组织单位</td><td colspan="6"></td></tr>
<tr><td>验收意见</td><td colspan="6"></td></tr>
<tr><td>结论</td><td colspan="6"></td></tr>
<tr><td>验收组长</td><td colspan="3"></td><td>日期</td><td colspan="2"></td></tr>
</table>

注　1．事故隐患按发现顺序编号，格式为：单位名称简写+年号+顺序号。

2．本表由事故隐患所在单位负责填写、流转和管理，验收结束后报安全监察部门建档。

上述说明，尽管发现事故隐患有多种途径，但无论是本单位自身发现的、上级检查发现的、还是事故暴露出的，都要由隐患所在单位评估、定级并填写档案表。

对于各级供电企业，涉及主网架、多个基层供电企业或者全网、全省普遍性问题的事故隐患，无论重大还是一般，都应由各级供电企业填写档案表。这种情况下，由各级供电企业相关职能部门负责。

一般事故隐患档案表至少两份，事故隐患所在工区（车间）和安全监察部门各一份。

重大事故隐患档案表至少三份，事故隐患所在工区（车间）、安全监察部门和上级公司安全监察部门各一份。

评估判断存在重大事故隐患后应按照专业分类以电话、传真、电子邮件等形式立即报告专业职能部门和安全监察部门。跨区电网出现重大事故隐患，受委托的各级供电企业应立即报告供电企业总部有关职能部门和安全监察部门。

（二）事故隐患治理方案

事故隐患一经确定，事故隐患所在单位应立即采取控制措施，防止事故发生，同时编制治理方案。区域供电企业负责制定、审批一般事故隐患治理措施或方案。重大事故隐患治理方案由各级供电企业专业职能部门或各级供电企业委托地市公司编制，由上级部门审查批准。

重大事故隐患治理方案应包括：事故隐患的现状及其产生原因、事故隐患的危害程度和整改难易程度分析、治理的目标和任务、采取的方法和措施、经费和物资的落实、负责治理的机构和人员、治理的时限和要求、防止隐患进一步发展的安全措施和应急预案。

通常情况下，由上级专业职能部门组织对下级单位编制的事故隐患治理方案、治理结果进行审批和验收。当事故隐患所在单位是各级供电企业专业职能部门时，可根据事故隐患具体情况，由其他专业职能部门承担方案审批、结果验收的组织工作。

各级供电企业应根据事故隐患具体情况和急迫程度，及时编制、审批治理方案。一般事故隐患治理方案应在确定隐患后十五天内完成。重大事故隐患治理方案应形成书面材料，并在各级供电企业核定后三十天内完成编制、审批。

事故隐患治理应结合年度基建、技改、大修、专项活动等进行，做到责任、措施、资金、期限和应急预案“五落实”。事故隐患治理所需资金应统一纳入投资计划和综合计划。

未能按期消除的重大事故隐患，经重新评估仍确定为重大事故隐患的须重新制定治理方案，进行整改；对经过治理、危险性确已降低，虽未能彻底消除但重新评估定级降为一般事故隐患的，经核定可划为一般事故隐患进行管理，在重大事故隐患中销号，上级管理部门要动态跟踪直至彻底消除。

（三）事故隐患的再评估

未能按期治理消除的事故隐患，应重新进行评估，评估后仍为事故隐患的需重新填写“重大（一般）事故隐患排查治理档案表”，重新编号，原有编号销除。

“原有编号销除”，是指事故隐患重新评估、编号后，今后凡是涉及该隐患的文件、报告等均应使用新编号，但旧编号、档案表、一览表中“旧”隐患相关信息仍应保留、备查。

事故隐患的编号、消除、重新编号由安全监察部门统一负责，并通知相关部门和单位。

（四）事故隐患治理验收、销号

事故隐患整改治理完成后，隐患所在单位应及时报告有关情况，申请验收。主管部门组织对一般事故隐患治理结果进行验收，验收后填写“重大（一般）事故隐患排查治理档案表”。重大事故隐患治理应有书面验收报告。事故隐患治理结果验收应在提出申请后 10 天内完成。

事故隐患所在单位对已消除的事故隐患应销号，整理相关资料，妥善存档。

（五）建立隐患预警通告机制

因检修、故障等使电网运行方式变化而引起的事故隐患风险，应当由相应调度部门发布预警通告，相关部门制定应急预案。电网运行方式变化构成重大事故隐患，电网调度部门应将有关情况书面通告同级安全监察部门。

如前所述，由于电网企业生产方式特点，电网运行方式、工况的各种变化，无论计划中的还是临时性的，都可能在一定时间内形成事故隐患，随着运行方式恢复正常，事故隐患也可能在短时间内又消除了。对这种性质的电网事故隐患，规定的“（排查）发现→评估→报告→治理（控制）→验收→销号”流程就不能很好适用了。因此，规定对于此类动态变化程度较高的电网事故隐患，调度部门应发挥专业优势，负起排查治理牵头部门职责。发预警通告一般应在每天的调度早会上进行，以口头或书面方式。根据动态隐患具体情况，调度、生技、基建、营销等相关部门按照专业分工做好隐患防控和应急预案。调度部门如判定运行方式上出现重大事故隐患，应将有关情况书面通告同级安全监察部门，以便及时汇报，全单位采取一致行动，消除隐患，确保安全。

由用户原因造成的供用电事故隐患，供电企业负责以事故隐患通知书的形式告知产权单位，提出整改要求，告知安全责任，做好签收记录，同时送政府有关部门，积极督促整改。

五、信息报送

（一）设立隐患排查专责人

各级供电企业安全监察部门应明确一名专责人，负责事故隐患的汇总、统计、分析、数据录入、信息报送等工作。相关专业职能部门应明确一名专责人，负责专业范围内事故隐患的统计、分析、信息报送等工作。

（二）事故隐患信息报送执行零报告制度

“零报告”制度要求即使当月、当季、当年没有发现任何事故隐患，相关单位、部门也要按本办法要求定期报送相关信息。

（三）建立隐患排查数据库

（1）依托信息化手段，在安监管理业务应用中统一开发部署事故隐患排查治理统计分析模块，实现自上而下、动态跟踪事故隐患排查治理工作进展情况。

（2）各级供电企业应建立事故隐患管理数据库，做到“一患一档”。

（3）事故隐患档案应包括以下信息：隐患简题、隐患内容、隐患编号、隐患所在单位、专业分类、归属职能部门、评估等级、整改期限、整改完成情况等。事故隐患排查治理过程中形成的传真、会议纪要、正式文件、治理方案、验收报告等也应归入事故隐患档案。

（4）对于同类型（例如同一个单位管理的同一条线路多处树线矛盾或多处违章建筑，同一单位多个变电所同类型设备缺陷等）事故隐患，可编为一个事故隐患，但应以附件形式对隐患详细内容进行描述。

（5）各级供电企业专业职能部门、所属单位每月底将当月新确定的事故隐患以及当月完成治理销号的事故隐患的“重大（一般）事故隐患排查治理档案表”以及其他事故隐患治理进展情况报送安全监察部门。安全监察部门汇总、录入事故隐患数据库、建立档案，并形成事故隐患排查治理一览表和“电力行业安全生产事故隐患排查治理情况统计表”。

事故隐患排查治理一览表

（××××年1月—××月）

填报单位：　　　　　　　　　　　　　　　　填报日期：　　年　　月　　日

序号	隐患编号	事故隐患简题	评估定级	专业分类	归属职能部门/单位	治理期限	是否消除	未消除的隐患，当月整改进展情况（重大隐患应说明累计投入资金）

电力行业安全生产事故隐患排查治理情况统计表

（××××年1月—××月）

填报单位：（盖章）

<table>
<tr><td rowspan="6">单位</td><td rowspan="4">排查治理隐患企业单位</td><td colspan="3">一般隐患</td><td colspan="10">重大隐患</td></tr>
<tr><td rowspan="3">排查一般隐患</td><td rowspan="3">其中：已整改</td><td rowspan="3">整改率</td><td colspan="3">排查治理重大隐患</td><td colspan="7">其中：列入治理计划的重大隐患</td></tr>
<tr><td rowspan="2">排查重大隐患</td><td rowspan="2">其中：已整改销号</td><td rowspan="2">整改率</td><td rowspan="2">列入治理计划的重大隐患</td><td colspan="5">其中</td><td rowspan="2">累计落实治理资金</td></tr>
<tr><td>落实治理目标任务</td><td>落实治理经费物资</td><td>落实治理机构人员</td><td>落实治理时间要求</td><td>落实安全措施应急预案</td></tr>
<tr><td>（家）</td><td>（项）</td><td>（项）</td><td>（%）</td><td>（项）</td><td>（项）</td><td>（%）</td><td>（项）</td><td>（项）</td><td>（项）</td><td>（项）</td><td>（项）</td><td>（项）</td><td>（万元）</td></tr>
<tr><td>（1）</td><td>（2）</td><td>（3）</td><td>（4）</td><td>（5）</td><td>（6）</td><td>（7）</td><td>（8）</td><td>（9）</td><td>（10）</td><td>（11）</td><td>（12）</td><td>（13）</td><td>（14）</td></tr>
<tr><td>合计</td><td></td><td></td><td></td><td></td><td></td><td></td><td></td><td></td><td></td><td></td><td></td><td></td><td></td><td></td></tr>
<tr><td>1．电网（供电）企业</td><td></td><td></td><td></td><td></td><td></td><td></td><td></td><td></td><td></td><td></td><td></td><td></td><td></td><td></td></tr>
<tr><td>2．发电企业</td><td></td><td></td><td></td><td></td><td></td><td></td><td></td><td></td><td></td><td></td><td></td><td></td><td></td><td></td></tr>
<tr><td>3．施工企业</td><td></td><td></td><td></td><td></td><td></td><td></td><td></td><td></td><td></td><td></td><td></td><td></td><td></td><td></td></tr>
<tr><td>4．勘测、设计、咨询企业</td><td></td><td></td><td></td><td></td><td></td><td></td><td></td><td></td><td></td><td></td><td></td><td></td><td></td><td></td></tr>
<tr><td>5．其他单位</td><td></td><td></td><td></td><td></td><td></td><td></td><td></td><td></td><td></td><td></td><td></td><td></td><td></td><td></td></tr>
</table>

单位负责人：（签字）　　填表人：（签字）　　　　联系电话：　　填报日期：　××××年　　月　　日

注　1．表中数据关系：（8）小于或等于（5）－（6）；（9）、（10）、（11）、（12）、（13）分别小于或等于（8）。

2．每季度报送当年1月以来的累计数。

（6）各级供电企业专业职能部门每月底将各级供电企业负责填写的当月新确定的事故隐患以及当月完成治理销号的事故隐患的“事故隐患排查治理档案表”报送各级供电企业安全监察部门，正在治理的事故隐患应当报告治理进展情况。安全监察部门负责录入数据库、建立档案，并形成“事故隐患排查治理一览表”和“电力行业安全生产事故隐患排查治理情况统计表”。“专业职能部门”由各级供电企业结合实际确定。

（7）各级供电企业安全监察部门将本单位上月度“事故隐患排查治理一览表”和“电力行业安全生产事故排查治理情况统计表”报送上级安全监察部门。同时将本单位当月新确定的以及当月完成治理销号的重大事故隐患的 “重大事故隐患排查治理档案表”抄送上级安全监察部门。上级安全监察部门负责汇总各部门、各单位信息，每月形成本单位当月“事故隐患排查治理一览表”和“电力行业安全生产事故隐患排查治理情况统计表”。

（8）上述是对各级供电企业事故隐患排查治理统计数据、治理进展等相关信息报送做出规定，进一步强化事故隐患排查治理工作的长效机制。总体上，以工区（车间）填写的（少数情况下是专业职能部门填写）“档案表”为基础，安全监察部门每月负责汇总，形成“一览表”和“统计表”。“档案表”以纸制文件形式传递，需报送两次，分别在确定隐患后及隐患治理完成验收后。安全监察部门根据收集的“档案表”，将相关信息录入隐患治理数据库。

（9）为加强督办，各级供电企业安全监察部门要掌握所有重大事故隐患的“档案表”。正在治理过程中的事故隐患，其进展情况每月要向安全监察部门报送。

（10）每月必须向同级安全监察部门报送“档案表”和相关进度信息的“专业职能部门、所属单位”由各级供电企业结合本单位机构设置及职责分工实际，以本“管理办法”实施细则或其他文件形式做出规定。

（11）重大事故隐患的治理方案、验收报告定稿后应在三日内抄送各级供电企业安监部门备案。跨区电网重大事故隐患的治理方案、验收报告定稿后应在五日内抄送上级相关职能部门和安全监察部门备案。

（12）专业职能部门和下属单位应做好沟通协调，确保事故隐患排查治理报送数据的唯一性。

（13）各级供电企业安全监察部门应在月度、季度安全委员会会议上通报本单位事故隐患排查治理工作情况。

（14）对于重大事故隐患，各级供电企业应按相关规定向地方政府有关部门报告。

（15）供电企业每季度、每年对公司系统事故隐患排查治理情况进行统计分析，按要求向国家有关部门报送。

六、督办机制

（1）事故隐患排查治理工作执行上级对下级监督，同级间安全生产监督体系对安全生产保证体系进行监督的督办机制。

（2）各级供电企业分别对重大事故隐患、一般事故隐患实施挂牌督办，指定专人管理、督促整改。

（3）对于重大事故隐患，各级供电企业专业职能部门要指定专人负责，落实全过程闭环管理。对本单位负责的一般事故隐患和重大事故隐患，地市公司专业职能部门也要指定专人管理。挂牌督办可以采取会议通报、文件通报、安监信息网等多种形式，目的是明确责任、加快治理。

（4）各级供电企业安全监察部门根据掌握的事故隐患信息情况，以《安全监督通知书》形式进行督办。定期对事故隐患排查治理情况进行检查，检查情况及时通报。

（5）供电企业对各级供电企业挂牌督办的重大事故隐患进行督查，监督治理情况。

七、考核

各级供电企业应将事故隐患排查治理工作纳入本单位绩效考核范围。对发现、举报和消除重大事故隐患的人员，给予表扬奖励。在年度内，对重大事故隐患治理工作成绩突出的单位，经核实后给予表扬奖励；对瞒报事故隐患，或因工作不力延误消除事故隐患并导致安全事故的，对责任人按《安全生产工作奖惩规定》从严处罚。重大事故隐患治理不力，追究各级供电企业责任；一般事故隐患治理不力，由各级供电企业追究相关单位、人员责任。

八、相关表格填报说明

“档案表”、“一览表”、“统计表”均为年度累计汇总表，事故隐患只要出现，无论是否已完成治理，其相关信息都要始终在表中呈现。已完成治理验收的事故隐患在新年度表中不再体现。跨年度的事故隐患在新年度表中仍沿用原编号。

重大（一般）事故隐患排查治理档案表需报送两次，分别在确定隐患后及隐患治理完成验收后报送。

该表按照隐患排查治理“发现→预评估→评估→核定→治理→验收”的管理流程编制，由隐患所在单位负责填写、流转和管理，事故隐患确定评估/核定后、验收结束后分别报安全监察部门建档。各部门、所属单位应按照本单位相关规定按时向安全监察部门报送本“档案表”。

（1）“发现”。首先根据隐患的内容，确定简题，隐患编号按照隐患所在单位分别由各级供电企业安全监察部门统一编号，隐患所在单位是所发现隐患治理和防控的责任主体。

（2）“预评估”。可能导致后果应按照国家有关规定和《事故调规》的事故分类填写。归属职能部门指按照隐患的专业分类应落实到的专业职能部门。预评估等级指工区评估的等级，分一般和重大。预评估负责人由事故隐患所在工区班组长、专工或分管领导担任。

（3）“评估”。评估负责人由各级供电企业专业职能部门（包括生技、调度、营销、基建、农电、保卫等）专工或部门负责人担任。

（4）“一般事故隐患填写栏”。验收负责人应由专业职能部门专工或部门负责人担任。

（5）“重大事故隐患填写栏”的“核定”。职能部门负责人由各级供电企业专业职能部门的负责人或其委托人担任。

（6）“重大事故隐患填写栏”的“验收”。验收组织单位应由各级供电企业专业职能部门组织，验收组长一般由专业职能部门负责人担任。

事故隐患评估的步骤一般为：

第一步，初步判断存在事故隐患后，由所在工区（包括分公司、车间、修试所等）班组长、专工或分管领导进行预评估，报工区负责人审核后上报主管职能科室评估。

第二步，由专业职能部门（包括生技、调度、营销、基建、农电、保卫等）专工或部门领导进行评估，报本企业领导审核。如确定为一般隐患，即可安排进行治理；若确定为重大事故隐患，应及时报各级供电企业核定，根据核定结果安排治理。

“事故隐患排查治理一览表”纸制文件应加盖单位公章上报，通过信息系统报送的应写明填报人。

当月未完成治理的事故隐患应简要说明进展情况，对于重大事故隐患应说明截至当月已累计投入多少治理资金。

涉及多个单位、部门的“同一类”事故隐患，各单位、部门分别填报，各自编号。

第五节　危 险 源 管 理

一、危险源的定义及分类

（一）危险源的定义

可能导致伤害或疾病、财产损失、工作环境破坏或这些情况组合的根源或状态。

（二）危险源的分类

（1）第一类危险源。把生产过程中存在的，可能发生意外释放的能量（能源或能量载体）或危险物质称作第一类危险源。根据能量意外释放理论，能量或危险物质的意外释放是伤亡事故发生的物理本质。为了防止第一类危险源导致事故，必须采取措施约束、限制能量或危险物质，控制危险源。

（2）第二类危险源。导致能量或危险物质约束或限制措施破坏或失效的各种因素，包括物的故障、人的失误和环境因素称作第二类危险源。正常情况下，生产过程中的能量或危险物质受到约束或限制，不会发生意外释放，即不会发生事故。但是，一旦这些约束或限制能量或危险物质的措施受到破坏或失效（故障），则将发生事故。

1）作业环境中存在有毒的物质，直接或间接危害人员的健康，诱发职业病。

2）机器设备没有安全防护罩，其运动部分裸露在外，与人体接触，就会造成伤害。

3）作业人员在高处作业不系安全带。

二、危险源的辨识

危险源的辨识就是识别危险源的存在并确定其特性的过程。

危险源的识别包含着两个方面的工作内容：①识别出组织工作活动中的危险源；②确定出特定危险源如何造成伤害或疾病等，以及造成什么样的伤害或疾病等。

三、危险源的特点

危险源的特点包括：客观实在性、潜在性（不易被人们意识到或能够及时发觉）、复杂多变性、可知可防性。

四、危险源的成因

（1）伴随着作业实践活动而生成的危险源。

（2）伴随着特殊的天气变化而生成的危险源。

（3）伴随机械设备制造缺陷而生成的危险源。

（4）因缺乏维修和检查，使机械设备生成危险源。

（5）违章冒险作业直接生成的危险源。

1）工作负责人不负责任，违章指挥。

2）颠倒或简化作业程序。

3）安全措施漏项。

4）填写工作票失误。

五、危险源的预控工作

（一）危险源的识别、风险评价、控制的意义

（1）可以增强人们对危险性的认识，克服麻痹思想，防止冒险行为。

（2）能够防止由于仓促上阵而导致的危险。

（3）能够防止由于技术业务不熟练而诱发的事故。

（4）能够使安全措施更具针对性和时效性，确能起到预防事故的作用。

（5）能够减少以致杜绝由于指挥不力而造成的事故。

（二）安全工作规程是分析预控危险源的行动指南

（1）安全规程指明了各类作业存在的危险源。各类安全工作规程里，都有“不得”、“防止”、“严禁”等表述，只要稍加分析，就可以明晓它是针对具体危险源而言的。

（2）各类作业都有各自的安全工作规程。

（3）安全工作规程中指明了各类作业中的危险源预控措施。

（4）安全工作规程还指明了发生危险源后，应采取哪些措施把损失减少到最低程度。

六、危险源的识别和评价程序

各部门及工程项目部根据本部门的活动及工作场所内设施的特点，识别哪些因素可能导致对人的安全和人体健康产生危害。危险源的识别要考虑三种状态（正常、异常、紧急状态）和三种时态（过去、现在、将来），以及参照 GB 6441—1986《企业伤亡事故分类》中分为的 16 类危险源和《职业病范围和职业病患者处理办法的规定》中分为 7 类危险源，如物体打击，是指物体在重力或其他外力的作用下产生运动，打击人体造成人身伤亡事故，不包括因机械设备、车辆、起重机械、坍塌等引发的物体打击。职业健康安全危险源辨识与风险评价总表见表 7-2。

表 7-2　　职业健康安全危险源辨识与风险评价汇总表

作业分布	作业活动	危险因素	可能导致的事故	预控措施
通用部分	施工管理	未经三级安全教育，不懂安全防护和安全操作知识	起重伤害 高处坠落 触电等	1．认真执行三级安全教育制度，认真开展班组安全活动 2．严格安全考试制度，禁止弄虚作假 3．明确安全职责及必要的安全知识，强化安全操作技能培训
		无安全技术措施或未交底施工	起重伤害 高处坠落 触电等	1．分部工程及重要、危险性作业均应编制安全措施，并经交底、履行全员签字手续后方可施工 2．施工人员对无安措或未交底有权拒绝施工 3．严格按经审批的方案和安全措施施工，若对方案或措施有疑问时，应征询审批人意见
		安全技术措施不严密或不完善，有疏漏	起重伤害 高处坠落 触电等	1．编制人要有高度责任感，有严谨科学的工作态度，技术措施编制前应认真进行调查研究，确保措施的针对性和可操作性 2．审批人要严细认真，把好审批关 3．未经审批严禁实施

续表

作业分布	作业活动	危险因素	可能导致的事故	预 控 措 施
通用部分	施工管理	违章指挥	起重伤害 高处坠落 触电等	1．严禁违章指挥 2．对违章指挥现象任何人都有责任、有权利制止 3．施工人员遇有违章指挥有权拒绝施工
		违章违纪作业，违反安全交底要求		1．遵章守纪，按规程作业，施工中严禁打闹、抛物等违章违纪行为 2．严格按技术交底施工，不得擅自更改 3．强化现场安全监督检查，以“三铁”反“三违”
		进入现场不戴或不正确佩戴安全帽	物体打击	1．进入施工区的人员必须正确佩戴安全帽，帽带要系紧 2．严禁坐、踏安全帽或把安全帽挪作他用
		高处作业不系或未正确系安全带	高处坠落	1．高处作业人员必须使用安全带，而且宜使用全方位防冲击安全带。安全带必须拴在牢固的构件上，并不得低挂高用。施工过程中，应随时检查安全带是否拴牢 2．每次使用前，必须进行外观检查，安全带（绳）断股、霉变、虫蛀、损伤或铁环有裂纹、挂钩变形、接口缝线脱开等严禁使用
		酒后进入施工现场	其他伤害	禁止酒后进入作业现场，严禁酒后作业
		工作不负责任，玩忽职守	起重伤害 高处坠落 触电等	1．各级工作人员工作中要精力集中，尽职尽责 2．严格落实各项安全工作制度 3．加强日常的监督检查
		违反规定，派不符合要求的人员上岗		1．严格身体检查制度，禁止职业禁忌者或其他不符合要求者上岗 2．特种作业人员必须经培训合格，持证上岗 3．严禁无证作业，无证驾驶
		危险作业项目不办安全施工作业票		1．所有输变电作业项目均要执行安全工作票制度 2．所有工作人员应清楚作业票内容且带票施工
		机械设备未按计划检修，带病作业	机械伤害	1．施工机具要求工况良好，严禁带病作业 2．严格执行机械管理制度，定期检修、维护和保养
		野兽等伤害	其他伤害	1．在有毒蛇、野兽、毒蜂的地区施工或外出时，应携带必要的保卫器械、防护用具及药品 2．在深山密林中施工应防止误踩深沟、陷阱，施工人员不得单独远离作业场所，作业完毕，施工负责人应清点人数 3．在人烟稀少、有野兽活动的山区施工时，应取得当地群众的配合，并采取防范措施
	安全防护用品、设施	安全用品、用具不符合要求	机械伤害 高处坠落 触电 物体打击等	1．凡无生产厂家、许可证、生产日期及国家鉴定合格证书的安全防护用品、用具，严禁采购和使用 2．安全防护用品、用具不得接触高温、明火、化学腐蚀物及尖锐物体，不得移作他用 3．安全防护用品、用具应定期进行试验，使用前进行外观检查
		安全设施不完善、作业环境不安全又未采取措施		1．按要求完善安全设施，整治作业环境 2．对一时难于完善和整改的问题，应采取临时措施，以策安全 3．研究、推广使用T形轨道坠落保护器等新型安全防护技术，实施全过程、全方位安全防护

续表

作业分布	作业活动	危险因素	可能导致的事故	预控措施
通用部分	安全防护用品、设施	不正确使用劳动防护用品	高处坠落 触电 物体打击 等	1. 熟悉劳保用品和防护用品的使用方法 2. 使用前应进行日常检查，施工中正确使用 3. 安全防护用品、用具应设专人管理
		危险设施场所（包括孔洞等）无安全围栏、警示标志		1. 严格按要求开展安全文明施工标准化工作，规范现场管理 2. 危险设备、场所必须设置安全围栏和安全警示标志 3. 警示标志应符合有关标准和要求
		擅自拆除或挪用安全装置和设施		1. 安全装置及设施严禁私自拆除、挪用 2. 若施工需要，须拆除时应征得安全员的同意，并采取临时措施，施工结束后按原样及时恢复
		工器具没有进行试验		1. 受力工器具应按照《电力建设安全工作规程》要求进行定期的预防性试验，不合格者严禁使用，每次使用前应进行外观检查 2. 绝缘工具必须定期进行绝缘试验，其绝缘性能应符合要求，每次使用前应进行外观检查 3. 机具应由专人保养维护，并做定期试验
	施工电源	施工电源未根据当地外电线路情况，正确采用TN系统布置，未采用三级配电二级保护	触电	当施工现场与外电线路共用同一供电系统时，电气设备应根据当地要求做保护接零或保护接地，不得一部分设备做保护接零，另一部分设备做保护接地。当现场采用电业部门高压侧供电，自己设置变压器形成独立电网的，应做工作接地，必须采用TN-S系统。自备发电机时，接地系统独立设置，也应采用TN-S系统。末级和上一级或总配电箱应采用漏电保护装置
		施工电源管理不规范	火灾 触电	将临建及生活用电设备的金属外壳可靠接地，并装设漏电开关或触电保安器。合理级配，禁止用其他金属丝替代熔丝，内部接线正确，设备齐全完善，门锁完好，无裸露带电导体。更换灯管、灯泡、开关插座等应在断电后进行。螺口灯泡的相线必须接灯座的中心接线桩头，地线应接通灯座外螺纹导体的接线柱上。所有照明灯具的相线必须进开关，加强日常安全用电的监督检查、维护，发现违章使用必须立即纠正，发现安全隐患应及时消除
		箱内闸具损坏，闸具不符合要求	触电	箱内闸具必须符合要求，定期检查
		电工无证上岗		由专业电工负责用电管理
		施工用电未按要求编制专项施工方案		开工前编制用电专项施工方案
		配电箱无门、无锁、无防雨措施或门锁损坏		用电管理和检修维护必须规范，并由专业电工进行，配电箱必须上锁，并采取防雨措施
		配电箱下引出线混乱且未做保护接地		引线规范，接地可靠
		照明线路混乱，接头处不绝缘		照明线路接头处必须绝缘可靠，不得乱接乱拉
		保护零线与工作零线混接，开关箱漏电保护器失灵，漏电保护装置参数不匹配，违反“一机、一闸、一保护”的要求		加强使用前及使用过程中的检查，保护零线与工作零线不得混接，开关箱漏电保护器灵敏可靠，漏电保护装置参数匹配，严格执行“一机、一闸、一保护”的要求

续表

作业分布	作业活动	危险因素	可能导致的事故	预控措施
通用部分	施工电源	停送电无专人负责	触电	停送电设专人负责
		维修时未悬挂停电警示标志牌		维修时悬挂“禁止合闸有人作业”的标志牌，并设专人负责监护
	用电设备	闸具熔断器参数与设备容量不符，未使用安全电压		一般行灯电压不得大于36V，潮湿和易触及带电体场所不得大于24V，特别潮湿场所和金属容器内工作电压不得大于12V
		现场施工及照明用电源及接线私拉乱接，未架空或过路未采取保护，用绿/黄双色线作动力线使用		由专业电工规范接线，禁止私拉乱接，任何情况下不准用绿/黄双色线作动力线使用
		在带电架空线路附近开挖沟槽		采取线路断电或搭设隔离棚
		用电设备保护接零和接地不符合要求		使用前检查，用电设备保护接零和接地必须符合要求
		压路机、混凝土搅拌机、潜水泵等电动机械未采用防溅、防水和加强绝缘型设备，现场电动机械设备的金属外壳未可靠接地		选择安全可靠设备，电动机械设备金属外壳必须可靠接地
		旋转臂架或起重机的任何部位或被吊物边缘与架空线路边线的距离小于安全距离		采取线路断电或搭设隔离棚
		电工工具损坏或未按规定穿戴防护用品		电工作业工具须经过检测，作业时按规定穿戴防护用品
		手持机电移动工具未检查试验或缺少防护罩而使用		手持机电移动工具必须通过检查试验，加装防护罩
		在宿舍内使用碘钨灯或大功率灯		在宿舍内不得使用碘钨灯或大功率灯具，严禁使用电炉
	消防安全	消防管理不到位	火灾	1．建立消防管理制度，按施工总平面布置，确定消防重点部位 2．消防器材专人管理，定期检查，确保消防器材完好 3．进行消防专项教育，进行必要的消防演练 4．装过挥发性油剂及其他易燃物质的容器，未经处理严禁焊接与切割 5．森林、牧区进行施工，必须遵守当地的防火规定，并配备必要的消防器材。动用明火或进行焊接时，必须划定工作范围，消除易燃杂物，并设专人监护 6．用暖棚法养护混凝土基础时，火源不得与易燃物接近，并应设专人看管 7．办公、生活、仓库等地必须配备必要的消防器材和设备。消防器材应按照有关要求定期进行检查 8．电气设备附近应配备适用于扑灭电气火灾的消防器材，发生电气火灾时应首先切断电源
		防火设施不完善		1．根据火灾性质，配备消防适宜的消防设施 2．经常检查，确保设施完好

续表

作业分布	作业活动	危险因素	可能导致的事故	预控措施
通用部分	焊接及气瓶管理	气瓶受剧烈震动或撞击	容器爆炸火灾	1．在运输、储存和使用过程中，避免气瓶剧烈震动和碰撞，防止脆裂爆炸，氧气瓶要有瓶帽和防震圈 2．禁止敲击和碰撞，气瓶使用时应采取可靠的防倾倒措施
		放气过快产生静电火花		1．氧气瓶不应放空，其瓶内必须留有 0.1～0.2MPa 表压余气 2．乙炔瓶剩余压力应符合：0～15℃时不低于 0.1MPa，15～25℃时不低于 0.2MPa，25～40℃时不低于 0.3MPa。使用时乙炔工作压力禁止超过 0.147MPa
		气瓶直接受热		1．气瓶避免阳光暴晒，须远离明火或热源 2．氧气瓶着火时应迅速关闭阀门 3．乙炔瓶应储存在通风良好的库房里，必须直立放置。周围设立防火防爆标志，并配备干粉或二氧化碳灭火器，禁止使用四氯化碳灭火器 4．乙炔瓶不能靠近热源和电器设备，防止暴晒，与明火距离不小于 10m，严禁用火烘烤。搬运时的温度要保证在 40℃以下，乙炔瓶表面温度不能超过 40℃ 5．使用乙炔瓶时必须装有减压和回火防止器，开启时操作者应站在阀门的侧后方，动作要轻缓，不要超过一圈半，一般情况宜开启 3/4 转
		气瓶超期未做检验		1．应按规定每 3 年定期进行技术检查，使用期满和送检未合格气瓶均不准使用 2．乙炔瓶的瓶阀，易熔塞等处用肥皂水检验 3．严禁使用明火检漏
		气瓶中混入可燃气体		1．禁止把氧气瓶与乙炔气瓶或其他可燃气瓶、可燃物同车运输 2．严禁滥用气瓶
		氧气瓶粘附油脂		严禁粘有油脂的手套、棉纱或工具等同氧气瓶、瓶阀降压器及管路接触
		乙炔气瓶的多孔性填料下沉形成净空间		乙炔瓶不能受剧烈震动和下墩，以免填料下沉形成空间
		乙炔瓶卧放或大量使用乙炔时丙酮随同流出		乙炔搬运、装卸、使用时应直立放稳，严禁在地面上卧放并直接使用，一旦使用已卧放的乙炔瓶，必须直立后静置 20min 再连接乙炔减压器后使用
		氧气乙炔胶管制造质量不符合要求	火灾	1．应使用正式厂家合格产品，胶管应具有足够的抗压强度和阻燃特性 2．在保存、运输和使用时必须注意维护，保持胶管的清洁和不受损坏
		由于磨损、重压硬伤，腐蚀或保管维护不善致使胶管老化，强度降低或漏气		新胶管在使用前，必须先把胶管内壁的滑石粉吹除干净，防止割、焊炬的通道被堵塞，在使用中避免受外界挤压和机械损伤，不得与酸、碱、油类物质接触，不得将管身折叠
		胶管里形成乙炔与氧气或乙炔与空气的混和气		氧气与乙炔胶管不得互相混用或代用，不得用氧气吹除乙炔管内的堵塞物，同时应随时检查和消除割、焊炬的漏气或堵塞等缺陷，防止在胶管内形成氧气与乙炔的混合气体
		产生回火	容器爆炸火灾	气割操作需要巨大的氧气输出量，因此与氧气表高压端连接的气瓶阀门应全部打开，以保证提供足够的流量和稳定的压力，防止低压表虽已表示工作压力，但使用时压力突然下降，导致发生回火并可能倒燃进入氧气胶管而引起爆炸

续表

作业分布	作业活动	危险因素	可能导致的事故	预 控 措 施
通用部分	焊接及气瓶管理	气焊、气割作业烧伤或发生爆炸	容器爆炸 火灾 灼伤	1．焊炬、割炬点火前应检查各连接处及胶带的严密性 2．严禁用氧气吹扫衣物，不得将点燃的焊炬、割炬作照明 3．气割时应有防止割件倾倒、坠落的措施 4．气瓶不得与带电体接触，气瓶内气体不得全部用尽 5．乙炔瓶应直立使用，氧、乙炔瓶的最小安全距离为5m
	交通运输之一般驾驶	超时、超里程疲劳驾驶	交通事故	1．驾驶人员一次连续行使时间不得超过3h，到时应休息并检查车辆，驾驶员休息不少于20min 2．驾驶人员平时应保持充足的睡眠和休息，保证上班时精力充沛，每日累计驾驶不得超过8h 3．高温季节应重点检查轮胎温度、气压是否正常
		接听或拨打手持电话、闲谈		1．驾驶人员不准在驾驶车辆时吸烟、饮食、闲谈或有其他妨碍安全行车的行为，禁止开车时接听、拨打手持电话 2．需要接打手持电话时，须将车辆停放到安全地点，在高速公路行驶时必须进入服务区
		开故障车		1．坚持出车前、行驶途中、回场后“三检查”制度，不开故障车 2．行驶中发现安全部件有问题的应立即停车，检查修复。不能修复的要将车辆移至安全地点
		下坡空挡滑行		1．严格按操作规程行车，下坡不准空挡滑行 2．下坡时应挂入低速挡，最高时速不超过30km
		临时停车		1．在禁止停车路段不准停车，特别是人行横道和施工路段不准停车，以防止造成交通阻塞 2．确因工作需要，临时停车时，驾驶员不得离开车辆，遇有影响交通时应立即驶离，服从管理。在夜间或风、雨、雪、雾天气必须开启示宽灯、尾灯、危险信号灯 3．车辆未停稳前不准上下人员，开关车门时，不得妨碍其他车辆行人通行，防止刮碰 4．车身右侧距道路边缘不得超过30cm
		违法载人、载货		1．指定责任人配合驾驶人员维持好乘车秩序，杜绝人员、货物超载，严禁人货混装，货物装载应固定可靠 2．驾驶人员开车前有责任向乘车人交待注意事项，不准将头、手及身体其他部位伸出窗外，不准随意开车窗、车门。行车前，驾驶人员应关好车厢栏板和车门 3．乘车人员有义务提醒驾驶人员在行车中注意安全，对驾驶人员的严重违法行为和重大事故苗头有权制止，并主动迅速向车辆主管部门报告 4．乘车人员不得携带易燃易爆等危险品，不得向车外抛撒物品，不得有影响驾驶人员安全驾驶的行为 5．货运车除驾驶室以外不准载人。在城市道路上确因工作需要，在留有安全位置的情况下，车厢内可以附载临时作业人员1～5人，但必须坐在车厢底部，不准坐在车厢栏板上或轮胎凸出的底板部位。货物高度超过车厢栏板时，货物上不得载人 6．装运水泥杆、配电变压器、线盘等容易滚（滑）动的物件，必须绑扎牢固，防止前后左右滚动。装运超长、超高物资，一律要有明显标志，按交通管理部门规定的时间、路线、速度行驶

续表

作业分布	作业活动	危险因素	可能导致的事故	预控措施
通用部分	交通运输之一般驾驶	通过公路、铁路交叉道口	交通事故	1．通过无人看守道口，要做到一停二看，确认安全后通过 2．通过有人看守道口，不准抢黄灯，红灯亮时不准通行 3．通过铁路道口时严禁换挡
		上下渡船		1．依次排队，服从指挥，前后车保持适当距离 2．渡船未停稳车辆严禁上下船 3．车辆在渡船上应熄火，拉进手刹
		通过人行横道或无信号灯的路口		1．应观察路况，减速慢行，必要时停车让行 2．让优先通过的车辆先行，主动避让非机动车和行人 3．夜间应运用远近断续的大灯灯光示意、警示行人车辆
		牵引车辆		1．硬牵引时连接装置要固定可靠，被牵引车要有驾驶人员配合操作 2．软牵引时，被牵引车制动、方向、灯光、喇叭等部件须可靠有效，牵引车与被牵引车需保持 6～8m 距离，被牵引车应由有经验的驾驶人员配合驾驶 3．牵引车辆时，牵引车和被牵引车都应开启危险警示灯，最高时速不准超过 30km，高速公路上严禁自行牵引车辆 4．被牵引的机动车除驾驶人员外不得载人，不得拖带挂车 5．被牵引的机动车宽度不得大于牵引车的宽度
		车辆在途中临时修理		1．在行驶中发生故障，应立即停车修复，不能修复的，应尽量驶入安全地点，必要时报警 2．因故障不能行驶且不影响交通的车辆，应在车后 100m（高速公路 150m）以外地段，设置警示牌，开启报警闪光灯，夜间开启尾灯和示廓灯，禁止用明火照明修车 3．更换轮胎应在平坦的路段，停车修理传动部分应用三角木掩好轮胎，防止车辆滑动 4．使用千斤顶应将车辆前后固定可靠，顶架牢固 5 在修理过程中开汽车门时要防止被其他车辆碰撞
	车辆进入施工现场	施工作业现场车辆盲目进场		参加施工作业项目时，车辆进厂前，应派专人会同驾驶员对运输线路进行查勘，必要时对道路、桥梁进行加固修补，危险地段派专人指挥
		施工现场车速过快		车辆进入施工现场，最高时速不得超过 5km
	交通运输之一般驾驶	不察看周围情况，匆忙工作		1．吊车、工程车进入施工现场前，驾驶人员应了解和熟悉施工现场带电区域及与带电设备应保持的安全距离 2．吊车在架空电力线路下通过时，应保证吊臂与带电线路的安全距离
		不戴安全帽		进入施工场所的驾驶人员必须戴好安全帽，现场工作人员有督促提醒的义务
		停车位置不当		各类车辆进入施工地段，需停放在安全位置
		未设置警示标志		在道路和公共场所施工作业时，停放的车辆应设置警示标志
	乡村道路行车	窄桥、险桥		1．应注意观察路面车辙，以确认有无车辆通过，险桥不准通过 2．下车检查路面、桥梁情况或咨询附近住户人员查实桥梁通行能力，确认安全时再行通过 3．通过窄桥，前方要有专人指挥引导

续表

作业分布	作业活动	危险因素	可能导致的事故	预 控 措 施
通用部分	乡村道路行车	岔路口不明	交通事故	注意观察，减速慢行，并合理使用喇叭、灯光警告，防止有人、车、牲畜突然出现
		路基不实		车辆应尽量靠道路中心行驶，注意减速慢行，必要时下车检查，确认安全后再行
		路面积水		1．应下车查看，必要时用器械探查水情或有人员在前方引导。防止积水进入气缸，电器设备必要时进行包扎 2．遇有路基损坏等情况不能通过时，禁止盲目驶入 3．高速公路积水时，应减速慢行，防止方向失控，造成侧翻 4．通过积水路面后，应使用慢制动，用摩擦力排干制动蹄片表面积水
	特殊天气行车	雾天不开灯光		1．每天出车前均应检查各种灯光是否齐全有效 2．雾天应开启防雾灯、近光灯、前后位灯、危险报警闪光灯
		能见度低		1．能见度小于 100m 时，车距应在 50m 以上，时速不得超过 40km，同时开启各种防雾灯光 2．能见度小于 50m 时，无紧急抢修任务应停车待命；必须出车时，时速在 30km 以下，开启各种应急灯光，必要时前方派人引导。行驶中遇有团雾时，应提前减速慢行，注意观察，禁止盲目驶入
		冰雪道路打方向过急		行使中需变道、转弯、调头时应缓慢使用方向盘，禁止急打方向盘
		侧滑时打错方向		当车辆发生侧滑时，方向应与车后身侧滑同方向微微修正，反之车辆将加剧侧滑
		未装防滑装置		冬雨季、雪后地冰冻路面行车，应加装防滑装置
	生活安全	不卫生或食物受到污染	中毒和窒息	1．食物的采购、加工、保存应注意卫生，防止腐败变质 2．保持办公区域和食堂等生活区域的环境卫生
		生活用电不规范	触电、火灾	1．宿舍里严禁私拉乱接电线 2．严禁使用大功率电器，严禁超负荷使用电气设备
		煤气、液化气等违章使用	中毒和窒息 火灾 容器爆炸	1．生活用煤气、液化气的使用应按照有关要求，严禁违章安装和使用 2．气瓶、燃气用具等应符合有关安全标准 3．生活用气的检查、维护等应由专人管理
		高温中暑低温冻害	其他伤害	1．在高温的夏季或严寒的冬季施工时，应采取防暑降温或防寒防冻措施 2．配备如仁丹、十滴水、防冻油膏等必要的药品
输电线路施工基础浇筑	树木砍伐	砍伐树木时砸伤人员	物体打击	1．砍伐通道上的树、竹时，应控制其倾倒方向，砍伐人员应向倾倒的相反方向躲避 2．多人在同一处对向砍伐或在安全距离不足的相邻处砍伐时，应保持的安全距离为树、竹的 1.2 倍 3．砍伐工具在使用前应作检查，砍刀手柄应安装牢固 4．上树砍伐应使用安全带，不得攀扶脆弱、枯死的树枝或已砍过但尚未断的树木，并应注意蜂窝 5．在茂密的林中或路边砍伐时应设监护人，树木倾倒前应呼叫警告
	土石方施工	坑口边缘堆满材料、工具和泥土	坍塌	坑口 0.8m 以内不得堆放材料、工具、泥土，并视土质特性，留有安全边坡

续表

作业分布	作业活动	危险因素	可能导致的事故	预 控 措 施
输电线路施工基础浇筑	土石方施工	挖坑时塌方，埋压伤人	坍塌	遇泥沙坑要采取降水位等措施，严格按《安规》要求留有适当坡度，并加强安全监护
		土质松软、流沙坑施工时无专人安全监护		化冻后土质容易塌方，流沙坑也容易塌方。以上两种情况施工时，应派专人安全监护，随时检查坑边是否有裂纹出现，做好安全监护
		基础掏挖施工		1．土质不符合要求，不许掏挖施工 2．为防止掏挖基础施工时塌方，必须使用沉降式挡土模板，上、下基坑时使用梯子，并设安全监护人
		基坑开挖、支模找正、浇制时基面或坑口边有土块、浮石	坍塌 物体打击	基坑开挖、支模找正或混凝土浇制时，应将基面上浮石、土块及时清除干净，避免施工时掉下砸伤坑内施工人员
	混凝土浇筑	搭设架有探头板或跳板有缺陷（强度不够，裂纹，腐蚀等）	高处坠落	跳板材质和搭设符合要求，跳板捆绑牢固，支撑牢固可靠，有上料通道
		现浇基础模板支撑不牢	物体打击	模板的支撑应牢固，并应对称布置，高出坑口的加高立柱模板应有防止倾斜的措施
		上料平台结构不稳定，未设护栏	物体打击 高处坠落	上料平台不得搭设悬臂结构，中间应设支撑点并结构可靠，平台应设护栏
		小推车运料时乱跑乱撞	物体打击	小推车运料时，进出道应分设，推车时不要奔跑，防止相互碰撞
		推车至跳板边缘翻车下料		1．下料时不许在跳板边翻车下料，跳板边缘应设挡板 2．下料时必须经下料斗溜下，坑上、坑下人员密切配合，下料时坑内人员应停止其他作业
		大坑口基础浇筑时搭完的浇制平台横梁中间没有撑杆	物体打击 高处坠落	大坑口基础浇制时，搭设的浇制平台要牢固可靠，平台横梁应加撑杆，以防平台横梁垮塌伤人
		下钢筋笼子时，钢筋笼子不绑溜绳	物体打击	下钢筋笼子时要听从指挥，并在钢筋笼子上绑好溜绳，控制钢筋笼子的方向，以免出现下钢筋笼子时，拽不住倾倒导致伤人事故的发生
		振捣器振捣过程漏电	触电	1．使用前检查振捣器绝缘情况，确保绝缘良好 2．受电侧应安装漏电保护器并指定专人戴绝缘手套穿绝缘鞋操作
		冬季混凝土施工采用小锅炉蒸汽养生	火灾 容器爆炸	用烧蒸汽的小锅炉蒸汽养生时，小锅炉必须设有水位计，并派专人监视，防止因烧干锅后立即加水锅炉发生爆炸伤人。一旦烧干锅要撤掉火源，自然冷却后再加水
		搅拌机料斗提升钢丝绳断股、变形、严重锈蚀、料斗没有挂钩	机械伤害 物体打击	经常检查设备的附近是否完好，加料斗升起时，料斗下方不得有人
		拆下来的模板乱扔乱堆，未及时清理	其他伤害	拆下来的模板应集中堆放在安全的地方，外露的钉子随即拔掉或打弯，以防扎脚
	混凝土预制构件运输	水上运输时，发生翻船或人员落水	其他伤害 淹溺	严禁超载，装卸笨重物件或大型机械应有装卸方案，需装在船面上的超长物品或机械，必须用重物压舱，对易滚、易滑和易倒的物件应绑扎牢固。作业人员应穿戴救生衣
		人力在坑内安装预制构件时，将预制构件直接翻入坑内	其他伤害	人力在坑内安装预制构件，应用抱杆吊装和绳索溜放，不得直接将其翻入坑内

续表

作业分布	作业活动	危险因素	可能导致的事故	预　控　措　施
输电线路施工基础浇筑	混凝土预制构件运输	往坑内吊装预制构件时，工作人员随吊件上下	高处坠落 起重伤害	往坑内吊装预制构件时，工作人员不得随预制构件上下坑，应设梯子上下
		钢筋混凝土电杆堆放不符合要求	其他伤害	钢筋混凝土电杆堆放的地面应平整、坚实，杆段下面设支垫，两侧用木楔掩牢，堆放高度不超过三层
输电线路施工杆塔组立	现场布置及起吊	地锚埋深不够或夯得不实，不设马道	物体打击 起重伤害	工作票上应注明坑深尺寸，地锚埋设前，派专人测尺检查，深度足够，挖好马道，回填夯实后，负责人检查后在工作票上签字认可
		工器具以小代大或使用有缺陷的工器具	物体打击 起重伤害 高处坠落	严格按作业指导书要求配置，对主要施工工器具应符合技术检验标准，并附有许用荷载标志，使用前必须进行外观检查，不合格者严禁使用，并不得以小代大
		在起吊物垂直下方停留或通过	起重伤害	加强现场监督，起吊物垂直下方严禁逗留和通行
		未经技术人员同意，班组擅自更改作业方案。	起重伤害 高处坠落等	严禁擅自更改作业方案，若更改须经原编审人员同意
		组立或整修杆塔时，随意拆除受力构件	起重伤害 高处坠落	拆除受力构件必须事先采取补强措施，严格监护，必要时应编制相应的作业指导书
		因地形所限，起吊、组装同时进行，以致组装人员暴露在起吊物下方	起重伤害	合理安排工作程序，尽量避免上下交叉作业。努力做到起吊、组装依次进行，起吊物正下方无人作业
		分解组立铁塔超重吊装	起重伤害	施工前仔细核对施工图纸的吊段参数(塔型、段别组合、段重)，严格控制单吊质量
		吊段上斜材未固定好（活铁）	高处坠落 物体打击	起吊前，将所有可能影响就位安装的“活铁”固定好
		各种起重工器具有缺陷	起重伤害	定期进行检测、试验和检查，确保现场所有工器具合格有效
		抱杆外拉线线间或对地角度过大		组塔前，应根据作业指导书的要求分拉线坑，各拉线间以拉线及对地角度要符合措施要求，技术员或安全员负责检查
		钢丝绳端部用绳卡连接错误		钢丝绳端部用绳卡固定连接时，绳卡压板应在钢丝绳主要受力的一边且绳卡不得正反交叉设置。绳卡间距不应小于钢丝绳直径的6倍，绳卡数量应符合规定
		整立杆塔用人字抱杆，侧抱杆脚下陷		人字抱杆根部应水平，采取防滑、防陷安全措施
		抱杆外拉线地钻群的双钩未收紧，地钻前未加挡木		组立铁塔现场应按照施工作业指导书的要求布置，连接地钻群的双钩规格应符合要求并收紧。地钻前应加设挡木
		组立杆塔时，随意拆除临时拉线，或不按规定使用拉线	起重伤害 高处坠落	1．永久拉线未全部安装完毕，不得拆除临时拉线 2．组立杆塔时，永久拉线未全部安装完毕，不得登塔拆除吊点 3．临时拉线单杆不得少于4根，双杆不得少于6根 4．调整杆塔倾斜或弯曲时，应根据需要增设临时拉线。杆塔上有人时，不得调整临时拉线
		交叉作业	物体打击	1．应避免交叉作业，无法避免时，塔上、塔下作业应统一指挥，相互协调 2．地面人员应避开塔上人员的垂直下方
	地面组装	人力搬运、组装塔材		1．搬运塔材遇山路、弯道、雨雪天气等应采用相应的安全措施 2．人力抬运时，应绑扎牢靠，两人应同肩、同起、同落

续表

作业分布	作业活动	危险因素	可能导致的事故	预控措施
输电线路施工杆塔组立	地面组装	在成堆的角钢中选材时，随意搬动，强行抽拉	物体打击	在成堆的角钢中选材时，应由上往下搬动，不得强行抽拉。分料时应按规格、型号分类放置
		塔材组装时，用手指找孔	其他伤害	塔材组装连铁时，应用尖头扳手找孔，如孔距相差较大，应对照图纸核对件号，不得强行敲击螺栓。任何情况下禁止用手指找正
		塔材未接地	触电	塔材塔腿段组装完毕后，应立即安装铁塔接地，接地电阻要符合设计要求
	高处作业	高处作业人员不符合作业要求	高处坠落	1．凡参加高处作业的人员，应每年进行一次体格检查。患有禁忌症的人员不得参加高处作业 2．高处作业人员必须经过相关教育培训并经考试合格
		高处作业着装不符合要求		高处作业人员应衣着灵便，穿软底鞋
		高处作业不正确使用安全带		1．塔上、地面设安全监护人，及时提醒、监督其系好安全带 2．高处作业人员必须系好安全带（绳）。安全带（绳）必须拴在牢固的构件上，并不得低挂高用。施工过程中，应随时检查安全带（绳）是否拴牢
		高处作业人员随意向地面抛扔工器具、物料等	物体打击	高处作业所用的工具和材料应放在工具袋内或用绳索拴牢。上下传递物件应用绳索吊送，严禁抛掷
		高处作业转移位置的过程中失去保护	高处坠落	1．高处作业人员在转移作业位置时不得失去保护，手扶的构件必须牢固 2．作业人员上下铁塔应沿脚钉或爬梯攀登。在间隔大的部位转移作业位置时，应增设临时扶手，不得沿单根构件上爬或下滑 3．攀登无爬梯或无脚钉的钢筋混凝土电杆必须使用攀登工具。多人上下同一杆塔时应逐个进行。严禁利用绳索或拉线上下杆塔或顺杆下滑 4．在霜冻、雨雪后进行高处作业，应采取防滑措施
		随身背带铁塔缺件等器材上塔或在塔上移动	高处坠落 物体打击	高处作业人员上下传递物件或移送物件时应用绳索吊送，严禁作业人员带重物上塔，塔上移动不得失去保护
		高塔作业（80m 以上）未采取垂直、水平保护措施	高处坠落	应从设计开始增设防护措施，高塔作业应增设水平移动保护绳，垂直移动应使用安全自锁器等防坠落装置
输电线路工程架线施工	导（地）线展放	架线前铁塔未安装接地	触电	架线前认真检查，按要求安装好铁塔接地
		架线前未检查工器具	起重伤害 高处坠落 械伤害等	1．架线前应认真检查工器具，出库要有工器具出库检查试验记录并签字，防止不合格工器具流入作业现场 2．现场施工人员使用工器具时要再次认真检查确认，不合格者严禁使用
		通信设备障碍		放线前的通信工具要认真检查，保证电池电量充足，并配备必要的备用电源。施工中要保持通信畅通，旗号要明确，如有一处不通，停止放线。严禁用通信设备进行说笑、闲谈
		挂瓷瓶时施工人员在垂直下方作业	起重伤害	安全监护人随时提醒作业人员不得在吊物下方停留或通过，防止物体打击
		展放导、牵引绳跨过跨越架时未设专人看护	起重伤害 触电等	展放导引绳、牵引绳越过跨越架时应派专人监护，防止卡住拉倒跨越架引发事故
		放导引绳时将导引绳临时锚在跨越架上	物体打击	严禁在跨越架上临时锚固导引绳、地线等

续表

作业分布	作业活动	危险因素	可能导致的事故	预控措施
输电线路工程架线施工	导（地）线展放	抗弯连接器规格不符合要求	起重伤害	1．导引绳的抗弯连接器规格要符合技术要求 2．使用前进行检查、试验
		地锚，尤其是转向地锚或临时地锚的埋深不够		各种锚桩应按技术要求布设，其规格和埋深应根据土质经受力计算而确定。立锚桩应有防止上拔或滚动的措施
	附近带电体作业或带电跨越施工	离带电线路距离达不到安全要求（带电线路未停电或未采取可靠的安全措施）	触电	首先申请停电，若停电困难，必须编制特殊的安全技术措施，经企业总工批准，并征得运行单位同意，按规定办理退重合闸等手续，施工期间应请运行单位派人去现场监督。在带电线路附近施工时，要设定警戒区，设立警示牌，并制定安全补充措施，经项目部专职工程师批准后执行
		带电线路停电工作未按要求进行停电、验电、挂接地线就盲目工作		按要求办理停电工作票，并严格按照程序进行操作。未经许可严禁作业，一旦汇报送电严禁再次登杆作业，严禁约时停、送电
		张力放线时，对重要跨越的监护力度不够	起重伤害 触电	张力放线过程中，要在牵张段内的重要跨越架（如电力线路、交通要道等）、居民区、学校附近等处设专人监护，做到通信畅通，指挥统一，并设立警戒标志，避免意外事故发生
		挂线时耐张绝缘子串不安装临时接地线	触电	挂线时必须将耐张绝缘子串两端金具用临时接地线短接，防止感应电伤人
		跨越架搭设与拆除	高处坠落 物体打击 触电	1．高处作业人员必须将安全带系在牢固的构件上 2．必须指定专职监护人，明确工作负责人 3．拆除跨越架应自上而下逐根进行，架材应有人传递，不得抛扔，严禁上下同时拆架或将架体整体推倒 4．重要和特殊跨越架的搭拆应由施工技术部门提出搭拆方案，经审批后实施 5．跨越架同排立杆每6～7根应设剪刀撑，每隔2根立杆应设一支杆，跨越架两端及中间应装设可靠的拉线 6．严格按照规程要求的安全距离搭设，监护人必须随时检查搭设情况，发现不符合规定要求必须立即整改 7．组立钢结构式带电跨越架后，应及时做好接地措施
		展放的导引绳直接从带电线路下方穿过而未采取任何措施	触电	展放的导引绳不得从带电线路下方穿过，若要穿过时，必须采取可靠的压线措施
		放线过程中牵、张机无接地措施		张、牵机两端应设接地滑车，跨越带电线路的两侧放线滑车应可靠接地
		处理被刮住的导地线时，作业人员站在线弯的内侧用手拽，展放余线站在圈内或线弯的内角侧	物体打击 其他伤害	处理被刮住的导地线时，作业人员必须站在线弯的外侧并用工具处理，严禁用手拽。展放余线的人员不得站在线圈内或线弯的内角侧
		导地线升空时施工人员用身体压线	高处坠落	应在摘下卡线器后用大绳拽着慢松
		放导引绳、紧地线时，在中断信号情况下继续牵引	起重伤害 其他伤害	放紧线中如各塔号有一处中断信号，指挥员应立即下令停止牵引并查明原因，在全线路通信畅通后方可继续施工
		跨越即将离地面的导、地线	起重伤害	各路口的监护人员要认真负责，看护好过往行人。任何人不得跨越将离地面的导地线
		换线轴时没有专人指挥		换线轴要有专人指挥，吊车司机和施工人员听从指挥，密切配合

续表

作业分布	作业活动	危险因素	可能导致的事故	预 控 措 施
输电线路工程架线施工	导线压接	压钳、压模处置不当	机械伤害	1．压接机应有固定设施，操作时放置平稳，两侧扶线人员应对准位置，手指不得伸入压模内 2．切割导线时线头应扎牢，并防止线头回弹伤人
		压钳体裂开		使用前检查压钳体与顶盖的接触口，钳体有裂纹的严禁使用
		压接机顶盖未盖好		压接前必须使顶盖与钳体完全吻合，严禁在未旋转到位的状态下压接
		超压使用		1．液压泵操作人员与压钳操作人员密切配合，并注意压力指示，不得过载 2．压力表应按期校验
	附件安装	附件安装时有感应电	触电	在挂耐张串之前将耐张瓷瓶用金属线短接，在附件安装作业前挂好保安接地线
		附件安装提升导地线时，发生横担变形或落线事故	物体打击	导地线的提升点应挂在施工孔处，提升位置无施工孔时，其位置必须经验算确定，并衬垫软物，防止过牵引
		上下瓷瓶串未正确使用安全措施	高处坠落	上下瓷瓶串，必须使用下线爬梯和速差自控器
		驰度调整用链条葫芦手拉链或扳手未采取保险措施	起重伤害	驰度调整时或其他工作使用链条葫芦时，应将手拉链或扳手绑扎在起重链上，并采取保险措施
		安装间隔棒等作业同时在同一相导线上作业	高处坠落 其他伤害	避免同时、同相作业
		跨越高压电力线时，附件安装不使用二道防护	触电	跨越带电线路时两侧杆塔的绝缘子串，在附件安装前安装好两道防护，以免发生落线
		在带电线路上方的导线上安装或测量间隔棒距离时，使用带有金属丝的绳索		在带电线路上方的导线上安装或测量间隔棒距离时，上下传递物件或测量时必须用绝缘绳索，严禁使用带有金属丝的侧绳或绳索
		新建线路和带电运行线路长距离平行（平行距离在100m 以内），在附件安装前，未增设临时接地线		新建线路和带电运行线路长距离平行时，在新建线路上将产生高达上千伏的感应电压，为了防止感应电伤人，首先必须在附件安装作业区间两端装设保安接地线外，还应在作业点两侧增设接地线
		导地线附件安装完成后，人员未撤离导地线前即拆除临时接地线		导地线附件安装完成后，作业人员未从导地线上全部撤离前，严禁拆除临时接地线。附件（包括跳线）待全部安装完毕后，也应保留部分接地线并做好记录，竣工验收后方可拆除
	线路杆塔拆旧及临锚	拆旧措施和方案不严密，或和现场实际情况不符	起重伤害 物体打击 高处坠落 触电	项目负责人和技术人员应到现场仔细勘查，查明地形及交叉跨越物的情况。应详细核对线路杆塔图纸，查明塔型，计算质量，对特殊塔型要进行计算，制定详细的拆旧方案和步骤，包括人员组织、施工机具的选用和安全要求
		在拆除线路上没有加挂接地线	触电	拆除线路尤其与附近带电线路平行时，在登塔（杆）前要做好接地措施，以防感应电伤害
		拆除转角杆塔不设拉线或拉线对地夹角过大	起重伤害	应按措施要求在拆除导线的反向侧打好拉线，拉线的对地夹角度数应能够满足该塔承受下压力负重的要求，必要时应对横担和塔身进行补强
		直线杆塔过轮临锚时，拉线距离凭经验目测自定	坍塌 起重伤害	过轮临锚时，地锚位置选择应保证锚绳对地夹角不大于20°

续表

作业分布	作业活动	危险因素	可能导致的事故	预 控 措 施
输电线路工程架线施工	线路杆塔拆旧及临锚	直线杆塔过轮临锚时，锚线拉线和地锚设置不规范	坍塌 起重伤害	锚线用工器具必须按导线、避雷线张力配置，其安全系数不得小于2.5。必须根据施工现场的土质情况选用锚线地锚形式和数量，易积水的低洼地或地质条件较差的地方应增设地钻数量。锚线地钻群每只地钻相互间隔不得小于1m，地钻群中间的地钻必须用地钻连接器连接，每只地钻前必须设置挡木
		直线杆塔过轮临锚时锚线不规范		导线必须从悬垂线夹角中脱出翻入放线滑车，并不得以线夹头代替滑车。锚线卡线器安装位置距放线滑车中心不小于 3～5m，通过横担下放悬挂的钢丝绳花车在地面上用钢丝绳卡线器进行锚线，其受力以过轮临锚前以及直线塔绝缘子垂直或使锚线张力稍微放松使绝缘子朝前偏移不大于15cm为宜
		直线杆塔过轮临锚时，未示塔型或现状采取不强措施		过轮临锚前杆塔横担必须根据导地线张力的不同，选用相应的钢丝绳进行补强，其补强钢丝绳一端必须绑扎在塔身主材上。如塔材过小、锈蚀严重时，应对整塔受力经验算后对塔身薄弱处采取全部补强措施
		拆除导线时，导线翻进滑轮后旁板门未关好，防震锤、护线条等未全部拆除		导线在翻进滑轮后，必须检查滑轮的旁板门是否锁止，检查导线上的防震锤、护线条等是否全部拆除
		导线落地后，贸然带张力开断导线	起重伤害 物体打击	导线在松落地面尚有一定张力的情况下，不得盲目开断导线，应该在导线开断点的两端将线锚住，开断后再将导线向两边慢慢释放。张力较大时则应用地锚锚住导线
		重要交叉，如电力线路跨越、公路、河流等没有人员看守或人员配备不足	坍塌 起重伤害	重要交叉，如电力线路跨越、公路、河流以及铁路等应派专人看守，特别是车辆、人流较为密集的公路，应有充裕的看护人员，必要时应请当地交警维持交通秩序，同时要保证通信的畅通有效
		分解拆吊杆塔时，段或片的重量与抱杆允许负重不符，吊点不在吊物中心位置	起重伤害	应严格按措施要求的步骤进行，不允许因构件难拆而临时加一段（根），禁止超抱杆负重拆吊。应找正吊点中心位置，以防吊片或段吊离塔身时倾斜伤人
		分解拆吊杆塔时，抱杆的倾斜角度过大或抱杆的腰箍绳受力	起重伤害 物体打击	在分解拆吊杆塔的片或段时，应严格控制抱杆的倾斜角度，一般不得超过15°。在抱杆吊重状态下，严禁腰箍绳受力
		分解拆吊杆塔时，不按顺序拆卸螺栓，随意拆除受力构件		编制措施要详细，写明拆吊杆塔的顺序、步骤和拆除部位，操作人员必须严格按措施要求执行，在拆解过程中如有变化，应事先征得技术人员和现场负责人同意
		使用吊车分解拆吊杆塔时，吊车撑脚未伸足	起重伤害	场地土质应坚实，吊车就位后，四周水平撑脚必须伸足，垂直撑脚下垫木要平稳垫实，以防地面沉降或垫木滑移造成吊车侧翻
		在带电线路旁使用吊车分解拆吊杆塔时，吊车不接地	触电	吊车必须接地，以防感应电触电
		分解拆吊杆塔时，随着抛扔螺栓和构件	起重伤害 物体打击	严禁随意抛扔螺栓和构件，应用绳索传递松落物件
		整体倒塌盲目随意，无方向性	起重伤害	在条件允许的场地整体倒落杆塔，必须在导落方向的两侧在杆塔上打好临时拉线以控制方向。牵引杆塔倒落的机械必须在杆塔倒落的范围外，现场周围留有安全距离，并用围栏设置警戒区
		拆除的杆塔基坑遗留洞孔	高处坠落	杆塔拆除后，如留有洞孔应立即回填土与地面齐平，以防人员落入洞孔造成伤害；如水泥杆根部或钢筋外露高处地面时，应及时铲除，保持与地面齐平

续表

作业分布	作业活动	危险因素	可能导致的事故	预控措施
变电站（换流站）建筑工程之施工临建	技术准备	临建施工前没有编制《施工组织设计》	火灾 坍塌 触电 其他伤害	1．必须由专业队伍施工，并编制完整的《施工组织设计》，对施工临建及生活设施作出明确的规划，在施工前进行交底 2．按《输变电工程安全文明施工标准化工作规定（试行）》要求布置电源及安全标牌，使用安全施工设施，营造良好的安全文明施工氛围
	临建搭拆	与施工无关人员进入现场	其他伤害	加强门卫管理，作业人员佩戴安全帽、工作服及胸卡
		活动房搭设人员未经专业培训上岗		搭设人员、单位须有相应技能和资质，监理、发包方应严格进行资质审查
		搭设、拆除工程临建房屋屋面作业，尤其是霜冻雨雪天气屋面作业及拆除破旧活动板房屋面作业时无防坠、防滑措施	高处坠落	房屋结构件板材应牢固，禁止使用损伤或毁烂的结构件及板材，搭设和拆除作业应指定工作负责人，作业前应进行安全技术交底，拆除破旧临建房及霜冻雨雪天气屋面作业时，应做好可靠的防坠、防滑措施，作业中加强安全监护
		机械、机具安全装置不齐全	机械伤害	机械、机具安全装置必须检验合格、齐全后方可使用
		活动房不按规定搭设	坍塌 其他伤害	活动房必须有设计图纸和搭设方案，搭设完毕经使用单位验收合格后方可使用
	临建使用	施工现场搭设的临时设施不符合安全防火要求	火灾	严格执行消防“三同时”，配备足够数量、合格有效的消防设施，临建间须保留安全消防通道
		现场材料堆放不稳定	坍塌	材料堆放有可靠的支撑或拉结
		暴雨、台风和汛期的前后，未对临建及生活设施、电源等进行检查、维修、加固	坍塌 触电	按规定在暴雨、台风、汛期前后，对临建及生活设施、电源等进行检查、维修、加固，确保安全使用
变电站（换流站）建筑工程之地基工程	桩机作业	桩机未定期检验，未取得有关部门的准用证	物体打击 起重伤害	桩机进场前应检验合格并取得准用证
		组装人员、吊装人员、打桩人员未佩戴安全防护用品	其他伤害	制定施工现场管理制度，明确凡是进行桩机组装、吊装、打桩人员必须佩戴安全防护用品，并加强监督、检查
		在地下管线未明或未采取措施的情况下进行打桩、挖土作业		要求业主提供施工区域地质资料及有关地下管线等布置图，发现不明物立即停止作业，并报告业主和有关部门
		桩架搭设单位无资质，人员未经专业培训，桩架搭设人员无证上岗	机械伤害	检查桩架搭设单位的资质，人员须经安全培训，确保设备符合桩架搭设要求，人员做到持证上岗
		安装桩架的索具不符合要求		安装前对索具进行检查，不符合要求严禁使用
		桩架缆风绳松紧不一		缆风对称设置，监控缆风松紧程度
		移动桩架和停止作业时，桩锤未在最低位置		专人指挥、监督，必须先将桩锤降到最低位置后，才能移动桩架和停止作业，防止失稳
		组装时未锁住履带或用夹轨钳夹紧轨道		组装时重点检查、监督，必须锁住履带或用夹轨钳夹紧轨道
		桩机配重放置不稳或配重不合理		严格按要求放置桩机配重，交底时重点强调，现场加强检查
		吊桩时吊点不正	物体打击	起重工持证上岗且具备相应的专业操作技能，合理设置吊点
		起吊速度不均匀、过快		对起重工、操作工加强教育、交底、过程监控

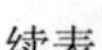

续表

作业分布	作业活动	危险因素	可能导致的事故	预 控 措 施
变电站（换流站）建筑工程之地基工程	桩机作业	桩起吊后人员在桩底下通过	其他伤害	吊装区域设立警戒，严禁无关人员进入
		操作人员用撬棒矫正桩机时用力过猛，偏心撞击		加强桩机使用前、使用中的检查、维修
		堆桩场地未做硬化处理		堆桩场按设计对原地基进行相应加固处理
		成孔后，孔洞口未加设防护盖板	坠落	按规定设置孔洞盖板和围护栏杆
		运行时制动器不可靠，紧固件不牢固	机械伤害	每天使用前加强制动器、紧固件灵敏度的检查，及时维修、保养
		吊桩时桩锤在一定高度时未固定	坍塌	吊桩区域设立警戒，严禁无关人员进入，吊桩设专人监督
	挖土作业	基础开挖未按规定自然放坡，特殊地质条件深坑未采取井点降水措施，基坑边缘违规堆土或其他物品	坍塌 物体打击	1．弃土堆高≤1.5m 2．一般土质条件下弃土堆底至基坑顶边距离≥1.2m，垂直坑壁边坡条件下弃土堆底至基坑顶边距离≥3m 3．软土场地的基坑边不应堆土 4．坑边如需堆放材料机械，必须经计算确定放坡系数，必要时采取支护措施
		人工挖孔，作业人员下班休息未盖好孔口或采取其他安全措施	高处坠落 其他伤害	作业人员下班休息必须盖好孔口或设置高于80cm的围栏封闭并挂警示标志
		作业人员在坑内休息	坍塌	禁止作业人员在坑内休息
		人工清理、撬挖土石方不遵守安全规程规定	坍塌 物体打击	1．先清除上坡滚动土石 2．严禁上下坡同时撬挖 3．土石滚落下方不得有人，并设专人警戒 4．作业人员之间保持适当距离
		多台机械同时挖掘，基坑间距过小	坍塌	坑、沟与建筑物应保持足够的安全距离
		坑、沟与建筑物的距离过小		按规定不得小于1.5m
		基坑开挖和基础工程施工中，未及时监测基坑及周边条件的变化	坍塌 其他伤害	应特别注意监测：支护结构变形、坑外地面沉降或坑底隆起变形、地下水位变化以及塔机基础、周边建筑物及道路和地下管线等设施沉降及变形，发现隐患及时报告和处理
		人员与机械之间未保持一定的距离	其他伤害	挖土专人指挥、监督，保证人员与挖土机械之间的安全距离
		挖土过程中土体产生裂痕	坍塌	加强对土体及周边的定期监控，做好记录，及时分析，发现异常，立即停工采取措施
		在基坑支护和支撑上行走、堆物		加强检查，严禁在基坑支护和支撑上行走堆物
		挖土机械在输电线路下作业，不满足安全距离	触电	采取线路断电或搭设隔离棚
		土方机械在行驶中人员上下或传递物品	坍塌 其他伤害	加强作业人员安全意识教育，严禁土方机械在行驶中上下或传递物品
		一次挖土深度大于4m	坍塌	严格按挖土方案进行分层开挖，一次挖土深度不超过2m
		雨后作业前未检查土体和支护的情况		雨前对土体和支护进行检查并采取排水、防护措施，雨后作业前对土体和支护情况检查

续表

作业分布	作业活动	危险因素	可能导致的事故	预控措施
变电站（换流站）建筑工程之地基工程	挖土作业	各种机械、车辆在开挖的基础边缘2m内行驶、停放	坍塌 机械伤害	挖土区域设警戒线，各种机械、车辆严禁在开挖的基础边缘2m内行驶、停放
		基坑无确实可靠的排水设施、堆土堆物离坑边过近、支护无方案和措施、坑槽开挖设置安全边坡不符合安全要求、深基坑施工无防止临近建筑物沉降措施	坍塌	施工方案明确基坑排水设施、堆物离坑边距离、支护措施、安全边坡及深基坑施工防止临近建筑物沉降的具体要求和措施，并在施工中加强监督、检查
变电站（换流站）建筑工程之结构工程	钢筋冷拉作业	成品钢筋堆放过高、不稳	坍塌	现场钢筋堆放设专用架子
		钢筋集中堆放在脚手架和模板上	其他伤害	加强检查，钢筋随用随送，严禁钢筋集中堆放在脚手架和模板上
		钢筋切断短料时不用套管或夹具	机械伤害	钢筋切断短料时，必须使用套管或夹具
		钢筋切断机运转中，用于清除切刀附近的杂物		钢筋切断机运转中，作业人员不得用手清除切刀附近的杂物
		冷拉作业，危险区未设防护隔离，危险区内有人员停留		冷拉作业危险区必须设防护隔离，无关人员不得停留。钢筋预应力张拉时，端部不得有人员站立
	钢筋机械使用	钢筋机械未定期检查、试验		进场验收合格后使用
		钢筋机械专业无专用操作棚		设置钢筋机械专业操作棚
		冷拉作业卷扬机操作人员未看到指挥人员信号就开机	机械伤害	冷拉作业前进行交底和分工，卷扬机操作人员必须根据指挥人员的信号开机，其他人员发出危险信号时必须停机
		钢筋机械传动部位无防护罩		钢筋机械传动部位加防护罩
		钢筋机械维修、保养未切断电源		在切断电源的情况下维修、保养机械
变电站（换流站）建筑工程之模板工程	支模作业	现浇混凝土模板支撑系统未经承力计算	坍塌	编制模板施工专项施工措施
		悬空、登高作业无可靠、有效的作业平台	高处坠落	悬空、登高作业要搭设可靠的作业平台，并设置必要的护栏
		支拆模板区域无警戒、无专人监护	物体打击	支拆模板区域设警戒标识、支拆模板派专人监护
		模板工程无验收手续	其他伤害	模板工程的支拆应进行验收
		支模、装修、粉刷、砌墙、架子的拆除等工种进行上下交叉立体作业时，在同一垂直方向上下作业	物体打击	应尽量避免上下交叉作业。若确有必要，必须采取可靠的安全防护措施
		排架立柱地基不坚实、无垫板	坍塌	排架立柱地基夯实，使用垫板
		模板作业面洞口、临边防护不严		增设防护设施，明确洞口、临边防护责任人
		排架未按规定设置横向剪刀撑		排架按规定设置横向剪刀撑
		排架立柱间距不符合要求		按要求搭设排架，立杆间距符合规定
		模板上施工荷载超过设计规定		施工设备和堆料应合理分散堆放，不应造成荷载过于集中，施工荷载不得超过设计规定
		模板上堆料不均匀		模板上均匀堆料
		各种模板堆放不整齐或过高		各种模板堆放整齐，不得超高堆放

续表

作业分布	作业活动	危险因素	可能导致的事故	预 控 措 施
变电站（换流站）建筑工程之模板工程	拆模作业	拆除的模板、脚手架等未及时清理，按指定位置堆放、木模板有“朝天钉”	其他伤害	现场应坚持安全文明施工，做到工完、料、场地清，并将“朝天钉”及时清除或打弯
		拆除前未做拆模申请	坍塌	编制模板施工专项施工措施，明确有关要求
		在六级大风等恶劣气候条件下高处作业		在六级大风等恶劣气候条件下严禁室外高处作业
		拆模后未及时封盖预留洞口	高处坠落	拆模后应及时封盖预留洞口，盖板必须可靠牢固，并设立警示标志
		支拆模板时使用模板做立人板		支拆模板时模板上禁止站人
		模板支撑与脚手架联体，拆模不按顺序		模板支撑不得与脚手架联体，拆模必须按顺序进行
变电站（换流站）建筑工程之其他作业项目	油漆施工	油漆时现场照明及电器设备无防火、防爆措施	火灾	重点交底、教育，油漆时采取防火防爆措施
		乱扔沾有易燃物的物件		教育、监督、检查
		油漆间使用碘钨灯或大功率镝灯		
	防腐防水作业	使用或配置刺激、毒性原料时通风不畅	化学伤害	事先做好通风，必要时佩戴配备的防毒面具，作业人员戴口罩
		施工中不慎与腐蚀刺激性物质接触		穿戴防护用品
	砌筑作业	砌筑高度超过 1.2m 未采取脚手架登高	高处坠落	搭设、砌筑脚手架
		在无防护的墙顶上作业		搭设砌筑脚手架，增设防护设施
		砍砖时向外打碎砖	物体打击	脚手架设安全立网，设置踢脚板
		砌筑脚手架上的冰、雪、霜未清除就作业	高处坠落	作业前对工作场所事先进行必要的清理
		雨天未对刚砌好的砌体做防雨措施	坍塌	了解天气信息，合理安排施工，及时做好防护
		砌体工具放在临边等易坠落的地方	物体打击	作业人员佩戴工具袋，增设临边防护
变电站（换流站）建筑工程建筑机械使用	机械使用	打夯机手柄无绝缘套或绝缘套破损	触电	使用前检查打夯机手柄绝缘套，发现破损立即更换
		多台铲运机同时作业时，未保持安全距离	机械伤害	合理安排，专人指挥，保证多台铲运机同时作业时的安全距离
		搅拌机、夯路机、钢筋剪切机、弯曲机、电焊机、卷扬机、提升式井架、塔吊、砂轮切割机、圆盘锯、平刨机等建筑施工机械无操作规程	机械伤害 触电	建立各种机械、电气设备的操作规程
		塔吊、井架的安装拆卸	机械伤害 起重伤害	施工塔吊、井架的施工拆除由专业队伍施工，安装完毕后经有关部门检测合格后方准使用

续表

作业分布	作业活动	危险因素	可能导致的事故	预控措施
变电站（换流站）建筑工程建筑机械使用	机械使用	暴雨、台风和汛期的前后，未对建筑施工现场的塔吊、提升式井架、脚手架和施工电源等设施进行检查、维修、加固	机械伤害 触电 坍塌 其他伤害	按规定在暴雨、台风、汛期前后，对建筑施工现场的塔吊、提升式井架、脚手架和施工电源等设施进行检查、维修、加固，确保安全使用
		按规定20m及以上的塔吊、金属井架、水塔等未设置避雷针，或接地电阻过大	触电	按规定20m及以上的塔吊、金属井架、水塔等均应设置避雷针且接地电阻应≤10Ω
		20m及以上的塔吊（龙门架、井字架）限位保险装置不全或存在缺陷	机械伤害 坍塌 其他伤害	物料提升机应具备吊篮停靠装置、超高限位装置等，安全装置应定型化。30m以上的提升机还应具有下极限限位器、缓冲器和超载限制器。各装置的灵敏度和可靠度应满足使用要求
		起重机械如吊车、升降机（车）、卷扬机等机械存在制动失灵、突然泄压等缺陷或安全隐患	高处坠落 机械伤害	加强日常维修保养和使用前的安全检查，并按规定经技术监督部门定期检验、检测合格，以确保起重机械始终处于完好状态
		空压机压力表和安全阀未检验，空压机、储气罐未检验	容器爆炸	加强事前对空压机、储气罐的检验，合格后方可使用
变电站（换流站）建筑工程脚手架搭拆	搭拆作业	脚手架搭设与拆除不规范	坍塌 高处坠落 物体打击 其他伤害	1. 脚手架搭设必须规范，绑扎应牢固，杜绝“探头板” 2. 脚手架的两端、转角处及每隔6～7根主立杆应设支杆和剪刀撑，支杆、剪刀撑、地面三者之间夹角不得大于60°。脚手架高度每隔4m，水平每隔7m处设置与建筑物牢固的连接点 3. 钢管立杆（主杆）间距为2.0m，大横杆间距为1.2m，小横杆间距为1.5m 4. 脚手板应满铺，不应有空隙和探头板，脚手板与墙面距不大于20cm，脚手板搭接长度应不小于20cm，接头处应设双排小横杆且间距不大于20cm。拐弯处的脚手板应交错搭接。脚手板铺设平稳并绑牢，不平处用木块垫平钉牢，不得用砖垫。架子上放脚手板应由两人由里向外顺序进行，作业人员应拴好安全带、下设安全网 5. 经施工及使用部门验收合格并挂牌后方可交付使用 6. 拆除脚手架时，必须设置安全围栏，确定警戒区域，挂好警示标志并指定监护人，应自上而下顺序，不得上下同时拆除。严禁将脚手架整体推倒。拆下的架材有专人传递，不得抛扔 7. 高处作业人员必须正确佩戴和使用安全防护用品，安全带应挂在结实牢固的主材或物件上，不得低挂高用
		脚手架的外侧、斜道、平台无安全防护措施	高处坠落 物体打击	脚手架的外侧、斜道、平台应设1.05m高的栏杆和18cm高的挡脚板或防护立网，在临街和靠近带电设施处应采取封闭措施
		落地脚手架高度超过24m无设计计算	坍塌	超过24m的落地脚手架应进行计算
		脚手架方案未审批，搭设作业未做交底		脚手架方案审批后才能进行搭设施工，脚手架搭设作业前必须进行安全技术交底
		立杆基础地基未进行承载力计算		立杆基础地基必须进行承载力计算
		立杆基础未夯实平整		立杆基础要夯实平整

续表

作业分布	作业活动	危险因素	可能导致的事故	预 控 措 施
变电站（换流站）建筑工程脚手架搭拆	搭拆作业	拉结不标准，设置不牢固，不按规定标准设置剪刀撑	高处坠落 物体打击	脚手架应按工程施工需要和承载质量，按规程搭设。特殊脚手架单独设计搭设方法和安全措施
		现场使用的密目安全网不符合产品标准，无检验合格证件		现场使用的密目安全网应有生产许可证和产品合格证，并定期检查
		暴雨、台风和汛期的前后，未对建筑施工现场的塔吊、提升式井架、脚手架和施工电源等设施进行检查、维修、加固	机械伤害 触电 其他伤害	按规定在暴雨、台风、汛期前后，对建筑施工现场的塔吊、提升式井架、脚手架和施工电源等设施进行检查、维修、加固，确保安全使用
		脚手板未铺满，四角未用铅丝绑扎，脚手架外侧未设置密目网	高处坠落	脚手板铺满，四角用铅丝绑扎，脚手板外侧用密目网封闭，施工每隔 10m 高加一道安全平网
		脚手架材质不符合标准	坍塌	脚手架搭设前应选好材料的材质和规格
		非架子工进行搭拆作业		搭设脚手架应由经过培训并获取操作证的人员搭设，脚手架只能由专业人员搭拆和维护，任何人不准随便拆除、毁坏脚手架的任何部位
		搭拆作业人员未佩戴安全防护用具	高处坠落 其他伤害	搭设人员要求服装整齐，安全保护用品佩戴齐全
变电站（换流站）安装工程施工准备	施工准备	工程开工未履行规定程序，非法施工	机械伤害 触电	进入现场前，必须编制施工组织设计和措施，办理开工手续
		临时建筑工程未经设计及整体规划	触电 其他伤害	临时建筑工程需经总体设计规划，合理布置，符合《输变电工程安全文明施工标准化工作规定（试行）》的要求
		作业环境不良	高处坠落 触电等	新建户外式变电站施工前要彻底平整场地，道路硬化，设有安全通道。生活区要装设足够的照明，现场坑道、沟道等要设围栏。扩建及室内 GIS（组合电气）变电站，施工前要将孔、洞封好，并设置警示标志
变电站（换流站）安装工程接地网敷设	土方开挖	锹、镐伤人，大锤头脱落伤人	物体打击	接地网开沟要有专人负责，同时作业人员之间要保持 5m 以上距离。将大锤头固定牢，严防锤头脱落或将大锤甩出，大锤正前方不可有人
	焊接	感应电伤人	触电	接地带、接地极焊接要由专业焊工作业，作业时必须穿绝缘胶鞋戴电焊手套，穿焊接作业防护服，接地沟潮湿处要垫干燥木板，焊接点处要清除残土，保持足够的作业空间
	敷设	接地带、接地钢筋留甩头处伤人	其他伤害	接地网敷设要尽可能减少留甩头，留甩头处做平整处理，设备与地网处不可留甩头，要在地面下连接，市内变电站要将所有钢筋进行接地，主要过道及施工通道的接地甩头处设警示牌或围栏
变电站（换流站）安装工程构支架安装	堆放、搬运	杆体滚动挤手压脚		作业人员要站在转动的相反方向，定位后用专用木楔垫块垫牢，设备杆件堆放处要进行围护
	焊杆	焊杆平台不稳固，接地不良，未测绝缘电阻	触电	焊钢管构架宜集中排杆、组焊，场地应平整、坚实，用道木和槽钢搭设简易平台，平台应设多点接地，接地电阻不大于 4Ω，平台道木不能有悬空点，手持电动工具所有配电盘柜应装漏电保护器

续表

作业分布	作业活动	危险因素	可能导致的事故	预控措施
变电站（换流站）安装工程构支架安装	焊接	在运行变电站扩改建施工高处焊接作业时，焊工身背焊接龙头线上下构件，在焊接龙头线未绑扎牢固后即进行焊接	高处坠落 触电	在运行变电站高处焊接作业时，焊接龙头线应用绝缘绳上下吊送，严禁身背上下攀爬，以防电焊线拖拽引发高处坠落。施焊前，应先将龙头线绑扎牢固后方可施焊，以防电焊线自重下坠引起触电或停电事故
	组立	构件组立前未进行安全技术措施交底，作业人员不清楚自己所从事作业的危险和预防、控制措施	物体打击 起重伤害 其他伤害	作业指导书和安全施工措施经审批后方可进行吊装作业，所有参加作业人员必须参加安全技术措施交底，交底内容必须明确相应的危险点和预控措施，并履行签字手续，未参加交底签字人员不得参加施工作业
	起吊	杆段倾倒，横梁摇晃	起重伤害	在起吊过程中，应有专人负责，统一指挥，各临时拉线设专人松紧，各受力地锚设专人看护，动作要协调。吊物离地面 10cm 时，应停止起吊，检查吊车支撑、钢丝绳扣、吊物吊点是否正确，确认无误后，方可继续起吊，起吊要平稳。固定构架的临时拉线应使用钢丝绳，不得用棕绳、尼龙绳替代，绑扎工作必须由技工担任，A 型杆拉线不得少于 4 根。固定在同一临时地锚上的拉线不得超过 2 根，严禁用小型基础和非固定物作地锚使用。起吊横梁应在横梁两端用大绳作溜绳，控制横梁方向，在杆根部没固定好之前及二次灌浆未达到规定强度前，不得拆除临时拉线
	安装	高处作业人员位置不当	高处坠落 物体打击	高处作业在构支架根部及临时拉线未固定好之前，严禁登杆作业，检查无误后方可作业。横梁就位时，构架上的施工人员严禁站在节点顶上，横梁就位后应及时固定，合理施工，尽可能减少和缩短作业人员在高处作业时间。高处作业人员必须携带工具袋，传递物品用传递绳，横梁上方及两端不许放置悬浮物品
		设备柱头、铁件跌落，找正调整不按程序作业	物体打击	设备支柱必须用吊车和专用三脚架组立，严禁用人将设备杆往基础坑口堆。柱头焊接搭工作台要用专用靠梯。构支架找正调整时不可将楔子全部撤掉，根部调整时将抱箍卡住千斤顶，着力后再松动，撤掉木楔，打楔子时大锤正面不可有人，破损木楔严禁用力敲打。顶部调整时缓缓调整，严禁猛压拉绳
	接地	吊装组立的构架未及时采取防雷接地措施	触电	变电构件施工中，对完成吊装组立的构架应及时做好临时性防雷接地措施，以避免雷击和跨步电压伤人
变电站（换流站）安装工程母线安装	软母线安装	压接时，压接机软管爆裂	其他伤害	压接后，仔细检查压接机及软管是否完好，或外加保护胶管，防止液压油喷出伤人
		电动压接机漏电	触电	电动压接机外壳接地，使用符合标准的配电箱
		带电或临近带电作业不符合安全规定	高处坠落 触电	测量软母线档距时，监护人必须监督工作人员系好安全带后再测量、紧尺和读数。扩建工程软母线档距测量必须有安全措施，设专人监护，以保证绳、尺绝缘并与带电体的安全距离，变电站扩建施工必要时作业人员应穿防静电屏蔽服
		导线弹出伤人	其他伤害	放导线由专人指挥，线轴架设要平稳，导线由线轴下方引出，推转时作业人员站在线轴后方，终了时轻轻转动，切割导线前应将切割处两端绑扎好

续表

作业分布	作业活动	危险因素	可能导致的事故	预 控 措 施
变电站（换流站）安装工程母线安装	软母线安装	挂线点固定滑轮绳口断裂，地脚滑轮脱扣	高空坠落	挂线前构架应经验收合格，检查金具是否符合要求，经常检查挂线点处绳扣在横梁上缠绕过程中有无破损、断股，由专人负责用手旗指挥升降，母线着力后，检查所有绳扣及底滑轮及卷扬机钢丝绳，确认无误后，方可升起。挂线时，导线下方不得有人，严禁跨越正在收紧的导线
		卷扬过牵引	起重伤害	卷扬机制动良好，由专人操作，听从地面指挥人员指挥，防止过牵
		过耐张绝缘子串及骑线作业失控		在软母线上安装引流线及设备连线作业前，应检查金具连接是否完好，横梁是否牢固。只能在导线截面积不小于120mm²的母线上使用竹竿横放在导线上骑行作业，过耐张绝缘子串时要先系好安全带，防止绝缘子旋转发生高空坠落
		驰度调整过牵引，导线脱落		双母线调整时，保证卷扬机性能良好，由专人负责指挥，设专人监护。单母线驰度调整时用专用耐张瓶卡具，用双钩紧线器调整
	管母线安装	管母线吊装弯曲、倾斜、脱落、支持瓷瓶断裂		大型支持型铝管母线应采用吊车多点吊装，铝管就位前施工人员严禁登上支持绝缘子，吊装前将吊点测量精确，保证在平稳状态下起吊，两端用溜绳调整方向。大型悬吊式铝管母线吊装应编写作业指导书及详细的安全施工措施，吊装时两端应同时起吊，同时就位悬挂。支持绝缘子安装前应认真检查有无破损，铝管母线驰度应在地面上调整好
	硬母线安装	切割、钻孔时伤人	机械伤害	使用前，认真学习切割机、钻孔机安全操作规程，安全操作牌悬挂于显眼处，定期保养，及时维修电动机械
	封闭母线安装	搬运、安装时坠落	起重伤害 物体打击	采取合理的搬运、安装方案，起吊前仔细检查绑扎措施是否牢靠
变电站（换流站）安装工程设备安装	主变压器安装	变压器油渗漏	火灾	清理主变压器周围场区，合理放置油罐、滤油机，保证作业空间和安全通道，滤油机电源用专用电源电缆，滤油机外壳接地电阻不得大于4Ω，金属油管路设多点接地，防静电火花引起火灾，滤油机、油罐处严禁烟火，油管路接头牢固，无滴渗漏现象，现场设置消防器材
		大罩起吊失控	起重伤害	主变压器安装前对起重工器具进行认真检查，按作业指导书和安全技术措施交底内容施工。大罩起吊离主体30～50cm时做停吊检查，经起重负责人确认无误后，方可起吊，起吊过程要平稳、缓慢，罩体四角用导向杆及大绳控制，防止大罩碰撞器身
		芯部损坏、遗留异物	其他伤害	主变压器器身检查人员应穿洁净、无扣、无口袋工作服和耐油靴，所带工具必须清点登记，检查用木梯应牢固，两端用干净布包扎好，检查人员不可登踏芯体，检查结束后清点作业人员、工具、物品
		交叉作业，异物掉入变压器内	物体打击 高处坠落 其他伤害	升高座及套管吊装就位由起重负责人指挥，用手拉葫芦调整角度，导链用过后用布带绑在主链上，防导链钩挂其他物品。作业人员必须系好安全带，工具等用布带系好。螺栓等物品应放在专用木箱内（数目要清点），盖板拆下后用大绳往下放，防止滑落，安装后清点所有物品、工具，发现有物品落入变压器内要及时报告并清除
		用手直接接触罩体环行胶圈时易被挤压	其他伤害	螺丝紧固要对称均匀紧固，胶垫、圈放置使用专用工具，不许用手直接接触胶垫、圈，防止吊钩突然下滑压伤手指

续表

作业分布	作业活动	危险因素	可能导致的事故	预控措施
变电站（换流站）安装工程设备安装	断路器、隔离开关安装	六氟化硫气体和其他气体混放	其他伤害	六氟化硫气体必须单独存放，房间需有通风口
		隔离开关、刀开关处在断开位置即开始搬运		隔离开关、刀开关在搬运时必须处于合闸位置
	二次设备安装	设备倾倒，与带电体隔离不当	物体打击 触电	稳盘必须配备足够施工人员，以防倾倒伤人。电钻、电源线绝缘良好，开关灵活，配置漏电保护插台，安装后及时清理杂物，关闭电源开关。在运行变电站安装盘屏，严格执行运行单位规定，听从运行单位安全监护人员指挥，带电系统要设置明显标志，并采用可靠的隔离措施，设置警示标志
	蓄电池安装	外壳破裂，电液外流	火灾 其他伤害	安装前检查外壳有无裂纹、损伤，蓄电池充放电要设值班人员，做好充放电记录，直流屏上挂警示牌，在充放电阶段，不可使用直流电源，蓄电池充电必须保持室内通风良好，并配置消防器材
变电站（换流站）安装工程电缆敷设	沟槽开挖	开挖深度达到 1.2m 没有进行支撑	坍塌	开挖深度达到 1.2m 时必须进行支撑
		沟槽边未设置护栏，护栏未用铁丝绑扎	高处坠落	沟槽边必须设置护栏且护栏必须用铁丝绑扎牢固
		施工机械作业未保持安全距离	机械伤害	作业前对施工机械进行检查，必要时采取相应保护或隔离措施
		开挖沟槽施工挖坏煤气管	火灾	事先详细调查了解地下设施情况，制定可靠的保护措施。施工前请监护人员到现场交底，发现管线后及时进行保护
		沟槽施工挖坏电缆	灼伤	
		开挖沟槽施工挖坏水管	坍塌	
		沟槽施工未对电缆接头按规定进行悬吊处理	灼伤	强化现场交底，发现电缆线路后及时对电缆线路进行悬吊保护
	沟槽开挖	暴雨后没有及时检查土方边坡和支撑	坍塌	在暴雨后及时检查，做好支撑措施
		施工区域使用破损护栏	物体打击	加强检查力度，严禁使用破损护栏
	电缆敷设	通信信号不明，缺少安全监护	触电 其他伤害	电缆敷设前检查电缆沟是否畅通，电缆支架是否牢固。放电缆时沟道内应无杂物、积水，并保证足够的照明，由专人指挥。电缆通过孔洞、道管的交通通道时，两侧设置监护人。放电缆时，临时打开的沟盖、孔洞须设警示标志或围栏；完工后，立即封闭。施工人员进入隧道、夹层及电缆沟必须带好安全帽，拐弯处人员必须站在电缆外侧，在运行变电站敷设电缆必须取得生产运行单位同意和监护
变电站（换流站）安装工程电气调试、高压试验	高压试验	电缆绝缘层老化	触电	不使用老化电缆线，加装漏电保护器
		高处作业人员未使用防护用品	高处坠落	户外登高作业必须系好安全带，穿防滑鞋，连接试验连线时必须系好安全带
		高压试验时不设安全围栏	触电	高压试验设安全围栏，向外悬挂“止步，高压危险！”的警示牌，设立警戒区域
		攀登套管绝缘子	高处坠落	在调整断路器、隔离开关及安装引线时，严禁攀登套管绝缘子

续表

作业分布	作业活动	危险因素	可能导致的事故	预控措施
变电站（换流站）安装工程电气调试、高压试验	高压试验	高压引线过长	触电	高压试验时，高压引线长度适当，不可过长。接地要牢固，引线用绝缘支持固定
		直流高压试验，对容性试品未放电		直流高压试验前和试验后都应对容性试品可靠放电
		应接地试品未接地		设备试验前，高压电极应用接地棒接地，设备做完耐压试验后应接地放电
		非被试端子及相邻设备未接地		试验前应可靠接地
		加压前未大声呼唱		试验加压前，必须设有监护人监护，操作人员精神集中，穿绝缘鞋，戴手套。加压前传达口令要清楚
		换线时未断开电源		试验电源应有断路开关和指示灯，更改接线时或试验结束时，首先断开试验电源
		做电缆试验时，非加压端未设监护人		在做电缆试验时在非加压端必须设监护人，加强巡视
		交流耐压试验		试验合闸前必须先检查接线，将调压器调至零位，并通知现场人员远离高压试验区域
		手拿地线放电		用绝缘杆放电
		高压线对地距离不足		高压线应有适当高度，设备要有可靠接地
		测绝缘电阻未放电		测绝缘电阻时应防止带电部分与人体接触，试验后被实验设备必须放电
		测 TA 变比非测试端未短接	其他伤害	测 TA 变比非测试端要有可靠短接并落实专人检查
		试验设备不绝缘无接地	触电	试验设备必须绝缘完好、精度准确，无漏电及其他安全隐患，试验接地线应使用不小于 $4mm^2$ 多股软铜线，接地棒限流电阻等完好可靠
		危险区域没有警示		在高压试验现场和涉及高压带电的危险区域，应设置安全围栏和警告表示牌，并设专人安全监护，试验区域或现场情况复杂，可派多人加强安全警戒，工作负责人、安全监护人及试验作业人员应分工明确，责任到人，严密监护
		误操作		投产前应再一次仔细检查 TA 的二次回路，确保回路正确无开路。参加抢险处置要按工作票规定进行，并有安全监护人，防止误操作、误入带电间隔而引发触电事故。参加试验的人员应穿绝缘鞋、戴绝缘手套，应熟悉投产试验方案，在核相、测电压、测六角向量图等投产试验工作中，要认真核对同路编号，谨慎操作、测试
	继保试验	送电时 TV 末端接地		送电前认真检查 TV 末端的接地是否可靠，并落实专人检查
		交直流电源标识不清		交流电源直流电源应有明显标识，便于区别
		做传动试验开关处未设监护人	机械伤害	做传动试验，开关处必须设专人监护，并应有通信联络和就地可紧急操作的措施
		电源开关未接漏电保护器	触电	电源开关板必须接漏电保护器
		带电保护屏没有明显标志		带电屏挂红布帘提示

续表

作业分布	作业活动	危险因素	可能导致的事故	预控措施
变电站（换流站）安装工程电气调试、高压试验	继保试验	送电时 TA 回路开路高电压伤人	触电	送电前检查TA回路是否开路，确认在闭路状态时方可试验
		TV 回路短路		送电前检查 TV 回路短路
		测量二次回路绝缘电阻		被试系统内的其他工作应停止
	启动试验	检查时未开工作票，走错间隔		严格执行工作票安全管理制度和安全监护制度
变电站改扩建施工	安全管理	擅自扩大作业范围		严格按工作票所列的工作内容和工作范围施工，禁止任意扩大工作范围，若要临时扩大工作范围，必须重新办理工作票并履行变更审批手续，严禁随意进入带电设备区
	变压器改造	主变压器排油作业或渗油，滑倒、摔伤作业人员	其他伤害	1. 由专人看管储油用具，渗油点用容器盛装 2. 排油管道应有明显标志，以防作业人员拌脚摔伤 3. 变压器顶部油迹及时清揩 4. 施工作业人员应穿防滑电工鞋，必要时清理鞋底油污 5. 蓄油坑内鹅卵石被油污染后应及时清理，以防作业人员滑倒 6. 管道连接密封应良好，不渗油 7. 梯子放在木板垫实的鹅卵石上面，人员上下梯子需有专人扶持，梯顶用绳系在固定件上 8. 如主变压器在室内，需打开足够的照明
		主变压器钻芯检查中，发生人员缺氧窒息或损坏设备		1. 工作人员清除衣服口袋内所有物品，防止将物品遗落在本体内部，造成设备损坏 2. 向打开封板的变压器内注入干燥空气 3. 工作人员进入内部检查铁心时，派专人看护，防止发生工作人员窒息
	断路器改造	使用真空设备时发生人身伤害	机械伤害	1. 设备外壳必须接地，定期检测绝缘，接线正确 2. 由培训合格的人员进行操作 3. 电动机皮带的防护罩必须完好、固定
		调试中对人体伤害		1. 切断交直流电源 2. 储能释放（液压、压缩空气、弹簧） 3. 储能释放状态下拆、装传动连杆 4. 在调试前通知相关人员离开断路器，并派专人监护
	六氟化硫设备解体	六氟化硫气体泄漏	化学伤害	1. 关闭有关气室与改扩建设备气室间的阀门 2. 将解体气室的气体回收，并用氮气反复清洗 3 遍 3. 气室为微负压时再与大气连通，方可打开封板 4. 使通管、腔体处于通风排气状态，30min 后工作人员方可接近设备 5. 工作人员必须配戴防毒面具、防护眼镜、乳胶手套，穿好专用防护服和专用鞋 6. 通风良好的情况下工作人员方可进入腔体、通管，同时指派专人监护 7. 取出的吸附剂、粉尘、接触过粉尘的揩布，必须用 20%的氢氧化钠水溶液浸泡 12h 后深埋处理
	充放六氟化硫气体	六氟化硫气体压力过高		1. 对密度继电器、压力表先进行校验合格后方可使用 2. 按作业指导书要求进行抽真空 3. 将合格的六氟化硫气体通过减压阀缓缓充至额定压力
	电流互感器、电压互感器改扩建	一次设备拆除、安装过程中的危险	触电危险 高处坠落 起重伤害	1. 拆除或安装设备应为检修状态，必要时加挂工作接地线 2. 检查 TV 低压小开关或熔丝必须在断开位置，二次有关电缆应隔离 3. 设备安装后末屏接地应规范可靠且有专人检查 4. 其他触电危害、高处坠落、起重伤害参照变压器改造

续表

作业分布	作业活动	危险因素	可能导致的事故	预控措施
变电站改扩建施工	隔离开关、支柱绝缘子、避雷器改造扩建	施工中方法或操作不当	触电 机械伤害 高处坠落	1．首先切除闸刀操作电源，防止机械动作伤害工作人员 2．仔细检查绝缘子与法兰交接处是否有损伤和裂纹 3．禁止使用梯子直接靠在闸刀绝缘子、支柱绝缘子、避雷器等设备上 4．禁止施工人员直接攀爬在瓷瓶上工作 5．拆、装设备应用人字梯和工作小平台 6．禁止将绳索扎在裙边上进行吊装 7．与运行设备保持相应的安全距离 8．操作与调整人员加强联系、沟通 9．拐臂、传动连杆的活动范围内严禁人员滞留 10．第一次电动操作时，闸刀应半分半合的位置，检查相位和一/二次的分合闸是否对应
	站内线路引线改扩建	带电作业、拆搭、引线作业措施或操作不当		1．天气晴好，湿度不大于70% 2．绝缘工器具保持干燥，定期对绝缘工具进行电气试验，使用前用绝缘电阻表测试合格 3．带电作业人员必须经专业培训，考核合格方可操作 4．带电作业时要加强监护 5．发现问题应立即停止工作，采取可靠的安全措施后方可继续工作 6．拆搭头前要核对设备铭牌无误且来电侧隔离开关已完全打开并挂好保安锁、警示牌 7．引线接头分解前，需用绝缘引弧绳索将其绑固 8．引弧绳与母线分离前，作业人员应背离分离点1m以上 9．等电位作业人员必须穿合格的全套均压服（包括帽、衣、裤、手套、袜和鞋），各部分接点连接好，衣裤最远端之间的电阻值均小于20Ω
	站内一次旧设备基础拆除、新建	土建施工人员误入有电间隔，发生高压电击和感应触电	触电	1．严格执行保证施工安全的组织和技术措施，落实监护制度，实行全员全过程和全方位监护 2．施工地点做好安全隔离措施 3．长的物件应放倒两人搬运，严禁竖立搬运
		风镐使用不当	机械伤害	1．风镐使用时，严禁操作人员直视打击点 2．操作人员应佩戴防护眼镜和必要的劳防用品 3．管道连接应使用专用夹头夹紧，以免皮管脱出伤人及触及运行设备
厂区、机关办公	卫生扫除	卫生扫除时，擦地后地面、楼梯湿滑	人员摔伤	做好防滑标志，提醒行人注意
		擦办公室玻璃时，未加防护	高处坠落	加强防护措施
		擦玻璃时，破碎的玻璃伤人	划伤	及时更换
	办公室	外接电源线，长期被碾压，造成绝缘皮破损	人身触电	加强日常检查，发现破损及时修理更换
		电气设备长时间使用，过热造成火灾	火灾	加强通风，不使用时切断电源
		机关办公楼日光灯底座塑料老化	坠物伤人	更换
		在电脑前工作，电磁辐射伤害	辐射伤害	不工作时关闭电脑
		办公室窗外养花，大风将花盆吹落	坠物伤人	遇大风天气，及时将窗外花盆搬回室内

续表

作业分布	作业活动	危险因素	可能导致的事故	预控措施
厂区、机关办公	办公室	办公室内物品摆放过高	坠物伤人	办公室物品摆放限高 2m，过高的物品及时清理
		办公室内废旧物品堆积过久，易引发火灾	火灾	及时清理废旧物品
		办公室内从楼上向楼下抛掷物体	坠物伤人	加强文明办公教育，严禁抛掷物体
	财务人员取送款业务	交通事故或犯罪行为	人身伤害	公司规章制度
	水房	打开水时，热水外溅	烫伤	多加小心
		暖水瓶坠落		加强日常检查
	厂区内及各种办公场所	吸烟后，燃烧的烟头乱扔	火灾	加强文明办公管理
		打火机不注意保管，发生震动爆炸		
		雪后，厂区内路滑	摔伤	及时清理，必要时加防滑垫
		载人电梯未定期进行维修检验，或带病运行	高处坠落窒息	严格执行公司《电梯管理规定》

七、重大危险源辨识与监控

（一）重大危险源基础知识及辨识标准

20 世纪 70 年代以来，预防重大工业事故已成为各国社会、经济和技术发展的重点研究对象之一，已引起国际社会的广泛重视，随之产生了“重大危害”（major hazards）、“重大危害设施（国内称为重大危险源）”（major hazard installations）等概念。1993 年 6 月第 80 届国际劳工大会通过的《预防重大工业事故公约》将“重大事故”定义为：在重大危害设施内的一项活动过程中出现意外的、突发性的事故，如严重泄漏、火灾或爆炸，其中涉及一种或多种危险物质，并导致对工人、公众或环境造成即刻的或延期的严重危险。对重大危害设施定义为：不论长期或临时加工、生产、处理、搬运、使用或储存数量超过临界量的一种或多种危险物质，或多类危险物质的设施（不包括核设施、军事设施以及设施现场之外的非管道的运输）。

为了预防重大工业事故的发生，降低事故造成的损失，必须建立有效的重大危险源控制系统。

1. 重大危险源的定义

我国国家标准《危险化学品重大危险源辨识》（GB 18218—2009）中将“重大危险源”定义为长期或临时生产、加工、搬运、使用或储存危险物质，而且危险物质的数量等于或超过临界量的单元。单元指一个（套）生产装置、设施或场所，或同属一个工厂且边缘距离小于 500m 的几个（套）生产装置、设施或场所。

《安全生产法》第九十六条规定，重大危险源是指长期或临时生产、加工、搬运、使用或储存危险物品，而且危险物品的数量等于或超过临界量的单元（包括场所和设施）。

2. 重大危险源控制系统的组成

重大危险源控制的目的不仅是要预防重大事故发生，而且要做到一旦发生事故，能将事故危害限制到最低程度。由于电力活动的复杂性，需要采用系统工程的思想和方法控制重大危险源。

重大危险源控制系统主要由以下几个部分组成。

（1）重大危险源的辨识。防止重大事故发生的第一步，是辨识或确认高危险性的设施（危险源）。由主管部门和权威机构在物质毒性、燃烧、爆炸特性基础上，制定出危险物质及其临界量标准。通过危险物质及其临界量标准，可以确定哪些是可能发生事故的潜在危险源。

（2）重大危险源的评价。根据危险物质及其临界量标准进行重大危险源辨识和确认后，就应对其进行风险分析评价。

一般来说，重大危险源的风险分析评价包括以下几个方面。

1）辨识各类危险因素及其原因与机制。

2）依次评价已辨识危险事件发生的概率。

3）评价危险事件的后果。

4）进行风险评价。评价危险事件发生概率和发生后果的联合作用。

5）风险控制。将上述评价结果与安全目标值进行比较，检查风险值是否达到了可接受水平，否则需进一步采取措施，降低危险水平。

（3）重大危险源的管理。在对重大危险源进行辨识和评价后，应针对每一个重大危险源制定出一套严格的安全管理制度，通过技术措施（包括设备的选择，设施的设计、建造、运转、维修以及有计划的检查）和组织措施（包括人员的培训与指导，提供保证其安全的设备，工作人员水平、工作时间、职责的确定，以及外部合同工和现场临时工的管理），对重大危险源进行严格控制和管理。

（4）重大危险源的安全报告。要求企业应在规定的期限内，对已辨识和评价的重大危险源向上级主管部门提交安全报告。如属新建的有重大危害性的设施，则应在其投入运转之前提交安全报告。安全报告应详细说明重大危险源的情况，可能引发事故的危险因素以及前提条件、安全操作和预防失误的控制措施、可能发生的事故类型、事故发生的可能性及后果、限制事故后果的措施与现场事故应急救援预案等。

安全报告应根据重大危险源的变化以及新知识和技术进展的情况进行修改和增补，并由政府主管部门经常进行检查和评审。

（5）事故应急救援预案。事故应急救援预案是重大危险源控制系统的重要组成部分。企业应负责制定现场事故应急救援预案，并且定期检验和评估现场事故应急救援预案和程序的有效程度，以及在必要时进行修订。事故应急救援预案的目的是抑制突发事件，减少事故对工人、居民和环境的危害。因此，事故应急救援预案应提出详尽、实用、明确和有效的技术措施和组织措施。主管部门应保证将发生事故时要采取的安全措施和正确做法的相关资料散发给可能受事故影响的公众，并保证公众充分了解发生重大事故时的安全措施，一旦发生重大事故，应尽快报警。

（6）重大危险源的监察。主管部门必须派出经过培训且合格的技术人员定期对重大危险源进行监察、调查、评估和咨询。

（二）重大危险源的辨识标准及方法

为加强重大危险源的监督管理工作，统一标准，规范运行，国家安全生产监督管理局提出了《关于开展重大危险源监督管理工作的指导意见》（安监管协调字〔2004〕56号），其中附件一明确了重大危险源的申报范围。

根据《安全生产法》和国家标准《危险化学品重大危险源辨识》（GB 18218—2009）的规定，以及我们电力系统实际工作的需要，重大危险源申报登记的类型如下：①储罐区（储罐）；②库区（库）；③生产场所；④锅炉；⑤压力容器。

1. 储罐区（储罐）

储罐区（储罐）重大危险源是指储存表7-3中所列类别的危险物品，而且储存量达到或超过其临界量的储罐区或单个储罐（见表7-4）。储存量超过其临界量包括以下两种情况。

（1）储罐区（储罐）内有一种危险物品的储存量达到或超过其对应的临界量。

（2）储罐区内储存多种危险物品且每一种物品的储存量均未达到或超过其对应临界量，但满足下面的公式

$$\frac{q_1}{Q_1}+\frac{q_2}{Q_2}+\cdots+\frac{q_n}{Q_n}\geqslant 1$$

式中：q_1、q_2、…、q_n为每一种危险物品的实际储存量；Q_1、Q_2、…、Q_n为对应危险物品的临界量。

表7-3　储罐区（储罐）临界量表

类　别	物质特性	临界量	典型物质举例
易燃液体	闪点<28℃	20t	汽油、丙烯、石脑油等
	28℃≤闪点<60℃	100t	煤油、松节油、丁醚等
可燃气体	爆炸下限<10%	10t	乙炔、氢、液化石油气等
	爆炸下限≥10%	20t	氨气等
毒性物质	剧毒品	1kg	氰化钠（溶液）、碳酰氯等
	有毒品	100kg	三氟化砷、丙烯醛等
	有害品	20t	苯酚、苯肼等

表7-4　毒性物质分级［《化学品安全标签编写规定》（GB 15258—2009）］

分级	经口半数致死量 LD_{50}/（mg/kg）	经皮接触24h半数致死量 LD_{50}/（mg/kg）	吸入1h半数致死浓度 LC_{50}/(mg/L）
剧毒品	$LD_{50}\leqslant 5$	$LD_{50}\leqslant 40$	$LC_{50}\leqslant 0.5$
有毒品	$5<LD_{50}\leqslant 50$	$40<LD_{50}\leqslant 200$	$0.5<LC_{50}\leqslant 2$
有害品	（固体）$50<LD_{50}\leqslant 500$ （液体）$50<LD_{50}\leqslant 2000$	$200<LD_{50}\leqslant 1000$	$2<LC_{50}\leqslant 10$

2. 库区（库）

库区（库）重大危险源是指表7-5中所列类别的危险物品，而且储存量达到或超过其临界量的库区或单个库房。储存量超过其临界量包括以下两种情况。

（1）库区（库）内有一种危险物品储存量达到或超过其对应的临界量。

（2）库区（库）内储存多种危险物品且每一种物品的储存量均未达到或超过其对应临界量，但满足下面的公式

$$\frac{q_1}{Q_1}+\frac{q_2}{Q_2}+\cdots+\frac{q_n}{Q_n}\geqslant 1$$

式中：q_1、q_2、…、q_n为每一种危险物品的实际储存量；Q_1、Q_2、…、Q_n为对应危险物品的临界量。

表 7-5　　库区（库）临界量表

类别	物质特性	临界量	典型物质举例
民用爆破器材	起爆器材	1t	雷管、导爆管等
	工业炸药	50t	铵锑炸药、乳化炸药等
	爆炸危险原材料	250t	硝酸铵等
烟火剂、烟花爆竹	—	5t	黑火药、烟火药、爆竹、烟花等
易燃液体	闪点<28℃	20t	汽油、丙烯、石脑油等
	28℃≤闪点<60℃	100t	煤油、松节油、丁醚等
可燃气体	爆炸下限<10%	10t	乙炔、氢、液化石油气等
	爆炸下限≥10%	20t	氨气等
毒性物质	剧毒品	1kg	氰化钠（溶液）、碳酰氯等
	有毒品	100kg	三氟化砷、丙烯醛等
	有害品	20t	苯酚、苯肼等

起爆器材的药量，应按其产品中各类装填药的总量计算。

3. 生产场所

生产场所重大危险源是指生产、使用表 7-6 中所列类别的危险物质量达到或超过临界量的设施或场所，包括以下两种情况。

（1）单元内现有的任一种危险物品储存量达到或超过其对应的临界量。

（2）单元内有多种危险物品且每一种物品的储存量均未达到或超过其对应临界量，但满足下面的公式

$$\frac{q_1}{Q_1}+\frac{q_2}{Q_2}+\cdots+\frac{q_n}{Q_n}\geqslant 1$$

式中　q_1、q_2、…、q_n为每一种危险物品的实际储存量；Q_1、Q_2、…、Q_n为对应危险物品的临界量。

表 7-6　　生 产 场 所 临 界 量 表

类　别	物质特性	临界量	典型物质举例
民用爆破器材	起爆器材	0.1t	雷管、导爆管等
	工业炸药	5t	铵锑炸药、乳化炸药等
	爆炸危险原材料	25t	硝酸铵等
烟火剂、烟花爆竹	—	0.5t	黑火药、烟火药、爆竹、烟花等

续表

类　别	物质特性	临界量	典型物质举例
易燃液体	闪点<28℃	2t	汽油、丙烯、石脑油等
	28℃≤闪点<60℃	10t	煤油、松节油、丁醚等
可燃气体	爆炸下限<10%	1t	乙炔、氢、液化石油气等
	爆炸下限≥10%	2t	氨气等
毒性物质	剧毒品	100g	氰化钠（溶液）、碳酰氯等
	有毒品	10kg	三氟化砷、丙烯醛等
	有害品	2t	苯酚、苯肼等

起爆器材的药量，应按其产品中各类装填药的总量计算。

4. 锅炉

符合下列条件之一的锅炉可列为重大危险源。

（1）蒸汽锅炉。额定蒸汽压力大于 2.5MPa 且额定蒸发量不小于 10t/h。

（2）热水锅炉。额定出水温度不小于 120℃且额定功率不小于 14MW。

5. 压力容器

属下列条件之一的压力容器可列为重大危险源。

（1）介质毒性程度为极度、高度或中度危害的三类压力容器。

（2）易燃介质，最高工作压力不小于 0.1MPa 且 $PV \geqslant 100\text{MPa}\cdot\text{m}^3$ 的压力容器（群）。

第八章

应急管理工作

企业应急管理是指对企业生产经营中的各种安全生产事故和可能给企业带来人员伤亡、财产损失的各种外部突发事件，以及企业可能给社会带来损害的各类突发公共事件的预防、处置和恢复重建等工作，是企业管理的重要组成部分。加强企业应急管理是企业自身发展的内在要求和必须履行的社会责任［《国务院办公厅转发安全监督管理总局等部门关于加强企业应急管理工作意见的通知》（国发办〔2007〕13号）］。

第一节　供电企业应急管理的要求及组织体系

一、政府电力监管机构对电力应急管理工作的要求

国家电力监管委员会以《关于深入推进电力企业应急管理工作的通知》（电监安全〔2007〕11）对进一步加强电力企业应急管理工作，提出如下要求。

（一）明确企业应急管理目标

电力企业应建立健全应急管理组织体系，把应急管理纳入企业管理的各个环节；形成上下贯通、多方联动、协调有序、运转高效的电力企业应急管理机制；建立起训练有素、反应快速、装备齐全、保障有力的电力企业应急队伍；加强危险源监控，实现电力企业突发事件预防与处置的有机结合，全面提高电力企业应对突发事件的能力。

（二）明确和落实企业应急管理责任

电力企业对自身应急管理工作负责，按照条块结合、属地为主的原则，在各地政府的领导下和电力监管机构的监督指导下开展应急管理工作。电力监管机构要按照现有职责分工，注意分类指导，加强监督管理工作；建立激励约束机制，对应急管理工作中表现突出的电力企业和个人给予表彰，对不履行职责引起事态扩大、造成严重后果的责任人依法追究责任。

（三）建立健全企业应急组织体系和工作机制

（1）建立健全企业应急管理组织体系。电力企业要结合实际，建立和完善各级电力应急指挥机构，设置或明确应急管理领导机构和办事机构及其职能，配备专职或兼职人员开展应急管理工作，形成主要领导全面负责、分管领导集体负责、有关部门分工负责、群团组织协助配合、相关人员全部参与的电力企业应急管理组织体系。

（2）完善企业应急联动机制。电力监管机构应当全面掌握辖区内电力企业安全生产和应急工作的基本情况，加强与电力企业联系，协助组织建立政府与电力企业、电力企业与电力企业、电力企业与关联单位之间的应急联动机制，形成统一指挥、相互支持、密切配合、协同应对电力突发事件的合力，协调有序地开展电力应急管理工作。电力企业要加强与电力监管机构的沟通衔接，主动接受安全生产监管，发生电力突发事件后要及时报告有关情况。

（四）推进应急体系建设和预案管理

（1）编制和落实企业应急体系建设规划。电力企业应当根据国家电力监管委员会《电力应急体系建设规划》的要求，制订应急体系建设规划，按照“总体设计，分步实施”的原则，充分利用现有资源，采用先进技术，重点加强应急预案体系建设和应急管理工作机制建设，加快各级电力应急指挥中心、应急平台和应急培训演练基地建设，做到应急管理与企业发展同步规划、同步实施、同步推进。

（2）编制完善企业应急预案。应急预案是企业应急管理工作的主线。电力企业应当针对电力行业的风险隐患特点，以编制电力事故灾难应急预案为重点，并根据实际需要编制其他方面的应急预案。预案内容要简明、注重实效，有针对性和可操作性。应当完善各级各类应急预案，并做好相关预案间的衔接工作。电力监管机构特别要加强对非公有制电力企业、安全生产状况较差的电力企业和改革重组或改制电力企业的指导，明确预案编制要求，制订编制指南或预案范本，提高预案质量。

（3）规范企业应急预案管理，电力企业应当建立应急预案的评估管理、动态管理和备案管理制度。要根据有关法律、法规、标准的变动情况、应急预案演练情况以及企业作业条件、设备状况、人员、技术、外部环境等不断变化的实际情况，及时评估和补充完善应急预案。电力企业应急预案应当按照“分类管理、分级负责”的原则报所在地方电力监管机构和上级单位备案，并告知相关单位。电力监管机构应当加强对预案内容的审查，实现预案之间的有机衔接。

（4）开展多种形式应急预案演练。电力企业要从实际出发，有计划地组织开展预案演练工作。要针对电力生产事故易发环节，每年至少组织开展一次预案演练。要加强对演练情况的总结分析，及时发现问题，不断改进应急管理工作。电力监管机构要特别加强涉及多个发电企业、电网企业以及有关部门预案的演练，通过开展联合演练等方式，促进各单位的协调配合和职责落实。

（五）加强企业应急能力建设

（1）加大应急投入力度。电力企业应急能力建设是电力安全生产的保障。电力企业要加大应急投入力度，着力解决制约企业应急管理的关键问题，使人力、物力、财力等生产要素适应电力应急管理工作的要求，要切实加大对应急物资的投入，重点加强防护用品、救援装备的物资储备，做到数量充足、品种齐全、质量可靠。要加强应急管理的信息化建设，配备必要的设备，逐步实现与有关部门数据信息的互联互通。

（2）加强应急队伍建设。电力企业要加强专兼职电力应急救援队伍建设，把提高应急处置、协调联动和安全防范能力等作为队伍建设的重要内容。要切实抓好应急队伍的训练和管理，在安全生产关键责任岗位的员工，不仅要熟练掌握生产操作技术，更要掌握安全操作规范和安全生产事件的处置方法，增强自救、呼救和第一时间处置突发事件的能力。要充分发挥专家对企业应急预案编制、应急演练、应急处置等工作的指导作用，提高企业应急管理水平。

（3）加强应急培训。电力企业要以应急管理理论为基础，以应急管理相关法律法规和应急预案为核心，以实际需要为导向，开展分层次、分类别、多渠道、多形式的电力应急管理知识和专业技能培训工作。特别要加强各级安全生产管理人员应急指挥和处置能力的培训，要将其纳入日常培训管理的内容。

（六）做好风险隐患排查监控和应急处置工作

（1）开展企业隐患排查监控。电力企业要组织力量，认真开展隐患排查工作。对重大危险源应当登记建档，进行定期检测、评估，实时监控，并告知从业人员和相关人员在危急情况下应当采取的应急措施。对查出的隐患要及时治理整改，制订切实可行的整改方案，并采取可靠的安全保障措施。对隐患较大的要采取停产、停工整顿或停止使用等措施，防止发生电力突发事件。

（2）做好突发事件的处置工作。电力突发事件发生后，电力企业立即启动相关应急预案，组织开展先期处置，并按照分级标准迅速向地方政府及电力监管机构报告，并及时向可能受到影响的单位、职工、群众发出预警信息。要控制事故发展态势，加强对应急处置的指挥领导，组织开展救援和群众疏散工作，同时做好各项救援措施的衔接和配合。应急处置工作结束后，电力企业应尽快组织恢复生产、生活秩序，消除环境污染，并加强事后评估，完善各项措施。

（七）加强电力应急宣传

电力企业要广泛宣传应急预案和应急知识，宣传应对电力突发事件的经验和典型案例，提高各工种电力应急意识和能力；要充分利用各种现代传播手段，扩大电力应急管理科普宣教工作覆盖面，提高全社会的电力安全意识和应对突发电力事件的能力。

（八）严格执行电力应急信息报送制度

电力企业要按照电监会有关规定的要求，及时、准确地向有关地方政府、电力监管机构报告电力突发事件；要结合实际，建立健全报送工作机制，研究制定各单位电力突发事件信息报告的工作程序，将责任落实到岗位、落实到人，采取有力措施，切实做好信息报告工作。对于迟报、漏报甚至瞒报的行为要依法追究责任。

二、供电企业应急组织体系

（1）供电企业建立自上而下的应急领导体系，成立应急领导小组，全面领导公司应急管理工作。组长由供电企业总经理担任，副组长由副总经理担任，成员由相关部门主要负责人及各级供电企业主要负责人担任。

（2）供电企业应急领导小组主要职责。贯彻落实国家应急管理法律法规及相关政策，接受国务院应急办公室、国家应急领导小组的工作领导，研究决定公司重大应急决策和部署，指挥企业重大安全生产事故和社会稳定突发事件应急处置工作。

（3）供电企业应急领导小组下设安全应急办公室和稳定应急办公室。安全应急办公室设在安全监察部，负责安全生产应急管理工作的归口管理。稳定应急办公室设在总经理工作部（办公厅），负责社会稳定应急管理工作的归口管理。相关职能部门按照“谁主管，谁负责”原则，负责各自管理范围内的应急工作。

（4）各级供电企业相应成立应急领导小组。组长由本单位主要负责人担任。领导小组成员名单及常用通信联系方式报供电企业应急办公室备案。

（5）各级供电企业应急领导小组主要职责。贯彻落实国家、企业及地方政府应急管理法律法规及规章制度，接受企业应急领导小组的应急决策和部署，接受地方政府应急指挥机构的指挥，研究建立和完善本企业应急体系，指挥本企业应急处置实施工作。

（6）供电企业建立自上而下的安全、稳定监督体系。各级安监部门、总经理工作部（办公厅）分别负责安全、稳定应急管理和预案编制工作的监督检查，协调制定、修订本单位安全、稳定类应急预案及相关规章制度，督促开展应急培训和应急演练工作，负责与地方政府及有关部门的应急工作协调。

（7）供电企业建立自上而下的安全、稳定保证体系。各级调度、运行、信访、保卫部门实时监控电网运行状态、信访稳定和治安保卫工作，负责相关突发事件应急处置。生产、基建、农电等部门组织落实应急队伍和物资储备，实施应急抢险救灾、供电抢修恢复等应急处置工作。

三、供电企业应急保障体系

（1）各级供电企业应加强应急系统建设，依托现有专业信息系统，实现信息传输与共享。利用现有调度值班、生产值班、行政值班、客户服务等平台，明确信息报送渠道和程序，加快突发事件信息和应急指挥命令的上传下达，建立统一、高效的应急指挥系统。

（2）各级供电企业应加强应急抢险救援队伍建设，结合实际组织落实专职或兼职的专业应急抢险救援队伍，改善技术装备，强化实战演练，提高抢险救援能力，形成各专业应急救援队伍各负其责、互为补充、积极参与社会应急救援的应急救援体系。

（3）各级供电企业应将应急体系建设所需的资金纳入年度资金预算，建立健全应急保障资金投入机制，以适应应急队伍、装备、交通、物资储备等方面建设与更新维护资金的要求，保证抢险救灾、事故恢复及灾后重建所需的资金投入。

（4）各级供电企业应加强各类应急资源的管理，建立应急资源储备制度，定期对各类应急资源进行普查，做好备品备件和生产资料的储备与管理。加强对储备物资的动态管理，及时予以补充和更新，保证始终处于完好状态。

（5）各级供电企业应加强安全生产事故和社会稳定事件防范工作，组织分析本单位安全隐患和薄弱环节，开展安全风险评估，掌握各类安全风险和事故隐患，落实综合预防和应急处置措施，严格落实维护稳定责任，建立齐抓共管常态机制。

第二节　供电企业应急预案体系框架方案

应急预案体系建设是供电企业应急工作的基础，依据《中华人民共和国突发事件应对法》和《国家突发公共事件总体应急预案》的规定，按照国家安全生产监督管理总局《生产安全事故应急预案管理办法》，国家电力监管委员会《电力企业综合应急预案编制导则》、《电力企业专项应急预案编制导则》，《电力企业现场处置方案编制导则》以及《应急管理工作规定》、《应急预案编制规范》等文件的要求，结合近年来应急工作实际，对供电企业原有应急预案体系进行了全面梳理，修改、完善，形成了符合公司“四化”管理标准，满足“横向到边、纵向到底、上下对应、内外衔接”要求的应急预案体系《应急预案体系框架方案》，该体系基本框架及内容如下。

一、供电企业应急预案体系各层面预案设置原则

1. 供电企业应急预案体系预案分三级设置

供电企业应急预案体系的结构按照总体预案、专项预案、现场处置方案三级设置。供电企业层面设总体预案、专项预案，基层供电企业层面设总体预案、专项预案、现场处置方案。总体应急预案是组织管理、指挥协调突发事件处置工作的指导原则和程序规范，是应对各类

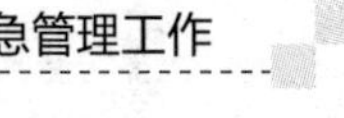

突发事件的综合性文件；专项应急预案是针对具体的突发事件、危险源和应急保障制定的计划或方案；现场处置方案是针对特定的场所、设备、设施、岗位，在详细分析现场风险和危险源的基础上，针对典型的突发事件，制定的处置措施和主要流程。

2. 供电企业应急预案体系总体预案设置

供电企业作为国有公用事业企业，在处置自身突发事件的同时，还负有重要的应急救援社会责任，应参照国家应急预案体系设置总体预案，对企业应急组织机构及职责、预案体系的构成及相应程序、事故预防及应急保障、事件分类分级、应急培训及预案演练等，作出详细、明确的规定。各级供电企业均设置一个总体预案。

3. 供电企业应急预案体系专项预案设置

在供电企业层面，考虑到应对措施基本一致，同一类型突发事件合并设置专项预案，共设置16个专项预案。如将冰雪、暴雨、台风等预案合并设置为气象灾害应急预案。其他层面专项预案照此原则设置，以利于企业上下对应，以及与各级政府实现预案的衔接，并保持预案体系较长时间的稳定。

4. 供电企业应急预案体系现场处置方案设置

供电企业应急预案体系现场处置方案分为基本处置方案和特殊处置方案，基本处置方案的名称目录由企业统一制定下发，各基层单位编制发布。特殊处置方案由各基层单位根据自身实际编制，并向本企业应急管理部门备案。

5. 供电企业各级职能部门预案的性质

各级供电企业各职能部门可根据预案体系、职责权限制定部门预案，部门预案属处置方案，由各级部门自行确定编制，向本单位应急管理部门备案。

供电企业将修订制定相应应急预案体系管理文件，加大应急预案体系管理力度，按照"集团化"管理要求，规范应急预案体系管理，确保企业应急预案体系建设水平不断提高。

二、供电企业应急预案体系专项预案设置目录及说明

表 8-1　　供电企业应急预案体系专项预案设置目录及说明

分类	序号	预案名称	说　明
自然灾害类	1	气象灾害处置应急预案	用于处置台风、暴雨、暴雪、雨雪冰冻、洪水、龙卷风、大雾、飑线风等气象灾害造成的电网设备设施较大范围损坏或重要设施设备（特高压、重要输电断面）损坏事件
	2	地震地质等灾害处置应急预案	用于处置地震、泥石流、山体崩塌、滑坡、地面塌陷等灾害以及其他不可预见灾害造成的电网设施设备较大范围损坏或重要设施设备损坏事件
事故灾难类	3	人身伤亡事件处置应急预案	用于处置生产、基建、农电、经营、多经、交通、国外项目工作中出现的人员伤亡事件，以及因生产经营场所发生火灾造成的人员伤亡事件
	4	大面积停电事件处置应急预案	用于处置因各种原因导致的电网大面积停电事件
	5	设备设施损坏事件处置应急预案	用于处置生产、基建、农电、经营、多经、国外项目等运行或工作中出现的重要设施设备损坏事件（包括办公楼、厂房等），以及因火灾（包括森林火灾）造成的生产经营场所房屋及设备损坏事件
	6	通信系统突发事件处置应急预案	用于处置对企业造成严重损失和影响的通信系统突发事件

续表

分类	序号	预案名称	说　明
事故灾难类	7	网络信息系统突发事件处置应急预案	用于处置对企业造成严重损失和影响的各类网络与信息安全事件
	8	环境污染事件处置应急预案	用于处置企业发生的各类环境污染事件（如硫酸、盐酸、烧碱、液氨及其他有毒、腐蚀性物资在运输、储存和使用过程中发生大量泄漏事故，造成土壤、水源、空气污染；剧毒化学药品处置不当造成土壤、水源污染；油料大量泄漏造成水源、土壤污染；水力除灰管线造成水源、土壤污染；灰坝垮塌造成水源、土壤污染等）
	9	煤矿及非煤矿山安全生产事件处置应急预案	用于处置供电企业煤矿及非煤矿山生产中出现的瓦斯、粉尘爆炸，透水、冒顶、垮塌（包括尾矿库）、有毒气体等事件
	10	水电站大坝垮塌事件处置应急预案	用于处置水电站大坝垮塌事件
公共卫生事件类	11	突发公共卫生事件处置应急预案	用于社会发生国务院卫生部规定的传染病疫情情况下，企业的应对处置，以及企业内部人员感染疫情事件的处置
社会安全事件类	12	电力服务事件处置应急预案	用于处置正常工作中出现的，涉及对经济建设、人民生活、社会稳定产生重大影响的供电服务事件（如涉及重点电力客户的停电事件、新闻媒体曝光并产生重要影响的停电事件、客户对供电服务集体投诉事件、新闻媒体曝光并产生重要影响的供电服务质量事件、其他严重损害供电企业形象的服务事件等），以及处置因能源供应紧张造成的发电能力下降，从而导致电网出现电力短缺的事件
	13	重要保电事件处置应急预案	用于国家、社会重要活动、特殊时期的电力供应保障，以及处置国家社会出现严重自然灾害、突发事件，政府要求企业在电力供应方面提供支援的事件
	14	突发群体事件处置应急预案	用于处置企业内外部人员群体到企业上访，封堵、冲击企业生产经营办公场所；企业内部或与企业有关的人员、群体到政府相关部门上访，封堵、冲击政府办公场所事件
	15	突发事件新闻处置应急预案	用于企业发生各类突发事件的情况下，企业在新闻应急方面的预警、信息发布及应急处置
	16	涉外突发事件处置应急预案	用于处置供电企业在外人员出现的人身安全受到严重威胁事件（如被绑架、扣留、逮捕等），以及在供电企业工作的外国人在华工作期间发生的人身安全受到严重威胁或因触犯法律受到惩处的事件

三、供电企业应急预案体系结构

（一）应急预案体系

（1）各级供电企业应针对电网安全、人身安全、设备设施安全、网络与信息安全、社会安全等各类事故或事件，编制相应的应急预案，明确事前、事发、事中、事后各阶段相关部门和有关人员的职责，形成企业上下对应、相互衔接、完善健全的应急预案体系。

（2）供电企业依据有关法律法规及国家有关部门要求，结合企业应急管理工作需要，制定企业层面的综合应急预案及应急管理规章制度，明确应急处置方针、政策、原则，应急组织结构及相关职责，应急行动、措施和保障等基本要求和程序，建立企业应急管理规章制度和预案体系。

（3）各级供电企业结合各自职责范围，参照供电企业应急预案体系专项预案（见表 8-1），编制各级各类应急预案，包括综合应急预案、专项应急预案和现场应急处置方案。

（二）综合应急预案

综合应急预案是从总体上阐述供电企业处置事故和突发事件的应急方针、政策，应急组织结构及相关应急职责，应急行动、措施和保障等基本要求和程序，是应对各类事故和突发事件的综合性文件（如电网大面积停电事件应急预案、重要城市电网大面积停电事件应急预案、突发事件信息报告与新闻发布应急预案等）。

（三）专项应急预案

专项应急预案是针对具体的、特定类型的紧急情况而制定的应急预案，说明单一应急行动的目的和范围，通过危险源辨识制定处置措施，程序内容具体详细，是综合应急预案的组成部分。

（四）现场处置方案

现场处置方案是针对具体的装置、场所或设施、岗位所制定的应急处置措施。现场处置方案应具体、简单、针对性强。现场处置方案应根据风险评估及危险性控制措施逐一编制，做到事故相关人员应知应会、熟练掌握，并通过应急演练，做到迅速反应、正确处置。

第三节　应急预案编制

为了加强供电企业安全生产事故和其他各类突发事件应急预案的编制与管理，规范应急预案的编制程序、框架内容和基本要素，促进应急预案体系的规范化、制度化、标准化建设，供电企业依据《生产经营单位安全生产事故应急预案编制导则》（AQ/T 9002—2006）、《国务院有关部门和单位制定和修订突发事件应急预案框架指南》、《应急管理工作规定》等制定，制定《应急预案编制规范》。

一、应急预案术语和定义

（1）危险源（hazard）。可能导致伤害或疾病、财产损失、工作环境破坏或这些情况组合的根源或状态。

（2）危险源辨识（hazard identification）。识别危险源的存在并确定其特性的过程。

（3）风险（risk）。某一特定危险情况发生的可能性和后果的组合。

（4）风险评估（risk assessment）。对事故发生的可能性和后果进行分析与评估，给出风险度量。

（5）应急预案（emergency responseplan）。针对可能发生的事故，为迅速、有序地开展应急行动而预先制定的行动方案。

（6）应急准备（emergency preparednes）。针对可能发生的事故，为迅速、有序地开展应急行动而预先进行的组织准备和应急保障。

（7）应急响应（emergency response）。事故发生后，有关组织或人员采取的应急行动。

（8）应急救援（emergency rescue）。在应急响应过程中，为消除、减少事故危害，防止事故扩大或恶化，最大限度地降低事故造成的损失或危害而采取的救援措施或行动。

（9）恢复（recovery）。事故的影响得到初步控制后，为使生产、工作、生活和生态环境尽快恢复到正常状态而采取的措施或行动。

二、应急预案编制

（一）应急预案编制准备

在编制应急预案前，应认真做好编制准备工作，全面分析本单位危险因素，预测可能发生的事故类型及其危害程度，确定事故危险源，进行风险分析和评估，针对事故危险源和存在的问题，客观评价本单位应急能力，确定相应的防范和应对措施。

（二）应急预案编制工作组

针对可能发生的事故类别，结合供电企业部门职能分工，成立以本单位主要负责人（或分管负责任人）为领导的应急预案编制工作组，明确编制任务、职责分工，制定编制工作计划。

（三）应急预案编制

（1）广泛收集编制应急预案所需的各种资料，包括相关法律法规、应急预案、技术标准、国内外同行业事故案例分析、供电企业技术资料等。

（2）立足供电企业应急管理基础和现状，对本单位应急装备、应急队伍等应急能力进行评估，充分利用本单位现有应急资源，建立科学有效的应急预案体系。

（3）应急预案编制过程中，对于机构设置、预案流程、职责划分等具体环节，应符合本单位实际情况和特点，保证预案的适应性、可操作性和有效性。

（4）应急预案编制过程中，应注重相关人员的参入和培训，使所有与事故有关人员均掌握危险源的危害性、应急处置方案和技能。

（5）编制的应急预案，应符合国家应急救援相关法律法规，符合供电企业应急管理工作规定及相关应急预案，符合电网安全生产特点及本单位工作实际，与上级单位应急预案、地方政府相关应急预案衔接，编写格式规范、统一。

（四）应急预案评审与发布

应急预案编制完成后，应进行预案评审。评审由本单位主要负责人（或分管负责人）组织有关部门和人员进行。评审后，由本单位主要负责人（或分管负责人）签署发布，并按规定报上级主管单位、地方政府部门备案。

（五）应急预案修订与更新

供电企业各单位应根据应急法律法规和有关标准变化情况、电网安全性评价和企业安全风险评估结果、应急处置经验教训等，及时评估、修改与更新应急预案，不断增强应急预案的科学性、针对性、实效性和可操作性，提高应急预案质量，完善应急预案体系。

三、综合应急预案框架内容

（一）总则

（1）编制目的。简述应急预案的编制目的、作用等。

（2）编制依据。简述应急预案编制所依据的法律法规、规章，以及有关管理规定、技术规范和标准、应急预案等。

（3）适用范围。说明应急预案的适用范围以及所涉及的事故类型、级别等。

（4）工作原则。说明应急处置的基本原则，内容应简明扼要、明确具体（如预防为主、统一指挥、分层分区、保障重点、加强引导、依靠科技等）。

（二）组织机构及职责

1. 应急组织体系

（1）明确应急组织形式，构成单位、部门或人员，并尽可能以结构图的形式表现出来。

（2）应急组织体系建立应立足本单位现有组织体系设立，应尽可能避免机构上的重复交叉设置，并且应急职责分工应与部门职能设置相符合。

2. 应急领导小组及职责

明确应急领导小组（指挥机构）组长、副组长、各成员单位或部门组成人员及其职责。应急领导小组根据事故类型和应急工作需要，可以下设应急办公室，并明确应急办公室的职责。

3. 应急工作小组及职责

根据事故类型和应急工作需要，按照"谁主管、谁负责"原则，设置相应的应急工作小组（如电网恢复、事故抢修、新闻发布、通信保障、后勤保障、治安保卫等应急工作组），并明确各小组的工作任务及职责。

（三）事件定义

（1）事件分级。针对事故危害程度、影响范围、损失情况和本单位控制事态的能力，将事故分为不同等级的事件（如Ⅰ级停电事件、Ⅱ级停电事件等）。

（2）事件定义。

1）根据事故类型和影响范围、损失情况等，对每级事件给出具体的界定标准。

2）事件定义应符合事故类型及特点，界定标准应简单明了、便于掌握。

（四）应急响应

（1）信息报告。明确事故信息来源、接收和报告程序，明确事故发生后向上级单位和地方政府报告事故信息的流程、方式、方法、内容和时限等。

（2）分级响应。根据事件定义和分级，针对事故危害程度、影响范围和单位控制事态的能力，按照分级负责的原则，明确相应的应急响应级别。

（3）应急响应。根据事件级别和发展态势，明确应急指挥、应急行动、资源调配、应急避险、扩大应急的响应程序。

（4）应急结束。明确应急结束的条件或状态，以及确定应急结束的程序、机构或人员。应急结束应区别于现场抢救和灾后恢复的结束。

（五）信息发布

明确信息发布的机构，发布原则。事故信息应由事故现场指挥部及时准确向新闻媒体通报。

（六）后期处置

主要包括生产秩序恢复、善后赔偿、灾后重建、应急能力评估、应急预案修订等内容。

（七）保障措施

（1）通信与信息保障。明确与应急工作相关联的单位或人员通信联系方式和方法，并提供备用方案。建立信息通信系统及维护方案，确保应急期间信息通畅。

（2）应急队伍保障。明确各类应急响应的人力资源，包括专业应急队伍、兼职应急队伍、应急专家组的组织与保障方案。

（3）应急物资装备保障。明确应急处置需要使用的应急物资和装备的类型、数量、性能、存放位置、管理责任人及其联系方式等内容。

（4）经费保障。明确应急专项经费来源、使用范围、数量和监督管理措施，保障应急状态时，应急经费的及时到位。

（5）其他保障。根据应急工作需求而确定的其他相关保障措施（如：交通运输保障、治安保障、技术保障、医疗保障、后勤保障等）。

（八）培训与演练

1. 培训

明确对本单位人员开展的应急培训计划、方式和要求，对公众和社会开展的电力安全和应急知识宣传。

2. 演练

明确应急演练的规模、方式、频次、范围、内容、组织、评估、总结等内容。

（九）奖惩

按照有关规定，明确事故应急处置工作中奖励和处罚的条件和内容。

（十）附则

1. 术语和定义

对应急预案涉及的一些术语进行定义。

2. 应急预案备案

明确本应急预案的报备部门。

3. 维护和更新

明确应急预案维护和更新的基本要求，定期进行评审，实现可持续改进。

4. 制定与解释

明确应急预案负责制定与解释的部门。

5. 应急预案实施

明确应急预案实施的具体时间。

四、专项应急预案框架内容

（一）范围与依据

（1）明确本专项应急预案针对的事故类型、适用范围、编制依据等。

（2）在危险源辨识和风险评估的基础上，对事故发生的条件及其严重程度进行确定。

（二）应急处置基本原则

明确应急处置应当遵循的基本原则。

（三）组织机构及责任

（1）应急组织体系。明确应急组织形式、构成部门或人员，并尽可能以结构图的形式表示出来。

（2）指挥机构及职责。根据事故类型，明确应急救援指挥机构总指挥、副总指挥以及各组成人员的具体职责。应急救援指挥机构可以设置相应的应急处置工作小组，明确各小组的工作任务及主要负责人职责。

（四）预防与预警

（1）危险源监控。明确本单位对危险源监测监控的方式、方法，以及采取的预防措施。

（2）预警行动。明确具体类型事故预警的条件、方式、方法和信息的发布程序。

（五）信息报告程序

明确信息报警的条件、程序、方式、方法、内容和时限等；明确与相关部门的通信、联络方式。

（六）应急处置

（1）响应分级。针对事故危害程度、影响范围和单位控制事态的能力，将事故分为不同的等级。按照分级负责的原则，明确应急响应级别。

（2）响应程序。根据事故的大小和发展态势，明确应急指挥、应急行动、资源调配、应急避险、扩大应急等相应程序。

（3）处置措施。针对本单位事故类别和可能发生的事故特点、危险性，制定的应急处置措施（如电力设施毁坏、变电站停电、电缆着火等事故应急处置措施）。

（七）应急物资与装备保障

明确应急处置所需的物资与装备数量、管理和维护、正确使用等。

五、现场处置方案框架内容

（一）事故特征

（1）危险性分析，可能发生的事故类型。

（2）事故发生的地点或设备的名称。

（3）事故可能发生的季节和造成的危害程度。

（4）事故前可能出现的征兆。

（二）应急组织与职责

（1）基层单位应急自救组织形式及人员构成情况。

（2）应急自救组织机构、人员的具体职责，应同单位或车间、班组人员工作职责精密结合，明确相关岗位和人员的应急工作职责。

（三）应急处置

（1）事故应急处置程序。根据可能发生的事故类别及现场情况，明确事故报警、各项应急措施启动、应急救护人员的引导、事故扩大及同企业应急预案的衔接的程序。

（2）现场应急处置措施。针对可能发生的设施毁坏、设备着火、爆炸、水患、重要用户停电等，从现场处置、事故控制、人员救护、消防、停电恢复等方面制定明确的应急处置措施。

（3）报警电话及上级管理部门、相关应急救援单位联络方式和联系人员，事故报告的基本要求和内容。

（四）注意事项

（1）佩带个人防护器具方面的注意事项。

（2）使用抢险救援器材方面的注意事项。

（3）采取救援对策或措施方面的注意事项。

（4）现场自救或互救注意事项。

（5）现场应急处置能力确认和人员安全防护等事项。

（6）应急救援结束后的注意事项。

（7）其他需要特别警示的事项。

六、应急预案附件

（1）有关应急部门、机构或人员的联系方式。列出应急工作中需要联系的部门、机构或人员的多种联系方式，并不断进行更新。

（2）重要物资装备的名单或清单。列出应急预案涉及的重要物资和装备名称、型号、存放地点和联系电话等。

（3）规范化格式文本。信息接收、处理、上报等规范化格式文本。

（4）关键的路线、标识和图纸。

1）警报系统分布及覆盖范围。

2）重要防护目标一览表、分布图。

3）应急救援指挥位置及救援队伍行动路线。

4）疏散路线、重要地点等标识。

5）相关平面布置图纸、救援力量的分布图纸等。

（5）相关应急预案名录。列出直接与本应急预案相关的或相衔接的应急预案名称。

（6）有关协议或备忘录。与相关应急救援部门签订的应急支援协议或备忘录。

七、应急预案编制格式和要求

（1）封面。应急预案封面主要包括应急预案编号、应急预案版本号、单位名称、应急预案名称、发布日期等内容。

（2）批准页。应急预案编写人、审查人、批准人等。

（3）目次。应急预案应设置目次，目次中所列内容及次序为：①批准页；②章的编号、标题；③带有标题的条的编号、标题（需要时列出）；④附件，用序号表明其顺序。

（4）印刷与装订。应急预案采用A4版面印刷，活页装订。

八、供电企业应急组织体系结构

供电企业应急组织体系结构如图8-1所示。

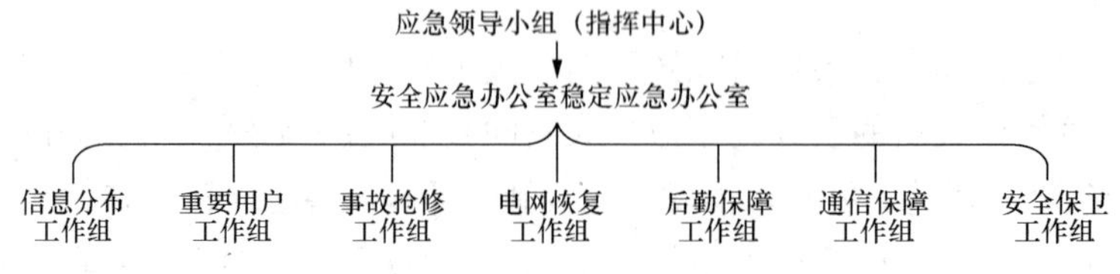

图8-1　供电企业应急组织体系

第四节　应急预案评审

为了规范供电企业突发事件应急预案评审的管理，不断完善应急预案体系，增强应急预案的科学性、针对性、实效性，实现相关应急预案之间的衔接，提高应急管理和处置能力。依据《中华人民共和国突发事件应对法》、《生产经营单位生产安全事故应急预案评审指南（试行）》（国家安全生产监督管理总局安监总厅应急〔2009〕73号）、《应急管理工作规定》、《应急预案编制规范》和其他相关法律法规及公司相关管理办法，制定《应急预案评审管理办法》。

总体应急预案、专项应急预案编制完成后，必须组织评审；涉及多个部门、单位职责、处置程序复杂、技术要求高的现场处置方案应组织进行评审。应急预案修订后，视修订情况决定是否组织评审。

一、应急预案评审专家组织

（1）安监部或其他负责应急职能管理的部门（二者以下合并简称应急职能管理部门）是

本企业应急预案评审工作的管理部门。

（2）各企业总体应急预案的评审由本单位应急职能管理部门负责组织，专项应急预案的评审由该预案编制责任部门负责组织，需评审的现场应急处置方案由该方案的业务主管部门自行组织评审。

（3）应急预案评审通常采取会议评审形式。

（4）应急预案评审专家组应包括应急职能管理部门人员、安全生产及应急管理等方面的专家。涉及网厂协调和社会联动的应急预案，应邀请政府有关部门、电力监管机构和相关单位人员参加评审。

（5）参加应急预案评审的人员应符合以下要求。

1）熟悉并掌握有关应急管理的法律、法规、规章、标准和应急预案。

2）熟悉并掌握《应急管理工作规定》等公司有关应急管理规章制度、规程标准和应急预案。

3）熟悉应急管理工作。总体、专项应急预案评审应具有高级及以上专业技术职称，参加现场处置方案评审应具有中级及以上专业技术职称。

4）责任心强，工作认真。

（6）各单位要加强对应急预案评审工作的组织领导与监督管理，确保应急预案评审工作的质量和效率。

（7）上级单位应指导、监督下级单位的应急预案评审工作，参加下级单位总体应急预案的评审。

二、应急预案评审依据和要点

（1）应急预案评审依据。

1）有关方针政策、法律、法规、规章、标准、应急预案。

2）供电企业有关规章制度、规程标准、应急预案。

3）本单位有关规章制度、规程标准、应急预案。

4）本单位有关风险分析情况、应急管理实际情况。

5）预案涉及的其他单位相关情况。

（2）应急预案评审应坚持实事求是的工作原则，紧密结合实际，从以下 7 个方面进行评审。

1）合法性。符合有关法律、法规、规章、标准和规范性文件要求，符合供电企业规章制度的要求。

2）完整性。具备国家电监会《电力企业综合应急预案编制导则（试行）》、《电力企业专项应急预案编制导则（试行）》、《电力企业现场处置方案编制导则（试行）》及《应急预案编制规范》所规定的各项要素。

3）针对性。紧密结合本单位危险源辨识与风险分析，针对突发事件的性质、特点和可能造成的危害。

4）实用性。切合本单位实际及电网安全生产特点，满足应急工作要求。

5）科学性。组织体系与职责、信息报送和处置方案等内容科学合理。

6）操作性。应急程序和保障措施具体明确，切实可行。

7）衔接性。总体应急预案、专项应急预案和现场处置方案形成体系，并与政府有关部门、上下级单位相关应急预案衔接一致。

三、应急预案评审方法

（1）应急预案评审包括形式评审和要素评审，具体评审项目、内容及要求见应急预案评审表。

（2）评审时，将应急预案的内容与表中的评审内容及要求进行对照，判断是否符合表中要求，采用符合、基本符合、不符合三种意见进行判定。对于基本符合和不符合的项目，应给出具体修改意见或建议。

（3）形式评审是依据有关规定和要求，对应急预案的层次结构、内容格式、语言文字和编制程序等内容进行审查，重点审查应急预案的规范性和编制程序。

（4）要素评审是依据有关规定和标准，对应急预案的合法性、完整性、针对性、实用性、科学性、操作性和衔接性等方面对应急预案进行评审。应急预案要素分为关键要素和一般要素。

1）关键要素是指应急预案构成要素中必须规范的内容。这些要素涉及单位日常应急管理及应急救援的关键环节，具体包括应急预案体系、适用范围、危险源辨识与风险分析、突发事件分级、组织机构及职责、信息报告与处置、应急响应程序、保障措施、培训与演练等要素。关键要素必须符合单位实际和有关规定要求。

2）一般要素是指应急预案构成要素中可简写或省略的内容。这些要素不涉及单位日常应急管理及应急救援的关键环节，具体包括应急预案中的编制目的、编制依据、工作原则、单位概况、预防与预警、后期处置等要素。

四、应急预案评审程序

（1）应急预案编制完成，经编制责任部门初审后，应书面征求应急职能管理部门及其他相关部门和企业的意见。

（2）对于涉及政府部门或其他单位的应急预案，在评审前应采取适当方式征求有关部门、企业的意见。

（3）编制责任部门根据反馈的意见，组织对应急预案进行修改，形成应急预案送审稿，并起草编制说明。

（4）预案编制责任部门填写《应急预案评审申请表》，经应急职能管理部门审核、本企业分管应急预案编制责任部门的领导批准后，组织召开预案评审会。

（5）预案编制责任部门提交《应急预案评审申请表》的同时，应附下列文件资料。

1）应急预案送审稿及其编制说明。

2）有关部门和单位的反馈意见。

（6）编制责任部门审查资料齐全且符合要求后，组织召开评审会。

1）成立评审专家组。

2）将应急预案送审稿和编制说明在评审前送达参加评审的部门、单位和人员。

（7）应急预案评审会议通常由本企业分管应急预案编制责任部门负责人主持进行，参加人员包括评审专家组全体成员、应急预案评审组织部门及编制部门有关人员。会议的主要内容如下。

1）介绍应急预案评审人员构成，推选会议评审负责人；

2）评审负责人说明评审工作依据、议程安排、内容和要求、评审人员分工等事项；

3）应急预案编制部门向评审人员介绍应急预案编制（或修订）情况，就有关问题进行说明；

4）评审人员对应急预案进行讨论，提出质询；

5）应急预案评审专家组根据会议讨论情况，提出会议评审意见；

6）参加会议评审人员签字，形成应急预案评审意见。

（8）应急预案编制部门应按照评审意见，对应急预案存在的问题以及不合格项进行修订或完善。评审意见要求修改后重新进行评审的，应按照要求重新组织评审。

（9）应急预案经评审、修改，符合要求后，由本企业主要负责人签署发布。

五、应急预案评审表

（一）应急预案形式评审表

应急预案形式评审表

评审项目	评审内容及要求	评审意见
封面	应急预案版本号、应急预案名称、生产经营单位名称、发布日期等内容	
批准页	1．对应急预案实施提出具体要求 2．发布单位主要负责人签字或单位盖章	
目录	1．页码标注准确（预案简单时目录可省略） 2．层次清晰，编号和标题编排合理	
正文	1．文字通顺、语言精练、通俗易懂 2．结构层次清晰，内容格式规范 3．图表、文字清楚，编排合理（名称、顺序、大小等） 4．无错别字，同类文字的字体、字号统一	
附件	1．附件项目齐全，编排有序合理 2．多个附件应标明附件的对应序号 3．需要时，附件可以独立装订	
编制过程	1．成立应急预案编制工作组 2．全面分析本单位危险因素，确定可能发生的事故和其他突发事件类型及危害程度 3．针对危险源和事故危害程度，制定相应的防范措施 4．客观评价本单位应急能力，掌握可利用的社会应急资源情况 5．制定相关专项预案和现场处置方案，建立应急预案体系 6．充分征求相关部门和单位意见，并对意见及采纳情况进行记录 7．必要时与相关专业应急救援单位签订应急救援协议 8．应急预案经过评审或论证 9．重新修订后评审的，一并注明	

（二）总体应急预案要素评审表

总体应急预案要素评审表

评审项目		评审内容及要求	评审意见
总则	编制目的	目的明确，简明扼要	
	编制依据	1．引用的法规标准及其他文件合法有效 2．明确相衔接的上级预案，不得越级引用应急预案	
	应急预案体系*	1．清晰表述本单位及所属单位应急预案组成和衔接关系（推荐使用图表） 2．覆盖本单位及所属单位可能发生的事故类型	

续表

评审项目		评审内容及要求	评审意见
总则	应急工作原则	1. 符合国家、企业有关规定和要求 2. 结合本单位应急工作实际	
适用范围*		范围明确，适用的事故类型和响应级别合理	
危险性分析	单位概况	1. 明确与应急工作有关的情况，包括设施、装置、设备以及重要目标场所的布局等情况 2. 需要各方应急力量（包括外部应急力量）事先熟悉的有关基本情况和内容	
	危险源辨识与风险分析*	1. 客观分析本单位存在的危险源及危险程度 2. 客观分析可能引发事故的诱因、影响范围及后果	
	突发事件分级*	1. 明确分级原则和标准 2. 分级原则和标准符合国家、企业有关规定和要求	
组织机构及职责*	应急组织体系	1. 清晰描述本单位的应急组织体系（推荐使用图表） 2. 明确应急组织成员日常及应急状态下的工作职责	
	指挥机构及职责	1. 清晰表述本单位应急指挥体系 2. 应急指挥部门职责明确 3. 各应急救援小组设置合理，应急工作任务和职责明确	
预防与预警	危险源管理	1. 明确技术性预防和管理措施 2. 明确相应的应急处置措施	
	预警行动	1. 明确预警信息发布的方式、内容和流程 2. 预警级别与采取的预警措施科学合理	
	信息报告与处置*	1. 明确本单位 24h 应急值守电话 2. 明确本单位内部信息报告的方式、要求与处置流程 3. 明确向上级单位、政府有关部门进行应急信息报告的责任部门、方式、内容和时限 4. 明确向突发事件相关单位通告、报警的责任部门、方式、内容和时限 5. 明确向有关单位发出请求支援的责任部门、方式和内容 6. 明确与外界新闻舆论信息沟通的责任部门及具体方式	
应急响应	响应分级*	1. 分级清晰且与上级应急预案响应分级衔接 2. 体现突发事件紧急和危害程度 3. 明确紧急情况下应急响应决策的原则	
	响应程序*	1. 立足于控制事态发展，减少事故损失 2. 明确救援过程中各专项应急功能的实施程序 3. 明确扩大应急的基本条件及原则 4. 辅以图表直观表述应急响应程序	
	应急结束	1. 明确应急救援行动结束的条件和相关后续事宜 2. 明确发布应急终止命令的组织机构和程序 3. 明确事故应急救援结束后负责工作总结部门	
后期处置		1. 明确应急结束后，后果影响消除、生产恢复、污染物处理、善后赔偿等内容 2. 明确应急处置能力评估及应急预案的修订等要求	
保障措施*		1. 明确应急通信信息保障措施，明确相关单位或人员的通信方式，确保应急期间信息通畅 2. 明确应急装备、物资、设施和器材及其存放位置清单，以及保证其有效性的措施 3. 明确各类应急资源，包括专（兼）职应急队伍的组织机构以及联系方式 4. 明确应急工作经费保障方案 5. 明确交通运输、安全保卫、后勤服务等保障措施	

续表

<table>
<tr><th colspan="2">评审项目</th><th>评审内容及要求</th><th>评审意见</th></tr>
<tr><td colspan="2">培训与演练*</td><td>1．明确本单位开展应急管理培训的计划和方式方法
2．如果应急预案涉及周边社区和居民，应明确相应的应急宣传教育和告知工作
3．明确应急演练的方式、频次、范围、内容、组织、评估、总结等内容</td><td></td></tr>
<tr><td rowspan="2">附则</td><td>应急预案备案</td><td>1．明确本预案应报备的有关部门（上级主管部门及地方政府有关部门）和有关抄送单位
2．符合国家关于预案备案的相关要求</td><td></td></tr>
<tr><td>制定与修订</td><td>1．明确负责制定与解释应急预案的部门
2．明确应急预案修订的具体条件和时限</td><td></td></tr>
</table>

* 代表应急预案的关键要素。

（三）专项应急预案要素评审表

专项应急预案要素评审表

<table>
<tr><th colspan="2">评审项目</th><th>评审内容及要求</th><th>评审意见</th></tr>
<tr><td colspan="2">事故类型和危险程度分析*</td><td>1．客观分析本单位存在的危险源及危险程度
2．客观分析可能引发突发事件的诱因、影响范围及后果
3．提出相应的突发事件预防和应急措施</td><td></td></tr>
<tr><td rowspan="2">组织机构及职责*</td><td>应急组织体系</td><td>1．清晰描述本单位的应急组织体系（推荐使用图表）
2．明确应急组织成员日常及应急状态下的工作职责
3．规定的工作职责合理，相互衔接</td><td></td></tr>
<tr><td>指挥机构及职责</td><td>1．清晰表述本单位应急指挥体系
2．应急指挥部门职责明确
3．各应急工作小组设置合理，应急工作明确</td><td></td></tr>
<tr><td rowspan="2">预防与预警</td><td>危险源监控</td><td>1．明确危险源的监测监控方式、方法
2．明确技术性预防和管理措施
3．明确采取的应急处置措施</td><td></td></tr>
<tr><td>预警行动</td><td>1．明确预警信息发布的方式及流程
2．预警级别与采取的预警措施科学合理</td><td></td></tr>
<tr><td colspan="2">信息报告程序*</td><td>1．明确本单位24h应急值班电话
2．明确本单位内部应急信息报告的方式、要求与处置流程
3．明确向上级单位、政府有关部门进行应急信息报告的责任部门、方式、内容和时限
4．明确向突发事件相关单位通告、报警的责任部门、方式、内容和时限
5．明确向有关单位发出请求支援的责任部门、方式和内容</td><td></td></tr>
<tr><td rowspan="3">应急响应*</td><td>响应分级</td><td>1．分级清晰合理且与上级应急预案响应分级衔接
2．体现突发事件紧急和危害程度
3．明确紧急情况下应急响应决策的原则</td><td></td></tr>
<tr><td>响应程序</td><td>1．明确具体的应急响应程序和保障措施
2．明确救援过程中各专项应急功能的实施程序
3．明确扩大应急的基本条件及原则
4．辅以图表直观表述应急响应程序</td><td></td></tr>
<tr><td>处置措施</td><td>1．针对事故种类制定相应的应急处置措施
2．符合实际，科学合理
3．程序清晰，简单易行</td><td></td></tr>
</table>

续表

评审项目	评 审 内 容 及 要 求	评审意见
应急物资与装备保障*	1．明确对应急救援所需的物资和装备的要求 2．应急物资与装备保障符合单位实际，满足应急要求	

* 代表应急预案的关键要素。如果专项应急预案作为总体应急预案的附件，总体应急预案已经明确的要素，专项应急预案可省略。

（四）现场处置方案要素评审表

现场处置方案要素评审表

评审项目	评 审 内 容 及 要 求	评审意见
事故特征*	1．明确可能发生突发事件的类型和危险程度，清晰描述作业现场风险 2．明确突发事件判断的基本征兆及条件	
应急组织及职责*	1．明确现场应急组织形式及人员 2．应急职责与工作职责紧密结合	
应急处置*	1．明确第一发现者进行突发事件初步判定的要点及报警时的必要信息 2．明确报警、应急措施启动、应急救护人员引导、扩大应急等程序 3．针对操作程序、工艺流程、现场处置、事故控制和人员救护等方面制定应急处置措施 4．明确报警方式、报告单位、基本内容和有关要求	
注意事项	1．佩带个人防护器具方面的注意事项 2．使用抢险救援器材方面的注意事项 3．有关救援措施实施方面的注意事项 4．现场自救与互救方面的注意事项 5．现场应急处置能力确认方面的注意事项 6．应急救援结束后续处置方面的注意事项 7．其他需要特别警示方面的注意事项	

* 代表应急预案的关键要素。现场处置方案落实到岗位每个人，可以只保留应急处置。

（五）应急预案附件要素评审表

应急预案附件要素评审表

评审项目	评 审 内 容 及 要 求	评审意见
有关部门、机构或人员的联系方式	1．列出应急工作需要联系的部门、机构或人员至少两种以上联系方式，并保证准确有效 2．列出所有参与应急指挥、协调人员姓名、所在部门、职务和联系电话，并保证准确有效	
重要物资装备名录或清单	1．以表格形式列出应急装备、设施和器材清单，清单应当包括种类、名称、数量以及存放位置、规格、性能、用途和用法等信息 2．定期检查和维护应急装备，保证准确有效	
规范化格式文本	给出信息接报、处理、上报等规范化格式文本，要求规范、清晰、简洁	
关键的路线、标识和图纸	1．警报系统分布及覆盖范围 2．重要防护目标一览表、分布图 3．应急救援指挥位置及救援队伍行动路线 4．疏散路线、重要地点等标识 5．相关平面布置图纸、救援力量分布图等	
相关应急预案名录、协议或备忘录	列出与本应急预案相关的或相衔接的应急预案名称以及与相关应急救援部门签订的应急支援协议或备忘录	

注 附件根据应急工作需要而设置，部分项目可省略。

（六）应急预案评审申请表

应急预案评审申请表

填报部门（盖章）：填报时间：

<table>
<tr><td>预案名称</td><td colspan="3"></td></tr>
<tr><td>编制责任部门</td><td></td><td>联系人及电话</td><td></td></tr>
<tr><td colspan="4">送审稿编制情况：
征求意见及采纳情况：
拟定评审时间：
部门负责人签字： 日期：</td></tr>
<tr><td>应急职能管理部门意见</td><td colspan="3">部门负责人签字： 日期：</td></tr>
<tr><td>本单位分管预案编制责任部门领导意见</td><td colspan="3">签字： 日期：</td></tr>
</table>

注 本表由预案编制责任部门填报。

（七）应急预案评审意见

应急预案评审意见

单位名称：编号：

<table>
<tr><td>应急预案名称</td><td></td></tr>
<tr><td>应急预案编制部门</td><td></td></tr>
<tr><td>应急预案评审组织部门</td><td></td></tr>
<tr><td colspan="2">评审意见：（可以另加附页）
评审专家组组长、副组长（签字）：
年 月 日</td></tr>
<tr><td>备注</td><td></td></tr>
</table>

第五节 电力突发事件应急演练

为指导和规范电力突发安全事件应急演练的组织与开展，提高应急演练的效果和科学性，依据《中华人民共和国突发事件应对法》、《电力监管条例》、《国家处置电网大面积停电事件应急预案》、《生产经营单位安全生产事故应急预案编制导则》等有关文件国家电力监管委员会制定《电力突发事件应急演练导则（试行）》（国家电力监管委员会文件电监安全〔2009〕22号）。

一、应急演练术语和定义

1. 突发事件

指突然发生，造成或可能造成人员伤亡、电力设备损坏、电网大面积停电、环境破坏等危及电力企业、社会公共安全稳定，需要采取应急处置措施予以应对的紧急事件。

2. 应急预案

指针对可能发生的各类突发事件，为迅速、有序地开展应急行动而预先制定的行动方案。

3. 应急演练

指针对突发事件风险和应急保障工作要求，由相关应急人员在预设条件下，按照应急预案规定的职责和程序，对应急预案的启动、预测与预警、应急响应和应急保障等内容进行应对训练。

二、应急演练目的与原则

（一）目的

（1）检验突发事件应急预案，提高应急预案针对性、实效性和操作性。

（2）完善突发事件应急机制，强化政府、电力企业、电力用户相互之间的协调与配合。

（3）锻炼电力应急队伍，提高电力应急人员在紧急情况下妥善处置突发事件的能力。

（4）推广和普及电力应急知识，提高公众对突发事件的风险防范意识与能力。

（5）发现可能发生事故的隐患和存在问题。

（二）原则

（1）依法依规，统筹规划。应急演练工作必须遵守国家相关法律、法规、标准及有关规定，科学统筹规划，纳入各级政府、电力企业、电力用户应急管理工作的整体规划，并按规划组织实施。

（2）突出重点，讲求实效。应急演练应结合本单位实际，针对性设置演练内容。演练应符合事故/事件发生、变化、控制、消除的客观规律，注重过程、讲求实效，提高突发事件应急处置能力。

（3）协调配合，保证安全。应急演练应遵循“安全第一”的原则，加强组织协调，统一指挥，保证人身、电网、设备及人民财产、公共设施安全，并遵守相关保密规定。

三、应急演练分类

（一）综合应急演练

由多个单位、部门参与的针对综合应急预案或多个专项应急预案开展的应急演练活动，其目的是在一个或多个部门（单位）内针对多个环节或功能进行检验，并特别注重检验不同部门（单位）之间以及不同专业之间应急人员的协调性及联动机制。其中，社会综合应急演练由政府相关部门、电力监管机构、电力企业、电力用户等多个单位共同参加。

（二）专项应急演练

针对本单位突发事件专项应急预案以及其他专项预案中涉及自身职责而组织的应急演练。其目的是在一个部门或单位内针对某一个特定应急环节、应急措施或应急功能进行检验。

四、应急演练形式

（一）实战演练

由相关参演单位和人员，按照突发事件应急预案或应急程序，以程序性演练或检验性演练的方式，运用真实装备，在突发事件真实或模拟场景条件下开展的应急演练活动。其主要目的是检验应急队伍、应急抢险装备等资源的调动效率以及组织实战能力，提高应急处置能力。

1. 程序性演练

根据演练题目和内容，事先编制演练工作方案和脚本。演练过程中，参演人员根据应急演练脚本，逐条分项推演。其主要目的是熟悉应对突发事件的处置流程，对工作程序进行验证。

2. 检验性演练

演练时间、地点、场景不预先告知，由领导小组随机控制，有关人员根据演练设置的突发事件信息，依据相关应急预案，发挥主观能动性进行响应。其主要目的是检验实际应急响应和处置能力。

（二）桌面演练

由相关参演单位人员，按照突发事件应急预案，利用图纸、计算机仿真系统、沙盘等模拟进行应急状态下的演练活动。其主要目的是使相关人员熟悉应急职责，掌握应急程序。除以上两种形式外，应急演练也可采用其他形式进行。

五、应急演练规划与计划

（一）规划

各级政府、电力企业、电力用户应针对突发事件特点对应急演练活动进行 3～5 年的整体规划，包括应急演练的主要内容、形式、范围、频次、日程等。

从实际需求出发，分析本地区、本单位面临的主要风险，根据突发事件发生、发展规律，制定应急演练规划。各级演练规划要统一协调、相互衔接，统筹安排各级演练之间的顺序、日程、侧重点，避免重复和相互冲突，演练频次应满足应急预案规定。

（二）计划

在规划基础上，制定具体的年度工作计划，包括：演练的主要目的、类型、形式、内容，主要参与演练的部门、人员，演练经费概算等。

六、应急演练准备

针对演练题目和范围，开展下述演练准备工作。

（一）成立组织机构

根据需要成立应急演练领导小组以及策划组、技术组、保障组、评估组等工作机构，并明确演练工作职责、分工。

1. 领导小组

（1）领导应急演练筹备和实施工作。

（2）审批应急演练工作方案和经费使用。

（3）审批应急演练评估总结报告。

（4）决定应急演练的其他重要事项。

2. 策划组

（1）负责应急演练的组织、协调和现场调度。

（2）编制应急演练工作方案，拟定演练脚本。

（3）指导参演单位进行应急演练准备等工作。

（4）负责信息发布。

3. 技术保障组

（1）负责应急演练安全保障方案制定与执行。

（2）负责提供应急演练技术支持，主要包括应急演练所涉及的调度通信、自动化系统、设备安全隔离等。

4. 后勤保障组

（1）负责应急演练的会务和后勤保障工作。

（2）负责所需物资的准备，以及应急演练结束后物资清理归库。

（3）负责人力资源管理及经费使用管理等。

5. 评估组

（1）负责根据应急演练工作方案，拟定演练考核要点和提纲，跟踪和记录应急演练进展情况，发现应急演练中存在的问题，对应急演练进行点评。

（2）负责针对应急演练实施中可能面临的风险进行评估。

（3）负责审核应急演练安全保障方案。

（二）编写演练文件

1. 应急演练工作方案

（1）应急演练目的与要求。

（2）应急演练场景设计。按照突发事件的内在变化规律，设置情景事件的发生时间、地点、状态特征、波及范围以及变化趋势等要素，进行情景描述。对演练过程中应采取的预警、应急响应、决策与指挥、处置与救援、保障与恢复、信息发布等应急行动与应对措施预先设定和描述。

（3）参演单位和主要人员的任务及职责。

（4）应急演练的评估内容、准则和方法，并制定相关具体评定标准。

（5）应急演练总结与评估工作的安排。

（6）应急演练技术支撑和保障条件，参演单位联系方式，应急演练安全保障方案等。

2. 应急演练脚本

应急演练脚本是指应急演练工作方案的具体操作手册，帮助参演人员掌握演练进程和各自需演练的步骤。一般采用表格形式，描述应急演练每个步骤的时刻及时长、对应的情景内容、处置行动及执行人员、指令与报告对白、适时选用的技术设备、视频画面与字幕、解说词等。

应急演练脚本主要适用于程序性演练。

3. 评估指南

根据需要编写演练评估指南，主要包括：

（1）相关信息。应急演练目的、情景描述，应急行动与应对措施简介等。

（2）评估内容。应急演练准备、方案、组织与实施、效果等。

（3）评估标准。应急演练目的实现程度的评判指标。

（4）评估程序。针对评估过程做出的程序性规定。

4. 安全保障方案

（1）可能发生的意外情况及其应急处置措施。

（2）应急演练的安全设施与装备。

（3）应急演练非正常终止条件与程序。

（4）安全注意事项。

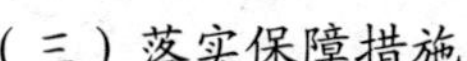

（三）落实保障措施

（1）组织保障。落实演练总指挥、现场指挥、演练参与单位（部门）和人员等，必要时考虑替补。

（2）资金与物资保障。落实演练经费、演练交通运输保障，筹措演练器材、演练情景模型。

（3）技术保障。落实演练场地设置、演练情景模型制作、演练通信联络保障等。

（4）安全保障。落实参演人员、现场群众、运行系统安全防护措施，进行必要的系统（设备）安全隔离，确保所有参演人员和现场群众的生命财产安全，确保运行系统安全。

（5）宣传保障。根据演练需要，对涉及演练单位、人员及社会公众进行演练预告，宣传电力应急相关知识。

（四）其他准备事项

根据需要准备应急演练有关活动安排，进行相关应急预案培训，必要时可进行预演。

七、应急演练实施

（一）程序性实战演练实施

1. 实施前状态检查确认

在应急演练开始之前，确认演练所需的工具、设备设施以及参演人员到位，检查应急演练安全保障设备设施，确认各项安全保障措施完备。

2. 演练实施

（1）条件具备后，由总指挥宣布演练开始。

（2）按照应急演练脚本及应急演练工作方案逐步演练，直至全部步骤完成。演练可由策划组随机调整演练场景的个别或部分信息指令，使演练人员依据变化后的信息和指令自主进行响应。

出现特殊或意外情况，策划组可调整或干预演练，若危及人身和设备安全时，应采取应急措施终止演练。

（3）演练完毕，由总指挥宣布演练结束。

（二）检验性实战演练实施

1. 实施前状态检查确认

在应急演练开始之前，确认演练条件具备，检查演练安全保障设备设施，确认各项安全保障措施完备。

2. 演练实施

（1）演练实施可分为两种方式。

方式一：策划人员事先发布演练题目及内容，向参演人员通告事件情景，演练时间、地点、场景随机安排。

方式二：策划人员不事先发布演练题目及内容，演练时间、地点、内容、场景随机安排。

（2）有关人员根据演练指令，依据相应预案规定职责启动应急响应，开展应急处置行动。

（3）演练完毕，由策划人员宣布演练结束。

（三）桌面演练实施

1. 实施前状态检查确认

在应急演练开始之前，策划人员确认演练条件具备。

2. 演练实施

（1）策划人员宣布演练开始。

（2）参演人员根据事件预想，按照预案要求，模拟进行演练活动，启动应急响应，开展应急处置行动。

（3）演练完毕，由策划人员宣布演练结束。

（四）其他事项

1. 演练解说

在演练实施过程中，可以安排专人进行解说，内容包括演练背景描述、进程讲解、案例介绍、环境渲染等。

2. 演练记录

演练实施过程要有必要的记录，分为文字、图片和声像记录，其中文字记录内容主要包括：

（1）演练开始和结束时间。

（2）演练指挥组、主现场、分现场实际执行情况。

（3）演练人员表现。

（4）出现的特殊或意外情况及其处置。

八、应急演练评估、总结与改进

（一）评估

对演练准备、演练方案、演练组织、演练实施、演练效果等进行评估，评估目的是确定应急演练是否已达到应急演练目的和要求，检验相关应急机构指挥人员及应急响应人员完成任务的能力。评估组应掌握事件和应急演练场景，熟悉被评估岗位和人员的响应程序、标准和要求。演练过程中，按照规定的评估项目，依推演的先后顺序逐一进行记录。演练结束后进行点评，撰写评估报告，重点对应急演练组织实施中发现的问题和应急演练效果进行评估总结。

（二）总结

应急演练结束后，策划组撰写总结报告，主要包括以下内容。

（1）本次应急演练的基本情况和特点。

（2）应急演练的主要收获和经验。

（3）应急演练中存在的问题及原因。

（4）对应急演练组织和保障等方面的建议及改进意见。

（5）对应急预案和有关执行程序的改进建议。

（6）对应急设施、设备维护与更新方面的建议。

（7）对应急组织、应急响应能力与人员培训方面的建议等。

（三）后续处置

1. 文件归档与备案

应急演练活动结束后，将应急演练方案、应急演练评估报告、应急演练总结报告等文字资料以及记录演练实施过程的相关图片演练组织部门（单位）将相关资料报主管部门备案。

2. 预案修订

演练评估或总结报告认定演练与预案不相衔接，甚至产生冲突进行修改完善。

（四）持续改进

应急演练结束后，组织应急演练的部门（单位）应根据应急演练情况，对表现突出的单位及个人，给予表彰或奖励；对不按要求参加演练，或影响演练正常开展的，给予相应批评或处分。应根据应急演练评估报告、总结报告提出的问题和建议，督促相关部门和人员制定整改计划，明确整改目标，制定整改措施，落实整改资金，并跟踪督查整改情况。

第六节 应急救援基干分队管理

为规范建设供电企业“平战结合、一专多能、装备精良、训练有素、快速反应、战斗力强”的应急救援基干分队，提升供电企业对各类突发事件的快速反应和有效处置能力，更好地发挥专业优势，协助各级政府开展应急救援，努力践行企业宗旨，维护公司良好形象，供电企业依据《中华人民共和国突发事件应对法》（中华人民共和国主席令第69号）、《国家突发公共事件总体应急预案》、《国务院关于全面加强应急管理工作的意见》（国发〔2006〕24号）、《关于加强企业应急管理工作的意见》（国办发〔2007〕13号）、《国务院办公厅关于加强基层应急管理工作的意见》（国办发〔2007〕52 号）、《国务院办公厅关于加强基层应急队伍建设的意见》（国电发〔209〕59号）、《国务院安委会办公室关于贯彻落实国务院〈通知〉精神进一步加强安全生产应急救援体系建设的实施意见》（安委办〔2010〕25 号）、《突发事件总体应急预案》、《应急管理工作规定》制定《应急救援基干分队管理意见》。

一、职责与机构设置

（一）队伍职责

（1）经营区域内发生重特大灾害时，以最快速度到达灾区，抢救员工生命，协助政府开展救援，提供应急供电保障，树立供电企业良好企业形象。

（2）及时掌握并反馈受灾地区电网受损情况及社会损失、地理环境、道路交通、天气气候、灾害预报等信息，提出应急抢险救援建议，为供电企业应急指挥提供可靠决策依据。

（3）开展突发事件先期处置，搭建前方指挥部，确保应急通信畅通，为企业后续应急队伍的进驻做好前期准备。

（4）在培训、演练等活动中，发挥骨干作用，配合做好相关工作。

（二）机构设置

（1）各级供电企业均设置一支应急救援基干分队（简称“基干分队”），由应急管理部门负责组建和归口管理。

（2）基干分队一般挂靠在灾害易发多发地区供电单位、省会城市供电单位、运行检修单位或工程施工单位，由挂靠单位负责具体管理，人员主要从挂靠单位选取，如确有需要亦可从其他基层单位选取少量人员，但需满足队伍快速集结出发的要求。

（3）基干分队属非脱产性质，不单独设置机构。

（三）人员配置

（1）基干分队定员50人左右，设队长一名，全面负责队伍管理、组织训练和现场救援指挥工作；设副队长两名，协助队长开展工作。

（2）基干分队内部一般分为综合救援、应急供电、信息通信、后勤保障（含新闻宣传）

等四组，各组根据人员数量设组长1～2人。

（四）人员素质要求

1. 基本素质

（1）具有良好的政治素质，较强的事业心，遵守纪律，团队意识强。

（2）男性，年龄20～45岁，身体健康、强壮，心理素质良好，无妨碍工作的病症，能适应恶劣气候和复杂地理环境。

（3）具有中等职业学校及以上学历，从事电力专业工作3年以上，业务水平优秀。

（4）具有较强的工器具操作使用能力。

（5）队员的选拔坚持自觉自愿的原则。

2. 专业技能

（1）通过强化培训，基干分队成员必须熟练掌握应急供电、应急通信、消防、灾害灾难救援、卫生急救、营地搭建、现场测绘、高处作业、野外生存等专业技能，熟练掌握所配车辆、舟艇、机具、绳索等的使用。

（2）基干分队要结合所处地域自然环境、社会环境、产业结构等实际，研究掌握其他应急技能。

二、管理内容

（一）管理分工

1. 供电企业安全监察质量部及各级相关部门

（1）负责组织制定应急基干分队建设和管理的有关标准和制度。

（2）负责督查、指导企业应急基干分队建设与管理；定期或不定期召开基干分队负责人会议，通报情况、布置工作、交流经验。

（3）负责调度和协调应急基干分队跨省应急救援工作。

2. 各级供电企业应急管理部门

（1）负责落实上级有关标准和制度，制定本规定的管理实施细则。

（2）负责组织本单位应急基干分队的建设和管理，监督基干分队技能培训、装备维护、演练拉练等工作的开展；组织或参加基干分队会议，通报情况、布置工作。

（3）负责调度和指挥本单位应急基干分队应急救援工作。

3. 基干分队挂靠单位

（1）负责应急基干分队的制度建设、测评、考核等日常管理事项。

（2）负责组织制定年度技能培训、装备维护、演练、拉练等工作计划和实施方案，并组织实施；定期或不定期召开基干分队会议，通报情况、布置工作。

（3）根据应急管理部门要求，组织基干分队开展应急救援工作。

（4）负责为基干分队人员办理相关人身保险。

（二）日常管理

（1）基干分队成员平时在本单位参加日常生产经营活动，挂靠单位应保证2/3以上队员在辖区内工作，并随时接受调遣参加应急救援。基干分队成员应保持24h通信联络畅通。

挂靠单位建立基干分队队员个人身份信息卡，按季向上级应急管理部门报告队员动态。

基干分队人员信息由各供电企业报上级安监部门备案。

（2）基干分队每年进行一次队伍测评，评估队员的年龄、体能、技能、专业分布等是否符合队伍结构的要求，并根据结果进行调整。每个队员服役时间不应少于3年。

（3）基干分队每季或根据需要召开队伍会议，通报情况、布置工作、总结交流经验。

（4）各区域供电企业组织制定基干分队演练、拉练、培训计划，报上级安监部备案，由上级安监部监督实施。

（5）基干分队开展演练、拉练、培训以及参加应急救援工作期间，由挂靠单位给予一定的经济补贴。

（6）基干分队参加培训、演练、拉练及应急救援等工作时，应着统一应急服装和标示，并随身携带个人身份信息卡。基干分队人员服装主色调为橘红色，带供电企业标识和荧光带，个人身份信息卡应记录姓名、年龄、单位、职务、过往病史、过敏药物、血型、单位联系方式等。

（7）基干分队应建立健全安全管理、培训管理、演练拉练、装备保养、信息处理等管理制度，并建立和不断完善应急工作联系手册、现场救援工作程序、现场基本处置方案等。

（三）培训与演练

（1）各级供电企业应根据可能承担的应急救援任务特点，按照队员的具体情况，制定详细的计划，组织开展培训、演练、拉练活动。

（2）技能培训应充分利用供电企业应急培训基地资源进行。初次技能培训每人每年不少于50个工作日，以后每年轮训应不少于20个工作日。培训科目应选择但不限于表8-2应急基干分队基本培训科目中的类别和科目。

基干分队人员科目培训合格由培训单位颁发证书，无合格证书者不能参加应急救援行动。

（3）基干分队应根据现场救援工作程序和救援处置方案内容，每年至少组织两次演练或拉练，并组织评估、修订完善救援现场处置方案。

三、应急救援

（一）基干分队调派原则

（1）发生自然灾害、事故灾难等突发事件时，原则上由事发地基层单位处置。如事件超出基层单位处置能力，可申请上级供电企业调派基干分队救援。上级供电企业突发事件处置需要支援时，可请求上级供电企业调派其他单位基干分队参与救援。

（2）各级供电企业根据需要派出基干分队参与本行政区划社会救援，上级供电企业根据需要调派基干分队参与国内外重特大突发事件救援。

（3）基干分队的调派指令，由供电企业安监部、应急管理部门报请相应应急领导小组组长批准后下达。

（二）应急救援

（1）基干分队接到命令，应立即响应，做好应急准备，按要求赶赴集结地点。应急准备包括：队员集结待命、队员身体及精神状态检查、核实联系方式、器材装备和后勤保障物资检查、保持通信畅通等。

（2）基干分队到达指定地点后，应按本规定“队伍职责”（1）～（3）内容及应急指挥机构要求开展相关工作。

（3）执行应急救援任务时，应急基干分队应根据承担任务性质和现场环境特点，按照专业技能分工，在相互协作、保证自身安全的前提下实施应急救援工作。

（4）执行应急救援任务期间，应急基干分队按有关规定接受受援单位应急指挥机构的指挥，并快速、准确地向上级应急处置决策部门提供信息。

（5）应急救援任务完成后，应急基干分队应及时进行工作总结和评估，并在15天内报送上级有关部门。

四、装备及资金保障

（一）装备配置及管理

（1）应急基干分队应配备运输、通信、电源及照明、安全防护、单兵、生活等各类装备，具体种类、型号、参数、数量在供电企业统一指导下确定。各级供电企业应结合所处地域社会环境、自然环境、产业结构等实际，增设相关装备。

（2）与正常生产工作共用的应急装备，可与本企业正常生产装备设施共同存放和保养。属应急处置专用的装备设施，应按相应规定设立专用仓库妥善存放和按时保养，并指定专人负责。应急装备未经应急管理部门许可不得挪作他用。

（3）应急装备应按模块化存放，并不断完善组合方式。

（二）资金保障

（1）各级供电企业应建立相应资金保障机制，明确资金来源，确保基干分队建设、运行和应急救援经费。紧急情况下应首先保证应急救援行动的开展，再按照程序办理预算变更或预算追加手续。

（2）应急基干分队跨供电范围支援时，费用原则上由本企业承担。

五、检查与考核

（1）供电企业安监部、各级供电企业定期对各单位基干分队管理情况进行检查与考核。

（2）各级供电企业对基干分队挂靠单位和基干分队管理情况进行检查与考核。

（3）参加集中活动时，基干分队挂靠单位对应急基干分队进行考核，队长（副队长）对队员考核。

（4）应急基于分队在抢险救援过程中做出突出贡献的，按有关规定给予表彰与经济奖励。

六、应急基于分队基本培训科目

应急基于分队基本培训科目见表8-2。

表8-2　　应急基干分队基本培训科目

类　别	培　训　科　目
应急理论	应急管理理论、规章制度
	灾难体验、紧急避险常识
基本技能	体能训练
	心理训练
	拓展训练
	疏散逃生
	游泳逃生
	现场急救与心肺复苏

续表

类别	培训科目
基本技能	安全防护用具使用
	高空安全降落
	起重搬运
专业技能	现场处置方案编制
	特种车辆驾驶
	现场破拆与导线锚固
	山地器材运输
	水面人员救援、器材运输
	救援营地（帐篷、后勤保障设施）搭建
	野外生存
应急装备操作技能	现场低压照明网搭建
	应急通信车、海事卫星通信与单兵使用
	冲锋舟、橡皮艇操作技能
	危险化学品、高温等环境特种防护装备使用

七、应急基于分队基本装备

应急基于分队基本装备见表 8-3。

表 8-3　　应急基干分队基本装备

序号	品名	单位	数量	类别	备注
1	冲锋服	套	1/人	单兵装备	
2	登山鞋	双	1/人	单兵装备	
3	防雨雪保暖衣	套	1/人	单兵装备	
4	便携式餐具	套	1/人	单兵装备	
5	睡袋	套	1/人	单兵装备	
6	个人生活用品	套	1/人	单兵装备	
7	登山用保暖壶	个	1/人	单兵装备	
8	电工工具	套	1/人	单兵装备	
9	便携式背包	个	1/人	单兵装备	
10	雨衣	套	1/人	单兵装备	
11	洗漱用品	套	1/人	单兵装备	
12	强光手电筒	套	1/人	单兵装备	
13	急救包	套	1/人	单兵装备	
14	应急工作手册	册	1/人	单兵装备	
15	照相机	套		单兵装备	每 3 人配置 1 台
16	摄像机	套		单兵装备	每 6 人配置 1 台

续表

序号	品　　名	单位	数量	类　别	备　　注
17	对讲机	台	1/人	单兵装备	
18	望远镜	台	1/人	单兵装备	
19	卫星定位仪	台	1/人	单兵装备	
20	野营帐篷	顶		生活保障类	每 6 人配置 1 顶
21	炊事用具	套		生活保障类	每 6 人配置 1 套
22	应急食品	宗	1/人	生活保障类	
23	安全帽	套	1/人	安全防护类	
24	安全带	套	1/人	安全防护类	
25	攀登绳索	套	1/人	安全防护类	
26	绳索发射枪	套		安全防护类	每 6 人配置 1 套
27	气体报警控制器	台		安全防护类	每 6 人配置 1 台
28	红外夜视眼镜	套	1/人	安全防护类	
29	防毒面罩	套	1/人	安全防护类	
30	折叠担架	付		安全防护类	每 6 人配置 1 副
31	小型破拆装备	台		安全防护类	每 6 人配置 1 台
32	汽油切割锯	台		安全防护类	每 10 人配置 1 台
33	无线电台 40W	台	2	通信类	
34	车载电台	台	2	通信类	
35	卫星电话	套	2	通信类	
36	海事卫星设备	套	2	通信类	
37	Vsat 卫星便携站	套	1	通信类	
38	笔记本电脑	套		通信类	每 6 人配置 1 套
39	便携式发电机	台		发电照明类	每 6 人配置 1 台
40	小型发电机	台		发电照明类	每 10 人配置 1 台
41	小型泛光照明设备	台		发电照明类	每 10 人配置 1 台
42	便携式配电箱	套		发电照明类	每 10 人配置 1 套
43	照明及动力电缆	米	2000m	发电照明类	220、380V 分别配置
44	应急抢修车	辆		运输设备类	每 10 人配置一辆
45	越野车	辆	2	运输设备类	
46	野战炊事车	辆	1	运输设备类	

第九章

安全生产事故调查

事故发生单位和有关人员应当认真吸取事故教训，落实事故防范和整改措施，防止事故再次发生。

电力监管机构、安全生产监督管理部门和负有安全生产监督管理职责的有关部门应当对事故发生单位和有关人员落实事故防范和整改措施的情况进行监督检查[《电力安全事故应急处置和调查处理条例》(国务院令第 599 号第二十六条)]。

事故发生后，电力企业和其他有关单位应当按照规定及时、准确报告事故情况，开展应急处置工作，防止事故扩大，减轻事故损害。电力企业应当尽快恢复电力生产、电网运行和电力（热力）正常供应 [《电力安全事故应急处置和调查处理条例》(国务院令第 599 号第六条)]。

任何单位和个人不得阻挠和干涉对事故的报告、应急处置和依法调查处理 [《电力安全事故应急处置和调查处理条例》(国务院令第 599 号第七条)]。

第一节 目的和任务

电力生产事故调查工作的目的是为了规范生产安全事故的报告和调查处理，落实生产安全事故责任追究制度，防止和减少生产安全事故，通过对人身、电网、设备事故的调查分析和统计，总结经验教训，研究事故规律，采取预防措施，杜绝事故的重复发生。

电力生产事故调查的任务是贯彻安全第一、预防为主、综合治理的方针，总结经验教训，研究电力生产事故规律，采取预防措施，防止和减少电力生产事故的发生 [《电力生产事故调查暂行规定》(电监会 4 号令) 第二条]。

第二节 事故调查原则

事故调查必须按照实事求是、尊重科学的原则，及时、准确地查清事故经过、原因和损失，查明事故性质和责任，总结事故教训，提出整改措施，并对事故责任者提出处理意见，做到事故原因不清楚不放过，事故责任者和应受教育者没有受到教育不放过，没有采取防范措施不放过，事故责任者没有受到处罚不放过（简称“四不放过”）[《中华人民共和国安全生产法》第七十三条，《生产安全事故报告和调查处理条例》中华人民共和国国务院令第 493 号第四条，《电力安全生产监管办法》(电监会 2 号令) 第二十二条；电力生产事故调查暂行规定》(电监会 4 号令) 第三条]。

第三节　电力生产事故等级和分类

电力安全事故是指电力生产或电网运行过程中发生的影响电力系统安全稳定运行或影响电力正常供应的事故（包括热电厂发生的影响热力正常供应的事故）。根据电力安全事故（以下简称事故）影响电力系统安全稳定运行或影响电力（热力）正常供应的程度，事故分为特别重大事故、重大事故、较大事故和一般事故。

一、电力生产事故生产事故等级

安全事故（事件）共分八级，依次为特别重大事故（一级事件）、重大事故（二级事件）、较大事故（三级事件）、一般事故（四级事件）、五级事件、六级事件、七级事件、八级事件。

（1）特别重大事故（一级事件）。是指造成 30 人以上死亡，或者 100 人以上重伤（包括急性工业中毒，下同），或者 1 亿元以上直接经济损失的事故。

（2）重大事故（二级事件）。是指造成 10 人以上 30 人以下死亡，或者 50 人以上 100 人以下重伤，或者 5000 万元以上 1 亿元以下直接经济损失的事故。

（3）较大事故（三级事件）。是指造成 3 人以上 10 人以下死亡，或者 10 人以上 50 人以下重伤，或者 1000 万元以上 5000 万元以下直接经济损失的事故。

（4）一般事故（四级事件）。是指造成 3 人以下死亡，或者 10 人以下重伤，或者 1000 万元以下直接经济损失的事故。

国务院安全生产监督管理部门可以会同国务院有关部门，制定事故等级划分的补充性规定。本条第一款所称的“以上”包括本数，所称的“以下”不包括本数 [《生产安全事故报告和调查处理条例》中华人民共和国国务院令第 493 号第三条。

二、电力生产事故分类

（一）人身事故

1. 发生以下情况之一者定为人身伤亡事故

（1）在供电企业各单位工作场所或承包、承租借的工作场所发生的人身伤亡。

（2）被单位派出到用户工程工作过程中发生的人身伤亡。

（3）单位组织的集体外出活动过程中发生的人身伤亡。

（4）乘坐单位组织的交通工具发生的人身伤亡。

（5）员工因公外出发生的人身伤亡。

2. 人身伤亡事故等级

（1）特别重大事故（一级人身伤亡事件）。一次事故造成 30 人以上死亡，或者 100 人以上重伤者。

（2）重大人身事故（二级人身伤亡事件）。一次事故造成 10 人以上、30 人以下死亡，或者 50 人以上、100 人以下重伤者。

（3）较大人身事故（三级人身伤亡事件）。一次事故造成 3 人以上、10 人以下死亡，或者 10 人以上、50 人以下重伤者。

（4）一般人身事故（四级人身伤亡事件）。一次事故造成 3 人以下死亡，或者 10 人以下重伤者。

（5）五级人身事件。无人员死亡和重伤，但造成10人以上轻伤者。

（6）六级人身事件。无人员死亡和重伤，但造成5人以上、10人以下轻伤者。

（7）七级人身事件。无人员死亡和重伤，但造成3人以上、5人以下轻伤事件。

（8）八级人身事件。无人员死亡和重伤，但造成1～2人轻伤。

（二）电网事故等级

1. 特别重大电网事故（一级电网事件）

有下列情形之一者，为特别重大电网事故（一级电网事件）。

（1）造成区域性电网减供负荷30%以上者。

（2）造成电网负荷20000MW以上的省（自治区）电网减供负荷30%以上者。

（3）造成电网负荷5000MW以上、20000MW以下的省（自治区）电网减供负荷40%以上者。

（4）造成直辖市电网减供负荷50%以上，或60%以上供电用户停电者。

（5）造成电网负荷20000MW以上的省（自治区）人民政府所在地城市电网减供负荷60%以上，或者70%以上供电用户停电者。

2. 重大电网事故（二级电网事件）

有下列情形之一者，为重大电网事故（二级电网事件）。

（1）造成区域性电网减供负荷10%以上30%以下者。

（2）造成电网负荷20000MW以上的省（自治区）电网减供负荷13%以上、30%以下者。

（3）造成电网负荷5000MW以上20000MW以下的省（自治区）电网减供负荷16%以上、40%以下者。

（4）造成电网负荷1000MW以上、5000MW以下的省（自治区）电网减供负荷50%以下者。

（5）造成直辖市电网减供负荷20%以上、50%以下、或者30%以上、60%以下的供电用户停电者。

（6）造成电网负荷2000MW以上的省（自治区）人民政府所在地城市电网减供负荷40%以上、60%以下，或者50%以上、70%以下供电用户停电者。

（7）造成电网负荷2000MW以下的省（自治区）人民政府所在地城市电网减供负荷40%以上，或者50%以上供电用户停电者。

（8）造成电网负荷600MW以上的其他设区市电网减供负荷60%以上，或者70%以上供电用户停电者。

3. 较大电网事故（三级电网事件）

有下列情形之一者，为较大电网事故（三级电网事件）。

（1）造成区域性电网减供负荷7%以上、10%以下者。

（2）造成电网负荷20000MW以上的省（自治区）电网减供负荷10%以上、13%以下者。

（3）造成电网负荷5000MW以上、20000MW以下的省（自治区）电网减供负荷12%以上、16%以下者。

（4）造成电网负荷1000MW以上、5000MW以下的省（自治区）电网减供负荷20%以上、50%以下者。

（5）造成电网负荷1000MW以下的省（自治区）电网减供负荷40%以上者。

（6）造成直辖市电网减供负荷达到10%以上、20%以下，或者15%以上、30%以下供电用户停电者。

（7）造成省（自治区）人民政府所在地城市电网减供负荷20%以上、40%以下，或者30%以上、50%以下供电用户停电者。

（8）造成电网负荷600MW以上的其他设区市电网减供负荷40%以上、60%以下，或者50%以上、70%以下供电用户停电者。

（9）造成电网负荷600MW以下的其他设区市电网减供负荷40%以上，或者50%以上供电用户停电者。

（10）造成电网负荷150MW以上的县级市电网减供负荷60%以上，或者70%以上供电用户停电者。

（11）发电厂或者220kV以上变电站因安全故障造成全厂（站）对外停电，导致周边电压监视控制点电压低于调度机构规定的电压曲线值20%并且持续时间30min以上，或者导致周边电压监视控制点电压低于调度机构规定的电压曲线值10%并且持续时间1h以上者。

（12）发电机组因安全故障停止运行超过行业标准规定的大修时间两周，并导致电网减供负荷者。

4. 一般电网事故（四级电网事件）

有下列情形之一者，为一般电网事故（四级电网事件）。

（1）造成区域性电网减供负荷4%以上、7%以下者。

（2）造成电网负荷20000MW以上的省（自治区）电网减供负荷5%以上、10%以下者。

（3）造成电网负荷5000MW以上、20000MW以下的省（自治区）电网减供负荷6%以上、12%以下者。

（4）造成电网负荷1000MW以上、5000MW以下的省（自治区）电网减供负荷10%以上、20%以下者。

（5）造成电网负荷1000MW以下的省（自治区）电网减供负荷25%以上、40%以下者。

（6）造成直辖市电网减供负荷5%以上、10%以下，或者10%以上、15%以下供电用户停电者。

（7）造成省（自治区）人民政府所在地城市电网减供负荷10%以上、20%以下，或者15%以上、30%以下供电用户停电者。

（8）造成其他设区的市电网减供负荷20%以上、40%以下，或者30%以上、50%以下供电用户停电者。

（9）造成电网负荷150MW以上的县级市电网减供负荷40%以上、60%以下，或者50%以上、70%以下供电用户停电者。

（10）造成电网负荷150MW以下的县级市电网减供负荷40%以上，或者50%以上供电用户停电者。

（11）发电厂或者220kV以上变电站因安全故障造成全厂（站）对外停电，导致周边电压监视控制点电压低于调度机构规定的电压曲线值5%以上、10%以下并且持续时间2h以上者。

（12）发电机组因安全故障停止运行超过行业标准规定的小修时间两周，并导致电网减供负荷者。

5. 五级电网事件

未构成一般以上电网事故（四级以上电网事件），符合下列条件之一者定为五级电网事件。

（1）造成电网减供负荷100MW以上者。

（2）220kV以上电网非正常解列成三片以上，其中至少有三片每片内解列前发电出力和供电负荷超过100MW。

（3）220kV以上系统中，并列运行的两个或几个电源间的局部电网或全网引起振荡且振荡超过一个周期（功角超过360°），不论时间长短，或是否拉入同步。

（4）变电站内220kV以上任一电压等级母线非计划全停。

（5）220kV以上系统中，一次事件造成同一变电站内两台以上主变压器跳闸。

（6）500kV以上系统中，一次事件造成同一输电断面两回以上线路同时停运。

（7）±400kV以上直流输电系统双极闭锁或多回路同时换相失败。

（8）500kV以上系统中，断路器失灵、继电保护或自动装置不正确动作致使越级跳闸。

（9）电网电能质量降低，造成下列后果之一者。

1）频率偏差超出以下数值。

在装机容量3000MW以上电网，频率偏差超出（50±0.2）Hz，延续时间30min以上。

在装机容量3000MW以下电网，频率偏差超出（50±0.5）Hz，延续时间30min以上。

2）500kV以上电压监视控制点电压偏差超出±5%，延续时间超过1h。

（10）一次事件风电机组脱网容量500MW以上。

（11）装机总容量1000MW以上的发电厂因安全故障造成全厂对外停电。

（12）地市级以上地方人民政府有关部门确定的特级或一级重要电力用户电网侧供电全部中断。

6. 六级电网事件

未构成五级以上电网事件，符合下列条件之一者定为六级电网事件。

（1）造成电网减供负荷40MW以上、100MW以下者。

（2）变电站内110kV（含66kV）母线非计划全停。

（3）一次事件造成同一变电站内两台以上110kV（含66kV）主变压器跳闸。

（4）220kV（含330kV）系统中，一次事件造成同一变电站内两条以上母线或同一输电断面两回以上线路同时停运。

（5）±400kV以下直流输电系统双极闭锁或多回路同时换相失败；或背靠背直流输电系统换流单元均闭锁。

（6）220kV以上500kV以下系统中，断路器失灵、继电保护或自动装置不正确动作致使越级跳闸。

（7）电网安全水平降低，出现下列情况之一者。

1）区域电网、省（自治区、直辖市）电网实时运行中的备用有功功率不能满足调度规定的备用要求。

2）电网输电断面超稳定限额连续运行时间超过 1h。

3）220kV 以上线路、母线失去主保护。

4）互为备用的两套安全自动装置（切机、切负荷、振荡解列、集中式低频低压解列等）非计划停用时间超过 72h。

5）系统中发电机组 AGC 装置非计划停用时间超过 72h。

（8）电网电能质量降低，造成下列后果之一者。

1）频率偏差超出以下数值。

在装机容量 3000MW 以上电网，频率偏差超出（50±0.2）Hz。

在装机容量 3000MW 以下电网，频率偏差超出（50±0.5）Hz。

2）220kV（含 330kV）电压监视控制点电压偏差超出±5%，延续时间超过 30min。

（9）装机总容量 200MW 以上、1000MW 以下的发电厂因安全故障造成全厂对外停电。

（10）地市级以上地方人民政府有关部门确定的二级重要电力用户电网侧供电全部中断。

7. 七级电网事件

未构成六级以上电网事件，符合下列条件之一者定为七级电网事件。

（1）35kV 以上输变电设备异常运行或被迫停止运行，并造成减供负荷者。

（2）变电站内 35kV 母线非计划全停。

（3）220kV 以上单一母线非计划停运。

（4）110kV（含 66kV）系统中，一次事件造成同一变电站内两条以上母线或同一输电断面两回以上线路同时停运。

（5）直流输电系统单极闭锁；或背靠背直流输电系统单换流单元闭锁。

（6）110kV（含 66kV）系统中，开关失灵、继电保护或自动装置不正确动作致使越级跳闸。

（7）110kV（含 66kV）变压器等主设备无主保护，或线路无保护运行。

（8）地市级以上地方人民政府有关部门确定的临时性重要电力用户电网侧供电全部中断。

8. 八级电网事件

未构成七级以上电网事件，符合下列条件之一者定为八级电网事件。

（1）10kV（含 20kV、6kV）供电设备（包括母线、直配线）异常运行或被迫停止运行，并造成减供负荷者。

（2）10kV（含 20kV、6kV）配电站非计划全停。

（3）直流输电系统被迫降功率运行。

（4）35kV 变压器等主设备无主保护，或线路无保护运行。

（三）设备事故

1. 特别重大设备事故（一级设备事件）

有下列情形之一者，为特别重大设备事故（一级设备事件）。

（1）造成 1 亿元以上直接经济损失者。

（2）600MW 以上锅炉爆炸者。

（3）压力容器、压力管道有毒介质泄漏，造成 15 万人以上转移者。

2. 重大设备事故（二级设备事件）

有下列情形之一者，为重大设备事故（二级设备事件）。

（1）造成5000万元以上、1亿元以下直接经济损失者。

（2）600MW以上锅炉因安全故障中断运行240h以上者。

（3）压力容器、压力管道有毒介质泄漏，造成5万人以上、15万人以下转移者。

3. 较大设备事故（三级设备事件）

有下列情形之一者，为较大设备事故（三级设备事件）。

（1）造成1000万元以上、5000万元以下直接经济损失者。

（2）锅炉、压力容器、压力管道爆炸者。

（3）压力容器、压力管道有毒介质泄漏，造成1万人以上、5万人以下转移者。

（4）起重机械整体倾覆者。

（5）供热机组装机容量200MW以上的热电厂，在当地人民政府规定的采暖期内同时发生两台以上供热机组因安全故障停止运行，造成全厂对外停止供热并且持续时间48h以上者。

4. 一般设备事故（四级设备事件）

有下列情形之一者，为一般设备事故（四级设备事件）。

（1）造成100万元以上、1000万元以下直接经济损失者。

（2）特种设备事故造成1万元以上1000万元以下直接经济损失者。

（3）压力容器、压力管道有毒介质泄漏，造成500人以上1万人以下转移者。

（4）电梯轿厢滞留人员2h以上者。

（5）起重机械主要受力结构件折断或者起升机构坠落者。

（6）供热机组装机容量200MW以上的热电厂，在当地人民政府规定的采暖期内同时发生两台以上供热机组因安全故障停止运行，造成全厂对外停止供热并且持续时间24h以上者。

5. 五级设备事件

未构成一般以上设备事故（四级以上设备事件），符合下列条件之一者定为五级设备事件。

（1）造成50万元以上100万元以下直接经济损失者。

（2）输变电设备损坏，出现下列情况之一者。

1）220kV以上主变压器、换流变压器、高压电抗器、平波电抗器发生本体爆炸、主绝缘击穿。

2）500kV以上断路器发生套管、灭弧室或支柱瓷套爆裂。

3）220kV以上主变压器、换流变压器、高压电抗器、平波电抗器、换流器（换流阀本体及阀控设备，下同）、组合电器（GIS），500kV以上断路器等损坏，14天内不能修复或修复后不能达到原铭牌出力；或虽然在14天内恢复运行，但自事故发生日起3个月内该设备非计划停运累计时间达14天以上。

4）500kV以上电力电缆主绝缘击穿或电缆头损坏。

5）500kV以上输电线路倒塔。

6）装机容量600MW以上发电厂或500kV以上变电站的厂（站）用直流全部失电。

（3）10kV以上电气设备发生下列恶性电气误操作：带负荷误拉（合）隔离开关、带电挂（合）接地线（接地开关）、带接地线（接地开关）合断路器（隔离开关）。

（4）主要发电设备和35kV以上输变电主设备异常运行已达到现场规程规定的紧急停运

条件而未停止运行。

（5）发电厂出现下列情况之一者。

1）因安全故障造成发电厂一次减少出力 1200MW 以上。

2）100MW 以上机组的锅炉、发电机组损坏，14 天内不能修复或修复后不能达到原铭牌出力；或虽然在 14 天内恢复运行，但自事故发生日起 3 个月内该设备非计划停运累计时间达 14 天以上。

3）水电厂（抽水蓄能电站）大坝漫坝、水淹厂房、或火电厂灰坝垮坝。

4）水电机组飞逸。

5）水库库盆、输水道等出现较大缺陷，并导致非计划放空处理；或由于单位自身原因引起水库异常超汛限水位运行。

6）风电场一次减少出力 200MW 以上。

（6）通信系统出现下列情况之一者。

1）国家电力调度控制中心与直接调度范围内超过 30%的厂站通信业务全部中断。

2）电力线路上的通信光缆因故障中断，且造成省级以上电力调度控制中心与超过 10%直调厂站的调度电话、调度数据网业务全部中断。

3）省供电企业级以上单位本部通信站通信业务全部中断。

（7）国家电力调度控制中心或供电企业调控分中心、省电力调度控制中心调度自动化系统 SCADA 功能全部丧失 8h 以上，或延误送电、影响事故处理。

（8）由于施工不当或跨越线路倒塔、断线等原因造成高铁停运或其他单位财产损失 50 万元以上者。

（9）火工品、剧毒化学品、放射品丢失；或因泄漏导致环境污染造成重大影响者。

（10）主要建筑物垮塌。

（11）大型起重机械主要受力结构或机构发生严重变形或失效；飞行器坠落（不涉及人员）；运输机械、牵张机械、大型基础施工机械主要受力结构件发生断裂。

6. 六级设备事件

未构成五级以上设备事件，符合下列条件之一者定为六级设备事件。

（1）造成 20 万元以上 50 万元以下直接经济损失者。

（2）输变电设备损坏，出现下列情况之一者。

1）110kV（含 66kV）以上 220kV 以下主变压器、换流变压器、平波电抗器发生本体爆炸、主绝缘击穿。

2）220kV 以上 500kV 以下断路器发生套管、灭弧室或支柱瓷套爆裂。

3）110kV（含 66kV）以上 220kV 以下主变压器、换流变压器、换流器、交（直）流滤波器、平波电抗器、高压电抗器、组合电器（GIS），220kV 以上 500kV 以下断路器等损坏，14 天内不能修复或修复后不能达到原铭牌出力；或虽然在 14 天内恢复运行，但自事故发生日起 3 个月内该设备非计划停运累计时间达 14 天以上。

4）220kV 以上主变压器、换流变压器、高压电抗器、平波电抗器、换流器（换流阀本体及阀控设备，下同）、组合电器（GIS），500kV 以上断路器等损坏，7 天内不能修复或修复后不能达到原铭牌出力；或虽然在 7 天内恢复运行，但自事故发生日起 3 个月内该设备非计划

停运累计时间达 7 天以上 14 天以下。

5）220kV 以上 500kV 以下电力电缆主绝缘击穿或电缆头损坏。

6）220kV 以上 500kV 以下输电线路倒塔。

7）装机容量 600MW 以下发电厂、220kV 以上 500kV 以下变电站的厂（站）用直流全部失电。

8）装机容量 600MW 以上发电厂或 500kV 以上变电站的厂（站）用交流全部失电。

（3）3kV 以上 10kV 以下电气设备发生下列恶性电气误操作：带负荷误拉（合）隔离开关、带电挂（合）接地线（接地开关）、带接地线（接地开关）合断路器（隔离开关）。

（4）3kV 以上电气设备，发生下列一般电气误操作，使主设备异常运行或被迫停运：

1）误（漏）拉合断路器（隔离开关）、误（漏）投或停继电保护安全自动装置（包括连接片）、误设置继电保护及安全自动装置定值。

2）错误下达调度命令、错误安排运行方式、错误下达继电保护及安全自动装置定值或错误下达其投、停命令。

（5）3kV 以上电气设备，因以下原因使主设备异常运行或被迫停运。

1）继电保护及安全自动装置人员误动、误碰、误（漏）接线。

2）继电保护及安全自动装置（包括热工保护、自动保护）的定值计算、调试错误。

3）热机误操作：误停机组、误（漏）开（关）阀门（挡板）、误（漏）投（停）辅机等。

4）监控过失：人员未认真监视、控制、调整等。

（6）发电厂出现下列情况之一者。

1）发电机组非计划停止运行或停止备用 7 天以上、14 天以下。

2）发电机组烧损轴瓦；或水电机组过速停机。

3）水电厂（抽水蓄能电站）泄洪闸门等重要防洪设施不能按调度要求启闭。

4）由于水工设备、水工建筑损坏或其他原因，造成水库不能正常蓄水。

5）主要构建筑物缺陷导致非计划停机处理。

6）风电机组塔筒或塔架倒塌；或机舱着火、坠落；或桨叶折断；或机组飞车。

7）风电场一次减少出力 100MW 以上 200MW 以下。

（7）通信系统出现下列情况之一者。

1）供电企业调控分中心、省电力调度控制中心与直接调度范围内超过 30%的厂站通信业务全部中断。

2）电厂、变电站场内通信光缆因故障中断，造成该通信站调度电话及调度数据网业务全部中断。

3）地市供电企业级单位本部通信站通信业务全部中断。

（8）地市电力调度控制中心调度自动化系统 SCADA 功能全部丧失 8h 以上，或延误送电、影响事故处理。

（9）小型基础施工机械主要受力结构件发生断裂；起重机械、运输机械、牵张机械操作系统失灵或安全保护装置失效。

7. 七级设备事件

未构成六级以上设备事件，符合下列条件之一者定为七级设备事件：

（1）造成10万元以上20万元以下直接经济损失者。

（2）输变电设备损坏，出现下列情况之一者：

1）35kV以上110kV以下主变压器、换流变压器、平波电抗器发生本体爆炸、主绝缘击穿；

2）35kV以上输变电主设备被迫停运，时间超过24h；

3）110kV（含66kV、±120kV）电力电缆主绝缘击穿或电缆头损坏；

4）35kV以上220kV以下输电线路倒塔；

5）110kV（含66kV）变电站站用直流全部失电；

6）装机容量600MW以下发电厂、220kV以上500kV以下变电站的厂（站）用交流全部失电。

（3）发电厂出现下列情况之一者：

1）发电机组非计划停止运行或停止备用24h以上168h以下；

2）酸、碱、氨水等液体大量向外泄漏，构成环境污染事件；

3）同一风电场内20台以上风电机组故障停运，或故障停运风电机组总容量超过50MW。

（4）通信系统出现下列情况之一者：

1）地市电力调度控制中心与直接调度范围内超过30%的厂站通信业务全部中断；

2）省供电企业级以上单位电视电话会议，发生超过10%的参会单位音、视频中断；

3）省供电企业级以上单位行政电话网故障，中断用户数量超过30%，且时间超过4h。

（5）县电力调度控制中心调度自动化系统SCADA功能全部丧失8h以上，或延误送电、影响事故处理。

（6）发生火灾。

（7）起重机械、运输机械、牵张机械、大型基础施工机械发生严重故障；轻小型重要受力工（机）器具（滑车、卡线器、连接器等）发生严重变形。

8. 八级设备事件

未构成七级以上设备事件，符合下列条件之一者定为八级设备事件：

（1）造成5万元以上10万元以下直接经济损失者。

（2）10kV以上输变电设备跳闸（10kV线路跳闸重合成功不计）、被迫停运、非计划检修、停止备用，或设备异常造成限（降）负荷（输送功率）运行。

（3）35kV变电站站用直流全部失电。

（4）110kV（含66kV）变电站站用交流全部失电。

（5）发电厂出现下列情况之一者。

1）发电机组被迫停止运行或停止备用。

2）主要构建筑物、水库库盆、输水道等出现缺陷需要处理的。

3）主要辅机和公用系统被迫停止运行或停止备用。

4）发变组主保护非计划停运，导致主保护非计划单套运行，时间超过24h。

5）供热发电机组对用户停止供热。

6）风电机组故障停运。

（6）通信系统出现下列情况之一者。

1）地市级以上电力调度控制中心中心站调度台全停，或调度交换网汇接中心单台调度交

换机故障全停且时间超过 30min。

2）地市级以上电力调度控制中心通信中心站的调度交换录音系统故障，造成 7 天以上数据丢失或影响电网事故调查处理。

3）承载 220kV 以上线路保护、安全自动控制装置或省级以上电力调度控制中心调度电话、调度数据网业务的通信光缆或电缆线路连续故障，时间超过 8h。

4)通信系统故障造成地市供电企业级以上单位行政电话网中断,中断用户数量超过 30%。且时间超过 2h。

5）地市供电企业级以上单位所辖通信站点单台传输设备、数据网设备因故障全停且时间超过 8h。

6）通信异常造成未经批准的调度电话、调度数据网、线路保护和安全自动装置通道中断。

（7）发生火警。

（8）设备加工机械及其他一般（中小型）施工机械发生严重故障或损坏。

（四）信息系统事件

1. 五级信息系统事件

（1）因信息系统原因导致涉及国家秘密信息外泄或信息系统数据遭恶意篡改，对企业生产经营产生重大影响。

（2）营销、财务、电力市场交易、安全生产管理等重要业务应用 3 天以上数据完全丢失且不可恢复。

（3）供电企业各单位本地信息网络完全瘫痪且影响时间超过 8h（一个工作日）。

（4）供电企业总部与分部、省供电企业、供电企业直属企业网络中断或省供电企业（供电企业直属企业）与各下属单位网络中断，影响范围达 80%且影响时间超过 12h，或影响范围达 40%且影响时间超过 24h。

（5）一类业务应用服务完全中断，影响时间超过 8h；二类业务应用服务中断，影响时间超过 24h；三类业务应用服务中断，影响时间超过 2 个工作日。

（6）全部信息系统与供电企业总部纵向贯通中断，影响时间超过 12h。

（7）供电企业直属企业其他核心业务应用服务中断，影响时间超过 2 个工作日。

2. 六级信息系统事件

未构成五级信息系统事件，符合下列条件之一者定为六级信息系统事件。

（1）因信息系统原因导致企业秘密信息外泄，或信息系统数据遭恶意篡改，对供电企业生产经营产生较大影响。

（2）财务、营销、电力市场交易、安全生产管理等重要业务应用 1 天以上数据完全丢失且不可恢复。

（3）供电企业各单位本地网络完全瘫痪且影响时间超过 4h。

（4）供电企业总部与分部、省供电企业、供电企业直属企业网络中断或省供电企业（供电企业直属企业）与各下属单位网络中断，影响范围达 80%且影响时间超过 4h，影响范围达 40%且影响时间超过 12h，或影响范围达 20%且影响时间超过 24h。

（5）一类业务应用服务完全中断，影响时间超过 4h；或二类业务应用服务中断，影响时间超过 12h；或三类业务应用服务中断，影响时间超过 1 个工作日。

（6）全部信息系统与供电企业总部纵向贯通中断，影响时间超过 4h。

（7）供电企业直属企业其他核心业务应用服务中断，影响时间超过 1 个工作日。

3. 七级信息系统事件

未构成六级以上信息系统事件，符合下列条件之一者定为七级信息系统事件。

（1）利用供电企业信息系统造成企业敏感信息外泄，或信息系统数据遭恶意篡改。

（2）财务、营销、电力交易、安全生产管理等重要业务应用数据丢失且不可恢复。

（3）供电企业各单位本地网络完全瘫痪。

（4）供电企业总部与分部、省供电企业、供电企业直属企业网络中断或省供电企业（供电企业直属企业）与各下属单位网络中断，影响范围达 80%且影响时间超过 2h；或影响范围达 40%且影响时间超过 6h，或影响范围达 20%且影响时间超过 12h。

（5）一类业务应用服务完全中断，影响时间超过 2h；或二类业务应用服务中断，影响时间超过 4h；或三类业务应用服务中断，影响时间超过 8h。

（6）全部信息系统与供电企业总部纵向贯通中断，影响时间超过 1h。

（7）供电企业直属企业其他核心业务应用服务中断，影响时间超过 8h。

（8）地市供电企业级以上单位本部全部用户不能使用计算机终端设备超过 2h，或超过 80%用户影响时间超过 4h。

4. 八级信息系统事件

未构成七级以上信息系统事件，符合下列条件之一者定为八级信息系统事件。

（1）除财务、营销、电力交易、安全生产管理等重要业务应用外的其他业务应用数据完全丢失，对业务应用造成一定影响。

（2）供电企业总部与分部、省供电企业、供电企业直属企业网络中断或省供电企业（供电企业直属企业）与各下属单位网络中断，影响时间超过 1h 或影响范围达 10%。

（3）一类业务应用服务完全中断，影响时间超过 30min，或二、三类业务应用服务中断，影响时间超过 1h。

（4）全部信息系统与供电企业总部纵向贯通中断。

（5）供电企业直属企业其他核心业务系统应用服务中断，影响时间超过 1h。

（6）地市供电企业级以上单位本部全部用户不能使用计算机终端设备超过 30min，或超过 80%用户影响时间超过 1h，或对超过 50%小于 80%的用户影响时间超过 2h。

（7）县供电企业级单位全部用户不能使用计算机终端设备超过 1h，或超过 80%用户影响时间超过 2h，或对超过 50%、小于 80%的用户影响时间超过 4h。

（8）县供电企业级单位本地或广域信息网络完全瘫痪，影响时间超过 2h。

三、事故归类统计

1. 事故的责任归类

（1）主要责任。事故发生或扩大主要由一个主体承担责任者。

（2）同等责任。事故发生或扩大由多个主体共同承担责任者。

（3）次要责任。承担事故发生或扩大次要原因的责任者，包括一定责任和连带责任。

2. 不同性质事故的统计

（1）与电力生产有关工作过程中发生的事故统计为电力生产安全事故。

（2）与煤矿以及装备制造等其他产业生产有关工作过程中发生的事故统计为煤矿及产业生产安全事故。

（3）在非生产性办公经营场所发生的事故统计为非生产性安全事故。

（4）由各级政府相关机构调查处理的道路交通、水上交通等事故统计为交通事故。

（5）由火灾引起的事故统计为火灾事故。

（6）发生信息系统损坏或信息系统泄密的事件统计为信息系统安全事件。

（7）供电企业外单位承包系统内工作，发生由系统内单位负同等以下责任的人身事故统计为外包事故。

（8）以下事故统计为农电人身事故。

1）代管县（县级市）供电企业（局）生产经营活动中发生的人身事故。

2）直管或控股时间不到2年的县（县级市）供电企业（局）生产经营活动中发生的人身事故。

3）直管、控股县（县级市）供电企业（局）所属农村供电所组织从事农村供电所管辖范围内的10kV及以下生产经营等业务活动中发生的人身事故。

3. 人身事故统计

（1）发生人身事故，供电企业内各有责单位均统计一次事故，统计应包括一次事故中所有的人身伤亡。

（2）发生交通事故由交通工具使用单位统计。

（3）发生其余人身事故由伤亡员工所在单位统计。

4. 不同管理层次下的事故统计

（1）县供电企业级单位下属和管理的所有单位发生的事故，统计汇总为该县供电企业级单位的事故。地市供电企业级单位下属和管理的所有单位发生的事故，统计汇总为该地市供电企业级单位的事故。省供电企业和供电企业直属企业下属和管理的所有单位发生的事故，统计汇总为上述企业的事故。

（2）供电企业内产权与建设运行管理相分离的（仅指供电企业委托给省供电企业或供电企业直属企业的业务），事故由建设运行管理单位统计。

（3）任何单位承包供电企业内产权单位或运行管理单位的工作中，造成其电网、设备或信息系统事故的，均由该运行管理单位或产权单位统计。

（4）供电企业内基建工程或技改项目，验收移交生产前发生的设备事故，均由建设单位统计。施工单位施工设备事故由其自行统计。

5. 由于同一原因而引起多次事故的统计

（1）一条线路或同一设备由于同一原因在24h内发生多次跳闸停运构成事故时，可统计为一次事故。

（2）同一个供电（输电）单位的几条线路或几个变电站，由于同一次自然灾害，如暴风、雷击、地震、洪水、泥石流等原因，发生多条线路、多个变电站跳闸停运时，可统计为一次事故。

由于同一次自然灾害引发同一省供电企业的几个供电（输电）单位多条线路、多个变电站跳闸停运时，可由管辖以上单位的上级单位统计为一次事故。

（3）发电厂由于燃煤（油）质量差、煤湿等原因，在一个运行班的值班时间内，发生两次以上灭火停炉、降低出力，可按最高等级统计为一次事故。

（4）由于同一个原因导致信息系统不可用、应用系统数据丢失、网络瘫痪等信息系统事件时，可按最高等级统计为一次事件。

6. 不同类型、不同级别事故的统计

（1）一次事故既构成电网事故条件，也构成设备事故条件时，供电企业内各相关单位均应遵循“不同等级，等级优先；相同等级，电网优先”的原则统计报告。

（2）一次事故既构成人身事故条件，也构成电网（设备）事故条件时，人身和电网（设备）事故应各统计一次。

7. 一次事故涉及几个单位时的事故统计

（1）电网事故涉及一个省（自治区、直辖市）内多行政区域的，事故等级不同的按高等级统计一次，事故等级相同的统计为管辖这些行政区域电网的上级单位的电网事故。

（2）输电线路发生瞬时故障，由于继电保护或断路器失灵，在断路器跳闸后拒绝重合构成事故时，统计为管辖该继电保护或断路器单位的电气（变电）事故；如果输电线路发生永久性故障，无论继电保护或断路器是否失灵，均应统计为管辖该线路单位的输电事故。

（3）一条线路由两个以上单位负责运行管理，该线路故障跳闸构成事故时，如果各单位经过检查均未发现故障点，应各统计一次。

8. 调度控制中心事故

由于电力调度控制中心过失，如调度命令下达错误、保护定值整定错误等，造成输变电或发电设备异常运行并构成事故者，电力调度控制中心应统计为一次事故。

9. 一次事故涉及几个单位时的事故统计

（1）涉及多行政区域的一个电网事故，事故等级不同的按高等级统计，事故等级相同的统计为管辖这些行政区域的上级单位的电网事故。

（2）输电线路发生瞬时故障，由于继电保护或断路器失灵，在断路器跳闸后拒绝重合构成事故时，统计为管辖该继电保护或断路器单位的电气（变电）事故；如果输电线路发生永久性故障，无论继电保护或断路器是否失灵，均应统计为管辖线路单位的输电事故。

（3）一条线路由两个以上单位负责运行管理，该线路故障跳闸构成事故时，如果各单位经过检查均未发现故障点，应各统计一次。

（4）由于电网调度机构过失，如下达调度命令错误、保护定值错误、误动、误碰等，造成发供电设备异常运行并构成事故时，调度机构应统计为一次事故。

四、电力生产事故相关名词解释

（1）员工。是指单位各种用工形式的人员，包括固定职工、合同制职工、临时工（临时聘用、雇用、借用的人员）以及劳务派遣工、代训工、实习生和其他社会化用工等。

（2）死亡。负伤后，在30日内死亡的（因医疗事故而死亡的除外，但必须得到医疗事故鉴定部门的确认），均按死亡统计；超过30日后死亡的，不再进行死亡补报和统计。轻伤转为重伤也按此原则补报和统计。

自事故发生之日起30日内，事故造成的伤亡人数发生变化的，应当及时补报。道路交通事故、火灾事故自发生之日起7日内，事故造成的伤亡人数发生变化的，应当及时补报。

（3）重伤。按原劳动部（60）中劳护久字第 56 号文《关于重伤事故范围的意见》和劳动部劳办〔1993〕140 号文《企业职工伤亡事故报告统计问题解答》执行。

（4）轻伤。按原劳动部劳办〔1993〕140 号文《企业职工伤亡事故报告统计问题解答》执行。

（5）工作场所。是指公司系统各单位在中华人民共和国境内办公、经营、服务、运行、检修、施工、安装、试验、修配、制造、开采加工场所、生产仓库、汽车库、线路和电力通信设施的走廊（线路和电力通信设施的走廊仅限于在工作过程中发生的人身伤亡）。

（6）火灾。是指在时间和空间上失去控制，对人身、财产造成损害的燃烧现象。

（7）火警。是指违背人的意志发生的非正常性的、但没有造成经济损失或人员伤亡的燃烧现象。

（8）电网负荷。是指电力调度控制中心统一调度的电网在事故发生起始时刻的实际负荷。

（9）电网减供负荷。是指电力调度控制中心统一调度的电网在事故发生期间的实际负荷最大减少量。

（10）非计划检修。是指计划大修、计划小修、计划节日检修以外的一切检修（不包括由于断路器多次切断故障电流后进行的内部检查）。

（11）非正常解列。包括自动解列、继电保护及安全自动装置动作解列。

（12）全厂（场）对外停电。是指发电厂（风电场）对外有功负荷降到零［虽电网经发电厂（风电场）母线转送的负荷没有停止，仍视为全厂（场）对外停电］。

（13）变电站（含开关站、换流站、变频站）全停。是指该变电站各级电压母线转供负荷（不包括站用电）均降到零。

（14）周边电压监视控制点。是指故障点周边由电力调度控制中心按照管辖范围统一设定同一电压等级的任一电压监视和控制点。

（15）调度机构规定的电压曲线。是指由电力调度控制中心根据电网运行控制要求下达的电压监控点的电压合格范围。

（16）发电机组因安全故障停止运行。是指并网运行的发电机组（包括各种类型的电站锅炉、汽轮机、燃气轮机、水轮机、发电机和主变压器等主要发电设备），在未经电力调度控制中心允许的情况下，因安全故障需要停止运行的状态。

（17）主要发电设备。是指锅炉、汽轮机、燃气轮机、水轮机、抽水蓄能水泵水轮机、发电机（包括励磁系统）、抽水蓄能发电电动机、调相机（静止补偿装置）、变频机以及主要水工设施和建筑物（包括水坝、闸门、压力水管道、隧道、调压井、蓄水池等）。

（18）输变电主设备。是指：①主变压器、电抗器、高压母线、配电变压器、断路器、线路（电缆）、厂用变压器等；②换流器、换流变压器、交流滤波器、直流滤波器、平波电抗器、接地极等。

（19）实际负荷最大减少量。是指电网负荷侧实际减少的最大负荷量，主要指电网接线破坏而直接损失的负荷，包括继电保护和电网安全自动装置动作切除的负荷，事故处理过程中切除（或限制）的负荷，相关人员误动、误碰、误操作损失的负荷等。因用户侧低压释放装置动作等用户自身原因脱离电网对应的实际负荷减少量不计入电网减供负荷。电网负荷和电网减供负荷统计口径相同。

（20）供电用户。是指依法与供电企业建立供用电关系的电能消费者。在统计供电用户数量时，将一个收费计量单位定义为一个用户。城市供电用户总数是指城市行政区划内的一个城市电网所有供电用户，包括供电系统各单位和社会其他单位供电的所有用户。城市供电用户停电数和城市供电用户总数统计口径相同。

（21）与电力生产有关的工作。是指输变电、供电、发电、试验、电力建设、调度等生产性工作。如设备设施的运行、检修、施工、安装、试验、生产性管理工作（领导和管理部门人员到生产现场检查、巡视、调研属生产性管理工作）以及业扩，用户电力设备的安装、检修和试验等工作。

（22）备用有功功率是指接于母线且立即可以带负荷的旋转备用功率（含能立即启动的水电机组及燃气机组），用以平衡瞬间负荷波动与预计误差，并且只针对电网实时正常运行非事故状态。

（23）线路、母线主保护。是指能瞬时切除全线路、母线故障的保护装置。

（24）设备损坏的"修复时间"。是指设备损坏停止运行开始至设备重新投入运行或转为备用为止。

为尽快恢复正常运行，使用备品、备件在 14 天内恢复运行，而且损坏设备本身的实际修复时间未超过 14 天的也可视为 14 天内恢复运行。

（25）农村供电所。是指县（县级市）供电企业（局）设立在乡（镇）的派出机构，其承担农村配电网运维、营业管理及供电服务。

（26）本地信息网络。是指供电企业总部、分部、省供电企业和供电企业直属企业本部、以及地市供电企业级单位的局域网。

（27）服务中断。因网络通信中断、人为破坏、软件故障、服务器宕机、硬件设备损坏、误操作等造成该系统业务非计划不可用。

（28）一定责任。指由调查组确定的有关主体应承担的同等以下责任。

（29）连带责任。指由业主、建设（运行）管理、监理和有关承、发包方负有连带性质的责任。

（30）迟报。报告事故的时间超过规定时限的［《〈生产安全事故报告和调查处理条例〉罚款处罚暂行规定》国家安全生产监督管理总局令第 13 号第 5 条（一）］。

（31）漏报。因过失对应当上报的事故或者事故发生的时间、地点、类别、伤亡人数、直接经济损失等内容遗漏未报的［《〈生产安全事故报告和调查处理条例〉罚款处罚暂行规定》国家安全生产监督管理总局令第 13 号第 5 条（二）］。

（32）谎报。故意不如实报告事故发生的时间、地点、类别、伤亡人数、直接经济损失等有关内容的［《〈生产安全事故报告和调查处理条例〉罚款处罚暂行规定》国家安全生产监督管理总局令第 13 号第 5 条（三）］。

（33）瞒报：故意隐瞒已经发生的事故，并经有关部门查证属实的［《〈生产安全事故报告和调查处理条例〉罚款处罚暂行规定》国家安全生产监督管理总局令第 13 号第 5 条（四）］。

第四节　事 故 调 查 依 据

国家为了维护电力市场正常的秩序，依法保护电力投资者、经营者、使用者的合法权益和社会公共利益，保障电力系统安全稳定运行，促进电力事业健康发展，规范各级电力企业的安全生产管理和行为按照政府职能的划分。我国实行的是国家监察、地方监督、企业负责的安全工作体制。在国家与行政管理部门之间，实行的是综合监管和行业监管，在中央政府与地方政府之间实行的是国家监管和地方监管，在政府和企业之间，实行的是政府监管和企业管理。安全生产监管体系初步形成，并会随着我国体制的改革和实践探索逐步完善，包括法律、行政法规、部门规章和地方性安全生产法规和规章的电力安全生产法律体系正在逐步建立并完善。电力生产事故调查主要依据下列法律法规。

《中华人民共和国劳动法》（1994 年 7 月 5 日第八届全国人民代表大会常务委员会第八次会议通过，主席令第二十八号）

《中华人民共和国工会法》（1992 年 4 月 3 日第七届全国人民代表大会第五次会议通过。根据 2001 年 10 月 27 日第九届全国人民代表大会常务委员会第二十四次会议《关于修改〈中华人民共和国工会法〉的决定》修正）

《中华人民共和国安全生产法》（2002 年 6 月 29 日第九届全国人民代表大会常务委员会第二十八次会议通过）

《中华人民共和国电力法》（1995 年 12 月 28 日第八届全国人民代表大会常务委员会第十七次会议通过，中华人民共和国主席令第 60 号发布）

《安全生产事故报告和调查处理条例》（国务院 493 号令）

《注册安全工程师管理规定》（国家安全生产监督管理总局令第 11 号）

《生产安全事故报告和调查处理条例》罚款处罚暂行规定（国家安全生产监督管理总局令第 13 号）

《电力安全生产监管办法》（电监会 2 号令）

《电力生产事故调查暂行规定》（电监会 4 号令）

《电力安全事故应急处置和调查处理条例》（国务院令第 599 号）

第五节　电力生产安全事故的应急处理与即时报告

一、事故应急处置

（一）应急机构

（1）各级供电企业应常设电力生产安全事故应急处理指挥部，总指挥由本单位第一行政正职担任，副总指挥及成员由本企业的其他领导和相关职能部门负责人担任。指挥部成员名单及常用通信联系方式报上级应急处理指挥部备案。各企业的电力生产安全事故应急处理指挥部接受地方人民政府及上一级应急处理指挥部的领导。

（2）电力生产安全事故应急处理指挥部职责。

1）贯彻落实国家及企业有关生产安全事故应急救援与处理的法规、规定。

2）组织制订本企业的电力生产安全事故应急处理预案并定期对其进行评估和修改。

3）发布本企业电力生产安全事故应急处理预案启动命令。

4）指挥协调本企业电力生产安全事故应急处理预案的实施。

5）报道、通报和发布本企业电力生产安全事故救援和处理的进展情况。

（二）应急预案

（1）国务院电力监管机构依照《中华人民共和国突发事件应对法》和《国家突发公共事件总体应急预案》，组织编制国家处置电网大面积停电事件应急预案，报国务院批准。

有关地方人民政府应当依照法律、行政法规和国家处置电网大面积停电事件应急预案，组织制定本行政区域处置电网大面积停电事件应急预案。

处置电网大面积停电事件应急预案应当对应急组织指挥体系及职责、应急处置的各项措施以及人员、资金、物资、技术等应急保障作出具体规定［《电力安全事故应急处置和调查处理条例》（国务院令第599号）第十二条］。

（2）各级供电企业应制订本企业的电力生产安全事故应急处理预案，并建立有系统、分层次、上下一致、分工明确、相互协调的电力生产安全事故应急处理体系。

电力监管机构应当指导电力企业加强电力应急救援队伍建设，完善应急物资储备制度［《电力安全事故应急处置和调查处理条例》（国务院令第599号）第十三条］。

（3）电力生产安全事故应急处理预案应包括下述内容。

1）应急处理预案的制定机构。

2）应急处理预案的日常协调和指挥机构。

3）相关部门在应急处理中的职责和分工。

4）危险目标的确定和潜在危险性评估。

5）应急处理组织状况和人员、装备情况。

6）应急处理组织的训练和演习。

7）特大生产安全事故的紧急处置措施、人员疏散措施、工程抢险措施、现场医疗措施。

8）特大生产安全事故的社会支持和援助。

9）特大生产安全事故应急救援的经费保障。

10）应急处理预案的其他内容。

（4）各级供电企业下列事故应制订和启动应急处理预案。

1）重大人员伤亡。

2）电网大面积停电。

3）电力设备大范围受损。

4）重要变电站、发电厂全停。

5）重要用户停电。

6）水电厂大坝垮塌。

7）对电网安全稳定有严重危害或对社会有严重影响的设备事故或停电事故。除上述以外的其他事故的应急救援与处理预案由各区域供电企业及各级电网调度机构、输变电、供电、发电、集中检修、施工企业按照有关要求制订。

（三）应急响应

（1）事故发生后，有关供电企业应当根据相关预案立即采取相应的应急处置措施，控制事故范围，防止发生电网系统性崩溃和瓦解。事故危及人身和设备安全时，发电厂、变电站运行值班人员可以按照有关规定，立即采取停运发电机组和输变电设备等紧急处置措施。

事故造成电力设备、设施损坏的，有关单位应当立即组织抢修［《电力安全事故应急处置

和调查处理条例》(国务院令第599号)第十四条]。

(2)根据事故的具体情况，各级调度机构应发布开启或者关停发电机组、调整发电机组有功和无功功率、调整电网运行方式、调整供电调度计划等电力调度命令。发电企业、电力用户应当执行。

事故可能导致电力系统稳定破坏和电网大面积停电的，各级调度机构应采取拉限负荷、解列电网、解列发电机组等必要措施[《电力安全事故应急处置和调查处理条例》(国务院令第599号)第十五条]。

(3)事故造成电网大面积停电的，国务院电力监管机构和国务院其他有关部门、有关地方人民政府、电力企业应当按照国家有关规定，启动相应的应急预案，成立应急指挥机构，尽快恢复电网运行和电力供应，防止各种次生灾害的发生[《电力安全事故应急处置和调查处理条例》(国务院令第599号)第十六条]。

(4)事故造成电网大面积停电的，有关地方人民政府及有关部门应当立即组织开展下列应急处置工作。

1)加强对停电地区关系国计民生、国家安全和公共安全的重点单位的安全保卫，防范破坏社会秩序的行为，维护社会稳定。

2)及时排除因停电发生的各种险情。

3)事故造成重大人员伤亡或者需要紧急转移、安置受困人员的，及时组织实施救治、转移、安置工作。

4)加强停电地区道路交通指挥和疏导，做好铁路、民航运输以及通信保障工作。

5)组织应急物资的紧急生产和调用，保证电网恢复运行所需物资和居民基本生活资料的供给[《电力安全事故应急处置和调查处理条例》(国务院令第599号)第十七条]。

(5)事故造成重要电力用户供电中断的，重要电力用户应当按照有关技术要求迅速启动自备应急电源；启动自备应急电源无效的，电网企业应当提供必要的支援。

事故造成地铁、机场、高层建筑、商场、影剧院、体育场馆等人员聚集场所停电的，应当迅速启用应急照明，组织人员有序疏散[《电力安全事故应急处置和调查处理条例》(国务院令第599号)第十八条]。

(6)恢复电网运行和电力供应，应当优先保证重要电厂厂用电源、重要输变电设备、电力主干网架的恢复，优先恢复重要电力用户、重要城市、重点地区的电力供应[《电力安全事故应急处置和调查处理条例》(国务院令第599号)第十九条]。

(7)供电企业事故发生后，应将事故信息及其应急处理情况及时报送给各级应急指挥机构。事故应急指挥机构或者电力监管机构应当按照有关规定，统一、准确、及时发布有关事故影响范围、处置工作进度、预计恢复供电时间等信息[《电力安全事故应急处置和调查处理条例》(国务院令第599号)第二十条]。

二、即时报告

1. 事故现场报告

各供电企业事故发生后，事故现场有关人员应当立即向现场负责人报告。现场负责人接到报告后，应立即向本单位负责人报告。

情况紧急时，事故现场有关人员可以直接向本单位负责人报告。

事故报告应当及时、准确、完整，任何单位和个人对事故不得迟报、漏报、谎报或者瞒报［《生产安全事故报告和调查处理条例》中华人民共和国国务院令第493号第四条，《电力安全生产监管办法》（电监会2号令）第十九条］。

2. 按事故等级报告

（1）当发生重大、特大人身事故、电网事故、设备损坏事故、电厂垮坝事故和火灾事故时，要立即向国家电监会报告，时间不得超过24h，同时抄报国家安全生产监督管理总局和所在地政府有关部门［《电力安全生产监管办法》（电监会2号令）第十八条］。

（2）各有关单位接到事故报告后，应当依照下列规定立即上报事故情况。

1)发生五级以上事故应立即按资产关系或管理关系逐级上报至供电企业、区域供电企业。

2)发生六级事件应立即按资产关系或管理关系逐级上报至区域供电企业或供电企业直属公司。

3）发生七级事件应立即按资产关系或管理关系上报至上级单位。

必要时，可以越级上报事故情况。

3. 即时报告

事故发生地电力监管机构接到事故报告后，应当立即核实有关情况，向国务院电力监管机构报告。事故造成供电用户停电的，应当同时通报事故发生地县级以上地方人民政府。

对特别重大事故、重大事故，国务院电力监管机构接到事故报告后应当立即报告国务院，并通报国务院安全生产监督管理部门、国务院能源主管部门等有关部门。

（1）事故发生后，事故现场有关人员应当立即向发电厂、变电站运行值班人员、电力调度机构值班人员或者本企业现场负责人报告。有关人员接到报告后，应当立即向上一级电力调度机构和本企业负责人报告。本企业负责人接到报告后，应当立即向国务院电力监管机构设在当地的派出机构（以下称事故发生地电力监管机构）、县级以上人民政府安全生产监督管理部门报告；热电厂事故影响热力正常供应的，还应当向供热管理部门报告；事故涉及水电厂（站）大坝安全的，还应当同时向有管辖权的水行政主管部门或者流域管理机构报告。

电力企业及其有关人员不得迟报、漏报或者瞒报、谎报事故情况。

不得故意破坏事故现场、毁灭有关证据［《中华人民共和国安全生产法》第七十条、《电力安全生产监管办法》（电监会2号令）第二十条；《电力安全事故应急处置和调查处理条例》（国务院令第599号第八条）］。

（2）负有安全生产监督管理职责的部门接到事故报告后，应当立即按照国家有关规定上报事故情况。负有安全生产监督管理职责的部门和有关地方人民政府对事故情况不得隐瞒不报、谎报或者拖延不报［《中华人民共和国安全生产法》第七十一条］。

（3）即时报告可以电话、电传、电子邮件、短信等形式上报。五级以上的即时报告事故均应在24h以内以书面形式上报，即时报告应包括以下内容。

1）事故发生的时间、地点（区域）以及事故发生单位。

2）事故发生的简要经过、伤亡人数、直接经济损失的初步估计，已知的电力设备、设施损坏情况，停运的发电（供热）机组数量、电网停电影响，电网减供负荷或者发电厂减少出力的数值、停电（停热）范围、应用系统故障和网络故障的初步情况。

3）事故原因的初步判断。

4）事故发生后采取的措施、电网运行方式、发电机组运行状况以及事故控制情况。

5）其他应当报告的情况。

事故报告后出现新情况的，应当及时补报［《电力安全事故应急处置和调查处理条例》（国务院令第599号第十条）］。

4. 安全生产监督管理部门系统的报告

（1）安全生产监督管理部门和负有安全生产监督管理职责的有关部门逐级上报事故情况，每级上报的时间不得超过 2h［《生产安全事故报告和调查处理条例》中华人民共和国国务院令第493号第十一条］。

（2）安全生产监督管理部门报告事故应当包括下列内容。

1）事故发生单位概况。

2）事故发生的时间、地点以及事故现场情况。

3）事故的简要经过。

4）事故已经造成或者可能造成的伤亡人数（包括下落不明的人数）和初步估计的直接经济损失。

5）已经采取的措施。

6）其他应当报告的情况［《生产安全事故报告和调查处理条例》中华人民共和国国务院令第493号第十二条］。

（3）事故报告后出现新情况的，应当及时补报。自事故发生之日起30日内，事故造成的伤亡人数发生变化的，应当及时补报。道路交通事故、火灾事故自发生之日起7日内，事故造成的伤亡人数发生变化的，应当及时补报［《生产安全事故报告和调查处理条例》中华人民共和国国务院令第493号第十三条］。

（4）事故发生单位负责人接到事故报告后，应当立即启动事故相应应急预案，或者采取有效措施，组织抢救，防止事故扩大，减少人员伤亡和财产损失［《生产安全事故报告和调查处理条例》中华人民共和国国务院令第493号第十四条］。

第六节 事故调查组织

一、事故调查组

（1）事故调查组的组成。

1）特别重大事故由国务院或者国务院授权的部门组织事故调查组进行调查。

2）重大事故由国务院电力监管机构组织事故调查组进行调查。

3）较大事故、一般事故由事故发生地电力监管机构组织事故调查组进行调查。国务院电力监管机构认为必要的，可以组织事故调查组对较大事故进行调查。

4）未造成供电用户停电的一般事故，事故发生地电力监管机构也可以委托事故发生单位调查处理［《电力安全事故应急处置和调查处理条例》（国务院令第599号第二十一条）］。

根据事故的具体情况，事故调查组由电力监管机构、有关地方人民政府、安全生产监督管理部门、负有安全生产监督管理职责的有关部门派人组成；有关人员涉嫌失职、渎职或者涉嫌犯罪的，应当邀请监察机关、公安机关、人民检察院派人参加。

根据事故调查工作的需要，事故调查组可以聘请有关专家协助调查［《生产安全事故报告和调查处理条例》中华人民共和国国务院令第 493 号第二十二条；《电力安全事故应急处置和调查处理条例》（国务院令第 599 号第二十二条）］。

（2）事故调查组成员应当具有事故调查所需要的知识和专长，并与所调查的事故没有直接利害关系［《生产安全事故报告和调查处理条例》中华人民共和国国务院令第 493 号第二十三条］。

（3）事故调查组组长由负责事故调查的人民政府指定。事故调查组组长主持事故调查组的工作［《生产安全事故报告和调查处理条例》中华人民共和国国务院令第 493 号第二十四条］。

（4）事故调查组履行下列职责。

1）查明事故发生的经过、原因、人员伤亡情况及直接经济损失。

2）认定事故的性质和事故责任。

3）提出对事故责任者的处理建议。

4）总结事故教训，提出防范和整改措施。

5）提交事故调查报告。

［《生产安全事故报告和调查处理条例》中华人民共和国国务院令第 493 号第二十五条］。

（5）事故调查组有权向有关单位和个人了解与事故有关的情况，并要求其提供相关文件、资料，有关单位和个人不得拒绝。

1）事故发生单位的负责人和有关人员在事故调查期间不得擅离职守，并应当随时接受事故调查组的询问，如实提供有关情况。

2）事故调查中发现涉嫌犯罪的，事故调查组应当及时将有关材料或者其复印件移交司法机关处理［《生产安全事故报告和调查处理条例》中华人民共和国国务院令第 493 号第二十六条］。

（6）事故调查中需要进行技术鉴定的，事故调查组应当委托具有国家规定资质的单位进行技术鉴定。必要时，事故调查组可以直接组织专家进行技术鉴定。技术鉴定所需时间不计入事故调查期限［《生产安全事故报告和调查处理条例》中华人民共和国国务院令第 493 号第二十七条］。

（7）事故调查组成员在事故调查工作中应当诚信公正、恪尽职守，遵守事故调查组的纪律，保守事故调查的秘密。

未经事故调查组组长允许，事故调查组成员不得擅自发布有关事故的信息［《生产安全事故报告和调查处理条例》中华人民共和国国务院令第 493 号第二十八条］。

二、参加调查组的组织和人员

（一）工会组织

（1）职工因工伤亡事故和其他严重危害职工健康问题的调查处理，必须有工会参加。工会应当向有关处理部门提出处理意见，并有权要求追究直接负责的主管人员和有关责任人员的责任。对工会提出的意见，应当及时研究，给予答复（《中华人民共和国工会法》第二十六条）。

（2）工会依法参加事故调查处理，有权向有关部门提出处理意见［《生产安全事故报告和调查处理条例》中华人民共和国国务院令第 493 号第六条］。

（3）工会有权对建设项目的安全设施与主体工程同时设计、同时施工、同时投入生产和使用进行监督，提出意见。

工会对生产经营单位违反安全生产法律、法规，侵犯从业人员合法权益的行为，有权要求纠正；发现生产经营单位违章指挥、强令冒险作业或者发现事故隐患时，有权提出解决的建议，生产经营单位应当及时研究答复；发现危及从业人员生命安全的情况时，有权向生产经营单位建议组织从业人员撤离危险场所，生产经营单位必须立即作出处理。

工会有权依法参加事故调查，向有关部门提出处理意见，并要求追究有关人员的责任[《中华人民共和国安全生产法》第五十二条]。

（二）有关地方人民政府和负有安全生产监督管理职责的部门

有关地方人民政府和负有安全生产监督管理职责的部门负责人接到重大生产安全事故报告后，应当立即赶到事故现场，组织事故抢救。

任何单位和个人都应当支持、配合事故抢救，并提供一切便利条件［《中华人民共和国安全生产法》第七十二条］。

（三）电力监管部门

1. 电监会设立电力安全生产监管机构，行使以下电力安全监督管理职责

（1）负责依法组织制定电力安全生产的规章、标准。

（2）组织电力安全生产大检查，督促落实安全生产各项措施。

（3）负责全国电力安全生产信息的统计、分析、发布。

（4）对全国电力行业发生的重大、特大安全生产事故组织调查。

（5）组织对电力企业安全生产状况进行检查、诊断、分析和评估。

（6）对电力安全生产工作中做出贡献者给予表彰奖励，对事故负有责任的单位和人员提出处罚建议［《电力安全生产监管办法》（电监会2号令）第七条］。

2. 在事故调查时，事故调查单位有权采取下列措施

（1）对事故现场进行调查取证，要求发生事故所在单位和相关人员保护好事故现场，并提供与事故有关的原始记录、资料及其他有关材料。

（2）要求事故单位和相关人员就事故涉及的问题限期做出解释和说明。

（3）认为有必要的其他措施［《电力安全生产监管办法》（电监会2号令）第二十三条］。

（四）安全监督机构和人员

1. 安全生产监督的主要内容

（1）对被监督对象执行国家和上级有关安全生产的法律、法规、标准、规定、规程、制度等情况以及被监督对象的协议、合同中涉及安全生产方面的内容实行监督。

（2）对被监督对象发生的事故在规定的职权范围内进行调查并提出处理意见。

（3）按照规定向上一级安全生产监督机构报告情况。

2. 监督机构职责

（1）监督本企业各级人员安全生产责任制的落实，监督各项安全生产规章制度、反事故措施和上级有关安全工作指示的贯彻执行，及时反馈在执行中存在的问题并提出完善修改意见。

（2）监督涉及电网、设备、设施安全的技术状况，涉及人身安全的防护状况；对监督检

查中发现的重大问题和隐患，及时下达安全监督通知书，限期解决，并向主管领导报告。

（3）组织制定本企业职业安全健康管理制度。

（4）组织编制本企业安全技术劳动保护措施计划并监督所需费用的提取和使用情况，监督所属企业对计划的执行情况，依法监督劳保用品、安全工器具，安全防护用品的购置、发放和使用。

（5）监督本企业及所属企业安全培圳计划的落实，组织或配合《电业安全工作规程》的考试和安全网活功。

（6）参加和协助本企业领导组织事故调查，监督“四不放过”原则的贯彻落实，完成事故统汁、分析、上报工作并提出考核意见。

（7）对安全生产做出贡献者提出给予表扬和奖励的建议或意见，对事故负有责任的人员，提出批坪和处罚的建议或意见。

（8）参与电网规划、工程和技改项目的设计审查、施工队伍资质审查和竣工验收以及有关科研成果鉴定等工作。

3. 生产监督人员具有以下职权

（1）有权进入生产区域、施工现场、控制室、调度室检查了解安全情况。

（2）有权制止违章作业、违章指挥、违反生产现场劳动纪律的行为。

（3）有权要求保护事故现场，有权向企业内任何人员调查了解事故有关情况，提取、查阅有关资料，有权对事故现场进行照相、录音、录像等。

（4）对事故调查分析结论和处理有不同意见时，有权提出或向上级安全生产监督机构反映；对违反规程、规定，隐瞒事故或阻碍事故调查的行为有权纠正或越级反映。

4. 安全生产监督人员在行使职权时具有以下义务

（1）生产区域、施工现场、控制室、调度室检查工作时有维护正常生产秩序的义务。

（2）在制止违章作业、违章指挥和违反生产现场劳动纪律的行为时有解释理由的义务。

（3）因事故调查需要向有关人员了解事故情况时，有为当事人保密的义务。

（4）对涉及事故单位或部门的技术秘密和业务秘密时，有为其保密的义务。

（5）对隐瞒事故或事故处理不当的行为，有深入调查的义务。

5. 生产经营单位的下列安全生产工作，应有注册安全工程师参与并签署意见

（1）制定安全生产规章制度、安全技术操作规程和作业规程。

（2）排查事故隐患，制定整改方案和安全措施。

（3）制定从业人员安全培训计划。

（4）选用和发放劳动防护用品。

（5）生产安全事故调查。

（6）制定重大危险源检测、评估、监控措施和应急救援预案。

（7）其他安全生产工作事项［《注册安全工程师管理规定》国家安全生产监督管理总局令第11号第十九条］。

三、调查组织

各供电企业根据事故等级的不同，分别组织调查组进行调查，并按要求填写事故调查报告书。调查组的上级管理单位可根据情况派员督查。

（1）特大人身事故。特大人身事故的调查，执行国务院《生产安全事故报告和调查处理条例》及其他相关规定。

注：特大道路交通事故执行 1992 年 1 月 1 日国务院发布的《道路交通事故处理办法》和 1992 年 8 月 10 日公安部第 10 号令《道路交通事故处理程序规定》。

（2）重大人身事故。重大人身事故的调查执行国务院《企业职工伤亡事故报告和处理规定》及其相关规定。

（3）三级以上人身、电网、设备事故以及五、六级信息系统事件由供电企业或其授权的区域供电企业、供电企业直属企业组织调查。

（4）四、五级人身、电网、设备事故，七级信息系统事件由区域供电企业（供电企业直属企业）或其授权的单位组织调查，供电企业认为有必要时可以组织、派员参加或授权有关单位调查。

（5）六级人身、电网、设备事件由地市级单位（或其授权的单位）或事件发生单位组织调查，上级管理单位认为有必要时可以组织、派员参加或授权有关单位调查。

（6）七级人身、电网、设备事件由事件发生单位自行组织调查，上级管理单位认为有必要时可以组织、派员参加或授权有关单位调查。

（7）八级事件由事件发生单位的安监部门或指定专业部门组织调查。

（8）人身伤亡事故调查组由相应调查组织单位的领导或其指定人员主持，安监、生产（生技、基建、营销、农电等）、监察、人力资源（社保）、工会等有关部门派员参加。

人身伤亡事故调查报告书由调查组织单位安监人员填写。

（9）其他事故调查组由相应调查组织单位的领导或其指定人员主持，按事故的不同等级和性质，安监、调度、生技、基建、营销、农电、信息、监察等有关部门人员和车间（工区、工地）负责人参加。调查组可根据事故的具体情况，指定有关发、供电单位参加。

产权与运行管理相分离的，由运行管理单位组织调查，也可由资产所有单位组织调查。性质严重或涉及两个以上单位的设备事故，上级管理单位应指派安监人员和有关专业人员参加调查或组织调查。

事故调查报告书由调查组织单位有关专业技术人员填写。

第七节　事 故 调 查 程 序

一、保护现场、收集原始资料

（一）保护事故现场

（1）事故发生后，有关单位和人员应当妥善保护事故现场以及工作日志、工作票、操作票等相关材料，及时保存故障录波图、电力调度数据、发电机组运行数据和输变电设备运行数据等相关资料，并在事故调查组成立后将相关材料、资料移交事故调查组。

因抢救人员或者采取紧急抢修、防止事故扩大恢复电力生产、电网运行和电力供应以及疏导交通等紧急措施，需要改变事故现场、移动电力设备的，必须经企业有关领导和安监部门同意，应当作出标记、绘制现场简图，妥善保存重要痕迹、物证，并作出书面记录。

任何单位和个人不得故意破坏事故现场，不得伪造、隐匿或者毁灭相关证据［《生产安全事故报告和调查处理条例》中华人民共和国国务院令第493号第十六条；《电力安全事故应急处置和调查处理条例》（国务院令第599号第十一条）]。

（2）事故发生后，事故发生单位必须迅速抢救伤员并派专人严格保护事故现场。未经调查和记录的事故现场，不得任意变动。

（3）事故发生后，事故发生单位安监部门或其指定的部门应立即对事故现场和损坏的设备进行照相、录像、绘制草图、收集资料。

（二）收集原始资料

（1）事故发生后，事故发生单位安监部门或其指定的部门应立即组织当值值班人员、现场作业人员和其他有关人员在下班离开事故现场前分别如实提供现场情况并写出事故的原始材料。

应收集的原始资料还包括：有关运行、操作、检修、试验、验收的记录文件，系统配置和日志文件，以及事故发生时的录音、故障录波图、计算机打印记录、现场影像资料、处理过程记录等。

安监部门或指定的部门要及时收集有关资料，并妥善保管。

（2）事故调查组成立后，安监部门或指定的部门应及时将有关材料移交事故调查组。

（3）事故调查组在收集原始资料时应对事故现场搜集到的所有物件（如破损部件、碎片、残留物等）保持原样，并贴上标签，注明地点、时间、物件管理人。

（4）事故调查组要及时整理出说明事故情况的图表和分析事故所必需的各种资料和数据。

（5）事故调查组有权向事故发生单位、有关部门及有关人员了解事故的有关情况并索取有关资料，任何单位和个人不得拒绝。

二、事故情况调查

（1）人身伤亡事故。

1）查明伤亡人员和有关人员的单位、姓名、性别、年龄、文化程度、工种、技术等级、工龄、本工种工龄等。

2）查明事故发生前伤亡人员和相关人员的技术水平、安全教育记录、特殊工种持证情况和健康状况、过去的事故记录、违章违纪情况等。

3）查明事故发生前工作内容、开始时间、许可情况、作业程序、作业时的行为及位置、事故发生的经过、现场救护情况。

4）查明事故场所周围的环境情况（包括照明、湿度、温度、通风、声响、色彩度、道路、工作面状况以及工作环境中有毒、有害物质和易燃、易爆物取样分析记录）、安全防护设施和个人防护用品的使用情况（了解其有效性、质量及使用时是否符合规定）。

（2）电网、设备事故。

1）查明事故发生的时间、地点、气象情况以及事故发生前系统和设备的运行情况。

2）查明事故发生经过、扩大及处理情况。

3）查明与事故有关的仪表、自动装置、断路器、保护、故障录波器、调整装置、遥测、遥讯、遥控、录音装置和计算机等记录和动作情况。

4）查明事故造成的损失，包括波及范围、减供负荷、损失电量、用户性质以及事故造成的设备损坏程度、经济损失。

5）调查设备资料（包括订货合同、大小修记录等）情况以及规划、设计、制造、施工安装、调试、运行、检修等质量方面存在的问题。

（3）信息事件。

1）查明事故发生前系统的运行情况。

2）查明事故发生经过、扩大及处理情况。

3）调查系统和设备资料（包括订货合同、维护记录等）情况以及规划、设计、建设、实施、运行等方面存在的问题。

4）查明事故造成的损失，包括影响时间、影响范围、影响严重程度。

（4）事故调查还应了解现场规章制度是否健全，规章制度本身及其执行中暴露的问题；了解各单位管理、安全生产责任制和技术培训等方面存在的问题；事故涉及两个以上单位时，应了解相关合同或协议。

三、分析原因责任

（1）事故调查组在事故调查的基础上，分析并明确事故发生、扩大的直接原因和间接原因。必要时，事故调查组可委托专业技术部门进行相关计算、试验、分析。

（2）事故调查组在确认事实的基础上，分析是否人员违章、过失、违反劳动纪律、失职、渎职，安全措施是否得当，事故处理是否正确等。

（3）根据事故调查的事实，通过对直接原因和间接原因的分析，确定事故的直接责任者和领导责任者；根据其在事故发生过程中的作用，确定事故发生的主要责任者、同等责任者、次要责任者、事故扩大的责任者；根据事故调查结果，确定相关单位承担全部责任、主要责任、同等责任、次要责任或无责任。

（4）发生以下事项之一造成事故的，确认为本单位负同等以上责任。

1）本单位和本单位承包租赁的工作场所，由于本单位原因，致使劳动条件或作业环境不良，管理不善，设备或设施不安全，发生设备爆炸、火灾、生产建（构）筑物倒塌等造成事故。

2）发包工程项目，发生以下情形之一者，确认为本单位负同等以上责任。

① 资质审查不严，承包方不符合要求。

② 开工前未对承包方负责人、工程技术人员和安监人员进行应由发包方交代的安全技术交底且没有完整的记录。

③ 对危险性生产区域（指容易发生触电、高空坠落、爆炸、爆破、起吊作业、中毒、窒息、机械伤害、火灾、烧烫伤等引起人身伤亡和设备事故的场所）内作业未事先进行专门的安全技术交底，未按安全施工要求配合做好相关的安全措施（含有关设施、设备上设置明确的安全警告标志等）。

④ 未签订安全生产管理协议，或协议中未明确各自的安全生产职责。

（5）凡事故原因分析中存在下列与事故有关的问题，确定为领导责任。

1）安全生产责任制不落实。

2）规程制度不健全。

3）对职工教育培训不力。

4）现场安全防护装置、个人防护用品、安全工器具不全或不合格。

5）反事故措施、安全技术劳动保护措施计划和应急预案不落实。

6）同类事故重复发生。

7）违章指挥或决策不当。

四、提出防范措施

（1）事故调查组应根据事故发生、扩大的原因和责任分析，提出防止同类事故发生、扩大的组织（管理）措施和技术措施。

（2）事故发生单位应当认真吸取事故教训，落实防范和整改措施，防止事故再次发生。防范和整改措施的落实情况应当接受工会和职工的监督。

安全生产监督管理部门和负有安全生产监督管理职责的有关部门应当对事故发生单位落实防范和整改措施的情况进行监督检查[《生产安全事故报告和调查处理条例》中华人民共和国国务院令第 493 号第三十三条]。

五、提出人员处理意见

（1）事故调查组在事故责任确定后，要根据有关规定提出对事故责任人员的处理意见，由有关单位和部门按照人事管理权限进行处理。

（2）对下列情况应从严处理：

1）违章指挥、违章作业、违反劳动纪律造成事故发生的；

2）事故发生后迟报、漏报、瞒报、谎报或在调查中弄虚作假、隐瞒真相的；

3）阻挠或无正当理由拒绝事故调查或提供有关情况和资料的。

（3）在事故处理中积极恢复设备、系统运行和抢救、安置伤员；在事故调查中主动反映事故真相，使事故调查顺利进行的有关事故责任人员，可酌情从宽处理。

六、事故调查报告书

（一）时限

事故调查组应当按照国家有关规定开展事故调查，并在下列期限内向组织事故调查组的机关提交事故调查报告，事故调查期限自事故发生之日起计算。

（1）特别重大事故和重大事故，事故调查组应当自事故发生之日起 60 日内提交事故调查报告；特殊情况下，经负责事故调查的人民政府批准，提交事故调查报告的期限可以适当延长，但延长的期限最长不超过 60 日 [《生产安全事故报告和调查处理条例》中华人民共和国国务院令第 493 号第二十九条；《电力安全事故应急处置和调查处理条例》（国务院令第 599 号第二十三条）]。

（2）较大事故和一般事故的调查期限为 45 日，特殊情况下，经组织事故调查组的机关批准，可以适当延长，但延长的期限不得超过 45 日 [《电力安全事故应急处置和调查处理条例》（国务院令第 599 号第二十三条）。

（3）由政府有关机构组织的事故调查，调查完成后，有关调查报告书应由事故发生单位留档保存，并逐级上报至供电企业。

（二）范围和内容

1. 下列事件应由调查组填写事故调查报告书

（1）人身死亡、重伤事故，填写《人身伤亡事故调查报告书》。

（2）五级以上电网事故填写《电网事故调查报告书》。

（3）五级以上设备事故填写《设备事故调查报告书》。

（4）六级以上信息系统事件填写《信息系统事件调查报告书》。

（5）其他由供电企业、区域供电企业、供电企业直属企业根据事故性质及影响程度指定填写的。

2. 事故调查报告应当包括下列内容

（1）事故发生单位概况和事故发生经过。

（2）事故造成的直接经济损失和事故对电网运行、电力（热力）正常供应的影响情况。

（3）事故发生的原因和事故性质。

（4）事故应急处置和恢复电力生产、电网运行的情况。

（5）事故责任认定和对事故责任单位、责任人的处理建议。

（6）事故防范和整改措施。

事故调查报告应当附具有关证据材料和技术分析报告。事故调查组成员应当在事故调查报告上签字[《生产安全事故报告和调查处理条例》中华人民共和国国务院令第 493 号第三十条；《电力安全事故应急处置和调查处理条例》（国务院令第 599 号令第二十四条）]。

（三）呈报

事故调查报告书由事故调查的组织单位以文件形式在事故发生后的 30 天内报送，特殊情况下，经上级单位同意，可延至 60 天。

（四）批复

上级单位接到事故调查报告后，15 天内以文件形式批复给事故调查的组织单位。

（五）归档

事故调查结案后，事故调查的组织单位应将有关资料归档，资料必须完整，根据情况应有：

（1）伤亡事故登记表（表 1）或电网、设备、信息事故报告。

（2）事故调查报告书、事故处理报告书及批复文件。

（3）现场调查笔录、图纸、仪器表计打印记录、资料、照片、录像（视频）、操作记录、配置文件、日志等。

（4）技术鉴定和试验报告。

（5）物证、人证材料。

（6）直接和间接经济损失材料。

（7）事故责任者的自述材料。

（8）医疗部门对伤亡人员的诊断书。

（9）发生事故时的工艺条件、操作情况和设计资料。

（10）处分决定和受处分人的检查材料。

（11）有关事故的通报、简报及成立调查组的有关文件。

（12）事故调查组的人员名单，内容包括姓名、职务、职称、单位等。

第八节　责　任　追　究

一、事故调查处理权限

（1）死亡 3 人以上或 500 万元（人民币）以上直接损失的重、特大事故，以及电网大面积停电事故，由电监会负责调查处理。其中造成死亡30人以上或2000万元（人民币）以上直接损失的特大事故按照国家安全生产监督管理局的要求由国家安全生产监督管理局负责调查处理。

电监会认为有必要调查的事故，也遵从本规定［《电力安全生产监管办法》（电监会2号令）第二十一条］。

（2）电力企业职工违反规章制度、违章调度或者不服从调度指令，造成重大事故的，比照《刑法》第一百一十四条的规定追究刑事责任。电力企业职工故意延误电力设施抢修或者抢险救灾供电，造成严重后果的，比照《刑法》第一百一十四条的规定追究刑事责任。电力企业的管理人员和查电人员、抄表收费人员勒索用户、以电谋私，构成犯罪的，依法追究刑事责任；尚不构成犯罪的，依法给予行政处分［《中华人民共和国电力法》第七十四条］。

（3）发生事故，各有关单位根据事故调查组的调查报告结论，按人事管理权限，对有关责任人员按本规定给予处罚；对于由政府部门组织调查的事故，若对有关人员的处理意见严于本规定，按政府部门意见给予处罚。

二、法律责任

（1）事故发生单位主要负责人有下列行为之一的，处上一年年收入40%～80%的罚款；属于国家工作人员的，并依法给予处分；构成犯罪的，依法追究刑事责任。

1）不立即组织事故抢救的。

2）迟报或者漏报事故的。

3）在事故调查处理期间擅离职守的［《生产安全事故报告和调查处理条例》中华人民共和国国务院令第493号第三十五条，《电力安全事故应急处置和调查处理条例》（国务院令第599号令第二十七条）］。

（2）事故发生单位及其有关人员有下列行为之一的，由电力监管机构对事故发生单位处100万元以上、500万元以下的罚款；对主要负责人、直接负责的主管人员和其他直接责任人员处上一年年收入60%～100%的罚款；属于国家工作人员的，并依法给予处分；构成违反治安管理行为的，由公安机关依法给予治安管理处罚；构成犯罪的，依法追究刑事责任。

1）谎报或者瞒报事故的。

2）伪造或者故意破坏事故现场的。

3）转移、隐匿资金、财产或者销毁有关证据、资料的。

4）拒绝接受调查或者拒绝提供有关情况和资料的。

5）在事故调查中作伪证或者指使他人作伪证的。

6）事故发生后逃匿的［《生产安全事故报告和调查处理条例》中华人民共和国国务院令第493号第三十六条；《电力安全事故应急处置和调查处理条例》（国务院令第599号第二十八条）］。

（3）事故发生单位对事故发生负有责任的，由电力监管机构依照下列规定处以罚款。

1）发生一般事故的，处10万元以上、20万元以下的罚款。

2）发生较大事故的，处20万元以上、50万元以下的罚款。

3）发生重大事故的，处50万元以上、200万元以下的罚款。

4）发生特别重大事故的，处 200 万元以上、500 万元以下的罚款［《生产安全事故报告和调查处理条例》中华人民共和国国务院令第 493 号第三十七条，《电力安全事故应急处置和调查处理条例》（国务院令第 599 号第二十九条）］。

（4）事故发生单位主要负责人未依法履行安全生产管理职责，导致事故发生的，由电力监管机构依照下列规定处以罚款；属于国家工作人员的，并依法给予处分；构成犯罪的，依法追究刑事责任。

1）发生一般事故的，处上一年年收入 30%的罚款。

2）发生较大事故的，处上一年年收入 40%的罚款。

3）发生重大事故的，处上一年年收入 60%的罚款。

4）发生特别重大事故的，处上一年年收入 80%的罚款［《生产安全事故报告和调查处理条例》中华人民共和国国务院令第 493 号第三十八条，《电力安全事故应急处置和调查处理条例》（国务院令第 599 号第三十条）］。

（5）电力监管机构、有关地方人民政府、安全生产监督管理部门和负有安全生产监督管理职责的有关部门有下列行为之一的，对直接负责的主管人员和其他直接责任人员依法给予处分；直接负责的主管人员和其他直接责任人员构成犯罪的，依法追究刑事责任。

1）不立即组织事故抢救的。

2）迟报、漏报、谎报或者瞒报事故的。

3）阻碍、干涉事故调查工作的。

4）在事故调查中作伪证或者指使他人作伪证的［《生产安全事故报告和调查处理条例》中华人民共和国国务院令第 493 号第三十九条，《电力安全事故应急处置和调查处理条例》（国务院令第 599 号第三十二条）］。

（6）事故发生单位对事故发生负有责任的，由有关部门依法暂扣或者吊销其有关证照；对事故发生单位负有事故责任的有关人员，依法暂停或者撤销其与安全生产有关的执业资格、岗位证书；事故发生单位主要负责人受到刑事处罚或者撤职处分的，自刑罚执行完毕或者受处分之日起，5 年内不得担任任何生产经营单位的主要负责人。

为发生事故的单位提供虚假证明的中介机构，由有关部门依法暂扣或者吊销其有关证照及其相关人员的执业资格；构成犯罪的，依法追究刑事责任［《生产安全事故报告和调查处理条例》中华人民共和国国务院令第 493 号第四十条，《电力安全事故应急处置和调查处理条例》（国务院令第 599 号第三十一条）］。

（7）参与事故调查的人员在事故调查中有下列行为之一的，依法给予处分；构成犯罪的，依法追究刑事责任：

1）对事故调查工作不负责任，致使事故调查工作有重大疏漏的。

2）包庇、袒护负有事故责任的人员或者借机打击报复的［《生产安全事故报告和调查处理条例》中华人民共和国国务院令第 493 号第四十一条，《电力安全事故应急处置和调查处理条例》（国务院令第 599 号第三十三条）］。

（8）违反本条例规定，有关地方人民政府或者有关部门故意拖延或者拒绝落实经批复的对事故责任人的处理意见的，由监察机关对有关责任人员依法给予处分［《生产安全事故报告和调查处理条例》中华人民共和国国务院令第 493 号第四十二条］。

第九节　安　全　纪　录

（1）安全纪录达到100天为一个安全周期。

（2）发生五级以上人身伤亡事故中断有责单位的安全纪录。

（3）发生负同等责任以上的重大以上交通事故中断事故发生单位的安全纪录。

（4）除下述免责条款外，无论原因和责任，发生六级以上电网、设备和信息系统事故均中断事故发生单位的安全纪录。发生七级电网、设备和信息系统事件，中断发生事故的县供电企业级单位或地市供电企业级单位所属车间（工区、分部、分厂）的安全纪录。

1）因暴风、雷击、地震、洪水、泥石流等自然灾害超过设计标准承受能力和人力不可抗拒而发生的电网、设备和信息系统事故。

2）为了抢救人员生命而紧急停止设备运行构成的事故。

3）示范试验项目以及事先经过上级管理部门批准进行的科学技术实验项目，由于非人员过失所造成的事故。

4）非人员责任引起的直流输电系统单极闭锁。

5）新投产设备（包括成套性继电保护及安全自动装置）一年以内发生由于设计、制造、施工安装、调试、集中检修等单位负主要责任造成的五～七级电网和设备事件。

6）地形复杂地区夜间无法巡线的35kV以上输电线路或不能及时得到批准开挖检修的城网地下电缆，停运后未引起对用户少送电或电网限电，停运时间不超过72h者。

7）发电机组因电网安全运行需要设置的安全自动切机装置，由于电网原因造成的自动切机装置动作，使机组被迫停机构成事故者。若切机后由于人员处理不当或设备本身故障构成事故条件的，仍应中断安全记录。

8）电网因安全自动装置正确动作或调度运行人员按事故处理预案进行处理的非人员责任的电网失去稳定事故。若由于人员处理不当或设备本身故障构成事故者，仍应中断安全纪录。

9）不可预见或无法事先防止的外力破坏事故。

10）无法采取预防措施的户外小动物引起的事故。

11）供电企业内产权与运行管理相分离，发生五级及以下电网和设备事件且运行管理单位没有责任者。

12）发生供电企业内其他单位负同等责任以上的七级电网、设备和信息事件，运行管理单位负同等责任以下者，不中断其安全纪录。

（5）县级企业发生六级以上中断安全纪录的电网、设备和信息系统事故时，同时中断管理该单位的地市供电企业的安全纪录。

第十节　统　计　报　表

一、月度报告、快报

（1）地市级单位下属和管理的所有单位于每月有效工作日前5日将本月事故快报上报地市供电企业级单位。

1）区域供电企业、供电企业直属企业下属和管理的所有单位于每月有效工作日前 3 日将本月事故快报上报区域供电企业和供电企业直属企业。

2）区域供电企业和供电企业直属企业于当月最后一个有效工作日将本月事故快报上报供电企业，同时，基层供电企业还应报相关分部。

（2）七级以上事故应报送月度事故快报，包括以下内容。

1）人身死亡和重伤人数。

2）电网、设备、信息事故次数。

3）恶性误操作事故次数。

4）事故发生的时间、地点、单位；事故发生的简要经过、伤亡人数、直接经济损失的初步估计；设备损坏、电网停电影响以及系统和网络故障的初步情况以及事故发生原因的初步判断。

5）事故造成负荷损失的，需同时填报损失负荷和停电用户数。

（3）所有事故均应分别填写以下报告（表）：①《人身伤亡事故报告》；②《电网事故报告》；③《设备事故报告》；④《信息事件报告》；⑤《月（年）综合统计表》。

（4）事故报告（表）逐级上报的要求。

1）八级以上人身事故，事故报告（表）逐级统计上报至供电企业，同时，省供电企业还应报相关分部。

2）七级以上电网和设备事故、110kV（含 66kV）以上设备引起的八级电网和设备事件，事故报告（表）逐级统计上报至供电企业，同时，省供电企业还应报相关分部。35kV 设备引起的八级电网和设备事件，事故报告（表）逐级统计上报至省供电企业（供电企业直属企业）；10kV（含 20kV）设备引起的八级电网和设备事件，事故报告（表）逐级统计上报至地市供电企业级单位。

3）八级以上信息系统事件，事故报告（表）逐级统计上报至供电企业，同时，省供电企业还应报相关分部。

（5）人身伤亡事故报告中，各统计单位应按一次事故填报所有人身伤亡，分别写出事故报告，由上级管理部门综合。

1）电网、设备、信息事故报告中，一个事故涉及两个以上的单位，应分别写出事故报告，由上级管理部门综合后写出报告。

2）事故报告经填报单位的领导和安监负责人审核后上报。

（6）县级单位应于次月 3 日前将事故报告报地市供电企业级单位，地市供电企业级单位于次月 6 日前将事故报告的审阅意见批复填报单位，同时将事故报告报网省供电企业、供电企业直属企业。

省供电企业、供电企业直属企业于次月 10 日前将事故报告的审阅意见批复填报单位，同时报供电企业，省供电企业还应报相关分部。

（7）符合填写事故调查报告书的事故，事故发生单位应先将简要情况填写事故报告，并按规定日期报出，待事故调查结束做出结论后 5 日内，再将原报告做出修正并报出。其他原因需要补报或对原报告做出修正的，随下月报告同时报出。

（8）非供电企业所属的并网电厂和地方电网企业发生与供电企业所属单位有关联的事故时，供电企业所属单位应将其与本单位事故同等对待，并与本单位事故报告（表）一并上报。

二、季度报告（表）

省供电企业、供电企业直属企业应在每个季度第一个月的10日前向供电企业上报上个季度下属所有地市供电企业级单位的年内安全纪录、连续安全纪录和安全周期个数，同时，省供电企业还应报相关分部。

地市供电企业级单位和省供电企业直管的县供电企业级单位应在每个季度第一个月的6日前向省供电企业、供电企业直属企业上报上个季度下属所有县供电企业级单位的年内安全纪录、连续安全纪录和安全周期个数。

三、年度报告（表）

县供电企业级单位于次年1月10日前将《_____年度事故综合分析表》报送地市供电企业级单位，地市供电企业级单位于次年1月15日前将《_____年度事故综合分析表》报送省供电企业、供电企业直属企业。省供电企业、供电企业直属企业汇总后于次年1月20日前将《______年度事故综合分析表》、12月份的《月（年）度综合统计表》报供电企业，同时，省供电企业还应报相关分部。

四、填报及审批

（一）填报

省供电企业级单位、地市供电企业级单位、县供电企业级单位等为填报单位。

（二）审批

省供电企业、供电企业直属企业为其下属和管理的地市供电企业级单位、直属县供电企业级单位各类报告（表）的审批汇总单位。

地市供电企业级单位为其下属和管理的县供电企业级单位各类报告（表）的审批汇总单位。

供电企业对外即时报告生产安全事故和突发事件一览表见表9-1。电力安全事故等级划分标准见表9-2。典型事故调查流程如图9-1所示。

表9-1　　供电企业对外即时报告生产安全事故和突发事件一览表

序号	应报告的生产安全事故和突发事件	国务院应急办	国家安监总局	国资委	电监会
1	特别重大事故，即造成30人以上（含失踪）或危及30人以上生命安全或1亿元以上直接经济损失或100人以上中毒（重伤）或需要紧急转移安置10万人以上的安全事故	○	○	○	○
2	重大事故，即造成10人以上、30人以下（含失踪）或危及10人以上、30人以下生命安全或直接经济损失5000万元以上、1亿元以下的事故或50人以上、100人以下中毒（重伤）或需要紧急转移安置5万人以上、10万人以下的安全事故	○	○	○	○
3	特别重大的大面积停电事件，即造成区域电网减供负荷达到事故前总负荷的30%以上或造成重要政治、经济中心城市减供负荷达到事故前总供负荷的50%以上或因重要发电厂、变电站、输变电设备遭受毁灭性破坏或打击，造成区域电网大面积停电，减供负荷达到事故前总负荷的20%以上，对区域电网、跨区电网安全稳定运行构成严重威胁的大面积停电事件	○		○	○
4	重大的大面积停电事件，即造成跨区电网减供负荷达到事故前总供负荷的10%以上、30%以下或造成重要政治、经济中心城市减供负荷达到事故前总供负荷的20%以上、50%以下的大面积停电事件	○		○	○

续表

序号	应报告的生产安全事故和突发事件	国务院应急办	国家安监总局	国资委	电监会
5	境内由于公司生产安全事故引发的，《国务院关于实施国家突发公共事件总体预案的决定》（国发〔2005〕11 号）附件明确的特别重大、重大突发公共事件和境外发生的生产安全死亡事故	○		○	
6	较大生产安全事故，即造成 3 人以上死亡或者 10 人以上 50 人以下重伤，或者 1000 万元以上 5000 万元以上直接经济损失的事故			○	
7	重大以上电力人身伤亡事故、电网事故、设备事故、环境污染事故和火灾事故				○
8	事故本身比较敏感或发生在敏感地区、敏感时间或可能演化为重大以上电力人身事故伤亡事故、电网事故、设备事故、环境污染事故和火灾事故				○
9	对社会造成重大影响的电力安全事件				○

注　标“○”者为需向相应部门即时报告的生产安全事故和突发事件。

表 9-2　　电力安全事故等级划分标准

判定事故等级项	造成电网减供负荷的比例	造成城市供电用户停电的比例	发电厂或者变电站因安全故障造成全厂（站）对外停电的影响和持续时间	发电机组因安全故障停运的时间和后果	供热机组对外停止供热的时间
特别重大事故	区域性电网减供负荷 30%以上 电网负荷 20000MW 以上的省、自治区电网，减供负荷 30%以上 电网负荷 5000MW 以上、20000MW 以下的省、自治区电网，减供负荷 40%以上 直辖市电网减供负荷 50%以上 电网负荷 2000MW 以上的省、自治区人民政府所在地城市电网减供负荷 60%以上	直辖市 60%以上供电用户停电 电网负荷 2000MW 以上的省、自治区人民政府所在地城市 70%以上供电用户停电			
重大事故	区域性电网减供负荷 10%以上、30%以下 电网负荷 20000MW 以上的省、自治区电网，减供负荷 13%以上、30%以下 电网负荷 5000MW 以上 20000MW 以下的省、自治区电网，减供负荷 16%以上、40%以下 电网负荷 1000MW 以上、5000MW 以下的省、自治区电网，减供负荷 50%以上 直辖市电网减供负荷 20%以上、50%以下 省、自治区人民政府所在地城市电网减供负荷 40%以上，(电网负荷 2000MW 以上减供负荷 40%以上、60%以下） 电网负荷 600MW 以上的其他设区的市电网减供负荷 60%以上	直辖市 30%以上、60%以下供电用户停电 省、自治区人民政府所在地城市 50%以上供电用户停电（电网负荷 2000MW 以上的，减供负荷 50%以上 70%以下） 电网负荷 600MW 以上的其他设区的市 70%以上供电用户停电			

续表

判定事故等级项	造成电网减供负荷的比例	造成城市供电用户停电的比例	发电厂或者变电站因安全故障造成全厂（站）对外停电的影响和持续时间	发电机组因安全故障停运的时间和后果	供热机组对外停止供热的时间
较大事故	区域性电网减供负荷7%以上、10%以下 电网负荷20000MW以上的省、自治区电网，减供负荷10%以上、13%以下 电网负荷5000MW以上、20000MW以下的省、自治区电网，减供负荷12%以上、16%以下 电网负荷1000MW以上、5000MW以下的省、自治区电网，减供负荷20%以上、50%以下 直辖市电网减供负荷10%以上20%以下 省、自治区人民政府所在地城市电网减供负荷20%以上、40%以下 其他设区的市电网减供负荷40%以上（电网负荷600MW以上的，减供负荷40%以上、60%以下） 电网负荷150MW以上的县级市电网减供负荷60%以上	直辖市15%以上、30%以下供电用户停电 省、自治区人民政府所在地城市30%以上、50%以下供电用户停电 其他设区的市50%以上供电用户停电（电网负荷600MW以上的，50%以上、70%以下） 电网负荷150MW以上的县级市，70%以上供电用户停电	发电厂或者220kV以上变电站因安全故障造成全厂（站）对外停电导致周边电压监测控制点电压低于调度机构规定的电压曲线值20%并且持续时间30min以上，或者导致周边电压监视控制点电压低于调度机构规定的电压曲线值10%并且持续时间1h以上	发电机组因安全故障停止运行超过行业标准规定的大修时间两周，并导致电网减供负荷	供热机组装机容量200MW以上的热电厂，在当地人民政府规定的采暖期内同时发生2台以上供热机组因安全故障停止运行，造成全厂对外停止供热并且持续时间48h以上
一般事故	区域性电网减供负荷4%以上、7%以下 电网负荷20000MW以上的省、自治区电网，减供负荷5%以上、10%以下 电网负荷5000MW以上、20000MW以下的省、自治区电网，减供负荷6%以上、12%以下 电网负荷1000MW以上5000MW以下的省、自治区电网，减供负荷10%以上20%以下 直辖市电网减供负荷5%以上、10%以下 省、自治区人民政府所在地城市电网减供负荷10%以上、20%以下 其他设区的市电网减供负荷20%以上、40%以下 县级市电网减供负荷40%以上（电网负荷150MW以上的，减供负荷40%以上60%以下）	直辖市10%以上、15%以下供电用户停电 省、自治区人民政府所在地城市15%以上30%以下供电用户停电 其他设区的市30%以上、50%以下供电用户停电 县级市50%以上供电用户停电（电网负荷150兆瓦以上的，50%以上、70%以下）	发电厂或者220kV以上变电站因安全故障造成全厂（站）对外停电导致周边电压监测控制点电压低于调度机构规定的电压曲线值5%以上、10%以下并且持续时间2h以上	发电机组因安全故障停止运行超过行业标准规定的小修时间两周，并导致电网减供负荷	供热机组装机容量200MW以上的热电厂，在当地人民政府规定的采暖期内同时发生2台以上供热机组因安全故障停止运行，造成全厂对外停止供热并且持续时间24h以上

注 1. 符合本表所列情形之一的，即构成相应等级的电力安全事故。

2. 本表中所称的“以上”包括本数，“以下”不包括本数。

3. 本表下列用语的含义。

（1）电网负荷。是指电力电力调度机构统一调度的电网在事故发生起始时刻得实际负荷。

（2）电网减供负荷。是指电力调度机构统一调度的电网在事故发生期间的实际负荷最大减少量。

（3）全厂对外停电。是指发电厂对外有功负荷降到零（虽电网经发电厂母线传送的负荷没有停止，仍视为全厂对外停电）。

（4）发电机组因安全故障停止运行。是指并网运行的发电机组（包括各种类型的电站锅炉、汽轮机、燃气轮机、水轮机、发电机和主变压器等主要发电设备）在未经电力调度机构允许的情况下，因安全故障需要停止运行的状态。

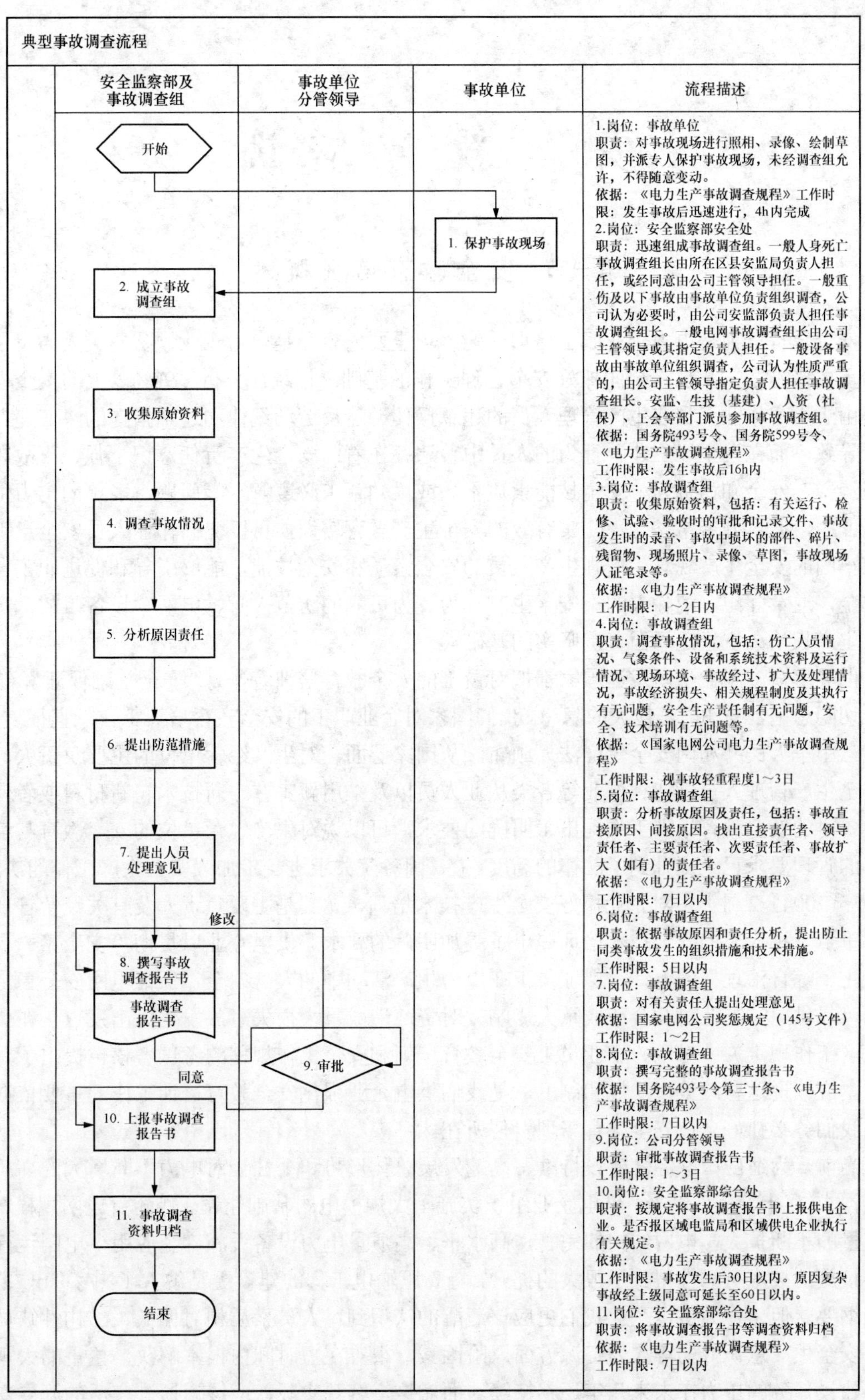

图 9-1　典型事故调查流程

第十章 安全教育培训

第一节 安全教育培训概述

安全教育培训是电力企业职工培训中的一项重要内容，是电力企业预防各类人为责任事故的重要措施之一，也是全面抓好安全管理工作的基础。据统计分析，90%以上的安全事故都是由于生产作业人员或生产管理人员的违章操作、违反劳动纪律和违章指挥的“三违”行为所导致，而在发生“三违”行为的人员中普遍存在着：安全生产责任意识不强、事故风险意识淡薄、安全知识贫乏、安全技能素质不高或“知章未必遵章”等问题。多年的电力生产实践证明，通过开展常态化、扎实有效的安全生产教育培训，可以提高作业人员安全意识，树立牢固的安全生产观念，增强生产人员的安全素质和安全技能，能够引导和促进职工自主保安全，遵章守纪，消除人的不安全生产行为，为可靠的防范人身、电网、设备事故，实现安全生产长治久安稳定局面奠定坚实的基础。

世界上众多工业生产发达国家都把对员工的安全教育培训看作是“安全基础保证”，认为在一切隐患中，“无知”是最大的隐患。我们国家对企业职工的安全教育培训工作一直很重视。随着《中华人民共和国安全生产法》颁布，从国家层面，对生产经营单位的主要负责人、各级安全生产管理人员、特种作业等各类从业人员以及采用新工艺、新技术、新材料或者使用新设备时的安全教育培训工作提出了明确的要求，可以说对生产经营单位的安全教育与培训工作的管理要求已经提升到了法律的高度。在《国务院关于进一步加强安全生产工作的决定》（国发〔2004〕2 号）中对企业搞好安全生产技术培训，尤其是主要负责人及有关经营管理人员、重点工种人员的安全技术培训提出了更加明确的要求。供电企业以贯彻“安全第一、预防为主、综合治理”的方针，保证员工在电力生产活动中的人身安全，保证电网安全稳定运行和可靠供电，防范对社会造成重大影响、对资产造成重大损失事故发生为出发点，在《安全生产工作规定》中对电力企业员工安全教育培训和安全工作规程的考试考核也提出了具体要求。应该说这些政策、法规和制度，是我们供电企业强化安全教育培训工作的重要依据，更是我们务必抓好全员安全教育培训责任所在。

当前，为适应国家经济建设持续、高速发展总体形势和全社会对电力不断增大的高质量供电需求，“十一五”以来，供电企业组织实施了大规模电网基础建设。伴随着电网规模、电网容量的不断扩大，电网结构的完善，高水平、高质量电力设备设施广泛应用，电网运行和设备设施的技术可靠性得到了很大的提升，特高压输电工程的建设更是纳入了国家“十二五”规划纲要。但是作为供电企业我们更应该清醒的认识到：人员素质相对偏低、结构性缺员、员工安全生产意识薄弱等人力资源方面风险因素，很难在短时间内根本解决，繁重的大规模电网建设任务的压力在未来几年还将持续。面对这一客观实际，应该说通过广泛的开展安全教育培训，迅速提高全员生产意识和安全生产技能素质，提高领导干部和广大职工搞好安全

生产的责任感和自觉性，是全面夯实安全生产基础，消除事故隐患，提升安全生产管理水平的主要途径，也是需要我们供电企业今后一个时期内，为实现安全可靠电力供应，保障国家经济建设和企业稳定持续发展而常抓不懈的一项重点工作。

第二节　安全教育培训的内容

通常，安全教育培训的内容可概括为安全法规教育、安全知识教育与安全技能教育。

（1）安全法制教育特别是劳动卫生法规教育是安全教育的一项重要内容。其目的是让员工对包括安全法规在内的国家各种关于电力安全生产法律、法令、条例和规程等有所了解和掌握，以树立电力安全生产法制观念，增强安全生产的责任感，正确处理安全与生产的辩证统一关系，安全法制基础知识培训对安全生产是一个重要基本保证，如《中华人民共和国安全生产法》、《中华人民共和国工会法》、《中华人民共和国劳动法》、《中华人民共和国国家赔偿法》、《中华人民共和国科学技术进步法》、《中华人民共和国电力法》、《职业病防治法》、《消防法》、《电力设施保护条例》、《国务院关于特大安全事故行政责任追究的规定》、《工伤保险条例》等。

（2）安全知识教育与安全技能教育包括一般电力生产技术知识、一般安全生产技术知识和电力专业安全生产技术知识等的教育。

1)一般电力生产技术知识教育是针对所有员工首先要掌握一般的电力生产技术知识开展的培训活动。其主要内容包括：企业的基本生产概况、电力生产技术过程、作业方法或工艺流程，与生产过程和作业方法相适应的各种机具设备的性能和知识，员工在生产中积累的倒闸操作和检修等操作技能和经验，以及电力设备的构造、性能、质量和规格等。

2）一般安全生产技术知识教育是电力企业所有职工都必须具备的基本安全生产技术知识。其主要包括以下内容：企业内的危险设备和区域及其安全防护的基本知识和注意事项，有关电气设备的基本安全知识，起重机械和厂内运输有关的安全知识，生产中使用的有毒有害或可能散发的有毒有害物质的安全防护基本知识，企业中一般消防制度和规则，个人防护用品的正确使用以及伤亡事故报告办法等。

3)电力专业安全生产技术知识教育是指从事某一作业任务的员工必须具备的电力专业安全生产技术知识的教育，包括电力安全生产技术知识、工业卫生技术知识以及根据这些技术知识和经验制定的各种安全生产操作规程等的教育。内容涉及压力容器、起重机械、电气、焊接、防爆、防尘、防毒、噪声控制等。

第三节　供电企业安全教育培训分类

一、按培训人员范围分类

按照培训人员范围分为领导人员和安全生产管理人员的安全培训、全员安全培训、新入场人员三级安全教育培训、特种作业人员安全作业培训、外来人员安全教育培训等。

（一）企业领导人员和安全生产管理人员的安全培训

按照《生产经营单位安全培训规定》［国家安全生产监督管理总局第3号令］中规定“生

产经营单位应当进行安全培训的从业人员包括主要负责人、安全生产管理人员、特种作业人员和其他从业人员”，“生产经营单位主要负责人和安全生产管理人员初次安全培训时间不得少于32学时。每年再培训时间不得少于12学时”。

1. 领导人员安全培训主要内容

（1）国家、行业、企业安全生产方针、政策和有关安全生产的法律、法规、规章及标准。

（2）安全生产管理基本知识、安全生产技术、安全生产专业知识。

（3）重大危险源管理、重大事故防范、应急管理和救援组织以及事故调查处理的有关规定。

（4）电力行业职业危害及其预防措施。

（5）国内外先进的电力工业安全生产管理经验。

（6）电力行业典型事故和应急救援案例分析。

（7）其他需要培训的内容。

2. 安全生产管理人员的安全培训主要内容

（1）国家、行业、企业安全生产方针、政策和有关安全生产的法律、法规、规章及标准。

（2）安全生产管理、安全生产技术、职业卫生等知识。

（3）电力行业伤亡事故统计、报告及职业危害的调查处理方法。

（4）应急管理、应急预案编制以及应急处置的内容和要求。

（5）国内外先进的电力工业安全生产管理经验。

（6）电力行业典型事故和应急救援案例分析。

（7）其他需要培训的内容。

通过加强领导人员和各级生产管理人员安全教育培训，不断提高企业领导干部和各级生产管理人员“安全第一”管理意识，对全面推动供电企业安全管理的发展，真正实现“倡导安全生产，安全生产齐抓共管，实事求是抓安全管理，积极消除安全管理漏洞”起到强有力的促进作用。

（二）全员安全教育培训

所谓全员安全教育培训是指对从事生产岗位工作人员（包括生产运行值班和调度、设备维护和检修、基建施工、试验、安全生产管理、安全生产监督、生产运行管理、生产技术管理、基建施工管理等及相关人员）开展定期或不定期的，旨在提升供电企业员工整体安全生产意识、安全生产技能的培训活动。回顾近几年电力同业单位发生的各类事故，其中由于人的不安全行为引发的电力生产事故占有较大比例，从一定的程度也反映出，人的不安全意识和行为是当前供电企业生产中最危险、最可怕、最大的隐患和危险源之一。就减少和杜绝人的不安全行为来讲，开展全员安全教育和安全技术培训，提高全员事故风险意识和安全生产责任意识，实施现场标准化作业，是消除事故人为因素的有效方法。

1. 全员安全培训主要内容

（1）国家、行业、企业安全生产方针、政策和有关安全生产的法律、法规、规章及标准。

（2）安全生产基本知识、安全生产技术、安全生产专业知识。

（3）重大危险源管理、重大事故防范、现场应急处置方法。

（4）电力行业职业危害及其预防措施。

（5）电力安全生产工作规程、反事故措施、反违章知识。

（6）电力行业典型事故案例分析。

（7）其他需要培训的内容。

通过坚持开展全员安全教育，我们可以针对同业事故案例，分析事故原因中的人员安全意识欠缺因素和安全技术失误因素，可以举一反三强化对相关生产岗位人员，尤其是青年员工或安全生产经验欠缺的员工对位安全思想教育和安全技能培训，引导和督促各级生产人员吸取事故经验教训，消除员工麻痹思想，提高安全心理素质和安全技能水平，达到事故风险警示，培养安全生产良好习惯的效果。

2. 新上岗生产人员必须经过下列培训，并经考试合格后上岗

（1）运行、调度人员（含技术人员），必须经过现场规程制度的学习、现场见习和跟班实习，200MW及以上机组和220kV变电所的主要岗位运行人员，应经仿真机培训。

（2）检修、试验人员（含技术人员），必须经过检修、试验规程的学习和跟班实习。

（3）特种作业人员必须经过国家规定的专业培训，持证上岗。

3. 在岗生产人员的培训

（1）在岗生产人员应定期进行有针对性的现场考问、反事故演习、技术问答、事故预想等现场培训活动。

（2）离开运行岗位3个月及以上的值班人员，必须经过熟悉设备系统、熟悉运行方式的跟班实习，并经《电业安全工作规程》考试合格后，方可再上岗工作。

（3）生产人员调换岗位、所操作设备或技术条件发生变化，必须进行适应新岗位、新操作方法的安全技术教育和实际操作训练，经考试合格后，方可上岗。

（4）200MW及以上机组主要岗位运行人员、地区（市）及以上供电企业调度部门的调度人员和220kV及以上变电站的值班人员，应定期进行仿真系统的培训。

（5）所有生产人员必须熟练掌握触电现场急救方法，所有职工必须掌握消防器材的使用方法。

4. 新任命的生产领导人员

应经有关安全生产的方针、法规、规程制度和岗位安全职责的学习，由上级管理部门安排或组织考试。各级领导人员参加的生产培训，应有安全方面的课程内容。

5. 安全生产法规、规程制度的定期考试

（1）供电企业对下属单位总经理、副总经理、正副总工程师、安全监督部门负责人一般每3年进行一次有关安全生产法规的考试。

（2）各级供电企业对本企业生产、建设、调度等部门的负责人和专业技术人员，对所属生产性企业的正副职领导、正副总工程师、安监部门负责人，一般每2年进行一次有关安全生产法规和规程制度的考试。

（3）生产性企业对车间负责人、生产科室负责人及专业技术人员，每年进行1次有关安全生产规程制度的考试。

（4）生产性企业对车间的运行、检修、试验人员以及特种作业人员，每年进行安全生产规程制度的考试。

（三）新入厂人员三级安全教育培训

国家安全生产监督管理总局《生产经营单位安全培训规定》（第3号令）中规定“加工、

制造业等生产单位的其他从业人员，在上岗前必须经过厂（矿）、车间（工段、区、队）、班组三级安全培训教育”；“生产经营单位可以根据工作性质对其他从业人员进行安全培训，保证其具备本岗位安全操作、应急处置等知识和技能”；“生产经营单位新上岗的从业人员，岗前培训时间不得少于24学时”。

《安全生产工作规定》规定：“新入厂（局、公司）的生产人员（含实习、代培人员），必须经厂（局、公司）、车间和班组三级安全教育，经《电力安全工作规程》考试合格后方可进入生产现场工作。”

三级安全教育是电力企业传统的安全生产教育基本形式，三级安全教育制度是供电企业安全教育的基本教育制度。对于加入供电企业的新员工应进行安全生产的入厂教育、车间教育、班组教育；对调换新工种（转岗或复岗）或采取新技术、新工艺、新设备的员工，必须进行新岗位、新操作方法的安全卫生教育，经考试合格后，方可上岗操作。

开展三级安全教育的程序为：在新员工（新转岗或复岗员工）到供电企业人资管理部门报到后，人资管理部门就应通知其到安全监察部门接受厂级安全教育，经教育考核合格后填写教育卡片；人资管理部门根据教育卡片开出实习、分配或转复岗调令到车间，车间再对其进行车间级教育，经考核合格后填写教育卡片；该职工再携卡片到被分配班组接受班组教育，考核合格后再填写教育卡片，然后分配到岗位工作，如图10-1所示。

1. 厂级安全教育

厂级安全教育一般由供电企业安全监察部门负责组织进行，培训时间不少于8课时。培训应以讲解、看音像资料、参观安全教育培训室相结合。其主要内容为：

（1）讲解电力生产的意义、任务、内容及其重要性，使参培员工树立起“安全第一”和“安全生产人人有责”的思想。

（2）介绍供电企业的安全生产概况，包括本企业安全工作发展史，供电企业生产特点，设备分布情况（重点介绍接近要害部位、特殊设备的注意事项），本企业安全生产的组织结构。

（3）介绍国家、行业颁布的与电力生产有关的法律法规，本企业安全生产管理制度以及电力生产场所设置的各种警告标志和信号装置，劳动保护方面的规章制度和对劳动保护用品使用要求。

（4）《电力安全生产工作规程》（含触电急救知识部分）讲解，介绍电力安全生产基本常识，电力生产作业场所主要危害因素及防范措施。

（5）介绍电力行业及本企业典型事故案例和教训，抢险、救灾、救人常识以及工伤事故报告程序等。

（6）对培训知识掌握情况进行考核。

2. 车间安全教育

车间安全教育一般由车间主任或车间安全技术人员负责组织进行，培训时间一般不少于8课时。培训应以讲解、看音像资料、现场参观相结合，其主要内容为：

（1）介绍车间的概况。如车间主要生产职责、性质、特点，车间人员结构、安全生产组织状况和车间主要工种及作业中的专业安全要求，车间危险区域、特种作业场所、有毒有害岗位情况、常见事故及典型事故案例的剖析、车间劳动保护方面的规章制度和对劳动保护用品的穿戴要求和注意事项。

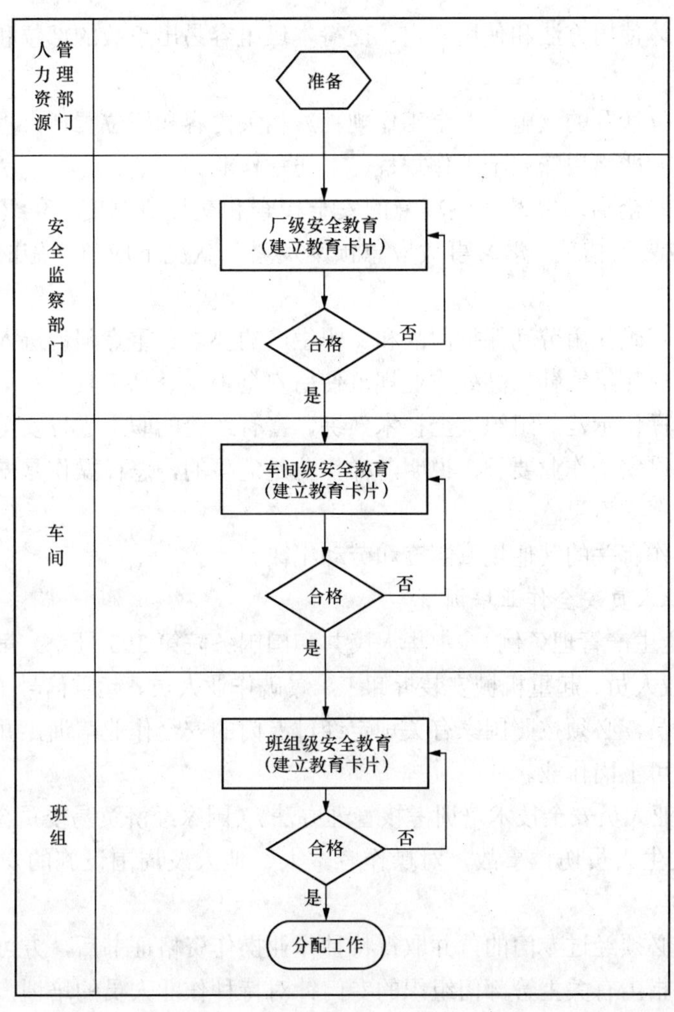

图 10-1　三级安全教育的程序

（2）根据车间的生产特点介绍相关安全技术基础知识。如各电压等级设备不停电的安全距离、电气设备上工作保证安全的技术措施、起重作业现场及高处作业安全工作要求等。

（3）介绍车间防火知识，包括车间易燃易爆品、防火的要害部位及防火的特殊需要、消防用品放置地点、灭火器的性能和使用方法、遇到火险如何处理等。

（4）组织新员工学习本企业安全生产文件和安全操作规程制度，并应教育员工听从指挥，安全生产，熟悉实习人员进入生产现场的相关要求。

3. 班组安全教育

班组是供电企业各项安全生产管理制度的实现单元，是电力安全生产的基础。由于作业人员活动在班组，机具、设备在班组。因此，班组安全教育非常重要。班组安全教育一般由班组长或班组技术员负责组织进行，培训时间不少于 16 课时。培训应以讲解、现场参观、操作演示、操作观摩相结合，其主要内容为：

（1）本班组的生产特点、作业环境、危险区域、设备状况、消防设施等；重点介绍带电、高压、易燃易爆、有毒有害、腐蚀、高空作业等方面可能导致发生事故的危险因素，备用（应急）防护用品的具体使用方法和使用规定，交待本班组容易出事故的部位和典型事故案例的剖析。

（2）讲解本岗位涉及的《电力安全工作规程》相关内容和岗位责任，重点讲解安全生产意识和习惯的养成，严格遵守安全工作规程，不违章作业。

（3）介绍各种安全活动以及作业环境的安全检查和交接班制度。介绍发现事故隐患情况下处理方法和应采取措施，学习事故应急预案及紧急状况下应急措施的使用方法、注意事项。

（4）讲解如何正确使用劳动保护用品和文明生产的要求。重点强调进入作业现场及设备区必须戴好安全帽、穿绝缘鞋，高处作业规范使用安全带及登高工具。

（5）开展安全操作示范。组织安全技术熟练、富有经验的职工进行安全作业示范，边示范、边讲解，重点讲安全作业要领，说明怎样作业是危险的，怎样操作是安全的，不遵守作业规程将会造成的严重后果。

（6）与班组工作有关的其他规章制度和劳动纪律。

（四）特种作业人员安全作业培训

《建设工程安全生产管理条例》（中华人民共和国国务院第 393 号令）第二十五条规定：“从事运输机械作业人员、起重机械安装拆卸工、爆破作业人员、起重信号工、登高架设作业人员等特种作业人员，必须按照国家有关规定经过专门的安全作业培训，并取得特种作业操作资格证书后，方可上岗作业。

根据《特种作业人员安全技术培训考核管理办法》（国家经济贸易委员会第 13 号令），特种作业是指容易发生人员伤亡事故，对操作者本人、他人及周围设施的安全有重大危害的作业。

特种作业人员必须经过专门的，并取得特种作业操作资格证书后，方可上岗作业。专门的安全作业培训是指由有关主管部门组织的专门针对特种作业人员的培训，也就是特种作业人员在独立上岗作业前，必须进行与本工种相适应的、专门的安全技术理论学习和实际操作训练。经培训考核合格，取得特种作业操作资格证书后，才能上岗作业。

1. 特种作业人员安全作业培训内容

特种作业人员的安全技术培训实行理论教学与实际操作技能训练相结合的原则，重点是提高其安全操作技能和预防事故的实际能力。

2. 特种作业人员安全作业培训考核、发证、复审

（1）由人资部门根据岗位设置需求核定特种作业人员职数。

（2）由人资部门负责组织申请培训资格人员填写《特种作业人员培训资格申请表》、《考核申请表》、《体格检查表》、《办证申请表》等，并向省级或区县级安全生产监督管理部门所属培训单位申报有关办证材料。

（3）参加特种作业安全操作资格考核的人员，经培训、考核及申请办证人员的资格审查合格后，由省级安全生产监督管理局统一制作、颁发《中华人民共和国特种作业操作证》，并纳入“特种作业人员 IC 卡操作证管理系统”统一管理。

（4）《中华人民共和国特种作业操作证》每两年复审一次。连续从事本工种特种作业十年以上的，经所在用人单位进行知识更新教育后，复审时间可延长至每四年一次。离开特种作

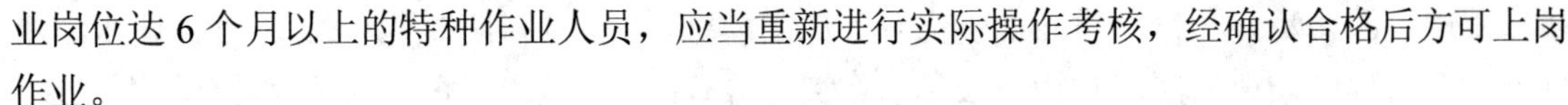

业岗位达 6 个月以上的特种作业人员，应当重新进行实际操作考核，经确认合格后方可上岗作业。

（5）《中华人民共和国特种作业操作证》复审由持证者本人或用人单位在有效期内提出申请，由原考核发证部门负责审验，并签章确认。复审内容包括：健康检查、违章作业记录检查、安全生产新知识和事故案例教育、本工种安全知识考试。

（五）外来临时人员安全教育培训

针对当前供电企业生产组织形式和用工形式的多元化，以及厂商服务等外来人员普遍存在安全技能不足、整体素质不高、对作业现场设备环境不熟悉等现状，需要进一步加强厂商服务、承发包工程现场等外来人员的作业安全管理，强化外来人员安全教育培训，规范外来人员的作业行为，对于供电企业确保人身、电网、设备安全管理和落实企业社会责任来说十分重要。

外来临时人员安全教育培训应由供电企业各相关外来用工需求部门（或生产任务所属部门）负责，组织相关外来人员学习《电力安全工作规程》相关内容、针对作业任务、作业环境、现场危险源点及其防范措施进行安全教育培训。

二、按培训活动性质分类

按照培训活动性质分为：专项安全教育培训（含应急培训、安全评价培训、安全风险评估培训）、日常安全教育培训、安全养成教育等。

（一）专项安全培训

专项安全培训就是指供电企业对于员工需要掌握某一个安全技能或为开展某一项安全管理工作而组织的专题培训。

1. 应急培训

国家电力监管委员会颁发的《电力企业应急预案管理办法》第二十条明确要求：电力企业应当每年至少组织一次预案培训。培训的主要内容应当包括：本单位的应急预案体系构成、应急组织机构及职责、应急资源保障情况以及针对不同类型突发事件的预防和处置措施等。

《应急管理工作规定》要求："应加强应急预案的宣传和教育，提高各级人员尤其是领导干部对应急管理工作重要性的认识，加强应急预案培训和演练，使各级人员尤其是运行岗位人员熟悉和掌握应急处置方案、应急启动条件、应急执行程序，提高应急处置能力。

供电企业的应急培训形式应该由预案管理知识与各综合、专项预案宣贯学习及预案演练两部分组成。

（1）供电企业开展应急培训应该以应急管理理论为基础，以应急管理相关法律法规和应急预案为核心，以实际需求为导向，开展的分层次、分类别、多形式的电力应急管理知识和应急预案宣贯培训，旨在使相关人员了解各预案的应急分级、信息报告、先期处置、应急响应、应急结束和恢复流程，全面掌握处置措施，提升企业应急管理水平和应急指挥水平，提高应对电力重大突发事件的综合处置能力及大面积停电时应急整体协调能力。

（2）供电企业应当结合本单位安全生产和应急管理工作实际情况定期组织预案演练，以不断检验和完善应急预案，提高应急管理和应急技能水平。应当制定年度应急预案演练计划，增强演练的计划性，根据本单位的事故预防重点，每年至少组织一次专项应急预案演练，每半年至少组织一次现场处置方案演练。在开展应急演练前，应制定演练方案，明确演练目的、演练范围、演练步骤和保障措施等；在开展应急演练后，应当对应急预案演练进行评估，并针对演练过程中发现的问题对相关应急预案提出修订意见，评估和修订意见应当有书面记录。

（3）应急演练的类型有：

1）桌面演练。基本任务是锻炼参演人员解决问题的能力，解决应急组织相互协作和职责划分的问题。桌面演练一般在会议室内举行，由应急组织的代表或关键岗位人员参加，针对有限的应急响应和内部协调活动，按照应急预案及标准工作程序讨论紧急情况时应采取的行动。事后采取口头评论形式收集参演人员的建议，提交一份简短的书面报告，总结演练活动和提出有关改进应急响应工作的建议，为功能演练和全面演练做准备。

2）功能演练。基本任务是针对应急响应功能，检验应急人员以及应急体系的策划和响应能力。功能演练一般在应急指挥中心或现场指挥部举行，并可同时开展现场演练，调用有限的应急设备。演练完成后，除采取口头评论形式外，还应向地方提交有关演练活动的书面汇报，提出改进建议。

3）全面演练。基本任务是对应急预案中全部或大部分应急响应功能进行检验，以评价应急组织应急运行的能力和相互协调的能力。全面演练为现场演练，演练过程要求尽量真实，调用更多的应急人员和资源，进行实战性演练，可采取交互式方式进行，一般持续几个小时或更长时间。演练完成后，除采取口头评论外，应提交正式的书面报告。

2. 安全评价培训

安全评价是一种现代安全管理的重要方法，能事先预测系统存在的危险性，作出定性和定量评价并提出针对性控制措施。依据《电力生产安全性评价工作管理办法（试行）》规定，供电企业需定期开展输电网安全性评价、供电企业安全性评价、电网调度系统安全性评价、直流输电系统安全性评价、电力二次系统及其他相关专业的安全性评价等；同时规定：“企业在开展自评价工作时，应认真进行安全性评价的宣传和动员工作，组织有关人员系统学习安全评价标准和评价方法，逐级开展安全性评价工作培训”。应该说，供电企业需要定期开展的安全性评价项目比较多且评价内容非常丰富，涉及系统论、控制论、信息论等相关学科，涉及安全系统工程学的方方面面。要想系统的开展好安全评价工作，特别是供电企业在开展自评价时，需要组织各级安全生产管理人员、参与安全评价人员学习国家、企业关于安全评价工作的规章制度、安全评价理论知识和安全评价标准及查评工作技巧的安全评价专题培训。

安全评价培训组织一般由安全评价工作领导小组负责组织相关生产管理和运行及各相关专业人参加。培训主要内容有：

（1）开展安全评价的宣传和动员，提高企业员工特别是基层班组人员的认识，鼓励通过安全评价发现安全生产各类问题。

（2）针对评价工作计划书，组织各专业、各评价项目负责人，详细讲解分阶段评价项目、工作内容、时间进度表等详细计划，保证培训人员清晰了解各阶段、各专业评价工作，保障整个评价工作有序开展。

（3）组织专业部门、车间、班组人员逐级开展安全评价工作培训，系统学习安全评价标准和评价方法，提高对评价中技术问题的剖析能力。也可以邀请专家或中介机构对自评价工作进行技术指导或咨询，提高评价工作的质量。

3. 安全风险评估培训

安全生产风险评估体系是利用系统工程的原理，运用科学和技术手段，通过对各类事故形成的各种因素及其相互关联的关系进行分析，从而实现对企业生产经营及人们生存场所安全现状进行客观评估、对事故后果进行科学预测。

供电企业按照“培训先导、注重实效、稳步推进”的工作思路，强化安全风险治理培训。安全风险治理培训包括基础理论知识、安全风险评估标准、危险源辨识手册及其使用方法的培训，结合评估项目及其岗位职责，了解与本岗位工作有关的主要危害因素及其安全风险，对照辨识和分析可能导致事故的各种危害因素，思考提出本企业安全风险评估标准、危险源辨识手册的修改完善意见，在学习应用标准、手册和方法的同时，提高风险分析和辨识的意识与能力。安全风险治理培训应结合企业安全生产实际和典型事故案例进行，如通过人身伤害事故和人员责任事故，分析各类违章行为的危害性，找出生产现场、安全过程安全风险治理的薄弱环节及导致事故的常见原因，提出防止类似事故的预防性措施，倡导预防为主、注重细节的安全治理原则，促使各级人员逐步接受安全风险治理理念，增强遵章守纪、安全生产的自觉性。

供电企业各级人员应自觉接受安全风险治理培训，保证安全风险治理质量和效果。领导层应侧重安全风险治理知识及有关制度培训，提高自身安全风险治理责任意识和组织能力；管理层应侧重安全风险评估标准、危险源辨识手册及其使用方法的培训，结合评估实践修正、完善本企业评估标准、辨识手册和实施方案；执行层应侧重安全风险意识和现场危害源辨识方法的培训，在实际工作中有效运用风险治理手段，保护自身和他人安全。通过宣传动员和教育培训工作，使各级人员理解安全风险治理的意义、作用、内容和方法，明确工作任务和目标，营造浓厚的安全风险治理氛围，为持续实施安全风险治理建立良好基础。

（二）日常培训

为进一步强化基层车间、班组人员的安全培训效果，供电企业应坚持开展日常安全教育活动。

（1）以班组为单位开展每周一次安全日活动，学习电力安全生产工作规程。每次活动时间不少于2h。基层车间各级生产管理人员应参加班组安全日活动。

（2）利用班前、班后会强调安全注意事项。在班前会上，进行全面的危险点分析，向作业人员讲清危险点及注意事项，对工作上的危险点进行控制、监督；在班后会上，要及时总结工作中的得失和危险之处，提醒作业人员在以后的工作中注意避免。

（三）安全养成教育

安全养成教育就是培养生产人员良好安全生产行为习惯的教育。安全养成教育既包括正确生产行为的指导，也包括良好安全生产习惯的训练及包括现场第一反应习惯的培养。安全养成教育的内容十分广泛，按照一定的目的，通过长期安全生产工作规程学习、培训，岗位观摩示范演练和对违章作业表像、危害的认知训练，帮助员工树立良好的安全生产意识，掌握正确的生产流程、操作步骤、检修工艺，全面提高员工安全生产素质，形成良好安全生产行为习惯。

（1）要培养生产人员良好的安全作业习惯，贵在从细微、不显眼的小事抓起，持之以恒，日积月累，并且坚持不懈地抓，以达到由少到多、由点到面、由部分到整体的全方位培养生产人员良好作业习惯的目的。

（2）辅以“奖惩并举，双向激励”机制。由于安全管理的特殊性，安全管理更倾向于强制性，安全管理强制性，根本原因在于事故损失的不可挽回性。事故损失一旦发生，往往会造成永久性的损害，尤其是人的生命和健康，更是无法弥补。安全管理离不开严格合理的法律、法规、标准和各级规章制度，还要有强有力的管理和监督体系，以保证生产人员始终按照行为规范进行作业，一旦其行为超出规范的约束，就要施以严厉的惩处措施。同时为了激励员工主动规范自身作业行为，可以通过组织安全生产劳动竞赛、评选安全生产示范岗等形式激发生产人员内在动力，促进良好的作业习惯养成。

第四节　安全教育培训的形式和方法

一、讲授方法

讲授法又称讲演法，基于供电企业安全教育培训、师资力量和师资来源，在现阶段讲授法还是我们开展安全教育培训常用方法之一。在讲演式安全教育中，授课人通过口头语言呈现教材，阐明教育培训内容与生产实际内在联系，促进安全知识的理解。授课人的职能是详细指定参培人员将要学习什么，向参培人员提供学习材料，分析和讲解材料，并力图使这些材料在深度和广度上适合大多数参培人员。同时，授课人还要负责诊断参培人员的学习困难，为他们提供适当的补救。

讲授式教学法的主要优点是教学效率高、通用性强、操作简单，不需要复杂的教学道具，授课人能够很经济地同时向多人传授知识，可以将授课人的经验、知识全部传授于参培人员。特别是在所要传授的内容还没有可资运用的书面材料的情况下，这一优点尤其突出，因为在讲授中，授课人可以亲自向参培人员呈现培训基本内容，直接鼓励参培人员的学习热情。

讲授法也受到了很多批评。例如，对于新员工而言有些安全生产知识比较抽象，问题无法全面的理解，导致了参培人员机械、被动的“填鸭式”学习；枯燥的教学过程容易让参培人员产生厌烦和困意，会导致参培人员思维的移动，不能很好的吸收知识。对此，安全教育培训组织者、授课人应立足于提高培训效果、增强参培人员学习兴趣等方面，注意加以改进和完善。可以通过演示、引导、互动等授课方式，应用动画、PPT 演示文稿等，直观的呈现教学内容、提高参培人员学习兴趣。

二、案例分析

案例分析就是通过对一个含有问题在内的具体安全事例的描述，或通过对某一安全事例情境的描述或录像回放，引导授课人、参培人员对这个特殊情境进行分析、讨论，从中获取针对性安全知识的一种校本学习方法。

案例分析是电力安全专业技术学习和业务培训中的重要内容。在现代管理原理与知识的学习过程中，对一些典型案例进行分析是促进学习和提高教学的有效方法，主要方法为：

（1）通过组织相关人员对各类事故案例讲解，重点掌握造成事故的关键因素和防范措施，提高参培人员辨识事故致因，掌握防范同类事故预控措施的能力。

（2）结合生产计划，应用《供电企业作业安全风险辨识防范手册》，查找同类作业存在的事故风险因素与典型事故案例关联，增强参培人员安全风险意识和现场危害源辨识，在实际

工作中有效保护自身和他人安全。

三、实操演练

操作是指人用手活动的一种行为，也是一种技能，含义很广泛。一般是指劳动、劳作或者按照一定的规范和要领操纵动作。实操演练就是针对预先设定的规范动作，组织参培人员练习并全面掌握动作要领、考核参培人员实际操作能力的培训方式，主要方法为：

（1）仿真培训。基于在高压电气设备实物上的安全作业培训的危险性，同时为增强培训与生产现场理论和实际的有效结合，我们常常采取仿真实操培训方式开展运行、检修（校验）人员上岗前培训、定期培训、技能竞赛、技能鉴定考核等。

（2）实操表演。由富有安全生产经验的团队或人员，针对设定的培训现场情景或某一作业任务过程，开展示范性安全技术表演，通过组织参培人员现场观摩学习及实践，提高参培人员专业技能水平。

四、多媒体教学

多媒体教学是指在安全教育培训过程中，根据培训目标和培训对象的特点，通过培训课件设计，合理选择和运用现代培训媒体，并与传统培训手段有机组合，共同参与培训全过程，以多种媒体信息作用于参培人员，形成合理的培训过程结构，达到最优化的安全教育培训效果。

随着计算机技术的迅速发展和普及，现在我们通常所说的多媒体教学是特指运用多媒体计算机并借助于预先制作的多媒体教学软件来开展的培训活动过程；是利用多媒体计算机，综合处理和控制符号、语言、文字、声音、图形、图像、影像等多种媒体信息，把多媒体的各个要素按培训要求，进行有机组合并通过屏幕或投影机投影显示出来，同时按需要加上声音的配合，以及使用者与计算机之间的人机交互操作，完成教学或训练过程。

多媒体教学改变了单一呆板的培训形式，将抽象的知识直观化、形象化，寓教于乐，激发参培人员学习兴趣，增大信息量，提高学习效率。

第五节　安全教育培训流程

一、准备阶段

“凡事预则立，不预则废”。安全教育培训的准备阶段是十分重要的。综合安全教育培训的长期性、全员性、专业性以及涉及学科广泛等特点，组织开展安全教育培训活动对培训组织者、授课人的专业知识及培训技能的要求较高，需要培训组织者、授课人提前着手从多方面进行细致、充分准备。

（一）人员的确定

（1）授课人员的确定。授课人员的选定主要取决于培训的内容、培训的人员范围。一般情况下分为两种情况：①对于专业性较强的安全教育培训，可以在本企业或同业中选择专业学科带头人、中高级专业技术人员或这方面知识和经验较为丰富的专业技能人员作为兼职培训师，在开展培训以前可以对他进行简单的培训技能方面的培训；②对侧重于现场活动（演示、观摩）或互动性的安全教育培训，需要培训组织者、授课人不但要具有丰富的专业技能、培训技能，还有现场组织领导能力，确保能够调动、指挥参加培训的人员，使其可以很好地融入培训活动。在遇有综合性的安全教育培训活动，确定授课人员时，可以选择多个培训师分别负责不同的培训内容，以达到最好的培训效果。

（2）参加培训人员的确定。应坚持“学以致用”、“学有所获”原则，选择对培训内容确有需求、对实际工作确有帮助的人员参加培训。确定培训人员范围同时培训组织者、授课人对参培人员基本情况（文化程度、工作经历、学习能力、学习态度等）深入了解，为培训教材的选择、培训方法及培训目标的进一步调整和完善奠定基础。

（二）培训目标的确定

在确定安全教育培训活动目标时，需要培训组织者综合考虑企业近期重点工作，安全管理关注点，参培人员的整体情况以及开展培训活动的背景等。设定一个合理的、切实可行的培训目标，能够便于培训组织人员对培训过程中出现的偏差进行修正、调校，能够确保培训效果、培训预期的实现。

（三）培训教材的选择

培训教材的选择要重点考虑参加培训人员的文化程度和学习能力，为提升培训的整体效果，应尽可能选用“通俗易懂”、“图文并茂”、“与实际工作相结合”、“以案例说明”的培训教材。为提升培训效果，培训师在安全教育培训过程往往需要设置参与、讨论、互动环节，这就要求培训组织者或培训师对于培训过程中涉及的案例、示例的图形、图像、影像相关等背景资料要进行大范围的充分准备。

另外，生产性企业应将企业内部及外部的典型事故案例编成教材，及时对有关人员进行教育。

（四）培训方法的准备

培训组织者或授课人应该根据培训内容及参加培训人员情况的不同，需要选择不同的培训组织方法。就目前情况来说，安全教育培训最好选择讲解、交流、实践（演示、观摩）相结合的方法，一方面可以突出安全教育培训的参与性，加深授课人与参加培训人员之间、参加培训人员之间的沟通交流，针对培训内容进行充分讨论学习，解答、解决参加培训人员在日常生产工作中遇到的问题；另一方面也可以应用图片、动漫、视频等培训资料，吸引培训人员的注意力，制造良好的培训学习气氛，调动参加培训人员的学习积极性。

二、实施阶段

（一）培训方法

培训组织者或授课人应根据不同的培训内容和培训的对象选择合适的培训方法。例如：根据安全教育培训的特点，往往会应用到“案例分析”、“实操演练”，采取参加安全教育活动人员围绕一个特定话题、示例展开讨论、分析，实现统一认识进而产生新观点的目的。这是目前在车间、班组级安全教育培训中很常用的一种方法。

生产性企业可运用安全录像、幻灯、电视、计算机多媒体、广播、板报、实物、图片展览，以及安全知识考试、演讲、竞赛等多种形式宣传、普及安全技术知识，进行有针对性、形象化的培训教育，提高职工的安全意识和自我防护能力。生产性企业应设置安全教育室，用音像、实物等对职工进行安全教育。

（二）培训技巧

一次培训的成功与否在很大程度上取决于培训组织者或培训师的水平，而培训组织者或

授课人的水平不仅是专业知识水平，培训技巧也是关键的一部分。可以采取“轮流发言的方式，使每人都有的机会以及与想要主导讨论的人进行交流，以引导其他人发表观点”等方式营造培训、学习气氛。

（三）培训时的沟通

培训时的相互沟通是十分重要的，培训者千万不要脱离安全生产实际，否则会为忽视参与者而付出代价。在培训的过程中，培训者首先要了解受训者说什么和为什么这样说，继而了解受训者想要的东西，比如内容的改进、方式的改变、节奏的改变，使培训不断适应参加者的要求，进而达到理想的培训效果。

（四）提升学习的自主性

首先，要给参加培训者更多的独立性，给他们以自我发现的方式学习的机会；其次，在培训过程中给予受训者一些挑战，使他们有可能影响或改变学习过程和某一段内容；最后，给予受训者较为专业的反馈，这样，可以最大程度地调动受训者的积极性。

三、评估阶段

（一）培训评估

评估是培训的重要组成部分，是考察培训是否达到目的，培训方法是否合理的重要方法。培训评估可分为以下四个方面。

（1）受训者反应。在培训结束时，向受训者发放满意度调查表，征求受训者对培训的反应和感受。

（2）学习的效果。确定受训者在培训结束时，是否在知识、技能、态度等方面得到了提高。

（3）能力的改变。这一阶段的评估要确定培训参加者在多大程度上通过培训而发生了能力上的改进。可以通过对参加者进行正式的测评或非正式的方式，如观察来进行。

（4）产生的效果。这一阶段的评估要考察的不是受训者的情况，而是从企业的范围内，了解因培训而带来的受训者所在部门的改变效果。

（二）培训效果的确认

供电企业及所属生产性企业应根据情况对生产人员的安全考试进行抽考，如抽考成绩与定期考试成绩差距较大，应重新进行考试，并通报批评。

生产性企业应将安全生产规程制度的考试成绩记入个人教育培训档案，考试不及格的应限期补考，合格后方可上岗。

因违反规程制度造成事故、一类障碍和严重未遂事故的责任者，除按有关规定处理外，还应责成其学习有关规程制度，并经考试合格后，方可重新上岗。

（三）培训后的沟通

培训的结束并不意味着与受训者的联系就此中断，培训结束后需要与受训者及时进行沟通反馈，征求、总结对安全教育培训活动改进意见。

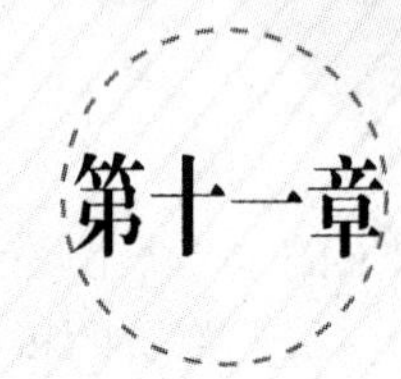

第十一章

消防、保卫工作

第一节 消 防 工 作

一、消防基础知识

（一）燃烧的必要条件

燃烧必备的条件有：可燃物、助燃剂、着火源。

（1）可燃物。凡能与空气中的氧或其他氧化剂起化学反应的物质称可燃物。可燃物按其物理状态分为气体、液体和固体三类。

（2）助燃剂。能帮助和支持可燃物燃烧的物质，即能与可燃物发生氧化反应的物质称为助燃剂。

（3）着火源是指供给可燃物与氧或助燃剂发生燃烧反应的能量来源，常见的是热能。

（4）其他还有化学能、电能、机械能和核能等转变成的热能。

（二）消防器材

（1）灭火器。是指能在其自身压力作用下，将所充装的灭火剂喷洒出用以扑救火灾，并由人力移动的灭火工具。

1）按照驱动灭火剂喷洒出的动力分为泵浦式灭火器、化学反应式灭火器、储气瓶式灭火器、储压式灭火器。

2）按灭火器所充装的灭火剂分为酸碱灭火器、清水灭火器、化学泡沫灭火器、空气泡沫灭火器、二氧化碳灭火器、卤代烷灭火器、干粉灭火器。

3）酸碱灭火器。这类灭火器所充装的灭火剂是碳酸氢钠水溶液和工业硫酸。使用时，碳酸氢钠水溶液和硫酸混合，发生化学反应，于是，水和二氧化碳在化学反应产生的压力作用下由喷嘴喷出灭火。

4）清水灭火器，这类灭火器所充装的灭火剂主要是清洁的水。有时，在水中加入适量的防冻剂或润滑剂等。灭火时，水在安放于灭火器内钢瓶的压力气体作用下，由喷嘴喷出灭火。

5）化学泡沫灭火器。这类灭火器充装的灭火剂为硫酸铝和碳酸氢钠水溶液。使用时，两种水溶液混合引起化学反应而产生泡沫，并在化学反应产生的压力作用下喷射出去灭火。

6）空气泡沫灭火器。这类灭火器充装的灭火剂为空气泡沫液和水。空气泡沫液有多种，如蛋白泡沫、氟蛋白泡沫、合成泡沫、轻水泡沫和抗溶性泡沫等。因此，空气泡沫灭火器又按充入空气泡沫液的名称加以区分，称为蛋白泡沫灭火器、氟蛋白泡沫灭火器、合成泡沫灭火器、轻水泡沫灭火器和抗溶性泡沫灭火器等。使用时，泡沫液和水在灭火器储压钢瓶内的动力气体作用下由喷嘴口喷出并吸入大量空气。于是，泡沫液与空气在混合管内发生剧烈的搅拌而生成空气泡沫，并以一定的速度从混合管口喷出灭火。

7）二氧化碳灭火器。这类灭火器充装的灭火剂是液化的二氧化碳气体。使用时，只要压

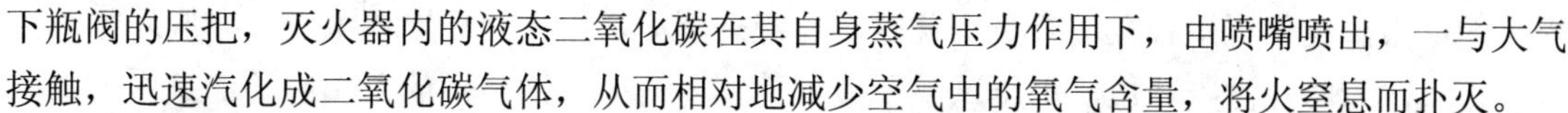

下瓶阀的压把，灭火器内的液态二氧化碳在其自身蒸气压力作用下，由喷嘴喷出，一与大气接触，迅速汽化成二氧化碳气体，从而相对地减少空气中的氧气含量，将火窒息而扑灭。

8）卤代烷灭火器。这类灭火器所充装的灭火剂是卤代烷，而卤代烷灭火剂常用的有1211和1301两种。因此，卤代烷灭火器中又可称为1211灭火器和1301灭火器。使用时，只要开启密封阀，1211（或1301）灭火剂在氮气压力作用下从喷嘴以雾状喷出，并立即汽化，对火焰起抑制作用而使火熄灭。

9）干粉灭火器。这类灭火器充装的灭火剂是干粉。由于干粉灭火剂有若干品种，因此，根据充入不同干粉的名称，干粉灭火器又分别称为碳酸氢钠干粉灭火器（又称BC干粉灭火器）、磷酸铵盐干粉灭火器（又称ABC干粉灭火器）。工作时，灭火器内的干粉在钢瓶的动力气体作用下，形成粉气流，由喷嘴喷出，覆盖火焰而使火熄灭。

（2）水枪和水炮。是射水灭火器具，其主要作用是加快水的流速，增大射程和改变水流形态，水枪有直流水枪（包括开关直流水枪和开花直流水枪）、雾化水枪、多用水枪、高压水枪和带架水枪等。水炮射水的主要特点是水量多、射程远、冲击力大。因此，水炮主要用于强烈的热辐射、热气流、浓烟火场的远距离射水和大风火场的强力射水。

（3）空气泡沫枪、泡沫钩管和中倍数泡沫产生器。

1）空气泡沫枪。是产生和喷射空气泡沫的器具，用于扑救小型油罐、地面石油和石油产品等油类火灾以及木材等一般固体物质火灾。

2）泡沫钩管。是一种移动式泡沫灭火设备，用于产生和喷射空气泡沫，扑救没有固定泡沫灭火装置的地下、半地下和小型油罐的油类火灾。

3）中倍数泡沫产生器。是产生和喷射中倍数泡沫的设备，具备低倍数泡沫流动性好、抗烧性强的特点，也具有高倍数泡沫的倍数高、覆盖火源时间短的优越性。因此，中倍数泡沫产生器常用于扑救油类等易燃液体火灾。

（三）灭火器维修与报废

1. 灭火器的检查

（1）灭火器在每次使用后，必须送到已取得维修许可证的维修单位（以下简称维 修单位）检查，更换已损件，重新充装灭火剂和驱动气体。

（2）灭火器不论已经使用过还是未经使用，距出厂的年月已达规定期限时，必须送维修单位进行水压试验检查。

（3）手提式和推车式1211灭火器、手提式和推车式干粉灭火器，以及手提式和推车式二氧化碳灭火器期满五年，以后每隔两年，必须进行水压试验等检查。

（4）手提式和推车式机械泡沫灭火器、手提式清水灭火器期满三年，以后每隔两年，必须进行水压试验检查。

（5）手提式和推车式化学泡沫灭火器、手提式酸碱灭火器期满两年，以后每隔一年，必须进行水压试验检查。

2. 维修技术要求

经过维修的各种灭火器必须符合该产品国家标准或行业标准的要求。

3. 灭火器筒体

（1）维修单位必须逐一对灭火器筒体进行水压试验。另外，灭火器已经使用，虽未达到规定的期限，但外观检查发现筒身有磕碰，焊缝外观质量不符合规定要求的，亦应进行水压试验检查。为防止污染环境，水压试验前应将筒体内的灭火剂分别放入相应的储罐内。水压试验压力为灭火器设计压力的 1.5 倍。试验时不得有渗漏和宏观变形（残余变形量等于或大于 6%）等影响强度的缺陷。

（2）水压试验合格的筒体，贴花完整，但有部分漆皮脱落的，应重新涂漆。

（3）水压试验合格的筒体（水型的灭火器除外）。均应进行烘干（中华人民共和国公安部 1995 年 3 月 1 日批准，1995 年 12 月 1 日实施）。

（4）灭火器的橡胶、塑料件不得用有机溶剂洗涤。变形、变色、老化或断裂的必须更换。

（5）压力表外表面不得有变形、损伤等缺陷。压力值的显示应正常，否则，应更换压力表。

（6）喷嘴有变形、开裂、损伤等缺陷，必须更换。防尘盖应保证灭火剂喷出时能够自行脱落或击碎。

（7）灭火器的压把、阀体等金属件不得有严重损伤、变形、锈蚀等影响使用的缺陷，顶针不得有肉眼可见的缺陷，否则，必须更换。

（8）密封片、密封垫等密封零件必须更换，并符合密封要求。干粉灭火器的防潮膜必须更换，并符合 GB 4402 的规定。

（9）灭火器的出气管不应有弯折、堵塞、损伤和裂纹等缺陷，否则，必须更换。

4. 二氧化碳储气瓶（以下简称储气瓶）

（1）储气瓶必须符合 GB 4351.1—2005《手提式灭火器　第 1 部分：性能和结构要求》的要求。

（2）储气瓶从出厂日期算起五年后，以后每隔三年必须按 GB4351.2—2005《手提式灭火器　第 2 部分：手提式二氧化碳灭火器钢质无缝瓶体要求》的要求做水压试验。水压试验不合格者必须更换。

（3）没有按 GB 4351.2—2005《手提式灭火器 第 2 部分：手提式二氧化碳灭火器钢质无缝瓶体的要求》的要求打钢印的储气瓶必须更换。

5. 器头

（1）器头不允许存在裂纹、螺纹失效等缺陷，否则必须更换。

（2）塑料器头使用二年后必须与筒体一起做水压试验检查，不合格者必须更换。

（3）金属器头从出厂之日起，每隔五年必须与筒体一起做一次水压试验，不合格者必须更换。

（4）化学泡沫灭火器的内剂瓶不得有裂纹等缺陷，否则必须更换。

（5）水型或泡沫型灭火器的滤网损坏的，必须更换。

（6）所有需更换的灭火器零、部件应尽可能采用原生产厂生产的。若采用其他厂或自制的零、部件，必须符合国家标准、行业标准和灭火器生产厂的设计要求。

6. 充装灭火剂

经过维修的灭火器，其充装的灭火剂应符合有关灭火剂的标准要求。

7. 维修铭牌

经维修后的灭火器，必须在灭火器的筒身和储气瓶上分别贴上永久性维修铭牌。

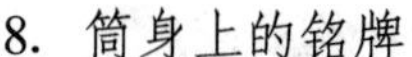

8. 筒身上的铭牌

（1）铭牌的位置在灭火器生产厂贴花的背面筒身上。

（2）铭牌的尺寸推荐为 70mm×50mm。

（3）铭牌的颜色推荐为白底黑字。

（4）铭牌的内容有：维修单位的名称、维修许可证编号、筒体水压试验压力值（MPa）、维修的年月。

（5）每次维修的铭牌不允许相互覆盖。

（6）储气瓶永久性的维修铭牌（不允许打钢字）上，应标明储气瓶的充装系数、驱动气体充装量，同时还应有维修单位名称和充气的年月。

9. 灭火器的报废

（1）灭火器有下列情况之一者，必须报废。

1）筒体进行水压试验，不合格的必须报废，不允许补焊。

2）筒体严重锈蚀（漆皮大面积脱落，锈蚀面积不小于筒体总面积的 1/3 者）或连接部位、筒底严重锈蚀的。

3）内扣式器头没有（或未安装）卸气螺钉和固定螺钉的。

4）手轮式阀门的二氧化碳灭火器，必须更换压把式阀门；灭火剂量大于等于 4 kg的灭火器，应更换带间歇喷射机构的器头或增装喷枪。无法更换的应报废。

5）筒体严重变形的。

6）结构不合理的（如筒体平底的、储气瓶外置、进气管从筒身上进入筒体内部的干粉灭火器）。

7）没有生产厂名称和出厂年月的（含贴花脱落，或虽有贴花，但已看不清生产厂名称和出厂年月的）。

8）未取得生产许可证厂家生产的。

9）公安部或各省（市、区）公安消防部门命令禁止销售和维修的。

（2）灭火器的报废年限。灭火器从出厂日期算起，达到表 11-1 所列的年限，必须报废。

表 11-1　　灭火器的报废年限

灭 火 器 种 类	年限	灭 火 器 种 类	年限
手提式化学泡沫灭火器	5 年	手提式二氧化碳灭火器	12 年
手提式酸碱灭火器	5 年	推车式化学泡沫灭火器	8 年
手提式清水灭火器	6 年	推车式干粉灭火器（储气瓶式）	10 年
手提式干粉灭火器（储气瓶式）	8 年	推车贮压式干粉灭火器	12 年
手提储压式干粉灭火器	10 年	推车式 1211 灭火器	10 年
手提式 1211 灭火器	10 年	推车式二氧化碳灭火器	12年

10. 报废标志

应报废的灭火器或储气瓶，必须在筒身或瓶体上打孔，并且用不干胶贴上“报废”的明显标志，内容为：①“报废”两字，字体最小为 25mm×25mm；②报废年月；③维修单位名

称；④检验员签章 GB 435.1—2005《手提式灭火器 第 1 部分：性能和结构要求》

消防器材检查流程图如图 11-1 所示。

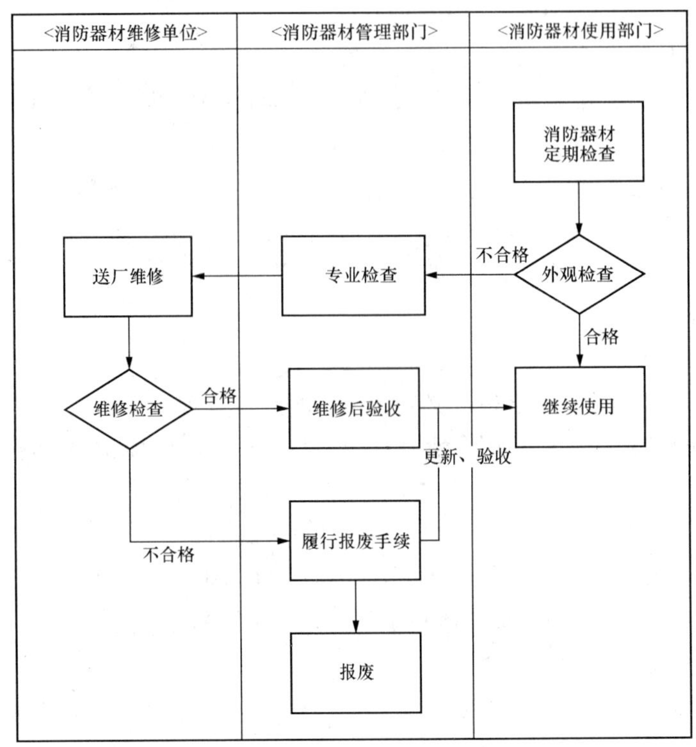

图 11-1 消防器材检查流程图

二、消防安全管理

根据《机关、团体、企业、事业单位消防安全管理规定》中规定，发电厂（站）和电网经营企业是消防安全重点单位。

（1）消防安全重点单位及其消防安全责任人、消防安全管理人应当报当地公安消防机构备案。

（2）消防安全重点单位应当设置或者确定消防工作的归口管理职能部门，并确定专职或兼职的消防管理人员；其他单位应当确定专职或者兼职消防管理人员，可以确定消防工作的归口管理职能部门。归口管理职能部门和专兼职消防管理人员在消防安全责任人或者消防安全管理人的领导下开展消防安全管理工作。

（3）单位应当对动用明火实行严格的消防安全管理。禁止在具有火灾、爆炸危险的场所使用明火；因特殊情况需要进行电、气焊等明火作业的，动火部门和人员应当按照单位的用火管理制度办理审批手续，落实现场监护人，在确认无火灾、爆炸危险后方可动火施工。动火施工人员应当遵守消防安全规定，并落实相应的消防安全措施。

（4）单位应当保障疏散通道、安全出口畅通，并设置符合国家规定的消防安全疏散指示标志和应急照明设施，保持防火门、防火卷帘、消防安全疏散指示标志、应急照明、机械排烟送风、火灾事故广播等设施处于正常状态，严禁下列行为。

1）占用疏散通道。

2）在安全出口或者疏散通道上安装栅栏等影响疏散的障碍物。

3）在营业、生产、教学、工作等期间将安全出口上锁、遮挡或者将消防安全疏散指示标志遮挡、覆盖。

4）其他影响安全疏散的行为。

5）单位应当按照国家有关规定，结合本单位的特点，建立健全各项消防安全制度和保障消防安全的操作规程，并公布执行。

（5）单位消防安全制度主要包括以下内容。消防安全教育、培训，防火巡查、检查，安全疏散设施管理，消防（控制室）值班，消防设施、器材维护管理，火灾隐患整改，用火、用电安全管理，易燃易爆危险物品和场所防火防爆，专职和义务消防队的组织管理，灭火和应急疏散预案演练，燃气和电气设备的检查和管理（包括防雷、防静电），消防安全工作考评和奖惩，其他必要的消防安全内容［《机关、团体、企业、事业单位消防安全管理规定》［中华人民共和国公安部令第61号第十三章：第十三～十五条、第十八条、第二十条］。

（6）禁止在具有火灾、爆炸危险的场所吸烟、使用明火。因施工等特殊情况需要使用明火作业的，应当按照规定事先办理审批手续，采取相应的消防安全措施，作业人员应当遵守消防安全规定。

（7）进行电、气焊等具有火灾危险作业的人员和自动消防系统的操作人员，必须持证上岗，并遵守消防安全操作规程［《中华人民共和国消防法》（中华人民共和国主席令第六号）第二十一条］。

（8）电气设备的防火管理。

1）变压器如果长期过负荷运行，使绝缘老化发生短路或由于内部故障，都能引起电弧，轻则喷油冒火，重则在高温电弧的作用下，使变压器油分解气化，导致爆炸，造成巨大的经济损失和社会影响。

2）变压器在安装运行前，应进行绝缘强度测试，符合国家标准、行业标准和制造厂的技术规定。

3）大型变压器高压侧应装设断路器，中、小型变压器，一般在高压侧安装跌落式熔断器。

4）油浸电力变压器室应为一级耐火等级的建筑物，门应采用非燃烧体或难燃烧体。

5）电气线路发生火灾，主要是线路的短路、过负荷运行以及导线或电缆的接触电阻过大等原因，产生电火花和电弧或引起导线过热所造成。

6）线路运行过程中，要经常注意检查电线绝缘层有无损坏，并定期检查绝缘强度，为了防止线路发生短路和过负荷，在安装电气线路时应重视导线的类型、截面和绝缘强度的选择，防患于未然。

（9）建筑物的防火。

1）仓库是生产与生产部门、生产与流通部门之间的中间站，是物品储存的集中场所，因此，保证仓库防火安全至关重要。

2）库房或每个防火隔间的安全出口数目不宜少于两个。但一座多层库房的占地面积不超过300m^{2}可设一个疏散楼梯；面积不超过100m^{2}的防火隔间，可设置一个门。库房的地下室、半地下室的安全出口数不应少于两个，但面积不超过100m^{2}时可设一个。库房的门应向外开启或靠墙的外侧推拉，但甲类物品库房不应采用侧拉门。供垂直运输物品的升降机，宜设在库房外；如必须设在库房内时，应设在耐火极限不低于 2.00h 的井筒内；井筒壁上的门，应采用乙级防火门。

3）仓库区都应设置消防车道。一座乙、丙类库房的占地面积超过 $1500m^2$ 时，宜设置环形消防车道。如有困难，可沿其两个长边设置消防车道或设置可供消防车通行的且宽度不小于 6m 的平坦空地。

（10）建设工程消防监督管理工作

1）建设、设计、施工、工程监理等单位应当遵守消防法规、国家消防技术标准，对建设工程消防设计、施工质量和安全负责。

2）公安机关消防机构依法实施建设工程消防设计审核、消防验收和备案、抽查。

3）除省、自治区人民政府公安机关消防机构外，县级以上地方人民政府公安机关消防机构承担辖区建设工程的消防设计审核、消防验收和备案抽查工作，具体分工由省级公安机关消防机构确定，并报公安部消防局备案。

4）跨行政区域的建设工程消防设计审核、消防验收和备案抽查工作，由其共同的上一级公安机关消防机构指定管辖。

5）公安机关消防机构实施建设工程消防监督管理，应当遵循公正、严格、文明、高效的原则。

6）建设工程的消防设计、施工必须符合国家工程建设消防技术标准。

7）公安机关消防机构对建设工程进行消防设计审核、消防验收和备案抽查，应当由两名以上执法人员实施。[《建设工程消防监督管理规定》第三～六条]

（11）消防设计、施工的质量责任。建设单位不得要求设计、施工、工程监理等有关单位和人员违反消防法规和国家工程建设消防技术标准，降低建设工程消防设计、施工质量，并承担下列消防设计、施工的质量责任。

1）依法申请建设工程消防设计审核、消防验收，依法办理消防设计和竣工验收备案手续并接受抽查。建设工程内设置的公众聚集场所未经消防安全检查或者经检查不符合消防安全要求的，不得投入使用、营业。

2）实行工程监理的建设工程，应当将消防施工质量一并委托监理。

3）选用具有国家规定资质等级的消防设计、施工单位。

4)选用合格的消防产品和满足防火性能要求的建筑构件、建筑材料及室内装修装饰材料。

5）依法应当经消防设计审核、消防验收的建设工程，未经审核或者审核不合格的，不得组织施工；未经验收或者验收不合格的，不得交付使用。

设计单位应当承担下列消防设计的质量责任。

1）根据消防法规和国家工程建设消防技术标准进行消防设计，编制符合要求的消防设计文件，不得违反国家工程建设消防技术标准强制性要求进行设计。

2）在设计中选用的消防产品和有防火性能要求的建筑构件、建筑材料、室内装修装饰材料，应当注明规格、性能等技术指标，其质量要求必须符合国家标准或者行业标准。

3）参加建设单位组织的建设工程竣工验收，对建设工程消防设计实施情况签字确认。

施工单位应当承担下列消防施工的质量和安全责任。

1）按照国家工程建设消防技术标准和经消防设计审核合格或者备案的消防设计文件组织施工，不得擅自改变消防设计进行施工，降低消防施工质量。

2）查验消防产品和有防火性能要求的建筑构件、建筑材料及室内装修装饰材料的质量，使用合格产品，保证消防施工质量。

3）建立施工现场消防安全责任制度，确定消防安全负责人。加强对施工人员的消防教育培训，落实动火、用电、易燃可燃材料等消防管理制度和操作规程。保证在建工程竣工验收前消防通道、消防水源、消防设施和器材、消防安全标志等完好有效。

工程监理单位应当承担下列消防施工的质量监理责任。

1）按照国家工程建设消防技术标准和经消防设计审核合格或者备案的消防设计文件实施工程监理。

2）在消防产品和有防火性能要求的建筑构件、建筑材料、室内装修装饰材料施工安装前，核查产品质量证明文件，不得同意使用或者安装不合格的消防产品和防火性能不符合要求的建筑构件、建筑材料、室内装修装饰材料。

3）参加建设单位组织的建设工程竣工验收，对建设工程消防施工质量签字确认。

为建设工程消防设计、竣工验收提供图纸审查、安全评估、检测等消防技术服务的机构和人员，应当依法取得相应的资质、资格，按照法律、行政法规、国家标准、行业标准和执业标准提供消防技术服务，并对出具的审查、评估、检验、检测意见负责［《建设工程消防监督管理规定》第八条～十一条］。

（12）变电站的设计防火规范。

1）建（构）筑物的火灾危险性分类及其耐火等级应符合表 11-2 的规定。

表 11-2　　建（构）筑物的火灾危险性分类及其耐火等级

建（构）筑物名称		火灾危险性分类	耐火等级
主控通信楼		戊	二级
继电器室		戊	二级
电缆夹层		丙	二级
建（构）筑物名称	火灾危险性分类	耐火等级	
配电装置楼（室）	单台设备油量 60kg 以上	丙	二级
	单台设备油量 60kg 及以下	丁	二级
	无含油电气设备	戊	二级
屋外配电装置	单台设备油量 60kg 以上	丙	二级
	单台设备油量 60kg 及以下	丁	二级
	无含油电气设备	戊	二级
油浸变压器室		丙	一级
气体或干式变压器室		丁	二级
电容器室（有可燃介质）		丙	二级
干式电容器室		丁	二级
油浸电抗器室		丙	二级

续表

建（构）筑物名称	火灾危险性分类	耐火等级
干式铁心电抗器室	丁	二级
总事故储油池	丙	一级
生活、消防水泵房	戊	二级
雨淋阀室、泡沫设备室	戊	二级
污水、雨水泵房	戊	二级

注 1. 主控通信楼当未采取防止电缆着火后延燃的措施时，火灾危险性应为丙类。

2. 当地下变电站、城市户内变电站将不同使用用途的变配电部分布置在一幢建筑物或联合建筑物内时，则其建筑物的火灾危险性分类及其耐火等级除另有防火隔离措施外，需按火灾危险性类别高者选用。

3. 当电缆夹层采用A类阻燃电缆时，其火灾危险性可为丁类。

2）变电站内各建（构）筑物及设备的防火间距不应小于表11-3的规定。

表11-3　　变电站内各建（构）筑物及设备的防火间距　　m

<table>
<tr><td colspan="3" rowspan="3">建（构）筑物名称</td><td colspan="2">丙、丁、戊类生产建筑</td><td colspan="2">屋外配电装置</td><td rowspan="3">可燃介质电容器（室、棚）</td><td rowspan="3">总事故储油池</td><td colspan="2">生活建筑</td></tr>
<tr><td colspan="2">耐火等级</td><td colspan="2">每组断路器油量/t</td><td colspan="2">耐火等级</td></tr>
<tr><td>一、二级</td><td>三级</td><td><1</td><td>≥1</td><td>一、二级</td><td>三级</td></tr>
<tr><td rowspan="2">丙、丁、戊类生产建筑</td><td rowspan="2">耐火等级</td><td>一、二级</td><td>10</td><td>12</td><td rowspan="2">—</td><td rowspan="2">10</td><td>10</td><td>5</td><td>10</td><td>12</td></tr>
<tr><td>三级</td><td>12</td><td>14</td><td>10</td><td>5</td><td>12</td><td>14</td></tr>
<tr><td rowspan="2">屋外配电装置</td><td rowspan="2">每组断路器油量/t</td><td><1</td><td colspan="2">—</td><td colspan="2" rowspan="2">—</td><td rowspan="2">10</td><td rowspan="2">5</td><td rowspan="2">10</td><td rowspan="2">12</td></tr>
<tr><td>≥1</td><td colspan="2">10</td></tr>
<tr><td rowspan="3">油浸变压器</td><td rowspan="3">单台设备油量/t</td><td>5～10</td><td colspan="2" rowspan="3">10</td><td colspan="2" rowspan="3">—</td><td rowspan="3">10</td><td rowspan="3">5</td><td>15</td><td>20</td></tr>
<tr><td>>10～50</td><td>20</td><td>25</td></tr>
<tr><td>>50</td><td>25</td><td>30</td></tr>
<tr><td colspan="3">可燃介质电容器（室、棚）</td><td colspan="2">10</td><td colspan="2">10</td><td>—</td><td>5</td><td>15</td><td>20</td></tr>
<tr><td colspan="3">总事故储油池</td><td colspan="2">5</td><td colspan="2">5</td><td>5</td><td>—</td><td>10</td><td>12</td></tr>
<tr><td rowspan="2">生活建筑</td><td rowspan="2">耐火等级</td><td>一、二级</td><td>10</td><td>12</td><td colspan="2">10</td><td>15</td><td>10</td><td>6</td><td>7</td></tr>
<tr><td>三级</td><td>12</td><td>14</td><td colspan="2">12</td><td>20</td><td>12</td><td>7</td><td>8</td></tr>
</table>

注 1. 建（构）筑物防火间距应按相邻两建（构）筑物外墙的最近距离计算，如外墙有凸出的燃烧构件时，则应从其凸出部分外缘算起。

2. 相邻两座建筑两面的外墙为非燃烧体且无门窗洞口、无外露的燃烧屋檐，其防火间距可按本表减少25%。

3. 相邻两座建筑较高一面的外墙如为防火墙时，其防火间距可不限，但两座建筑物门窗之间的净距不应小于5m。

4. 生产建（构）筑物侧墙外5m以内布置油浸变压器或可燃介质电容器等电气设备时，该墙在设备总高度加3m的水平线以下及设备外廓两侧各3m的范围内，不应设有门窗、洞口；建筑物外墙距设备外廓5～10m时，在上述范围内的外墙可设甲级防火门，设备高度以上可设防火窗，其耐火极限不应小于0.90h。

3）电缆及电缆敷设。

① 电缆从室外进入室内的入口处、电缆竖井的出入口处、电缆接头处、主控制室与电缆夹层之间以及长度超过100m的电缆沟或电缆隧道，均应采取防止电缆火灾蔓延的阻燃或分

隔措施，并应根据变电站的规模及重要性采取下列一种或数种措施：采用防火隔墙或隔板，并用防火材料封堵电缆通过的孔洞；电缆局部涂防火涂料或局部采用防火带、防火槽盒。

② 220kV 及以上变电站，当电力电缆与控制电缆或通信电缆敷设在同一电缆沟或电缆隧道内时，宜采用防火槽盒或防火隔板进行分隔。

③ 地下变电站电缆夹层宜采用 C 类或 C 类以上的阻燃电缆。

4）建（构）筑物的安全疏散和建筑构造。

① 变压器室、电容器室、蓄电池室、电缆夹层、配电装置室的门应向疏散方向开启；当门外为公共走道或其他房间时，该门应采用乙级防火门。配电装置室的中间隔墙上的门应采用由不燃材料制作的双向弹簧门。

② 建筑面积超过 250m^2 的主控通信室、配电装置室、电容器室、电缆夹层，其疏散出口不宜少于两个，楼层的第二个出口可设在固定楼梯的室外平台处。当配电装置室的长度超过 60m 时，应增设 1 个中间疏散出口。

③ 地下变电站每个防火分区的建筑面积不应大于 1000m^2。设置自动灭火系统的防火分区，其防火分区面积可增大 1.0 倍；当局部设置自动灭火系统时，增加面积可按该局部面积的 1.0 倍计算。

④ 地下变电站安全出口数量不应小于两个。地下室与地上层不应共用楼梯间，当必须共用楼梯间时，应在地上首层采用耐火极限不低于 2h 的不燃烧体隔墙和乙级防火门将地下或半地下部分与地上部分的连通部分完全隔开，并应有明显标志。

⑤ 地下变电站楼梯间应设乙级防火门，并向疏散方向开启。

5）消防给水、灭火设施及火灾自动报警。

① 变电站建筑室外消防用水量不应小于表 11-4 的规定。

表 11-4　　室外消防用水量　　L/s

建筑物耐火等级	建筑物火灾危险性类别	建筑物体积/m^3				
		≤1500	1501～3000	3001～5000	5001～20000	20001～50000
一、二级	丙类	10	15	20	25	30
	丁、戊类	10	10	10	15	15

注　当变压器采用水喷雾灭火系统时，变压器室外消火栓用水量不应小于 10L/s。

② 变电站建筑室内消防用水量不应小于表 11-5 的规定。

表 11-5　　室内消火栓用水量

建筑物名称	高度、层数、体积	消火栓用水量/（L/s）	同时使用水枪数量/支	每支水枪最小流量/（L/s）	每根竖管最小流量/（L/s）
主控通信楼、配电装置楼、继电器室、变压器室、电容器室、电抗器室	高度≤24m、体积≤10000m^3	5	2	2.5	5
	高度≤24m、体积＞10000m^3	10	2	5	10
	高度 24～50m	25	5	5	15
其他建筑	高度≥6 层或体积≥10000m^3	15	3	5	10

③ 变电站主要设备用房和设备火灾自动报警系统应符合表11-6的规定。

表11-6　主要建（构）筑物和设备火灾探测报警系统

建筑物和设备	火灾探测器类型	备　注
主控通信室	感烟或吸气式感烟	
电缆层和电缆竖井	线型感温、感烟或吸气式感烟	
继电器室	感烟或吸气式感烟	
电抗器室	感烟或吸气式感烟	如选用含油设备时，采用感温
可燃介质电容器室	感烟或吸气式感烟	
配电装置室	感烟、线型感烟或吸气式感烟	
主变压器	线型感温或吸气式感烟（室内变压器）	

6）采暖、通风和空气调节。

地下变电站采暖、通风和空气调节设计应符合下列规定。所有采暖区域严禁采用明火取暖。

电气配电装置室应设置机械排烟装置，其他房间的排烟设计应符合现行国家标准《建筑设计防火规范》GB 50016—2006的规定。

当火灾发生时，送、排风系统、空调系统应能自动停止运行；当采用气体灭火系统时，穿过防护区的通风或空调风道上的防火阀应能立即自动关闭。

7）消防供电及应急照明。

① 变电站的消防供电应符合下列规定。

消防水泵、电动阀门、火灾探测报警与灭火系统、火灾应急照明应按Ⅱ类负荷供电。

消防用电设备采用双电源或双回路供电时，应在最末一级配电箱处自动切换。

应急照明可采用蓄电池作备用电源，其连续供电时间不应少于20min。

消防用电设备应采用单独的供电回路，当发生火灾切断生产、生活用电时，仍应保证消防用电，其配电设备应设置明显标志。

消防用电设备的配电线路应满足火灾时连续供电的需要。当暗敷时，应穿管并敷设在不燃烧体结构内，其保护层厚度不应小于30mm；当明敷时（包括附设在吊顶内），应穿金属管或封闭式金属线槽，并采取防火保护措施。当采用阻燃或耐火电缆时，敷设在电缆井、电缆沟内可不采取防火保护措施；当采用矿物绝缘类等具有耐火、抗过载和抗机械破坏性能的不燃性电缆时，可直接明敷。宜与其他配电线路分开敷设，当敷设在同一井、沟内时，宜分别布置在井、沟的两侧。

② 火灾应急照明和疏散标志应符合下列规定。

户内、户外变电站主控通信室、配电装置室、消防水泵房和建筑疏散通道应设置应急照明。

地下变电站的主控通信室、配电装置室、变压器室、继电器室、消防水泵房、建筑疏散通道和楼梯间应设置应急照明。

地下变电站的疏散通道和安全出口应设发光疏散指示标志。

人员疏散用的应急照明照度不应低于 0.5lx，继续工作应急照明不应低于正常照明照度值的 10%。

应急照明灯宜设置在墙面或顶棚上〔《火力发电厂与变电站设计防火规范》GB 50229—2006 第十一章〕。

（13）消防设计审核和消防验收。

对具有下列情形之一的人员密集场所，建设单位应当向公安机关消防机构申请消防设计审核，并在建设工程竣工后向出具消防设计审核意见的公安机关消防机构申请消防验收。

1）建筑总面积大于 20000m^2 的体育场馆、会堂，公共展览馆、博物馆的展示厅。

2）建筑总面积大于 15000m^2 的民用机场航站楼、客运车站候车室、客运码头候船厅。

3）建筑总面积大于 10000m^2 的宾馆、饭店、商场、市场。

4）建筑总面积大于 2500m^2 的影剧院、公共图书馆的阅览室、营业性室内健身和休闲场馆、医院的门诊楼，大学的教学楼、图书馆、食堂，劳动密集型企业的生产加工车间以及寺庙、教堂。

5）建筑总面积大于 1000m^2 的托儿所、幼儿园的儿童用房、儿童游乐厅等室内儿童活动场所，养老院、福利院，医院、疗养院的病房楼，中小学校的教学楼、图书馆、食堂，学校的集体宿舍，劳动密集型企业的员工集体宿舍。

6）建筑总面积大于 500m^2 的歌舞厅、录像厅、放映厅、卡拉 OK 厅、夜总会、游艺厅、桑拿浴室、网吧、酒吧，具有娱乐功能的餐馆、茶馆、咖啡厅。

对具有下列情形之一的特殊建设工程，建设单位应当向公安机关消防机构申请消防设计审核，并在建设工程竣工后向出具消防设计审核意见的公安机关消防机构申请消防验收。

1）设有《建设工程消防监督管理规定》所列的人员密集场所的建设工程。

2）国家机关办公楼、电力调度楼、电信楼、邮政楼、防灾指挥调度楼、广播电视楼、档案楼。

3）本条第一项、第二项规定以外的单体建筑面积大于 40000m^2 或者建筑高度超过 50m 的其他公共建筑。

4）城市轨道交通、隧道工程，大型发电、变配电工程。

5）生产、储存、装卸易燃易爆危险物品的工厂、仓库和专用车站、码头，易燃易爆气体和液体的充装站、供应站、调压站。

建设单位申请消防设计审核应当提供下列材料。

1）建设工程消防设计审核申报表。

2）建设单位的工商营业执照等合法身份证明文件。

3）新建、扩建工程的建设工程规划许可证明文件。

4）设计单位资质证明文件。

5）消防设计文件。

具有下列情形之一的，建设单位除提供上述所列材料外，应当同时提供特殊消防设计的技术方案及说明，或者设计采用的国际标准、境外消防技术标准的中文文本，以及其他有关消防设计的应用实例、产品说明等技术资料。

1）国家工程建设消防技术标准没有规定的。

2）消防设计文件拟采用的新技术、新工艺、新材料可能影响建设工程消防安全，不符合国家标准规定的。

3）拟采用国际标准或者境外消防技术标准的。

公安机关消防机构应当自受理消防设计审核申请之日起二十日内出具书面审核意见。但是依照《建设工程消防监督管理规定》需要组织专家评审的，专家评审时间不计算在审核时间内。

公安机关消防机构应当依照消防法规和国家工程建设消防技术标准强制性要求对申报的消防设计文件进行审核。对符合下列条件的，公安机关消防机构应当出具消防设计审核合格意见；对不符合条件的，应当出具消防设计审核不合格意见，并说明理由。

1）新建、扩建工程已经取得建设工程规划许可证。

2）设计单位具备相应的资质条件。

3）消防设计文件的编制符合公安部规定的消防设计文件申报要求。

4）建筑的总平面布局和平面布置、耐火等级、建筑构造、安全疏散、消防给水、消防电源及配电、消防设施等的设计符合国家工程建设消防技术标准强制性要求。

5）选用的消防产品和有防火性能要求的建筑材料符合国家工程建设消防技术标准和有关管理规定。

对具有上述情形之一的建设工程，公安机关消防机构应当在受理消防设计审核申请之日起五日内将申请材料报送省级人民政府公安机关消防机构组织专家评审。省级人民政府公安机关消防机构应当在收到申请材料之日起三十日内会同同级住房和城乡建设行政主管部门召开专家评审会，对建设单位提交的消防技术方案进行评审。参加评审的专家应当具有相关专业高级技术职称，总数不应少于七人，并应当出具专家评审意见。评审专家有不同意见的，应当注明。省级人民政府公安机关消防机构应当在专家评审会后五日内将专家评审意见书面通知报送申请材料的公安机关消防机构，同时报公安部消防局备案。对三分之二以上评审专家同意的消防技术方案，受理消防设计审核申请的公安机关消防机构应当出具消防设计审核合格意见。

建设、设计、施工单位不得擅自修改经公安机关消防机构审核合格的建设工程消防设计。确需修改的，建设单位应当向出具消防设计审核意见的公安机关消防机构重新申请消防设计审核。

建设单位申请消防验收应当提供下列材料：①建设工程消防验收申报表；②工程竣工验收报告；③消防产品质量合格证明文件；④有防火性能要求的建筑构件、建筑材料、室内装修装饰材料符合国家标准或者行业标准的证明文件、出厂合格证；⑤消防设施、电气防火技术检测合格证明文件；⑥施工、工程监理、检测单位的合法身份证明和资质等级证明文件；⑦其他依法需要提供的材料。

公安机关消防机构应当自受理消防验收申请之日起二十日内组织消防验收，并出具消防验收意见。

公安机关消防机构对申报消防验收的建设工程，应当依照建设工程消防验收评定标准对已经消防设计审核合格的内容组织消防验收。对综合评定结论为合格的建设工程，公安机关消防机构应当出具消防验收合格意见；对综合评定结论为不合格的，应当出具消防验收不合格意见，并说明理由。

对通过消防设计审核的高层建筑、地下工程，以及采用新技术、新工艺、新材料的建设工程，公安机关消防机构应当重点进行监督检查，督促施工单位落实工程建设消防安全和质量责任。

[《建设工程消防监督管理规定》第三章：第十三～十五条]

（14）消防设计和竣工验收的备案抽查。对《建设工程消防监督管理规定》第十三条、第十四条规定以外的建设工程，建设单位应当在取得施工许可、工程竣工验收合格之日起七日内，通过省级公安机关消防机构网站的消防设计和竣工验收备案受理系统进行消防设计、竣工验收备案，或者报送纸质备案表由公安机关消防机构录入消防设计和竣工验收备案受理系统。

公安机关消防机构收到消防设计、竣工验收备案后，应当出具备案凭证，并通过消防设计和竣工验收备案受理系统中预设的抽查程序，随机确定抽查对象。被抽查到的建设单位应当在收到备案凭证之日起五日内按照备案项目向公安机关消防机构提供《建设工程消防监督管理规定》第十五条或者第二十一条规定的材料。公安机关消防机构应当在收到消防设计、竣工验收备案材料之日起三十日内，依照消防法规和国家工程建设消防技术标准强制性要求完成图纸检查，或者按照建设工程消防验收评定标准完成工程检查，制作检查记录。检查结果应当在消防设计和竣工验收备案受理系统中公告。

公安机关消防机构发现消防设计不合格的，应当在五日内书面通知建设单位改正；已经开始施工的，同时责令停止施工。

建设单位收到通知后，应当停止施工，对消防设计组织修改后送公安机关消防机构复查。经复查，对消防设计符合国家工程建设消防技术标准强制性要求的，公安机关消防机构应当出具书面复查意见，告知建设单位恢复施工。

公安机关消防机构实施竣工验收抽查时，发现有违反消防法规和国家工程建设消防技术标准强制性要求或者降低消防施工质量的，应当在五日内书面通知建设单位改正。建设单位收到通知后，应当停止使用，组织整改后向公安机关消防机构申请复查。经复查符合要求的，公安机关消防机构应当出具书面复查意见，告知建设单位恢复使用。

建设工程的消防设计、竣工验收未依法报公安机关消防机构备案的，公安机关消防机构应当依法处罚，责令建设单位在五日内备案，并纳入抽查范围；对逾期不备案的，公安机关消防机构应当在备案期限届满之日起五日内通知建设单位，责令其停止施工、使用[《建设工程消防监督管理规定》第四章：第二十五～二十七条、第二十九条]。

（15）消防工作的监督。上级公安机关消防机构对下级公安机关消防机构建设工程消防监督管理情况进行监督、检查和指导。

公安机关消防机构办理建设工程消防设计审核、消防验收，实行主责承办、技术复核、审验分离和集体会审等制度。公安机关消防机构实施消防设计审核、消防验收的主责承办人、技术复核人和行政审批人应当依照职责对消防执法质量负责。

省级公安机关消防机构应当在互联网上设立消防设计和竣工验收备案受理系统，结合辖区内建设工程数量和消防设计、施工质量情况，统一确定消防设计与竣工验收备案预设程序和抽查比例，并对备案、抽查实施情况进行定期检查。对设有人员密集场所的建设工程抽查比例不应低于50%。公安机关消防机构和人员应当依照本规定对建设工程消防设计和竣工验收实施备案抽查，不得擅自确定抽查对象。

办理消防设计审核、消防验收、备案抽查的公安机关消防机构工作人员是申请人、利害关系人的近亲属，或者与申请人、利害关系人有其他关系可能影响办理公正的，应当回避。

公安机关消防机构接到公民、法人和其他组织有关建设工程违反消防法律法规和国家工程建设消防技术标准的举报，应当在三日内组织人员核查，核查处理情况应当及时告知举报人。

公安机关消防机构实施建设工程消防监督管理时，不得对消防技术服务机构、消防产品设定法律法规规定以外的地区性准入条件。

公安机关消防机构及其工作人员不得指定或者变相指定建设工程的消防设计、施工、工程监理单位和消防技术服务机构；不得指定消防产品和建筑材料的品牌、销售单位；不得参与或者干预建设工程消防设施施工、消防产品和建筑材料采购的招投标活动。

公安机关消防机构实施消防设计审核、消防验收和备案、抽查，不得收取任何费用。

公安机关消防机构实施建设工程消防监督管理的依据、范围、条件、程序、期限及其需要提交的全部材料目录和申请书示范文本应当在互联网网站、受理场所、办公场所公示。

消防设计审核、消防验收、备案抽查的结果，除涉及国家秘密、商业秘密和个人隐私的以外，应当予以公开，公众有权查阅。

消防设计审核合格意见、消防验收合格意见具有下列情形之一的，出具许可意见的公安机关消防机构或者其上级公安机关消防机构，根据利害关系人的请求或者依据职权，可以依法撤销许可意见。

1）对不具备申请资格或者不符合法定条件的申请人作出的。

2）建设单位以欺骗、贿赂等不正当手段取得的。

3）公安机关消防机构超出法定职责和权限作出的。

4）公安机关消防机构违反法定程序作出的。

5）公安机关消防机构工作人员滥用职权、玩忽职守作出的。依照前款规定撤销消防设计审核合格意见、消防验收合格意见，可能对公共利益造成重大损害的，不予撤销。

公民、法人和其他组织对公安机关消防机构建设工程消防监督管理中作出的具体行政行为不服的，可以向本级人民政府公安机关申请行政复议（《建设工程消防监督管理规定》第五章：第三十～三十二条、第三十九条）。

（16）消防监督管理工作中的法律责任。建设、设计、施工、工程监理单位、消防技术服务机构及其从业人员违反有关消防法规、国家工程建设消防技术标准，造成危害后果的，除依法给予行政处罚或者追究刑事责任外，还应当依法承担民事赔偿责任。

建设单位在申请消防设计审核、消防验收时，提供虚假材料的，公安机关消防机构不予受理或者不予许可并处警告。

依法应当经公安机关消防机构进行消防设计审核的建设工程未经消防设计审核和消防验收，擅自投入使用的，分别处罚，合并执行。

1）有下列情形之一的，应当依法从重处罚：①已经通过消防设计审核，擅自改变消防设计，降低消防安全标准的；②建设工程未依法进行备案且不符合国家工程建设消防技术标准强制性要求的；③经责令限期备案逾期不备案的；④工程监理单位与建设单位或者施工单位

串通，弄虚作假，降低消防施工质量的。

2）有下列情形之一的，公安机关消防机构应当函告同级住房和城乡建设行政主管部门：①建设工程被公安机关消防机构责令停止施工、停止使用的；②建设工程经消防设计、竣工验收抽查不合格的；③其他需要函告的。

3）公安机关消防机构的人员玩忽职守、滥用职权、徇私舞弊，构成犯罪的，依法追究刑事责任。有下列行为之一，尚未构成犯罪的，依照有关规定给予处分：①对不符合法定条件的建设工程出具消防设计审核合格意见、消防验收合格意见的；②对符合法定条件的建设工程消防设计、消防验收的申请，不予受理、审核、验收或者拖延时间办理的；③指定或者变相指定设计单位、施工单位、工程监理单位的；④指定或者变相指定消防产品品牌、销售单位或者技术服务机构、消防设施施工单位的；⑤利用职务接受有关单位或者个人财物的（《建设工程消防监督管理规定》第六章：第四十一～四十二条、第四十五条、第四十七条）。

三、消防安全责任

（1）单位的主要负责人是本单位的消防安全责任人。

（2）机关、团体、企业、事业等单位应当履行下列消防安全职责。

1）落实消防安全责任制，制定本单位的消防安全制度、消防安全操作规程，制定灭火和应急疏散预案。

2）按照国家标准、行业标准配置消防设施、器材，设置消防安全标志，并定期组织检验、维修，确保完好有效。

3）对建筑消防设施每年至少进行一次全面检测，确保完好有效，检测记录应当完整准确，存档备查。

4）保障疏散通道、安全出口、消防车通道畅通，保证防火防烟分区、防火间距符合消防技术标准。

5）组织防火检查，及时消除火灾隐患。

6）组织进行有针对性的消防演练。

7）法律、法规规定的其他消防安全职责。

（3）消防安全重点单位除应当履行上述规定的职责外，还应当履行下列消防安全职责。

1）确定消防安全管理人，组织实施本单位的消防安全管理工作。

2）建立消防档案，确定消防安全重点部位，设置防火标志，实行严格管理。

3）实行每日防火巡查，并建立巡查记录。

4）对职工进行岗前消防安全培训，定期组织消防安全培训和消防演练［《中华人民共和国消防法》（中华人民共和国主席令第六号）第二章：第十六～十七条］。

四、消防验收

（1）建设单位申请消防验收应当提供下列材料：①建设工程消防验收申报表；②工程竣工验收报告；③消防产品质量合格证明文件；④有防火性能要求的建筑构件、建筑材料、室内装修装饰材料符合国家标准或者行业标准的证明文件、出厂合格证；⑤消防设施、电气防火技术检测合格证明文件；⑥施工、工程监理、检测单位的合法身份证明和资质等级证明文件；⑦其他依法需要提供的材料。

（2）公安机关消防机构应当自受理消防验收申请之日起二十日内组织消防验收，并出具消防验收意见。

（3）公安机关消防机构对申报消防验收的建设工程，应当依照建设工程消防验收评定标准对已经消防设计审核合格的内容组织消防验收。对综合评定结论为合格的建设工程，公安机关消防机构应当出具消防验收合格意见；对综合评定结论为不合格的，应当出具消防验收不合格意见，并说明理由［《建设工程消防监督管理规定》第二章：第二十一条］。

五、消防档案

消防安全重点单位应当建立健全消防档案。消防档案应当包括消防安全基本情况和消防安全管理情况。消防档案应当详实，全面反映单位消防工作的基本情况，并附有必要的图表，根据情况变化及时更新。单位应当对消防档案统一保管、备查。

（1）消防安全基本情况应当包括以下内容。

1）单位基本概况和消防安全重点部位情况。

2）建筑物或者场所施工、使用或者开业前的消防设计审核、消防验收以及消防安全检查的文件、资料。

3）消防管理组织机构和各级消防安全责任人。

4）消防安全制度。

5）消防设施、灭火器材情况。

6）专职消防队、义务消防队人员及其消防装备配备情况。

7）与消防安全有关的重点工种人员情况。

8）新增消防产品、防火材料的合格证明材料。

9）灭火和应急疏散预案。

（2）消防安全管理情况应当包括以下内容。

1）公安消防机构填发的各种法律文书。

2）消防设施定期检查记录、自动消防设施全面检查测试的报告以及维修保养的记录。

3）火灾隐患及其整改情况记录。

4）防火检查、巡查记录。

5）有关燃气、电气设备检测（包括防雷、防静电）等记录资料。

6）消防安全培训记录。

7）灭火和应急疏散预案的演练记录。

8）火灾情况记录。

9）消防奖惩情况记录。

前款规定中的第2）～5）项记录，应当记明检查的人员、时间、部位、内容、发现的火灾隐患以及处理措施等；第6）项记录，应当记明培训的时间、参加人员、内容等；第7）项记录，应当记明演练的时间、地点、内容、参加部门以及人员等（《机关、团体、企业、事业单位消防安全管理规定》中华人民共和国公安部令第61号第八章：第四十一～四十四条）。

六、消防安全宣传教育和培训

（1）单位应当通过多种形式开展经常性的消防安全宣传教育。消防安全重点单位对每名员工应当至少每年进行一次消防安全培训。宣传教育和培训内容应当包括：

1）有关消防法规、消防安全制度和保障消防安全的操作规程。

2）本单位、本岗位的火灾危险性和防火措施。

3）有关消防设施的性能、灭火器材的使用方法。

4）报火警、扑救初起火灾以及自救逃生的知识和技能。

公众聚集场所对员工的消防安全培训应当至少每半年进行一次，培训的内容还应当包括组织、引导在场群众疏散的知识和技能。

（2）单位应当组织新上岗和进入新岗位的员工进行上岗前的消防安全培训。下列人员应当接受消防安全专门培训。

1）单位的消防安全责任人、消防安全管理人。

2）专、兼职消防管理人员。

3）消防控制室的值班、操作人员。

4）其他依照规定应当接受消防安全专门培训的人员［《机关、团体、企业、事业单位消防安全管理规定》（中华人民共和国公安部令第 61 号）第六章：第三十六条、第三十八条］。

（3）应当建立协作机制，定期研究、共同做好消防安全教育培训工作。消防安全教育培训的内容应当符合全国统一的消防安全教育培训大纲的要求，主要包括：①国家消防工作方针、政策；②消防法律法规；③火灾预防知识；④火灾扑救、人员疏散逃生和自救互救知识；⑤其他应当教育培训的内容。

（4）相关职能部门管理职责

1）公安机关应当履行下列职责，并由公安机关消防机构具体实施。

① 掌握本地区消防安全教育培训工作情况，向本级人民政府及相关部门提出工作建议。

② 协调有关部门指导和监督社会消防安全教育培训工作。

③ 会同教育行政部门、人力资源和社会保障部门对消防安全专业培训机构实施监督管理。

④ 定期对社区居民委员会、村民委员会的负责人和专（兼）职消防队、志愿消防队的负责人开展消防安全培训。

2）教育行政部门应当履行下列职责。

① 将学校消防安全教育培训工作纳入教育培训规划，并进行教育督导和工作考核。

② 指导和监督学校将消防安全知识纳入教学内容。

③ 将消防安全知识纳入学校管理人员和教师在职培训内容。

④ 依法在职责范围内对消防安全专业培训机构进行审批和监督管理。

3）安全生产监督管理部门应当履行下列职责。

① 指导、监督矿山、危险化学品、烟花爆竹等生产经营单位开展消防安全教育培训工作。

② 将消防安全知识纳入安全生产监管监察人员和矿山、危险化学品、烟花爆竹等生产经营单位主要负责人、安全生产管理人员以及特种作业人员培训考核内容。

③ 将消防法律法规和有关消防技术标准纳入注册安全工程师培训及执业资格考试内容。

（5）消防安全教育培训

1）单位应当根据本单位的特点，建立健全消防安全教育培训制度，明确机构和人员，保障教育培训工作经费，按照下列规定对职工进行消防安全教育培训。

① 定期开展形式多样的消防安全宣传教育。

② 对新上岗和进入新岗位的职工进行上岗前消防安全培训。

③ 对在岗的员工每年至少进行一次消防安全培训。

④ 消防安全重点单位每半年至少组织一次、其他单位每年至少组织一次灭火和应急疏散演练。

2）单位对员工的消防安全教育培训应当将本单位的火灾危险性、防火灭火措施、消防设施及灭火器材的操作使用方法、人员疏散逃生知识等作为培训的重点。

3）在建工程的施工单位应当开展下列消防安全教育工作。

① 建设工程施工前应当对施工人员进行消防安全教育。

② 在建设工地醒目位置、施工人员集中住宿场所设置消防安全宣传栏，悬挂消防安全挂图和消防安全警示标识。

③ 对明火作业人员进行经常性的消防安全教育。

④ 组织灭火和应急疏散演练。

⑤ 在建工程的建设单位应当配合施工单位做好上述消防安全教育工作。

4）新闻、广播、电视等单位应当积极开设消防安全教育栏目，制作节目，对公众开展公益性消防安全宣传教育。

5）公安、教育、民政、人力资源和社会保障、住房和城乡建设、安全监管、旅游部门管理的培训机构，应当根据教育培训对象特点和实际需要进行消防安全教育培训。

七、消防灭火救援

（1）任何人发现火灾都应当立即报警。任何单位、个人都应当无偿为报警提供便利，不得阻拦报警，严禁谎报火警。

（2）人员密集场所发生火灾，该场所的现场工作人员应当立即组织、引导在场人员疏散。

（3）任何单位发生火灾，必须立即组织力量扑救。邻近单位应当给予支援。

（4）消防队接到火警，必须立即赶赴火灾现场，救助遇险人员，排除险情，扑灭火灾。

（5）火灾现场总指挥根据扑救火灾的需要，有权决定下列事项。

1）使用各种水源。

2）截断电力、可燃气体和可燃液体的输送，限制用火用电。

3）划定警戒区，实行局部交通管制。

4）利用临近建筑物和有关设施。

5）为了抢救人员和重要物资，防止火势蔓延，拆除或者破损毗邻火灾现场的建筑物、构筑物或者设施等。

6）调动供水、供电、供气、通信、医疗救护、交通运输、环境保护等有关单位协助灭火救援。

根据扑救火灾的紧急需要，有关地方人民政府应当组织人员、调集所需物资支援灭火[《中华人民共和国消防法》（中华人民共和国主席令第六号）第四章：第四十四～四十五条]。

火灾扑救流程如图 11-2 所示。

八、火灾事故调查

火灾事故调查的任务是调查火灾原因，统计火灾损失，依法对火灾事故作出处理，总结火灾教训。火灾事故调查应当坚持及时、客观、公正、合法的原则，任何单位和个人不得妨碍和非法干预火灾事故调查。

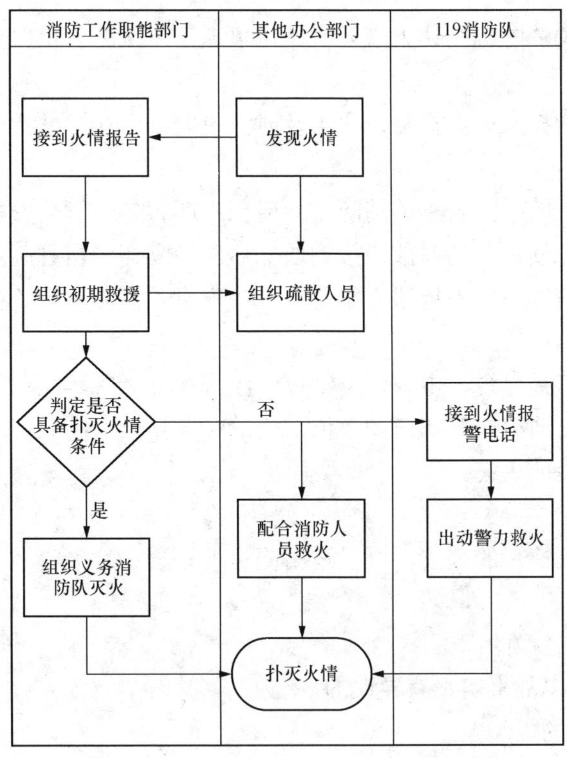

图 11-2　火灾扑救流程图

（一）调查机构

火灾事故调查由县级以上人民政府公安机关主管，并由本级公安机关消防机构实施；尚未设立公安机关消防机构的，由县级人民政府公安机关实施。

公安派出所应当协助公安机关火灾事故调查部门维护火灾现场秩序，保护现场，控制火灾肇事嫌疑人。

（二）调查机构的分层

火灾事故调查由火灾发生地公安机关消防机构按照下列分工进行。

（1）一次火灾死亡 10 人以上的，重伤 20 人以上或者死亡、重伤 20 人以上的，受灾 50 户以上的，由省、自治区人民政府公安机关消防机构负责调查。

（2）一次火灾死亡 1 人以上的，重伤 10 人以上的，受灾 30 户以上的，由设区的市或者相当于同级的人民政府公安机关消防机构负责调查。

（3）一次火灾重伤 10 人以下或者受灾 30 户以下的，由县级人民政府公安机关消防机构负责调查。

（4）跨行政区域的火灾，由最先起火地的公安机关消防机构按照上述规定的分工负责调查，相关行政区域的公安机关消防机构予以协助。

（5）对管辖权发生争议的，报请共同的上一级公安机关消防机构指定管辖。县级人民政府公安机关负责实施的火灾事故调查管辖权发生争议的，由共同的上一级主管公安机关指定。

（6）上级公安机关消防机构应当对下级公安机关消防机构火灾事故调查工作进行监督和指导。

（7）上级公安机关消防机构认为必要时，可以调查下级公安机关消防机构管辖的火灾。

（三）火灾的调查

公安机关消防机构接到火灾报警，应当及时派员赶赴现场，并指派火灾事故调查人员开展火灾事故调查工作。

具有下列情形之一的，公安机关消防机构应当立即报告主管公安机关通知具有管辖权的公安机关刑侦部门，公安机关刑侦部门接到通知后应当立即派员赶赴现场参加调查。涉嫌放火罪的，公安机关刑侦部门应当依法立案侦查，公安机关消防机构予以协助。

（1）有人员死亡的火灾。

（2）国家机关、广播电台、电视台、学校、医院、养老院、托儿所、幼儿园、文物保护单位、邮政和通信、交通枢纽等部门和单位发生的社会影响大的火灾。

（3）具有放火嫌疑的火灾。

（四）简易程序

（1）同时具有下列情形的火灾，可以适用简易调查程序。

1）没有人员伤亡的。

2）直接财产损失轻微的。

3）当事人对火灾事故事实没有异议的。

4）没有放火嫌疑的。

前款第二项的具体标准由省级人民政府公安机关确定，报公安部备案。

（2）适用简易调查程序的，可以由 1 名火灾事故调查人员调查，并按照下列程序实施。

1）表明执法身份，说明调查依据。

2）调查走访当事人、证人，了解火灾发生过程、火灾烧损的主要物品及建筑物受损等与火灾有关的情况。

3）查看火灾现场并进行照相或者录像。

4）告知当事人调查的火灾事故事实，听取当事人的意见，当事人提出的事实、理由或者证据成立的，应当采纳。

5）当场制作火灾事故简易调查认定书，由火灾事故调查人员、当事人签字或者捺指印后交付当事人。

（3）火灾事故调查人员应当在二日内将火灾事故简易调查认定书报所属公安机关消防机构备案。

（五）一般程序

1. 一般规定

除依照《火灾事故调查规定》适用简易调查程序的外，公安机关消防机构对火灾进行调查时，火灾事故调查人员不得少于两人，必要时，可以聘请专家或者专业人员协助调查。

公安部和省级人民政府公安机关应当成立火灾事故调查专家组，协助调查复杂、疑难的火灾。专家组的专家协助调查火灾的，应当出具专家意见。

火灾发生地的县级公安机关消防机构应当根据火灾现场情况，排除现场险情，初步划定现场封闭范围，并设置警戒标志，禁止无关人员进入现场，控制火灾肇事嫌疑人。

公安机关消防机构应当根据火灾事故调查需要，及时调整现场封闭范围，并在现场勘验

结束后及时解除现场封闭。

封闭火灾现场的，公安机关消防机构应当在火灾现场对封闭的范围、时间和要求等予以公告。

公安机关消防机构应当自接到火灾报警之日起30日内作出火灾事故认定；情况复杂、疑难的，经上一级公安机关消防机构批准，可以延长30日。

火灾事故调查中需要进行检验、鉴定的，检验、鉴定时间不计入调查期限。

2. 现场调查

火灾事故调查人员应当根据调查需要，对发现、扑救火灾人员，熟悉起火场所、部位和生产工艺人员，火灾肇事嫌疑人和被侵害人等知情人员进行询问。对火灾肇事嫌疑人可以依法传唤。必要时，可以要求被询问人到火灾现场进行指认。询问应当制作笔录，由火灾事故调查人员和被询问人签名或者捺指印。被询问人拒绝签名和捺指印的，应当在笔录中注明。

勘验火灾现场应当遵循火灾现场勘验规则，采取现场照相或者录像、录音，制作现场勘验笔录和绘制现场图等方法记录现场情况。

对有人员死亡的火灾现场进行勘验的，火灾事故调查人员应当对尸体表面进行观察并记录，对尸体在火灾现场的位置进行调查。

现场勘验笔录应当由火灾事故调查人员、证人或者当事人签名。证人、当事人拒绝签名或者无法签名的，应当在现场勘验笔录上注明。现场图应当由制图人、审核人签字。

现场提取痕迹、物品，应当按照下列程序实施。

（1）量取痕迹、物品的位置、尺寸，并进行照相或者录像。

（2）填写火灾痕迹、物品提取清单，由提取人、证人或者当事人签名；证人、当事人拒绝签名或者无法签名的，应当在清单上注明。

（3）封装痕迹、物品，粘贴标签，标明火灾名称和封装痕迹、物品的名称、编号及其提取时间，由封装人、证人或者当事人签名；证人、当事人拒绝签名或者无法签名的，应当在标签上注明。

提取的痕迹、物品，应当妥善保管。

根据调查需要，经负责火灾事故调查的公安机关消防机构负责人批准，可以进行现场实验。现场实验应当照相或者录像，制作现场实验报告，并由实验人员签字。现场实验报告应当载明下列事项：①实验的目的；②实验时间、环境和地点；③实验使用的仪器或者物品；④实验过程；⑤实验结果；⑥其他与现场实验有关的事项。

3. 检验、鉴定

现场提取的痕迹、物品需要进行技术鉴定的，公安机关消防机构应当委托依法设立的鉴定机构进行，并与鉴定机构约定鉴定期限和鉴定检材的保管期限。

公安机关消防机构可以根据需要委托依法设立的价格鉴证机构对火灾直接财产损失进行鉴定。

有人员死亡的火灾，公安机关消防机构应当立即通知本级公安机关刑事科学技术部门进行尸体检验。公安机关刑事科学技术部门应当出具尸体检验鉴定文书，确定死亡原因。

对火灾受伤人员人身伤害的医学鉴定由法医进行。

卫生行政主管部门许可的医疗机构具有执业资格的医生出具的诊断证明，可以作为公安机关消防机构认定人身伤害程度的依据。但是，具有下列情形之一的，应当进行医学伤害鉴定。

（1）受伤程度较重，可能构成重伤的。

（2）火灾受伤人员要求作鉴定的。

（3）当事人对伤害程度有争议的。

（4）其他应当进行鉴定的情形。

对受损单位和个人提供的由价格鉴证机构出具的鉴定意见，公安机关消防机构应当审查下列事项。

（1）鉴证机构、鉴证人是否具有资质、资格。

（2）鉴证机构、鉴证人是否盖章签名。

（3）鉴定意见依据是否充分。

（4）鉴定是否存在其他影响鉴定意见正确性的情形。

对符合规定的，可以作为证据使用；对不符合规定的，不予采信。

4. 火灾损失统计

（1）受损单位和个人应当于火灾扑灭之日起 7 日内向火灾发生地的县级公安机关消防机构如实申报火灾直接财产损失，并附有效证明材料。

（2）公安机关消防机构应当根据受损单位和个人的申报，依法设立的价格鉴证机构出具的火灾直接财产损失鉴定意见以及调查核实情况，按照有关规定，对火灾直接经济损失和人员伤亡进行如实统计。

5. 火灾事故认定

公安机关消防机构应当根据现场勘验、调查询问和有关检验、鉴定意见等调查情况，及时作出起火原因和灾害成因的认定。

对起火原因已经查清的，应当认定起火时间、起火部位、起火点和起火原因；对起火原因无法查清的，应当认定起火时间、起火点或者起火部位以及有证据能够排除的起火原因。

灾害成因的认定应当包括下列内容。

（1）火灾报警、初期火灾扑救和人员疏散情况。

（2）火灾蔓延、损失情况。

（3）与火灾蔓延、损失扩大存在直接因果关系的违反消防法律法规、消防技术标准的事实。

公安机关消防机构在作出火灾事故认定前，应当召集当事人到场，说明拟认定的起火原因，听取当事人意见；当事人不到场的，应当记录在案。

公安机关消防机构应当制作火灾事故认定书，自作出之日起 7 日内送达当事人，并告知当事人向公安机关消防机构申请复核和直接向人民法院提起民事诉讼的权利；无法送达的，可以在作出火灾事故认定之日起 7 日内公告送达。公告期为 20 日，公告期满即视为送达。

公安机关消防机构作出火灾事故认定后，当事人可以申请查阅、复制、摘录火灾事故认定书、现场勘验笔录和检验、鉴定意见，公安机关消防机构应当自接到申请之日起七日内提供，但涉及国家秘密、商业秘密、个人隐私或者移交公安机关其他部门处理的依法不予提供，并说明理由。

6. 复核

当事人对火灾事故认定有异议的，可以自火灾事故认定书送达之日起 15 日内，向上一级公安机关消防机构提出书面复核申请。复核申请应当载明复核请求、理由和主要证据。

复核申请以一次为限。

复核机构应当自收到复核申请之日起 7 日内作出是否受理的决定并书面通知申请人。有下列情形之一的，不予受理。

（1）非火灾当事人提出复核申请的。

（2）超过复核申请期限的。

（3）已经复核并作出复核结论的。

（4）任何一方当事人向人民法院提起诉讼，法院已经受理的。

（5）适用简易调查程序作出火灾事故认定的。

公安机关消防机构受理复核申请的，应当书面通知其他相关当事人和原认定机构。

原认定机构应当自接到通知之日起 10 日内，向复核机构作出书面说明，并提交火灾事故调查案卷。

复核机构应当对复核申请和原火灾事故认定进行书面审查，必要时，可以向有关人员进行调查。火灾现场尚存且未变动的，可以进行复核勘验。

复核审查期间，任何一方当事人就火灾向人民法院提起诉讼并经法院受理的，公安机关消防机构应当终止复核。

复核机构应当自受理复核申请之日起三十日内，作出复核结论，并在七日内送达申请人和原认定机构。

原火灾事故认定主要事实清楚、证据确凿充分、程序合法，起火原因和灾害成因认定正确的，复核机构应当维持原火灾事故认定。

原火灾事故认定具有下列情形之一的，复核机构应当责令原认定机构重新作出火灾事故认定。

（1）主要事实不清或者证据不确实充分的。

（2）违反法定程序，影响结果公正的。

（3）起火原因、灾害成因认定错误的。

原认定机构接到重新作出火灾事故认定的复核结论后，应当重新调查，在十五日内重新作出火灾事故认定，并撤销原火灾事故认定书。重新调查需要委托检验、鉴定的，原认定机构应当在收到检验、鉴定意见之日起 5 日内重新作出火灾事故认定。

原认定机构在重新作出火灾事故认定前，应当向有关当事人说明重新认定情况；重新作出的火灾事故认定书，应当按照规定的时限送达当事人，并报复核机构备案。

九、火灾事故调查的处理

（1）公安机关消防机构在火灾事故调查过程中，应当根据下列情况分别作出处理。

1）涉嫌失火罪、消防责任事故罪的，按照《公安机关办理刑事案件程序规定》立案侦查；涉嫌其他犯罪的，及时移送有关主管部门办理。

2）涉嫌消防安全违法行为的，按照《公安机关办理行政案件程序规定》调查处理；涉嫌其他违法行为的，及时移送有关主管部门调查处理。

3）应当给予处分的，移交有关主管部门处理。

对经过调查不属于火灾事故的，公安机关消防机构应当告知当事人处理途径并记录在案。

（2）公安机关消防机构向有关主管部门移送案件的，应当在本级公安机关消防机构负责人批准后的24h内移送，并根据案件需要附下列材料：①案件移送通知书；②案件调查情况；③涉案物品清单；④询问笔录，现场勘验笔录，检验、鉴定意见以及照相、录像、录音等资料；⑤其他相关材料。

构成放火罪需要移送公安机关刑侦部门处理的，火灾现场应当一并移交。

（3）公安机关其他部门应当自接受公安机关消防机构移送的涉嫌犯罪案件之日起十日内，进行审查并作出决定。依法决定立案的，应当书面通知移送案件的公安机关消防机构；依法不予立案的，应当说明理由，并书面通知移送案件的公安机关消防机构，退回案卷材料。

（4）公安机关消防机构及其工作人员有下列行为之一的，依照有关规定给予责任人员处分；构成犯罪的，依法追究刑事责任。

1）指使他人错误认定或者故意错误认定起火原因、灾害成因的。

2）瞒报火灾、火灾直接经济损失、人员伤亡情况的。

3）利用职务上的便利，索取或者非法收受他人财物的。

4）其他滥用职权、玩忽职守、徇私舞弊的行为［《火灾事故调查规定》第五条、第六条、第十二条～十五条、第十七条、第十八条、第二十一条、第二十二条、第二十七条、第二十八条、第三十一条、第四十一条、第四十二条、第四十四条］。

十、应急疏散预案和演练

消防安全重点单位制定的灭火和应急疏散预案应当包括下列内容。

（1）组织机构，包括灭火行动组、通信联络组、疏散引导组、安全防护救护组。

（2）报警和接警处置程序。

（3）应急疏散的组织程序和措施。

（4）扑救初起火灾的程序和措施。

（5）通信联络、安全防护救护的程序和措施。

消防安全重点单位应当按照灭火和应急疏散预案，至少每半年进行一次演练，并结合实际，不断完善预案。其他单位应当结合本单位实际，参照制定相应的应急方案，至少每年组织一次演练。

消防演练时，应当设置明显标识并事先告知演练范围内的人员（《机关、团体、企业、事业单位消防安全管理规定》（中华人民共和国公安部令第61号）第三十九条、第四十条）。

十一、消防安全奖惩

单位应当将消防安全工作纳入内部检查、考核、评比内容。对在消防安全工作中成绩突出的部门（班组）和个人，单位应当给予表彰奖励；对未依法履行消防安全职责或者违反单位消防安全制度的行为，应当依照有关规定对责任人员给予行政纪律处分或者其他处理。

违反《机关、团体、企业、事业单位消防安全管理规定》，依法应当给予行政处罚的，依照有关法律法规予以处罚；构成犯罪的，依法追究刑事责任（《机关、团体、企业、事业单位消防安全管理规定》（中华人民共和国公安部令第61号） 第四十五条、第四十六条）。

十二、消防术语含义

（1）消防设施。是指火灾自动报警系统、自动灭火系统、消火栓系统、防烟排烟系统以及应急广播和应急照明、安全疏散设施等。

（2）消防产品。是指专门用于火灾预防、灭火救援和火灾防护、避难、逃生的产品。

（3）公众聚集场所。是指宾馆、饭店、商场、集贸市场、客运车站候车室、客运码头候船厅、民用机场航站楼、体育场馆、会堂以及公共娱乐场所等。

（4）人员密集场所。是指公众聚集场所，如医院的门诊楼、病房楼，学校的教学楼、图书馆、食堂和集体宿舍以及养老院、福利院、托儿所、幼儿园、公共图书馆阅览室、公共展览馆、博物馆的展示厅、劳动密集型企业的生产加工车间和员工集体宿舍，旅游、宗教活动场所等［《中华人民共和国消防法》（中华人民共和国主席令第六号）第七章：第七十三条］。

第二节　安　全　保　卫

为了规范企业、事业单位（以下简称单位）内部治安保卫工作，保护公民人身、财产安全和公共财产安全，维护单位的工作、生产、经营、教学和科研秩序，单位内部治安保卫工作应贯彻预防为主、单位负责、突出重点、保障安全的方针。治安保卫工作应当突出保护单位内人员的人身安全，单位不得以经济效益、财产安全或者其他任何借口忽视人身安全。单位的主要负责人对本单位的内部治安保卫工作负责［《企业事业单位内部治安保卫条例》（中华人民共和国国务院令 第421号） 第一条、第二条］。

一、治安处罚的种类和适用

（一）治安管理处罚的种类

治安管理处罚分为警告、罚款、行政拘留、吊销公安机关发放的许可证。

违反治安管理所得的财物，追缴退还被侵害人；没有被侵害人的，登记造册，公开拍卖或者按照国家有关规定处理，所得款项上缴国库。

已满十四周岁不满十八周岁的人违反治安管理的，从轻或者减轻处罚；不满十四周岁的人违反治安管理的，不予处罚，但是应当责令其监护人严加管教。

精神病人在不能辨认或者不能控制自己行为时违反治安管理的，不予处罚，但是应当责令其监护人严加看管和治疗。间歇性的精神病人在精神正常时违反治安管理的，应当给予处罚。

盲人或聋哑人违反治安管理的，可以从轻、减轻或者不予处罚。

醉酒的人违反治安管理的，应当给予处罚。醉酒的人在醉酒状态中，对本人有危险或对他人的人身、财产或者公共安全有威胁的，应当对其采取保护性措施约束至酒醒。

有两种以上违反治安管理行为的，分别决定，合并执行。行政拘留处罚合并执行的，最长不超过二十日。

单位违反治安管理的，对其直接负责的主管人员和其他直接责任人员依照本法的规定处罚。其他法律、行政法规对同一行为规定给予单位处罚的，依照其规定处罚。

违反治安管理有下列情形之一的，减轻处罚或者不予处罚：①情节特别轻微的；②主动消除或者减轻违法后果，并取得被侵害人谅解的；③出于他人胁迫或者诱骗的；④主动投案，向公安机关如实陈述自己的违法行为的；⑤有立功表现的。

违反治安管理有下列情形之一的，从重处罚：①有较严重后果的；②教唆、胁迫、诱骗他人违反治安管理的；③对报案人、控告人、举报人、证人打击报复的；④六个月内曾受过治安管理处罚的。

违反治安管理行为人有下列情形之一，依照本法应当给予行政拘留处罚的，不执行行政拘留处罚：①已满十四周岁不满十六周岁的；②已满十六周岁不满十八周岁，初次违反治安管理的；③七十周岁以上的；④怀孕或者哺乳自己不满一周岁婴儿的。

违反治安管理行为在六个月内没有被公安机关发现的，不再处罚[《中华人民共和国治安管理处罚法》（中华人民共和国主席令第三十八号）第二章：第十条、第十一条、第十三条、第十九条、第二十条、第二十一条]。

（二）违反治安管理的行为和处罚

1. 扰乱公共秩序的行为和处罚

有下列行为之一的，处警告或者二百元以下罚款；情节较重的，处五日以上十日以下拘留，可以并处五百元以下罚款。

（1）扰乱机关、团体、企业、事业单位秩序，致使工作、生产、营业、医疗、教学、科研不能正常进行，尚未造成严重损失的。

（2）扰乱车站、港口、码头、机场、商场、公园、展览馆或者其他公共场所秩序的。

（3）扰乱公共汽车、电车、火车、船舶、航空器或者其他公共交通工具上的秩序的。

（4）非法拦截或强登、扒乘机动车、船舶、航空器以及其他交通工具，影响交通工具正常行驶的。

（5）破坏依法进行的选举秩序的。

聚众实施前款行为的，对首要分子处十日以上十五日以下拘留，可以并处一千元以下罚款。

有下列行为之一，扰乱文化、体育等大型群众性活动秩序的，处警告或者二百元以下罚款；情节严重的，处五日以上十日以下拘留，可以并处五百元以下罚款。

（1）强行进入场内的。

（2）违反规定，在场内燃放烟花爆竹或者其他物品的。

（3）展示侮辱性标语、条幅等物品的。

（4）围攻裁判员、运动员或者其他工作人员的。

（5）向场内投掷杂物，不听制止的。

（6）扰乱大型群众性活动秩序的其他行为。

因扰乱体育比赛秩序被处以拘留处罚的，可以同时责令其十二个月内不得进入体育场馆观看同类比赛；违反规定进入体育场馆的，强行带离现场。

有下列行为之一的，处警告或者二百元以下罚款；情节较重的，处五日以上十日以下拘留，可以并处五百元以下罚款。

（1）扰乱机关、团体、企业、事业单位秩序，致使工作、生产、营业、医疗、教学、科研不能正常进行，尚未造成严重损失的。

（2）扰乱车站、港口、码头、机场、商场、公园、展览馆或其他公共场所秩序的。

（3）扰乱公共汽车、电车、火车、船舶、航空器或者其他公共交通工具上的秩序的。

（4）非法拦截或者强登、扒乘机动车、船舶、航空器以及其他交通工具，影响交通工具

正常行驶的。

（5）破坏依法进行的选举秩序的。

聚众实施前款行为的，对首要分子处十日以上十五日以下拘留，可以并处一千元以下罚款。

有下列行为之一，扰乱文化、体育等大型群众性活动秩序的，处警告或者二百元以下罚款；情节严重的，处五日以上十日以下拘留，可以并处五百元以下罚款。

（1）强行进入场内的。

（2）违反规定，在场内燃放烟花爆竹或者其他物品的。

（3）展示侮辱性标语、条幅等物品的。

（4）围攻裁判员、运动员或者其他工作人员的。

（5）向场内投掷杂物，不听制止的。

（6）扰乱大型群众性活动秩序的其他行为。

有下列行为之一的，处五日以上十日以下拘留，可以并处五百元以下罚款；情节较轻的，处五日以下拘留或者五百元以下罚款。

（1）散布谣言，谎报险情、疫情、警情或者以其他方法故意扰乱公共秩序的。

（2）投放虚假的爆炸性、毒害性、放射性、腐蚀性物质或者传染病病原体等危险物质扰乱公共秩序的。

（3）扬言实施放火、爆炸、投放危险物质扰乱公共秩序的。

有下列行为之一的，处五日以上十日以下拘留，可以并处五百元以下罚款；情节较重的，处十日以上十五日以下拘留，可以并处一千元以下罚款。

（1）结伙斗殴的。

（2）追逐、拦截他人的。

（3）强拿硬要或者任意损毁、占用公私财物的。

（4）其他寻衅滋事行为。

有下列行为之一的，处十日以上十五日以下拘留，可以并处一千元以下罚款；情节较轻的，处五日以上十日以下拘留，可以并处五百元以下罚款。

（1）组织、教唆、胁迫、诱骗、煽动他人从事邪教、会道门活动或者利用邪教、会道门、迷信活动，扰乱社会秩序、损害他人身体健康的。

（2）冒用宗教、气功名义进行扰乱社会秩序、损害他人身体健康活动的。

违反国家规定，故意干扰无线电业务正常进行的，或者对正常运行的无线电台（站）产生有害干扰，经有关主管部门指出后，拒不采取有效措施消除的，处五日以上十日以下拘留；情节严重的，处十日以上十五日以下拘留。

有下列行为之一的，处五日以下拘留；情节较重的，处五日以上十日以下拘留。

（1）违反国家规定，侵入计算机信息系统，造成危害的。

（2）违反国家规定，对计算机信息系统功能进行删除、修改、增加、干扰，造成计算机信息系统不能正常运行的。

（3）违反国家规定，对计算机信息系统中存储、处理、传输的数据和应用程序进行删除、修改、增加的。

（4）故意制作、传播计算机病毒等破坏性程序，影响计算机信息系统正常运行的。

有下列行为之一的，处十日以上十五日以下拘留。

（1）盗窃、损毁油气管道设施、电力电信设施、广播电视设施、水利防汛工程设施或者水文监测、测量、气象测报、环境监测、地质监测、地震监测等公共设施的。

（2）移动、损毁国家边境的界碑、界桩以及其他边境标志、边境设施或者领土、领海标志设施的。

（3）非法进行影响国（边）界线走向的活动或者修建有碍国（边）境管理的设施的。

盗窃、损坏、擅自移动使用中的航空设施，或者强行进入航空器驾驶舱的，处十日以上十五日以下拘留。

在使用中的航空器上使用可能影响导航系统正常功能的器具、工具，不听劝阻的，处五日以下拘留或者五百元以下罚款。

有下列行为之一的，处五日以上十日以下拘留，可以并处五百元以下罚款；情节较轻的，处五日以下拘留或者五百元以下罚款。

（1）盗窃、损毁或者擅自移动铁路设施、设备、机车车辆配件或者安全标志的。

（2）在铁路线路上放置障碍物，或者故意向列车投掷物品的。

（3）在铁路线路、桥梁、涵洞处挖掘坑穴、采石取沙的。

（4）在铁路线路上私设道口或者平交过道的。

擅自进入铁路防护网或者火车来临时在铁路线路上行走坐卧、抢越铁路，影响行车安全的，处警告或者二百元以下罚款。

有下列行为之一的，处五日以下拘留或者五百元以下罚款；情节严重的，处五日以上十日以下拘留，可以并处五百元以下罚款。

（1）未经批准，安装、使用电网的，或者安装、使用电网不符合安全规定的。

（2）在车辆、行人通行的地方施工，对沟井坎穴不设覆盖物、防围和警示标志的，或者故意损毁、移动覆盖物、防围和警示标志的。

（3）盗窃、损毁路面井盖、照明等公共设施的。

2. 侵犯人身权利、财产权利的行为和处罚

有下列行为之一的，处十日以上十五日以下拘留，并处五百元以上一千元以下罚款；情节较轻的，处五日以上十日以下拘留，并处二百元以上五百元以下罚款。

（1）组织、胁迫、诱骗不满十六周岁的人或者残疾人进行恐怖、残忍表演的。

（2）以暴力、威胁或者其他手段强迫他人劳动的。

（3）非法限制他人人身自由、非法侵入他人住宅或者非法搜查他人身体的。

胁迫、诱骗或者利用他人乞讨的，处十日以上十五日以下拘留，可以并处一千元以下罚款。

反复纠缠、强行讨要或以其他滋扰他人的方式乞讨的，处五日以下拘留或者警告。

有下列行为之一的，处五日以下拘留或者五百元以下罚款；情节较重的，处五日以上十日以下拘留，可以并处五百元以下罚款。

（1）写恐吓信或者以其他方法威胁他人人身安全的。

（2）公然侮辱他人或者捏造事实诽谤他人的。

（3）捏造事实诬告陷害他人，企图使他人受到刑事追究或者受到治安管理处罚的。

（4）对证人及其近亲属进行威胁、侮辱、殴打或者打击报复的。

（5）多次发送淫秽、侮辱、恐吓或者其他信息，干扰他人正常生活的。

（6）偷窥、偷拍、窃听、散布他人隐私的。

殴打他人，或故意伤害他人身体的，处五日以上十日以下拘留，并处二百元以上五百元以下罚款；情节较轻的，处五日以下拘留或者五百元以下罚款。

有下列情形之一的，处十日以上十五日以下拘留，并处五百元以上一千元以下罚款。

（1）结伙殴打、伤害他人的。

（2）殴打、伤害残疾人、孕妇、不满十四周岁的人或者六十周岁以上的人的。

（3）多次殴打、伤害他人或者一次殴打、伤害多人的。

猥亵他人或在公共场所故意裸露身体，情节恶劣的，处五日以上十日以下拘留；猥亵智力残疾人、精神病人、不满十四周岁的人或者有其他严重情节的，处十日以上十五日以下拘留。

有下列行为之一的，处五日以下拘留或者警告。

（1）虐待家庭成员，被虐待人要求处理的。

（2）遗弃没有独立生活能力的被扶养人的。

3. 妨害社会管理的行为和处罚

有下列行为之一的，处警告或者二百元以下罚款；情节严重的，处五日以上十日以下拘留，可以并处五百元以下罚款。

（1）拒不执行人民政府在紧急状态情况下依法发布的决定、命令的。

（2）阻碍国家机关工作人员依法执行职务的。

（3）阻碍执行紧急任务的消防车、救护车、工程抢险车、警车等车辆通行的。

（4）强行冲闯公安机关设置的警戒带、警戒区的。

阻碍人民警察依法执行职务的，从重处罚。

冒充国家机关工作人员或以其他虚假身份招摇撞骗的，处 5 日以上 10 日以下拘留，可以并处 500 元以下罚款；情节较轻的，处五日以下拘留或者五百元以下罚款。

冒充军警人员招摇撞骗的，从重处罚。

有下列行为之一的，处十日以上十五日以下拘留，可以并处一千元以下罚款；情节较轻的，处五日以上十日以下拘留，可以并处五百元以下罚款：

（1）伪造、变造或者买卖国家机关、人民团体、企业、事业单位或者其他组织的公文、证件、证明文件、印章的。

（2）买卖或者使用伪造、变造的国家机关、人民团体、企业、事业单位或者其他组织的公文、证件、证明文件的。

（3）伪造、变造、倒卖车票、船票、航空客票、文艺演出票、体育比赛入场券或者其他有价票证、凭证的。

（4）伪造、变造船舶户牌，买卖或者使用伪造、变造的船舶户牌，或者涂改船舶发动机号码的。

有下列行为之一的，处五百元以上一千元以下罚款；情节严重的，处五日以上十日以下拘留，并处五百元以上一千元以下罚款。

（1）典当业工作人员承接典当的物品，不查验有关证明、不履行登记手续，或者明知是违法犯罪嫌疑人、赃物，不向公安机关报告的。

（2）违反国家规定，收购铁路、油田、供电、电信、矿山、水利、测量和城市公用设施等废旧专用器材的。

（3）收购公安机关通报寻查的赃物或者有赃物嫌疑的物品的。

（4）收购国家禁止收购的其他物品的。

有下列行为之一的，处五日以上十日以下拘留，并处二百元以上五百元以下罚款。

（1）隐藏、转移、变卖或者损毁行政执法机关依法扣押、查封、冻结的财物的。

（2）伪造、隐匿、毁灭证据或者提供虚假证言、谎报案情，影响行政执法机关依法办案的。

（3）明知是赃物而窝藏、转移或者代为销售的。

（4）被依法执行管制、剥夺政治权利或者在缓刑、保外就医等监外执行中的罪犯或者被依法采取刑事强制措施的人，有违反法律、行政法规和国务院公安部门有关监督管理规定的行为。

有下列行为之一的，处警告或者二百元以下罚款；情节较重的，处五日以上十日以下拘留，并处二百元以上五百元以下罚款。

（1）刻划、涂污或者以其他方式故意损坏国家保护的文物、名胜古迹的。

（2）违反国家规定，在文物保护单位附近进行爆破、挖掘等活动，危及文物安全的。

有下列行为之一的，处五百元以上一千元以下罚款；情节严重的，处十日以上十五日以下拘留，并处五百元以上一千元以下罚款。

（1）偷开他人机动车的。

（2）未取得驾驶证驾驶或者偷开他人航空器、机动船舶的。

有下列行为之一的，处五日以上十日以下拘留；情节严重的，处十日以上十五日以下拘留，可以并处一千元以下罚款。

（1）故意破坏、污损他人坟墓或者毁坏、丢弃他人尸骨、骨灰的。

（2）在公共场所停放尸体或者因停放尸体影响他人正常生活、工作秩序，不听劝阻的。

有下列行为之一的，处十日以上十五日以下拘留，并处五百元以上一千元以下罚款。

（1）组织播放淫秽音像的。

（2）组织或者进行淫秽表演的。

（3）参与聚众淫乱活动的 [《中华人民共和国治安管理处罚法》（中华人民共和国主席令第三十八号）第三章：第二十三～二十七条、第二十九条、第三十三条、第三十五条、第三十七条、第四十条、第四十二条、第四十三条、第五十二条、第五十四条]。

（三）处罚程序

1. 调查

公安机关对报案、控告、举报或者违反治安管理行为人主动投案，以及其他行政主管部门、司法机关移送的违反治安管理案件，应当及时受理，并进行登记。

公安机关受理报案、控告、举报、投案后，认为属于违反治安管理行为的，应当立即进行调查；认为不属于违反治安管理行为的，应当告知报案人、控告人、举报人、投案人，并说明理由。

公安机关及其人民警察对治安案件的调查，应当依法进行，严禁刑讯逼供或者采用威胁、引诱、欺骗等非法手段收集证据。

公安机关及其人民警察在办理治安案件时，对涉及的国家秘密、商业秘密或者个人隐私，应当予以保密。

人民警察在办理治安案件过程中，遇有下列情形之一的，应当回避。违反治安管理行为人、被侵害人或者其法定代理人也有权要求他们回避。

（1）是本案当事人或者当事人的近亲属的。

（2）本人或者其近亲属与本案有利害关系的。

（3）与本案当事人有其他关系，可能影响案件公正处理的。

需要传唤违反治安管理行为人接受调查的，经公安机关办案部门负责人批准，使用传唤证传唤。对现场发现的违反治安管理行为人，人民警察经出示工作证件，可以口头传唤，但应当在询问笔录中注明。

公安机关应当将传唤的原因和依据告知被传唤人。对无正当理由不接受传唤或者逃避传唤的人，可以强制传唤。

对违反治安管理行为人，公安机关传唤后应当及时询问查证，询问查证的时间不得超过八小时；情况复杂，依照规定可能适用行政拘留处罚的，询问查证的时间不得超过二十四小时。

公安机关应当及时将传唤的原因和处所通知被传唤人家属。

询问笔录应当交被询问人核对，对没有阅读能力的，应当向其宣读。记载有遗漏或者差错的，被询问人可以提出补充或者更正。被询问人确认笔录无误后，应当签名或者盖章，询问的人民警察也应当在笔录上签名。

被询问人要求就被询问事项自行提供书面材料的，应当准许；必要时，人民警察也可以要求被询问人自行书写。

询问不满十六周岁的违反治安管理行为人，应当通知其父母或者其他监护人到场。

2. 决定

治安管理处罚由县级以上人民政府公安机关决定，其中警告、五百元以下的罚款可以由公安派出所决定。

对决定给予行政拘留处罚的人，在处罚前已经采取强制措施限制人身自由的时间，应当折抵。限制人身自由一日，折抵行政拘留一日。

公安机关查处治安案件，对没有本人陈述，但其他证据能够证明案件事实的，可以作出治安管理处罚决定；但是，只有本人陈述，没有其他证据证明的，不能作出治安管理处罚决定。

公安机关作出治安管理处罚决定前，应当告知违反治安管理行为人作出治安管理处罚的事实、理由及依据，并告知违反治安管理行为人依法享有的权利。

违反治安管理行为人有权陈述和申辩。公安机关必须充分听取违反治安管理行为人的意见，对违反治安管理行为人提出的事实、理由和证据，应当进行复核；违反治安管理行为人提出的事实、理由或者证据成立的，公安机关应当采纳。

公安机关不得因违反治安管理行为人的陈述、申辩而加重处罚。

治安案件调查结束后，公安机关应当根据不同情况，分别作出以下处理。

（1）确有依法应当给予治安管理处罚违法行为的，根据情节轻重及具体情况，作出处罚决定。

（2）依法不予处罚或者违法事实不能成立的，作出不予处罚决定。

（3）违法行为已涉嫌犯罪的，移送主管机关依法追究刑事责任。

（4）发现违反治安管理行为人有其他违法行为的，在对违反治安管理行为作出处罚决定的同时，通知有关行政主管部门处理。

公安机关作出治安管理处罚决定的，应当制作治安管理处罚决定书。决定书应当载明下列内容。

（1）被处罚人的姓名、性别、年龄、身份证件的名称和号码、住址。

（2）违法事实和证据。

（3）处罚的种类和依据。

（4）处罚的执行方式和期限。

（5）对处罚决定不服，申请行政复议、提起行政诉讼的途径和期限。

（6）作出处罚决定的公安机关名称和作出决定的日期。

决定书应当由作出处罚决定的公安机关加盖印章。

公安机关应当向被处罚人宣告治安管理处罚决定书，并当场交付被处罚人；无法当场向被处罚人宣告的，应当在两日内送达被处罚人。决定给予行政拘留处罚的，应当及时通知被处罚人的家属。

3. 执行

对被决定给予行政拘留处罚的人，由作出决定的公安机关送达拘留所执行。

受到罚款处罚的人应当自收到处罚决定书之日起十五日内，到指定的银行缴纳罚款。但是，有下列情形之一的，人民警察可以当场收缴罚款。

（1）被处五十元以下罚款，被处罚人对罚款无异议的。

（2）在边远、水上、交通不便地区，公安机关及其人民警察依照本法的规定作出罚款决定后，被处罚人向指定的银行缴纳罚款确有困难，经被处罚人提出的。

（3）被处罚人在当地没有固定住所，不当场收缴事后难以执行的。

人民警察当场收缴的罚款，应当自收缴罚款之日起两日内，交至所属的公安机关；在水上、旅客列车上当场收缴的罚款，应当自抵岸或者到站之日起两日内，交至所属的公安机关。公安机关应当自收到罚款之日起两日内将罚款缴付指定的银行。

人民警察当场收缴罚款的，应当向被处罚人出具省、自治区、直辖市人民政府财政部门统一制发的罚款收据；不出具统一制发的罚款收据的，被处罚人有权拒绝缴纳罚款。

被处罚人不服行政拘留处罚决定，申请行政复议、提起行政诉讼的，可以向公安机关提出暂缓执行行政拘留的申请。公安机关认为暂缓执行行政拘留不致发生社会危险的，由被处罚人或者其近亲属提出符合本规定条件的担保人，或者按每日行政拘留二百元的标准交纳保证金，行政拘留的处罚决定暂缓执行。

担保人应当符合下列条件。

（1）与本案无牵连。

（2）享有政治权利，人身自由未受到限制。

（3）在当地有常住户口和固定住所。

（4）有能力履行担保义务。

担保人应当保证被担保人不逃避行政拘留处罚的执行。

担保人不履行担保义务，致使被担保人逃避行政拘留处罚执行的，由公安机关对其处三千元以下罚款。

被决定给予行政拘留处罚的人交纳保证金，暂缓行政拘留后，逃避行政拘留处罚执行的，保证金予以没收并上缴国库，已经作出的行政拘留决定仍应执行。

行政拘留的处罚决定被撤销，或者行政拘留处罚开始执行的，公安机关收取的保证金应当及时退还交纳人［《中华人民共和国治安管理处罚法》（中华人民共和国主席令第三十八号）第四章：第七十七～七十九条、第八十一条、第八十八条、第八十九条、第九十一条、第九十二～九十六条、第一百零四条、第一百零七～一百零九条］。

二、单位内部治安保卫工作的要求

（1）有适应单位具体情况的内部治安保卫制度、措施和必要的治安防范设施；

（2）单位范围内的治安保卫情况有人检查，重要部位得到重点保护，治安隐患及时得到排查；

（3）单位范围内的治安隐患和问题及时得到处理，发生治安案件、涉嫌刑事犯罪的案件及时得到处置［《企业事业单位内部治安保卫条例》（中华人民共和国国务院令第 421 号） 第七条］。

三、单位制定的内部治安保卫制度内容

（1）门卫、值班、巡查制度。

（2）工作、生产、经营、教学、科研等场所的安全管理制度。

（3）现金、票据、印鉴、有价证券等重要物品使用、保管、储存、运输的安全管理制度。

（4）单位内部的消防、交通安全管理制度。

（5）治安防范教育培训制度。

（6）单位内部发生治安案件、涉嫌刑事犯罪案件的报告制度。

（7）治安保卫工作检查、考核及奖惩制度。

（8）存放有爆炸性、易燃性、放射性、毒害性、传染性、腐蚀性等危险物品和传染性菌种、毒种以及武器弹药的单位，还应当有相应的安全管理制度。

（9）其他有关的治安保卫制度［《企业事业单位内部治安保卫条例》（中华人民共和国国务院令第 421 号）第八条］。

四、单位内部治安保卫机构和治安保卫人员应履行职责

（1）开展治安防范宣传教育，并落实本单位的内部治安保卫制度和治安防范措施。

（2）根据需要，检查进入本单位人员的证件，登记出入的物品和车辆。

（3）在单位范围内进行治安防范巡逻和检查，建立巡逻、检查和治安隐患整改记录。

（4）维护单位内部的治安秩序，制止发生在本单位的违法行为，对难以制止的违法行为以及发生的治安案件、涉嫌刑事犯罪案件应当立即报警，并采取措施保护现场，配合公安机关的侦查、处置工作。

（5）督促落实单位内部治安防范设施的建设和维护（《企业事业单位内部治安保卫条例》

（中华人民共和国国务院令第421号）第九条）。

五、国有企业治安保卫工作的主要职责

（1）贯彻执行国家有关治安保卫工作的法律法规。

（2）开展社会主义法制和治安保卫工作的宣传教育，增强职工群众的法制观念和自觉维护本企业治安秩序的意识。

（3）制定和组织落实应由企业承担的各项治安保卫工作制度。

（4）根据需要选配保卫人员，为治安保卫工作提供必要的经费和物质保障。

（5）落实防火、防盗抢、防爆炸、防破坏和防诈骗、防窃密等治安防范措施。

（6）预防和制止违法犯罪行为，维护企业稳定。

（7）及时向公安机关报告发生在企业的刑事案件、治安案件、治安灾害事故并保护现场。

（8）调解、疏导企业内部纠纷，协助公安机关查处发生在企业的刑事案件和治安案件。

（9）帮助、教育本企业有轻微违法犯罪行为的人员。

（10）协助公安机关监督、考察、教育本企业被判处管制、剥夺政治权利、宣告缓刑、假释、监外执行和依法保外就医的犯罪分子，以及被监视居住、取保候审的犯罪嫌疑人和劳动教养所外执行人员。

（11）协助公安机关管理本企业的暂住人口和其他外来人口。

（12）参与所在地区组织的社会治安综合治理工作。

（13）国家法律、法规规定的其他治安保卫任务［《国有企业治安保卫工作暂行规定》（公通字〔1997〕55号）第六条］。

六、110报警的相关规定

城市和县（旗）公安局指挥中心应当设立110报警服务台，负责全天24h受理公众紧急电话报警、求助和对公安机关及其人民警察现时发生的违法违纪或者失职行为的投诉。

（一）基本要求

110报警服务台工作人员应当掌握和使用普通话，在受理报警、求助、投诉时应当做到：

（1）警容严整，行为规范，态度热情。

（2）接听电话时主动说："您好，××（市、县）110，××号接警员"。

（3）向当事人问明案（事）件的主要情况及当事人的基本情况。

（4）按照统一的表格认真登记、存储，做好接报、指挥、处警工作记录，并立卷备查。

（二）受理报警

110接警工作实行"一级接警"，即统一由城市或者县（旗）公安局110报警服务台接警。

110报警服务台受理报警的范围：①刑事案件；②治安案（事）件；③危及人身、财产安全或者社会治安秩序的群体性事件；④自然灾害、治安灾害事故；⑤其他需要公安机关处置的与违法犯罪有关的报警。

110出警工作实行"一级处警"和"就近处警"、"分类处警"相结合的处警原则，特大城市可以根据实际情况采取适当的出警机制。

出警民警应当按规定着装，警容严整，携带必要的警械、通信工具等处警装备；专职处警民警应当掌握基本的救人、救灾及医疗救护技能。

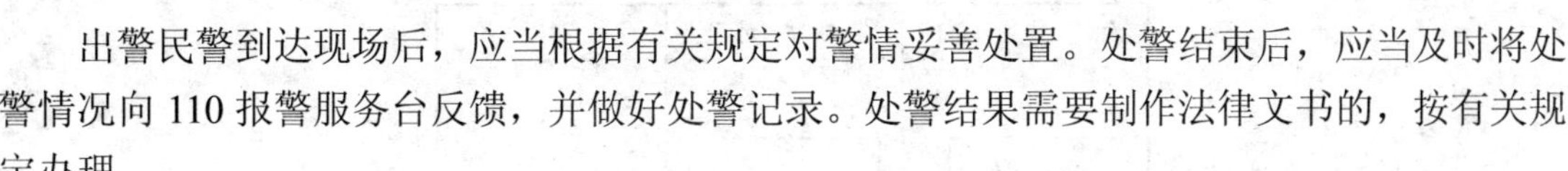

出警民警到达现场后，应当根据有关规定对警情妥善处置。处警结束后，应当及时将处警情况向 110 报警服务台反馈，并做好处警记录。处警结果需要制作法律文书的，按有关规定办理。

对正在发生的案（事）件，最先到达现场的处警民警不足以制止或者控制局面的，应当立即将案（事）件情况报告 110 报警服务台。110 报警服务台应当按照工作预案，迅速调集、指挥有关警种、部门赶赴现场增援或者进行布控查缉。

（三）受理求助

110 报警服务台受理求助的范围为：

（1）发生溺水、坠楼、自杀等状况，需要公安机关紧急救助的。

（2）老人、儿童以及智障人员、精神疾病患者等人员走失，需要公安机关在一定范围内帮助查找的。

（3）公众遇到危难，处于孤立无援状况，需要立即救助的。

（4）涉及水、电、气、热等公共设施出现险情，威胁公共安全、人身或者财产安全和工作、学习、生活秩序，需要公安机关先期紧急处置的。

（5）需要公安机关处理的其他紧急求助事项。

（四）受理投诉

110 报警服务台受理投诉的范围为：公安机关及其人民警察正在发生的违反《中华人民共和国人民警察法》、《公安机关督察条例》等法律法规和人民警察各项纪律规定，违法行使职权，不履行法定职责，不遵守各项执法、服务、组织、管理制度和职业道德的各种行为。

110 报警服务台受理投诉应当如实登记，秉公查处，及时反馈。

110 报警服务台在受理投诉时，应当向投诉人问明被投诉对象的基本情况、投诉的具体内容和投诉人姓名、工作单位或者家庭住址、联系方式等主要情况。

110 报警服务台对投诉内容及投诉人情况应当严格保密，严禁将投诉情况泄露给被投诉对象或者其他人员。

110 报警服务台对投诉应当视情采取相应措施，进行处理。

（1）对正在发生的公安机关和民警在依法履行职责、行使职权、遵纪守法等方面存在问题的投诉，应当指令就近警力先期处置，同时通知警务督察部门进行现场调查和处理。

（2）对既往发生的公安机关和民警在依法履行职责、行使职权、遵纪守法等方面存在问题的投诉，应当告知投诉人向公安机关纪检、监察、信访、法制或者其他有管辖权的部门投诉，同时视具体情况移交本级纪检、监察、信访、法制或者其他有管辖权的部门进行调查处理。对 110 报警服务台移交的投诉，有关部门应当及时查处。

（3）对已通过其他渠道进行投诉或者信访问题，交由原受理部门处理。

（4）外地公安机关的民警或者其他无隶属关系的公安机关的民警在当地被投诉的，应当指令就近警力先期处置，再移送被投诉人的所属单位处理。

（5）对公安机关职责范围以外的投诉，可以告知投诉人向有关职能部门进行投诉，并作出必要的解释［《110 接处警工作规则》第二条、第七条、第十三条、第十四条、第二十九条、第三十四条、第三十七条、第三十九条］。110 报警流程图如图 11-3 所示。

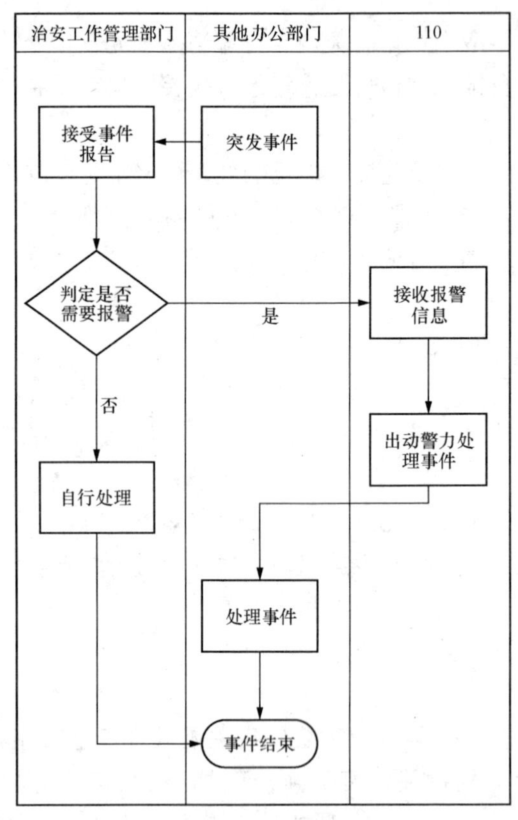

图 11-3　110 报警流程图

七、保安的管理

各级公安机关应当明确保安服务主管机构，归口负责保安服务监督管理工作。保安服务行业协会在公安机关指导下依法开展提供服务、规范行为、反映诉求等保安服务行业自律工作。全国性保安服务行业协会在公安部指导下开展推荐保安员服装式样、设计全国统一的保安服务标志、制定保安服务标准、开展保安服务企业资质认证以及协助组织保安员考试等工作。

（一）保安从业单位许可与备案

申请设立保安服务公司，应当向设区市的公安机关提交下列材料：

（1）设立申请书（应当载明拟设立保安服务公司的名称、住所、注册资本、股东及出资额、经营范围等内容）。

（2）依法设立且具有法定资格的验资机构出具的 100 万元以上注册资本验资证明，属于国有资产的，应当依照有关法律、行政法规的规定进行资产评估，并提供有关文件。

（3）拟任的保安服务公司法定代表人和总经理、副总经理等主要管理人员的有效身份证件、简历，保安师资格证书复印件，5 年以上军队、公安、安全、审判、检察、司法行政或者治安保卫、保安经营管理工作经验证明，县级公安机关开具的无被刑事处罚、劳动教养、收容教育、强制隔离戒毒证明。

（4）拟设保安服务公司住所的所有权或者使用权的有效证明文件和提供保安服务所需的有关设备、交通工具等材料。

（5）专业技术人员名单和法律、行政法规有资格要求的资格证明。

（6）组织机构和保安服务管理制度、岗位责任制度、保安员管理制度材料。

（7）工商行政管理部门核发的企业名称预先核准通知书。

设区市的公安机关应当自收到设立保安服务公司申请材料之日起十五个工作日内，对申请人提交的材料的真实性进行审核，确认是否属实，并将审核意见报所在地省级公安机关。对设立提供武装守护押运和安全技术防范报警监控运营服务的申请，应当对经营场所、设施建设等情况进行现场考察。

省级公安机关收到设立保安服务公司的申请材料和设区市的公安机关的审核意见后，应当在十五个工作日内作出决定。

（1）符合《保安服务管理条例》第八条、第十条和《公安机关实施保安服务管理条例办法》第十二条规定的，决定核发保安服务许可证，或者在已有的保安服务许可证上增注武装守护押运服务。

（2）不符合《保安服务管理条例》第八条、第十条和《公安机关实施保安服务管理条例办法》第十二条规定的，应当作出不予许可的决定，书面通知申请人并说明理由。

取得保安服务许可证的申请人应当在办理工商登记后三十个工作日内将工商营业执照复印件报送核发保安服务许可证的省级公安机关。

取得保安服务许可证后超过六个月未办理工商登记的，保安服务许可证失效，发证公安机关应当收回保安服务许可证。

保安服务公司设立分公司的，应当自分公司设立之日起十五个工作日内，向分公司所在地设区市的公安机关备案，并接受备案地公安机关监督管理。备案应当提交下列材料：①保安服务许可证、工商营业执照复印件；②保安服务公司法定代表人、分公司负责人和保安员基本情况；③拟开展的保安服务项目。

保安服务公司拟变更法定代表人的，应当向所在地设区市的公安机关提出申请。设区市的公安机关应当在收到申请后十五个工作日内进行审核并报所在地省级公安机关。省级公安机关应当在收到申报材料后十五个工作日内审核并予以回复。

自行招用保安员从事本单位安全防范工作的机关、团体、企业、事业单位以及在物业管理区域内开展秩序维护等服务的物业服务企业，应当自开始保安服务之日起三十个工作日内向所在地设区市的公安机关备案。备案应当提交下列材料：①单位法人资格证明；②法定代表人（主要负责人）、保安服务分管负责人和保安员的基本情况；③保安服务区域的基本情况；④建立保安服务管理制度、岗位责任制度、保安员管理制度的情况；⑤保安员在岗培训法律、保安专业知识和技能的情况。

（二）保安员证申领与保安员招用

申领保安员证应当符合下列条件：①年满18周岁的中国公民；②身体健康，品行良好；③初中以上学历；④参加保安员考试，成绩合格；⑤没有《保安服务管理条例》第十七条规定的情形。

参加保安员考试，由本人或者保安从业单位、保安培训单位组织到现住地县级公安机关报名，填报报名表（可以到当地公安机关政府网站上下载），并按照国家有关规定交纳考试费。报名应当提交下列材料：①有效身份证件；②县级以上医院出具的体检证明；③初中以上学历证明。

县级公安机关应当在接受报名时留取考试申请人的指纹，采集数码照片，并现场告知领取准考证时间。

县级公安机关对申请人的报名材料进行审核，符合规定的，上报设区市的公安机关发给准考证，通知申请人领取。

设区市的公安机关应当根据本地报考人数和保安服务市场需要，合理规划设置考点，提前公布考试方式（机考或者卷考）和时间，每年考试不得少于两次。

申请人考试成绩合格的，设区市的公安机关核发保安员证，由县级公安机关通知申请人领取。

保安从业单位直接从事保安服务的人员应当持有保安员证。

保安从业单位应当招用持有保安员证的人员从事保安服务工作，并与被招用的保安员依法签订劳动合同。

（三）保安服务

保安服务公司签订保安服务合同前，对下列事项进行核查：①客户单位是否依法设立；②被保护财物是否合法；③被保护人员的活动是否合法；④要求提供保安服务的活动依法需经批准的，是否已经批准；⑤维护秩序的区域是否经业主或者所属单位明确授权；⑥其他应当核查的事项。

保安服务公司派出保安员提供保安服务，保安服务合同履行地与保安服务公司所在地不在同一省、自治区、直辖市的，应当依照《保安服务管理条例》第二十三条的规定，在开始提供保安服务之前三十个工作日内向保安服务合同履行地设区市的公安机关备案，并接受备案地公安机关监督管理。备案应当提交下列材料：①保安服务许可证和工商营业执照复印件；②保安服务公司法定代表人、服务项目负责人有效身份证件和保安员的基本情况；③跨区域经营服务的保安服务合同；④其他需要提供的材料。

保安服务中使用的技术防范产品，应当符合国家或者行业质量标准。保安服务中安装报警监控设备应当遵守国家有关安全技术规范。

保安员上岗服务应当穿着全国性保安服务行业协会推荐式样的保安员服装，佩带全国统一的保安服务标志。

提供随身护卫、安全技术防范和安全风险评估服务的保安员上岗服务可以穿着便服，但应当佩带全国统一的保安服务标志。

保安从业单位应当根据保安服务和保安员安全需要，为保安员配备保安服务岗位所需的防护、救生等器材和交通、通信等装备。

（四）保安服务的监督检查

（1）公安机关对保安服务公司的检查内容。

1）保安服务公司基本情况。

2）设立分公司和跨省、自治区、直辖市开展保安服务经营活动情况。

3）保安服务合同和监控影像资料、报警记录留存制度落实情况。

4）保安服务中涉及的安全技术防范产品、设备安装、变更、使用情况。

5）保安服务管理制度、岗位责任制度、保安员管理制度和紧急情况应急预案建立落实

情况。

6）从事武装守护押运服务的保安服务公司公务用枪安全管理制度和保管设施建设情况。

7）保安员及其服装、保安服务标志与装备管理情况。

8）保安员在岗培训和权益保障工作落实情况。

9）被投诉举报事项纠正情况。

10）其他需要检查的事项。

（2）公安机关对自行招用保安员单位的检查内容。

1）备案情况。

2）监控影像资料、报警记录留存制度落实情况。

3）保安服务中涉及的安全技术防范产品、设备安装、变更、使用情况。

4）保安服务管理制度、岗位责任制度、保安员管理制度和紧急情况应急预案建立落实情况。

5）依法配备的公务用枪安全管理制度和保管设施建设情况。

6）自行招用的保安员及其服装、保安服务标志与装备管理情况。

7）保安员在岗培训和权益保障工作落实情况。

8）被投诉举报事项纠正情况。

9）其他需要检查的事项。

（3）公安机关对保安培训单位的检查内容。

1）保安培训单位基本情况。

2）保安培训教学情况。

3）枪支使用培训单位备案情况和枪支安全管理制度与保管设施建设管理情况。

4）其他需要检查的事项。

（4）公安机关有关工作人员对保安从业单位和保安培训单位实施监督检查时不得少于两人，并应当出示执法身份证件。

（5）对监督检查情况和处理意见应当如实记录，并由公安机关检查人员和被检查单位的有关负责人签字。被检查单位负责人不在场或者拒绝签字的，公安机关工作人员应当在检查记录上注明。

（6）公安机关在监督检查时，发现依法应当责令限期改正的违法行为，应当制作责令限期改正通知书，送达被检查单位。责令限期改正通知书中应当注明改正期限。

（7）公安机关应当在责令改正期限届满或者收到当事人的复查申请之日起三个工作日内进行复查。对逾期不改正的，依法予以行政处罚。

（五）保安服务法律责任的规定

（1）保安服务公司有下列情形之一，造成严重后果的，发证公安机关可以吊销保安服务许可证。

1）泄露在保安服务中获知的国家秘密。

2）指使、纵容保安员阻碍依法执行公务、参与追索债务、采用暴力或者以暴力相威胁的手段处置纠纷。

3）其他严重违法犯罪行为。

（2）保安培训单位以培训为名进行诈骗等违法犯罪活动，情节严重的，公安机关可以依前款规定，吊销保安培训许可证。

（3）保安培训单位以实习为名，派出学员变相开展保安服务的，依照《保安服务管理条例》第四十一条规定，依法给予治安管理处罚，并没收违法所得；构成犯罪的，依法追究刑事责任。

（4）公安机关工作人员在保安服务监督管理中有下列情形的，对直接负责的主管人员和其他直接责任人员依法给予处分；构成犯罪的，依法追究刑事责任：

1）明知不符合设立保安服务公司、保安培训单位的设立条件却许可的；符合《保安服务管理条例》和本办法规定，应当许可却不予许可的。

2）违反《保安服务管理条例》规定，应当接受保安从业单位、保安培训单位的备案而拒绝接受的。

3）接到举报投诉，不依法查处的。

4）发现保安从业单位和保安培训单位违反《保安服务管理条例》规定，不依法查处的。

5)利用职权指定安全技术防范产品的生产厂家、销售单位或者指定保安服务提供企业的。

6）接受被检查单位、个人财物或者其他不正当利益的。

7）参与或者变相参与保安服务公司经营活动的。

8）其他滥用职权、玩忽职守、徇私舞弊的行为。

[《公安机关实施保安服务管理条例办法》（中华人民共和国公安部令第 112 号）第一章：第二条；第二章：第九条、第十条、第十四条、第十五条、第十八条；第三章：第十九条、第二十～二十四条；第四章：第二十五条、第二十六条、第二十八～三十条；第五章：第三十一～三十三条；第六章：第三十七条、第三十八条；第七章：第四十五条、第四十八条]

第三节　电力设施保护

电力设施的保护实行电力管理部门、公安部门、电力企业和人民群众相结合的原则。

电力设施受国家法律保护，禁止任何单位或个人从事危害电力设施的行为。任何单位和个人都有保护电力设施的义务，对危害电力设施的行为，有权制止并向电力管理部门、公安部门报告。电力企业应加强对电力设施的保护工作，对危害电力设施安全的行为，应采取适当措施，予以制止。国务院电力管理部门对电力设施的保护负责监督、检查、指导和协调[《电力设施保护条例》中华人民共和国国务院令（第 239 号）第三条、第四条]。

电力管理部门、公安部门、电力企业和人民群众都有保护电力设施的义务。各级地方人民政府设立的由同级人民政府所属有关部门和电力企业（包括电网经营企业、供电企业）负责人组成的电力设施保护领导小组，负责领导所辖行政区域内电力设施的保护工作，其办事机构设在相应的电网经营企业，负责电力设施保护的日常工作。电力设施保护领导小组应当在有关电力线路沿线组织群众护线，群众护线组织成员由相应的电力设施保护领导小组发给护线证件［《电力设施保护条例实施细则》公安部令第 8 号第三条］。

一、电力设施保护的意义

电力工业是国民经济的重要基础产业，电力设施是电能生产、输送、供应的载体，是重

要的社会公用设施，电力设施安全保护是保障供用电安全和维护社会公共安全的重要内容。近年来，我国电力需求持续增长，电力设施满负荷运行，电力生产安全形势总体平稳。但是，盗窃、破坏电力设施的违法犯罪行为以及人为损坏电力设施的情况仍时有发生，严重危害电力系统的安全可靠运行，同时造成了重大经济损失。为加强电力设施保护工作，切实保障电力安全，应做好如下工作。

（一）高度重视电力设施保护工作

保护电力设施安全是保证电力系统安全稳定运行和电力可靠供应的基础和关键环节，事关经济发展和社会稳定大局。各地区、各有关部门要进一步提高认识，高度重视电力设施保护工作。依法打击和防范盗窃、破坏电力设施等危害电力生产安全的违法犯罪行为，对可能影响电力设施安全的作业和施工实施严格的监督管理。电力企业要进一步提高电力设施保护意识，加强生产安全管理和电力设施的保养维护。要坚持“打防并举，以防为主”的方针，努力形成各地区、各有关部门和电力企业齐抓共管的合力，确保电力设施安全和电力可靠供应。

（二）建立健全电力设施保护工作的长效机制

地方各级人民政府要切实负起责任，加强电力设施保护工作的组织领导，成立由政府分管领导任组长，发展改革、电力监管、公安、工商、林业、土地、建设等相关部门以及电力企业负责人参加的电力设施保护工作领导小组，落实职责分工，统筹研究保障措施，加强信息通报和交流，及时协调解决电力设施保护工作中的重大问题，依法有效打击和防范盗窃、破坏电力设施的违法犯罪活动。要加大电力设施保护经费的投入，建立健全以技防、物防、人防和其他有效防范保护措施组成的内部安全防范网络，普及和推广应用电力设施安全防范的新技术和新成果，提高整体防控水平。

（三）严厉打击破坏电力设施的违法犯罪行为

对辖区内发生的危害性大、影响恶劣的盗窃、破坏电力设施重点案件，要集中力量，加大侦办力度，尽快破获；对已经抓获、定案的犯罪分子，要依法尽快处理。依法实施处罚或依法采取强制措施。要进一步加强对废旧金属流通环节的监督管理，全面清理整顿物资回收、废品收购站点，打击收赃、销赃行为，堵塞销赃渠道。对非法收购电力专用器材和物资的要加大查处力度，依法实施行政处罚直至追究刑事责任。要调动各方积极性，实施群防群治，公布涉电违法犯罪的举报电话。

（四）加强电力设施日常管理和维护

电力企业要加大贯彻执行《中华人民共和国电力法》、《电力设施保护条例》和《企业事业单位内部治安保卫条例》等法律法规的力度，制订切实有效的管理措施，强化电力设施的日常运行维护和缺陷消除率。要进一步加强内部治安保卫工作，落实内部治安保卫责任制。严防危及电力设施安全的违法犯罪行为发生。要严格执行电力设施保护区内的施工许可制度，对需要爆破、开挖、取土的各类建设项目，要加强全过程的监督管理。地方各级人民政府要积极指导企业建立健全电力生产安全突发事件的应急处置预案并定期演练，完善预警机制。在破坏、盗窃电力设施违法犯罪行为发生后，要指导和协调电力企业尽快修复损毁设施和线路，确保电力安全和可靠供应。

（五）进一步加大宣传和教育力度

各地区、各有关部门和电力企业要大力宣传保护电力设施安全的重要意义，教育和引导人民群众踊跃参与巡线护线活动，提高社会公众维护电力设施安全的自觉性和主动性。要进一步加强舆论引导，充分发挥新闻媒体和网络的作用，对盗窃、破坏电力设施等危害电力设施安全的典型案件进行曝光，震慑违法犯罪分子，遏制违法犯罪行为。要通过组织和开展形式多样的宣传教育活动，营造保护电力设施人人有责的良好氛围，进一步加强电力设施保护，切实保障电力安全和社会稳定。

（六）加大护线力度

加大施工现场护线人员的投入，采取重点现场和流动区域相结合的办法，大力宣传电力设施保护工作，有效地控制外力事故发生的经验。

进一步加强外聘专业护线队伍管理，规范专业护线合同、标准和巡视路线，严格执行护线考核办法，提高护线人员的责任意识，加强护线队伍的岗位培训，最大限度地控制外力事故的发生。

积极和地方政府沟通，最大范围地争得地方政府对电力设施保护工作的支持；充分发挥警电联合办公室作用，利用公安执法职能，并且积极发挥属地供电单位自身作用，坚决打击盗窃破坏电力设施犯罪活动，维护电力设施安全[《电力设施保护条例》中华人民共和国国务院令（第239号）]。

二、电力设施保护范围

（一）发电设施、变电设施的保护范围

（1）发电厂、变电站、换流站、开关站等厂、站内的设施。

（2）发电厂、变电站外各种专用的管道（沟）、储灰场、水井、泵站、冷却水塔、油库、堤坝、铁路、道路、桥梁、码头、燃料装卸设施、避雷装置、消防设施及其有关辅助设施。

（3）水力发电厂使用的水库、大坝、取水口、引水隧洞（含支洞口）、引水渠道、调压井（塔）、露天高压管道、厂房、尾水渠、厂房与大坝间的通信设施及其有关辅助设施。

（二）电力线路设施的保护范围

（1）架空电力线路。包括杆塔、基础、拉线、接地装置、导线、避雷线、金具、绝缘子、登杆塔的爬梯和脚钉，导线跨越航道的保护设施，巡（保）线站，巡视检修专用道路、船舶和桥梁，标志牌及其有关辅助设施。

（2）电力电缆线路。包括架空、地下、水底电力电缆和电缆联结装置，电缆管道、电缆隧道、电缆沟、电缆桥、电缆井、盖板、人孔、标石、水线标志牌及其有关辅助设施。

（3）电力线路上的变压器、电容器、电抗器、断路器、隔离开关、避雷器、互感器、熔断器、计量仪表装置、配电室、箱式变电站及其有关辅助设施。

（4）电力调度设施。包括电力调度场所、电力调度通信设施、电网调度自动化设施、电网运行控制设施[《电力设施保护条例》中华人民共和国国务院令（第239号）第八～十条]。

（三）电力线路保护区

（1）架空电力线路保护区。是为了保证已建架空电力线路的安全运行和保障人民生活的正常供电而必须设置的安全区域。在厂矿、城镇、集镇、村庄等人口密集地区，架空电力线路保护区为导线边线在最大计算风偏后的水平距离和风偏后距建筑物的水平安全距离之和所形成的两平行线内的区域。各级电压导线边线在计算导线最大风偏情况下，距建筑物的水平安全距离见表11-7。

表 11-7 架空线路距建筑物的水平安全距离

电压等级/kV	距离/m	电压等级/kV	距离/m
1 以下	1.0	154～220	5.0
1～10	1.5	330	6.0
35	3.0	500	8.5
66～110	4.0		

（2）江河电缆保护区的宽度。

1）敷设于二级及以上航道时，为线路两侧各 100m 所形成的两平行线内的水域。

2）敷设于三级及以下航道时，为线路两侧各 50m 所形成的两平行线内的水域。

（3）地下电力电缆保护区的宽度为地下电力电缆线路地面标桩两侧各 0.75m 所形成两平行线内区域［《电力设施保护条例实施细则》（公安部令第 8 号）第五条、第六条］。

（四）电力管理部门应在下列地点设置安全标志

（1）架空电力线路穿越的人口密集地段。

（2）架空电力线路穿越的人员活动频繁地区。

（3）车辆、机械频繁穿越架空电力线路的地段。

（4）电力线路上的变压器平台［《电力设施保护条例实施细则》（公安部令第 8 号）第九条］。

三、危害发电设施、变电设施的典型行为

（1）闯入发电厂、变电站内扰乱生产和工作秩序，移动、损害标志物。

（2）危及输水、输油、供热、排灰等管道（沟）的安全运行。

（3）影响专用铁路、公路、桥梁、码头的使用。

（4）在用于水力发电的水库内，进入距水工建筑物 300m 区域内炸鱼、捕鱼、游泳、划船及其他可能危及水工建筑物安全的行为。

（5）其他危害发电、变电设施的行为［《电力设施保护条例》中华人民共和国国务院令（第 239 号）第十三条］。

四、危害电力线路设施的典型行为

（1）向电力线路设施射击。

（2）向导线抛掷物体。

（3）在架空电力线路导线两侧各 300m 的区域内放风筝。

（4）擅自在导线上接用电器设备。

（5）擅自攀登杆塔或在杆塔上架设电力线、通信线、广播线，安装广播喇叭。

（6）利用杆塔、拉线作起重牵引地锚。

（7）在杆塔、拉线上拴牲畜、悬挂物体、攀附农作物。

（8）在杆塔、拉线基础的规定范围内取土、打桩、钻探、开挖或倾倒酸、碱、盐及其他有害化学物品。

（9）在杆塔内（不含杆塔与杆塔之间）或杆塔与拉线之间修筑道路。

（10）拆卸杆塔或拉线上的器材，移动、损坏永久性标志或标志牌。

（11）其他危害电力线路设施的行为 [《电力设施保护条例》中华人民共和国国务院令（第239号）第十四条]。

五、任何单位或个人在架空电力线路、保护区内，必须遵守下列规定

（1）不得堆放谷物、草料、垃圾、矿渣、易燃物、易爆物及其他影响安全供电的物品。

（2）不得烧窑、烧荒。

（3）不得兴建建筑物、构筑物。

（4）不得种植可能危及电力设施安全的植物 [《电力设施保护条例》中华人民共和国国务院令（第239号）第十五条]。

六、任何单位或个人在电力电缆线路保护区内，必须遵守下列规定

（1）不得在地下电缆保护区内堆放垃圾、矿渣、易燃物、易爆物；倾倒酸、碱、盐及其他有害化学物品；兴建建筑物、构筑物或种植树木、竹子。

（2）不得在海底电缆保护区内抛锚、拖锚。

（3）不得在江河电缆保护区内抛锚、拖锚、炸鱼、挖沙 [《电力设施保护条例》中华人民共和国国务院令（第239号）第十六条]。

七、架空电力线路建设项目和公用工程、城市绿化及其他工程之间发生妨碍时处理原则

（1）新建架空电力线路建设工程、项目需穿过林区时，应当按国家有关电力设计的规程砍伐出通道，通道内不得再种植树木。对需砍伐的树木由架空电力线路建设单位按国家的规定办理手续和付给树木所有者一次性补偿费用，并与其签订不再在通道内种植树木的协议。

（2）架空电力线路建设项目、计划已经当地城市建设规划主管部门批准的，园林部门对影响架空电力线路安全运行的树木，应当负责修剪，并保持今后树木自然生长最终高度和架空电力线路导线之间的距离符合安全距离的要求。

（3）根据城市绿化规划的要求，必须在已建架空电力线路保护区内种植树木时，园林部门需与电力管理部门协商，征得同意后，可种植低矮树种，并由园林部门负责修剪以保持树木自然生长最终高度和架空电力线路导线之间的距离符合安全距离的要求。

（4）架空电力线路导线在最大弧垂或最大风偏后与树木之间的安全距离见表11-8。

表11-8　　导线在最大弧垂或最大风偏后与树木之间的安全距离

电压等级	最大风偏距离	最大垂直距离	电压等级	最大风偏距离	最大垂直距离
35～110kV	3.5m	4.0m	330kV	5.0m	5.5m
154～220kV	4.0m	4.5m	500kV	7.0m	7.0m

对不符合上述要求的树木应当依法进行修剪或砍伐，所需费用由树木所有者负担[《电力设施保护条例实施细则》公安部令第8号第十六条]。

八、电力设施保护奖励与惩罚

破坏电力、燃气或者其他易燃易爆设备，危害公共安全，尚未造成严重后果的，处三年以上十年以下有期徒刑。

破坏交通工具、交通设施、电力设备、燃气设备、易燃易爆设备，造成严重后果的，处十年以上有期徒刑、无期徒刑或者死刑。

过失犯前款罪的，处三年以上七年以下有期徒刑；情节较轻的，处三年以下有期徒刑或者拘役[《中华人民共和国刑法》（中华人民共和国主席令第 83 号）第一百一十八条、第一百一十九条]。

（1）任何单位或个人有下列行为之一，电力管理部门应给予表彰或一次性物质奖励。

1）对破坏电力设施或哄抢、盗窃电力设施器材的行为检举、揭发有功。

2）对破坏电力设施或哄抢、盗窃电力设施器材的行为进行斗争，有效地防止事故发生。

3）为保护电力设施而同自然灾害作斗争，成绩突出。

4）为维护电力设施安全，做出显著成绩。

（2）违反《电力设施保护条例》规定，未经批准或未采取安全措施，在电力设施周围或在依法划定的电力设施保护区内进行爆破或其他作业，危及电力设施安全的，由电力管理部门责令停止作业、恢复原状并赔偿损失。

（3）违反《电力设施保护条例》规定，危害发电设施、变电设施和电力线路设施的，由电力管理部门责令改正；拒不改正的，处 10000 元以下的罚款。

（4）违反《电力设施保护条例》规定，在依法划定的电力设施保护区内进行烧窑、烧荒、抛锚、拖锚、炸鱼、挖沙作业，危及电力设施安全的，由电力管理部门责令停止作业、恢复原状并赔偿损失。

（5）违反《电力设施保护条例》规定，危害电力设施建设的，由电力管理部门责令改正、恢复原状并赔偿损失。

（6）凡违反《电力设施保护条例》规定而构成违反治安管理行为的单位或个人，由公安部门根据《中华人民共和国治安管理处罚条例》予以处罚；构成犯罪的，由司法机关依法追究刑事责任[《电力设施保护条例》中华人民共和国国务院令（第 239 号）第二十五～二十七条]。

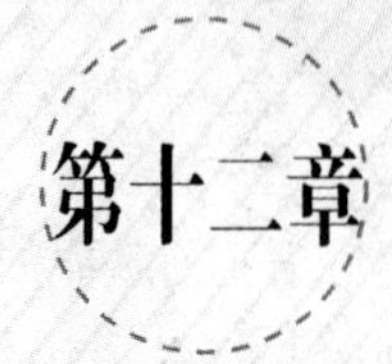

基建工程全过程安全监督管理

第一节 基建工程安全管理

一、基建安全管理体系

（一）基建安全管理模式及范围

（1）供电企业基建工作实行供电企业、区域供电企业、建设管理单位（业主项目部）三级管理模式（见图 12-1），推行基建管理标准化体系。

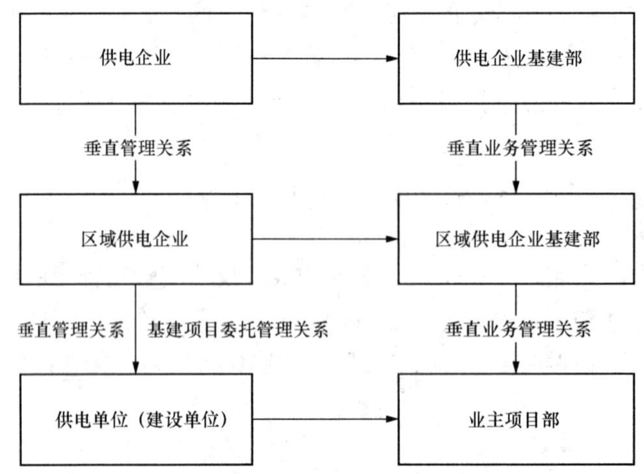

图 12-1 基建三级管理模式

供电企业、区域供电企业、建设管理单位是基建三级管理单位，供电企业基建部、区域供电企业基建部、建设管理单位业主项目部是相应的三级基建管理机构。

注意部分地区供电企业为供建合一模式，建设管理单位为供电企业。

（2）公司基建安全管理的范围包括对供电企业投资、控股的工程项目安全管理以及对所属监理、设计、施工企业的安全管理。

（二）基建安全管理职责

（1）供电企业所属单位实行以各级行政正职为第一责任人的各级基建安全责任制，建立健全基建安全保证体系和监督体系，实行基建安全目标管理，逐层签订安全责任书，在计划、布置、检查、考核、总结基建工作的同时，计划、布置、检查、考核、总结基建安全管理工作。各级安全监督部门负责对基建安全工作进行监督［《中华人民共和国安全生产法》（主席令第 70 号）第五条］。

（2）供电企业投资和控股的建设或技改项目，实行建设项目法人和施工总承包商，设计、监理承包商，施工承包商共同管理施工现场安全工作的原则，并各自承担相应的职责和工作

范围内的安全工作责任。

（三）基建安全监督管理

（1）供电企业所属单位安全监督部门及其安全监督人员行使基建安全监督职能，监督国家有关安全工作法律、法规和企业有关安全规章制度的贯彻执行情况，监督同级及下级单位的各部门、各级人员基建安全责任制的落实，发现问题，及时督促整改［《中华人民共和国安全生产法》（主席令第 70 号）第十九条］。

（2）供电企业所属单位安全监督部门对基建安全工作进行监督检查，组织或参与基建安全会议、各类安全检查、安全管理流动红旗竞赛、安全教育培训、达标投产等例行工作。

（3）安全监督机构的人员配置及装备应满足全员、全面、全过程安全监督工作的实际需要。安全监督人员应认真履行监督职责。

（4）安全监督部门负责监督反事故措施计划和安全技术劳动保护措施计划的实施，对存在的问题应及时向主管领导汇报。

（5）各级供电企业主管领导和车间负责人应定期检查反事故措施计划、安全技术劳动保护措施计划的实施情况，并保证反事故措施计划、安全技术劳动保护措施计划的落实。

（四）基建安全事故报告

（1）区域供电企业、建设管理单位、监理、设计、施工企业全面落实本单位的安全信息收集、上报工作，每月按时逐级上报安全信息月报，确保上报的信息准确、完整。

（2）各单位根据上报的安全信息，认真分析存在的基建安全风险，采取相应的预控措施。

（3）监理、设计、施工企业承揽境外工程项目前，应上报上级主管部门批准。

（4）基建安全事故信息根据事故性质、事故等级的不同，按照企业有关规定进行月度、季度定期报告，同时按以下规定进行即时报告。

（5）基建安全事故发生后，现场人员立即向本单位负责人报告，其中工程项目事故还应向建设管理单位负责人报告，此后根据资产关系或管理关系，按逐级上报的原则进行报告，每级上报时间不得超过两小时。

（6）三人及以上重伤或人身死亡事故，事故发生单位应在一小时内上报至区域供电企业，同时向事故所在地县级以上人民政府安全生产监督管理部门及国家电力监管委员会派出机构报告；区域供电企业收到报告后，应在 2h 内上报供电企业，同时在 16h 内上报书面材料。

（7）重大、特别重大施工机械设备事故，事故发生单位应在 1h 内上报至区域供电企业，区域供电企业收到报告后，应在 2h 内上报供电企业，同时在 16h 内上报书面材料。

（8）对基建原因导致的 220kV 变电站全所停电、500kV 输变电设备被迫停运、220kV 及以上电压等级的输电线倒杆塔事故等，以及比上述事故更严重的电网及设备事故，事故发生单位应在 1h 内上报至区域供电企业，区域供电企业收到报告后，应在 2h 内上报供电企业，同时在 16h 内上报书面材料。

（9）事故报告后出现新情况，应即时补报，各类事故均应在安全信息月报中进行统计上报［《生产安全事故报告和调查处理条例》（国务院令第 493 号）第九、十一条］。

（10）各级供电企业所属单位安全监督部门是事故调查、处理的归口管理部门，负责事故的统计、上报工作，统一对外发布安全信息。

（五）安全奖惩

（1）供电企业实行安全生产目标管理和以责论处的奖惩制度。对在实现安全生产目标过程中做出突出贡献的单位和个人予以表彰和奖励，按照职责管理范围，对规划设计、招标采购、施工验收、生产运行和教育培训等各个环节的安全责任进行追究，对发生事故的单位和责任人予以处罚。

（2）供电企业基建系统实行安全奖惩制度，坚持精神鼓励与物质奖励相结合、责任追究与经济处罚相结合的原则，建立健全基建安全工作奖惩机制，推进各级基建安全责任制的落实。

（3）供电企业负责建立工程设计、施工、监理工作奖优罚劣的激励约束机制，将安全管理工作效果作为拨付工程项目监理费、设计费、施工费的依据之一。项目法人、建设管理单位依据公司激励约束管理制度，对监理、设计、施工单位的安全工作进行考核，依据考核结果核定工程项目的监理费、设计费、建安工程费结算金额。

（4）建设管理单位落实供电企业制定的安全管理奖惩激励办法，在工程项目合同中明确安全奖惩标准。业主项目部对设计企业、监理、施工项目部进行安全管理综合评价，综合评价结果经建设管理单位审核后上报区域供电企业。

（5）监理、设计、施工企业内部应制定基建安全奖惩制度，设立安全管理专项基金，确保奖惩机制有效落实。

（6）违章与事故考核罚款应纳入安全管理专项基金，专款专用，不得挪作他用。

二、安全策划管理

（一）工程项目安全目标

（1）不发生人身伤亡事故。

（2）不发生因工程建设引起的电网及设备事故。

（3）不发生一般施工机械设备损坏事故。

（4）不发生火灾事故。

（5）不发生环境污染事件。

（6）不发生负主要责任的重大交通事故。

（二）项目安委会安全职责

（1）组织各成员单位贯彻落实上级有关基建安全工作的规定，决定工程项目安全管理的重大事项。

（2）协调解决工程建设工程中涉及多个参建单位的安全管理问题。

（3）定期组织召开安全委员会会议，保留会议记录并编发会议纪要。

（4）必要时聘请专职安全监督人员开展相关工作。

（三）建设项目环境保护

（1）建设污染环境项目，必须遵守国家有关建设项目环境保护管理的规定。

建设项目的环境影响报告书，必须对建设项目产生的污染和对环境的影响作出评价，规定防治措施，经项目主管部门预审并依照规定的程序报环境保护行政主管部门批准。环境影响报告书经批准后，计划部门方可批准建设项目设计书［《中华人民共和国环境保护法》（主

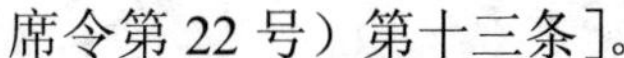

席令第 22 号）第十三条]。

（2）建设项目中防治污染的措施，必须与主体工程同时设计、同时施工、同时投产使用。防治污染的设施必须经原审批环境影响报告书的环境保护行政主管部门验收合格后，该建设项目方可投入生产或者使用。

防治污染的设施不得擅自拆除或者闲置，确有必要拆除或者闲置的，必须征得所在地的环境保护行政主管部门的同意［《中华人民共和国环境保护法》（主席令第 22 号）第二十六条］。

（3）建设项目的防止污染设施没有建成或者没有达到国家规定的要求，投入生产或者使用的，由批准该建设项目环境影响报告书的环境保护行政主管部门责令停止生产或者使用，可以并处罚款［《中华人民共和国环境保护法》（主席令第 22 号）第三十六条］。

（4）对违反《中华人民共和国环境保护法》，造成环境污染事故的企业事业单位，由环境保护行政主管部门或者其他依照法律规定行使环境监督管理权的部门根据所造成的危害后果处以罚款；情节严重的，对有关责任人员由其所在单位或者政府主管机关给予行政处分［《中华人民共和国环境保护法》（主席令第 22 号）第三十八条］。

（5）对经限期治理逾期未完成治理任务的企业事业单位，除依照国家规定加收超标准排污费外，可以根据所造成的危害后果处以罚款，或者责令停业、关闭［《中华人民共和国环境保护法》（主席令第 22 号）第三十九条］。

（四）安全设施“三同时”

生产经营单位新建、改建、扩建工程项目的安全设施，必须与主体工程同时设计、同时施工、同时投入生产和使用。安全设施投资应当纳入建设项目概算［《中华人民共和国安全生产法》（主席令第 70 号）第二十四条］。

（五）安全文明施工标准化

供电企业基建系统应贯彻以人为本、生命至上的理念，在工程项目中实行安全文明施工标准化，实现安全管理制度化、安全设施标准化、现场布置条理化、机料摆放定置化、作业行为规范化、环境影响最小化，营造安全文明施工的良好氛围，创造良好的安全施工环境和作业条件。

（六）项目安全策划管理流程（见图 12-2）

三、安全例行工作

（一）安全工作例会

（1）建设管理单位、监理、设计、施工企业每年召开一次安全工作会议，每季度至少召开一次安全工作例会，贯彻上级有关安全工作要求，总结分析本单位安全工作状况，研究解决安全工作中存在的问题，布置年度和季度安全工作。

（2）工程项目安委会建立安全工作例行会议制度，在工程开工前召开第一次会议，以后每季度至少召开一次安全委员会会议，检查安全工作的落实情况，研究解决工程项目存在的安全问题。会议由安全委员会主任主持，或委托常务副主任主持。

（3）业主项目部、监理项目部、施工项目部每月至少召开一次安全工作例会，检查工程项目的安全文明施工情况，提出改进措施并闭环整改。

（4）专业工地应每周召开一次安全工作例会，施工队（班组）每周开展一次安全活动，检查总结上一阶段安全工作，安排布置下一阶段的安全工作。

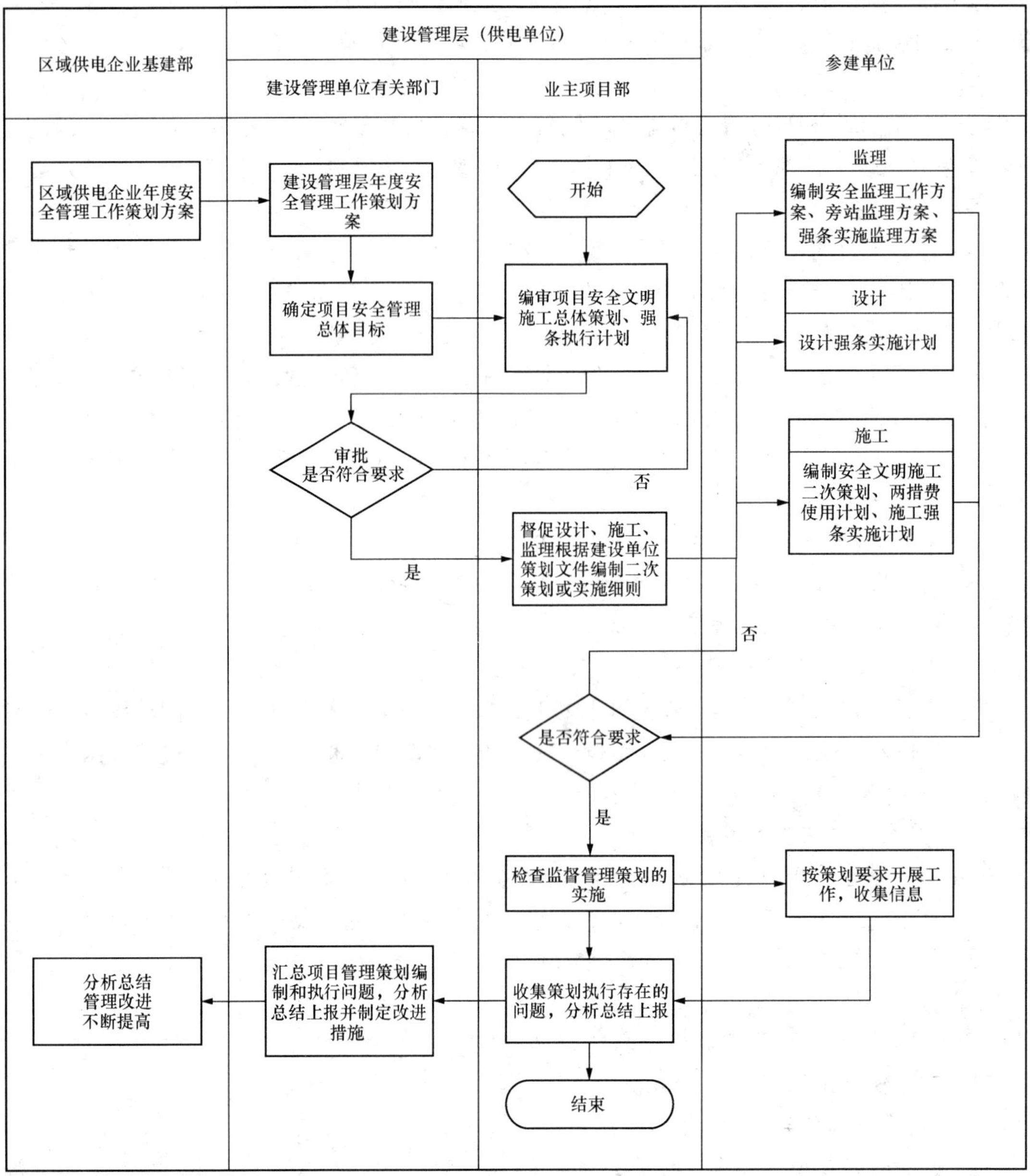

区域供电企业基建部
建设管理层（供电单位）
建设管理单位有关部门
业主项目部
参建单位
区域供电企业年度安全管理工作策划方案
建设管理层年度安全管理工作策划方案
开始
监理
编制安全监理工作方案、旁站监理方案、强条实施监理方案
确定项目安全管理总体目标
编审项目安全文明施工总体策划、强条执行计划
设计
设计强条实施计划
审批
是否符合要求
否
施工
编制安全文明施工二次策划、两措费使用计划、施工强条实施计划
督促设计、施工、监理根据建设单位策划文件编制二次策划或实施细则
是
否
是否符合要求
是
检查监督管理策划的实施
按策划要求开展工作，收集信息
分析总结管理改进不断提高
汇总项目管理策划编制和执行问题，分析总结上报并制定改进措施
收集策划执行存在的问题，分析总结上报
结束

图 12-2　项目安全策划管理流程

（5）安全会议及安全活动应有完整的记录。

（二）安全教育培训

（1）企业应确定安全教育培训主管部门，按规定及岗位需要，定期识别安全教育培训需求，制定、实施安全教育培训计划，提供相应的资源保证。应做好安全教育培训记录，建立安全教育培训档案，实施分级管理，并对培训效果进行评估和改进。

（2）企业的主要负责人和安全生产管理人员，必须具备与本单位所从事的生产经营活动

相适应的安全生产知识和管理能力。法律法规要求必须对其安全生产知识和管理能力进行考核的，须经考核合格后方可任职［《中华人民共和国建筑法》（主席令第 91 号）第四十六条，《企业安全生产标准化基本规范》AQ/T 9006—2010 5.5.1、5.5.2］。

（3）建设管理单位对基建管理人员进行安全培训。业主项目部对监理、施工项目部主要管理人员参加培训的情况进行检查、监督［《中华人民共和国安全生产法》（主席令第 70 号）第二十一条］。

（4）监理、设计、施工企业对主要管理人员及现场作业人员进行安全培训；施工企业督促检查分包商人员的安全教育培训，对劳务分包人员要建立专项教育名册，按照与本单位员工相同的要求开展培训［《中华人民共和国安全生产法》（主席令第 70 号）第二十一条］。

（5）业主项目部应根据现场实际需要举办不定期起重机械安全管理、法律法规、事故案例等短期培训班，培训对象主要是业主项目部、项目监理、施工项目部、起重机械使用单位的起重机械安全管理相关人员［《中华人民共和国安全生产法》（主席令第 70 号）第二十三条］。

四、基建安全检查

（一）基建安全检查

供电企业所属单位按以下要求进行定期的基建安全检查，并对检查提出的问题整改闭环。

（1）供电企业每年组织不少于一次基建安全检查。

（2）区域供电企业每年组织不少于两次基建安全检查。

（3）建设管理单位，监理、设计、施工企业每季度至少进行一次安全检查。

（4）工程项目安全委员会每季度组织不少于一次安全检查。

（5）业主项目部组织监理、施工项目部每月至少进行一次安全检查。

（6）施工班组（队）每周进行一次安全检查。

（7）项目安全检查总流程（图 12-3）。

（二）安全检查内容

（1）基建安全检查以查制度、查管理、查隐患为主要内容，同时应将环境保护、职业健康、生活卫生和文明施工纳入检查范围。

（2）根据工程项目实际情况，对施工机械管理（包括施工机械安全状况准入检查、施工机械安全防护装置和日常维护情况等）、分包管理（包括分包准入、分包审批、分包施工的过程管理等）、临近带电体作业（包括风险预控措施的制定、安全技术措施的落实、作业过程管理等）等开展专项检查活动。

（三）安全检查方式

（1）基建安全检查分为例行检查（见图 12-4）、专项检查（见图 12-5）、随机检查（见图 12-6）、安全巡查四种方式。

（2）根据供电企业管理要求或季节性施工特点，开展月、季度及春、秋季等例行检查活动。

（3）根据管理需要和项目施工的具体情况，适时开展随机检查活动。

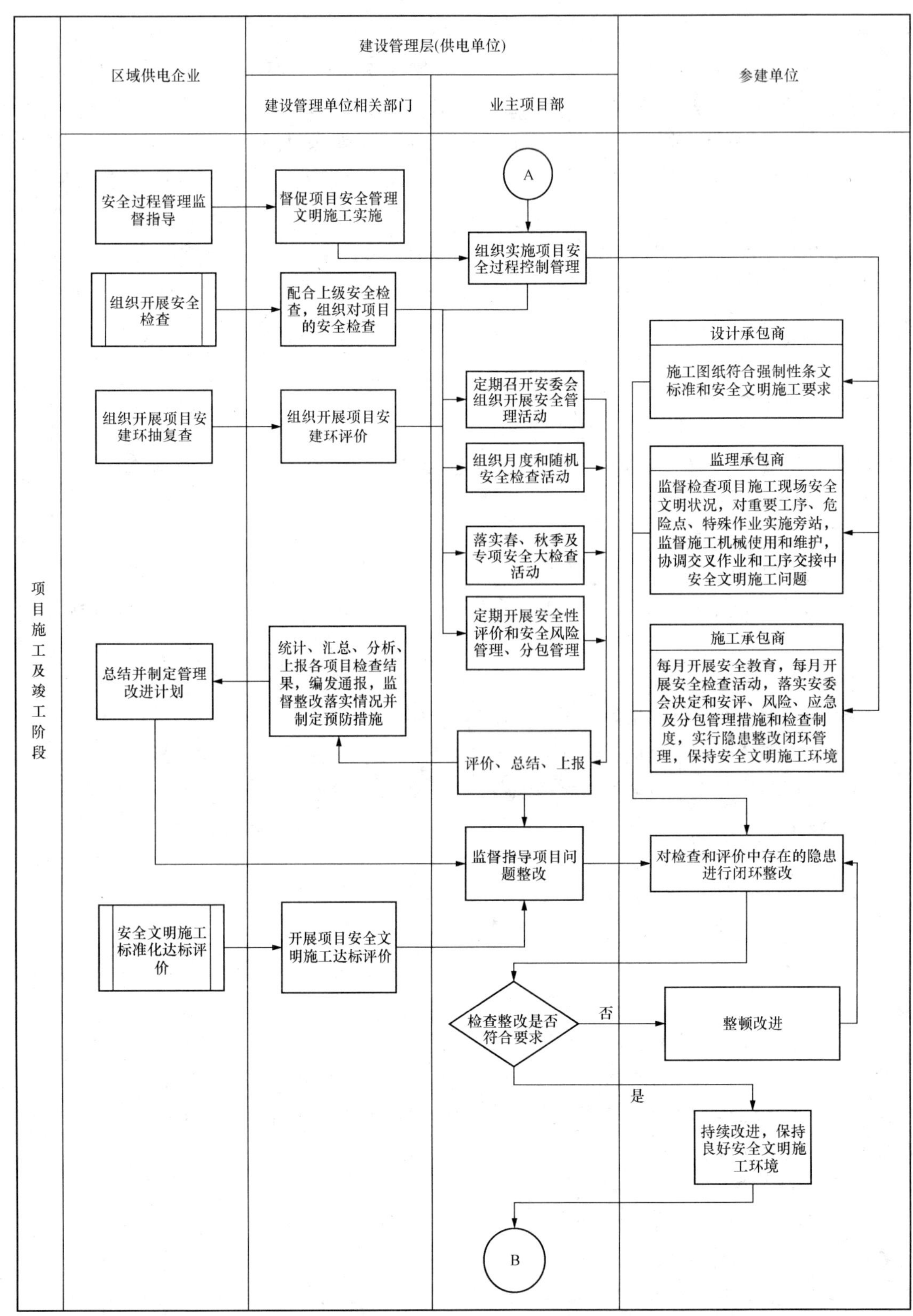

图 12-3　项目安全检查总流程

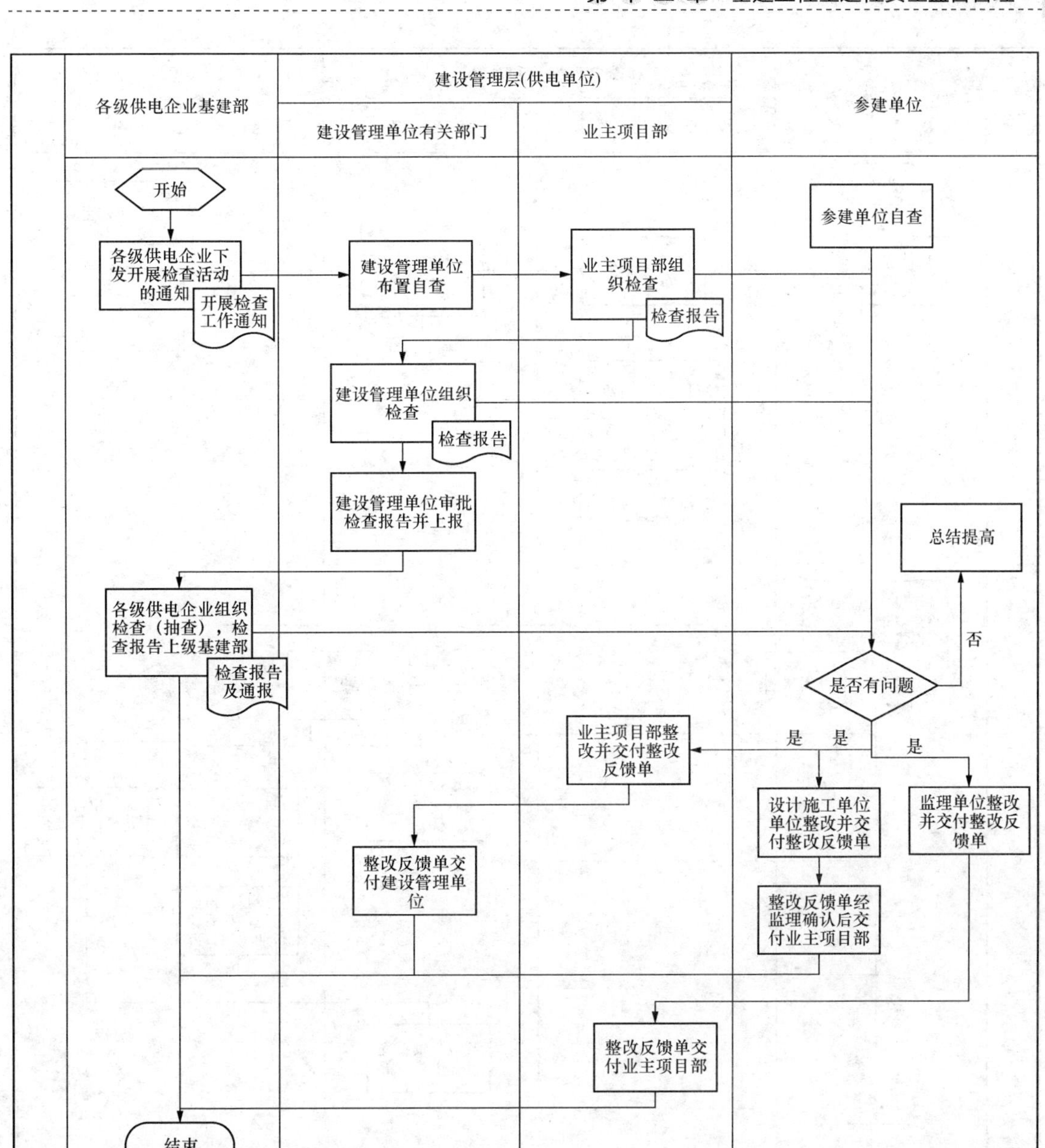

图 12-4　例行检查管理流程

（4）各级供电企业组织成立基建安全巡查组，开展常态化的基建安全检查活动。

（四）起重机械安全检查

（1）业主项目部和项目监理应将外租起重机械和分包单位自带起重机械纳入到其起重机械安全管理体系之中。

（2）各级供电企业都应建立起重机械安全检查（或评价）制度。检查制度的主要内容应包括：机械安全检查的形式、检查人员的组成和责任、检查的时间和方式、检查标准内容（各种检查表格）、检查记录要求、缺陷整改要求、检查结果与处理。

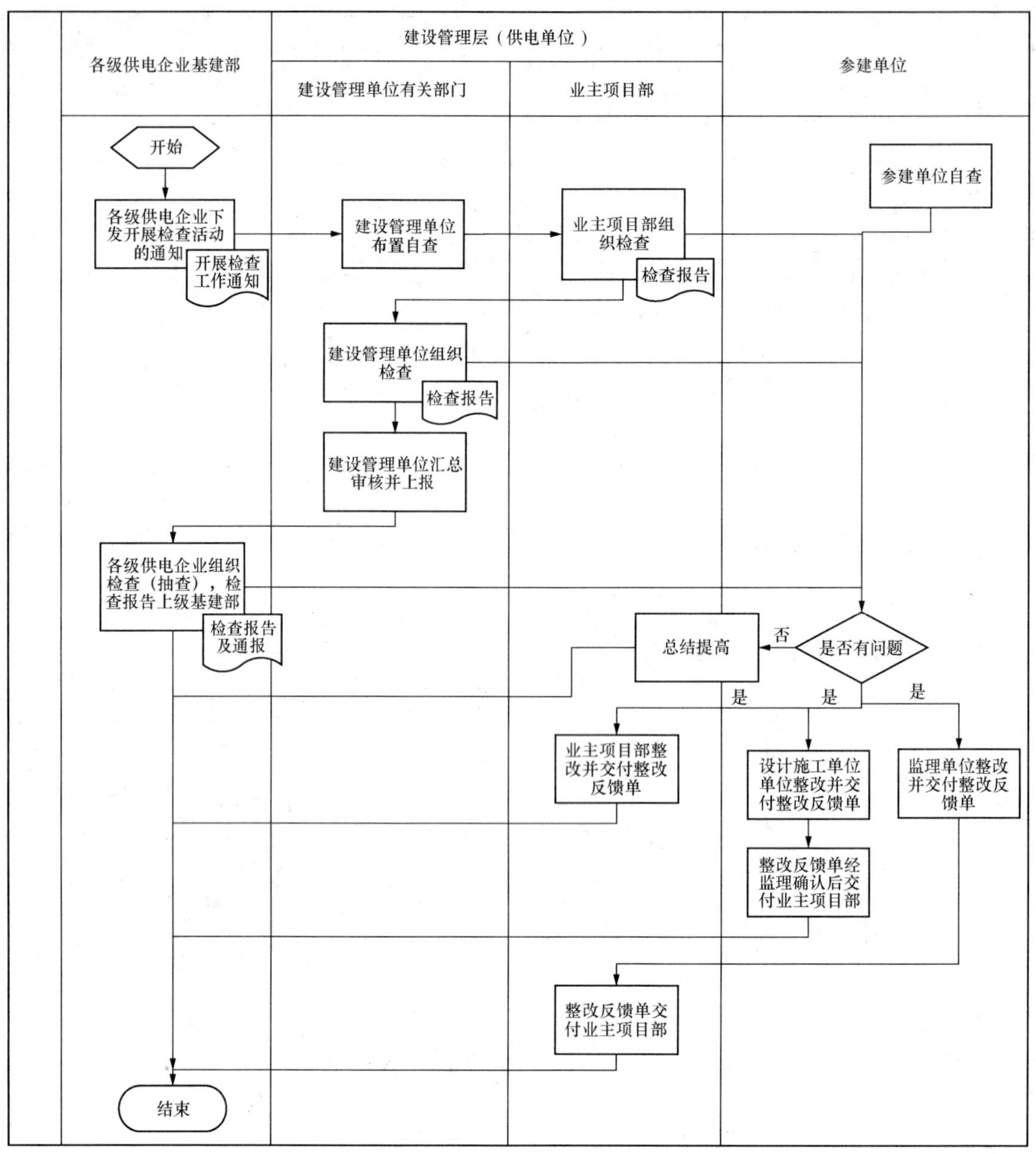

图 12-5　专项检查管理流程

（五）安全检查闭环管理

（1）各类安全检查中发现的安全隐患和安全文明施工、环境管理问题，应下发安全隐患整改通知，限期整改，并对整改结果进行确认，实行闭环管理；对因故不能立即整改的问题，责任单位应采取临时措施，并制定整改措施计划报上级批准，分阶段实施［《建设工程项目管理规范》（GB/T 50326—2006）］。

（2）各类基建安全管理活动的组织单位必须制定检查方案、大纲和检查报告大纲，明确工作要求，对检查效果进行总结评价，不断提高安全检查工作水平。

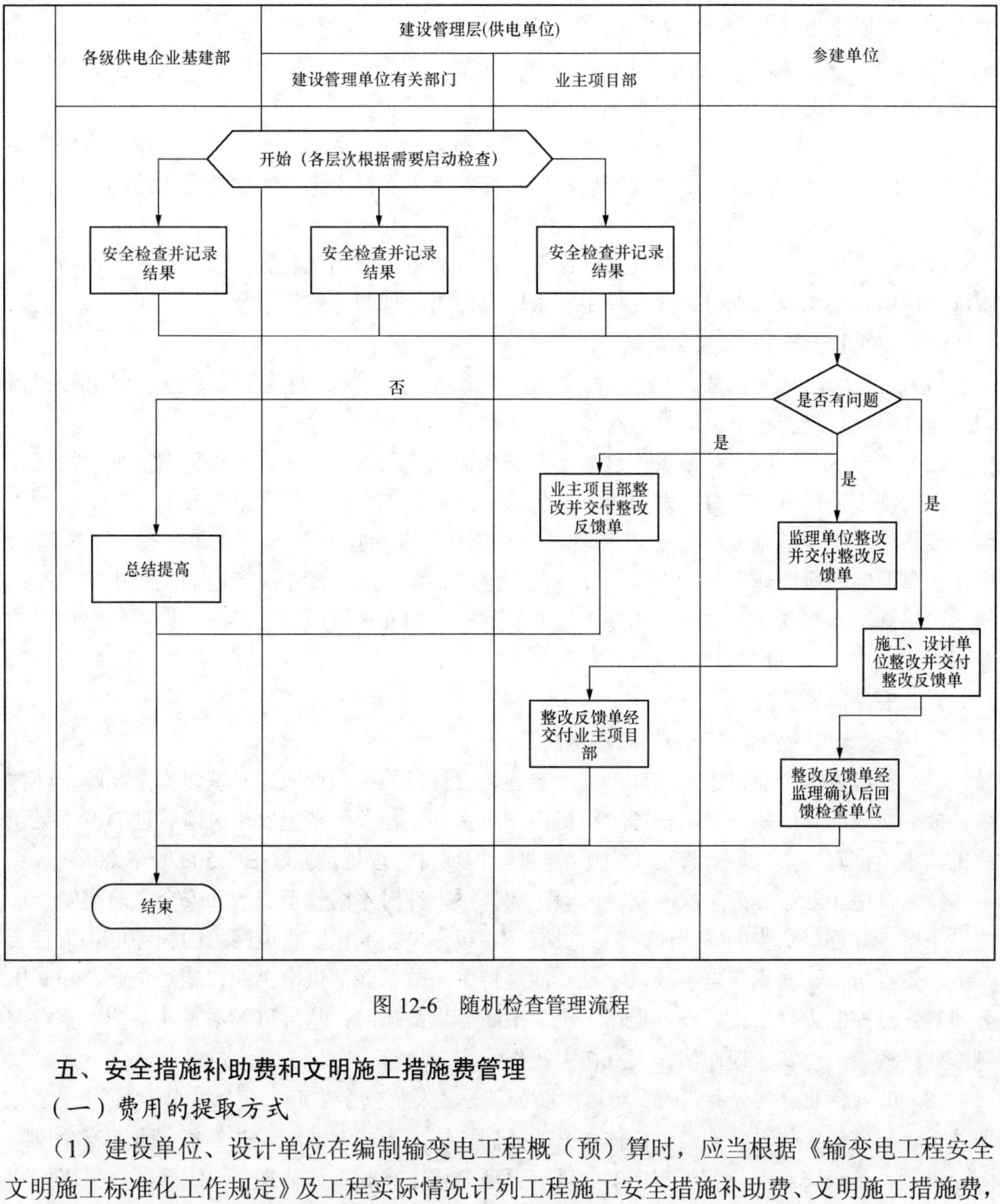

各级供电企业基建部
建设管理层(供电单位)
建设管理单位有关部门
业主项目部
参建单位
开始（各层次根据需要启动检查）
安全检查并记录结果
安全检查并记录结果
安全检查并记录结果
是否有问题
否
是
是
是
业主项目部整改并交付整改反馈单
监理单位整改并交付整改反馈单
施工、设计单位整改并交付整改反馈单
总结提高
整改反馈单经交付业主项目部
整改反馈单经监理确认后回馈检查单位
结束

图 12-6　随机检查管理流程

五、安全措施补助费和文明施工措施费管理

（一）费用的提取方式

（1）建设单位、设计单位在编制输变电工程概（预）算时，应当根据《输变电工程安全文明施工标准化工作规定》及工程实际情况计列工程施工安全措施补助费、文明施工措施费，通过初步设计和概算审查后确定具体费用额度。

（2）建设单位在编制招标文件时，应当按照本规定及工程实际单独列出安全措施补助费、文明施工措施费项目工程量清单。招标文件中应明确要求投标方承诺严格按照《输变电工程安全文明施工标准化工作规定》开展安全文明施工活动，并实行专款专用，保证施工安全措施补助费、文明施工措施费足额有效使用。

（二）费用的支出及使用

（1）施工安全措施补助费、文明施工措施费费用不列入施工承包合同价，费用的支付及使用应参照以下方式执行（两者任选其一）。

1）在签订施工承包合同时，将中标价和施工安全措施补助费、文明施工措施费的使用应接受监理承包商的监督，并经建设单位批准。

2）施工安全措施补助费、文明施工措施费不列入施工承包合同价，由施工承包商提出使用申请，经监理审核，建设单位批准后，在概算范围内实报实销，发生的费用最终列入工程决算。

（2）建设单位与施工承包商签订的施工承包合同中，应当明确施工安全措施补助费、文明施工措施费的构成、支付方式及使用要求以及使用管理和考核等条款。

（三）费用的使用与监督

（1）施工承包商负责编制工程项目安全技术措施计划（含文明施工措施计划），并抄报监理承包商审核，经建设单位批准后实施。

（2）监理承包商应当对施工承包商施工安全措施补助费、文明施工措施费的使用情况及安全文明施工情况进行监督。发现施工承包商未落实施工方案中安全措施或未开展文明施工活动或将施工安全措施补助费、文明施工措施费挪作他用的，要责令其立即整改；若不整改，监理承包商应及时向建设单位报告，并有权拒绝核签施工承包商相关费用的支付申请。

（3）施工承包商负责安全文明施工措施的落实，如安全设施、文明施工设施的制作（购置）、安装、使用、日常管理和维护等工作。

六、安全风险管理

（一）基建工程安全风险管理防控体系

（1）各级供电企业、建设管理单位及监理、设计、施工企业应建立基建安全风险管理体系，成立相应的基建安全风险管理组织机构，负责制定相关的基建安全风险管理制度，组织和推动本单位基建安全风险管理工作［《建设工程项目管理规范》（GB/T 50326—2006）］。

（2）供电企业建立分层次的安全风险防控体系，针对不同管理层次和安全风险类别，形成上下衔接并逐级负责的安全风险防控机制。各级供电企业以防止电网大面积停电作为首要任务，重点防控大面积停电事故风险及其他重特大事故风险；供电企业、施工企业、超高压公司等重点控制人身伤亡、设备损坏、供电中断等事故风险；基层班组、工区、个人重点控制作业过程中的违章、误操作、人身伤害等作业安全风险。

（3）供电企业建立分专业的安全风险防控体系，发挥安全生产“三个组织体系”（安全保证体系、安全监督体系、安全责任体系）的共同作用，形成专业配合并各负其责的安全风险防控机制。各级安监部门牵头制定安全风险管理总体方案和工作计划，组织开展宣贯培训和风险评估，监督落实风险防控措施；调度、生产、营销、农电、基建等部门按照“谁主管，谁负责”原则，负责管理范围内的电网、供电、人身、设备等各类安全风险的辨识、分析和防控工作，落实各自职责和义务。

（二）基建工程安全风险管理实施办法及要点

（1）建设管理单位及监理、设计、施工企业重点负责工程项目的安全风险管理工作，督促、指导各项目部做好风险识别、评价和控制措施制定工作［《中央企业安全生产监督管理暂行办法》（国资委令第21号）第十六条］。

（2）工程建设项目开工前，施工项目部应对所承建的工程项目风险进行识别、评价，确

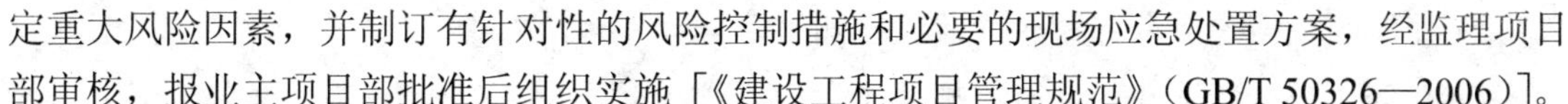

定重大风险因素，并制订有针对性的风险控制措施和必要的现场应急处置方案，经监理项目部审核，报业主项目部批准后组织实施［《建设工程项目管理规范》（GB/T 50326—2006）］。

（3）施工企业应保证风险控制措施所需资源的配置和资金投入，必要时提供技术支持手段或其他措施，确保施工现场识别的风险始终处于受控状态。

（4）施工项目部应建立风险管理台账，同时应根据工程现场风险因素的变化情况，及时进行风险评价和控制措施调整。每项施工作业开始前，施工负责人负责组织施工人员开展本项作业的安全风险管理工作。

（5）实施要点。

1）树立任何风险都可以防范的意识。通过科学的手段和有效的安全管理活动，危险点是可以辨识和预知的；通过有效地控制危险点，事故是可以避免的。

2）危险点分析预控工作的根本目的是实现对事故的超前防范，基础是对施工作业全过程中的危险点进行辨识、分析、评价，关键是控制措施的制定和落实。

3）危险点的辨识和分析，主要依据是《电力建设安全工作规程》等各项规章制度，紧密联系本单位反违章（行为性违章、装置性违章、管理性违章）的实际，并结合系统内外各类事故教训进行，活动的开展应充分发动一线作业人员的工作积极性。

4）在危险点的辨识和分析的基础上，确定危险点，制定出切实可行的危险点控制措施。危险点控制措施的基本要求是：①预防施工过程中产生的危险因素（装置失灵和操作失误等）；②排除施工场所的危险因素；③处置危险因素并控制在国家规定的限值内。危险点控制措施包括：①直接安全技术措施：以提高设备、设施的本质安全能力，消灭危险因素；②间接安全技术措施：采用一种或多种安全防护装置或设施，最大限度地预防和控制危险因素的发生；③指示性安全技术措施：采用检测报警装置、警示标志等措施，警告、提醒作业人员注意，并采用安全教育培训和个人防护用品等来预防等。危险控制要突出作业和操作的全过程，特别要强化现场执行和监督的落实，以书面的形式使危险预控措施得以确认，使现场每个人清楚危险点的所在和应采取的预控措施，并有切实可行的制度和责任制保证执行和监督到位［《建设工程项目管理规范》（GB/T 50326—2006），《职业健康安全管理体系　规范》（GB/T 28001—2001）］。

七、应急管理

（一）应急管理体系

（1）基建应急管理工作纳入本单位应急管理体系，在本级应急管理机构的统一领导下，成立由基建部门负责人任组长的基建专业应急工作组，组织编制现场应急处置方案，落实基建应急队伍和物资储备，实现快速应急响应［《中央企业安全生产监督管理暂行办法》（国资委令第 21 号）第十五条］。

（2）建设管理单位负责组建工程项目现场应急工作组，组长由业主项目部经理担任，副组长由总监理工程师、施工项目经理担任，现场应急救援队伍由施工项目部负责组建。

（3）现场应急工作组及其组成人员应报上级应急管理机构备案（包括通信方式）。现场应急工作组应建立值班制度，值班人员及通信方式在其管理范围内公布，并确保通信畅通。

（4）现场应急工作组职责。

1）组织制定现场应急处置方案。

2）组织现场应急处置方案及应急救援知识培训。

3）组建应急救援队伍，并进行培训。

4）配备齐全的应急救援物资和器具。

5）定期开展现场应急处置方案演练，并针对演练情况进行评审，必要时组织修订。

6）启动现场应急处置方案，组织应急救援，服从上级应急管理机构的指挥。

（二）应急预案的编制

（1）供电企业建立上下对应、相互衔接、完善健全的应急预案体系，按照“横向到边、纵向到底”原则，针对电网安全、人身安全、设备设施安全、网络与信息安全、社会安全等各类突发事件，编制相应的应急预案，明确事前、事发、事中、事后各个阶段相关部门和有关人员的职责［《中华人民共和国安全生产法》（主席令第70号）第三十三条、《国务院关于进一步加强企业安全生产工作的通知》（国发〔2010〕23号）17、《关于进一步加强电力建设安全生产工作的意见》（电监安全〔2010〕7号）二十一］。

（2）基建应建立的各类现场应急处置方案包括（但不限于）：人身伤亡事故现场应急处置方案、垮（坍）塌事故现场应急处置方案、火灾、爆炸事故现场应急处置方案、触电事故现场应急处置方案、机械设备现场应急处置方案、食物中毒施工现场应急处置方案、环境污染事件现场应急处置方案、突发恶劣天气现场应急处置方案、急性传染病现场应急处置方案。

（三）应急预案的宣贯、培训及演练

（1）各级供电企业应加强应急预案的宣传和教育，提高各级人员尤其是领导干部对应急管理工作重要性的认识。加强应急预案的培训和演练，使各级人员尤其是岗位运行人员熟悉和掌握应急处置方案、应急启动条件、应急执行程序，提高应急处置能力［《建设工程安全生产管理条例》（国务院令第 393 号）第四十八条、《电力企业应急预案管理办法》（电监安全〔2009〕61号）第二十条、第二十一条］。

（2）业主项目部、监理项目部和施工项目部在工程开工后或每年至少要组织一次应急救援知识培训和应急演练，制定并落实经费保障、医疗保障、交通运输保障、物资保障、治安保障和后勤保障等措施，确保应急救援工作的顺利进行［《建设工程安全生产管理条例》（国务院令第393号第四十九条，《生产安全事故应急预案管理办法》（安监总局令第17号）第二十五条、第二十六条，《关于进一步加强电力建设安全生产工作的意见》（电监安全〔2010〕7号）二十一］。

（四）应急响应

现场应急工作组接到应急信息后，立即按规定启动现场应急处置方案，组织救援工作，同时上报上级应急管理机构。应急响应要及时、迅速、有序、处置正确。事故（事件）现场得以控制，环境符合有关标准，导致次生、衍生事故隐患消除后，应急响应结束。

八、数码照片管理

为进一步加强输变电工程建设过程安全质量管理，全面落实安全文明施工标准化要求，提高工程建设安全质量管理水平，供电企业基建部以采集工程施工过程数码照片资料为手段，强化对输变电工程建设安全质量的全过程控制。

（一）适用范围

供电企业全资及控股的110kV及以上输变电工程（含新建、扩建和改建项目）。

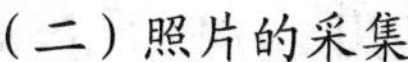

（二）照片的采集

数码照片由工程建设管理、监理、施工等单位负责采集，采集范围应包含但不限于以下内容。

（1）工程建设管理单位主要负责采集重要工程协调会、建设项目安全委员会活动以及现场检查指导过程中反映监理、施工人员是否尽职到位等情况的数码照片。

（2）监理单位主要负责采集由自身组织的有关安全检查、质量验收等活动，以及输变电工程施工阶段影响工程质量和施工安全的关键部位、关键工序、重要及危险作业环节的数码照片。

（3）施工单位主要负责采集反映施工过程中安全质量控制主要活动和关键环节，以及人员培训教育、现场安全文明施工“六化”标准执行情况、施工工艺亮点的数码照片。

（三）数码照片拍摄基本要求

（1）数码照片拍摄基本要求。照片分辨率宜设置为 1200×1600 像素及以上，采用 JPEG“精细”压缩方式，拍摄时设置“日期时间显示”功能。

（2）工程建设安全质量过程控制数码照片资料应与工程建设进度同步形成，用数码相机实地拍摄，真实反映现场工程安全质量实际情况，严禁采用补拍、替代、合成等弄虚作假手段。

（四）数码照片资料的管理和移交

（1）在工程建设过程中，工程建设管理、监理、施工单位按照《关于利用数码照片资料加强输变电工程安全质量过程控制的通知》中“数码照片的管理”的要求，收集、整理工程建设数码照片。

（2）工程竣工后一个月内，各单位应完成数码照片的整理（单张数码照片名称应能反映事件的主要内容并尽可能简洁），并用不可擦除型光盘刻录并移交。

（3）数码照片资料由工程建设管理单位保存，可不随工程档案移交。保存期限为自工程竣工移交生产后至少 5 年。

（五）数码照片的管理与考核

（1）各级工程管理人员要充分利用该管理手段，发挥“数码照片资料”的作用。建设管理、监理、施工等单位应定期对自身及所管理单位采集到的数码照片进行检查分析，对其反映的安全质量管理亮点要及时表扬和推广，对有关问题要及时采用“违章曝光栏”等形式给予通报，并采取有效措施及时消除各类管理不到位的现象。有关缺陷通报（或整改通知）应附典型照片，整改闭环后附对应照片。

（2）供电企业将数码照片资料的采集情况和照片内容纳入日常监督检查、竞赛评比以及工程达标投产考核和优质工程评选考核的重要内容。

九、法律责任

（一）涉及安全投入的法律责任

（1）违反《建设工程安全生产管理条例》的规定，建设单位未提供建设工程安全生产作业环境及安全施工措施所需费用的，责令限期改正；逾期未改正的，责令该建设工程停止施工。建设单位未将保证安全施工的措施或者拆除工程的有关资料报送有关部门备案的，责令限期改正，给予警告［《建设工程安全生产管理条例》（国务院令第 393 号）第五十四条］。

（2）违反《建设工程安全生产管理条例》的规定，施工单位挪用列入建设工程概算的安全生产作业环境及安全施工措施所需费用的，责令限期改正，处挪用费用 20%以上、50%以下的罚款；造成损失的，依法承担赔偿责任 [《建设工程安全生产管理条例》（国务院令第 393 号）第六十三条]。

（3）生产经营单位的决策机构、主要负责人、个人经营的投资人不依照《中华人民共和国安全生产法》规定保证安全生产所必须的资金投入，致使生产经营单位不具备安全生产条件的，责令限期改正，提供必需的资金；逾期未改正的，责令生产经营单位停产停业整顿。有前款违法行为，导致发生生产安全事故，构成犯罪的，依照刑法有关规定追究刑事责任；尚不够刑事处罚的，对生产经营单位的主要负责人给予撤职处分，对个人经营的投资人处二万元以上、二十万元以下的罚款 [《中华人民共和国安全生产法》（主席令第 70 号）第八十条]。

（二）未履行安全职责的法律责任

（1）生产经营单位的主要负责人未履行《中华人民共和国安全生产法》规定的安全生产管理职责的，责令限期改正；逾期未改正的，责令生产经营单位停产停业整顿。生产经营单位的主要负责人有前款违法行为，导致发生生产安全事故，构成犯罪的，依照刑法有关规定追究刑事责任；尚不够刑事处罚的，给予撤职处分或者处二万元以上、二十万元以下的罚款。生产经营单位的主要负责人依照前款规定受刑事处罚或者撤职处分的，自刑罚执行完毕或者受处分之日起，五年内不得担任任何生产经营单位的主要负责人 [《中华人民共和国安全生产法》（主席令第 70 号）第八十一条]。

（2）生产经营单位有下列行为之一的，责令限期改正；逾期未改正的，责令停止建设或者停产停业整顿，可以并处五万元以下的罚款；造成严重后果，构成犯罪的，依照刑法有关规定追究刑事责任。

1)未在有较大危险因素的生产经营场所和有关设施、设备上设置明显的安全警示标志的。

2）安全设备的安装、使用、检测、改造和报废不符合国家标准或者行业标准的。

3）未对安全设备进行经常性维护、保养和定期检测的。

4）未为从业人员提供符合国家标准或者行业标准的劳动防护用品的。

5）特种设备以及危险物品的容器、运输工具未经取得专业资质的机构检测、检验合格，取得安全使用证或者安全标志，投入使用的。

6）使用国家明令淘汰、禁止使用的危及生产安全的工艺、设备的 [《中华人民共和国安全生产法》（主席令第 70 号）第八十三条]。

（3）生产经营单位有下列行为之一的，责令限期改正；逾期未改正的，责令停产停业整顿，可以并处二万元以上、十万元以下的罚款；造成严重后果，构成犯罪的，依照刑法有关规定追究刑事责任。

1）生产、经营、储存、使用危险物品，未建立专门安全管理制度、未采取可靠的安全措施或者不接受有关主管部门依法实施的监督管理的。

2）对重大危险源未登记建档，或者未进行评估、监控，或者未制定应急预案的。

3）进行爆破、吊装等危险作业，未安排专门管理人员进行现场安全管理的 [《中华人民共和国安全生产法》（主席令第 70 号）第八十五条]。

（4）两个以上生产经营单位在同一作业区域内进行可能危及对方安全生产的生产经营活动，未签订安全生产管理协议或者未指定专职安全生产管理人员进行安全检查与协调的，责令限期改正；逾期未改正的，责令停产停业［《中华人民共和国安全生产法》（主席令第 70 号）第八十七条］。

（5）违反《建设工程安全生产管理条例》的，建设单位有下列行为之一的责令限期改正，处 20 万元以上、50 万元以下的罚款；造成重大安全事故，构成犯罪的，对直接责任人员，依照刑法有关规定追究刑事责任；造成损失的，依法承担赔偿责任。

1）对勘察、设计、施工、工程监理等单位提出不符合安全生产法律、法规和强制性标准规定的要求的。

2）要求施工单位压缩合同约定的工期的。

3）将拆除工程发包给不具有相应资质等级的施工单位的［《建设工程安全生产管理条例》（国务院令第 393 号）第五十五条］。

（6）违反《建设工程安全生产管理条例》的规定，工程监理单位有下列行为之一的，责令限期改正；逾期未改正的，责令停业整顿，并处 10 万元以上、30 万元以下的罚款；情节严重的，降低资质等级，直至吊销资质证书；造成重大安全事故，构成犯罪的，对直接责任人员，依照刑法有关规定追究刑事责任；造成损失的，依法承担赔偿责任。

1）未对施工组织设计中的安全技术措施或者专项施工方案进行审查的。

2）发现安全事故隐患未及时要求施工单位整改或者暂时停止施工的。

3）施工单位拒不整改或者不停止施工，未及时向有关主管部门报告的。

4）未依照法律、法规和工程建设强制性标准实施监理的［《建设工程安全生产管理条例》（国务院令第 393 号）第五十七条］。

（7）违反《建设工程安全生产管理条例》的规定，施工单位有下列行为之一的，责令限期改正；逾期未改正的，责令停业整顿，依照《中华人民共和国安全生产法》（主席令第 70 号）的有关规定处以罚款；造成重大安全事故，构成犯罪的，对直接责任人员，依照刑法有关规定追究刑事责任。

1）未设立安全生产管理机构、配备专职安全生产管理人员或者分部分项工程施工时无专职安全生产管理人员现场监督的。

2）施工单位的主要负责人、项目负责人、专职安全生产管理人员、作业人员或者特种作业人员，未经安全教育培训或者经考核不合格即从事相关工作的。

3）未在施工现场的危险部位设置明显的安全警示标志，或者未按照国家有关规定在施工现场设置消防通道、消防水源、配备消防设施和灭火器材的。

4）未向作业人员提供安全防护用具和安全防护服装的。

5）未按照规定在施工起重机械和整体提升脚手架、模板等自升式架设设施验收合格后登记的。

6）使用国家明令淘汰、禁止使用的危及施工安全的工艺、设备、材料的［《建设工程安全生产管理条例》（国务院令第 393 号）第六十二条］。

（8）违反《建设工程安全生产管理条例》的规定，施工单位主要负责人、项目负责人未履行安全生产管理职责的，责令限期改正；逾期未改正的，责令施工单位停业整顿；造成重大安全事故、重大伤亡事故或者其他严重后果，构成犯罪的，依照刑法有关规定追究刑事责任。作业人员不服管理、违反规章制度和操作规程冒险作业造成重大伤亡事故或者其他严重后果，构成犯罪的，依照刑法有关规定追究刑事责任。施工单位主要负责人、项目负责人有前款违法行为，尚不够刑事处罚的，处2万元以上、20万元以下的罚款或者按照管理权限给予撤职处分；自刑罚执行完毕或者受处分之日起，5年内不得担任任何施工单位的主要负责人、项目负责人［《建设工程安全生产管理条例》（国务院令第393号）第六十六条］。

（三）涉及安全事故的法律责任

（1）生产经营单位与从业人员订立协议，免除或者减轻其对从业人员因生产安全事故伤亡依法应承担责任的，该协议无效；对生产经营单位主要负责人、个人经营投资人处二万元以上、十万元以下的罚款［《中华人民共和国安全生产法》（主席令第70号）第八十九条］。

（2）事故发生单位主要负责人有下列行为之一的，处上一年年收入40%～80%的罚款；属于国家工作人员的，并依法给予处分；构成犯罪的，依法追究刑事责任。

1）不立即组织事故抢救的。

2）迟报或者漏报事故的。

3）在事故调查处理期间擅离职守的［《中华人民共和国安全生产法》（主席令第70号）第九十一条，《生产安全事故报告和调查处理条例》（中华人民共和国国务院令第493号）第三十五条］。

（3）生产经营单位发生生产安全事故造成人员伤亡、他人财产损失的，应当依法承担赔偿责任；拒不承担或者其负责人逃匿的，由人民法院依法强制执行。

生产安全事故的责任人未依法承担赔偿责任，经人民法院依法采取执行措施后，仍不能对受害人给予足额赔偿的，应当继续履行赔偿义务；受害人发现责任人有其他财产的，可以随时请求人民法院执行［《中华人民共和国安全生产法》（主席令第70号）第九十五条］。

（4）事故发生单位及其有关人员有下列行为之一的，对事故发生单位处100万元以上、500万元以下的罚款；对主要负责人、直接负责的主管人员和其他直接责任人员处上一年年收入60%～100%的罚款；属于国家工作人员的，并依法给予处分；构成违反治安管理行为的，由公安机关依法给予治安管理处罚；构成犯罪的，依法追究刑事责任。

1）谎报或者瞒报事故的。

2）伪造或者故意破坏事故现场的。

3）转移、隐匿资金、财产，或者销毁有关证据、资料的。

4）拒绝接受调查或者拒绝提供有关情况和资料的。

5）在事故调查中作伪证或者指使他人作伪证的。

6）事故发生后逃匿的［《生产安全事故报告和调查处理条例》（国务院令第493号）第三十六条］。

（5）事故发生单位主要负责人未依法履行安全生产管理职责，导致事故发生的，依照下列规定处以罚款；属于国家工作人员的，并依法给予处分；构成犯罪的，依法追究刑事责任。

1）发生一般事故的，处上一年年收入30%的罚款。

2）发生较大事故的，处上一年年收入40%的罚款。

3）发生重大事故的，处上一年年收入60%的罚款。

4）发生特别重大事故的，处上一年年收入80%的罚款［《生产安全事故报告和调查处理条例》（国务院令第493号）第三十八条］。

（6）生产经营单位的从业人员不服从管理，违反安全生产规章制度或者操作规程的，由生产经营单位给予批评教育，依照有关规章制度给予处分；造成重大事故，构成犯罪的，依照刑法有关规定追究刑事责任［《中华人民共和国安全生产法》（主席令第70号）第九十条］。

（四）涉及施工环境的法律责任

（1）生产经营单位有下列行为之一的，责令限期改正；逾期未改正的，责令停产停业整顿；造成严重后果，构成犯罪的，依照刑法有关规定追究刑事责任。

1）生产、经营、储存、使用危险物品的车间、商店、仓库与员工宿舍在同一座建筑内，或者与员工宿舍的距离不符合安全要求的。

2）生产经营场所和员工宿舍未设有符合紧急疏散需要、标志明显、保持畅通的出口，或者封闭、堵塞生产经营场所或者员工宿舍出口的［《中华人民共和国安全生产法》（主席令第70号）第八十八条］。

（2）违反《建设工程安全生产管理条例》的规定，施工单位有下列行为之一的，责令限期改正；逾期未改正的，责令停业整顿，并处5万元以上、10万元以下的罚款；造成重大安全事故，构成犯罪的，对直接责任人员，依照刑法有关规定追究刑事责任。

1）施工前未对有关安全施工的技术要求作出详细说明的。

2）未根据不同施工阶段和周围环境及季节、气候的变化，在施工现场采取相应的安全施工措施，或者在城市市区内的建设工程施工现场未实行封闭围挡的。

3）在尚未竣工的建筑物内设置员工集体宿舍的。

4）施工现场临时搭建的建筑物不符合安全使用要求的。

5）未对因建设工程施工可能造成损害的毗邻建筑物、构筑物和地下管线等采取专项防护措施的。施工单位有前款规定第（4）项、第（5）项行为，造成损失的，依法承担赔偿责任［《建设工程安全生产管理条例》（国务院令第393号）第六十四条］。

（五）涉及安全防护用具、机械设备、施工机具及配件的法律责任

违反《建设工程安全生产管理条例》的规定，施工单位有下列行为之一的，责令限期改正；逾期未改正的，责令停业整顿，并处10万元以上30万元以下的罚款；情节严重的，降低资质等级，直至吊销资质证书；造成重大安全事故，构成犯罪的，对直接责任人员，依照刑法有关规定追究刑事责任；造成损失的，依法承担赔偿责任。

（1）安全防护用具、机械设备、施工机具及配件在进入施工现场前未经查验或者查验不合格即投入使用的。

（2）使用未经验收或者验收不合格的施工起重机械和整体提升脚手架、模板等自升式架设设施的。

（3）委托不具有相应资质的单位承担施工现场安装、拆卸施工起重机械和整体提升脚手架、模板等自升式架设设施的。

（4）在施工组织设计中未编制安全技术措施、施工现场临时用电方案或者专项施工方案的［《建设工程安全生产管理条例》（国务院令第393号）第六十五条］。

第二节　业主项目部施工现场安全管理

一、安全管理体系

（一）业主项目部组织机构

各建设管理单位接到区域供电企业下达的年度《建设管理任务书》后，根据本单位管理任务和管理人员情况，以基建管理部门（或工程综合管理部门）管理人员为主（但不限于基建管理部门）组建若干个业主项目部，并将业主项目部人员配备情况报区域供电企业基建部批准。每个业主项目部设置业主项目经理、建设协调专责、安全管理专责、质量管理专责、造价管理专责和技术管理专责等岗位，业主项目部管理人员配置原则上至少 4 人，物流中心应派人员参加业主项目部物资协调工作，作为各业主项目部物资协调工作联系人，编制工程设备材料供应计划，落实设备、材料供应协调工作，督促协调设备供应商严格履行合同条款，对其合同履行情况提出评价意见。每个业主项目部的管理人员保持相对稳定，在管理人员不足的情况下，业主项目经理及各专责可同时担任多个项目管理任务。其中，一名项目经理负责 330kV 以上输变电工程项目数量原则上不超过两个。规模较小的改（扩）建工程，可合并设立业主项目部。

（二）建设管理单位基建安全目标

（1）不发生一般人身伤亡事故。

（2）不发生基建原因引起的一般电网及设备事故。

（3）不发生一般火灾事故。

（4）不发生一般环境污染事件。

（5）不发生负主要责任的重大交通事故。

二、安全责任制

（一）项目法人安全职责

（1）对项目建设全过程的安全负总责，承担项目建设安全的组织、协调、管理、监督职责。

（2）贯彻落实国家有关安全生产的法律、法规及公司基建安全管理要求，建立健全本项目的安全管理体系和安全管理制度。

（3）对同时满足以下条件的项目，负责（或委托建设管理单位）组建项目安委会。

1）同时有两个及以上施工企业在建设工地施工。

2）建设工地施工人员总数超过 100。

3）项目工期超过 180 天。

项目安委会由项目法人单位（或建设管理单位）主要负责人担任安委会主任，业主项目部经理担任常务副主任，总监理工程师、施工项目部项目经理担任副主任，安委会其他成员由工程项目监理、设计、施工企业的相关人员及业主、监理、施工项目部的安全、技术负责人组成。

（4）确定工程项目安全目标。

（5）确定合理工期，按基建程序组织工程建设。

（6）在组织工程招投标工作的同时，组织审查标书、合同中有关安全文明施工内容及奖

罚条款，签订合同和安全协议。

（7）负责在招标过程中按规定计列安全生产费用且不得列入投标竞争性报价。

（8）建立健全工程项目安全风险管理体系和应急管理体系。

（9）对工程项目安全管理工作不称职的施工项目经理、安全管理人员或安全监理人员，有权提出撤换的要求。

（10）组织或参与基建安全事故的调查和善后处理工作。

（二）建设管理单位基建安全职责

（1）建设管理单位应建立基建安全管理体系，配备安全管理专职人员，组建业主项目部，负责落实本单位及工程项目的基建安全管理工作。

（2）制订年度基建安全管理工作策划方案并组织实施。

（3）受项目法人委托，具体履行工程项目安全管理职责。

（4）制定工程项目安全目标和主要保证措施并组织实施。

（5）受项目法人委托，组建项目安委会。

（6）参加招投标工作，受项目法人委托，签订合同和安全协议。

（7）负责监督施工企业按规定足额提取施工安全生产费用。

（8）提供工程项目安全文明施工的基本条件，包括完成征地、拆迁和四通一平（水、电、路、通信畅通及平整场地）；向施工项目部提供施工场地的工程地质和地下管网线路等资料，对资料的真实、准确、完整性负责；按照法律、法规规定，办理工程项目建设相关证件、批件，为施工现场周围建（构）筑物和地下管线提供保护。

（9）负责按合同约定追究未能认真执行承包合同或委托监理合同中有关安全文明施工条款的单位责任，对造成不良后果的，终止合同执行。

（10）对工程项目安全管理工作不称职的施工项目经理、安全管理人员或安全监理人员，要求相关单位予以撤换。

（11）组织或配合有关部门开展安全、环境保护设施竣工验收。

（12）参与基建安全事故的调查处理工作［《中华人民共和国安全生产法》（主席令第 70 号）第四条、第五条、第十七条、第十八条，《建设工程安全生产管理条例》（国务院令第 393 号）第八条，《基建安全管理规定》］。

（三）业主项目部安全职责

（1）负责工程项目现场安全工作的综合管理和组织协调，负责组织监理、施工项目部落实相应的安全职责。

（2）参加工程项目安委会，落实安委会会议决定。

（3）制定工程项目安全管理制度和考核奖惩办法，并组织实施。

（4）制定工程项目安全文明施工总体策划方案并组织实施，批准施工项目部安全文明施工实施细则、工程施工强制性条文执行计划，批准监理项目部安全监理工作方案和强制性条文实施监理方案，并监督实施。

（5）审批施工项目部报送的分包计划和申请，监督施工项目部对分包安全的全过程管理。

（6）对两个及以上施工企业在同一作业区域内进行施工，可能危及对方生产安全的作业活动，组织签订安全协议。

（7）组织开展工程项目施工安全性评价工作。

（8）开展安全风险管理，组织监理、施工项目部对工程项目开展施工安全风险识别、评价，制订预控措施，并监督落实。

（9）组织编制现场应急处置方案，开展有针对性的应急演练。

（10）审批施工项目部安全文明施工措施补助费的使用计划，并监督现场使用情况。

（11）组织安全例行检查、专项检查和随机检查活动，监督安全隐患闭环整改情况。

（12）组织项目参加各级供电企业安全管理流动红旗竞赛活动。

（13）负责对监理、设计、施工项目部进行安全管理工作考核与评价。

（14）负责工程项目安全信息的收集与报送。

（15）对工程项目安全管理工作不称职的施工项目经理、安全管理人员或安全监理人员，提出撤换要求。

（16）参与并配合项目安全事故的调查处理工作。

（四）业主项目部经理安全职责

（1）负责项目部日常安全管理工作，是项目部安全管理的第一责任人。

（2）组织项目建设管理纲要、安全文明施工总体策划等管理策划文件的编制和实施，审批项目监理、设计、施工企业编制的实施细则（方案）。

（3）审批施工企业编制的安全文明施工措施补助费使用计划。

（4）审批施工项目部报送的工程项目分包计划及分包申请，严格控制工程项目的分包范围。

（5）对项目安全管理体系运行情况进行检查，主持召开工程月度安全例会或专题协调会，协调解决安全管理工作中存在的问题。

（6）组织审查项目管理实施规划（施工组织设计）中的安全技术措施，特殊作业、危险作业等专项施工方案。

（7）定期组织开展安全大检查活动，并对发现的问题进行监督、整改，实行闭环管理。

（8）参加上级组织的定期或随机的安全检查工作，并对存在的问题及时督促整改。

（9）组织开展项目的安全性评价，并对存在的安全隐患及时组织整改。

（10）参加工程项目安全事故的报告、调查和处理工作。

（五）业主项目部安全专职安全职责

（1）负责项目建设全过程的安全管理工作，参加安委会，落实安委会会议决定。

（2）制定业主项目部安全文明施工总体策划，并组织实施；审核项目监理、设计、施工企业编制的实施细则（方案），并监督执行。

（3）审核施工企业编制的安全文明施工措施补助费使用计划，并监督执行。

（4）开展安全风险管理，组织监理、施工项目部对工程风险因素进行分析，制定预控措施，检查项目风险控制措施的落实情况。

（5）负责编制本项目的现场应急处置方案，组织开展有针对性的应急演练活动。

（6）审查分包队伍资质和业绩，监督分包招标，督促施工项目部加强对分包队伍的安全管理。

（7）监督、检查基建安全管理制度在工程中的贯彻落实情况，加强日常安全巡视，定期组织安全例行检查活动，跟踪检查安全隐患闭环整改情况，参加定期或随机的安全专项检查活动。

（8）参加安全评价工作，组织监理、施工项目部对安全隐患进行整改，形成闭环管理。

（9）参加对项目监理、设计、施工企业的资信和合同执行情况的评价。

（10）负责项目建设安全管理工作信息的上报、传递和发布，项目完成后编写项目建设安全管理工作小结。

（11）配合项目安全事故的调查和处理工作。

（六）起重机械专项管理的安全职责

（1）供电企业投资项目的建设单位或业主项目部应在有关承包合同或安全协议中明确起重机械安全管理的责任要求，负责组织建立包括业主、施工、监理单位的现场起重机械安全管理体系，负责对项目现场起重机械进行安全管理和考核评价。

（2）供电企业投资项目业主项目部起重机械安全管理主要职责。

1）负责制定起重机械安全管理制度，建立现场起重机械安全管理和监督体系，制定机械安全目标以及相应的各级机械安全岗位责任制。

2）掌握工程各阶段起重机械数量、分布和安全状况，审查起重机械的安全检验合格证。

3）负责起重机械作业人员资格和起重机械安拆单位的资质审查和确认。

4）负责起重机械重要作业方案和起重机械安拆作业指导书的审查。

5）定期组织检查现场起重机械的安全技术状况，并进行考核、评价。

6）按有关规定负责或参与机械事故调查处理和上报。

7）负责起重机械安全管理资料收集、汇总、存档。

8）负责组织现场起重机械危险源辨识和制定防范措施，组织编制起重机械重大事故综合应急预案并组织演练。

9）定期对起重机械安全监理工作进行检查和考核。

（七）起重机械专项安全检查

（1）业主项目部、项目监理对项目现场起重机械的安全管理检查。

1）业主项目部或项目监理对项目现场每月组织1次起重机械安全管理定期检查。由起重机械专责人员或监理工程师组织施工单位机械管理人员进行。

2）业主项目部每季度对项目监理的起重机械安全管理情况进行1次检查。

（2）起重机械安全检查。

（3）业主项目部和项目监理应将外租起重机械和分包单位自带起重机械纳入到其起重机械安全管理体系之中。

三、安全制度管理

（1）建设管理单位应建立的基建安全管理制度有：安全管理责任制、安全工作例会制度、施工分包管理制度、安全检查工作制度、基建安全信息管理制度、安全文明施工奖惩制度。

（2）起重机械专项安全管理制度内容。业主项目部起重机械安全管理制度，至少包括：起重机械和主要机具进场安全确认登记制度、起重机械作业人员和安拆队伍进场申报审查登记制度、起重机械安拆作业指导书审查制度、起重机械安拆监督管理制度、起重机械和重要机具安全状况定期检查制度、起重机械安全管理定期评价考核制度、起重机械安全管理资料管理制度。

四、安全策划管理

（一）项目安全策划编制监督

业主项目部编制安全文明施工总体策划，监督指导安全文明施工标准化要求在工程项目的有效落实，监督指导安全文明施工措施补助费的使用，定期组织安全文明施工检查及安全性评价。

（二）项目安全策划管理

（1）开工前，根据工程项目安全目标，按照建设单位年度基建安全工作策划方案，参照安全管理策划文件范本，结合本工程建设的特点，编审项目安全文明施工总体策划，项目安全强条执行计划（可与质量管理部分强条执行计划合并），经建设单位批准后分发本工程参建单位，并做好收发文登记。

（2）开工前，审批监理单位安全监理工作方案、旁站监理方案、强条实施监理方案。

（3）开工前，审批施工单位安全文明施工二次策划，强制性条文实施计划。

（4）开工前，建立项目安全管理制度及安全管理台账，包括、项目安全文明施工总体策划、安全文明施工责任制、安全文明施工奖惩实施细则、安全健康环境法律法规和规程、安全检查通报、事故统计报表和事故报告书、工程重大事故应急救援预案、安全文件、事故通报，安全简报、安委会会议纪要等。

（5）开工前，组织召开第一次安委会，工程建设过程中，每季度组织召开一次安委会，并及时将活动内容形成纪要，经安委会主任（建设管理单位分管领导）签发后，分发至参建单位。

（6）在工程建设过程中，定期或不定期检查项目安全文明施工二次策划、安全监理工作方案、旁站监理方案、强制性条文执行计划的具体落实情况。

（7）项目竣工投产后，对安全管理策划方案的编制、执行情况进行总结。

（8）提供编制年度基建安全管理工作策划方案的支持性材料。

（三）项目安全管理总流程（图 12-7）

五、安全资料管理

（一）建设管理单位应建立的安全管理资料

（1）基建安全管理制度。

（2）基建安全教育培训记录。

（3）基建安全例会、安委会会议纪要（记录）。

（4）基建安全管理总体策划、重大方案及评审、审批记录。

（5）基建安全检查记录。

（6）安全文件、安全简报及学习记录。

（7）安全奖惩评价记录。

（8）事故调查、统计、报告管理记录。

（二）业主项目部应建立的安全管理资料

（1）安全管理有关法律、法规、技术标准、规程、规范等依据性文件（含有效文件清单）。

（2）安全管理人员上岗资质。

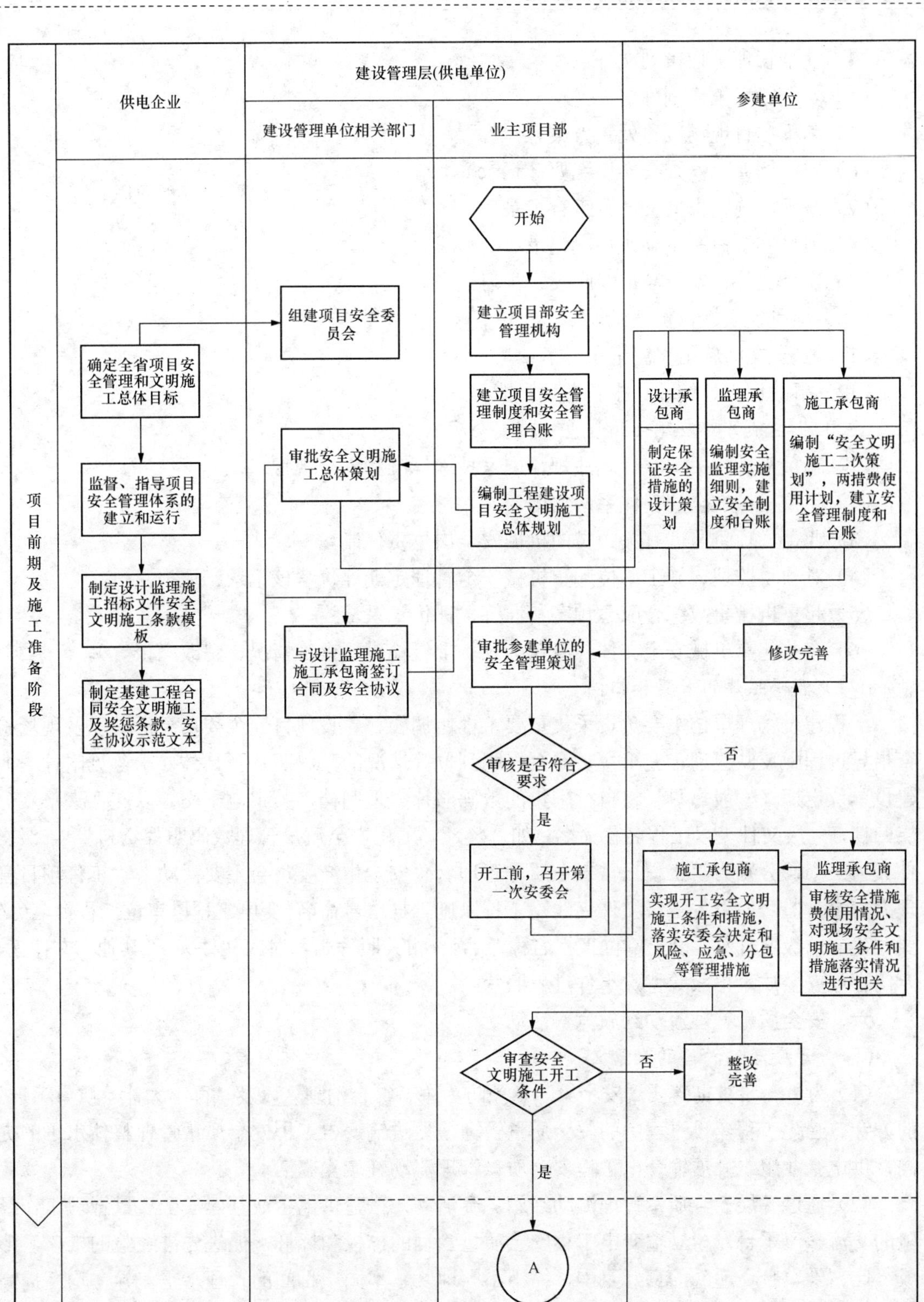

图 12-7　项目安全管理总流程

（3）安全管理总体策划文件。

（4）安全管理工作制度。

（5）工程项目现场应急处置方案。

（6）安全例会、安委会会议纪要（记录）。

（7）监理、施工报批文件及审查记录。

（8）项目安全检查及整改情况记录。

（9）安全文件、安全简报及收发、学习记录。

（10）项目安全性评价记录。

（11）安全文明施工奖惩记录。

（12）事故调查、统计、报告管理台账。

（三）业主项目部应建立的起重机械安全资料

（1）起重机械相关国家行政法规、国家技术标准和安全规程。

（2）起重机械安全管理体系网络图。

（3）业主、项目监理有关人员的机械安全岗位责任制。

（4）对项目监理、施工单位起重机械安全管理定期评价考核记录、通报。

（5）起重机械事故综合应急预案和演练、评价记录。

（6）有关起重机械安全文件（专业会议、上级检查、评价情况、整改上报等）。

（四）数码照片的采集和归档

工程建设管理单位主要负责采集重要工程协调会、建设项目安全委员会活动以及现场检查指导过程中反映监理、施工人员是否尽职到位等情况的数码照片（具体要求参见附件一）。建设单位定期（一般每月）将自行采集的数码照片整理归档，其中电子文档以文件夹形式分层归档，一级文件夹以工程名称命名，如“×××工程安全质量管理数码照片资料”；二级文件夹为三个，分别为“工程日常安全质量管理”、“安全生产委员会重要活动”、“工程项目管理人员日常监督检查”；三级文件夹线路工程以施工杆塔号命名，变电工程以单位工程命名（必要时建立四级文件夹，以子单位工程名称命名），相关照片归入对应文件夹；“其他”文件夹，专门存放安全质量事故等特殊事件过程照片。

六、安全质量管理流动红旗竞赛活动

（一）开展活动的目的和意义

（1）为进一步贯彻落实“安全第一、预防为主、综合治理”以及“百年大计、质量第一”的方针，强化工程建设过程中的安全质量管理，促进输变电工程安全质量管理整体水平的提高，供电企业组织开展输变电工程安全质量管理流动红旗竞赛活动。

（2）通过开展安全质量管理流动红旗竞赛活动，搭建供电企业基建安全质量管理工作经验的交流学习平台，树立输变电工程安全质量管理的样板和标杆，促进先进经验的推广，形成“比、学、赶、超”的良好氛围，缩小不同地区、不同项目间的管理水平差异，均衡提高输变电工程安全质量管理总体水平。

（二）活动的组织管理

（1）安全质量管理流动红旗竞赛活动重点对工程建设过程中安全管理、质量管理体系的建立和运转、安全质量管理责任落实和规章制度执行、现场安全文明施工标准化、施工工艺标准化以及“三通一标”、“两型一化”、“两型三新”等工作标准和管理要求在建设过程中的落实情况、工程的实体质量状况等进行考核评比。

（2）为突出专业特点，安全管理流动红旗竞赛活动、质量管理流动红旗竞赛活动的现场检查工作原则上分别组织。安全管理流动红旗竞赛活动在每年一、二、三季度各组织一次，质量管理流动红旗竞赛活动在每年二、三、四季度各组织一次。

（三）活动的实施要求

（1）安全质量管理流动红旗竞赛活动的参赛项目在标准化、规范化管理和资源投入等方面必须符合相关规定，不得因参加竞赛活动而提高建设标准或增加投入，不得因参加竞赛活动而刻意变更正常施工作业计划，不得因迎检而突击对施工现场进行布置。

（2）同一批次竞赛参赛项目宜做到进度基本相当。其中，参加变电工程质量流动红旗竞赛的项目宜处在设备安装中后期，参加线路工程质量流动红旗竞赛宜处在架线中后期，以期做到对工程质量较全面的考评。参加安全流动红旗竞赛的项目宜处在施工高峰阶段（变电站工程在土建施工中期至设备安装中期，线路工程在基础中期至架线中期）。

（3）参赛工程的基本条件为：①变电（换流站）工程的电压等级为330kV及以上的新建工程，线路工程的电压等级为330kV及以上的新建工程且长度超过50km（大跨越工程不受长度限制，但应与同一项目的一般线路同时申报）；②工程开工以来，未发生各类安全质量事故。

（四）竞赛内容

（1）安全管理流动红旗竞赛评比主要考核安全管理工作、现场安全文明施工两方面内容。安全管理工作主要考核评比申报单位及工程各参建单位建立健全区域供电企业及工程项目两个层面的基建安全管理体系、工程建设项目安全管理规章制度制定和执行、安全例行管理工作开展情况；现场安全文明施工主要考核评比项目现场落实安全文明施工标准化各项要求的情况。

（2）质量管理流动红旗竞赛评比主要考核工程建设质量管理和工程实体质量两方面内容。工程建设质量管理主要考核评比申报单位及工程各参建单位建立健全区域供电企业及工程项目两个层面的基建质量管理体系情况、“标准工艺”推广应用及实际工作效果等情况，工程实体质量主要考核评比工程建设过程质量控制和施工工艺水平。

七、安全文明施工管理

（1）核查开工审查资格。依据各级供电企业安全文明施工相关要求，负责核查现场安全文明施工开工条件，重点做好各参建单位相关人员的安全资格审查、安全管理人员到位情况检查。

（2）全过程指导。根据项目“安全文明施工总体策划”和“安全文明施工实施细则”中确定的安全文明施工管理目标及保障措施，对工程建设安全文明施工进行监督检查和指导，保证安全文明施工目标的实现。

（3）审批安措费。分阶段审批施工项目部的《安全文明施工设施配置计划单》和《安全文明施工措施实施计划单》，并委托监理项目部对其进场的安全设施以及安全文明施工措施情况进行验收。审批施工项目部“安措费”分阶段使用申报表，按规定向施工项目部支付现场安全文明施工措施费，实施过程中监督监理项目部做好检查工作。

（4）发挥监理的安全管控作用。工程建设过程中，重点发挥监理的安全管控作用，通过隐患曝光、专项整治、奖励处罚等手段，促进参建单位做好现场安全文明施工管理，过程检查作好记录，作为对工程各参建单位考核评价的依据。

（5）监控现场。依据有关规定，利用远程视频监控系统，实时监控现场安全文明施工状况。

（6）组织参加竞赛活动。组织项目参加安全管理流动红旗等有关竞赛活动，按要求进行竞赛申报，组织参建单位落实竞赛活动的有关要求，准备参赛材料，对照竞赛标准开展自查整改，提高项目的安全文明施工水平，使项目达到竞赛标准要求。

（7）安全管理竞赛流程如图 12-8 所示。

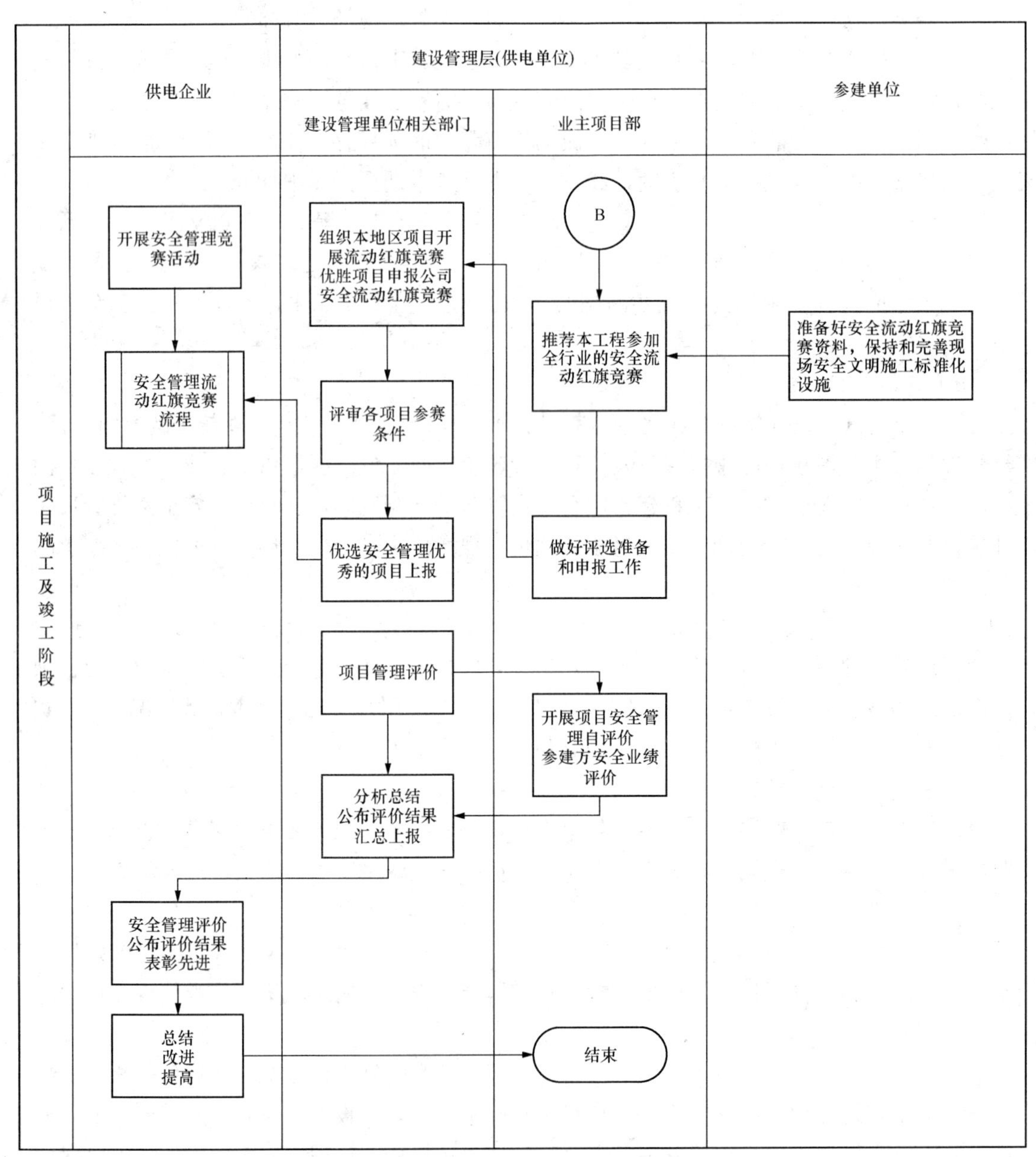

图 12-8　安全管理竞赛流程

（8）竣工检查。项目竣工时，检查施工项目部在建设过程中受到破坏的生态环境是否及时修整和恢复，组织收集、归档施工过程安全及环境方面资料。

（9）分析和总结。定期组织开展分析和总结工作，及时提出改进安全文明施工水平的建议［《业主项目部标准化工作手册（330kV 及以上输变电工程分册）》三、安全管理（一）管理内容与方法］。

八、安全评价管理

（一）基建工程安全评价的组织工作

（1）对 110kV 及以上新建输变电工程及公司系统投资、控股的电源项目，在项目施工高峰阶段，由业主项目部组织工程参建各方对项目进行安全性自评价；供电企业所属企业承接的系统外工程项目，在项目施工高峰阶段，由企业本部组织专家组对监理、施工项目部进行安全性自评价。自评价报告及整改情况应报上级主管部门备案。

（2）供电企业投资管理的 35kV 及以下输变电工程项目可参照执行。《电力建设工程安全管理评价标准》也可作为各级供电企业对电力建设工程项目安全检查的参考依据。

（3）区域供电企业对所辖范围内施工企业和工程项目的安全性自评价结果进行复查。

（4）供电企业组织对施工企业和工程项目的安全性评价复查结果进行抽查。

（二）基建工程安全评价的实施办法

（1）输变电工程项目安全管理评价工作由业主项目部组织有关专家、工程参建各方，共同参与相关工作。

（2）输变电工程项目安全管理评价工作，分别按照输变电工程项目安全管理评价标准中对业主项目部安全管理、监理项目部安全管理、施工项目部安全管理、施工现场安全管理（分为变电工程和输电线路工程）共 4 类评价表，对业主、监理、施工项目部及施工现场安全管理进行定量评价。

（3）对有多个监理、施工单位参加的电力建设工程项目，应分别进行评价。

（4）施工企业组织对本企业进行安全自评价，并对发现的问题整改闭环。

（5）线路工程安全管理评价工作安排施工周期超过 5 个月且线路长度大于 10km 的线路工程，在杆塔组立初期和架线施工初期，要分别组织开展安全管理评价工作；施工周期少于 5 个月，或长度小于 10km、大于 5km 的线路工程，在杆塔组立初期或架线施工初期组织开展一次安全管理评价工作；长度小于 5km 的线路工程，可根据工程特点确定是否开展安全管理评价工作，不作安全管理工作考核内容。当一个变电工程配套的多条输电线路工程项目同属一个施工项目部管理时，可作为一个整体组织开展安全管理评价工作。

（6）变电工程安全管理评价工作安排变电站新建工程在土建及构架安装初期、电气安装中期，分别组织开展安全管理评价工作。变电站改扩建工程，在电气安装中期，组织开展安全管理评价工作。

（三）基建工程安全性评价结论及上报

（1）评价结论。电力建设工程安全管理评价的标准分为 100。评价得分＜70 分的为“不合格项目”，70≤评价得分＜80 分的项目为“基本合格项目”，评价得分≥80 的项目为“合格项目”。

（2）电力建设工程安全管理评价工作结束后，组织评价的单位应及时公布评价结论，提出问题清单。在评价工作完成一周内将评价报告和整改情况报项目投资的区域供电企业（包括直流建设分公司、交流建设分公司，下同）基建部或相关部门。

（四）基建工程安全性评价整改工作

整改闭环管理评价工作结束后，由被评价项目责任单位对评价中发现的问题进行整改闭环，并报评价组织单位备案。评价结论为“不合格”的项目要立即停工整改，经评价组织单位复查合格后，方可复工。

（五）基建工程安全性抽查及督查

（1）区域供电企业对各工程项目的安全管理评价结果及整改闭环进行跟踪管理，并负责对安全管理评价工作开展情况和评价结果组织抽查，抽查项目比例不少于评价范围内在建工程项目的10%。

（2）区域供电企业结合安全专项检查、交叉互查等活动，对各级供电企业安全管理评价工作开展情况进行督查。

（六）基建工程安全性评价工作考核

（1）区域供电企业要将电力建设工程项目安全管理评价工作纳入对建设管理单位、监理单位、施工单位基建安全管理综合评价、企业负责人绩效考核。

（2）电力建设工程项目安全管理评价工作作为业主项目经理、项目总监、施工项目经理评比考核和资信评价的内容，同时作为对工程项目施工、监理单位进行激励约束和安全奖惩的依据之一。

（3）区域供电企业发现工程项目安全管理评价存在弄虚作假，严重偏离实际情况，问题未整改闭环的，给予通报批评，并对相关工作的负责人作“不良记录”备案。

第三节　监理项目部施工现场安全管理

一、安全监理管理体系

（一）安全监理体系

在施工准备阶段，工程项目监理部应建立健全安全监理体系。

（1）建立以总监理工程师为第一责任人的安全监理工作体系，明确各级监理人员的安全监理工作职责。

（2）建立完善的安全监理工作制度，主要包括安全监理工作责任及考核奖惩、监理部内部安全教育培训及安全技术交底、安全监理工作例会、安全监理检查签证、安全监理审查备案、安全监理巡视和旁站等工作制度。

（3）及时编制《监理规划》和《专业监理实施细则》，制定安全监理工作方案，明确文件审查、安全检查签证、旁站和巡视等安全监理的工作范围、内容、程序和相关监理人员职责，以及安全控制措施、要点和目标等。安全监理工作方案应当在工程开工前送项目法人审查批准，并抄送施工单位［《电力建设工程监理规范》（DL/T 5434—2009）］。

（二）监理企业基建安全目标

（1）不发生因监理责任造成的人身伤亡事故。

（2）不发生因监理责任造成的电网及设备事故。

（3）不发生一般火灾事故。

（4）不发生一般环境污染事件。

（5）不发生负主要责任的重大交通事故。

（三）监理企业应建立的基建安全管理制度

（1）安全责任制。

（2）安全教育培训制度。

（3）安全工作例会制度。

（4）安全技术交底制度。

（5）安全审查备案制度。

（6）安全巡视和旁站工作制度。

（7）安全检查签证制度。

（8）安全工作奖惩制度。

二、安全责任制

（一）监理企业基建安全职责

（1）公司所属监理企业设立安全管理机构，配备安全管理专职人员，落实本企业安全管理及工程项目安全监理工作。

（2）依据国家、行业有关安全生产的法律、法规及供电企业有关基建安全的管理规定、监理合同对工程项目实施监理，并承担安全监理职责。

（3）建立健全安全监理管理制度及运行机制。

（4）配备合格的专职安全监理人员，组织检查监理项目部安全监理工作的开展情况，及时掌握工程现场安全动态，提出改进措施，不断完善。

（5）参与或配合基建安全事故的调查处理工作［《建设工程安全生产管理条例》（国务院令第 393 号）第十四条，《关于落实建设工程安全生产监理责任的若干意见》（建市〔2006〕248 号）三、四］。

（二）监理项目部安全职责

（1）负责工程项目施工的安全监理工作，履行监理合同中承诺的安全监理职责。

（2）建立健全安全监理工作制度。

（3）编制监理规划，明确安全监理目标、措施、计划；编制安全监理工作方案，明确文件审查、安全检查签证、旁站和巡视等安全监理的工作范围、内容、程序和相关监理人员职责以及安全控制措施、要点和目标。

（4）编制强制性条文实施监理方案，并组织实施。

（5）组织项目监理人员参加安全教育培训，督促施工项目部开展安全教育培训工作。

（6）审查项目管理实施规划（施工组织设计）中安全技术措施或专项施工方案是否符合工程建设强制性标准。

（7）审查项目施工过程中的风险、环境因素识别、评价及其控制措施是否满足适宜性、充分性、有效性的要求。

（8）审查施工项目部报审的安全文明施工实施细则、工程施工强制性条文执行计划等安全策划文件。

（9）审查施工分包队伍的安全资质文件，对施工分包进行全过程监督。

（10）审查施工项目经理、专职安全管理人员、特种作业人员的上岗资格，监督其持证上岗。

（11）检查现场施工人员及设备配置是否满足安全文明施工及工程承包合同的要求。

（12）负责施工机械、工器具、安全防护用品（用具）的进场审查。

（13）审查安全文明施工措施补助费的使用计划，检查费用使用落实情况。

（14）协调交叉作业和工序交接中的安全文明施工措施的落实。

（15）对工程（项目）关键部位、关键工序、特殊作业和危险作业进行旁站监理。

（16）实施监理过程中，对发现的安全事故隐患的要求施工项目部整改；情况严重的，要求施工项目部暂时停止施工，并及时报告业主项目部；施工项目部拒不整改或者不停止施工的，及时向建设管理单位报告。

（17）组织或参加各类安全检查，掌握现场安全动态，收集安全管理信息，并在安全会议上点评施工现场安全现状以及存在的薄弱环节，提出整改要求和具体措施，督促责任方落实。

（18）负责安全监理工作资料的收集和整理，建立安全管理台账，并督促施工项目部及时整理安全管理资料。

（19）参与并配合项目安全事故的调查处理工作。

（三）监理项目部总监师安全职责

（1）负责监理项目部各项管理工作，是监理项目部安全第一责任人。

（2）组织编制监理规划、安全监理工作方案、强制性条文实施监理方案、审批项目监理实施细则、签发监理项目部相关指令文件或文函。

（3）审查施工项目部报审的项目管理实施规划（施工组织设计）、安全文明施工实施细则、工程施工强制性条文执行计划等安全策划文件。

（4）组织审查分包单位的资质，并签发审查意见。

（5）组织对施工项目部报审的项目经理、专职安全管理人员、特种作业人员进行证件有效性的审验，凡不符合要求的应签发限期整改通知书，对拒不整改的应及时向业主项目部报告，情况严重的向上级主管部门汇报。

（6）组织审查大、中型施工机械设备安全能证明文件，加强使用过程中的监督。

（7）组织审查重大项目、重要工序、危险作业和特殊作业的安全施工措施，组织做好旁站监理工作。

（8）组织或参加安全专题例会，协调解决工程中存在的安全问题，提出工作改进建议和措施。

（9）参加或配合事故调查，按“四不放过”的原则，提出整改措施并督促落实。

（四）监理项目部安全监理师安全职责

（1）在总监理工程师的领导下，负责工程建设项目安全监理的日常工作。

（2）负责安全监理策划工作，编写监理规划中的安全监理内容和安全监理工作方案。

（3）审查施工企业、分包单位的安全资质和项目经理、专职安全管理人员、特种作业人员的上岗资格，并在过程中检查其持证上岗情况。

（4）配合总监理工程师组织本项目监理人员的安全学习，督促施工项目部开展安全教育

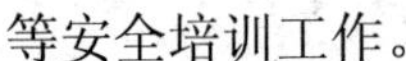

等安全培训工作。

（5）参加项目管理实施规划（施工组织设计）中安全技术措施和施工过程中重大安全技术方案的审查。

（6）审查施工项目部风险因素识别、评价及其控制措施的适宜性、充分性、有效性，督促做好危险作业预控工作。

（7）监督检查危险性较大的分部分项工程专项施工方案或其他安全技术措施的实施情况。

（8）组织或参与安全例会和安全检查，参与重大施工的安全技术交底，对施工过程进行安全监督和检查，做好各类检查记录和监理日志。对不合格项或安全隐患提出整改要求，并督促整改闭环，发现重大安全事故隐患及时制止并向总监理工程师报告。

（9）检查安全文明施工措施补助费的使用情况，协调交叉作业和工序交接中的安全文明施工措施的落实工作。

（10）负责做好安全管理台账以及安全监理工作资料的收集和整理。

（11）参加或配合安全事故调查处理工作。

（五）监理单位起重机械安全监理职责

项目监理单位应根据工程规模和起重机械数量设置相适应的起重机械安全专（兼）职监理工程师。项目监理单位起重机械安全监理主要职责为：

（1）具体实施业主项目部起重机械安全管理制度和安全目标的要求，建立项目监理的机械安全岗位责任制，制定工作程序和细则，制定各种起重机械台账和起重机械作业人员的台账及有关记录、报表格式。

（2）负责审查各施工项目部起重机械安全管理体系、起重机械安全管理办法或细则以及有关人员配置情况。

（3）负责制定起重机械准入标准，建立整机准入和待安装起重机零部件检查表，检查确认准入起重机械的安全状况。

（4）负责审查起重机械安拆单位资质和起重机械作业人员的资格。

（5）负责审查重要机械作业方案、安全措施和起重机械安拆作业指导书。

（6）对起重机械安拆的关键工序、大件吊装、双机抬吊、负荷试验、特殊作业等重要作业实施旁站监理，并作好记录。

（7）对起重机械作业过程进行巡检，定期组织对现场起重机械和施工单位的起重机械管理状况进行检查，下达整改通知单及处罚单，对整改反馈情况进行复查。

（8）负责或参与组织现场起重机械的危险源辨识、防范措施和现场起重机械事故综合应急预案的编制及预案的演练评价。

（9）负责起重机械安全监理和监控资料的汇总、整理和管理。

三、安全监理规划

（一）监理项目部的资源配置

监理单位应当以形成独立的监理能力作为项目监理部资源配置的最低要求，按照工程建设监理合同的相关承诺，投入足够数量的合格监理人员，配备必要的办公、交通、通信、检测和个人安全防护用品等设备（工具），并备齐与安全监理有关的法律法规、技术标准、规程规定等依据性文件。

（二）编制安全文明施工监理规划文件

（1）监理规划中应包括职业健康安全与环境监理的范围、内容、工作程序以及人员配备计划和职责［《电力建设工程监理规范》（DL/T 5434—20099.4.1）］。

（2）监理项目部编制安全监理工作方案，履行安全文明施工监理职责，定期组织安全文明施工检查，发现问题及时督促整改，实行闭环管理，对安全文明施工措施补助费的使用情况进行监督。

（三）编制项目安全监理实施细则

电力监理单位应当编制电力建设工程项目安全监理实施细则。实施细则应当明确安全监理的方法、措施、控制要点和安全技术措施的检查方案。电力监理单位应当按照实施细则对电力施工单位、调试单位和试运行单位实施安全监理［《电力建设安全生产监督管理办法》（电监安全〔2007〕38号）第十八条］。

（四）编制安全文明施工监理专项方案

（1）对中型及以上项目和危险性较大的分部分项工程，应编制职业健康安全与环境监理实施细则，明确监理方法、措施和控制要点［《电力建设工程监理规范》（DL/T 5434—2009）］。

（2）监理单位应当将危险性较大的分部分项工程列入监理规划和监理实施细则，应当针对工程特点、周边环境和施工工艺等，制定安全监理工作流程、方法和措施［《危险性较大的分部分项工程安全管理办法》（住房和城乡建设部建质〔2009〕87号）第十八条］。

（五）监督承包单位做好环境保护工作

项目监理机构应监督承包单位做好施工节能排水、水土保持等环境保护工作［《电力建设工程监理规范》（DL/T 5434—2009）］。

四、安全文件审查

（一）安全文件审查依据

项目监理机构依据国家及行业有关法律、法规、规章、标准、规范和承包合同，对承包单位报审的工程文件进行审查，并签署监理意见［《电力建设工程监理规范》（DL/T 5434—2009）］。

监理人员依据国家有关安全生产的法律法规、规程规定、工程建设标准强制性条文以及供电企业相关管理制度，对施工单位编制的与施工安全有关的报审文件进行审查，以保证文件的合法性和措施方案的有效性［《建设工程安全生产管理条例》（国务院令第393号）第十四条、《电力建设安全生产监督管理办法》（电监安全〔2007〕38号）第十八条］。

（二）安全文件审查内容

监理单位应按以下要求对施工单位的报审文件进行审查。

（1）审查施工安全管理制度、施工组织是否满足工程建设安全文明施工管理的需要。

（2）审查施工组织设计中的安全技术措施或者危险性较大的分部分项专项施工方案是否符合工程建设标准强制性条文和安全工作规程的要求。

（3）审查安全文明施工策划方案（或实施细则）是否满足安全文明施工标准化工作规定。重点审查施工总平面布置是否合理，办公、宿舍、食堂、仓库、道路、施工用电等临时设施及排水、防火、防雷电、防强风等措施是否满足安全技术标准及安全文明施工要求。

（4）审查现场施工人员及设备配置是否满足安全施工及工程承包合同的要求。

（5）审查施工单位工程分包、劳务分包和临时用工管理是否满足有关管理规定。

（6）审查进场设备、工器具、安全防护用品（用具）的安全性能证明文件是否符合要求。

（7）审查施工单位的危险源辨识和控制措施，以及应急救援预案和应急救援体系是否有效。

（8）组织施工图内审，审查设计文件是否满足工程建设标准强制性条文、施工安全操作及安全防护的需要［《关于加强重大工程安全质量保障措施的通知》（国家发展和改革委员会等五部及安全生产监督管理总局发改投资〔2009〕183 号）特急第三条、《电力建设工程监理规范》（DL/T 5434—2009）中 10.2.3］。

（三）危险性较大工程方案的审查

项目监理机构应审查承包单位提交的施工组织设计中的安全技术方案或下列危险性较大的分部分项工程专项施工方案是否符合工程建设强制性标准。

（1）地下管线保护措施方案。

（2）基坑支护与降水、土方开挖与边坡防护、模板、起重吊装、脚手架、拆除、爆破等分部分项工程的专项施工方案。

（3）施工现场临时用电施工组织设计或安全用电技术措施和电气防火措施。

（4）冬季、雨季、夜间等特殊施工方案。

（5）施工总平面布置图是否符合安全生产的要求，办公、宿舍、食堂、道路、仓储、化学及危险品库等临时设施设置以及排水、防火措施［《建设工程安全生产管理条例》（国务院令第 393 号）第十四条、《电力建设工程监理规范》（DL/T 5434—2009）中 9.4.3］。

（四）施工投标人的安全资质等情况的审查

监理单位依据工程建设监理合同的约定，协助项目法人（含建设管理单位）组织施工招标工作，并重点对施工投标人的安全资质及资源配置情况进行审查。

五、安全文明施工监理

（一）安全文明施工监理策划方案

监理项目部编制安全监理工作方案，履行安全文明施工监理职责，定期组织安全文明施工检查，发现问题及时督促整改，实行闭环管理，对安全文明施工措施补助费的使用情况进行监督。

（二）安全文明施工监理专项方案

（1）对中型及以上项目和危险性较大的分部分项工程，应编制职业健康安全与环境监理实施细则，明确监理方法、措施和控制要点［《电力建设工程监理规范》（DL/T 5434—2009）中 9.4.2］。

（2）监理单位应当将危险性较大的分部分项工程列入监理规划和监理实施细则，应当针对工程特点、周边环境和施工工艺等，制定安全监理工作流程、方法和措施［《危险性较大的分部分项工程安全管理办法》（住房和城乡建设部建质〔2009〕87 号）第十八条］。

（三）监督承包单位做好环境保护工作

项目监理机构应监督承包单位做好施工节能排水、水土保持等环境保护工作［《电力建设工程监理规范》（DL/T 5434—2009）中 9.4.12］。

（四）数码照片的管理和移交

（1）项目监理部应定期（一般每周）对自行采集的数码照片进行整理。其中电子文档以文件夹形式分层归档：一级文件夹以工程名称命名（如“×××工程监理安全质量控制数码照片资料”），二级文件夹为两个，分别为“安全控制类”、“质量控制类”。“安全控制类”下设“安全检查签证”、“旁站监理”、“巡视监理”、“定期检查”、“其他”五个三级文件夹，并按照要求将相关照片归入相应文件夹；四级文件夹除“其他”可下设以事件名称命名的五级文件夹外，其余五级文件夹线路工程以施工杆塔号命名，变电工程以单位工程名称命名（必要时建立六级文件夹，以子单位工程名称命名）。“质量控制类”下设“材料和设备检验”、“隐蔽工程验收”、“安装工程验收”、“监理初检”、“工程中间验收”五个二级文件夹，三级文件夹线路工程以施工杆塔号命名，变电工程以单位工程命名（必要时建立四级文件夹，以子单位工程名称命名），相关照片归入对应文件夹，“其他”文件夹专门存放安全质量事故等特殊事件过程照片。

（2）安全质量事故、重大隐患整改等全过程数码照片由监理单位负责整理移交。

六、安全监理旁站、检查及签证

（一）安全监理检查内容及签证

（1）项目监理机构应检查承包单位职业健康安全与环境管理体系、规章制度和监督机构的建立、健全及专职安全生产管理人员配备情况，督促承包单位对其分包单位进行检查［《电力建设工程监理规范》（DL/T 5434—2009）中 9.4.4］。

（2）项目监理机构应检查施工现场各种安全标志和安全防护措施是否符合强制性标准，并检查安全生产费用的使用情况［《电力建设工程监理规范》（DL/T 5434—2009）中 9.4.10］。

（3）监理单位应对以下设施和工序（包括但不限于）进行检查，并签署意见。

1）重要设施。大中型起重机械、整体提升脚手架或整体提升工作平台、模板自升式架设设施、重要脚手架、重要跨越架，施工用电、水、气等力能设施，交通运输道路和危险品库房等。

2）重大工序转接。工程项目开工，土建交付安装，安装交付调试以及整套启动。

安全检查签证工作要点为：

（1）对安装单位自检过程进行监督管理。

（2）对专业资质单位验收过程及验收手续进行检查。

（3）以签证形式书面履行确认手续。

（二）安全监理旁站点

监理单位应对电力建设工程重要及危险的作业工序及部位（如大件吊装、重要脚手架安装拆除、大型起重机械安装拆除、危石及塌方的处理、临近带电体作业等）进行旁站。

1. 需要旁站的作业工序及部位

（1）输电线路工程。输电线路工程以下重要及危险作业工序及部位（包括但不限于）应进行旁站监理。

1）基础阶段。高边坡开挖，深坑基础掏挖（超过 3m 时），易坍塌等特殊基础开挖、支护，重要爆破炸药填装等。

2）组塔阶段。高塔组立、临近带电体施工、特殊地形铁塔组立。

3）架线阶段。带电搭设或拆除跨越架（架体平齐带电线路至封顶阶段），特殊施工方式（飞艇、动力伞等）展放导引绳，导引绳通过铁路、高速公路、不停电跨越架及通航江河等。

（2）变电站工程。变电站工程以下重要及危险作业工序及部位（包括但不限于）应进行

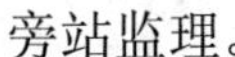

旁站监理。

1）土建工程。高边坡及深坑基础开挖和支护、基坑开挖放炮、大体积混凝土浇筑、框架梁柱混凝土浇筑、悬崖部分混凝土浇筑、大型构件吊装和脚手架及升降架安装拆卸等。

2）安装工程。超高、超宽、超长物件装卸、吊装，变压器吊罩、抽芯检查以及干燥及耐压试验，主要电气设备耐压试验，电气设备送电试验，高压带电作业及临近高压带体作业等。

3）起重作业。两台及以上起重机联合抬吊，移动式起重机临近带电体作业等。

2. 旁站时间

施工单位应根据经审批的安全监理工作方案，在需要实施旁站监理的部位开始施工前24小时（或监理单位认可的适宜时间），书面通知监理单位。监理人员应及时到位并履行旁站监理职责。

（三）安全监理检查的措施及闭环管理

（1）项目监理机构应定期对施工现场安全生产情况进行巡视检查，对发现的各类安全事故隐患，应书面通知承包单位，并督促其立即整改；情况严重的，项目监理机构应下达工程暂停令，要求承包单位停工整改，并同时报告建设单位。安全事故隐患消除后，应检查整改结果，签署复查或复工意见。承包单位拒不整改或不停止施工的，监理单位应及时通过建设单位向工程所在地建设主管部门或工程项目的行业主管部门报告。以电话形式报告的，应当有记录，并及时补充书面报告。检查、整改复查、报告等情况应记载在监理日志、监理月报中［《电力建设安全生产监督管理办法》（电监安全〔2007〕38 号）第十八条、《电力建设工程监理规范》（DL/T 5434—2009）中 9.4.8］。

（2）出现以下危及人身安全的情况之一，监理单位必须书面要求施工单位停工整改。

1）无安全保证措施施工或安全措施不落实。

2）作业人员未经安全教育或技术交底施工，特殊工种无证上岗。

3）安全文明施工管理混乱，危及人身安全。

4）未经安全资质审查的分包单位进入现场施工。

5）发生安全质量事故。

（3）监理人员应对施工单位的整改过程及结果进行监督检查，直至确认满足安全文明施工要求，并形成相应的闭环管理文件。

七、安全监理资料管理

（一）监理企业安全管理台账

（1）安全管理制度。

（2）安全教育培训记录。

（3）安全工作会议记录。

（4）重大监理方案及审查记录。

（5）安全检查通报及记录。

（6）安全文件、安全简报及学习记录。

（7）安全奖惩评价记录。

（二）监理项目部安全管理台账

（1）安全监理有关法律、法规、技术标准、规程、规范等依据性文件（含有效文件清单）。

（2）总监及安全监理人员资质资料。

（3）安全监理工作策划文件。

（4）安全监理管理制度。

（5）安全文件、安全简报及收发、学习记录。

（6）监理安全会议（例会）记录。

（7）施工报批文件及审查记录。

（8）安全检查记录及整改闭环资料。

（9）监理工程师通知单及回复单，工程暂停令、复工令。

（10）隐患事故调查处理记录。

（11）监理月报及工作总结。

（三）监理部起重机械安全监理资料（至少包括以下内容）

（1）现场所用起重机械登记台账和其安全检验合格证（或检验报告书）复印件。

（2）进入现场起重机械（整机）安全状况复查确认表。

（3）进入现场待安装起重机械散件安全状况复查确认表。

（4）现场起重机械作业人员台账和其资格证复印件。

（5）进入现场起重机械安拆队伍的相应资质复印件。

（6）起重机械状况月检查记录、总结、通报或纪要。

（7）机械缺陷整改通知单、停工令和整改验收单。

（8）起重机械作业危险源辨识及安全防范措施审批留存件。

（9）起重机械安拆作业指导书的审批留存件。

（10）有关起重机械重要作业的旁站监理记录。

（11）起重机械基础、轨道和附着审批、验收等资料。

（12）现场起重机械安全管理评价（年度或阶段）报告、记录、通报。

（13）起重机械事故综合应急预案演练评价记录及改进建议。

监理部数码照片的管理和移交工作如前所述。

第四节　施工项目部施工现场安全管理

一、安全责任制

（一）施工项目部安全职责

（1）负责工程项目的施工安全管理工作，履行施工合同及安全协议中承诺的安全职责，是项目施工安全的责任主体。

（2）依据供电企业有关规定和业主项目部的安全管理目标，制订施工项目部安全目标。

（3）建立施工安全管理机构，按规定配备专职安全管理人员。

（4）按规定健全安全管理制度，建立安全管理台账。

（5）编制安全文明施工实施细则、工程施工强制性条文执行计划、安全文明施工措施补助费使用计划等文件，并报监理项目部审查，经业主项目部批准后，在施工过程中贯彻落实。

（6）进行岗前安全教育培训，并向作业人员如实告知作业场所和工作岗位可能存在的风

险因素、防范措施以及事故现场应急处置措施。

（7）负责组织安全文明施工，制定避免水土流失措施、施工垃圾堆放与处理措施、“三废”（废弃物、废水、废气）处理措施、降噪措施等，使之符合国家、地方政府有关职业卫生和环境保护的规定。

（8）开展风险识别、评价工作，制订预控措施，并在施工中落实。

（9）建立现场应急救援队伍，编制各类现场应急处置方案，定期进行有针对性的应急演练，评价演练结果，保证持续改进。

（10）建立现场施工机械安全管理机构，配备施工机械管理人员，落实施工机械安全管理责任；对进入现场的施工机械和工器具的安全状况进行准入检查，并对施工过程中起重机械的安装、拆卸、重要吊装、关键工序进行旁站监督；负责施工队（班组）安全工器具的定期试验、送检工作。

（11）监督检查施工队（班组）开展班前站班会工作。

（12）定期召开或参加安全工作会议，落实上级和项目安委会、业主、监理项目部的安全管理工作要求。

（13）开展并参加各类安全检查，对存在的问题闭环整改；对重复发生的问题，深入分析并制定防范措施，避免再次发生。

（14）组织参加安全管理流动红旗竞赛活动。

（15）按照公司规定，加强对分包队伍的安全管理，监督分包队伍完善安全管理机构，按规定配备安全管理人员。

（16）及时准确上报基建安全信息。

（17）参与并配合项目安全事故调查和处理工作 [《中华人民共和国安全生产法》（主席令第 70 号）第十九条、第三十六条]。

（二）安全文明施工职责

（1）施工单位是工程项目安全文明施工的主体，负责安全文明施工标准化的具体实施。

（2）根据标准要求和业主项目部提出的本项目安全管理目标及安全文明施工总体规划，编制有针对性的工程项目安全文明施工实施细则，提交监理审核，并经业主项目部同意后实施。

项目安全文明施工实施细则一般应包括安全文明施工目标管理、安全文明施工组织机构及职责、安全文明施工管理措施、现场安全文明施工要求及实施等主要内容，并应参照公司有关指导文件的要求编写。

（3）按规定配备合格的专（兼）职安全管理人员。

（4）建立健全安全文明施工的各项规章制度和操作规程。

（5）保证安全文明施工所需资金的投入，配备齐全、标准的安全设施。安全文明施工措施补助费应专款专用。

（6）开展危险点辨识及预控活动，编制有针对性的安全技术措施（方案），并确保措施（方案）的有效实施。

（7）按规定组织安全文明施工检查，开展工程项目安全健康环境自评价工作，规范项目安全文明施工管理。

（8）对施工管理人员和施工作业人员按规定进行安全教育培训，特种作业人员须持证上岗。

（9）向施工作业人员提供合格的劳动保护及安全防护用品（用具），并监督其正确使用。

（10）严格工程专业分包、劳务分包及劳务用工（临时用工）的安全管理，并按相关规定进行管理。

（11）遵守环境保护的法律、法规，倡导绿色施工，减少施工对环境的影响和污染。

（12）为施工现场从事危险作业的人员办理意外伤害保险。

二、项目安全策划管理

（一）策划内容

（1）施工项目部编制安全文明施工实施细则、工程施工强制性条文执行计划、安全文明施工措施补助费使用计划等文件，并报监理项目部审查，经业主项目部批准后，在施工过程中贯彻落实。

（2）施工项目部总工程师组织编制安全文明施工实施细则、工程施工强制性条文执行计划等安全策划文件，经施工企业相关职能部门审核，分管领导审批，报监理项目部审查，业主项目部批准后组织实施。

（二）安全文明施工管理目标

根据工程合同目标、建设单位安全文明施工有关要求等分解细化，形成项目安全文明施工目标。

（三）安全文明施工组织机构及职责

（1）组织机构。要求安全文明管理组织做到纵向到底、横向到边、落实到人，以切实加强过程控制，可通过网络图表示。

（2）工作职责。工程开工或重要作业开始前，应明确各有关人员安全文明施工工作职责，做到凡事有人负责。

（四）安全文明施工管理措施

（1）进场作业人员素质与技能管理。制定相关管理制度，规范施工管理和作业人员的管理，确保其素质与技能满足安全文明施工的要求。

（2）施工安全管理制度和台账。施工项目部必须建立齐全的安全管理制度和账表册卡管理制度，配备必要的标准、规程、规定等安全文明施工依据性文件。

（3）安全文明施工措施费用的使用管理。依据有关规定，制定落实安全文明施工措施费用的措施，确保费用的有效使用，为安全文明施工提供物质保障。

（4）安全文明施工标准化管理。推行安全文明施工标准化管理，提升安全质量管理水平。项目部应认真编制和执行各项作业标准或指导文件，文件须针对工程项目实际编写，强调有指导性和可操作性。

（5）作业人员行为管理。根据安全操作规程及技术措施的要求，以及《输变电工程标准化施工作业手册》等文件，分析总结既往工程常见的各类违章现象，有针对性地进行整治和防范，开展标准化施工作业，严格按照安全工作规程和安全技术措施施工。

（6）施工安全风险管理。根据变电站（输电线路）工程特点进行危害辨识与风险评价，对辨识评审出的风险值较大的重要危害源进行重点预防，编制管理措施进行控制。对在施工过程中新出现的危害源进行辨识和评价，并制定控制措施进行控制，以备突发事件及人力不可抗拒灾害发生时，将损失降到最小［《建设工程安全生产管理条例》（国务院令第393号）第二十二条］。

（五）施工安全方案管理

（1）施工项目部总工程师组织编制项目管理实施规划（施工组织设计），分别用单独章节描述安全技术措施和施工现场临时用电方案，经施工企业技术、质量、安全等职能部门审核，施工企业总工程师审批，报监理项目部审查，业主项目部批准后组织实施［《建设工程安全生产管理条例》（国务院令第 393 号）第十四条、第二十六条］。

（2）施工项目部总工程师组织编制安全文明施工实施细则、工程施工强制性条文执行计划等安全策划文件，经施工企业相关职能部门审核，分管领导审批，报监理项目部审查，业主项目部批准后组织实施。

（3）按国家有关规定，对达到一定规模的危险性较大的分部、分项工程，施工项目部总工程师组织编制专项施工方案（含安全技术措施），并附安全验算结果，经施工企业技术、质量、安全等职能部门审核，施工企业总工程师审批，经项目总监理工程师签字后，由施工项目部总工程师交底，专职安全管理人员现场监督实施。

（4）对深基坑、高大模板及脚手架、重要的拆除爆破等超过一定规模的危险性较大的分部、分项工程的专项施工方案（含安全技术措施），施工企业还应按国家有关规定组织专家进行论证、审查，并根据论证报告修改完善专项施工方案，经施工企业总工程师、项目总监理工程师、业主项目部项目经理签字后，由施工项目部总工程师交底，专职安全管理人员现场监督实施。

（5）对重要临时设施、重要施工工序、特殊作业、危险作业项目，施工项目部总工程师组织编制专项安全技术措施，经施工企业技术、质量、安全部门和机械管理部门（必须时）审核，施工企业总工程师审批，报监理项目部审查，业主项目部备案，由施工项目部总工程师交底后实施。

（6）施工过程需变更施工方案、作业指导书或安全技术措施，必须经措施审批人同意，监理项目部审核确认。

三、项目安全文明施工管理

（一）安全文明施工

（1）施工项目部是工程项目安全文明施工的责任主体，负责贯彻落实安全文明施工标准化要求，实行文明施工、绿色施工、环保施工。

（2）文明施工应包括下列工作。

1）进行现场文化建设。

2）规范场容，保持作业环境整洁卫生。

3）创造有序生产的条件。

4）减少对居民和环境的不利影响［《建设工程项目管理规范》（GB/T 50326—2006）中 12.2.1］。

（二）“六化”管理

贯彻以人为本的理念，通过推行安全文明施工标准化工作，努力做到“六化”，即安全管理制度化、安全设施标准化、现场布置条理化、机料摆放定置化、作业行为规范化、环境影响最小化，营造安全文明施工的良好氛围，创造良好的安全施工环境和作业条件。

（三）安全文明设施标准

（1）施工作业现场应按要求配备使用标准化的安全文明施工设施。安全文明设施须专人管理，定期进行性能检查、试验，确保在用设施标准、可靠。

（2）安全围栏和临时提示栏。用于安全通道、重要设备保护、带电区分界、高压试验等危险区域的区划。

（3）所有施工作业安全防护用品（工作服除外），均宜从持有政府有关职能部门颁发生产许可证的专业制造厂家选购，而且产品检验合格证、使用说明书等技术保证资料应齐全 [《建设工程安全生产管理条例》（国务院令第 393 号）第二十八条、《劳动防护用品配备标准（试行）》（国经贸安全〔2000〕189 号）第三条]。

四、施工现场安全检查

（一）施工现场检查

（1）听取工程建设管理单位对工程安全质量管理情况的简要汇报，主要围绕项目安全质量标准化建设、“标准工艺”推广应用及取得的成果，内容包括：安全文明施工标准化工作开展情况和工程创优工作开展情况。根据本工程建设特点采取有针对性的安全质量管理措施应作重点汇报。

（2）抽查由建设、设计、监理、施工等单位的工程安全质量管理资料，所提供的安全质量管理资料应真实、完整。

（3）现场实地检查，按有关要求对参赛工程的安全质量情况进行检查。其中，变电工程应全站进行检查；线路工程现场检查不少于 6 基（处）且其中 3 基（3 处）应正在施工中，并要做到随机抽查。多个施工项目部施工时应抽查不少于两个施工项目部及其作业点 [《中华人民共和国安全生产法》（主席令第 70 号）第三十八条、《建设工程安全生产管理条例》（国务院令第 393 号）第二十一条]。

（4）对建筑施工中易发生伤亡事故的主要环节、部位和工艺等的完成情况做安全检查评价时，应采用检查评分表的形式，分为安全管理、文明工地、脚手架、基坑支护与模板工程、“三宝”和“四口”[1] 防护、施工用电，物料提升机与外用电梯、塔吊、起重吊装和施工机具共十项分项检查评分表和一张检查评分汇总表（JGJ 59—1999《建筑施工安全检查标准》）。

（二）起重机械检查

（1）施工现场起重机械安全检查的资料是工作的业绩（或痕迹）的证据，也是分析起重机械安全管理存在问题和改进工作提高管理水平的依据。资料的完整、准确、规范很重要，体现了管理者的素质和该单位的管理水平。

检查资料主要包括各级检查表（或评价表）、缺陷整改通知单、检查总结或检查（评价）报告、纪要或通报整改验收单。有些检查留有重要缺陷和违章的详细记录及照片以及处罚单、停止令等。

现场定期检查小结应包括如下内容：检查具体时间、检查人员名单组成、检查范围和机械类型、机械数量、检查出的一般缺陷数量（条] 和严重缺陷数量（条]、问题分析（如共性问题、造成的原因等）、要求建议、处理结果（或奖罚、或通报批评、或会议批评等）。定期检查应每月资料整理成册。

（2）施工企业起重机械使用单位每月组织对在各项目使用的起重机械的技术状况逐台进行检查，每季进行 1 次综合检查与评价。

[1] “三宝”系指安全帽、安全带和安全网；“四口”系指通道口、预留洞口、楼梯口、电梯井口。

（3）施工项目部应坚持对进入现场的起重机械及其使用单位每月组织检查 1 次。

（4）施工企业机械管理部门对各施工项目部和起重机械使用单位每季度组织 1 次起重机械安全管理检查或评价，企业分管领导参加应至少 1 次。

五、施工现场安全技术措施管理

（一）安全技术措施编制原则

（1）项目施工必须有作业指导书。作业指导书由施工项目部技术员编制，经施工项目部安全、质量管理人员和项目总工程师审核，并根据项目规模、等级报施工企业总工程师或副总工程师批准，由施工项目部技术员交底后实施。作业指导书中的安全技术措施部分必须有独立的章节。

（2）送变电工程施工组织设计由施工总承包单位总工程师组织编制，技术管理部门负责审核，总工程师审批。无总承包单位的工程，由建设单位负责协调工作，组织编制各施工标段接合部相关的施工组织设计。公司负责编制其承包范围的施工组织设计［《建设工程安全生产管理条例》（国务院令第 393 号）第二十六条］。

（3）送电工程施工组织措施计划由项目部总工程师组织编制，技术管理部门审核，总工程师审批，报上级供电企业备案。

（二）安全技术措施实施

（1）高处作业的安全技术措施及其所需料具，必须列入工程的施工组织设计［《建筑施工高处作业安全技术规范》（JGJ80—912.0.1）］。

（2）施工中对高处作业的安全技术设施，发现有缺陷和隐患时，必须及时解决；危及人身安全时，必须停止作业［《建筑施工高处作业安全技术规范》（JGJ80—912.0.5）］。

（3）高处作业中的安全标志、工具、仪表、电气设施和各种设备，必须在施工前加以检查，确认其完好，方能投入使用［《建筑施工高处作业安全技术规范》（JGJ80—912.0.3）］。

（4）因作业必须，临时拆除或变动安全防护设施时，必须经施工负责人同意，并采取相应的可靠措施，作业后应立即恢复［《建筑施工高处作业安全技术规范》（JGJ80—912.0.8）］。

六、施工现场消防安全管理

（一）施工现场消防职责

（1）建筑工程施工现场的消防安全由施工单位负责。实行施工总承包的，由总承包单位负责。分包单位向总承包单位负责，服从总承包单位对施工现场的消防安全管理。

（2）对建筑物进行局部改造、扩建和装修的工程，建设单位应当与施工单位在订立的合同中明确各方对施工现场的消防安全责任［《机关、团体、企业、事业单位消防安全管理规定》（公安部令第 61 号）第十二条］。

（二）安全距离

（1）生产、储存、经营易燃易爆危险品的场所不得与居住场所设置在同一建筑物内，并应当与居住场所保持安全距离。

（2）生产、储存、经营其他物品的场所与居住场所设置在同一建筑物内的，应当符合国家工程建设消防技术标准［《中华人民共和国消防法》（主席令第六号）第十九条］。

（三）动火作业

（1）禁止在具有火灾、爆炸危险的场所吸烟和使用明火。因施工等特殊情况需要使用明火作业的，应当按照规定事先办理审批手续，采取相应的消防安全措施。作业人员应当遵守消防安全规定。

（2）进行电焊、气焊等具有火灾危险作业的人员和自动消防系统的操作人员，必须持证上岗，并遵守消防安全操作规程［《中华人民共和国消防法》（主席令第六号）第二十一条］。

（四）危化品管理

危险化学品单位从事生产、经营、储存、运输、使用危险化学品或者处置废弃危险化学品活动的人员，必须接受有关法律、法规、规章和安全知识、专业技术、职业卫生防护和应急救援知识的培训，并经考核合格，方可上岗作业［《危险化学品安全管理条例》（国务院令第 344 号）第四条］。

（五）爆破管理

（1）爆破作业人员应参加培训经考核并取得有关部门颁发的相应类别和作业范围、级别的安全作业证，持证上岗。

（2）未经批准，任何个人不得承接爆破工程的施工工作。

（3）爆破作业人员及其承担的重要爆破工程均应投购保险［《爆破安全规程》（GB 6722—2003）9.4.2.1、《中华人民共和国安全生产法》（主席令第 70 号）第二十三条］。

七、起重机械安全管理

（一）安全管理体系

（1）施工项目部项目经理是项目施工中起重机械安全管理的第一责任人，设置项目生产副经理或总工程师为起重机械安全管理分管领导，具体负责项目施工过程中起重机械安全管理。施工项目部必须建立起重机械安全管理体系（网络图）、机械安全岗位责任制和起重机械安全目标。

（2）施工项目部必须根据其承建工程规模和施工现场使用起重机械数量设置机械管理部门或机械专责管理人员。

（二）安全管理制度

施工项目部应围绕起重机械使用管理等重点管理内容制定有关管理制度或细则，至少包括以下内容：①起重机械（机具）进场准入制度；②起重机械作业人员和安拆队伍准入制度；③起重机械安拆作业指导书审查制度；④起重机械安全检查（评价）制度。

（三）安全检查

起重机械安全检查应包括以下基本内容：①检查方式（如巡检、旁站监督、月检查、专项检查、安全评价等）；②检查（组）人员组成；③检查时间；④检查范围、内容；⑤检查标准和检查记录；⑥检查小结和结果处理；⑦整改验收（期限或措施）［《特种设备安全监察条例》（国务院令第 549 号）第五条］。

第五节 工程分包安全管理

一、施工分包的安全管理

（一）施工分包类型

（1）施工分包是指施工承包商（指与项目法人或 EPC 总承包商签订施工承包合同的具有

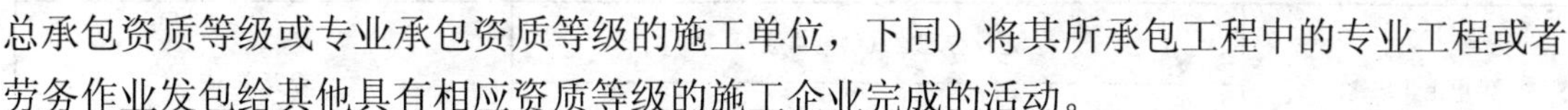

总承包资质等级或专业承包资质等级的施工单位，下同）将其所承包工程中的专业工程或者劳务作业发包给其他具有相应资质等级的施工企业完成的活动。

（2）施工分包分为专业分包和劳务分包。专业分包是指施工承包商将其所承包工程中的专业工程发包给具有相应资质等级的专业分包商完成的活动。劳务分包是指施工承包商或者专业承包商将其承包工程中的劳务作业发包给具有相应资质等级的劳务分包商完成的活动。

（3）施工承包商可以对所承接的各专业工程全部自行施工，也可以依法将非主体专业工程分包给具有相应资质等级的专业分包商，或将劳务作业分包给劳务分包商。专业分包商可以对所承接的工程全部自行施工，也可以将劳务作业分包给具有相应资质等级的劳务分包商。

（二）施工分包安全管理

（1）专业分包商和劳务分包商需持有营业执照，具有法人资格及相应资质，经济上实行独立核算，具有相应的施工企业资质，并与施工承包商通过合同构成承发包关系。

（2）供电企业建设工程和所属施工企业承接的工程禁止转包或违规分包。供电企业投资项目建设单位应在工程招标文件和施工承包合同中明确《建设工程施工分包安全管理规定》对施工承包商、专业分包商、劳务分包商等分包管理要求，如不允许分包的工程项目及范围、分包金额限制、分包商准入条件等，并强调主体工程不得专业分包。

（3）供电企业严禁将建设项目主体工程进行专业分包。

（4）施工承包商必须自行完成主体工程的施工，不得采取除劳务分包以外的其他形式对主体工程进行施工分包。专业分包工程总价不得超过施工合同总价的30%，否则视为违规分包。

（5）分包事项在施工承包合同中有约定的，在合同允许范围内，施工承包商可将非主体工程或劳务作业分包给具有相应专业承包资质等级或劳务分包资质等级的分包商。分包事项在施工承包合同中无约定的，施工承包商必须经建设单位同意后方可进行施工分包。

（6）供电企业各级基建管理部门、建设单位、监理单位、施工承包商应严格履行工程合同义务，做好专业分包、劳务分包的管理工作，严禁以包代管、以罚代管。

（7）分包商必须在分包合同、安全协议签订后方可进场施工。严禁无分包合同和安全协议进行施工。签订后的分包合同、安全协议应报监理单位和建设单位备案。

（8）施工承包商应在专业分包项目开工前对分包商投入项目施工的人员资质、施工机械、工器具等进行入场检查，并报监理单位验证，验证合格后由监理单位报建设单位备案。监理单位严格核查验证分包商项目负责人、技术负责人、质量管理人员、安全管理人员、特种作业人员以及施工机械、工器具与资质审查内容、分包合同是否一致。

（三）项目分包安全管理流程（见图12-9）

二、管理职责

（一）业主项目部职责

供电企业投资项目建设单位（业主项目部）全面贯彻落实施工分包安全管理的有关要求。

（1）负责审批施工承包商申报的工程项目分包计划及分包申请，严格控制施工承包商的分包工程范围。

（2）严格审查分包商资质和业绩。

（3）对工程项目分包情况进行备案，定期分析上报工程分包管理信息。

（4）定期组织开展工程项目分包管理检查。

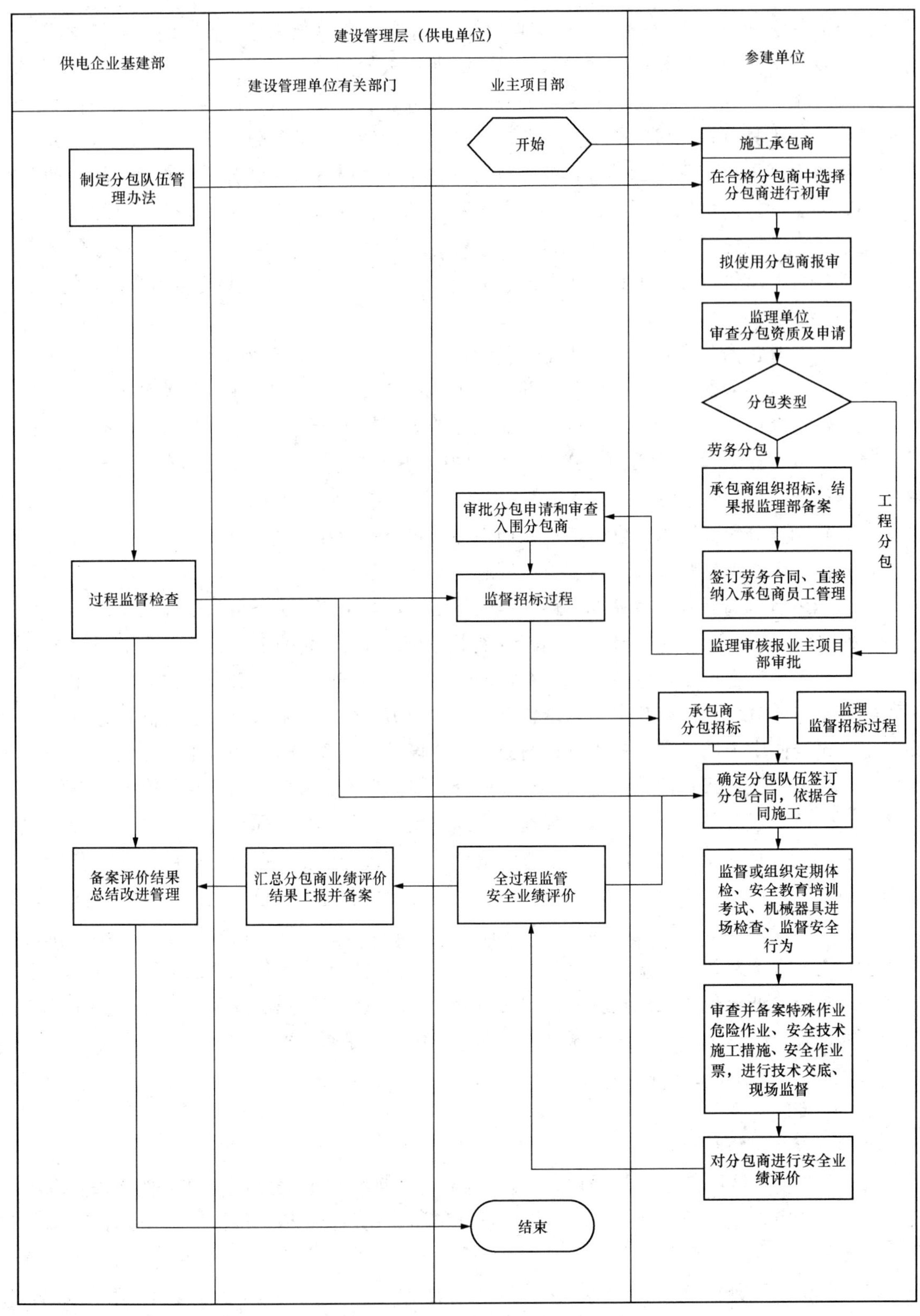

图 12-9　项目分包安全管理流程

（5）监督检查施工承包商对其分包商的安全管理。

（6）负责对工程项目各参建单位分包管理的考核评价。

（二）监理单位职责

监理单位依据合同对工程项目分包情况进行全过程监督和管理。

（1）建立分包安全监理制度。

（2）审查工程项目分包计划申请。

（3）报送工程项目分包情况并备案。

（4）审查分包资质、业绩并进行入场验证。

（5）通过文件审查、安全检查签证、旁站和巡视等监理手段，实施分包安全监理。

（6）动态核查进场分包商的人员配备、施工机具配备、技术管理等施工能力，发现问题及时提出整改要求并实施闭环管理。

（三）施工承包商职责

施工承包商是分包安全管理工作的主要责任主体，负责对分包工程的施工全过程进行有效控制，确保分包安全处于受控状态。

（1）应建立健全覆盖分包商的项目安全管理体系，建立分包商资质审查、现场准入、教育培训、动态考核、资信评价等分包管理制度。

（2）配合主管区域供电企业 建立年度合格分包商名册。

（3）明确分包安全管理机构和人员，对分包商及其人员实施全过程动态管理。

（4）定期组织、督促分包商开展各类安全、质量活动，做好活动记录。供电企业所属施工企业分包管理制度须报区域供电企业备案。

三、分包商的选定

（一）施工分包审批手续

（1）专业分包、劳务分包商的选定应严格执行审批手续。专业分包、劳务分包商须由施工承包商组织各职能部门审批同意后，由施工项目部向监理单位提出书面申请，经监理单位审核同意后，报建设单位批准并备案［《中华人民共和国建筑法》（主席令第 91 号）第四十四条］。

（2）工程项目的分包计划严格执行审批手续。在工程项目开工之前，由施工承包商向监理单位提出拟分包内容和类别的分包计划书面申请，经监理单位审核同意后，报建设单位审批备案。

（3）施工承包商根据工程项目分包计划，尽可能在年度合格分包商名册中择优选择相应资质的分包商。施工承包商应对未在年度分包商名册中选用的分包商单独进行资质审查，未经资质审查或审查不合格的分包商，严禁录用。施工承包商工程项目部及下属的专业工地不得越权自行招用分包商。

（4）施工承包商应将拟选用分包商的资质文件和拟签订的分包合同、安全协议报监理单位审查，建设单位批准。合同、安全协议审查内容主要包括分包工程项目、工作内容、工程量及分包合同总价，工期及施工进度计划，分包工程项目质量与施工安全保证措施。

（二）资质审查

（1）各级供电企业应组织所属施工企业制定分包商资质审查、准入制度，在对潜在分包商资质业绩进行审查的基础上，建立各区域供电企业统一的年度合格分包商名册并动态调整。

（2）在施工承包商选用分包商、监理及业主单位审批分包事项等环节，对于列入合格分包商名册中的施工分包商，可不再对其资质业绩进行单独审查。

（3）建设单位不得直接指定分包商，不得以不合理条件限制或者排斥潜在的分包商。任何单位和个人不得对依法实施的分包活动进行干预。

（4）分包商资质条件必须符合国家建筑业企业资质管理的相关规定。分包商必须建立健全安全、质量管理体系，具有同类工程施工业绩，近三年内所承包的工程未发生较大人身伤亡事故和重大质量事故，近一年内未发生人身死亡事故和质量事故。

（5）分包商资质审查内容包括：①具有法人资格的营业执照和施工资质证书；②法定代表人证明或法定代表人授权委托书；③政府主管部门颁发的安全生产许可证；④分包商施工简历和近三年安全、质量施工记录；⑤确保安全、质量的施工技术素质（包括项目负责人、技术负责人、质量管理人员、安全管理人员等）及特种作业人员取证情况；⑥施工管理机构、安全质量管理体系及其人员配备；⑦保证施工安全和质量的机械、工器具、计量器具、安全防护设施、用具的配备；⑧安全文明施工和质量管理制度［《中华人民共和国安全生产法》（主席令第 70 号）第二十条］。

（6）拆除工程分包资质审查。建设单位应当将拆除工程发包给具有相应资质等级的施工单位，并在拆除工程施工 15 日前，将下列资料报送建设工程所在地的县级以上地方人民政府建设行政主管部门或者其他有关部门备案：①施工单位资质等级证明；②拟拆除建筑物、构筑物及可能危及毗邻建筑的说明；③拆除施工组织方案；④堆放、清除废弃物的措施；⑤实施爆破作业的，应当遵守国家有关民用爆炸物品管理的规定［《中华人民共和国建筑法》（主席令第 91 号）第二十九条内容、《建设工程安全生产管理条例》（国务院令第 393 号）第十一条］。

（三）分包动态管理

（1）建设单位（业主项目部）按审查批准的施工承包商分包计划和资质报审文件，动态核查分包安全管理情况，按规定定期组织开展分包检查，及时纠正违反《建设工程施工分包安全管理规定》的行为。

对管理水平差、人员素质低、不服从管理的分包商及违反《建设工程施工分包安全管理规定》的施工承包商，依据有关招投标文件和合同，责令其改进或停工整顿，直至解除合同，并追究其违约责任。

对无资质或资质不合格队伍采用资质借用、挂靠等手段取得专业分包和劳务分包的应坚决取缔［《建设工程安全生产管理条例》（国务院令第 393 号）第二十四条］。

（2）建设单位（业主项目部）及时掌握在建工程的分包情况，对违反《建设工程安全生产管理条例》的施工承包商，责令其改进或停工整顿，由此造成的承包合同违约及经济损失由违规单位负责［《建设工程安全生产管理条例》（国务院令第 393 号）第二十四条］。

（3）对终止合同、限期退出并严禁重新录用的分包商，建设单位、各级供电企业所属施工企业应及时上报区域供电企业，区域供电企业应将其从合格分包商名单中除名并及时通知各施工企业。对于严重违规且不服从管理，以及在事故中负有主要责任的分包商，供电企业可在查实后进行通报，禁止公司系统各单位录用该分包商［《中华人民共和国建筑法》（主席

令第 91 号）第十五条、第十八条]。

四、评价与考核

（一）对分包商的资信评价

施工承包商应建立健全合格分包商的资信评价体系。工程竣工后，施工承包商应从安全文明施工、施工工艺质量、施工组织、进度控制、服从管理、履行分包合同情况等方面对分包商进行全面的考核与评价。对分包商的考核评价结果，作为施工承包商选择合格分包商和区域供电企业确定分包商准入清单的重要依据。

（二）奖惩考核

（1）施工承包商应在分包合同中明确对分包商的奖惩条款，鼓励分包商严格履行合同、加强安全管理，对违反相关分包管理规定的分包商，视情节轻重给予责令改正、经济处罚、终止合同、限期退出并严禁重新录用等处罚。

（2）对终止合同、限期退出并严禁重新录用的分包商，建设单位、各级供电企业所属施工企业应及时上报区域供电企业，区域供电企业应将其从合格分包商名单中除名并及时通知各施工企业。对于严重违规且不服从管理，以及在事故中负有主要责任的分包商，供电企业可在查实后进行通报，禁止公司系统各单位录用该分包商。

有关术语

（1）两型一化。是资源节约型、环境友好型和工业化的简称。

（2）两型三新。是资源节约型、环境友好型和新技术、新材料、新工艺的简称。

（3）三通一标。是通用设计、通用造价、通用设备、标准工艺的简称。

第十三章 安全生产反违章管理

第一节　反违章的重要意义、思路和目标

为切实解决安全生产突出问题，根治违章顽疾，消除事故隐患，进一步夯实企业安全生产基础，全面提高供电企业安全生产“可控、能控、在控”水平，供电企业深入开展安全生产反违章活动。

一、深刻认识反违章活动的重要意义

供电企业坚持“安全第一、预防为主、综合治理”方针，加强“全面、全员、全过程、全方位”安全管理，部署开展反事故斗争、隐患排查治理专项行动，加强电网应急机制建设，推动了安全管理的理论和实践创新。在发展改革任务十分艰巨、电网和设备规模迅速扩大、各种不利因素增多的情况下，保持了安全生产持续稳定，各类事故逐年大幅度降低，巩固和发展了安全生产的良好局面。

但是企业的安全管理还存在薄弱环节，一些单位安全基础不牢固，各类事故特别是违章导致的人身伤亡事故和人员责任事故仍有发生，给企业安全生产和职工家庭幸福带来重大损失，给企业安全生产带来严重影响。违章仍是导致各类事故发生的主要原因，仍是影响供电企业安全生产的突出问题。各级供电企业要深刻认识深入开展反违章活动，是解决供电企业安全生产突出问题的现实需要，是夯实企业安全生产基础的必然要求，提高认识，严肃认真，扎扎实实抓好反违章活动的实施和各项工作要求的落实。

二、认真贯彻反违章活动的思路和目标

（1）指导思想。坚持以人为本，严格落实责任，严格执行规程，切实规范行为，从根本上消除各类违章和事故隐患，着力解决管理不到位、责任不落实等深层次问题，杜绝责任事故，保障安全局面。

（2）工作思路。发挥安全保证体系和安全监督体系的共同作用，建立反违章活动组织体系，加强领导，落实责任，集中整治《安全生产典型违章 100 条》（以下简称《典型违章 100 条》），以点带面，强化安全教育和技能培训，加强现场安全管理和监督检查，规范各级人员行为，建立健全反违章长效工作机制，切实保障人身、电网和设备安全。

（3）总体目标。对违章的危害性认识更加深刻，安全教育培训有效加强，安全意识显著提高，规章制度体系进一步完善，安全规程规定执行力明显提高，违章深层次问题得到有效解决，各种违章现象进一步大幅下降；不发生违章导致的人身伤亡事故、恶性误操作事故等人员责任事故，全面实现各级供电企业安全工作目标。

三、准确把握反违章活动的基本原则

各级供电企业在开展安全生产反违章活动中，要注意把握好以下基本原则。

（1）坚持领导带头、全员参与。反违章活动要取得实效，关键在领导。各级领导要高度重视，从自身做起，带头履行责任，带头执行规程。要广泛动员，充分调动每位员工的积极性和主动性，人人参与反违章。

（2）坚持全面系统、突出重点。以反《典型违章100条》为重点，系统分析和查找每项工作、每个岗位、每个环节的违章现象，特别要重视和解决关键时段、关键人员、关键环节的违章问题。

（3）坚持统筹协调、促进工作。要将反违章活动与国家“安全生产年”、全国安全生产月活动以及供电企业反事故斗争、隐患排查治理、风险管理等各项工作密切结合，协调促进各项工作的落实。

（4）坚持培训教育、正确引导。要强化安全事故警示教育，开展安全规程和风险辨识培训，增强员工遵章守纪意识，提高规章制度执行力；要建立完善激励机制，加大正面引导力度，鼓励员工自查自纠，自觉反违章、不违章。

（5）坚持严格要求、从严处罚。反违章是对职工最大的关爱。要以“铁的制度、铁的面孔、铁的处理”，反“违章指挥、违章作业、违反劳动纪律”。对于违章现象，无论是否造成后果，都要及时纠正，严肃处理，决不姑息迁就。

（6）坚持常抓不懈、健全机制。反违章是一项长期艰巨的工作，要持之以恒，坚持不懈。要从组织管理、技术措施、教育激励、监督考核等多方面，健全反违章工作机制，使员工逐步养成良好习惯，培育建设企业安全文化。

四、切实抓好反违章活动的重点措施

为扎实有效推进反违章活动开展，各级供电企业要切实强化以下重点措施。

（1）深化安全事故回头看。认真总结安全事故“回头看”，对本单位近年来安全事故和违章现象进行分析检查，重点检查防范整改措施是否落实，事故责任人是否受到教育，违章原因特别是深层次的管理原因是否清楚，同类违章在同一单位、同一车间和同一班组是否同样存在或发生，事故发生后相关管理制度是否健全。

（2）强化安全警示教育。各级供电企业行政正职至少讲一堂安全课，分析本单位违章现象和问题。组织开展安全警示教育，结合《典型违章100条》及身边违章事故案例，以画册、手册、板报等各种形式，分析违章危害，深刻吸取教训，教育员工养成遵章守纪的习惯。充分利用各种媒体，对违章现象进行曝光，形成强大的舆论监督压力。

（3）做好安规宣贯培训。大力开展《电力安全工作规程》培训宣贯，组织分层次、分专业开展安规调考，帮助员工准确理解、全面掌握、正确执行安规。对照《典型违章100条》，学习公司安全工作规程规定相关条款，提高各级人员辨识违章、纠正违章和防止违章的能力。

（4）梳理安全制度体系。对各个层面安全规章制度和技术标准进行一次系统梳理，清除无效、归并重复的规章制度，根据生产实践发展、电网技术进步、管理方式变化、反事故措施等，及时修订发布规章制度。围绕反违章的组织管理、督导检查、分析评估、教育培训、奖励惩罚等环节，建立相应的制度，保证反违章有规可依、有章可循。

（5）加强现场违章查纠。认真总结反违章的成效与经验，研究采取违章记分、连带处罚等行之有效措施，建立健全现场违章查纠管理制度。发挥安全监督体系和专职（兼职）督查队伍作用，开展多种形式的反违章检查，严肃查纠现场违章现象，强化“两票三制”，规范人员行为，落实安全措施，确保作业现场工作安全。

（6）加强问题隐患整改。全面清理在安全隐患排查治理专项行动、安全生产“百问百查”等活动中排查出的隐患，分析隐患原因，检查治理情况，对因管理职责不到位、整改责任不明确、整改措施不落实，可能导致人身伤害事故或影响电网和设备安全运行的问题隐患，要采取挂牌督办、逐级督导、专人跟踪等形式，集中资源限期整改。

五、严格落实反违章活动的工作要求

开展反违章活动是供电企业的一项重点工作，各级供电企业要高度重视，周密部署，严肃认真，保证取得实效。

（1）加强组织领导。各单位要将反违章活动纳入年度重点工作，主要负责人要亲自过问、亲自部署、亲自检查。成立反违章活动组织机构，安监、生技、营销、农电、基建、调度、工会等部门应参加，加强活动的组织领导和工作实施。

（2）加强责任落实。遵章守纪是企业全体员工的基本义务，反违章是企业党政工团的共同职责。要根据反违章活动的目标要求，将反违章责任从上到下层层落实到每个单位、部门、车间、班组和员工，努力营造齐抓共管、共保安全的反违章工作氛围，确保活动顺利实施。

（3）加强舆论宣传。结合实际开展安全生产宣传教育行动，采取多种形式，大力宣传开展反违章活动的部署、要求、做法、经验与成效，组织开展不违章签名、承诺等活动，宣传遵章守纪的先进典型，努力营造反违章活动的良好氛围。

（4）加强过程管控。实施目标管理，强化过程管控，注重工作效果，鼓励自查自纠，提倡联责考核。逐级开展反违章活动专项监督检查，从责任落实、工作进展、效果评价等方面，对活动过程进行督导。各级领导干部要结合分工建立联系点，加强活动过程控制，防止走过场。

（5）严肃事故处理。严格执行安全事故和突发事件信息报告规定，按照“四不放过”原则，对活动期间发生的人身伤亡事故、恶性误操作事故等责任事故，供电企业将视情况召开事故现场会，严肃事故调查和责任追究。

第二节　安全生产反违章工作管理办法

为贯彻“安全第一、预防为主、综合治理”的方针，加强安全管理基础工作，深入开展安全生产反违章，健全反违章工作机制，防止违章导致的事故发生，根据国家相关法律法规和企业有关规程规定，制定《安全生产反违章工作管理办法》。

一、总则

（1）为贯彻“安全第一、预防为主、综合治理”的方针，加强安全管理基础工作，深入开展安全生产反违章（以下简称反违章），健全反违章工作机制，防止违章导致的事故发生，根据国家相关法律法规和供电企业有关规程规定，制定管理办法。

（2）反违章工作是指企业在预防违章、查处违章、整治违章等过程中，在制度建设、培训教育、监督检查、评价考核等方面开展的相关工作。

（3）企业反违章工作贯彻“查防结合，以防为主，落实责任，健全机制”的基本原则，发挥安全保证体系和安全监督体系的共同作用，建立行之有效的预防违章和查处违章的工作

机制，持续深入地开展反违章。

二、违章界定

（1）违章是指在电力生产活动过程中，违反国家和电力行业安全生产法律法规、规程标准，违反各级供电企业安全生产规章制度、反事故措施、安全管理要求等，可能对人身、电网和设备构成危害并容易诱发事故的管理的不安全作为、人的不安全行为、物的不安全状态和环境的不安全因素。

（2）违章按照性质分为管理违章、行为违章和装置违章三类。

1）管理违章是指各级领导、管理人员不履行岗位安全职责，不落实安全管理要求，不健全安全规章制度，不执行安全规章制度等的各种不安全作为。

2）行为违章是指现场作业人员在电力建设、运行、检修等生产活动过程中，违反保证安全的规程、规定、制度、反事故措施等的不安全行为。

3）装置违章是指生产设备、设施、环境和作业使用的工器具及安全防护用品不满足规程、规定、标准、反事故措施等的要求，不能可靠保证人身、电网和设备安全的不安全状态和环境的不安全因素。

（3）违章按照可能造成的后果，可分为严重违章和一般违章两级进行管控，具体分级标准由各单位结合安全生产实际自行定义。

三、职责分工

（1）各级供电企业应成立反违章工作领导机构，负责制定本单位反违章工作目标、重点措施、奖惩办法和考核规则，组织实施本单位反违章工作，并为反违章工作开展提供人员、资金和装备保障。

（2）各级领导应带头遵守安全生产规章制度，积极参与反违章，按照“谁主管、谁负责”原则，组织开展分管范围内的反违章工作，督促落实反违章工作要求。

（3）各级安监部门是本单位反违章工作领导机构办公室，负责反违章工作的归口管理，对反违章工作进行监督、评估、考核。

（4）各级规划、设计、物资、生技、农电、基建、营销、调度等安全生产保证体系部门，按照“谁组织、谁负责、谁实施、谁负责”原则，负责本专业管理范围内的反违章工作。

（5）车间应严格落实反违章工作要求，防范并严肃查处各类违章。

（6）每位员工都应自觉遵守安全工作规程规定，深刻认识到“违章就是事故之源，违章就是伤亡之源”，积极主动参与反违章，建立反违章工作的群众基础。

四、工作机制

（1）完善安全规章制度。根据国家安全生产法律法规和供电企业安全生产工作要求、生产实践发展、电网技术进步、管理方式变化、反事故措施等，及时修订补充安全规程规定等规章制度，从组织管理和制度建设上预防违章。

（2）健全安全培训机制。分层级、分专业、分工种开展安全规章制度、安全技能知识、安全监督管理等培训，从安全素质和技能培训上提高各级人员辨识违章、纠正违章和防止违章的能力。

（3）开展违章自查自纠。充分调动基层班组和一线员工的积极性、主动性，紧密结合生产实际，鼓励员工自主发现违章，自觉纠正违章，相互监督整改违章。

（4）执行违章“说清楚”。对查出的每起违章，应做到原因分析清楚，责任落实到人，整改措施到位。对反复发生的同类性质违章，以及引发安全事件的违章，责任单位要到上级单位“说清楚”。

（5）建立违章曝光制度。在网站、报刊等内部媒体上开辟反违章工作专栏，对事故监察、安全检查、专项监督、违章纠察（稽查）等查出的违章现象，予以曝光，形成反违章舆论监督氛围。

（6）开展违章人员教育。对严重违章的人员，应集中进行教育培训；对多次发生严重违章或违章导致事故发生的人员，应进行待岗教育培训，经考试、考核合格后方可重新上岗。

（7）推行违章记分管理。根据违章种类和违章性质等因素，分级制定违章减分和反违章加分规则，并将违章记分纳入个人和单位安全考核以及评选先进的依据。

（8）开展违章统计分析。以月、季、年为周期，统计违章现象，分析违章规律，研究制定防范措施，定期在安委会会议、安全生产分析会、安全监督（安全网）例会上通报有关情况。

（9）深入开展反违章活动。总结反违章活动工作经验，根据国家及企业安全工作部署，深入开展安全生产专项活动，组织开展反违章活动，大力宣传遵章守纪典型，广泛交流反违章工作经验，形成党政工团齐抓共管氛围。

五、监督检查

（1）各单位应加强反违章工作监督检查，建立上级对下级检查、同级安全生产监督体系对安全生产保证体系进行督促的监督检查机制。

（2）反违章监督检查应通过事故监察、安全检查、专项监督、违章纠察（稽查）等形式，采取计划安排、临时抽查、突击检查等方式组织开展。

（3）根据实际需要，应安排或聘请熟悉安全生产规章制度、具备较强业务素质、反违章工作经验且责任心强的人员，组成反违章监督检查专职或兼职队伍。

（4）各单位制定反违章监督检查标准，明确监督检查内容，规范监督检查流程，建立反违章监督检查标准化工作机制。

（5）配足反违章监督检查必备的设备（如照相、摄像器材，望远镜等），保证交通工具使用，提高监督检查效率和质量。

（6）反违章监督检查一旦发现违章现象，应立即加以制止、纠正，说明违章判定依据，做好违章记录，必要时由上级单位下达违章整改通知书，督促落实整改措施。

（7）建立现场作业信息网上公布制度，提前公示作业信息，明确作业任务、时间、人员、地点，主动接受反违章现场监督检查。

六、奖励处罚

（1）各单位应按照精神鼓励与物质奖励、批评教育与经济处罚相结合的原则，以奖惩为手段，以教育为目的，建立完善反违章工作考核激励约束机制。

（2）对反违章工作成效显著或及时发现纠正违章现象，避免安全事故发生的企业、部门、工区、班组和个人，应给予通报表扬和经济奖励。

（3）对反违章工作组织不力、效果不好的企业、部门、工区以及违章班组、个人，应给予通报批评、经济处罚、待岗教育等形式的处罚。

（4）各级供电企业应将所属单位、部门反违章工作纳入安全生产绩效考核。

（5）各级供电企业应依据本办法，建立健全相应的规章制度，并按照《中华人民共和国劳动合同法》等法律法规的要求履行相应程序。

第三节　安全生产典型违章100条

一、管理违章（23条）

（1）安全第一责任人不按规定主管安全监督机构。

（2）安全第一责任人不按规定主持召开安全分析会。

（3）未明确和落实各级人员安全生产岗位职责。

（4）未按规定设置安全监督机构和配置安全员。

（5）未按规定落实安全生产措施、计划、资金。

（6）未按规定配置现场安全防护装置、安全工器具和个人防护用品。

（7）设备变更后相应的规程、制度、资料未及时更新。

（8）未按规定严格审核现场运行主接线图，不与现场设备一次接线认真核实。

（9）现场规程没有每年进行一次复查、修订，并书面通知有关人员。

（10）新入厂的生产人员，未组织三级安全教育或员工未按规定组织《安规》考试。

（11）特种作业人员上岗前未经过规定的专业培训。

（12）没有每年公布工作票签发人、工作负责人、工作许可人、有权单独巡视高压设备人员名单。

（13）对事故未按照“四不放过”原则进行调查处理。

（14）对违章不制止、不考核。

（15）对排查出的安全隐患未制定整改计划或未落实整改治理措施。

（16）设计、采购、施工、验收未执行有关规定，造成设备装置性缺陷。

（17）未按要求进行现场勘察或勘察不认真、无勘察记录。

（18）不落实电网运行方式安排和调度计划。

（19）违章指挥或干预值班调度、运行人员操作。

（20）安排或默许无票作业、无票操作。

（21）大型施工或危险性较大作业期间管理人员未到岗、到位。

（22）对承包方未进行资质审查或违规进行工程发包。

（23）承发包工程未依法签订安全协议，未明确双方应承担的安全责任。

二、行为违章（58条）

（24）进入作业现场未按规定正确佩戴安全帽。

（25）从事高处作业未按规定正确使用安全带等高处防坠用品或装置。

（26）作业现场未按要求设置围栏，作业人员擅自穿、跨越安全围栏或超越安全警戒线。

（27）不按规定使用操作票进行倒闸操作。

（28）不按规定使用工作票进行工作。

（29）现场倒闸操作不戴绝缘手套，雷雨天气巡视或操作室外高压设备不穿绝缘靴。

（30）约时停、送电。

（31）擅自解锁进行倒闸操作。

（32）防误闭锁装置钥匙未按规定使用。

（33）调度命令拖延执行或执行不力。

（34）专责监护人不认真履行监护职责，从事与监护无关的工作。

（35）倒闸操作前不核对设备名称、编号、位置，不执行监护复诵制度或操作时漏项、跳项。

（36）倒闸操作中不按规定检查设备实际位置，不确认设备操作到位情况。

（37）停电作业装设接地线前不验电，装设的接地线不符合规定，不按规定和顺序装拆接地线。

（38）漏挂（拆）、错挂（拆）标示牌。

（39）工作票、操作票、作业卡不按规定签名。

（40）开工前，工作负责人未向全体工作班成员宣读工作票，不明确工作范围和带电部位，安全措施不交代或交代不清，盲目开工。

（41）工作许可人未按工作票所列安全措施及现场条件，布置完善工作现场安全措施。

（42）作业人员擅自扩大工作范围、工作内容或擅自改变已设置的安全措施。

（43）工作负责人在工作票所列安全措施未全部实施前允许工作人员作业。

（44）工作班成员还在工作或还未完全撤离工作现场，工作负责人就办理工作终结手续。

（45）工作负责人、工作许可人不按规定办理工作许可和终结手续。

（46）进入工作现场，未正确着装。

（47）检修完毕，在封闭风洞盖板、风洞门、压力钢管、蜗壳、尾水管和压力容器人孔前，未清点人数和工具，未检查确无人员和物件遗留。

（48）不按规定使用合格的安全工器具、使用未经检验合格或超过检测周期的安全工器具进行作业（操作）。

（49）不使用或未正确使用劳动保护用品，如使用砂轮、车床不戴护目眼镜，使用钻床等旋转机具时戴手套等。

（50）巡视或检修作业，工作人员或机具与带电体不能保持规定的安全距离。

（51）在断路器机构上进行检修、解体等工作，未拉开相关动力电源。

（52）将运行中转动设备的防护罩打开，将手伸入运行中转动设备的遮栏内，戴手套或用抹布对转动部分进行清扫或进行其他工作。

（53）在带电设备周围使用钢卷尺、皮卷尺和线尺（夹有金属丝者）进行测量工作。

（54）在带电设备附近使用金属梯子进行作业，在户外变电站和高压室内不按规定使用和搬运梯子、管子等长物。

（55）进行高压试验时不装设遮栏或围栏，加压过程不进行监护和呼唱，变更接线或试验结束时未将升压设备的高压部分放电、短路接地。

（56）在电容器上检修时，未将电容器放电并接地或电缆试验结束，未对被试电缆进行充分放电。

（57）继电保护进行断路器传动试验未通知运行人员、现场检修人员。

（58）在继保屏上作业时，运行设备与检修设备无明显标志隔开，或在保护盘上或附近进行振动较大的工作时，未采取防掉闸的安全措施。

（59）跨越运转中输煤机、卷扬机牵引用的钢丝绳。

（60）吊车起吊前未鸣笛示警或起重工作无专人指挥。

（61）在带电设备附近进行吊装作业，安全距离不够且未采取有效措施。

（62）在起吊或牵引过程中，受力钢丝绳周围、上下方、内角侧和起吊物下面，有人逗留和通过。吊运重物时从人头顶通过或吊臂下站人。

（63）龙门吊、塔吊拆卸（安装）过程中未严格按照规定程序执行。

（64）在高处平台、孔洞边缘倚坐或跨越栏杆。

（65）高处作业不按规定搭设或使用脚手架。

（66）擅自拆除孔洞盖板、栏杆、隔离层或因工作需要拆除附属设施时不设明显标志并及时恢复。

（67）进入蜗壳和尾水管未设防坠器和专人监护。

（68）凭借栏杆、脚手架、瓷件等起吊物件。

（69）高处作业人员随手上下抛掷器具、材料。

（70）在行人道口或人口密集区从事高处作业，工作地点的下面不设围栏、未设专人看守或其他安全措施。

（71）在梯子上作业，无人扶梯子或梯子架设在不稳定的支持物上，或梯子无防滑措施。

（72）不具备带电作业资格人员进行带电作业。

（73）登杆前不核对线路名称、杆号、色标。

（74）登杆前不检查基础、杆根、爬梯和拉线是否正常。

（75）组立杆塔、撤杆、撤线或紧线前未按规定采取防倒杆塔措施或采取突然剪断导线、地线、拉线等方法撤杆、撤线。

（76）动火作业不按规定办理或执行动火工作票。

（77）特种作业人员不持证上岗或非特种作业人员进行特种作业。

（78）未履行有关手续即对有压力、带电、充油的容器及管道施焊。

（79）在易燃物品及重要设备上方进行焊接，下方无监护人，未采取防火等安全措施。

（80）易燃、易爆物品或各种气瓶不按规定储运、存放、使用。

（81）水上作业不佩戴救生措施。

三、装置违章（19条）

（82）高低压线路对地、对建筑物等安全距离不够。

（83）高压配电装置带电部分对地距离不能满足规程规定且未采取措施。

（84）金属封闭式断路器设备未按照国家、行业标准设计制造压力释放通道。

（85）待用间隔未纳入调度管辖范围。

（86）电力设备拆除后，仍留有带电部分未处理。

（87）变电站无安防措施。

（88）易燃易爆区、重点防火区内的防火设施不全或不符合规定要求。

（89）设备一次接线与技术协议和设计图纸不一致。

（90）电气设备无安全警示标志或未根据有关规程设置固定遮（围）栏。

（91）断路器设备无双重名称。

（92）线路杆塔无线路名称和杆号，或名称和杆号不唯一、不正确、不清晰。

（93）线路接地电阻不合格或架空地线未对地导通。

（94）平行或同杆架设多回路线路无色标。

（95）在绝缘配电线路上未按规定设置验电接地环。

（96）防误闭锁装置不全或不具备“五防”功能。

（97）机械设备转动部分无防护罩。

（98）电气设备外壳无接地。

（99）临时电源无漏电保护器。

（100）起重机械，如绞磨、汽车吊、卷扬机等无制动和逆止装置，或制动装置失灵、不灵敏。

第四节　现场反违章细化措施

一、“六不干”要求

1. 工作不清楚不干

工作前，工作负责人必须根据当天的工作安排，向工作班全体成员交代清楚详细的工作任务和工作内容，明确工作地段和具体分工。每个工作班成员必须清楚自己具体的工作地点、工作设备的电压等级、双重名称和编号。现场作业人员必须保证做到任务清楚、危险点清楚、作业程序清楚、预防措施清楚。

2. 安全措施不完善不干

工作前，工作负责人必须逐项确认工作地点安全措施是否齐全、有效和可靠，检修设备是否已处于停电待检状态（如断路器指示处于分闸状态、工作点有可能来电的各端有明显的断开点、带电显示装置明确标示无电、10kV 小车断路器拉至检修位置、已合上接地隔离开关或挂上三相短路接地线、检修工作区域四周已用安全围栏或“硬隔离”设施与运行区域进行有效隔离等），安全围栏是否布置到位，安全标示牌设置是否正确。

3. 安全交底不清晰不干

工程项目前期，项目主管部门应组织施工单位和运行单位开展现场勘察和危险源辨识工作，根据实际情况编制有针对性的“三措一案”，组织专门的安全、技术交底并作好记录。

工程开工前，工作负责人必须集中工作班成员召开“班前会”，结合具体的工作内容，详细告知工作中存在的安全风险和相应的控制措施，主要包括：误入带电区域（间隔），误登、误触带电设备造成的风险，重物吊装过程中指挥不当或绑缚不牢造成的设备损坏或物体打击的风险，高处作业和上下过程中发生高空坠落的风险，机械伤害的风险，发生有毒有害气体中毒的风险，高温设备灼烫伤的风险和引发火灾等其他风险。

工作过程中，工作负责人、专责监护人和工作班成员要随时关注作业过程中人、机、物、环境的动态变化，随时对因工作流程的变动或客观环境的改变而新增的危险源进行辨识并采取控制措施。

4. 安全工器具不完备不干

（1）提供的安全工机具是否齐备。如带电作业是否提供绝缘防护服、个人保安线是否完备、线路杆塔作业是否提供杆塔攀登防坠落装置、配网改造工程中有倒（断）杆可能的地方是否提供防倒杆措施等。

（2）安全工器具外观检查是否完整、清洁。如安全带是否有破损、是否为双带安全带、安全带金属扣是否有缺陷、杆塔攀登防坠装置的承力绳是否有飞股、安全帽是否破损等。

（3）安全工器具是否贴有合格证标签或是否超试验周期。如绝缘杆、绝缘靴、验电器等上是否贴有合格证标签，试验结果是否为合格或者是否超期未送检等。

5. 没有专责监护人不干

以下工作，工作票签发人或工作负责人，应根据现场的安全条件、施工范围、工作需要等具体情况，增设专责监护人和确定被监护的人员，否则不能开展工作。专责监护人必须穿戴“红马甲”。

（1）变电站工作应设立专责监护人的工作。

1）一张工作票涉及多个工作地点工作的每个工作地点。

2）满足《安规》（变电部分）设备不停电时的安全距离要求，无遮栏或移开遮栏的工作。

3）因工作原因必须短时移动或拆除遮栏（围栏）、标示牌时。

4）带电作业工作的每个作业点。

5）复杂或高杆塔带电作业必要时应增设（塔上）监护人。

6）在运行设备的二次回路上进行拆、接线工作。

7）在对检修设备执行隔离措施时，需拆断、短路和恢复同运行设备有联系的二次回路工作。

8）在带电的电流互感器、电压互感器二次回路上工作。

9）高压试验工作。

10）在使用携带型仪器的测量工作中，需用绝缘工具将电压互感器接到高压侧的工作。

11）使用绝缘电阻表在带电设备附近测量绝缘电阻工作。

12）在潮湿或含有酸类的场地上以及在金属容器内未使用 24V 及以下电动工具的工作。

13）起重作业。

14）一个工作任务包含继电保护装置、一次设备检修、试验等不同性质的工作。

15）其他工作票签发人或工作票负责人根据现场的安全条件、施工范围、工作需要等具体情况，需增设专责监护人的工作。

（2）电力线路工作应设立专责监护人的工作。

1）工作人员进行验电，装、拆工作接地线。

2）直接接触设备的电气测量工作。

3）砍剪树木应有专人监护。

4）在带电杆塔上进行测量、防腐、巡视检查、紧杆塔螺栓、清除杆塔上异物等工作。

5）在变电站、发电厂出入口处或线路中间某一段有两条以上相互靠近的平行或交叉线路登杆塔时。

6）在同杆塔架设多回线路中部分线路停电工作，每基杆塔的登杆塔和在杆塔上工作。

7）线路施工挖坑坑洞开挖作业。

8）在下水道、煤气管线、潮湿地、垃圾堆或有腐质物等附近挖坑作业。

9）放线、紧线与撤线工作及工作中搭设跨越架的工作。

10）高压线路不停电的配电设备上工作。

11）带电作业工作的每个作业点。

12）复杂或高杆塔带电作业必要时应增设（塔上）监护人。

13）在市区或人口稠密的地区进行带电作业时，工作现场应设置围栏，派专人监护，严禁非工作人员入内。

14）起重作业。

15）电缆施工中，在城市道路红线范围内使用机械设备进行开挖沟槽、破路的作业。

16）10kV跌落式熔断器上桩头有电，采取措施后，在下桩头新装、调换电缆尾线或吊装、搭接电缆终端头的工作。

17）在潮湿或含有酸类的场地上以及在金属容器内未使用24V及以下电动工具的工作。

18）其他工作票签发人或工作负责人对有触电危险、施工复杂容易发生事故的工作，需增设专责监护人的工作。

6. 状态不佳不干

（1）人的不安全状态。班前会上，工作负责人要对每一位工作人员的精神状态进行观察、了解，对精神不振、神情萎靡、有情绪和有思想包袱的人员要暂时停止工作，让其休息，问清原因，状态正常后方可允许参与工作并对其进行重点关注。

工作班成员要了解自身健康状况，把握自己的情绪，发现自己存在无法胜任工作的倦怠、伤病、心情激动、精神无法集中等异常情况应及时向工作负责人汇报，以便工作负责人把握情况，确保安全开展工作。严禁长期熬夜、饮酒后作业，决不能硬拼身体，超承载力作业。

（2）物的不安全状态。施工现场使用的机具设备、安全工器具、安全防护用品（用具）以及检修设备等，由工作负责人或技术人员在使用前统一进行检查。使用过程中，使用人员要注意随时检查，发现有损坏或其他装置缺陷时，应及时消除或停止使用，确保各类机具、安全工器具和安全防护用品始终处于安全可靠状态。

（3）环境的不安全状态。现场工作中，若遇作业环境处于不安全状态，如六氟化硫检修室无抽风系统，室（洞、隧道、沟、井、有限作业空间）内氧气含量不足或有毒有害气体浓度超标，室外动火作业时突遇5级以上大风，登杆作业时突遇6级以上大风以及雷、雨、大风、冰雹、大雾、沙尘暴等恶劣天气时，工作人员应立即停止工作。

二、现场防止事故重点细化措施

1. 防止高处坠落事故十条重点安全措施

（1）严格高处作业人员检查把关。高处作业人员应每年进行一次体检，无妨碍工作病症（高血压、心脏病、贫血病、癫痫病、糖尿病等）。登高作业前应确认身体及精神状态良好，有饮酒、精神不振、精力不集中等情况，禁止登高作业。高处作业人员应衣着灵便，穿软底鞋，正确佩戴合格的个人安全防护用品。高处作业人员严禁携带手机，特殊高处作业（如高塔作业等）应与地面设联系信号或通信装置并由专人负责。

（2）登高工器具、设施必须可靠。登高工器具、防坠落装置每次使用前必须对其外观、基本性能、检验标签等进行检查。登高前应检查登高设施是否牢靠。上杆塔前，应先检查杆塔根部、基础和拉线是否牢固。在不坚固的结构上作业前，应先做好防结构失去稳定、人员滑落等安全措施。

（3）对登高过程应全程监护。登杆塔前，登高作业人员要与监护人再次确认所登杆塔编号等，无误后方可登杆塔。上下杆塔应沿脚钉或爬梯攀登，不得沿单根构件上爬或下滑，严禁利用绳索、拉线上下杆塔或顺杆下滑。上下脚手架应走斜道或梯子，不得沿绳、沿脚手架立杆或栏杆等攀爬。攀登无爬梯或无脚钉的钢筋混凝土电杆必须使用登杆工具，多人上下同一杆塔时应逐个进行。使用梯子登高要有专人扶守，并采取防滑限高措施。禁止携带器材登杆或在杆塔上移位。登高过程中，要设专人全程监护。

（4）高处作业必须正确使用安全带（绳）。高处作业人员必须使用双带安全带（绳）且宜使用全方位防冲击安全带。安全带（绳）和保护绳应分系在不同部位的牢固构件上，不得低挂高用，系安全带（绳）后应检查扣环是否扣牢。禁止将安全带（绳）系在移动或不牢固的物件上［如隔离开关（刀闸）支持绝缘子、瓷横担、未经固定的转动横担、线路支柱绝缘子、CVT 绝缘子、母线支柱绝缘子、避雷器支柱绝缘子等］。砍剪树木时，安全带不得系在待砍剪树枝的断口附近或以上。在斗臂车绝缘斗上的工作人员，也应正确使用安全带。

（5）高处作业人员转位时不得失去防护。在杆塔高空作业时，应使用有后备绳的双保险安全带。人员转位时，手扶的构件必须牢固且不得失去后备保护绳的保护。进入杆塔横担前，应检查横担连接是否牢固和腐蚀情况，并须先将后备保护绳系在主杆或牢固构件上。下瓷瓶串时，安全绳应拴在横担主材上，安全带和安全绳或速差自控器不得同时使用。安装间隔棒时，安全带应系在一根子导线上。

（6）高处作业防护器材组合必须完整。在大间隔部位或杆塔头部水平转移时，应使用水平绳或增设临时扶手。垂直转移时应使用速差自控器或安全自锁器。高塔作业必须使用速差自控器及安全自锁器。作业活动范围较大（当使用 3m 以上后备绳）时，应使用速差自控器。输电和配电（含低压）线路作业时人员上、下杆塔过程必须使用杆塔攀登防坠装置或其他有效防护措施。10kV 及以下配电线路水泥电杆维护、抢修、拆除等工作，上杆作业前应先检查杆根、拉线基础是否牢固。有可能发生倒断杆事故的，登杆前应使用配网检修作业防倒杆装置对水泥电杆进行加固后方可登杆。

（7）高处作业行为必须符合规范要求。高处作业人员不得坐在平台或孔洞的边缘，不得骑坐在栏杆上，不得站在栏杆外作业或凭借栏杆起吊物件。上下传递物件应用绳索吊送，严禁抛掷。作业人员不得依靠瓷柱作为支持物。上下构架必须使用工作梯。杆塔上有人时严禁调整拉线、突然剪断导（地）线等危及杆身稳定的相关作业。

（8）高处作业面必须措施齐全、可靠。高处作业区周围的孔洞、沟道等必须设盖板、安全网或围栏，高处作业的平台、走道、斜道等应装设防护栏杆和挡脚板，或设防护立网。高处作业地点、各层平台、走道及脚手架上不得堆放超过允许荷载的物件。严禁在脚手架上使用临时物体（箱子、桶、板等）作为补充台架。更换绝缘子串时，要有防导、地线脱落的后备保护措施。

（9）严禁非载人机械载人从事高处作业。严禁使用非载人机械（如物料提升机、卷扬机、挖掘机、装载机等）载人从事高处作业。严禁人员乘坐无吊篮的起重车进行高处作业。乘坐有吊篮的起重车进行高处作业时，应关好出入门，系好安全带，戴好安全帽，起重车车体应有可靠接地措施，并设专人指挥和监护。不得用汽车吊（斗臂车）悬挂吊篮上人作业。

（10）恶劣环境条件时不宜进行高处作业。遇有六级及以上大风或恶劣气候时，应停止露天高处作业。在冰雪、霜冻、雨雾天气进行高处作业，应采取防滑措施和防寒防冻措施。在夜间或光线不足的地方从事高处作业，必须设置足够的照明。

2. 防止触电事故十条重点安全措施

（1）作业前要编制具体的危险点预控措施。作业前必须进行现场勘察。要针对作业现场反送电、安全距离不够、误停漏停带电设备等可能引起触电的危险因素，编制具体的防范措施。工作票要明确工作范围、应停电设备、保留带电部位和应采取的安全措施。作业指导书（卡）对危险点分析预控针对性不强时，必须填写危险点分析预控措施单，严禁无票工作。

（2）作业现场要规范、可靠装设接地线。临时接地桩深度不得小于 0.6m。设备检修范围内无法接地时，可适当扩大停电范围。作业现场杆塔下部无法接地时可利用杆塔基础接地引下线作为接地点。严禁缠绕接地和擅自变更工作票中指定的接地线位置。

（3）进入现场前要认真做好工作交底及检查。工作前工作负责人要对所有工作班成员现场交代工作任务、安全措施、技术措施及危险源点和注意事项，检查作业人员精神状态、现场安全措施，认真履行签字确认手续。现场交底过程要全程做好录音，每位工作人员要有应答记录。严禁未经许可擅自进入作业现场。

（4）作业时要严格执行现场专人监护措施。工作负责人、专责监护人要始终在作业现场认真监护，及时纠正不安全行为。对有触电危险的工作应增设专责监护人。非电气人员或外单位人员进入生产现场，必须进行安全技术交底，并指派专人进行全程监护。严禁工作负责人、专责监护人擅离工作现场。

（5）配电台架上作业要严格控制工作范围。作业前要核查作业人员的可能活动范围，根据需要申请停电范围。作业过程中工作监护人注意观察作业人员的活动范围，并随时提醒保持安全距离。如发现安全距离不满足作业需要时应终止作业，待调整停电范围满足要求后方可继续作业，严禁超出接地线保护范围作业。

（6）线路作业要严防误登或误碰带电设备。设备双重编号不正确，应由运行部门核实后工作前在工作地段挂设临时标识。作业人员登杆前要认真核对双重编号。临近、交叉跨越、平行带电线路的作业，每基杆应设专人监护。

放、撤、紧线工作时，如平行或交叉带电的高、低压线路，应采取防止导线误碰带电设备的控制措施。严禁在有同杆架设的 10kV 及以下线路带电的情况下，进行另一回线路的登杆停电施工工作。

（7）电缆作业要在接触电缆前对地完全放电。作业前仔细核对电缆运行状态，停电、验电、充分放电前，不得接触电缆。截除电缆工作前应确认故障电缆已停电并经验电、放电后，用有绝缘柄的接地铁钉钉入电缆芯，方可工作。作业人员应戴绝缘手套、穿绝缘靴，并站在绝缘垫上。严禁在不能准确判断电缆运行状态情况下盲目作业。

（8）带电作业要严格执行安全防护措施。带电断接引线，作业前要核查现场作业条件，确认作业线路所挂负荷全部断开。作业时要与断开点保持 4m 以上距离。配电绝缘隔离带电作业人员进入设备区域前要检查绝缘遮蔽效果，并规范使用绝缘手套等用具。低压带电作业要做好隔离和个人防护。严禁无带电作业资格证人员从事带电作业。

（9）低压作业要严格落实现场安全措施。低压线路停电操作后应锁好配电柜，必要时派专人看守。停电工作线路和设备上可能来电的低压回路均设置短路和接地保护，对同杆架设

的低压线路还应核查电源。导线拖放、拖拽时与带电部位保持足够安全距离，用绳索等控制导线弹跳、甩摆。严禁约时停送电和不可靠装设接地线工作。

（10）作业前要核查反送电源防范措施。作业前对照自备电源或双电源用户档案核查工作线路反送电源及技防措施情况。工作地点可能来电的各侧必须验电、装设接地线，防止用户乱接线或使用没有双投隔离开关闭锁上网的小型自备发电机从低压侧反送电。严禁用户擅自变更电源接线。

3. 防止电气恶性误操作十条重点安全措施

（1）电气设备标志标识准确完备。操作设备应具有明显的标志，包括设备名称、编号、分合指示、旋转方向、切换位置的指示和区别电气相别的色标等。

一次系统模拟图或电子接线图应与现场实际相符。

（2）操作人员具备相应资格。操作人员每年应经运行管理单位考试考核合格。因故间断工作连续 3 个月以上，需重新考试合格。实习人员不得进行操作。

（3）防误装置维护管理到位。高压电气设备远方和就地操作必须安装功能完善的防误操作闭锁装置。防误装置的运行巡视及缺陷管理应等同主设备，防误操作闭锁装置不得随意退出运行，停用时应经本单位分管生产的行政副职或总工程师批准。

（4）发令、受令准确清晰。倒闸操作应根据值班调度员或运行值班负责人的指令，受令人复诵无误后执行。发布指令应准确、清晰，使用规范的调度术语和设备双重名称，即设备名称和编号。发令人和受令人应先互报单位和姓名，发布指令的全过程（包括对方复诵指令）和听取指令的报告时双方都要录音并做好记录。

（5）操作票填写规范正确。操作票应用黑色或蓝色的钢（水）笔或圆珠笔逐项填写，用计算机开出的操作票应与手写票面统一。操作票票面应清楚整洁，不得任意涂改。操作票应填写设备的双重名称，即设备名称和编号。操作人和监护人应根据模拟图或接线图核对所填写的操作项目，并分别手工或电子签名，然后经运行值班负责人（检修人员操作时由工作负责人）审核签名。每张操作票只能填写一个操作任务。

（6）严格按操作票顺序逐项操作。开始操作前，应先在模拟图（或微机防误装置、微机监控装置）上进行核对性模拟预演，无误后，再进行操作。操作过程中应按操作票填写的顺序逐项操作。每操作完一步，应检查无误后做一个“√”记号，全部操作完毕后进行复查。一人操作一人监护，特别重要和复杂的倒闸操作，由熟练值班人员操作，由运行值班负责人监护。

（7）操作中认真进行检查核对。操作前应先核对系统方式、设备名称、编号和位置，操作隔离开关前检查相关连断路器应在断开位置。操作送电前检查送电范围内的设备上应无接地线和遗留物，接地隔离开关三相确已分开，安全工器具室内的接地线数量与实际相符。操作中应认真执行监护复诵制度（单人操作时也应高声唱票），全过程录音。操作中发生疑问时，应立即停止操作并向发令人报告，待发令人再行许可后，方可进行操作。不准擅自更改操作票，不准随意解除闭锁装置。工作班组在变电站内工作不得自行携带接地线，如工作需要临时加挂接地线，应由运行值班人员实施挂、拆工作，并做好相应记录。

（8）严格解锁钥匙管理及使用批准程序解锁工具（钥匙）应封存保管，所有操作人员和检修人员禁止擅自使用解锁工具（钥匙）。若遇特殊情况需解锁操作，应经运行管理部门防误操作装置专责人到现场核实无误并签字后，由运行人员报告当值调度员，方能使用解锁工具（钥匙）。单人操作、检修人员在倒闸操作过程中禁止解锁。如需解锁，应待增派运行人员到现场，履行上述手续后处理。解锁工具（钥匙）使用后应及时封存。

（9）检修设备应可靠验电接地。装设接地线应由两人进行。验电时，应使用相应电压等级、合格的接触式验电器，在装设接地线或合接地隔离开关（装置）处对各相分别验电。当验明设备确已无电压后，应立即将检修设备接地并三相短路。电缆及电容器接地前应逐相充分放电，星形接线电容器的中性点应接地、串联电容器及与整组电容器脱离的电容器应逐个多次放电，装在绝缘支架上的电容器外壳也应放电。验明确无电压后，立即对检修设备进行三相短路接地。间接验电应有两个及以上的指示且所有指示均已同时发生对应变化。

（10）调度员认真核对安全措施。同一停电系统有多张工作票工作时，调度员必须确认“停电检修申请票”所批准的停电范围全部操作完毕，安全措施布置完备后，才能下达许可开工指令，必须在所有工作票报终结后方可下令送电。逐项指令票涉及多个操作单位时，调度员要严格按顺序下达操作任务，必须得到对方操作完毕的汇报后，才能进行下一项操作。

4. 变电站邻近带电体作业十条重点安全措施

（1）作业前要进行危险点分析与预控。工作项目要组织现场勘察，制定施工方案。交代设备停电范围、保留的带电部位时，要指明设备双重编号和安全距离的具体数值。工作负责人要在作业现场进行安全技术交底，交底前先点名，交底后要逐一签名，交底过程要有每位作业班成员的应答录音。

（2）工作负责人、专责监护人要严格履行监护职责。工作负责人、专责监护人应始终在工作现场，专责监护人要明确被监护人员和监护范围，专责监护人不得兼做其他工作。所有工作人员（包括工作负责人）不得单独进入、滞留在高压室和室外高压设备区内。工作负责人、专责监护人必须严格执行“红马甲”制度。

（3）作业区域要实行封闭隔离。在室内高压设备上工作，应在工作地点两旁及对面运行设备间隔设置遮栏。室外高压设备上工作，应在工作地点四周装设围栏，其出入口要围至临近道路旁边。室外配电装置的大部分设备停电，只有个别地点保留有带电设备而其他设备无触及带电导体的可能时，可以在带电设备四周装设全封闭围栏。二次系统作业应设置红布幔区分运行设备。禁止擅自移动或越过围栏。

（4）作业现场安全警示标志要正确完备。设备区入口应正确设置限高、限速标志，超高、超宽车辆确需进入设备区，应设专人监护和引导。作业现场悬挂的标示牌应正确、醒目、齐全、规范。

（5）搬用工器具和材料要与带电部位保持足够安全距离。在户外变电站和高压室内搬动梯子、管子等长物，应两人放倒搬运，并与带电部分保持足够的安全距离。在变、配电站（开关站）的带电区域内或临近带电线路处，禁止使用金属梯子。在带电设备周围禁止使用钢卷尺、皮卷尺和线尺（夹有金属丝者）进行测量工作。装拆梯子、脚手架等要做好防倾倒和误碰带电设备的措施。

（6）接触停电设备前要可靠接地。人体不得碰触接地线或未接地的导线，以防止触电。带接地线拆设备接头时，应采取防止接地线脱落的措施。在220kV及以上电压等级的线路杆塔上及变电站构架上作业，应采取防静电感应措施，例如穿静电感应防护服、导电鞋等。

（7）拆接设备引线及收放线缆要防止弹摆或滑落拆接设备引线时和拆下引线后，必须用牵引绳拴牢。收放线缆、软管等严禁抖动或猛力拖拽。在半高层、架空过道等带电设备上方作业，要做好防止线缆、软管滑落（脱）措施。

（8）施工机械在带电设备区作业要可靠接地，并设专人监护。吊车、斗臂车、金属升降平台、绞磨等施工机械要可靠接地。作业前要设置限高、限位标志。作业过程中，专责监护人要重点监护施工机械抬升高度和旋转方向，确保斗、臂及起吊物品与邻近带电设备保持足够的安全距离。

（9）在运行设备构架、底座等部位作业要采取可靠安全措施。未停电设备构架、底座进行电焊、喷漆作业要用绝缘隔板有效隔离，防止烟雾、油漆造成短路。设备构架、底座防腐及取油样等作业，人体任何部位及工具均不得超过设备金属法兰高度且应使用绝缘架梯，并设专人监护。变压器散热器水冲洗宜停电进行。

（10）户内高压配电装置要完善隔离防护措施 10、20、35kV 户外（内）配电装置的裸露部分在跨越人行过道或作业区时，若导电部分对地高度分别小于 2.7（2.5）、2.8（2.5）、2.9m（2.6m），该裸露部分两侧和底部应装设扩网。在手车断路器拉出后，应观察隔离挡板是否可靠封闭。封闭式组合电器引出电缆备用孔或母线的终端备用孔应用专用器具封闭。

5. 线路邻近带电体和交叉跨越作业现场十条重点安全措施

（1）现场勘察要明确掌握作业危险点。施工、检修单位均应根据工作任务对需要停电的范围、保留的带电部位和作业现场的条件、环境及其他危险点等组织现场勘察，做好记录。应编制组织措施、技术措施、安全措施和施工方案，经本单位分管生产领导（总工程师）批准后执行。

（2）配合停电线路的安全措施要齐全、完备。停电检修的线路与另一回线路相交叉或接近，不能保证安全距离时，另一回线路也应停电。所有配合停电线路由检修（施工）单位事先向设备运行管理单位书面申请，并履行工作许可手续。严禁在有同杆塔架设的 10kV 及以下线路带电情况下，进行另一回线路的登杆停电施工作业。在同杆架设的 10kV 及以下线路带电情况下，当满足《安规》规定的安全距离且采取可靠的防止人身事故安全措施的情况下，可以进行下层线路的登杆停电检修工作。

（3）完成工作许可手续后要严格执行现场“三交代一告知”。完成工作许可手续后，工作负责人、专责监护人应向工作班成员交代工作内容、人员分工、带电部位和现场安全措施，进行危险点告知，并履行确认手续，装完工作接地线后，工作班方可开始工作。在进行带电部位交代时，要结合现场安全措施重点明确带电部位在工作地点的上、下、左、右、前、后等。

（4）作业前认真核对线路双重名称和识别标记。同杆塔多回线路作业人员登杆前应手持对应线路识别标记，核对线路双重名称、色标、识别标记无误后方可工作。登杆塔和在杆塔上工作时，每基塔都应设专人监护。线路多点作业时，工作负责人应将每个工作小组送达具体作业地点。

（5）邻近带电体作业时要有效控制作业人员工作行为。作业人员活动范围及其所携带的工具、材料等应保持与带电导线最小安全距离。不得限制作业人员肢体活动的方式来满足安全距离。工作票签发人和工作负责人对施工复杂容易发生事故的工作，应增设专责监护人和确定被监护的人员。

（6）线路有感应电时要可靠装设个人保安线。工作地段如有邻近、平行、交叉跨越及同杆塔架设线路，为防止停电检修线路上感应电压伤人，在需要接触或接近导线工作时，应使用个人保安线。严禁以个人保安线代替接地线。

（7）施工机具及起重机械邻近带电体作业时要可靠接地。施工机具、起重机械应可靠接地，放置平衡牢固。工作时与带电体的距离要符合邻近或交叉其他电力线工作安全距离的规定。起重臂及吊件下必须划定安全区，地面应设专责监护人。

（8）带电杆塔上传递物件要保证安全距离并防止电击。在带电杆塔上传递工具、材料，应使用绝缘无极绳，保持与带电导线最小安全距离。绝缘绳索传递大件金属物品（包括工具、材料等）时，杆塔或地面上作业人员应将金属物品接地后再接触，以防电击。

（9）交叉档内调整及架设导地线要防止滑跑或摆动。在交叉档内松紧、降低或架设导线工作时，应设专责监护人，当停电检修线路在带电线路下方时，要采用压线滑轮、控制绳等措施防止导线跳动或过牵引而与带电导线接近至危险距离以内。在带电线路上方对停电线路进行放松或架设导、地线以及更换绝缘子等工作时，需加设导、地线脱落或滑跑的后备保护，并严格控制与带电导线的安全距离满足规程规定。在同杆塔架设多回线路上，下层线路带电，上层线路停电作业时，不得进行放、撤导线和地线的工作。

（10）线路交叉跨越时要规范跨越架的搭设和使用。跨越架的搭、拆应专人监护，要根据所跨越线路电压等级确保跨越架与被跨越物保持最小安全距离，其强度满足要求，并经使用单位验收合格后方可使用。

6. 防止工程项目施工现场人身事故十条重点安全措施

（1）通用要求。严格审核施工单位的资质，工程严禁转包和违规分包。工程开工前，必须进行现场查勘、编制施工组织设计（小型现场可用“三措一案”）、现场安全技术交底。进入施工现场的施工人员必须穿戴合格的劳动保护服装并正确佩戴安全帽，严禁酒后进入施工现场。特种作业人员必须持证上岗。从事高处、高温、粉尘、有毒、放射性物质等的作业人员必须经体格检查，合格者方可从事该项工作，并定期接受身体复查。施工现场危险区域均应有防护设施及警告标志。坑、沟、孔洞等均应铺设牢固可靠的盖板或围栏、挡脚板及警告标志。危险处所夜间应设红灯示警。现场设置的各种安全设施严禁挪动或移作他用。变电站改扩建必须执行全封闭硬质隔离措施。

（2）防高处坠落人身事故。高处作业必须系好安全带，安全带应挂在上方的牢固可靠处。当高处行走区域不能够装设防护栏杆时，应设置 1.05m高的安全水平扶绳且每隔 2m应设一个固定支撑点。高处作业区周围的孔洞、沟道等应设盖板、安全网或围栏。登高工器具每次使用前必须进行全面检查。使用绳梯或钢筋爬梯上下攀登时必须使用攀登自锁器。从事活动范围较大（水平活动在以垂直线为中心的1.5m半径范围内）的作业时，必须使用速差自控器。

高处作业人员不得坐在平台或孔洞的边缘，不得骑坐在栏杆上，不得躺在走道板上或安全网内休息，不得站在栏杆外作业或凭借栏杆起吊物件，不得擅自拆卸安全围栏。输电和配电（含低压）线路作业时人员上、下杆塔过程必须使用杆塔攀登防坠装置或其他有效防护措施。10kV 及以下配电线路水泥电杆维护、抢修、拆除等工作，上杆作业前应先检查杆根、拉线基础是否牢固。有可能发生倒断杆事故的，登杆前应使用配网检修作业防倒杆装置对水泥电杆进行加固后方可登杆。

（3）防物体打击人身事故。高处作业下方应设置围栏或遮栏，不准人员通行和逗留，并悬挂警告牌。在高处上下层同时作业时，中间应搭设严密牢固的防护隔离设施，以防落物伤人。传递工具应使用工具袋且不得上下抛掷。高处作业地点、各层平台、走道及脚手架上不得堆放超过允许载荷的物件。高处作业时，点焊的物件不得移动。切割的工件、边角余料等应放置在牢靠的地方或用铁丝扣牢并有防止坠落的措施。

（4）防起重伤害人身事故。大型起重机械必须要有安全准用证。起重吊装前，应划定危险作业区域，设置醒目的警示标志。起吊过程中严禁在起重机伸臂及吊物下方逗留或通过。指挥人员看不清工作地点、操作人员看不清指挥信号时，不得进行起重工作。当风力达到六级及以上时，不得进行起吊作业。起重机严禁同时操作三个动作。在接近额定载荷的情况下，不得同时操作两个动作，严禁降低起重臂。起重机严禁采用自由下降的方法下降吊钩或重物。不得利用限位器的动作来代替正规操作。吊起的重物必须在空中作短时间停留时，指挥人员和操作人员均不得离开工作岗位。严禁以运行的设备、管道以及脚手架、平台等作为起吊重物的承力点。

（5）防机械伤害人身事故。机械上的各种安全防护装置及监测、指示、报警、保险、信号装置应完好齐全，安全防护装置不完整或已失效的机械不得使用。各式机械应有现场操作规程，并应挂在操作人员容易观看的地方，操作人员必须按照操作规程进行操作。机械的转动部分，如轴端、齿轮、靠背轮、砂轮机，冲、剪、压、切设备的旋转传动部位，必须装有护盖、防护罩或防护栅栏。在操作转动机械设备时，严禁用手扶持加工件或戴手套操作。转动和传动机械等检修必须要切断电源、挂好警示牌，并采取防止机械转动、移动的可靠措施。

（6）防人身触电事故。严禁非电工拆、装施工用电设施，严禁私拉乱接。配电箱必须装设漏电保护器。电源线路不得接近热源或直接绑挂在金属构件上，不得架设在脚手架上。严禁一个开关接两台及两台以上的电动设备。严禁将电线直接勾挂在隔离开关上或直接插入插座内使用。用电设备的保护零线或保护地线严禁串联接地。地线及零线的连接严禁简单缠绕或勾挂。严禁利用易燃易爆气体或液体管道作为接地装置的自然接地体。严禁将电缆外皮、轨道、管道或其他金属物品等作为电焊的二次线。严禁用 220V 的临时照明作为行灯使用。

（7）防止脚手架垮塌人身事故。脚手架荷载不得超过 $270kg/m^2$。搭设好的脚手架应经验收合格并挂牌后方可交付使用。脚手板应铺设平稳并绑牢，不应有空隙和探头板。移动式脚手架工作时应与建筑物绑牢，并将其滚动部分固定住。悬挂式钢管吊架在搭设过程中，立杆的上下两端还应加设一道保险扣件，伸出横杆的长度不得少于 20cm。在通道及扶梯处的脚手架横杆不得阻碍通行，在搬运器材或有车辆通行通道处的脚手架，立柱应设围栏并挂警告牌。工作过程中不准随意改变脚手架结构，禁止用木桶、木箱、砖及其他建筑材料搭临时铺板来代替脚手架。拆除脚手架应按自上而下的顺序进行，严禁上下同时作业或将脚手架整体推倒。

（8）防人身灼烫、窒息、中毒事故。涉及接触明火、易燃、易爆、带电设备、高温作业的工作，工作人员必须要穿着纯棉工作服，不准穿着尼龙、化纤、棉化纤混纺的工作服。焊工作业时必须戴防护面罩，上衣不准束在裤子里。凡在有粉尘或有毒有害气体的室内或容器内工作，均应设除尘、轴流通风或净化装置。严禁用氧气作为通风的风源。

进入容器内作业，必须有专人进行监护。对性质不明的药品严禁用口尝或鼻嗅的方法进行鉴别。进入 SF_6 配电装置室前，先检查入口处 SF_6 气体含量显示器或先通风 15min。打开

SF_6设备封盖后，现场所有人员应暂离现场30min。取出吸附剂和消除粉尘时，应戴防毒面具和防护手套。

（9）防易燃易爆危险品事故。易燃易爆物品、有毒物品及放射源等应分别存放在与普通仓库隔离的专用仓库内。汽油、酒精、油漆及其稀释剂等挥发性易燃物品应密封存放。不准氧气瓶和乙炔气瓶或其他可燃气瓶储存于同一个仓库。严禁把氧气瓶和乙炔气瓶放在一起运送。

氧气瓶和乙炔瓶应垂直放置并可靠固定，氧气瓶和乙炔瓶的距离不得小于5m。在易燃、易爆区周围动用明火或进行可能产生火花的作业时，必须办理动火工作票。每次焊接作业开始前应对熔渣有可能落入范围内的易燃、易爆物品进行清除，或采取可靠的隔离、防护措施，并设专人监护。

（10）防设备试运行人身事故。通道及出口畅通，隔离设施完好，空洞堵严，沟道盖板完整。照明充足、完善，有适合于电气设备的消防设施。房门、网门、盘门该锁好的锁好，警告标志明显、齐全。所有人员应离开将要带电的设备及系统，未经许可不得擅自再进行任何检查和检修工作。室内电气设备准备起动或带电时，所有人员应退出房间。带负荷切断二次电流回路时，操作人员应站在绝缘垫上或穿绝缘鞋。操作过程应有专人监护。

第五节　现场安全监督表

一、现场安全监督变电常规部分

变电站名称：　　　　　　　　　　　　　　　　　　　　　　编号：

监督项目	监督内容	监督方式	执行情况	复查
安全文明生产	1. 安全设施规范化管理	查看变电站各类安全警告标志，如各种安全警告标志、电缆沟防火墙标志、巡视及通行标志、接地标志，各类警示、警戒线，设备编号牌等齐全规范		
	2. 安全工器具管理	查看变电站安全工器具的配备、存放、保管、试验、标示、使用等符合安全工器具管理规定		
	3. 防火、防汛器材管理	查看变电站防火器材配备、定置存放、检查更换、使用等符合变电站典型消防规程；防汛器材的配备、检查、使用维护等符合企业有关防汛管理规定		
	4. 工作、生活场所安全管理	查看变电站工作、生活场所卫生清洁，门、窗关闭正常，通风设施、防火防盗报警装置运行正常，房屋无漏雨现象，各检修电源、工作电源插座及生活用电源均安装漏电保安器并运行正常		
例行工作	1. 设备巡视	现场巡视设备运行状况，询问设备异常、运行方式、负荷情况等		
	2. 交接班	查看变电站交接班记录，询问有关值班人员，是否符合交接班制度规定		
	3. 运行规程	查看运行规程，是否与变电站实际相符，根据上级要求、设备变动及时进行补充或修订；是否每年进行一次复查、修订，是否每3～5年进行一次全面修订，并严格履行审批程序		
	4. 倒闸操作	查看操作票及运行值班记录，听操作录音，倒闸操作的全过程是否符合安规规定		

续表

监督项目	监督内容	监督方式	执行情况	复查
例行工作	5．两票管理	查看变电站两票的统计、编号、保管情况，抽查工作票、操作票填写、审核、执行等符合《安规》及两票执行规定		
	6．缺陷管理	查看变电站缺陷及相关记录，从缺陷发生到处理是否按供电企业缺陷处理流程进行，是否在紧急、重大、一般缺陷规定的时间内进行处理		
	7．安全活动	查看安全活动记录，活动内容、主持人、参加人员、车间管理人员检查点评签字等符合安规及供电企业有关规定，现场提问近期事故通报的学习情况		
	8．安全检查	查看安全大检查的布置、检查内容、整改计划及完成情况资料，抽查至少一处整改内容的完成情况		
	9．安全培训	查看变电站培训资料，抽查一项培训计划，现场提问，检查培训落实情况		
	10．安全资料管理	查看变电站有关资料，各种规程的配备及各类通报、快报、简报、周报、上级文件存放、保管是否齐全、是否符合变电运行管理规范及安全生产工作规程的要求		
	11．防误闭锁装置管理	现场了解防误闭锁装置功能，查看运行状况、使用维护及万能钥匙的封存情况，是否符合企业防误闭锁装置管理规定		
设备管理	1．检查运行巡视情况	查看变电站设备巡视卡，抽查一点，应与设备实际状况相符		
	2．大修、小修、定期校验	查看变电站检修交代、运行值班记录及相关工作票，与大、小修报告及试验报告相符，检修周期应符合设备检修规程规定，抽查一台设备，相关的记录、交代、报告应相符		
	3．设备台账	抽查一台设备，查看设备铭牌、说明书、各种试验安装报告、安装日期应齐全规范，检查检修维护情况		
	4．设备定级	查看设备定级资料，抽查一台设备是否与实际健康水平相符		
备注				

检查人员签名：　　　　　　　　　　　主管签名：　　　　　　　　　年　月　日

说明：检查人员如发现问题，应及时将问题通知到被查部门，并限期整改。被查部门在整改完成后，及时通知检查人员进行复查。

二、变电检修工作现场安全监督

变电站名称：　　　　　　　　　　　　　　　　　　　　　　　　编号：

监督项目	监督内容	监督方式	执行情况	复查
到现场前的准备工作	1．工作内容	核实工作内容是否与调度批准一致，安全措施是否超前制定并具有针对性、可操作性		
	2．监督工器具	安全生产监督通知书、影像器材、记录本、工作服等		
倒闸操作	1．变电运行工区到位人员是否对操作票进行审核并正确无误	查看现场操作票		

续表

监督项目	监督内容	监 督 方 式	执行情况	复 查
倒闸操作	2．使用合格的安全工器具	查看使用的安全工器具外观合格、音响发声正确，试验标识齐全正确		
	3．倒闸操作全过程符合《安规》及“两票”执行规定	查看操作过程，抽查操作过程录音		
	4．现场闭锁装置完好，运行值班人员按规定使用闭锁装置解锁钥匙	现场检查闭锁装置完好性，启用、封存万能钥匙记录填写、申请汇报程序正确，封存标签完好		
工作票	1．工作票填写	查看工作票填写正确清晰，无漏项、并项现象，安全措施齐全，符合现场实际，停用（投入）的压板符合现场实际		
	2．工作票执行	查看许可人向工作负责人全面交代现场安全措施及临近带电设备和注意事项，工作负责人、工作班人员签字，工作负责人变更、工作票延期、间断、转移和终结符合工作票执行规定，专责监护人履行手续齐全正确		
现场监督到位情况	到位监督人员	根据工作内容，查看相关部室、检修车间、运行车间安排的到位人员是否符合要求，并尽职尽责		
现场安全措施	1.运行人员所做的安全措施与工作票相符	工作现场查看安全措施符合工作票要求		
	2．围栏设置正确、符合标准；警示牌设置齐全、合格	现场检查围栏设置正确，警示牌面向作业现场；现场出入口、工作地点安全标识及危险点安全警示标志应齐全正确		
检修工作	1．现场作业指导书	现场查看工器具、人员分工、安全措施设置正确完备；查看工作负责人、专责监护人、工作班成员责任落实及签字		
	2．班前会	查看工作负责人是否向工作班成员交代工作任务、安全措施、带电部位、相邻运行盘柜、检修设备压板情况、保护定值、防止“TA”开路、“TV”短路的措施已完善和注意事项，全体工作班成员清晰明了后，是否逐一在工作票上签名，必要时现场考问		
	3.工作人员劳动保护	查看工作人员工作服、安全帽、安全带、护目镜等是否完好，穿戴、使用正确		
	4．工作人员使用合格的施工工具	查看保护专用工具、试验设备及电钻、隔离开关、漏电保护器等，外观完好，试验标识齐全、正确		
	5．工作人员检修工作现场	查看相邻运行盘柜安全警示标志正确、齐全，检修设备压板情况符合要求，防止“TA”开路、“TV”短路的措施已完善，工作间断期间工作现场是否有单独人员滞留，进入电缆隧道（竖井）、SF_6断路器室前是否已通风，现场照明充足，防止“三误”措施是否落实，整组传动前相关班组人员是否已撤离断路器现场		
	6．外来队伍、人员参加的工作	查看工作证、《安规》培训及特种作业人员资格证书是否齐全完备，是否进行安全技术交底，是否进行资质审查并合格，对容易出现危险及事故的场所，发包方是否事先进行安全技术交底，承包方是否制定安全措施，是否在有经验的职工带领和监护下工作，是否清楚安全警告标志等		

续表

监督项目	监督内容	监 督 方 式	执行情况	复 查
检修工作	7．各危险点均安排能胜任工作的专责监护人，专责监护人尽职尽责	审核专责监护人是否合适，工作前是否对被监护人交代安全措施，告知危险点和安全注意事项，是否监督被监护人遵守安规和现场安全措施，并及时纠正不安全行为		
	8．工作结束	查看设备是否恢复检修前的状态，人员全部撤离工作现场，安全措施全部拆除		
	9．班后会	查看工作负责人是否对本次工作和安全情况进行讲评，是否对忽视安全、违章作业等现象进行批评		
备注				

检查人员签名：　　　　　　　　　　主管签名：　　　　　　　　年　月　日

说明：检查人员如发现问题，应及时将问题通知到被查部门，并限期整改。被查部门在整改完成后，及时通知检查人员进行复查。

三、线路检修工作现场安全监督

线路名称：　　　　　　　　　　　　　　　　　　　　　　　　编号：

监督项目	监督内容	监 督 方 式	执行情况	复 查
到现场前的准备工作	1．工作内容	核实工作内容是否与调度批准一致，安全措施是否超前制定并具有针对性、可操作性		
	2．监督工器具	安全生产监督通知书、影像器材、记录本、工作服等		
施工人员工作状态	1．现场施工人员着装是否符合劳动保护要求	查看工作服、工作鞋		
	2．精神状态是否饱满、良好	查看施工人员有无精神不振、思想不集中现象		
	3．检修用个人小工具佩带是否齐全	查看个人小工具有无佩带和缺少		
工作票	1．工作票填写	查看工作票是否填写，填写是否正确清晰、无漏项现象，所列安全措施是否齐全、符合现场实际，检修单位到位人员是否分别对工作票进行审核		
	2．工作票执行	查看工作负责人是否持票且只持一份工作票，工作负责人、工作班人员签字是否齐全，工作许可内容、工作负责人变更、工作票延期是否符合工作票执行规定，专责监护人履行手续齐全正确		
	3．严格执行倒闸操作票	部分线路停电时操作线路断路器及隔离开关应使用倒闸操作票，执行监护复诵制并录音		
现场安全措施落实	1．工作票所列安全措施	现场检查工作票所列安全措施与现场所做安全措施从数量上、地点上是否一致		
	2．工作地段内安全措施	现场检查工作地段内安全措施是否齐全完备		
	3．临时安全措施	现场检查是否落实及符合安规规定		
	4．现场围栏、警告牌装设	现场检查是否按《安规》规定设置，现场安全措施落实		

续表

监督项目	监督内容	监 督 方 式	执行情况	复 查
现场安全措施落实	5. 危险点监控	老虎口、平行临近、同杆塔架设、交叉跨越部位是否有专人监护。电缆孔井、沟（隧道）是否通风良好及存在有害气体。孔井开盖是否设置安全标志并设专人看护。环网柜、分支箱防误闭锁装置是否齐全。断路器、接地隔离开关指示位置、断口位置、带电显示、压力指示是否在正确位置。锯割电缆是否采取接地、绝缘等安全措施。电缆是否经过充分放电及对带电部位感应电是否采取相应措施		
各级到位监督情况	1. 对到位监督人员检查	根据工作内容，查看相关部室、检修车间安排的到位人员是否符合要求		
	2. 到位监督人员责任心	到位监督人员是否认真监督，身边有无各种违章发生，对违章是否及时制止		
检修工作	1. 现场作业指导书	根据作业指导书查看工器具、人员分工、安全措施设置是否正确完备；查看工作负责人、专责监护人、工作班成员责任落实及签字		
	2. 开工会	查看工作负责人是否向工作班成员交代工作任务、安全措施、带电部位和注意事项，全体工作班成员清晰明了后，是否逐一在工作票上签名，必要时现场考问		
	3. 安全工具、登高工具、施工机具使用	现场查看安全工具、登高工具、施工机具是否按规定使用，有无使用不合格工具的现象，安全帽有无破损及使用不当		
	4. 动火工作	查看动火工作票履行手续齐全，动火工作票所列安全措施现场执行齐全、正确		
	5. 工作过程	1. 登杆前是否进行“三核对”，工作人员是否在平行临近、同杆塔架设或交叉跨越地段佩戴相应色标		
		2. 现场查看工作人员在杆塔上作业时是否按安规要求进行		
		3. 工作人员是否有不戴安全帽、不系安全带现象		
		4. 电缆线路施工前是否对核对线路名称、长度和型号，是否对电缆设备核对气体压力、断路器位置、带电显示器指示、闭锁装置及电缆附件外观情况		
		5. 接地断路器或接地线的位置、挂接方式是否准确		
		6. 电缆线路敷设牵引方式及弯曲半径是否满足要求，严禁电缆外护套破损，严禁线芯进水		
		7. 电缆设备及附件安装必须由具备持证上岗条件并经企业批准的专业人员担任		
备注				

检查人员签名：　　　　　　　　　　　　主管签名：　　　　　　　　　　年　月　日

说明：检查人员如发现问题，应及时将问题通知到被查部门，并限期整改。被查部门在整改完成后，及时通知检查人员进行复查。

四、基建工作现场安全监督

基建现场名称：　　　　　　　　　　　　　　　　　　　　　　　　　　编号：

监督项目	监督内容	监督方式	执行情况	复查
安全技术管理	1．专项安全技术方案	抽查专项安全技术方案的编制是否符合实际并满足施工的要求，是否履行审批手续。抽查安全技术交底记录看专项安全技术方案是否进行交底并履行交底签字手续。对于大型起重机械的安拆专项方案还应检查施工队伍是否具备资质，施工人员是否具备资格，安拆过程是否指定监护人进行过程监护		
	2．作业指导书	抽查作业指导书是否编制专题安全施工措施，是否履行审批手续。抽查安全技术交底记录看作业指导书是否进行全员交底并履行交底签字手续。对照现场施工，监督安全施工措施是否严格落实		
安全防护	1．安全设施	现场检查安全标志牌、安全围栏和临时提示遮栏应制作规范、设置合理，现场临边有安全围栏，孔洞有盖板，高处作业安全防护措施完备有效		
	2．个体防护	现场检查作业人员工作服、安全带、安全帽等是否完好，穿戴使用是否正确		
	3．施工工器具	检查受力工器具应该按照《电力建设安全工作规程》要求进行定期的预防性试验；绝缘工具必须定期进行绝缘试验，其绝缘性能应符合要求；手持电动机械移动工具必须通过检查试验，加装防护罩，试验标识齐全正确		
	4．安全用品、用具	检查安全用品用具应有生产厂家、许可证、生产日期及国家鉴定合格证书，并定期进行试验；使用规范，不得接触高温、明火、化学腐蚀物及尖锐物体，不得移作他用		
专项监督	1．防火、防爆、防盗管理	现场消防管理制度健全，消防重点部位明确，消防器材配置合理、工况良好，有专人管理并定期检查；现场检查气瓶存放使用规范，防护措施可靠，作业人员持证上岗；施工作业区办公区专职保安24h值班，进出人员车辆管理有序		
	2．大型起重机械	现场检查机容、机貌整洁，工况良好，经有关部门检验并取得安全准用证，司机、指挥持证上岗		
	3．中小型施工机械	现场检查电动机械设备的金属外壳可靠接地，夯路机、混凝土搅拌机、潜水泵等电动机械应采用防溅、防水和加强绝缘型设备。旋转臂架或起重机的任何部位或被吊物边缘与带电部位满足安全距离。用电设备保护接零和接地必须符合要求		
	4．现场交通运输	现场检查吊车、工程车进入施工现场应与带电部位应保持足够的安全距离。车辆进入施工现场，最高时速不得超过5km。各类车辆进入施工地段，需停放在安全位置		
	5．分包单位	检查施工单位是否对分包单位实施了有效的监督管理。分包单位作业人员是否已接受安全教育、考试合格并经身体检查合格。30人以上的分包单位是否配备专职安全员并经培训合格		
输电线路工程	1．基础浇筑	土石方施工应严格按要求放坡，并根据土质特性采取有效的塌方防护措施。爆破作业器材管理规范，炸药雷管存放安全，安全措施全面，安全技术交底完善，作业人员持证上岗。混凝土浇筑应检查振捣器绝缘良好，受电侧安装漏电保安器并指定专人戴绝缘手套、穿绝缘鞋操作，上料及浇筑平台应牢固可靠并设护栏，模板支撑牢固、对称布置。高出坑口的加高立柱模板有防止倾覆的措施，拆下的模板集中堆放安全，无直立的外露钉子		

续表

监督项目	监督内容	监　督　方　式	执行情况	复　查
输电线路工程	2．杆塔组立	现场布置有序，作业程序合理、措施完善，起吊、组装依次进行，吊物正下方无人作业。塔材搬运、分料、组装有序，连铁时不得强行敲击螺栓，禁止用手指找正。高处作业塔上、地面应设安全监护人，作业人员必须系好安全带（绳）。安全带（绳）必须拴在牢固的构件上，并不得低挂高用。高处作业所用的工具和材料应放在工具袋内或用绳索绑牢，上下传递物件应用绳索吊送，严禁抛掷。高处作业人员在转移作业位置时不得失去保护。作业人员上下铁塔应沿脚钉或爬梯攀登，攀登无爬梯或无脚钉的钢筋混凝土电杆必须使用登杆工具。在霜冻、雨雪后进行高处作业，应采取防滑措施。高塔作业应增设水平移动保护绳，垂直移动应使用安全自锁器等防坠装置		
	3．架线施工	导地线展放前铁塔必须安装接地，地锚埋深充足，挂瓷瓶时无施工人员在垂直下方作业，展放导、牵引绳跨越跨越架时应设专人看护。临近带电体作业或带电跨越施工时，措施完善、监护到位，带电跨越履行审批程序，设定警戒区设立警示牌。附件安装时应采取防感应电措施，上下瓷瓶串，必须使用下线爬梯和速差自控器，导地线附件安装完成后，作业人员未从导地线上全部撤离前，严禁拆除临时接地线		
	4．老旧线路拆除	检查拆旧方案应履行审批程序，拆旧措施严密，符合现场实际，现场作业规范		
变电站工程	1．建筑工程	桩机作业、挖土作业防机械伤害、防物体打击、防坠落、防坍塌措施得当。钢筋冷拉作业、钢筋机械使用作业规范；支模拆模防坍塌、防高处坠落措施得当。油漆施工、防腐防水作业防护得当，并采取必要的防火防爆措施，砌筑作业搭设砌筑脚手架。建筑机械使用符合规程。脚手架搭拆作业规范，外侧、斜道、平台安全防护措施完善		
	2．安装工程	施工准备充分，作业环境良好。接地网敷设、构支架安装、母线安装、设备安装、电缆敷设、电气调试、高压试验等各项作业指导书安全技术措施得当，落实良好。起吊作业应由专人负责、统一指挥。油罐、滤油机放置合理，防渗漏防火措施完善，现场设置消防器材。六氟化硫气体单独存放，房间须有通风口。高压试验设安全围栏，向外悬挂“止步，高压危险！”的警示牌，设立警戒区域。蓄电池充电必须保持室内通风良好，并配置消防器材。做传动试验时，断路器处必须设专人监护，并应有通信联络和就地可紧急操作的措施		
	3．改扩建施工	严格按工作票所列的工作内容和工作范围进行，措施完备，监护到位，严禁随意进入带电设备区		
文明施工	1．现场布置	检查施工现场的办公区、生活区应与作业区分开设置，并保持安全距离。施工现场道路应通畅，满足运输、消防要求。施工现场场地应清除障碍物，适当硬化，地面应经常撒水，对粉尘源进行覆盖遮挡		
	2．设备材料堆放和废物清理	现场设备材料的堆放合理有序、标示清晰，现场垃圾废料分类存放清理及时		
备注				

检查人员签名：　　　　　　　　　　　　主管签名：　　　　　　　　　　年　月　日

说明：检查人员如发现问题，应及时将问题通知到被查部门，并限期整改。被查部门在整改完成后，及时通知检查人员进行复查。

五、变电站施工工作现场安全监督

变电站名称：　　　　　　　　　　　　　　　　　　　　　　　　　　　编号：

监督项目	监督内容	监 督 方 式	执行情况	复 查
到现场前的准备工作	1. 工作内容	核实工作内容是否与调度批准一致，安全措施是否超前制定并具有针对性、可操作性		
	2. 监督工器具	安全生产监督通知书、影像器材、记录本、工作服等		
倒闸操作	1. 变电运行工区到位人员是否对操作票进行审核并正确无误	查看现场操作票		
	2. 使用合格的安全工器具	查看使用的安全工器具外观合格、音响发声正确，试验标识齐全正确		
	3. 倒闸操作全过程符合安规及两票执行规定	查看操作过程，抽查操作过程录音		
	4. 现场闭锁装置完好，运行值班人员按规定使用闭锁装置解锁钥匙	现场检查闭锁装置完好性，启用、封存万能钥匙记录填写、申请汇报程序正确，封存标签完好		
工作票	1. 工作票填写	查看工作票填写正确清晰，无漏项、并项现象，安全措施齐全符合现场实际，停用（投入）的压板符合现场实际		
	2. 工作票执行	查看许可人向工作负责人全面交代现场安全措施及临近带电设备和注意事项，工作负责人、工作班人员签字，工作负责人变更、工作票延期、间断、转移和终结符合工作票执行规定，专责监护人履行手续齐全正确		
现场监督到位情况	到位监督人员	根据工作内容，查看相关部室、检修车间、运行车间安排的到位人员是否符合要求，并尽职尽责		
现场安全措施	1. 运行人员所做的安全措施与工作票相符	工作现场查看安全措施符合工作票要求		
	2. 围栏设置正确，符合标准，警示牌设置齐全、合格	现场检查围栏设置正确，警示牌面向作业现场；现场出入口、工作地点安全标识及危险点安全警示标志应齐全正确		
安全技术管理	1. 专项安全技术方案	抽查专项安全技术方案的编制是否符合实际并满足施工的要求，是否履行审批手续。抽查安全技术交底记录看专项安全技术方案是否进行交底并履行交底签字手续。对于大型起重机械的安拆专项方案还应检查施工队伍是否具备资质，施工人员是否具备资格，安拆过程是否指定监护人进行过程监护		
	2. 作业指导书	抽查作业指导书是否编制专题安全施工措施，是否履行审批手续。抽查安全技术交底记录看作业指导书是否进行全员交底并履行交底签字手续。对照现场施工，监督安全施工措施是否严格落实		
安全防护	1. 安全设施	现场检查安全标志牌、安全围栏和临时提示遮栏应制作规范、设置合理，现场临边有安全围栏、孔洞有盖板。高处作业安全防护措施完备有效		

续表

监督项目	监督内容	监　督　方　式	执行情况	复　查
安全防护	2. 个体防护	现场检查作业人员工作服、安全带、安全帽等是否完好，穿戴使用是否正确		
	3. 施工工器具	检查受力工器具应该按照《电力建设安全工作规程》要求进行定期的预防性试验。绝缘工具必须定期进行绝缘试验，其绝缘性能应符合要求。手持机电移动工具必须通过检查试验，加装防护罩，试验标识齐全正确		
	4. 安全用品、用具	检查安全用品用具应有生产厂家、许可证、生产日期及国家鉴定合格证书，并定期进行试验；使用规范，不得接触高温、明火、化学腐蚀物及尖锐物体，不得移作他用		
专项监督	1. 防火、防爆、防盗管理	现场消防管理制度健全，消防重点部位明确，消防器材配置合理、工况良好，有专人管理并定期检查。现场检查气瓶存放使用规范，防护措施可靠，作业人员持证上岗。施工作业区办公区专职保安 24h 值班，进出人员车辆管理有序		
	2. 大型起重机械	现场检查机容机貌整洁、工况良好，经有关部门检验并取得安全准用证，司机、指挥持证上岗		
	3. 中小型施工机械	现场检查电动机械设备的金属外壳可靠接地。夯路机、混凝土搅拌机、潜水泵等电动机械应采用防溅、防水和加强绝缘型设备。旋转臂架或起重机的任何部位或被吊物边缘与带电部位满足安全距离。用电设备保护接零和接地必须符合要求		
	4. 现场交通运输	现场检查吊车、工程车进入施工现场应与带电部位应保持足够的安全距离。车辆进入施工现场，最高时速不得超过 5km。各类车辆进入施工地段，需停放在安全位置		
	5. 分包单位	检查施工单位是否对分包单位实施了有效的监督管理。分包单位作业人员是否已接受安全教育、考试合格并经身体检查合格。30 人以上的分包单位是否配备专职安全员并经培训合格		
变电站工程	1. 建筑工程	桩机作业、挖土作业防机械伤害、防物体打击、防坠落、防坍塌措施得当。钢筋冷拉作业、钢筋机械使用作业规范。支模拆模防坍塌、防高处坠落措施得当。油漆施工、防腐防水作业防护得当，并采取必要的防火防爆措施，砌筑作业搭设砌筑脚手架。建筑机械使用符合规程。脚手架搭拆作业规范，外侧、斜道、平台安全防护措施完善		
	2. 安装工程	施工准备充分，作业环境良好。接地网敷设、构支架安装、母线安装、设备安装、电缆敷设、电气调试、高压试验等各项作业指导书安全技术措施得当，落实良好。起吊作业应由专人负责、统一指挥。油罐、滤油机放置合理，防渗漏防火措施完善，现场设置消防器材。六氟化硫气体单独存放，房间须有通风口。高压试验设安全围栏，向外悬挂“止步，高压危险！”的警示牌，设立警戒区域。蓄电池充电必须保持室内通风良好，并配置消防器材。做传动试验时，断路器处必须设专人监护，并应有通信联络和就地可紧急操作的措施		
	3. 改扩建施工	严格按工作票所列的工作内容和工作范围进行，措施完备，监护到位，严禁随意进入带电设备区		

续表

监督项目	监督内容	监　督　方　式	执行情况	复　查
文明施工	1．现场布置	检查施工现场的办公区、生活区应与作业区分开设置，并保持安全距离。施工现场道路应通畅，满足运输、消防要求。施工现场场地应清除障碍物，适当硬化，地面应经常撒水，对粉尘源进行覆盖遮挡		
	2．设备材料堆放和废物清理	现场设备材料的堆放合理有序、标示清晰，现场垃圾废料分类存放清理及时		
备注				

检查人员签名：　　　　　　　　主管签名：　　　　　　　　年　月　日

说明：检查人员如发现问题，应及时将问题通知到被查部门，并限期整改。被查部门在整改完成后，及时通知检查人员进行复查。

六、线路施工工作现场安全监督

线路名称：　　　　　　　　　　　　　　　　编号：

监督项目	监督内容	监　督　方　式	执行情况	复　查
到现场前的准备工作	1．工作内容	核实工作内容是否与调度批准一致，安全措施是否超前制定并具有针对性、可操作性		
	2．监督工器具	安全生产监督通知书、影像器材、记录本、工作服等		
施工人员工作状态	1．现场施工人员着装是否符合劳动保护要求	查看工作服、工作鞋		
	2．精神状态是否饱满、良好	查看施工人员有无精神不振、思想不集中现象		
	3．检修用个人小工具佩带是否齐全	查看个人小工具有无佩带和缺少		
工作票	1．工作填写	查看工作票是否填写，填写是否正确清晰、无漏项现象，所列安全措施是否齐全、符合现场实际，检修单位到位人员是否分别对工作票进行审核		
	2．工作票执行	查看工作负责人是否持票且只持一份工作票，工作负责人、工作班人员签字是否齐全，工作许可内容、工作负责人变更、工作票延期是否符合工作票执行规定，专责监护人履行手续齐全正确		
	3．严格执行倒闸操作票	部分线路停电时操作线路断路器及隔离开关应使用倒闸操作票，执行监护复诵制并录音		
现场安全措施落实	1．工作票所列安全措施	现场检查工作票所列安全措施与现场所做安全措施从数量上、地点上是否一致		
	2．工作地段内安全措施	现场检查工作地段内安全措施是否齐全完备		
	3．临时安全措施	现场检查是否落实及符合《安规》规定		
	4．现场围栏、警告牌装设	现场检查是否按安规规定设置		

续表

监督项目	监督内容	监 督 方 式	执行情况	复 查
现场安全措施落实	5．危险点监控	老虎口、平行临近、同杆塔架设、交叉跨越部位是否有专人监护。电缆孔井、沟（隧道）是否通风良好及存在有害气体。孔井开盖是否设置安全标志并设专人看护。环网柜、分支箱防误闭锁装置是否齐全。断路器、接地断路器指示位置、断口位置、带电显示、压力指示是否在正确位置。锯割电缆是否采取接地、绝缘等安全措施。电缆是否经过充分放电及对带电部位感应电是否采取相应措施		
各级到位监督情况	1．对到位监督人员检查	根据工作内容，查看相关部室、检修车间安排的到位人员是否符合要求		
	2．到位监督人员责任心	到位监督人员是否认真监督，身边有无各种违章发生，对违章是否及时制止		
安全技术管理	1．专项安全技术方案	抽查专项安全技术方案的编制是否符合实际并满足施工的要求，是否履行审批手续。抽查安全技术交底记录看专项安全技术方案是否进行交底并履行交底签字手续。对于大型起重机械的安拆专项方案还应检查施工队伍是否具备资质，施工人员是否具备资格，安拆过程是否指定监护人进行过程监护		
	2．作业指导书	抽查作业指导书是否编制专题安全施工措施，是否履行审批手续。抽查安全技术交底记录，看作业指导书是否进行全员交底并履行交底签字手续。对照现场施工，监督安全施工措施是否严格落实		
安全防护	1．安全设施	现场检查安全标志牌、安全围栏和临时提示遮栏应制作规范、设置合理，现场临边有安全围栏、孔洞有盖板。高处作业安全防护措施完备有效		
	2．个体防护	现场检查作业人员工作服、安全带、安全帽等是否完好，穿戴使用是否正确		
	3．施工工器具	检查受力工器具应该按照《电力建设安全工作规程》要求进行定期的预防性试验。绝缘工具必须定期进行绝缘试验，其绝缘性能应符合要求。手持电动机械移动工具必须通过检查试验，加装防护罩，试验标识齐全正确		
	4．安全用品、用具	检查安全用品用具应有生产厂家、许可证、生产日期及国家鉴定合格证书，并定期进行试验，使用规范，不得接触高温、明火、化学腐蚀物及尖锐物体，不得移作他用		
专项监督	1．防火、防爆、防盗管理	现场消防管理制度健全，消防重点部位明确，消防器材配置合理、工况良好，有专人管理并定期检查。现场检查气瓶存放使用规范，防护措施可靠，作业人员持证上岗。施工作业区办公区专职保安 24h 值班，进出人员车辆管理有序		
	2．大型起重机械	现场检查机容机貌整洁、工况良好。经有关部门检验并取得安全准用证；司机、指挥持证上岗		
	3．中小型施工机械	现场检查电动机械设备的金属外壳可靠接地。夯路机、混凝土搅拌机、潜水泵等电动机械应采用防溅、防水和加强绝缘型设备。旋转臂架或起重机的任何部位或被吊物边缘与带电部位满足安全距离。用电设备保护接零和接地必须符合要求		

续表

监督项目	监督内容	监督方式	执行情况	复查
专项监督	4．现场交通运输	现场检查吊车、工程车进入施工现场应与带电部位应保持足够的安全距离。车辆进入施工现场，最高时速不得超过 5km。各类车辆进入施工地段，需停放在安全位置		
	5．分包单位	检查施工单位是否对分包单位实施了有效的监督管理。分包单位作业人员是否已接受安全教育、考试合格并经身体检查合格。30 人以上的分包单位是否配备专职安全员并经培训合格		
输电线路工程	1．基础浇筑	土石方施工应严格按要求放坡，并根据土质特性采取有效的塌方防护措施。爆破作业器材管理规范，炸药雷管存放安全，安全措施全面，安全技术交底完善，作业人员持证上岗。混凝土浇筑应检查振捣器绝缘良好，受电侧安装漏电保安器并指定专人戴绝缘手套穿绝缘鞋操作，上料及浇筑平台应牢固可靠并设护栏，模板支撑牢固、对称布置，高出坑口的加高立柱模板有防止倾覆的措施，拆下的模板集中堆放安全，无直立的外露钉子		
	2．杆塔组立	现场布置有序，作业程序合理、措施完善，起吊、组装依次进行，吊物正下方无人作业。塔材搬运、分料、组装有序，连铁时不得强行敲击螺栓，禁止用手指找正。高处作业塔上、地面应设安全监护人，作业人员必须系好安全带（绳）。安全带（绳）必须拴在牢固的构件上，并不得低挂高用。高处作业所用的工具和材料应放在工具袋内或用绳索绑牢，上下传递物件应用绳索吊送，严禁抛掷。高处作业人员在转移作业位置时不得失去保护。作业人员上下铁塔应沿脚钉或爬梯攀登，攀登无爬梯或无脚钉的钢筋混凝土电杆必须使用登杆工具。在霜冻、雨雪后进行高处作业，应采取防滑措施。高塔作业应增设水平移动保护绳，垂直移动应使用安全自锁器等防坠装置		
	3．架线施工	导地线展放前铁塔必须安装接地，地锚埋深充足，挂瓷瓶时无施工人员在垂直下方作业，展放导（地）线、牵引绳跨越跨越架时应设专人看护。临近带电体作业或带电跨越施工时，措施完善、监护到位，带电跨越履行审批程序，设定警戒区设立警示牌。附件安装时应采取防感应电措施，上下瓷瓶串，必须使用下线爬梯和速差自控器，导地线附件安装完成后，作业人员未从导地线上全部撤离前，严禁拆除临时接地线		
	4．老旧线路拆除	检查拆旧方案应履行审批程序，拆旧措施严密，符合现场实际，现场作业规范		
文明施工	1．现场布置	检查施工现场的办公区、生活区应与作业区分开设置，并保持安全距离。施工现场道路应通畅，满足运输、消防要求。施工现场场地应清除障碍物，适当硬化，地面应经常撒水，对粉尘源进行覆盖遮挡		
	2．设备材料堆放和废物清理	现场设备材料的堆放合理有序、标示清晰。现场垃圾废料分类存放清理及时		
备注				

检查人员签名：　　　　主管签名：　　　　年　月　日

说明：检查人员如发现问题，应及时将问题通知到被查部门，并限期整改。被查部门在整改完成后，及时通知检查人员进行复查。

第十四章 农电安全管理

供电企业认真贯彻落实党中央、国务院的决策部署，大力实施“三新”农电发展战略，先后出台全面加强县供电企业管理的意见等一系列文件和规章制度，积极推进农电标准化建设、各类“违章”行为集中排查整治、人财物集约化管理、“三个建设”、队伍素质提升工程等工作，大力加强对县供电企业的统一管理，有效促进了县供电企业管理水平的提升，为县域经济社会发展和社会主义新农村建设做出了积极贡献。

但是，由于管理体制多样、人员身份复杂、历史遗留问题多、工作基础差等客观因素制约，加之部分单位对农电管理重视不够等原因，县供电企业管理方面的薄弱环节依然未能全面消除，一些矛盾和问题仍然屡禁不止、时有发生，有的甚至严重影响了供电企业形象和声誉。在公司不断强化依法治企、从严管理的情况下，这些现象的发生，除历史和客观因素外，主观原因不容忽视。为此供电企业提出加强农电管理的基本要求。

（1）提高思想认识。加强县供电企业管理，是企业依法履行出资人职责和代管职责的基本要求，是加强员工队伍建设、保持和谐稳定的重要举措。各级供电企业要进一步统一思想，正确认识农电工作的特殊性，充分认识、全面加强县供电企业管理的重要性和紧迫性。

（2）加强管控力度。各级供电企业要全面落实和强化管理责任，真正把县供电企业管理当作公司重要工作抓实管好。要进一步规范、完善农电协调配合工作机制，构建统一的管控体系，加强对县供电企业的统一管理；加强工作调研和跟踪、督导，及时解决县供电企业管理工作中的困难和问题；要开展农电管理评价工作，加强对各类县供电企业的综合计划管理和业绩考核，督促各单位全面落实供电企业部署。

（3）解决深层次问题。要结合各地实际，积极开展调查研究，消除引发矛盾和问题的深层次原因。要结合创先争优活动和“三个建设”，切实加强农电队伍思想作风和纪律建设，教育、引导广大员工特别是领导干部遵章守纪、廉洁自律，切实增强责任感和执行力。要积极探索拓展农电员工的职业发展通道，加大县供电企业领导干部的交流、培养力度，充分调动各类人员的工作积极性。要深入研究影响县供电企业改革发展的政策和体制问题，积极争取国家和地方出台有利于农电发展、城乡统筹的政策和措施，理顺农电管理关系，促进县供电企业健康持续发展。

第一节　农网配电典型作业防止重特大人身事故措施

供电企业针对农村配电典型作业和作业人员安全技能特点，在分析导致重特大人身事故原因的基础上，依据《安全生产工作规定》、《电力安全工作规程》、《安全技术劳动保护七项重点措施（试行）》、《电力建设安全工作规程》（DL 5009.2—2004）等规程规定，结合危险点分

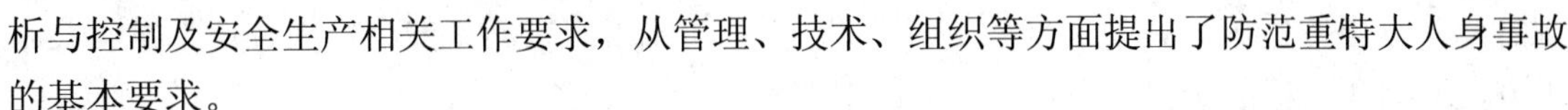

析与控制及安全生产相关工作要求，从管理、技术、组织等方面提出了防范重特大人身事故的基本要求。

一、一般规定

农网配电作业中，以下作业类型安全风险相对较高：放线、撤线与紧线作业；立（撤）杆塔、补装杆塔构件；在移动平台、构筑物上作业；在地质条件较为复杂的地段从事土石方工程、进入深沟（洞）作业；电力设施受灾后抢修作业、起重作业和复杂环境中的人力运输。

（一）农网配电作业分级勘察

对于安全风险相对较高的农网配电作业，应根据工作任务的复杂性、作业环境等因素，实行分级勘察。

1. 下述作业项目，一般应由县电力公司分管领导组织勘察

（1）跨越10（6）kV带电线路。

（2）跨越铁路、高速公路。

（3）发生重大灾害后恢复供电等作业环境复杂、极易造成重特大人身事故的工作。

（4）10人及以上从事放（撤）线、立（撤）杆作业且施工中导线、工器具等非绝缘物可能触及带电设备。

（5）各级供电企业规定应由其组织勘察的其他作业项目。

2. 下述作业项目，一般应由县电力公司生产部门组织勘察

（1）跨越不由本单位运行管理的线路。

（2）跨越三级及以上公路、通航河流。

（3）对同杆塔架设多回线路中的某回线路实施停电作业、邻近带电线路作业等环境较为复杂、易造成重大人身伤亡事故的工作。

（4）3人及以上从事放（撤）线、立（撤）杆作业且施工中导线、工器具等可能触及带电设备。

（5）立（撤）杆塔作业中须3人及以上同杆塔作业。

（6）在地下管线（如电力、燃气、石油管线等）附近开挖。

（7）各级供电企业规定应由其组织勘察的其他作业项目。

3. 下述作业项目，一般应由县电力公司生产工区负责组织勘察

（1）地质条件较为复杂的土石方工程。

（2）在交叉跨（穿）越的地段更换绝缘子、调整弧垂。

（3）撤除导线、杆塔。

（4）跨越低压带电线路。

（5）各级供电企业规定应由其组织勘察的其他作业项目。

4. 下述作业项目，县调调度员一般应参加现场勘察

（1）放（撤）线多处跨越、穿越10（6）kV及以上线路。

（2）发生重大灾害后恢复供电等作业环境复杂、极易造成重特大人身事故的工作。

（3）各级供电企业规定应由其参加勘察的其他作业项目。

（二）安全风险相对较高的农网检修、施工作业

县公司主要负责人或分管领导应根据勘察记录，组织分析、确定作业过程中的危险点，

制定危险点预控措施，并落实到施工“三措一案”（即组织措施、安全措施、技术措施及施工方案）和现场标准化作业指导书（卡）中。

（三）各级领导要经常深入现场进行督导

生产部门、安全监察部门应加强对现场作业的指导和监督。

（四）应建立作业风险评估制度

对作业风险进行评估，根据评估情况，对安全风险较高的作业，应强化对作业全过程的管理。

二、防止在放线、撤线与紧线作业中发生重特大人身事故

此类作业主要防止作业过程中因倒杆塔和触电，造成重特大人身事故。如撤（紧）线时，要防止杆塔因受力失去平衡而倾倒；跨越铁路、公路、通航河流时，要防止交通工具拖拽导线而拉倒杆塔；防止施工中跨公路的导线拌轻便交通工具而引发交通事故；跨（穿）越带电线路、邻近带电线路施工时，防止非绝缘体与带电体接触，造成作业人员触电。

（一）一般安全要求

（1）根据现场勘察情况，绘制与工作线路交叉、平行（邻近）、跨（穿）越线路图，施工方案由县供电企业生产领导（总工）批准。跨越带电的 10kV 线路、电气化铁路、高速公路的施工方案报基层供电企业批准。

（2）施工前，工作负责人应确认工作地段跨（穿）越线路的安全措施已按施工方案落实到位，不存在遗漏或其他问题。

（3）施工时，搭设或拆除跨越架应执行《电力建设安全工作规程（架空电力线路）》相关规定。搭设跨铁路、高速公路的跨越架，还应事先与被跨越设施的管理单位取得联系，必要时请其派员监督。

（4）放线、撤线与紧线作业应设专人统一指挥，统一联络信号，并做到通信畅通。

（二）防止杆塔在施工中失去平衡倒塌

（1）撤线作业，勘察时应先检查电杆的杆根、基础、拉线是否牢固。对锈蚀严重的拉线及拉线棒，应增设临时拉线；对有环裂纹、露筋严重的电杆，应先采取补强、加固措施后，再进行撤线作业。

（2）更换导线作业，对锈蚀严重的拉线及拉线棒，有环裂纹、露筋严重的电杆，应先予以更换。

（3）紧（撤）线作业，应对杆塔主要受力点进行受力分析和计算，明确临锚的布置位置及要求，牵引锚桩的设置应满足安全施工措施的规定。

（4）耐张杆塔要先安装临时拉线。断线时，应使用机械或绳索使导线缓慢落地，严禁采用突然剪断导线的方法松线。

（三）防止交通工具拖拽导线，拉倒杆塔

（1）跨越铁路、公路、通航河流施工，施工前应向其管理部门办理相关手续。施工时，请其配合。

1）跨越公路施工时，应在距离施工作业地点来车方向安全距离处设置明显的安全警示标志，并设专人看守。

2）跨越通航河流时，应请航监部门配合，必要时采取封航措施。

（2）采取搭设跨越架跨越铁路、公路，作业过程中跨越架应有专人看守，看守人与工作负责人应保持通信畅通。

（3）跨越铁路、公路、通航河流施工，放线、撤线与紧线过程中，除在杆上渡线的人员外，在牵引导线时，其他人员不得在杆塔上作业。

（四）跨越电力线路施工时的要求

（1）跨越电力线路施工时，被跨越的线路一般应停电。

（2）如采取无跨越架跨越带电电力线路施工时，必须按照带电作业的要求组织施工，并由从事带电作业的专业人员承担作业任务。

（3）搭设跨越架带电跨越施工的要求。

1）施工前，应停用被跨越的 10（6）kV 带电线路的“重合闸”装置。施工期间，若该线路发生故障跳闸时，在未取得施工工作负责人同意前，严禁强送电。

2）牵引工具及导线应接地，并使用绝缘牵引绳。跨越档相邻两侧杆塔上的放线滑车应使用闭口滑车并可靠接地。

3）作业过程中，跨越处应有专人看守，看守人与工作负责人应保持通信通畅。

4）作业人员不得在跨越架内侧攀登或作业，并严禁从封架顶上通过。导线通过跨越架时，应用绝缘绳作引渡；引渡或牵引过程中，架上不得有人。

5）导线通过跨越架时，必须使用绝缘绳进行传递，严禁采用由人带线头或抛扔钢丝绳的方法进行。

（五）穿越带电线路施工时的要求

（1）勘察和制定施工方案时，应校核施工线路与被穿越线路的交叉距离，考虑施工中导线的跳跃后，应满足表 14-1 规定的安全距离，否则，该线路应停电并予接地。

表 14-1　　不同电压等级电力线路的安全距离

交叉（邻近）电力线路电压等级/kV	10 及以下	35（20）	110（66）	220	330	500
安全距离/m	1.0	2.5	3.0	4.0	5.0	6.0

（2）若在线路上拔地段穿越带电线路，应验算导线在自由状态下与带电线路的距离，在考虑施工中导线的跳跃后，应满足表 14-1 规定的安全距离，并采取以下措施。

1）牵引导线时，应在被穿越线路的下方埋设桩锚，将导线压放到桩锚上的滑轮内。

2）紧线、挂线时，在穿越档内可采用绝缘无极绳环，控制导线的跳跃，保持与带电线路的安全距离。

（六）在同杆塔架设的多回线路中部分线路停电，进行放（撤）线时的要求

（1）此类作业的施工“三措一案”，须由地（市）公司批准。

（2）在同杆塔架设的多回线路上层线路放（撤）导线工作，下层线路应停电，并予接地。同杆塔架设的线路停电登杆作业，杆塔上所有 10kV 及以下的线路必须停电并予接地。

（3）登杆塔和在杆塔上工作时，每基有人工作的杆塔都应设专人监护。

作业人员登杆作业前，应认真核对停电检修线路的双重编号无误，核对杆塔色标，判别标识无误，方可在监护下登杆作业。

（4）作业人员的活动范围及其所携带的工具、材料等与带电部位的距离，应满足表 14-2 中的安全距离。

表 14-2　　作业人员的活动范围及其所携带的工具、材料等与带电部位的安全距离

带电体的电压等级	≤10	35	110（66）	220	330	500
工器具、安装构件、导线、地线与带电体的距离/m	2.0	3.5	4.0	5.0	6.0	7.0
作业人员的活动范围与带电体的距离/m	1.7	2.0	2.5	4.0	5.0	6.0

（5）严禁进入带电线路横担或在该横担上放置任何物件。严禁在杆塔上盘卷或放开绑线。

（6）在停电线路一侧吊起或向下放落工具、材料等物体时，应使用绝缘绳传递，物件与带电导线最小安全距离不得小于表 14-2 的规定。

（7）放线、撤线与紧线时，应控制导线摆（跳）动，保持与带电线路的安全距离。

（8）应采用绝缘牵引绳牵引导线，绞车等牵引工具应接地，放落和架设过程中的导线也应接地，以防止产生感应电。

（9）施工时要注意气象变化，遇有 5 级上大风时，应停止作业。

三、防止在立（撤）杆塔、补装杆塔构件作业中发生重特大人身事故

此类作业，主要是防止触电、杆塔坍塌和重物打击造成重特大人身事故。如防止立（撤）杆塔、补装构件时发生倾倒、坍塌，发生人员高处坠落，造成物体打击；邻近带电设备作业时，物件与带电设备接触，造成触电。

（一）一般安全要求

（1）立（撤）杆塔等大型作业应根据现场勘察结果，对危险性、复杂性和难度较大的施工任务，如邻近带电设备、泥沼地、杆塔严重倾斜、杆塔构件缺失严重等，制定的施工“三措一案”和标准化作业指导书，应经本单位生产领导（总工）批准后执行。

（2）立（撤）杆塔应设专人统一指挥。开工前，要交代施工方法、指挥信号，并组织对安全、组织、技术措施进行学习，工作人员要明确分工、密切配合、服从指挥。

（3）在新立杆塔的杆基尚未完全牢固前，严禁攀登。多人上下同一杆塔时应逐个进行。杆塔上有人工作时，严禁调整或拆除拉线。

（4）同一杆塔上有多人作业时，应指定专人负责本杆塔上的安全及技术工作，并监护其他作业人员。

（5）在山坡上立杆时应注意拉绳的角度，以确保施工人员安全。

（6）临时拉线的地锚应埋设牢固，回填土逐层夯实，一个锚桩上的临时拉线不得超过两根，临时拉线绑扎工作应由有经验的人员担任。

（7）利用已有杆塔立（撤）杆，应先检查杆塔强度及根部的牢固程度，必要时增设临时拉线并补强。

（二）在人流密集区、邻近道路施工时的要求

（1）在人流密集区附近立（撤）杆时，应划定警戒范围，设置警示标志，并设专人看守，疏导行人。

（2）邻近道路施工时，应制定相应的交通组织方案，并设警戒范围或警告标志，必要时请交警部门实施交通管制。

（三）立（撤）杆塔时，防止倒杆塔的要求

（1）撤除老旧钢筋混凝土电杆时，应检查电杆埋设深度，电杆是否完好，电杆有环裂纹或露筋严重时，应加固后作业人员方可登杆；撤线前，应在转角杆、终端杆的承力反方向打好临时拉线。

（2）严禁随意整体拉倒旧电杆或在电杆上有导线的情况下整体放倒。

（3）使用抱杆立（撤）杆塔时，抱杆下部应固定牢固，在松软土质处立杆时，应有防止抱杆沉陷的措施；在坚硬或冰雪冻结的地面上立杆时，应有防止抱杆滑移的措施；当抱杆受力后发生不均匀沉陷时，应及时调整。

（4）立杆过程中除指定的人员外，其他人员应在离开杆塔高度的 1.2 倍距离以外，所有人员不得站在正在起立的杆塔下或牵引系统下方。如需下坑拨正杆根时，应停止牵引，在工作负责人指导监护下并站在起立方向外侧工作。

（5）电杆起立到 70°后应减缓速度，并注意各侧拉线，起立至 80°时，停止牵引，用临时拉线调整杆塔。

（6）牵引时，不得利用树木或外露岩石作受力桩，临时拉线不得固定在不可靠的物体上。牵引时应安排专人密切监视锚桩的受力情况，如有异常要立即停止牵引作业。临时拉线应在永久拉线全部安装完毕承力后方可拆除。

（7）使用吊车立（撤）杆时，绳套应绑在杆塔重心位置之上的适当位置，并采取增加临时拉绳等措施防止杆塔倾倒、摇摆。

（四）邻近带电设备施工时，防止触电的要求

（1）应设专人监护。整体组立（撤）杆塔时，杆塔与带电设备的距离应大于倒杆距离（杆塔最边缘至杆塔全高加上表 14-2 中最小安全距离）。

（2）拉线、临时拉线、施工机具、牵引绳及材料在立（撤）杆过程中，应能保证与带电设备的距离不小于表 14-2 规定的安全距离，否则，带电设备应停电并予接地。严禁采取举起、拨开带电导线等方式来增加电气距离。

（五）采用顶杆（叉杆）立电杆时的基本安全要求

（1）顶杆（叉杆）只可用于立 8m 以下电杆，立杆时必须由有实际工作经验的人员担任工作负责人。

（2）施工人员应均匀分布在电杆两边，在杆梢离地 1.5m 时应立即使用顶杆（叉杆），并配合人力前移顶杆（叉杆）。电杆起立到 70°时应减缓速度，注意调整好各侧拉绳，防止电杆失去平衡发生倒杆。

（六）补装杆塔构件时防止垮塌的要求

（1）作业前应检查拉线、基础和杆塔受力状况。对倾斜严重或铁件缺失严重的杆塔，应采取加设临时拉绳、支撑杆等措施对杆塔进行临时加固。

（2）作业过程中，应按顺序装拆，不得随意拆除受力构件，如确需拆除时，应预先作好补强措施。

四、防止在平台、构筑物上作业中发生重特大人身事故

此类作业，主要是防止发生平台倾倒、构筑物塌陷，以及在带电设施附近作业时发生触电，造成重特大人身事故。

（1）应由专业人员搭设脚手架、高处作业平台，使用中不得超过额定载荷。

（2）作业时，移动式脚手架、高处作业平台应与牢固的构件绑牢，并将其滚轮固定住。

移动脚手架、高处作业平台前，脚手架上、平台上的材料、工具等应清理干净，在架上作业的人员回到地面或牢固的工作面后，方可移动。

（3）凡高度超过 2m 的脚手架、作业平台，在可能发生坠落面侧应设置固定式防护栏杆。平台的工作面应采取防滑措施。在没有设置防护栏杆的脚手架、作业平台上工作，或坠落相对高度超过 1.5m 以上时，必须使用安全带等可靠的安全措施。

（4）邻近带电设备作业时，在脚手架、平台上作业的人员、工具材料与带电设备的距离应满足表 2-2 中的安全距离，并设专人监护。

（5）在屋面安装配电变压器时的基本安全要求。

1）安装前应验算屋面的承载强度。吊装变压器工作应设专人指挥和监护。

2）安装前要对屋面的上部、周围建筑物及电力设施进行勘察，确定吊车摆放位置，保证吊装过程中吊臂、钢丝绳、变压器与周围建筑物及带电设施之间的安全距离。

五、防止在土石方工程、进入深沟（洞）作业中发生重特大人身事故

此类作业主要是防止挖沟（洞）时发生垮塌；作业人员进入深沟（洞）时发生窒息、气体中毒造成重特大人身事故；沟（洞）中作业，损坏运行中电缆，造成触电；使用的移动电器漏电，造成触电。

（1）开挖泥水坑、流沙坑等施工作业，施工所用电动抽水泵及其他移动电气设备应安装剩余电流动作保护装置。

（2）坑洞开挖，不用挡土板时，坑壁应留有适当坡度，一般参照表 14-3 预留。

表 14-3　　坑壁适当坡度

土质类别	砂土、砾土、淤泥	砂质黏土	黏土、黄土	硬黏土
坡度（深:宽）	1:0.75	1:0.5	1:0.3	1:0.15

（3）在市区、居民区及交通道路附近挖沟（坑），应与管理或产权单位取得联系，查明地下设施。已开挖的沟（坑）应设盖板或可靠遮栏，挂警告标牌，夜间设置警示照明灯，并设专人看守。

（4）在电缆及煤气（天然气）管道等地下设施附近开挖时，应事先取得有关运行管理单位的同意。必要时，请其派人到现场监护。严禁用冲击工具或机械挖掘。

（5）开挖中，发现不能辨认的物品，应立即停止工作并及时报告，严禁随意敲击或耍弄。

（6）在松软土质挖坑洞时，应采取加挡板、撑木等防止塌方的措施，不得由下部掏挖土层。采用的挡板、撑木等强度要符合作业现场需要。堆放的材料、渣土，距坑边距离应大于 0.8m 且堆放高度不得超过 1.5m。严禁作业人员在坑内休息。

（7）爆破作业应由经过专业培训合格的人员担任，应有专人指挥。爆破时，人员必须撤到安全地带。起爆前应检查危险区内是否有人停留，并派专人警戒，严禁任何人进入危险区。遇有哑炮时，应等 20min 后再行处理，非排爆专业人员不得靠近。

（8）在下水道、煤气（天然气）管线、潮湿地、垃圾堆或有腐质物等的附近从事挖沟

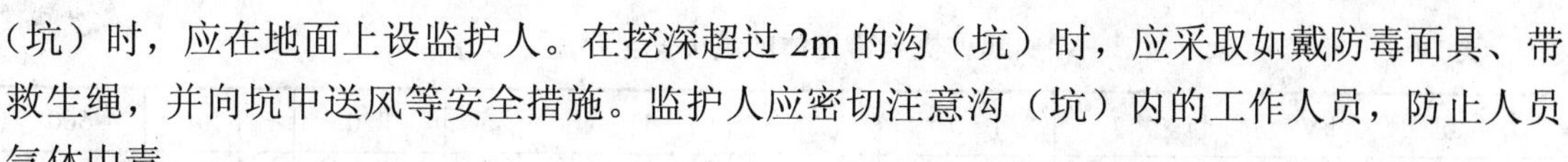

（坑）时，应在地面上设监护人。在挖深超过2m的沟（坑）时，应采取如戴防毒面具、带救生绳，并向坑中送风等安全措施。监护人应密切注意沟（坑）内的工作人员，防止人员气体中毒。

（9）电缆井内工作时，禁止只打开一只井盖（单眼井除外）。进入电缆井内作业，应先用吹风机排除浊气，再用气体检测仪检查井内易燃易爆及有毒气体的含量是否超标。电缆沟的盖板开启后，应自然通风一段时间后再进入沟内工作。电缆井内工作时，通风设备应保持常开，以保证空气流通。

六、防止在重大灾害后抢修电力设施中发生重特大人身事故

抢修作业特点：①运行方式调整多；②用户自备发电机发电时，可能造成反送电；③杆塔及基础受损；④参与抢修作业人员较多。要坚持统一指挥，加强现场督导。

（1）发生重大灾害后的电力设施抢修工作应统一指挥、统一调度，畅通信息。

（2）各级调度要向抗灾抢修指挥人员及时通报运行方式的变化及已恢复的线路情况。

（3）加强对用户自备电源使用管理，加大对灾后自备发电机使用情况的检查、登记，强制安装可靠的闭锁装置确保与电网隔离，防止发生反送电。

（4）抢修因灾受损的电力设施前，运行管理单位应会同抢修单位进行现场勘察。现场勘察时应查明工作范围内线路受损的情况及线路交叉跨越、自备电源和双电源情况。

（5）外单位抢修队伍参与抢修作业，须由设施的运行管理单位派专人具体负责与调度联系，并落实保证安全的技术措施。设施抢修完毕后，恢复送电前，运行管理单位应会同外单位抢修队伍，对抢修后的设施进行全面检查。

七、防止在起重作业和人力运输中发生重特大人身事故

此类作业主要是防止起重机械倾翻，防止被起吊（搬移）物体倾翻，造成物体打击，防止装卸物件时滚动或翻倒，防止在带电设备附近吊装时发生触电。

（1）起重机械起吊物品时，不得超过额定荷载。吊件重量达到起重机额定负荷的95%时，须办理安全施工作业票，并由起重专业技术人员在现场指导。

（2）起吊前，工作负责人应进行全面安全检查，确认牢固可靠后，方可作业。起吊时，应设专人指挥，统一信号，起吊时发现异常应立即停止。

（3）吊件吊起10cm时应暂停，检查制动装置，确认完好后方可继续起吊。

（4）起吊物应绑牢，吊钩悬挂点应与吊物在同一垂线上，吊钩钢丝绳应垂直，严禁偏拉斜吊；落钩时应防止吊物局部着地引起吊绳偏斜；吊物未固定好严禁松钩。

（5）在起吊过程中，受力钢丝绳的周围、上下方、内角侧和起吊物的下面，严禁有人逗留和通过。吊运重物不得从人头顶通过，吊臂旋转半径以内严禁站人。

（6）起吊成堆物件时，应采取防止滚动或翻倒的措施。钢筋混凝土电杆应分层起吊，每次吊起前，剩余电杆应用木楔掩牢，防止散堆伤人。

（7）吊件不得长时间悬空停留；短时间停留时，操作人员、指挥人员不得离开工作岗位。

（8）吊车在带电设备下方或附近吊装时，须办理安全施工作业票，并有技术人员在场指导。吊车应接地，严禁起重臂跨越带电线路进行作业，起重臂及吊件的任何部位与带电体（在最大偏斜时）的最小距离不得小于表14-4的规定。拉绳应使用绝缘绳。

表 14-4　　起重机与带电体的最小安全距离

电压等级/kV	<1	1～10	35	110（66）	220	330	500
安全距离/m	1.5	2.0	3.5	4.0	6.0	7.0	8.5

（9）人力运输的道路应事先清除障碍物，抬运笨重物件或电杆，经过山区道路，其宽度不宜小于 1.2m，坡度不宜大于 1:4。

（10）重大物件不得直接用肩扛运，抬运时应步调一致，同起同落，并有人指挥。

（11）雨雪后抬运物件时，应有防滑措施。

第二节　加强农电现场安全管理

供电企业为进一步落实农电各级、各类人员的安全管理责任，确保农电检修、施工安全，就加强农电现场安全管理，提出如下意见。

一、健全农电安全管理责任体系

（1）按照“谁管理，谁负责”；“谁组织，谁负责”；“谁实施，谁负责”的原则，进一步健全、完善农电安全管理责任体系，落实安全管理责任。

（2）各级供电企业农电归口管理部门必须有专人负责农电安全生产管理工作，切实加强对农电安全生产工作的指导，全面落实农电安全生产工作要求。

（3）对农电实行专业化管理的单位，要明确各专业管理部门的农电安全管理责任。农电安全工作与业务工作应坚持“五同时”，即同计划、同布置、同检查、同总结、同考核。同时，各级农电归口管理部门每季度应对县供电企业各专业的安全管理工作进行检查和评价，并及时向各专业分管领导和专业管理部门提出书面工作建议。

（4）建立并严格执行责任追究制度。将农电安全纳入各级、各类人员综合业绩考核内容，根据其承担的农电安全管理责任实行责任追究制度。

二、加强对现场执行安全措施的监督

（1）建立工作报告制度。对难度大、危险性高的作业，地点分散的作业，涉及工种及人员较多的作业等，应建立工作报告制度，加强安全监督，确保施工安全。

（2）建立分级把关制度。根据作业类型、作业环境、作业风险、人员安全素质明确分级把关人员。同时，要根据应急抢修工作的复杂、紧急和危险程度，明确现场把关人员。

（3）严格执行“两票”制度。建立“两票”管理实施细则，县供电企业每月对“两票”执行情况要定期进行检查，对“两票”的使用率、正确率进行评价，列入月度业绩考核内容。

三、开展现场标准化作业

（1）坚持“安全可靠、简便易行、实用实效”的原则，推进现场标准化作业。各级供电企业组织编制现场标准化作业指导书，建立现场标准化作业管理体系，加强培训、开展试点、积累经验、有序推进。

（2）各级供电企业要制定全面推进县供电企业现场标准化作业实施计划。每个县供电企业都要在年底前，组织开展现场标准化作业试点工作。

四、严格关键岗位人员的考核

（1）严格关键岗位人员的资格审查。根据工作票签发人、工作负责人（专责监护人）、工作许可人及安全员等关键岗位人员的安全职责要求，每年组织人员进行培训、考试，对考试合格者，方可认定其担任相应关键岗位人员的资格。

（2）建立关键岗位人员考评制度。根据日常安全工作实绩及履责情况，每半年组织一次考评，对表现突出的人员给予奖励，对履责能力差和工作不认真的人员应坚决进行调整。

五、确保电气作业人员持证上岗

电气作业等特种作业人员要100%持上岗资格证上岗。

六、对安全管理基础薄弱单位采取帮扶措施

（1）建立领导挂点帮扶制度。由领导挂点安全基础较差的县供电企业，帮助提升安全管理实务水平。

（2）建立工作组重点帮扶制度。各级供电企业要派出工作组，指导县供电企业建立安全管理薄弱环节档案，分析原因，提出解决办法，针对薄弱环节健全和完善安全管理制度。

（3）建立县供电企业结对帮扶制度。由各级供电企业组织安全基础好的县供电企业对口帮助安全基础差的县供电企业，帮助改进其现场安全管理方法。

七、建立、健全现场督查制度

（1）供电企业农电部不定期组织开展现场安全工作督查，对供电企业布置的安全重点工作不落实及现场安全管理问题突出的单位，下发《安全隐患整改通知》，并要求及时反馈整改情况。

（2）各级供电企业分管农电工作的领导应保证足够的时间、精力抓农电安全生产工作，每月应至少深入县供电企业、农村供电所检查、调研一次。

（3）各级供电企业农电安全管理责任部门应建立对县供电企业、农村供电所的督查制度。

（4）各级供电企业应制定各级、各类人员深入供电所和作业现场的制度，加强对作业现场的安全监督和工作指导。深入落实“三防十要”反事故措施。

八、深入开展督查工作

对供电企业落实上述工作的情况，将开展督查，并作为评价各级供电企业司农电工作的重要内容。

第三节 农村配网工程施工作业典型安全措施

一、一般规定

（1）农村配网工程要按照“五制”要求，认真落实项目法人和承包单位的安全责任，按规定签订安全协议，明确安全管理责任、界面、奖惩规定等内容。

（2）对农配网工程实行工程监理时，必须签订工程监理合同，明确监理范围、责任主体、管控环节、违规处理等内容，确保对安全、质量全过程监理。

（3）工程发包程序应符合要求，要严格审查承包单位的资质，严禁资质不符合要求的单位承包或变相承包工程，特别是严防采取挂靠等方式参与工程承包。

（4）项目建设单位要将现场施工安全管理作为安全督查的重点，重点检查落实保证安全的组织措施、技术措施的情况。坚决杜绝不办票、不交底、不监护、不停电、不验电、不挂接地线等行为。要督促、指导施工人员正确使用安全帽、安全带等个人安全防护用品及安全工器具。

（5）施工单位应根据现场情况编制施工“三措一案”，建立作业现场分级勘察制度。“三措一案”必须经设备运行管理单位审查合格后方可执行，现场勘察记录应随工作票一同存档。

（6）发包工程施工涉及运行设备时，工作票应实行“双签发”。可根据作业现场需要，使用工作任务单等。建设单位对作业现场进行安全检查时，发现有违章行为等，应立即制止并纠正，必要时可责令施工单位停工整顿。

（7）应认真落实“防触电、防高坠、防倒断杆”的安全防护措施。要抓好“勘察、工作许可、安全技术交底、监护、工作终结”等关键环节的安全管控，务必使作业人员做到“工作任务清楚、工作程序清楚、工作危险点清楚、现场安全防范措施清楚”。

二、保证安全组织措施要求

（一）现场勘察

1. 工作要点

应明确工作内容、停电范围、保留带电部位、停电设备范围等，应查看交叉跨越、同杆架设、邻近带电线路、反送电等作业环境情况及作业条件等。勘察时应认真、仔细。要对照勘察记录，制定对应安全措施并落实到工作票中。

重点防范触电、高处坠落、误登带电杆塔等危险。下列情况，工作票签发人或工作负责人应到现场组织勘察。

（1）带电作业且配电系统非单一电源。

（2）保留带电部位、邻近带电线路或交叉跨越距离等情况不清楚。

（3）现场施工环境、设备接线方式不清楚，设备识别标识不清晰或缺失。

（4）有可能造成误登电杆、误入带电间隔，停电线路为同杆架设的多回路线路。

（5）外单位队伍承包工程。

（6）存在反送电可能。

2. 邻近带电线路、交叉跨越线路以及同杆架设线路的勘察工作要求

必须查明工作线路（设备）和邻近带电线路（设备）、交叉跨越、同杆架设的线路的双重称号以及色别、相邻杆塔起止杆号等。

重点防范误碰带电设备、误登带电杆塔等行为。需配合停电时，必须停电作业，严禁强令冒险作业。

3. 与配合停电设备运行单位的联系

应事先书面申请，明确停送电联系人、联系方式、停电线路名称及操作程序等。

重点是要对配合停电线路进行验电、挂工作地线。

4. 加强双电源管理，防止反送电

应查明作业线路是否有双电源用户，是否存在反送电特别是低压反送电可能性。

重点是在作业地段所有可能来电方向线路的高低压侧挂接地线，同时要加强对试验电源的管理，防止发生触电事故。

5. 检查杆根、基础、拉线牢固情况

（1）电杆埋深是否符合要求，回填土是否夯实；杆身是否存在超过规定的纵向、横向裂

纹；检查电杆周围基础是否存在掏挖、塌方、滑坡等情况。

(2) 老旧拉线埋深是否符合要求，拉线是否严重锈蚀，对埋设于水田等易受腐蚀地段的拉棒应进行掏挖检查，拉线、拉棒等拉线组件的强度是否满足要求。

(3) 农村低压线路中使用的老旧小方杆（手模杆）、木杆是否牢固，是否存在杆根断裂等。

(二) 工作票签发

(1) 工作票签发人必须认真分析现场查勘记录，结合作业任务，确定工作区域、停电范围及制定对应的安全措施，根据工作需要安排充足的施工力量。

(2) 施工单位办理的工作票应由设备运行管理单位签发，必要时实行施工单位与运行单位“双签发”。

(3) 工作负责人、工作许可人可根据作业现场实际情况，补充安全措施。对工作票上所列的安全措施、停电范围存在疑问时，应向工作票签发人核实，确有错误的，应立即停止工作，重新办理工作票，布置安全措施。

(4) 对不涉及运行设备的新建农配网工程，要制定相应补充规定，如采用执行施工作业安全措施票等，对其安全管理要求与工作票等同。严禁农配网工程无票作业。

(三) 工作许可

(1) 电话许可必须坚持复诵核对制度，并书面记录清楚。现场许可必须逐项交代、确认现场安全措施正确、完备后，双方签字确认，并详细记录许可时间。

(2) 工作许可人必须确保工作线路可能来电的各方面（含用户）都拉闸停电，验电挂好接地线后，方能发出许可命令。

(四) 现场安全技术交底

工作许可后，正式开工前，工作负责人必须向全体工作人员进行安全技术交底，主要内容应包括：①工作任务；②停电范围；③作业现场保留的带电部位、线路；④工作地线悬挂位置及数量、作业现场已布置的其他安全措施；⑤作业计划起止时间；⑥工作人员分工及专责监护人安排情况；⑦工作程序；⑧工作地段邻近、平行、交叉跨越的高电压等级电力线路运行状态及位置，使用个人保安线的要求；⑨容易误登的电杆或误入的带电间隔情况以及采取的相应防范措施；⑩作业现场是否存在反送电可能及采取的防范措施；⑪作业中应注意的技术要点；⑫补充安全措施布置情况；⑬交底完后，全体工作人员应签字确认。

(五) 工作监护

工作负责人、专责监护人应始终在工作现场，对工作班人员进行认真监护，及时纠正不安全行为，不得擅离职守。以下情况必须使用工作任务单并指派专责监护人。

(1) 工作地点分散，工作负责人不能在作业现场同时监护多班组作业，工作安全风险较大。

(2) 工作地点存在同杆架设线路、交叉跨越线路、邻近带电线路。

(3) 工作地点附近有同类型设备，易造成误登杆塔、误入间隔。

(4) 工作地点有需要配合停电的设备。

(5) 工作地点存在需要单独增设的安全措施。

(6) 有较多雇佣民工或临时工参加工作。

(7) 工作地点跨越河流、沟渠、房屋、公路等。

(8) 工作负责人根据现场情况认为有必要时。

（六）工作终结恢复送电制度

完工后，工作负责人应确认设备上无遗留工具、材料等物品，查明全部工作人员确已离开工作现场，方可下令拆除接地线，办理工作终结和恢复送电手续。

三、保证安全的技术措施

（1）停电时必须断开所有可能送电至工作设备各侧的断路器、隔离开关、熔断器，并加挂工作接地线。停电设备各端应有明显断开点，必要时派人看守。

（2）为防止低压反送电，应拉开配变高低压侧断路器（熔断器），并摘下熔管。可直接在地面操作的断路器（隔离开关）的操作机构上应加锁，并悬挂“禁止合闸，有人工作！”等标示牌。

（3）验电时应使用合格、相应电压等级的接触式验电器。

（4）对断路器柜、环网柜验电时，应先认真查看设备一次系统接线图，验电过程中要严格遵守验电工作程序，防止发生触电或验电位置错误。

特别要注意对可能存在低压反送电和感应电压伤人等情况的设备验电，确认其无电压。

（5）装拆接地线必须按照规定程序进行，禁止反程序操作。所有可能送电至工作设备的线路高低压各侧均应可靠接地，不能遗漏。

工作地线的装设位置应合理，应以确保作业现场安全、防止触电如反送电、突然来电等为核心。

（6）个人保安线应严格按规定使用，禁止用个人保安线代替接地线使用。工作结束时，工作人员应拆除个人保安线。

（7）装设遮栏（围栏）应能够明确划分工作区域、带电区域和非工作区域，并悬挂标示牌。工作区域涉及跨越公路、集镇等人口密集区等时，安全围栏应醒目、充足，必要时指派专人看守，防止无关人员误入工作现场。

（8）在一经合闸即可送电到作业现场的隔离开关、断路器等设备处，应悬挂醒目的安全标示牌，必要时指派专人看守。在配电双电源用户接入点和有反送电可能的高低压电源侧，应悬挂“禁止合闸，线路有人工作!”等安全标示牌。

四、线路施工现场安全管理

1. 作业前检查要点

（1）现场安全措施是否执行到位，是否存在遗漏、缺失、损坏及移动等情况。重点检查接地线布置、防反送电、防倒断杆、防高处坠落等安全措施。

（2）作业区域电杆（设备）双重称号以及色标、起止杆号及相邻杆塔号是否与工作票所列内容一致。

（3）电杆、配电设备本体及附属设施是否存在缺陷，如电杆纵（横）向裂纹超标、横担及金具腐（锈）蚀、拉线断股、拉线基础松动、电杆倾斜超标等。

（4）杆根、基础、拉线是否牢固，是否需要增设临时拉绳等安全措施。

（5）老旧线路设备存在的危险点及周围环境和电气连接状况等。

（6）施工机具、安全工器具、施工机械的安全性能。

2. 立杆、撤杆工作

（1）主要危险点。高处坠落、触电、倒断杆、机具砸碰。

（2）主要安全措施。

1）分工明确，信号统一，动作协调。要划定作业区域，严禁无关人员进入施工现场。

2）控制好电杆重心和电杆起立角度。控制、牵引等拉绳的控制应由有经验的人员操作、指挥，必要时可采取增加临时拉绳等措施。

3）起吊作业的施工机械自身安全措施必须到位，防止因重心偏移、支撑不牢靠、操作不规范等原因而发生倾翻。起重吊钩必须有防脱扣闭锁。

4）邻近带电的高压设备立（撤）杆作业时，生产技术人员应在现场指导，必要时制定"三措"一案，并采用有效措施，确保作业过程中人体、施工机具、牵引绳、拉绳等无触及带电设备可能。导线、拉线、施工机具应可靠接地。

3. 撤除小方杆（手模杆）

主要危险点有：倒断杆、触电、高处坠落。受材质、制造工艺等因素制约，目前运行的小方杆普遍存在承重能力差，抗折断能力弱，杆体老化、损伤严重等情况，因此：

（1）在未采取确保人身安全措施的情况下，严禁工作人员直接攀登小方杆进行杆上作业。

（2）原则上不主张登杆作业拆除旧线路，宜采用施工机械等措施进行安全拆除。

（3）为防止拆除老旧线路发生成片倒杆断线，施工前应对交叉跨越或临近带电的线路进行停电，防止老旧线路拆除过程中触及带电线路、设备。

拆除老旧线路工作中若跨越街道、公路、交通道口等处，应设专人看守，必要时设置围栏，悬挂安全标示牌，防止发生交通事故、导线拉伤人等。

4. 杆塔上作业

（1）主要危险点。高处坠落、触电、物体打击。

（2）主要安全措施。

1）登杆前应仔细检查杆根、基础、拉线等，工作前应再次确认作业范围无触电危险，如不能确定，则需重新验电。

2）登杆前应认真核对、确认杆塔双重称号。应正确使用安全带（带后备保护绳），禁止杆上移位或上杆过程中不使用安全带。严禁安全带低挂高用。

3）攀登老旧电杆前，应重点检查杆身是否牢固、埋深是否满足要求、电杆拉线是否牢靠。杆上作业前还应检查横担、金具等是否严重锈蚀。

4）新立杆塔在杆根基础未完全牢固前禁止攀登。

5）在经泥石流冲刷、内涝洪水浸泡、大风吹刮、强降雨冲刷后的线路上作业时，工作前应对线路、配电设施进行仔细检查，必要时在采取增加临时拉绳（或支好架杆）、培土加固等措施后，在专人监护下登杆作业，严禁不采取可靠措施盲目作业。

6）登杆前须认真检查登高器具（登高板、脚扣）是否牢固、可靠。严禁借助绳索、拉线上下杆塔。冰冻天气作业应增加相应防滑、防冻、保暖等措施。

7）在可能有感应电的杆塔上作业时，在人体接触导线前应挂接保安线，作业结束人体脱离导线后方可拆除。

8）杆上有人时禁止调整或拆除拉线。

9）禁止用突然剪断导、地线的方式松线，不得随意拆除受力构件。杆上作业、移位时必须手扶牢固构件，禁止失去保护绳进行作业或换位。

5. 搭、拆头工作

（1）主要危险点。触电、高处坠落、误登电杆、高空坠物、导线脱落。

（2）主要安全措施。

1）防触电、防高处坠落、防倒断杆、防误登电杆、防高处坠物等安全措施同前相应条款。

2）首先必须验电确认无电。为防止突然来电，在工作地点可能来电各侧均应装设工作地线。

3）禁止作业人员擅自扩大工作范围、增加工作内容或变更安全措施。

6. 调整弧垂工作

（1）主要危险点。触电、高处坠落、高空坠物、误登电杆。

（2）主要安全措施。

1）防触电、防高处坠落、防倒断杆、防误登电杆、防高处坠物等措施同前相应条款。

2）应做好防止导线抽跑、掉落的措施，涉及跨越河流、公路、铁路、人口密集区的线路时，要做好对应安全措施，必要时专人看守。应提前联系主管部门，协调做好相应安全措施。

3）调整弧垂工作应综合考虑风偏、强对流天气、季节（高温、严寒）、公路和铁路路（轨）面高度、房屋高度等因素。

7. 装、拆拉线工作

（1）主要危险点：触电、高处坠落、高空坠物、倒断杆、误登电杆。

（2）主要安全措施。

1）防触电、防高处坠落、防倒断杆、防误登电杆、防高空坠物等安全措施同前相应条款。

2）杆上有人时，禁止装拆拉线。

3）老旧线路拆除拉线时，必要时增加临时拉线等安全措施，防止倒断杆。

4）转角杆、耐张杆、终端杆及跨越高速公路、铁路、河流等线路电杆的拉线装拆工作，应增设临时拉绳，防止倒断杆。

5）对于水田、圩区、山区（大档距）电杆拉线装拆工作必须综合考虑地形地貌、受力平衡、设施状况等因素，必要时进行补强，防止倒断杆。

8. 放（紧、撤）线工作

（1）主要危险点：触电、高处坠落、高空坠物、导线抽甩、倒断杆。

（2）主要安全措施。

1）防触电、防高处坠落、防倒断杆、防误登杆塔、防高空坠物等安全措施同前相应条款。

2）放（紧、撤）线应专人指挥、统一信号、畅通信息、步调协调，并加强监护。

3）交叉跨越、邻近电力线路时，要提前勘察现场，做好相应安全措施。

4）跨越河流、高速公路、铁路时，应提前联系相关主管部门，协调做好相应安全措施，必要时可采取封航、封路、搭设跨越架、专人在交通道口看守、设置明显的警示标志等安全措施。

5）遇有障碍物挂住时，应先松动导线，沿线巡查，待查明原因并处理后方可重新开工，不能生拉硬拽。

6）人员应站在牵引绳、导线外侧，不能站在导地线线圈内或牵引绳、架空线等下方，防止跑线伤人。

7）放（紧、撤）线前应检查杆根、桩锚、拉线、基础。必要时应增加临时拉绳、桩锚，防止倒断杆。

8）禁止采用突然剪断导线的方法松线。

9）放（紧、撤）线作业。在关键地点、部位应增设专责监护人，工作负责人、专责监护人不得擅自离开现场。

9. 坑洞开挖工作

（1）主要危险点。地下设施和管线外破、塌方、煤气和沼气中毒、误坠坑洞、地埋线和地下电缆外破触电。

（2）主要安全措施。

1）施工前，应与地下管线、电缆等地下设施主管单位沟通，根据作业区域地下设施埋设走向图，掌握其分布情况，确定开挖位置。特别是涉及天然气（煤气、自来水、地埋电线电缆）管道等地下设施时，应请其主管单位现场指挥、协调。

2）要及时清理坑口土石块，土质松软处，应加设挡板、撑木等，防止塌方。圩区、水田等地段应采取相应防塌措施。

3）已开挖的沟（坑）应设盖板或可靠遮栏，挂警告标牌，夜间设置警示照明灯，并设专人看守。

4）在下水道、煤气（天然气）管线、潮湿地、垃圾堆或腐质物等附近从事挖沟（坑）时，应在地面上设监护人。挖深超过 2m 时，应采取戴防毒面具、带救生绳、向坑中送风等安全措施。监护人应密切注意沟（坑）内的工作人员状况，防止人员气体中毒。

10. 起重与运输工作

（1）主要危险点。起重设备倾倒和损坏、电杆等超长设备挂碰、装卸过程砸碰、误碰带电线路。

（2）主要安全措施。

1）起吊物品不得超过起重机械额定载荷。吊件质量达到额定载荷的 95%时，要由起重专业技术人员在现场指挥。

2）起吊前，工作负责人应全面检查吊绳、吊钩、支腿等，确认起重机械支平停稳。起吊时，应设专人指挥，明确分工，统一信号，发现异常应立即停止，查明原因处理后方可继续起吊。

3）吊件全部离地后应暂停起吊，同时检查吊车自身稳定、重物捆绑、钢丝绳受力等情况。上述检查确认完好后方可继续起吊。

4）起吊物应绑牢，吊钩悬挂点应与吊物重心在同一垂线上，吊钩钢丝绳应垂直，严禁偏拉斜吊。落钩时应防止吊物局部着地引起吊绳偏斜。吊物未固定好严禁松钩。

5）在起吊过程中，受力钢丝绳的周围、上下方、内角侧和起吊物的下面，严禁有人逗留和通过。吊运重物不得跨越人员头顶，吊臂旋转半径以内严禁站人。

6）起吊成堆物件时，应采取防止滚动或翻倒的措施。钢筋混凝土电杆应分层起吊，每次吊起前，剩余电杆应用木楔掩牢，防止散堆伤人。

7）吊件不得长时间悬空停留；短时间停留时，操作人员、指挥人员不得离开工作岗位。

8）吊车在带电设备下方或附近吊装时，须办理安全施工作业票，并有专业技术人员在场指导。吊车操作人员应与起吊指挥人员保持持续通信。吊车应接地，严禁起重臂跨越带电线路进行作业，起重臂及吊件的任何部位（在最大偏斜时）与带电体的最小距离不得小于最小安全距离。拉绳应使用绝缘绳。

9）人力搬运时，道路应平坦畅通。山区机械牵引作业，牵引线路两侧 5m 以内不得有人。

11. 线路倒闸操作

（1）主要危险点。误登杆塔、误操作、触电、高处坠落、高空坠物、倒断杆。

（2）主要安全措施。

1）作业前应认真核对线路双重称号、杆号、位置，查明交叉跨越、邻近带电线路、同类性杆塔、易误登杆塔等设施情况。

2）登杆作业前，必须检查杆跟、基础、拉线、杆体等安全状况，登杆过程必须使用安全带。杆上作业应使用工具袋和传递绳，防止高空落物伤人。攀登老旧电杆作业时，应采取增加临时拉绳等安全措施，防止倒断杆。

3）操作前必须认真核对、复诵确认拟操作设备，防止误操作。在专人监护下逐步逐项操作，严禁跳项或无票、无监护操作。

12. 安装、更换配变工作

（1）主要危险点。触电、高处坠落、物体打击、吊运过程砸碰。

（2）主要安全措施。

1）拆除旧变压器时，应断开所有可能送电至原变压器各侧的断路器（隔离开关），应有明显断开点，验明确无电压后可靠接地，并悬挂标示牌。

2）在作业区域外围设置遮栏并悬挂“止步，高压危险！”、“从此进出！”、“在此工作！”等标示牌。在人口密集区、交通道口作业，应增设专人看守，防止无关人员进入作业区域。作业前，应检查变台杆基、杆跟、拉线是否良好，防止倒断杆。

3）吊运设备过程中应做好防范措施，防止吊臂、吊绳、吊物等与周围带电线路安全距离不足。起吊时应轻起慢放、平稳移动，防止剧烈摆动，必要时应增加临时拉绳。

4）使用链条葫芦吊运变压器前，应检查钢构件等承力部件是否可靠、牢固，变压器与台架固定是否牢固、水平。

5）台架上作业应使用安全带，传递工具、材料等物件应使用绳索，禁止上下抛掷。

6）安装调试完工后，应检查清理现场。严格遵守工作终结和恢复送电制度，按照操作流程进行恢复送电，严禁擅自盲目操作。

13. 安装、更换 JP 柜、配电屏（以下简称屏柜）工作

（1）主要危险点。触电、高处坠落、高空坠物、移动屏柜时挤碰。

（2）主要安全措施。

1）防触电、防高处坠落、防倒断杆、防误登电杆、防高处坠物等安全措施同前相应条款。

2）拆除前，首先应断开连接至屏柜的所有电气接线，应有明显断开点，经验明确无电压后可靠接地并悬挂标示牌。

3）屏柜金属外壳应接地良好。

4）搬运屏柜时应统一指挥、步调一致。起立、就位过程中，应做好防止侧滑、挤压、砸碰等措施。

5）完工后应认真检查、清理作业现场，检查接线情况。接引、恢复送电工作应严格按照操作流程进行，严禁擅自盲目送电。

14. 配电屏、台区低压出线检修工作

（1）主要危险点。触电、低压短路、高处坠落。

（2）主要安全措施。

1）防触电、防高处坠落、防倒断杆、防误登电杆、防高空坠物等安全措施同前相应条款。

2）作业前应认真核对设备编号、名称、位置，防止误登带电杆塔。

3）正确使用个人工器具，并做好相应安全措施，如用绝缘胶带缠绕螺丝刀等工具金属裸露部位，防止低压短路。

4）断路器、隔离开关等操作把手应可靠闭锁，并悬挂"禁止合闸，（线路）有人工作！"等标示牌，必要时设专人看守。

15. 剩余电流动作保护器安装测试工作

（1）主要危险点。触电、相间短路、单相接地。

（2）主要安全措施。

1）安装前，应先断开低压电源。安装、试验台区总保护工作，应事先通知相关用户，防止反送电。

2）正确使用工器具，对相线、零线进行绝缘处理，防止相间短路，单相接地。作业时人员应站在绝缘垫或干燥的木凳上。

3）接线前应认真核对剩余电流动作保护器接线方向、接线位置，防止误接线。

4）安装完毕后，应按要求进行试验、试跳等项目，填写安装记录，并告知用户相关使用常识。

16. 低压带电作业

（1）主要危险点。触电或电弧烧灼、相间短路、单相接地、误接线、高处坠落、马蜂蜇伤。

（2）主要安全措施。

1）低压带电作业应设专人监护。使用有绝缘柄的工具，并对其外裸导电部分进行绝缘处理，防止相间短路、接地。

2）作业人员应穿全棉工作服、绝缘鞋，并戴手套、安全帽、护目镜等，操作时应站在干燥的绝缘物上。禁止在带电线路上直接使用锉刀、金属尺、金属毛刷等工具。

3）在高低压同杆架设线路的低压带电线路上作业，应做好防止误碰高压带电设备的安全措施，确保作业人员工作活动范围与高压线路间保持足够的安全距离，无误触高压线路、断路器、熔断器等设备的可能。

4）登杆前，应先分清相线、零线。断开导线应先断开相线，后断开零线。搭接导线时顺序相反。人体不准同时接触两根导线。

5）在杆上进行低压带电作业时，宜采用升降板登高，人体与电杆及金属构件接触部位宜用绝缘物进行包裹、隔离。

6）使用配电作业车（绝缘斗臂车）作业，应专人指挥，提前选好工作方位、移动（升降）路线，确保升降过程中人体、车臂等与高压带电线路保持足够的安全距离。

17. 装表接电工作

（1）主要危险点。触电或电弧烧灼、高处坠落、误登杆塔、误接线。

（2）主要安全措施。

1）带电更换表计时，要采取与低压带电作业相同安全防护措施。

2）电能表与电流互感器、电压互感器配合接线工作应停电进行。

3）登杆前应认真核对杆塔名称、杆号、位置，防止误登杆塔。

4）高处作业及杆上移动过程中必须使用安全带，防止高处坠落。

5）要做好相应防范措施，防止因低压线路裸露部分误碰、误触有线电视、光缆、电话线等线路而造成其线路带电误伤人。

6）在居民小区等多用户地点安装电能表时，应提前查看低压线路接线及分布，分清电源点和相线、零线，防止因误接线造成短路、触电危险。

第四节　农网10kV典型断路器柜检修风险防范要点

一、农网10kV断路器柜设备主要类型

（1）GG—1A（F）高压断路器设备。

（2）XGN□—12箱型固定式金属封闭断路器设备。

（3）HXGN□—12（Z/L）箱型固定式金属封闭断路器设备（Z表示真空，L表示六氟化硫）。

（4）KYN□—12铠装移开式金属封闭断路器设备。

二、断路器柜检修注意事项

（一）总体要求

（1）在采用新的断路器柜柜型时，要组织有关人员开展针对性的培训，使管理、运行、检修人员特别是检修人员要熟悉断路器柜内部结构，编制切合实际的检修工艺规程。对于运行维护及检修中特殊的事项，应列入现场运行、检修规程。

（2）从事断路器柜较特殊检修维护项目前，工作负责人要组织人员进行现场查勘，根据柜型、接线方式以及采取的运行、检修方式，分析辨识检修作业中的危险点，并制定针对性的控制措施。

（3）在断路器柜检修维护全过程中，工作负责人必须始终留在工作现场，对工作人员的安全认真监护，随时提醒工作人员注意安全。监护人员应认真履行职责，集中精力，及时提醒工作人员应注意的事项，以防止可能发生的意外事故。

（二）一般规定

（1）所有断路器柜体前后门必须设置统一、醒目的双重编号，并确保断路器防误闭锁装置功能可靠、完善，锁具处于良好、闭锁状态。

（2）检修联络线柜应特别注意本柜体断路器设备可能处于带电状态。

（3）所有柜体、柜门必须确保使用专用工具进行开启、关闭。开启前、后柜门时，必须有专人监护，再次确认断路器编号，防止误入带电间隔。

（4）断路器检修时，应该先断开断路器合闸及控制电源，弹簧操作机构应先释放能量，

隔离开关操作把手必须锁住并挂“禁止合闸，有人工作”标示牌，手车断路器应确保拉至检修位置并可靠挂住，防止断路器误动。

（5）在进行弹簧操作机构检修操作时，应使用专用工具固定弹簧，防止弹簧伤人。

（6）进行操作机构机械调整时，严禁身体接触断路器传动部分，防止机械伤人。

（三）GG—1A（F）高压断路器柜作业注意事项

（1）防止隔离开关误合造成触电和电弧伤害。在母线带电情况下进行断路器柜内作业时，应在母线侧隔离开关的动触头加设绝缘罩或在动静触头间加设绝缘挡板。

（2）在母线带电情况下，严禁对处于分闸状态的母线侧隔离开关连杆或操作机构上的销子进行检修、调试。

（3）检修人员应与带电部分保持足够的安全距离，并设专人监护，防止误碰带电部位。进入柜内前，应检查柜与柜间隔板是否连接可靠，有无脱落可能，检修作业过程中严禁倚靠隔板。相邻柜带电情况下，严禁在没有柜间隔板的停电断路器柜内进行作业。

（4）断路器柜检修时，必须确保隔离开关操作把手可靠锁住，防止隔离开关误动引起人员触电。

（5）旁路隔离开关检修时，需将旁母与运行母线之间的联络隔离开关或联络断路器可靠分离并闭锁。

（四）XGN□—12 箱型固定式金属封闭柜作业注意事项

（1）在母线带电情况下，严禁对处于分闸状态的母线侧隔离开关连杆或操作盘进行检修、调试。

（2）母线带电时，严禁打开后上封板，应悬挂“止步，高压危险”标示牌。

（3）馈线避雷器、电流互感器检修时，需在线路同时转检修情况下，才能打开线路侧隔离开关柜门。

（五）HXGN□—12（Z/L）箱型固定式金属封闭断路器柜作业注意事项

（1）母线带电时，严禁打开后上封板，应悬挂“止步，高压危险”标示牌。

（2）断路器柜检修时，应检查电缆头处是否挂好接地线。

（六）KYN□—12 铠装移开式金属封闭断路器柜作业注意事项

（1）当母线电压互感器柜的避雷器与母线直接连接时（见图 14-1），后门必须采用电磁锁防误，并宜装设带电显示装置。工作人员需进入后柜门工作，应首先检查母线及线路确处于检修状态，否则禁止入内。

（2）为防止工作人员误入带电间隔，断路器柜前后柜门上应有统一编号。在电压互感器柜后门张贴“母线带电严禁开启”的警示标志。

（3）为方便检修维护，母线电压互感器柜如按照图 14-1 方式接线，在具备条件情况下，应结合停电检修改造为如图 14-2 所示的接线方式。

（4）当母线处于运行状态，断路器拉出柜外时，应及时关闭柜门，并悬挂“止步，高压危险”标示牌。母线和出线没有转检修状态前，严禁工作人员进入断路器室从事检修活门等工作。

（5）进线柜后柜门应有完善的防误装置，防止工作人员误入带电间隔。工作人员需进入后柜门工作，应先检查母线及线路确处于检修状态。

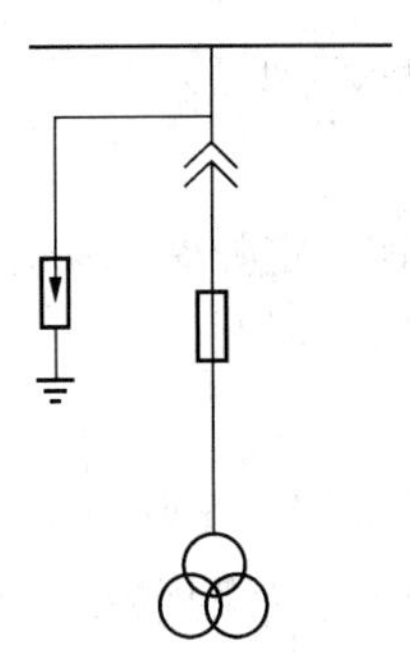

图 14-1　母线电压互感器柜的避雷器与母线直接连接

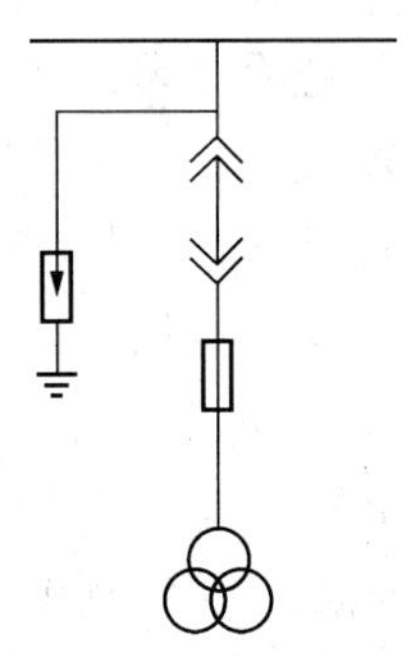

图 14-2　母线电压互感器柜接线方式改造

（6）在检修断路器柜内部（手车式）时，隔板应能可靠关闭，并与手车机构连锁，需专用工器具方可开启。

（7）KYN10-12 型柜手车拉出柜体后，工作人员容易触碰带电部位，严禁在柜体带电时进入柜体。断路器手车做传动试验时，应将断路器手车拉至试验位置并挂上挂钩，防止手车试验时推入工作位置。

第五节　农电检修、施工现场“三防十要”反事故措施

供电企业为切实加强农电检修、施工现场的安全管理，防止触电伤害、防止高空坠落伤害、防止倒（断）杆伤害事故的发生，组织制定了《农电检修、施工现场“三防十要”反事故措施》。

一、落实农电检修、施工现场“三防十要”反事故措施要求

（1）认真组织学习。“三防十要”是防止农电人身常发事故重要的基本措施，对防止触电伤害、防止高空坠落、防止倒（断）杆伤害三类事故发生的关键环节、作业方式提出了基本要求。各单位要组织农电员工学习，采取学习“三防十要”与近年来的农电人身事故案例结合起来学，增强学习的针对性，使员工掌握并真正理解“三防十要”的内容。

（2）狠抓措施落实。各单位要开展“四个好”，即学好《农电员工安全工作手册（简编）》、组织好安全考试、开好工作票和开好班前班后会。开展反“六不”活动，即反电气作业不办工作票、反作业前不交底、反施工现场不监护、反电气作业不停电、反不验电、反不装设接地线。紧紧盯住作业现场，牢牢扭住关键环节，将“三防十要”措施落实到具体的农电检修、施工作业中，落实到电气作业、高空作业、立（撤）杆、放（撤）线工作中。

（3）加强指导与监督。各级要结合到现场指导工作，了解农电员工对“三防十要”的掌握情况和工作中的实际执行情况，指导、引导农电员工执行“三防十要”措施，提高员工执行“三防十要”措施的自觉性。

二、“三防”内容

“三防”，即防止触电伤害、防止高空坠落伤害、防止倒（断）杆伤害。

三、“十要”反事故措施

（1）工作前要勘查施工现场，提前进行危险点分析与预控。工作前要勘察现场，工作负责人必须清楚和明确工作任务、作业范围和施工方法，并根据作业类型、方法、人员、工器

具、环境等制定危险点预控措施，不得盲目接受工作任务。

（2）检修、施工要使用工作票，作业前现场进行安全交底。检修施工要填用工作票，不得无票工作。开工前，工作负责人要向作业人员现场交底，做到“四清楚”，即作业任务清楚、现场危险点清楚、现场的作业程序清楚、应采取的安全措施清楚。未经现场交底不得开始工作。

（3）施工现场要设专人监护，严把现场安全关。施工现场工作负责人、工作许可人、工作班成员要各司其职，专职监护人要对工作人员精神状态、工器具配备、现场安全措施、作业安全行为等进行全过程监督检查，不得脱岗或随意替代工作。

（4）电气作业要先进行停电，查明无电后即装设接地线。停电工作要按照停电、验电、挂接地线的程序做好安全技术措施。对双电源供电的设施，做好防止反送电的措施。作业部位必须验电，验电后立即装设接地线，禁止不做安全措施或随意变更作业次序。

（5）高空作业要戴好安全帽，脚扣登杆全过程系安全带。进入工作现场要戴好安全帽，未经许可不得进入。登高作业要检查工器具并确认合格，用脚扣登杆应全过程系好、系牢安全带，不得失去安全保护。

（6）梯子登高要有专人扶守，必须采取防滑、限高措施。梯子登高前应检查并确认梯身合格、基面牢固、定位可靠。作业时梯子应与地面成60°左右的斜角，距梯顶不得少于1m，要有专人全过程扶守，不得单人作业。

（7）人工立杆要使用抱杆，必须由专人进行统一指挥。立撤杆塔要由专人统一指挥，使用合格工器具。人工立杆要使用抱杆，不得用铁锹、桩柱等代替；机械立杆起吊位置应合适，严禁过载使用。

（8）撤杆、撤线要先检查杆根，必须加设临时拉线或拉绳。撤杆撤线应先检查杆身、杆基、拉线等是否牢固，打好临时拉线或拉绳，未经许可不得随意调整或拆除。严禁采取突然剪断导线、地线、拉线等方法作业。

（9）交通要道施工要双向设置警示标志，并设专人看守。架拆线路要由专人指挥，在公路、铁路、航道等交通要道上应双向设置标志进行警示、隔离，并设专人手持旗帜看管。禁止不采取防止挂线事故的措施。

（10）放、撤线邻近或跨越带电线路要使用绝缘牵引绳。邻近或跨越带电线路放、撤线时要就近在施工的线路上装设临时接地线，要使用绝缘牵引绳并与带电线路保持足够的安全距离。

第六节 农电安全管理流程

为进一步规范农电安全管理，优化工作流程，提高工作效率和安全管理水平，供电企业组织编制了《农电安全管理流程（参考文本）》。

一、安全生产职责规范

（一）安全生产职责规范编制流程

该流程主要适用于各级安全生产职责规范的起草、审核以及行文发布的流程，明确各级单位和部门的安全生产职责，如图14-3所示。

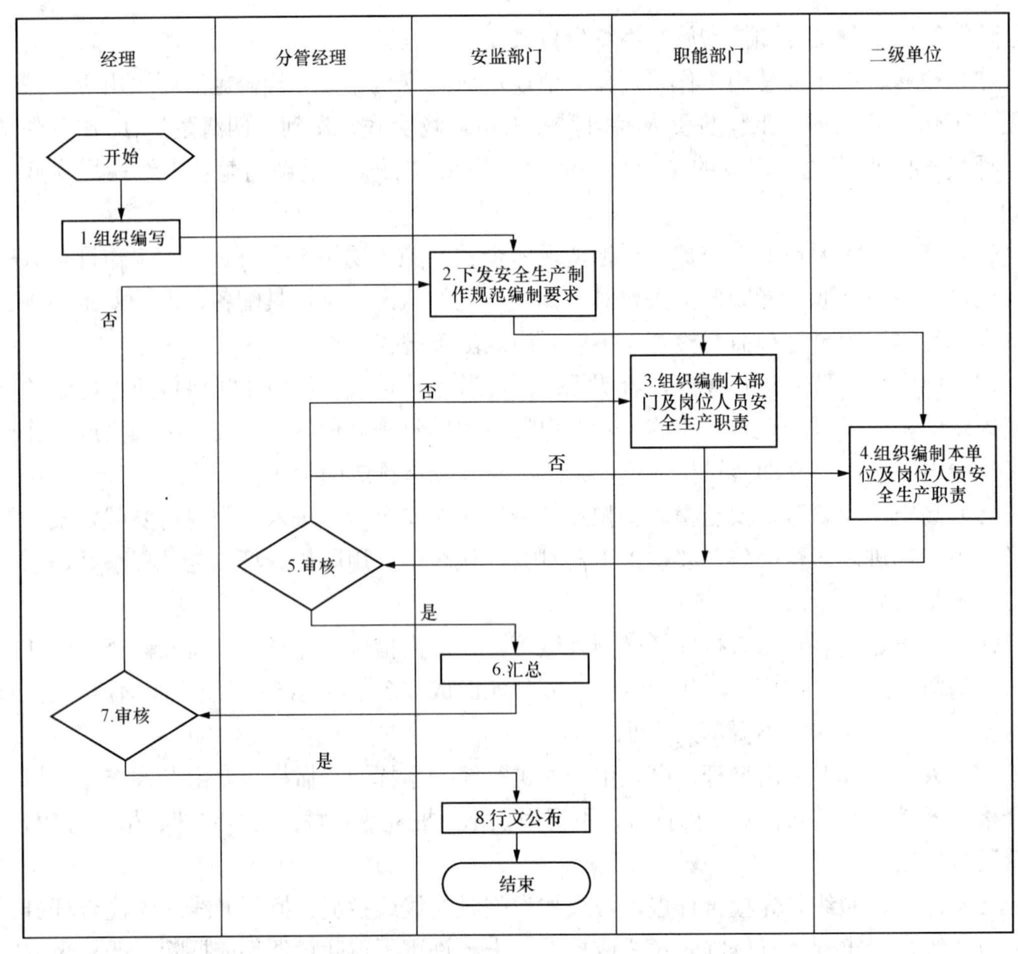

图 14-3 安全生产职责规范编制流程

1. 安全生产职责规范编制管理

（1）经理职责。负责组织编制公司安全生产职责规范并审批。

（2）分管经理职责。负责组织编制分管范围内安全生产职责规范并审核。

（3）安监部门职责。协助经理做好公司安全生产职责规范的组织编制工作，编制本单位安全生产职责规范，并对全公司安全生产职责规范进行汇总报经理审批，同时负责监督安全生产职责规范的执行情况。

（4）职能部门职责。负责组织编制本部门及各岗位人员安全生产职责规范并认真贯彻执行。

（5）二级单位职责。负责组织编制本单位及下属班组和各岗位安全生产职责规范并认真贯彻执行。

2. 安全生产职责规范编制管理流程过程控制节点说明

节点 1：公司经理组织开展安全生产职责规范编写工作。

节点 2：安监部门根据公司经理要求下发安全生产职责规范编制要求。

节点 3：各职能部门根据要求组织编写本部门及人员岗位安全生产职责规范。

节点 4：各二级单位根据要求组织编写本单位及下属班组和各人员岗位安全生产职责规范。

节点 5：安监部门对各分管领导审核后的安全生产职责规范进行汇总、整理。

节点 6：分管经理对分管部门和二级单位所报安全生产职责规范进行审核。

节点 7：公司经理对汇总后的安全生产职责规范进行最终审批。

节点 8：在公司范围内拟定行文进行公布实施。

（二）安全生产目标管理流程

该流程主要适用于明确每年度的安全生产目标，逐级分解编订安全生产目标责任制及保证措施，并以签订安全生产责任状的方式，加强生产安全的监督管理，如图 14-4 所示。

1. 安全生产目标管理

（1）经理职责。负责提出企业全年安全生产目标，与分管经理及安监部签订安全生产责任状。

（2）分管经理职责。负责明确分管范围内安全生产目标，与所分管职能部门和二级单位负责人签订安全生产责任状。

（3）安监部门职责。负责协助经理制定并分解企业安全生产目标，编制经理同分管经理和安监部门签订的安全生产责任状，监督各级安全目标制定及安全生产责任状签订情况。

（4）职能部门职责。负责明确本部门安全生产目标并严格落实相关保证措施，编制同分管经理签订的安全生产责任状。

（5）二级单位职责。负责明确本单位安全生产目标并严格落实相关保证措施，编制同分管经理签订的安全生产责任状，同时审核所属班组安全目标及安全生产责任状并与之签订，监督指导其落实相关保证措施。

（6）班组职责。负责明确本班组安全生产目标并严格落实相关保证措施，与班组成员签订安全生产责任状。

（7）班组成员职责。明确班组长与自己签订的安全生产责任状并严格落实相关保证措施。

2. 安全目标管理流程过程控制节点说明（见图 14-4）

节点 1：公司经理根据上级要求及本单位实际提出企业全年安全生产目标。

节点 2：安监部门根据经理要求编制年度企业安全生产目标及保证措施。

节点 3：公司经理审批安监部门所编制年度企业安全生产目标及保证措施。

节点 4：安监部门根据公司经理批示行文公布企业年度安全生产目标及保证措施。

节点 5：安监部门根据分管经理职责及安监部门职责，对全年安全生产目标进行分解，编制经理与分管经理和安监部门需要签订的安全生产责任状。

节点 6：公司经理对安监部门所提报分解目标及安全生产责任状进行审核。

节点 7：公司经理同安监部门负责人签订安全生产责任状。

节点 8：公司经理同分管经理签订安全生产责任状。

节点 9：职能部门根据分管专业分解安全目标并编制分管经理需与本部门签订的安全生产责任状。

节点 10：二级单位根据职责分解安全目标并编制分管经理需与本单位签订的安全生产责任状。

节点 11：分管经理对所属职能部门和二级单位编制的安全目标及安全生产责任状进行审核。

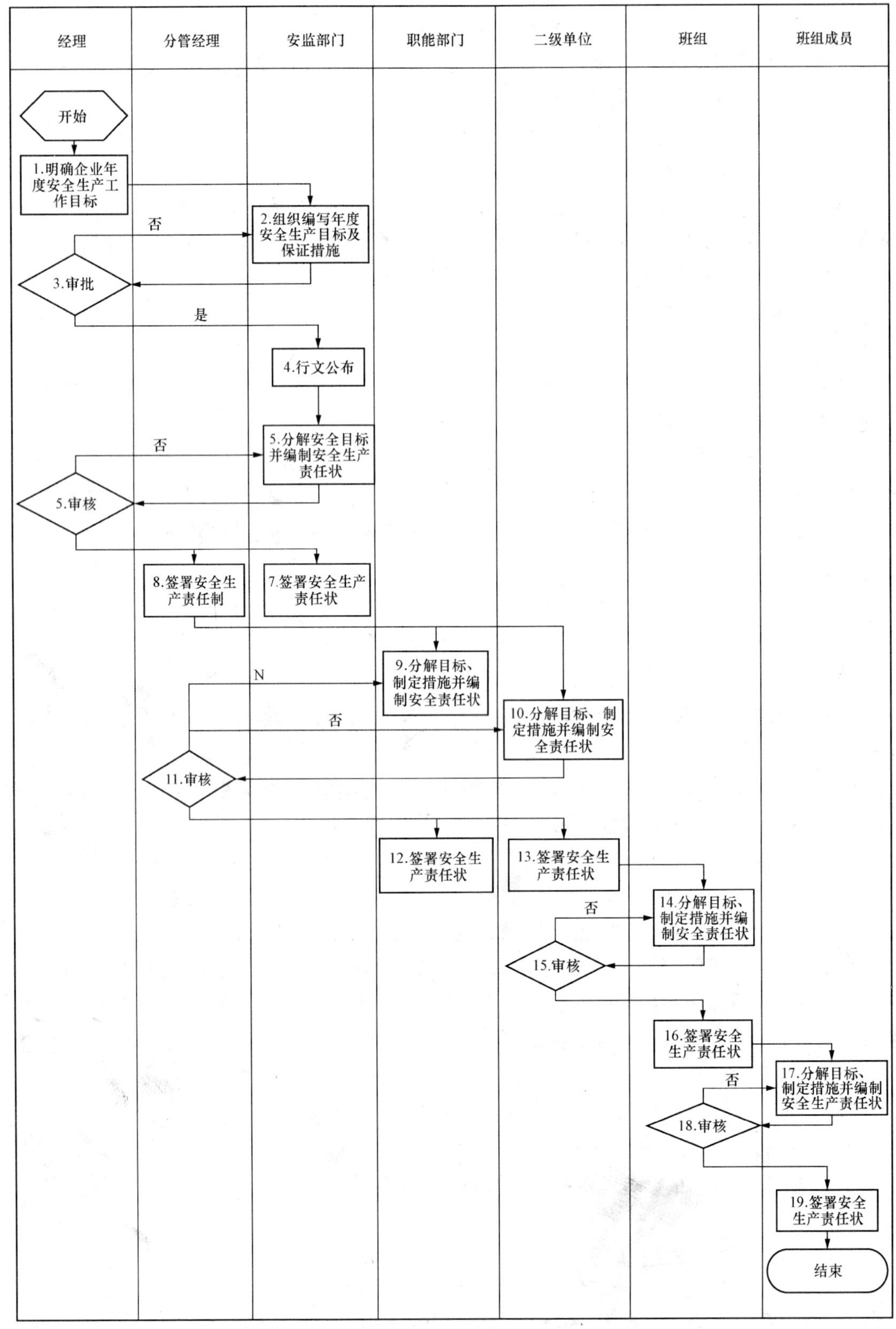

图 14-4　安全生产目标管理流程

节点12：分管经理同所分管职能部门负责人签订安全生产责任状。

节点13：分管经理同所分管二级单位负责人签订安全生产责任状。

节点14：班组根据所属单位分解下来的安全目标编制本单位负责人需与本班组签订的安全生产责任状。

节点15：二级单位对所属班组提报的安全目标和安全生产责任状进行审核。

节点16：二级单位负责人与所属班组负责人签订安全生产责任状。

节点17：班组成员根据班组负责人分解下来的安全目标编制本班组负责人需与自己签订的安全生产责任状。

节点18：班组负责人对班组成员提报的安全目标和安全生产责任状进行审核。

节点19：班组负责人与本班组成员签订安全生产责任状。

（三）安全生产责任考核管理流程

该流程主要适用于每月安全生产责任的考核，由安监部门统计月度考核数据并编制考核表，交由绩效考核部门汇总考核意见，召开考核委员会会议审议并通报考核结果，最终由劳资部门负责兑现考核，如图14-5所示。

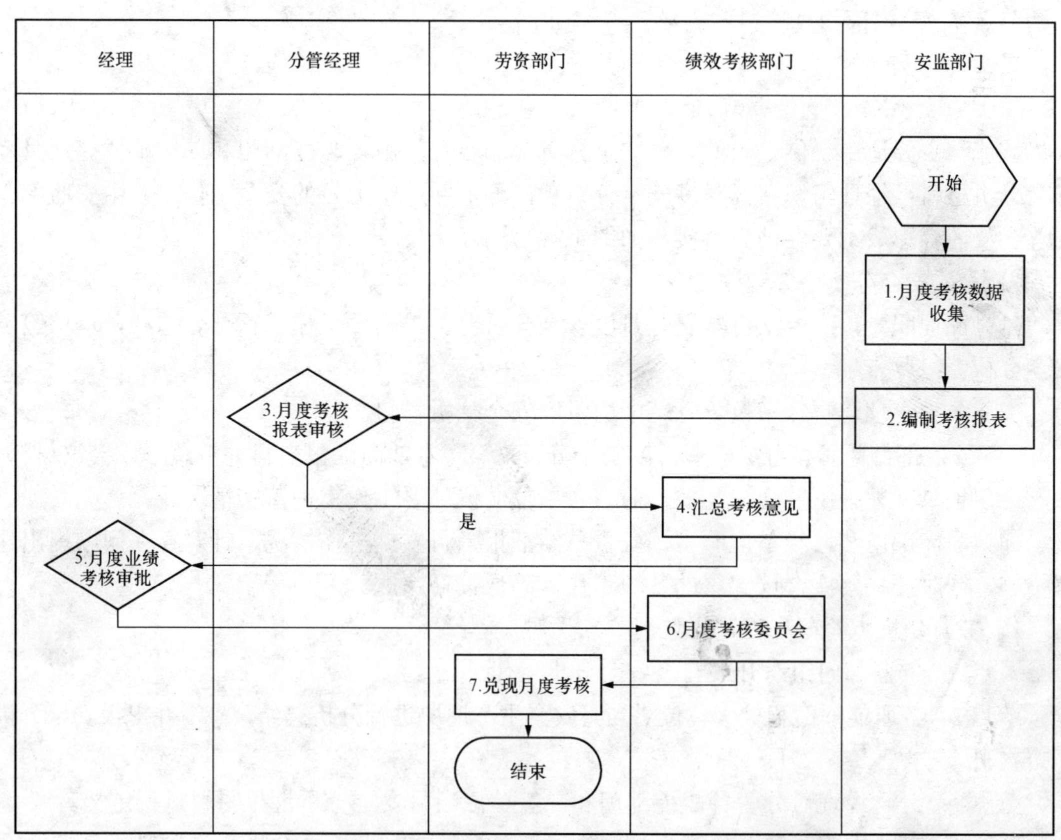

图14-5 安全生产责任考核管理流程

1. 安全生产责任考核

（1）经理职责。负责安全生产责任考核情况的审批。

（2）分管经理职责。负责分管范围内安全生产责任考核情况的审核。

（3）劳资部门职责。根据考核委员会决议落实兑现相关考核款项。

（4）绩效考核部门职责。负责汇总各职能部门考核提议，组织召开考核会对考核意见进行审核并明确考核事项。

（5）安监部门职责。通过日常监督检查及汇报情况，明确安全生产方面的考核事项并提报考核意见。

2. 安全生产责任考核管理流程过程控制节点说明

节点 1：安监部门对单位履行安全生产责任制情况进行监督检查，收集各部门月度安全考核数据。

节点 2：安监部门根据监督检查情况及采集考核数据，编制考核报表并提出考核意见。

节点 3：分管经理对考核意见进行审核。

节点 4：绩效考核部门汇总考核意见，报公司经理审批。

节点 5：召开企业考核委员会月度考核会议，通报当月月度考核情况。

节点 6：经理审批企业月度业绩考核意见。

节点 7：劳资部门兑现月度考核。

二、安全例会

（一）月度安全分析会管理流程

该流程主要适用于供电企业月度安全分析会的召开，由各职能部门和二级单位提报月度安全分析材料，经理组织召开月度安全分析会，分析并总结上月的安全工作，并由安监部门汇总会议内容形成纪要存档、落实，如图 14-6 所示。

1. 月度安全分析会管理

（1）经理职责。亲自主持并召开月度安全分析会，对安全工作进行部署总结，审核签发安全分析会纪要。

（2）分管经理职责。审核分管范围内月度安全分析材料。

（3）安监部门职责。组织开展月度安全分析，编写本部门汇报材料并汇总形成会议材料，做好会议记录并整理下发会议纪要，监督各单位会议部署工作贯彻落实情况。

（4）职能部门和二级单位职责。负责总结汇报当月安全工作情况，针对存在问题提出建议措施，同时严格落实会议部署的各项工作，确保按期完成。

2. 安全分析会管理流程过程控制节点说明

节点 1：安监部门组织开展月度安全分析工作。

节点 2：各职能部门和二级单位对当月安全生产情况进行分析总结，撰写并提报安全分析汇报材料。

节点 3：分管经理对分管各职能部门和二级单位当月安全分析汇报材料进行审核。

节点 4：安监部门对各单位汇报材料进行汇总，形成月度安全分析会议材料。

节点 5：公司经理对各单位月度安全分析材料进行审阅，对月度安全分析工作提出意见。

节点 6：公司经理组织召开并亲自主持月度安全分析会。

节点 7：安监部门整理会议记录，形成会议纪要报经理审批。

节点 8：经理审阅签发会议纪要。

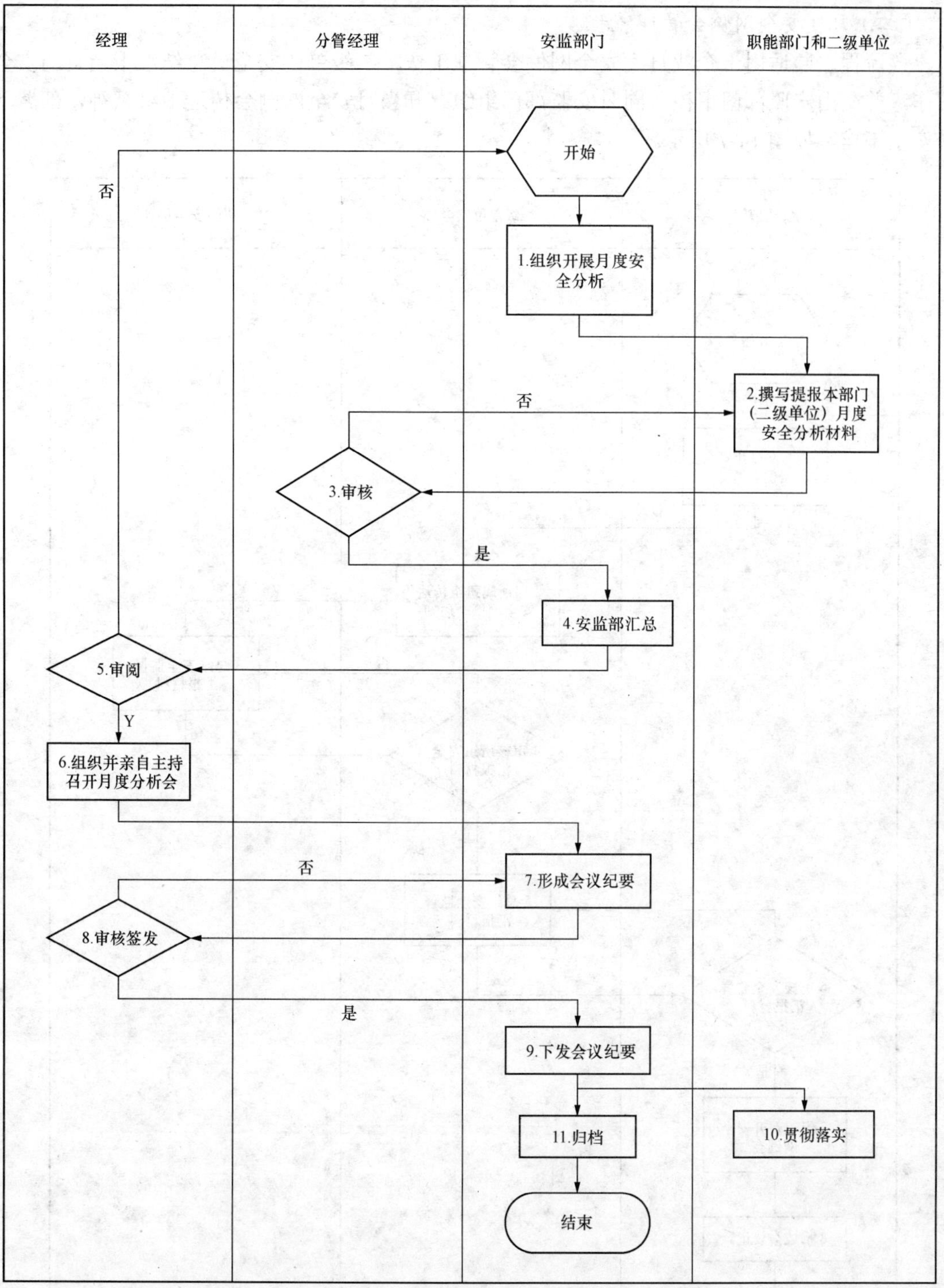

经理	分管经理	安监部门	职能部门和二级单位
否		开始	
		1.组织开展月度安全分析	
	否		2.撰写提报本部门（二级单位）月度安全分析材料
	3.审核		
	是	4.安监部汇总	
5.审阅			
Y			
6.组织并亲自主持召开月度分析会			
	否	7.形成会议纪要	
8.审核签发			
	是	9.下发会议纪要	
		11.归档	10.贯彻落实
		结束	

图 14-6　月度安全分析会管理流程

节点 9：安监部门根据经理签阅批示下发会议纪要。

节点 10：各单位贯彻落实会议纪要精神。

节点 11：安监部门将会议相关资料整理归档。

（二）月度安全网例会管理流程

该流程主要适用于企业月度安全网例会管理工作，二级单位安全员总结汇报当月的安全工作，并交由安监部门审核，同时安监部门组织召开当月安全网例会传达上级精神，部署下月安全工作，如图 14-7 所示。

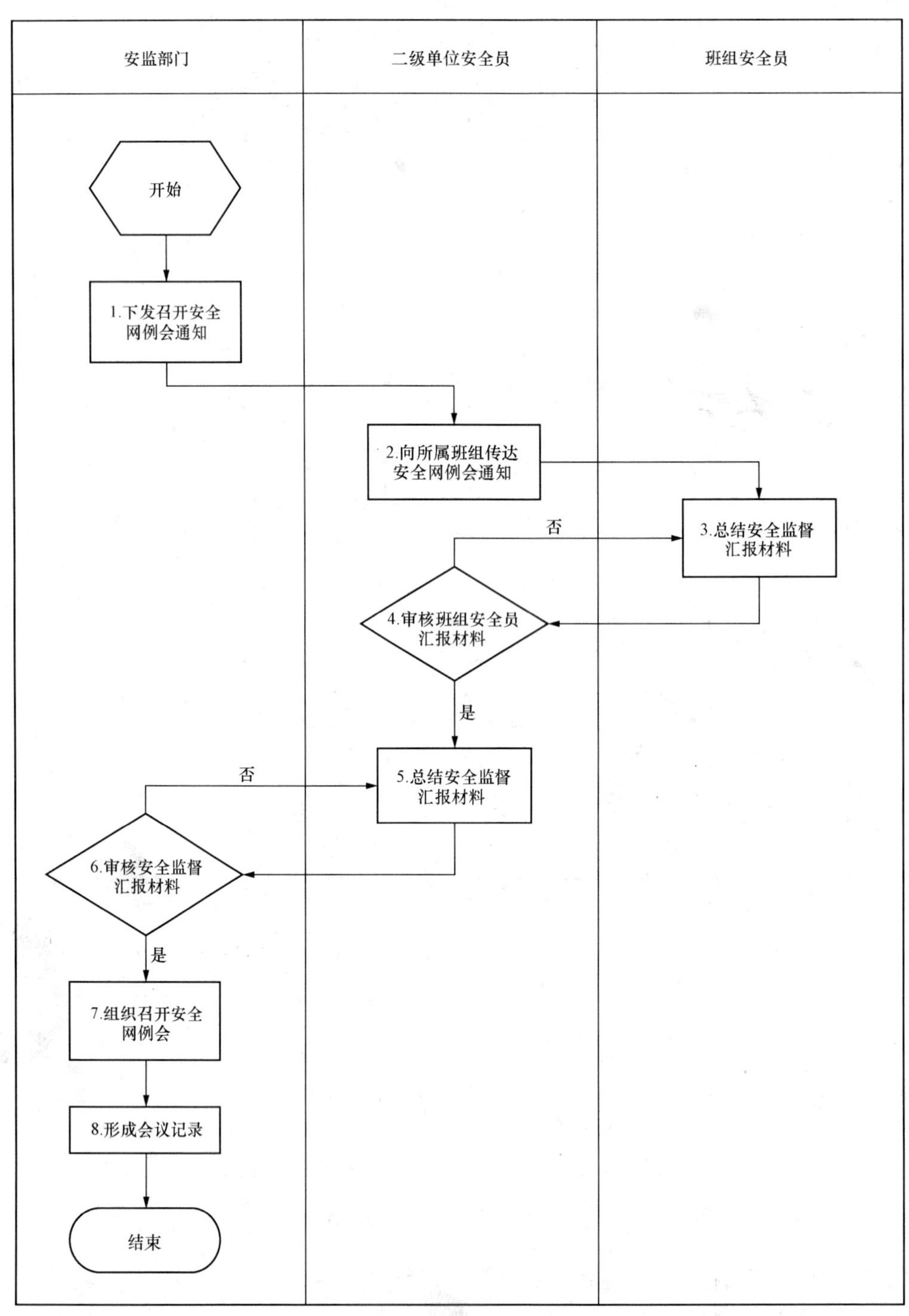

图 14-7　月度安全网例会管理流程

1. 月度安全网例会

（1）安监部门职责。负责定期组织召开安全网例会，通报当月安全生产情况分析，传达上级文件精神并部署下月重点工作，做好会议记录。

（2）级单位安全员职责。定期参加安全网例会，汇总班组安全员汇报材料并总结本单位安全工作情况，贯彻执行安全网例会部署的各项工作要求。

（3）班组安全员职责。总结分析本班组安全生产情况，按时参加安全网例会并贯彻执行会议要求。

2. 安全网例会管理流程过程控制节点说明

节点 1：安监部门根据职责要求，每月定期组织召开安全网例会，下发会议通知。

节点 2：二级单位安全员传达会议通知。

节点 3：班组安全员对当月安全监督工作进行总结分析，形成监督汇报材料。

节点 4：二级单位安全员对所属班组监督汇报材料进行审核汇总。

节点 5：二级单位安全员汇总并总结本单位安全监督工作情况，提报监督汇报材料。

节点 6：安监部门对提报的监督汇报材料进行审核，形成安全网例会会议材料。

节点 7：安监部门组织全体安监人员召开月度安全网例会。

节点 8：安监部门整理会议记录并归档。

（三）安全日活动管理流程

该流程主要适用于各班组（车间）定期开展安全日活动，通报并记录安全情况，企业领导、安监部门和二级单位定期参加，抽查安全活动与记录，填写评价意见，以达到加强监督的目的，如图 14-8 所示。

1. 安全日活动

（1）公司领导职责。定期参加班组安全日活动，抽查安全日活动记录并签署评价意见。

（2）安监部门职责。定期参加班组安全日活动，抽查安全日活动记录并签署评价意见。

（3）二级单位职责。定期参加所属班组安全日活动，抽查安全日活动记录并签署评价意见。

（4）班组职责。负责定期组织召开安全日活动，通报本班组安全情况并做好安全日活动记录。

2. 安全日活动管理流程过程控制节点说明

节点 1：班组负责人根据职责要求，每周定期组织开展安全日活动。

节点 2：班组安全员通报本班安全情况，并做好安全日活动记录。

节点 3：二级单位负责人和安全员定期对班组安全日活动进行抽查，并提出评价意见。

节点 4：安监部门根据工作实际定期参加基层班组安全日活动，抽查活动记录并提出评价意见。

节点 5：企业领导根据工作实际定期参加基层班组安全日活动，抽查活动记录并提出评价意见。

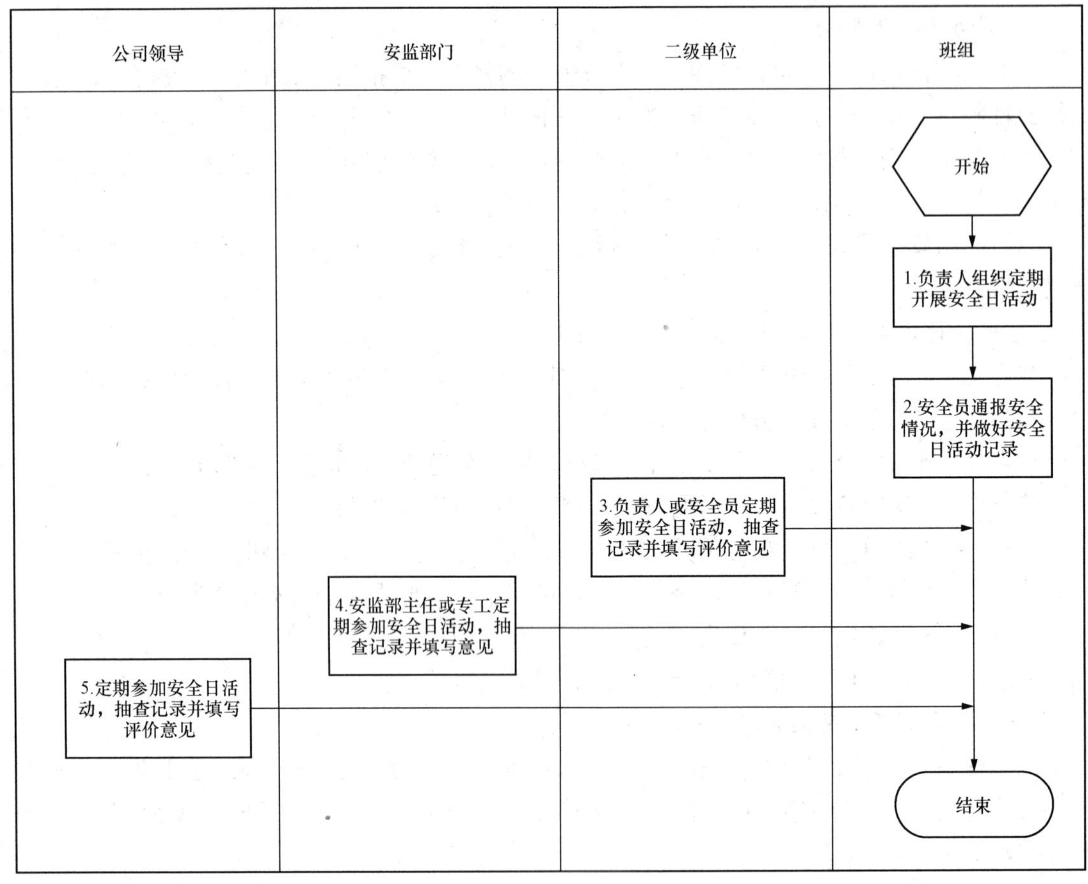

图 14-8　安全日活动管理流程

三、安全检查

（一）安全监督检查管理流程

该流程主要适用于现场监督检查、例行工作抽查、违章查禁等，安监部门根据发现的问题下达《整改通知书》并提出考核意见，同时责任单位根据整改书所提出的要求进行整改，如图 14-9 所示。

1. 安全监督检查

（1）安监部门职责。根据工作要求组织安全监督检查，针对发现问题下发《安全监察整改通知书》并提出考核意见，督促责任单位落实整改并对整改情况进行监督验收。

（2）受检单位职责。接受检查，并根据《安全监察整改通知书》要求限期落实整改，提报整改验收申请。

2. 安全监督检查流程图过程控制节点说明

节点 1：安监部门确定安全监督检查的任务。

节点 2：受检单位接受安全检查。

节点 3：安监部门根据发现问题，下达《整改通知书》并提出考核意见（进入业绩考核流程）。

节点 4：受检单位根据《整改通知书》进行整改。

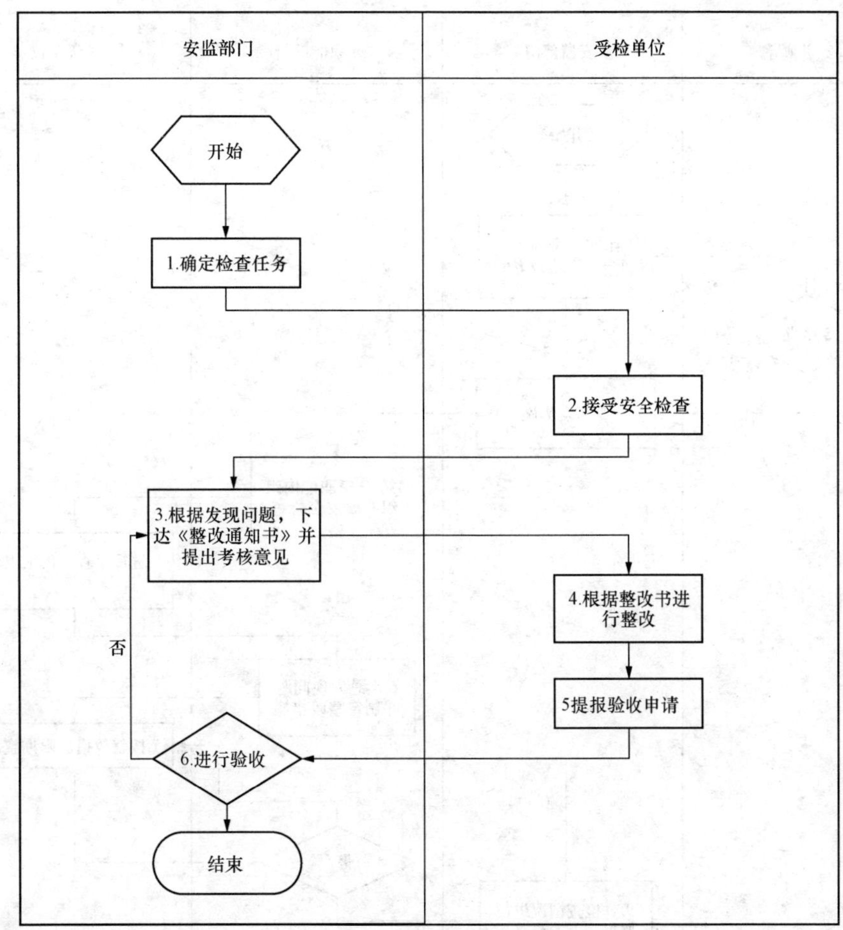

图 14-9　安全监督检查流程图

节点 5：受检单位整改工作完成后，向安监部门提报验收申请。

节点 6：安监部门对受检单位的整改情况进行验收。

（二）专项安全检查管理流程

该流程主要适用于专项安全检查工作（包括季节性、重大活动及其他专项检查），根据发现的问题，制定整改措施，最终达到验收标准，由安监部门对检查情况进行监督并总结备案，如图 14-10 所示。

1. 专项安全检查

（1）企业领导职责。负责审批专项安全检查实施方案。

（2）安监部门职责。负责编制并组织公司专项安全检查工作，监督督促各职能部门和二级单位检查执行和整改落实情况。

（3）职能部门职责。负责组织职能范围内的检查工作，汇总发现问题并制定整改措施，对问题整改情况进行验收，并接受安监部门的监督检查。

（4）二级单位职责。负责具体执行安全检查工作，汇总发现问题并汇报职能部门，根据下发整改措施落实整改，并接受安监部门和职能部门的监督指导。

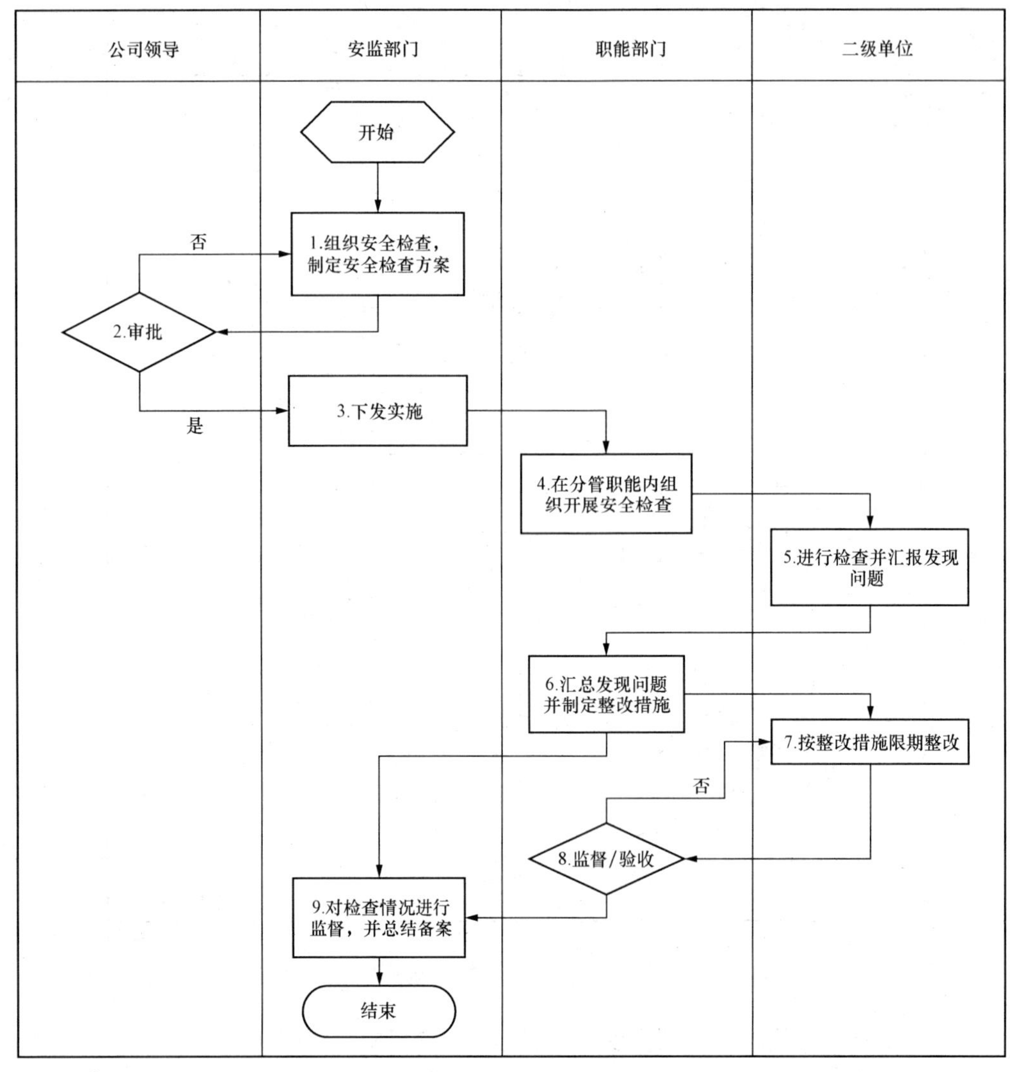

图 14-10　专项安全检查管理流程

2. 专项安全检查管理流程图过程控制节点说明

节点 1：安监部门组织开展专项安全检查，并制定工作方案。

节点 2：企业领导审批专项安全检查工作方案。

节点 3：安监部下发专项安全检查工作方案。

节点 4：职能部门在分管职能内组织开展专项安全检查。

节点 5：二级单位根据职能部门工作安排进行安全检查，并向职能部门汇报发现问题。

节点 6：职能部门汇总发现问题并制定整改措施，把汇总情况报安监部门进行备案，将整改措施下发二级单位要求其限期整改。

节点 7：二级单位根据整改计划限期整改。

节点 8：职能部门监督验收二级单位整改情况，验收不合格，要求二级单位继续整改；验收合格，则将整改情况报安监部门备案。

节点 9：安监部门对专项安全检查过程进行监督指导，汇总整体情况。

四、两措计划

（一）安全技术劳动保护措施计划管理流程

该流程主要适用于根据安措调研的需求及建议，汇总编制安措计划，如图 14-11 所示。

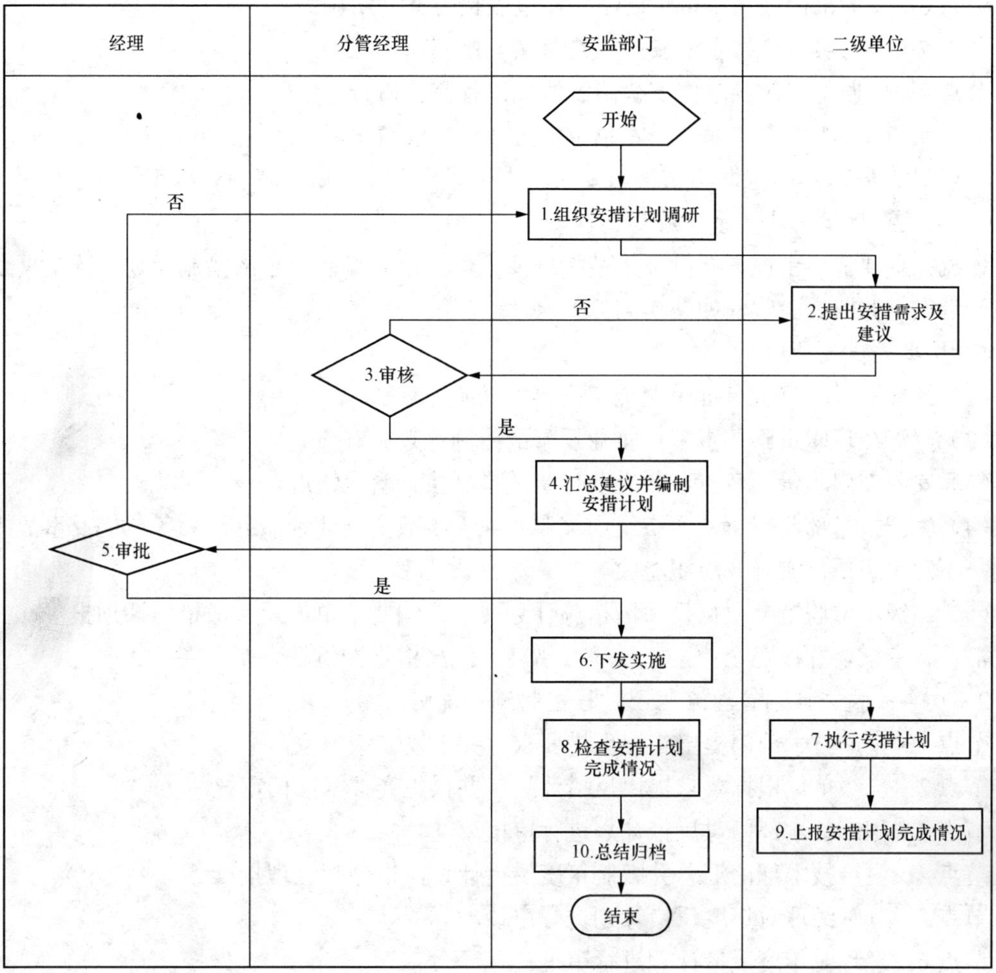

经理	分管经理	安监部门	二级单位
		开始	
		1.组织安措计划调研	
			2.提出安措需求及建议
	3.审核（否→2；是→4）		
		4.汇总建议并编制安措计划	
5.审批（否→1；是→6）			
		6.下发实施	
		8.检查安措计划完成情况	7.执行安措计划
		10.总结归档	9.上报安措计划完成情况
		结束	

图 14-11　安全技术劳动保护措施计划管理流程

1. 安全技术劳动保护措施计划

（1）经理职责。负责审批企业全年安全技术劳动保护措施计划。

（2）分管经理职责。负责审核分管范围内所需安全技术劳动保护措施计划。

（3）安监部门职责。负责组织编制安全技术劳动保护措施计划，下发编制通知并汇总各单位需求建议，编制安全技术劳动保护措施计划并报经理审核，组织下发实施并监督执行。

（4）二级单位职责。根据要求反馈安措计划需求并认真执行公司安全计划劳动保护措施计划。

2. 安全技术劳动保护措施计划管理流程过程控制节点说明

节点 1：安监部门组织开展年度安措计划调研。

节点 2：二级单位提出安措需求及建议，并报分管经理审核。

节点 3：分管经理对分管二级单位的安措需求及建议进行审核。

节点 4：安监部门汇总经分管经理审核通过的安措需求和建议并制定年度安措计划，同时报经理批复。

节点 5：经理对年度安措计划进行审批。

节点 6：安监部门根据审批情况下发年度安措方案并实施。

节点 7：各二级单位按企业安措计划落实安措工作。

节点 8：安监部门对各单位安措落实情况进行监督检查。

节点 9：各二级单位定期上报本单位安措计划完成情况。

节点 10：安监部门定期总结公司安措工作执行情况，并做好资料归档工作。

（二）反事故措施计划管理流程

该流程主要适用于根据年度反事故措施要求，提报、编制反事故措施计划，依据反事故措施计划组织并监督验收，如图 14-12 所示。

1. 反事故措施计划

（1）经理职责。负责审批企业全年反事故措施计划。

（2）分管经理职责。负责审核企业反事故措施计划。

（3）安监部门职责。负责监督企业反事故措施执行落实情况。

（4）生产技术部门职责。负责组织编制企业反事故措施计划，并汇总各单位反事故措施计划，下发二级单位实施并组织验收。

（5）二级单位职责。根据反事故措施计划要求，编制本单位反事故措施计划报生产技术部门汇总、审核，并按照企业全年反事故措施计划严格贯彻执行。

2. 反事故措施计划管理流程图过程控制节点说明

节点 1：生产技术部门提出年度反措要求，并下发二级单位。

节点 2：二级单位根据要求提出反措计划，并报生产技术部门审核。

节点 3：生产技术部门对反措计划进行审核。

节点 4：生产技术部门汇总并编制年度反措计划，报分管经理批准。

节点 5：分管经理对年度反措计划进行审核。

节点 6：经理对年度反措计划进行审批。

节点 7：生产技术部门下发实施年度反措计划。

节点 8：二级单位执行反措计划，并向生产技术部门提报验收申请。

节点 9：生产技术部门组织对二级单位反措执行情况进行验收，若验收不合格，责成二级单位进行整改。

节点 10：安监部门对反措执行情况进行监督，并参与生产技术部门组织的验收。

节点 11：生产技术部门对反措执行情况进行汇总总结。

五、安全教育培训

（一）安全教育培训计划管理流程

该流程主要适用于依据由教培部门提出的年度培训要求，安监部门编制安全教育培训计划，并依照计划进行安全教育培训，完善教培资料，建立教培档案，如图 14-13 所示。

1. 安全培训计划

（1）经理职责。负责审批企业全年教育培训计划。

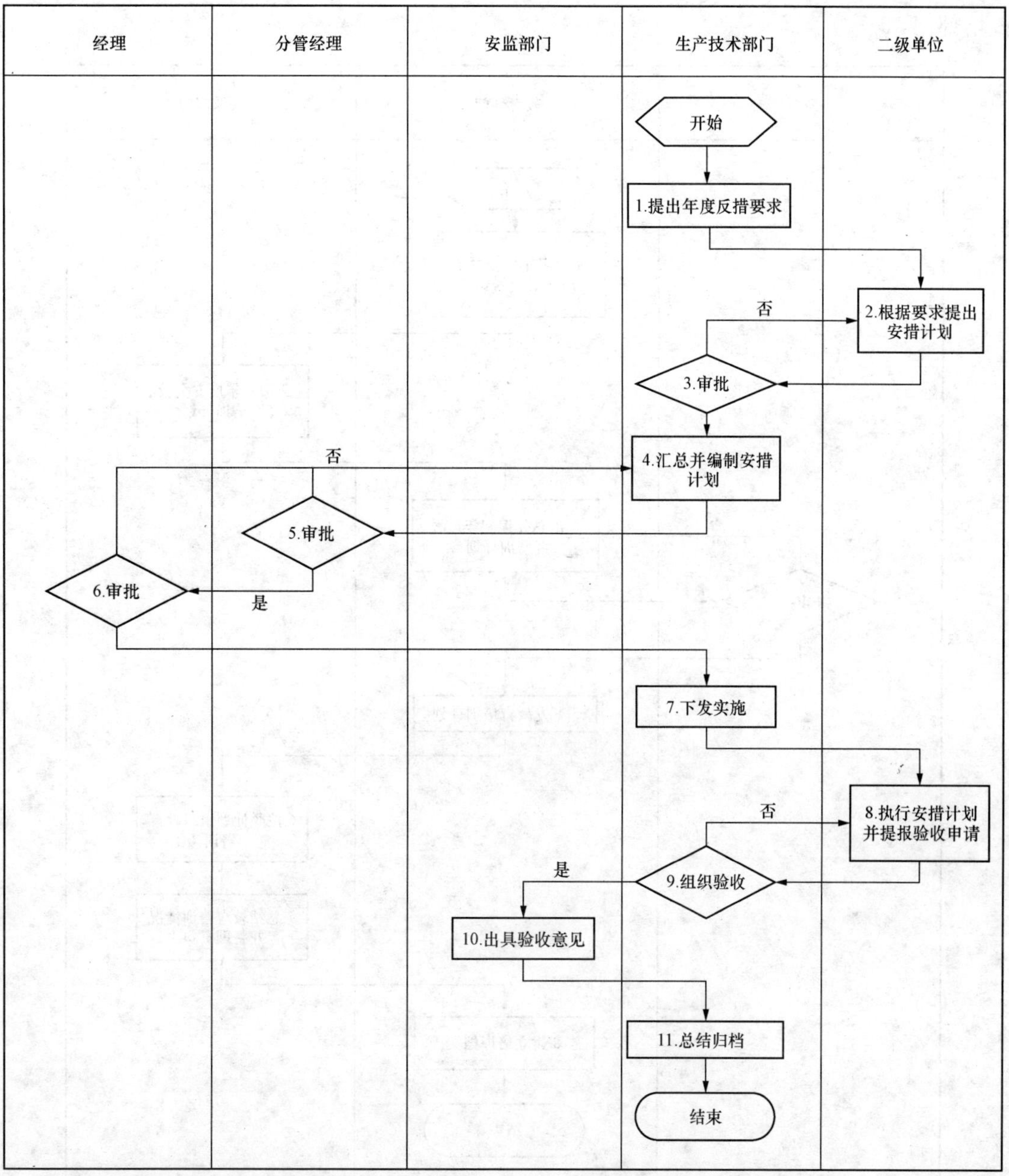

图 14-12　反事故措施计划管理流程

（2）教培部门职责。负责组织各职能部门编制全年教育培训计划，组织部署各项教育培训工作，建立健全各项教育培训档案。

（3）安监部门职责。负责根据要求编制全年安全教育培训计划，按照计划开展安全教育培训工作，完善各项基础资料。

2. 安全培训计划管理流程图过程控制节点说明

节点 1：企业教培部门提出年度培训计划编制要求。

节点 2：安监部门根据要求和企业安全教育实际需要编制年度安全教育培训计划，并报教培部门。

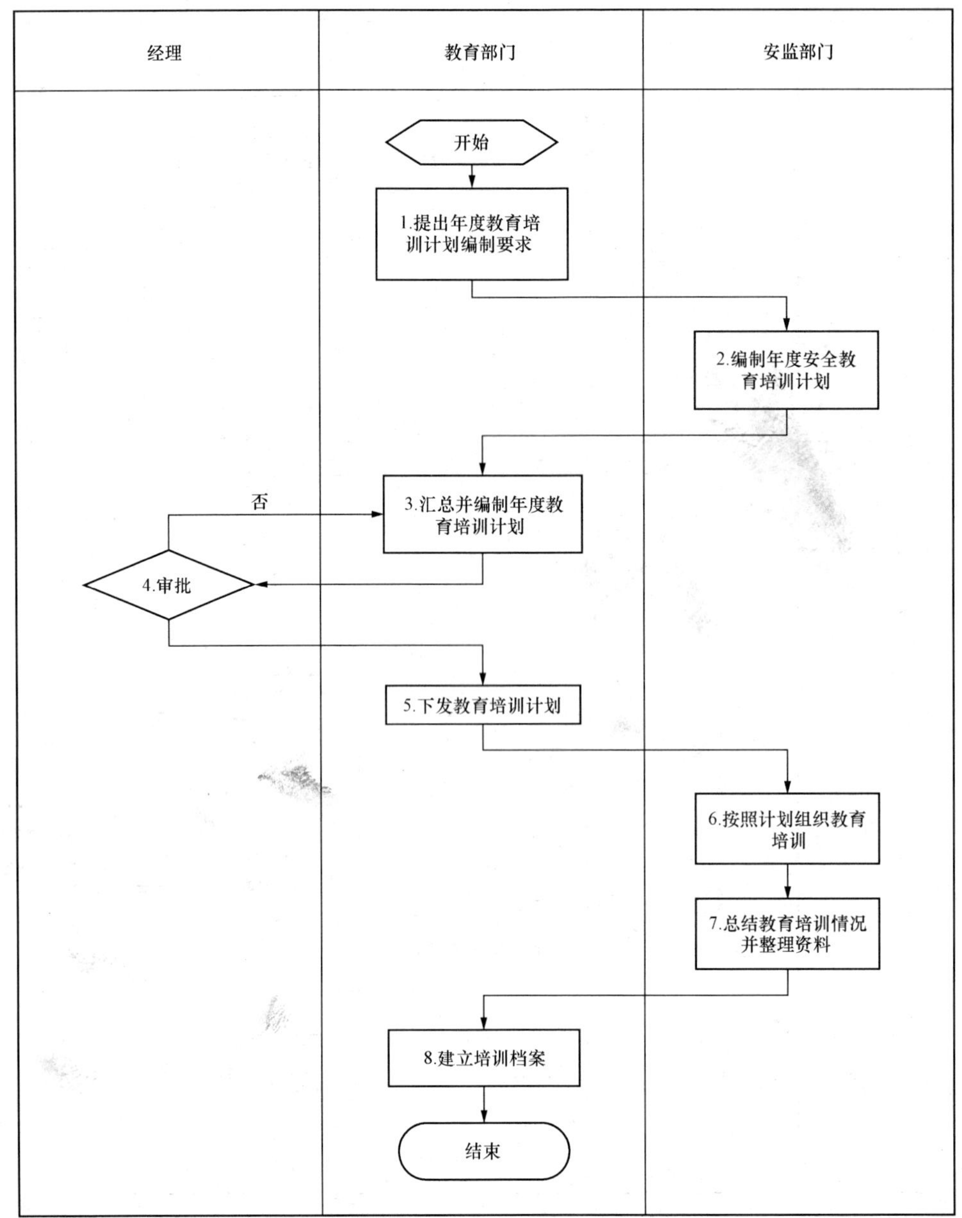

图 14-13　安全教育培训计划管理流程

节点 3：教培部门汇总并编制年度教育培训计划，并报经理审批。

节点 4：经理对年度教育培训计划进行审批。

节点 5：教培部门下发教育培训计划。

节点 6：安监部门按照年度教育培训计划组织进行安全教育培训。

节点 7：安监部门总结培训情况并整理资料，同时报教培部门备案。

节点 8：教培部门建立教育培训档案。

（二）岗前三级安全培训管理流程

该流程主要适用于新员工岗前三级安全培训，如图 14-14 所示。

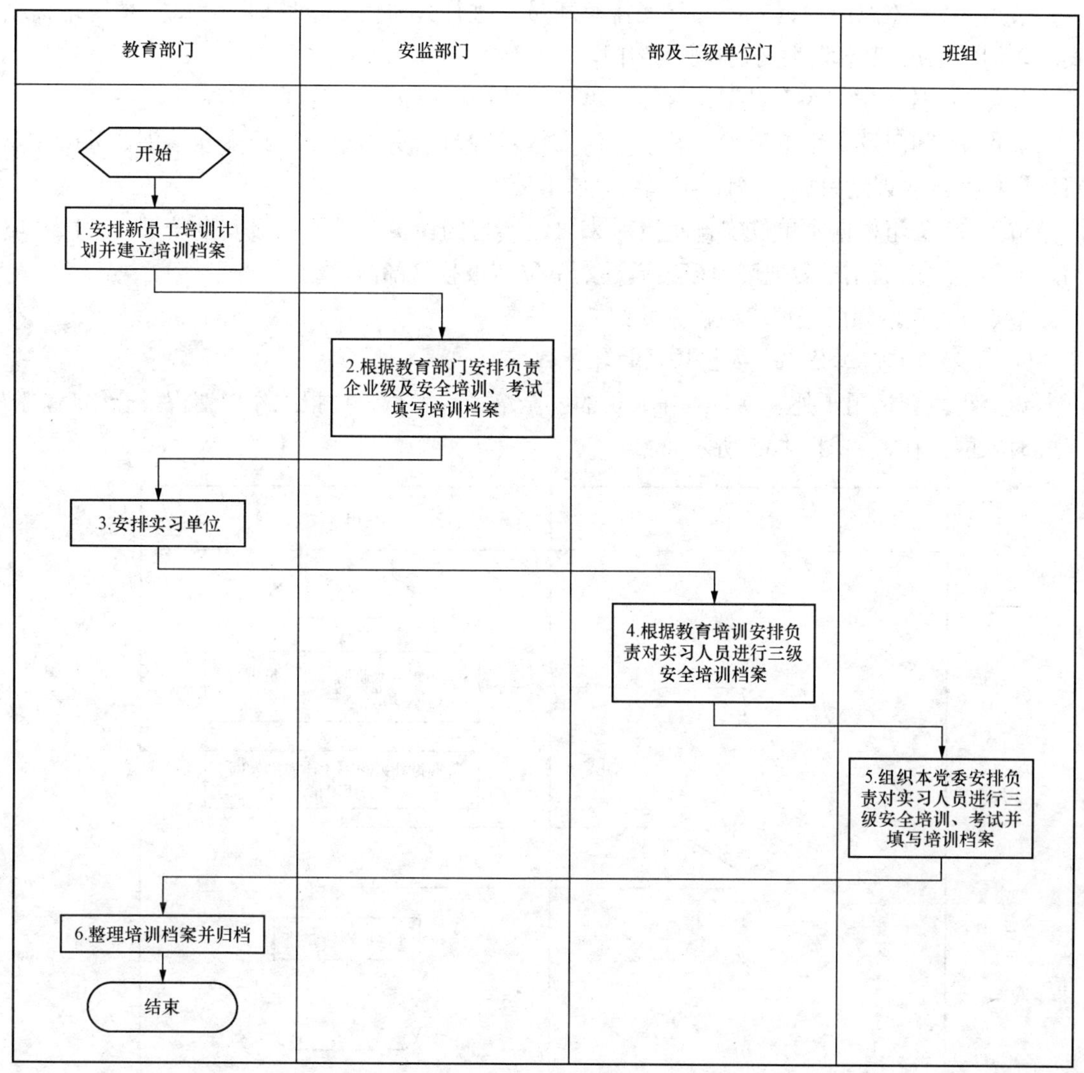

图 14-14　新员工三级安全培训管理流程

1. 新员工三级安全培训

（1）教培部门职责。负责组织安排新员工三级安全培训，建立健全相关培训档案，安排新员工参加基层实习，对整体培训情况进行综合评价。

（2）安监部门职责。根据教培部门安排，负责新员工企业层面的安全培训，并监督教培部门对新员工的三级安全教育培训情况。

（3）部门和二级单位职责。根据教培部门安排负责对前来实习的新员工进行二级安全培训工作，组织考试，填写新员工三级培训档案，提出评价意见并记录考试成绩。

（4）班组职责。根据本单位安排负责对来班组实习的新员工进行三级安全培训工作，组织考试，填写新员工三级培训档案，提出评价意见并记录考试成绩。

2. 新员工三级安全培训管理流程图过程控制节点说明

节点 1：教培部门编制新员工培训计划并建立培训档案。

节点 2：安监部门根据教培部门安排对新员工进行公司级安全培训、考试并填写培训档案。培训结束后把培训档案提交教培部门。

节点 3：教培部门为新员工安排实习单位，把培训档案一并转到实习单位。

节点 4：部门及二级单位根据教培部门安排对实习新员工组织二级安全培训、考试并填写培训档案。培训结束后把培训档案转入实习班组。

节点 5：班组根据本单位安排负责对来班组实习的新员工进行三级安全培训、考试并填写培训档案。培训完毕后把培训档案通过本单位转报教培部门。

节点 6：教培部门整理培训档案并归档。

（三）外来临时工作人员安全培训管理流程

该流程主要适用于外来临时工作人员的安全培训、考试，提报工作申请审批合格后，准予临时入网工作，如图 14-15 所示。

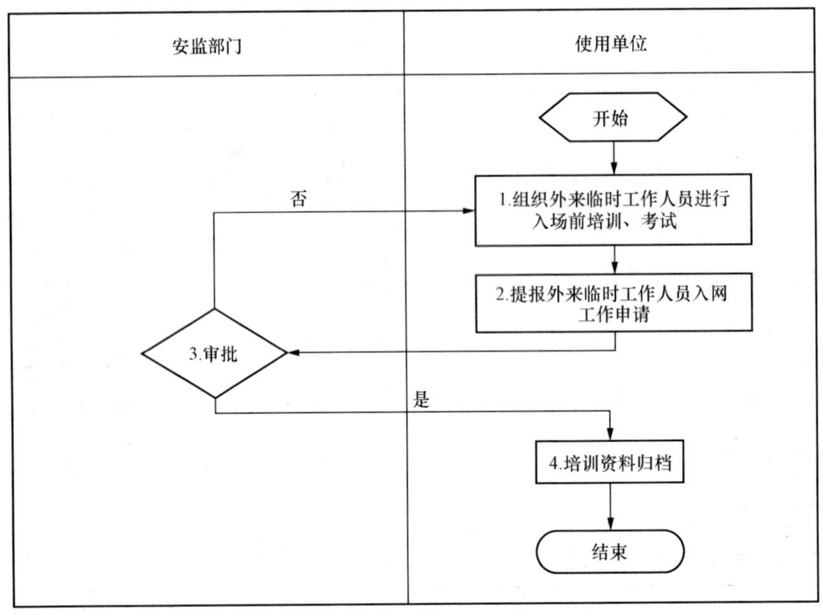

图 14-15　外来临时工作人员培训流程图

1. 外来人员安全培训

（1）安监部门职责。监督审核使用单位外来临时入场工作人员培训情况，根据考试成绩为外来临时进场工作人员办理临时入网手续。

（2）使用单位职责。负责组织外来临时入场工作人员进行安全培训并组织考试，根据培训情况为外来临时入场工作人员办理临时入网工作手续，并建立健全外来人员培训档案。

2. 外来人员安全培训管理流程图过程控制节点说明

节点 1：使用单位对外来临时入场工作人员进行符合工作实际需要的安全培训、考试。

节点 2：对外来临时入场工作人员培训合格后，向安监部门提报外来临时工作人员入网工作申请。

节点 3：安监部门对使用单位申请进行审批。

节点 4：使用单位对培训资料进行归档。

六、安全工器具

安全工器具管理流程主要适用安全工器具的购置、发放、试验、日常检查、维护、使用和报废更新全过程管理，如图 14-16 所示。

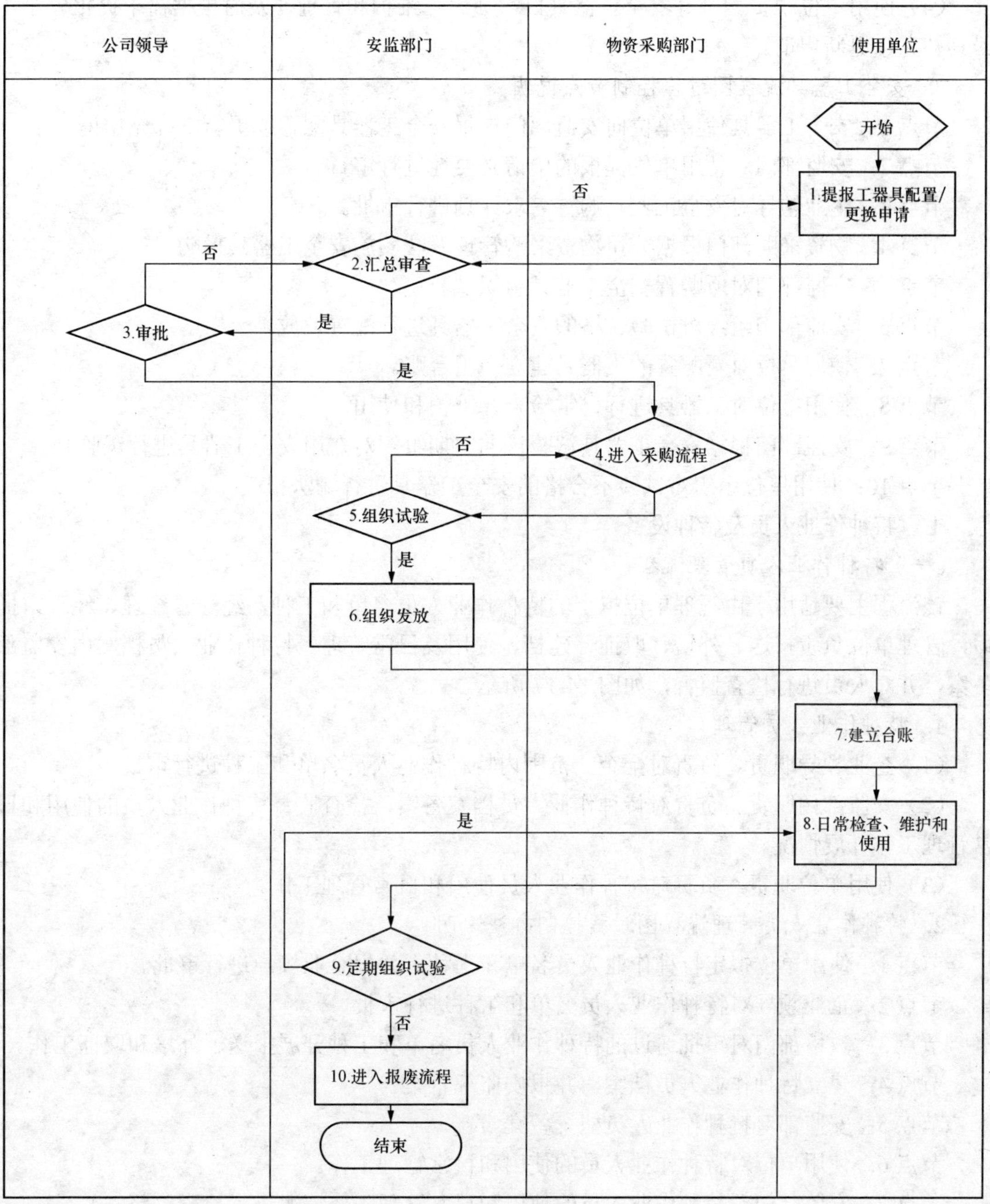

公司领导
安监部门
物资采购部门
使用单位
开始
1.提报工器具配置/更换申请
否
否
2.汇总审查
是
3.审批
是
否
4.进入采购流程
5.组织试验
是
6.组织发放
7.建立台账
是
8.日常检查、维护和使用
9.定期组织试验
否
10.进入报废流程
结束

图 14-16　安全工器具管理流程

1. 安全工器具

（1）企业领导职责。负责审核安全工器具购置计划。

（2）安监部门职责。负责汇总审查使用单位安全工器具购置申请，组织安全工器具购置和发放、试验和监督检查。

（3）物资采购部门职责。负责按照企业物资采购流程进行安全工器具购置。

（4）使用单位职责。做好安全工器具日常使用、维护和管理，及时根据需求提报安全工器具补充、更新申请。

2. 安全工器具流程图过程控制节点说明

节点 1：安全工器具使用单位向安监部门提报安全工器具配置或更新、补充申请。

节点 2：安监部门对使用单位提报的申请必要性进行审查。

节点 3：企业领导对安全工器具购置需求计划进行审批。

节点 4：物资采购部门根据公司物资采购管理办法实施安全工器具采购。

节点 5：安监部门对所购置安全工器具组织试验。

节点 6：安监部门组织对试验合格的安全工器具进行配置发放。

节点 7：使用单位对新配置的工器具建立使用台账。

节点 8：使用单位对工器具进行日常检查、维护和使用。

节点 9：安监部门根据安全工器具试验日期定期组织对在用安全工器具进行试验。

节点 10：使用单位组织对试验不合格的安全工器具进行淘汰报废。

七、特种作业人员及特种设备

（一）特种作业人员管理流程

该流程主要适用于由管理单位拟定的特种作业人员名单和工种，经分管经理、经理审批后，管理单位负责报送、外培、取证、建档、使用及日常管理。特种作业人员档案由安监部备案，并对人员进行检查监督，如图 14-17 所示。

1. 特种作业人员管理

（1）企业领导职责。负责对全企业范围内特种作业人员名单和工种进行审批。

（2）安监部门职责。负责对特种作业人员档案备案，检查监督特种作业人员的使用和日常管理工作开展情况。

（3）使用单位职责。负责对特种作业人员使用和日常管理工作。

2. 特种作业人员管理流程图过程控制方法说明

节点 1：使用单位拟定特种作业人员名单和工种，并报企业领导进行审批。

节点 2：企业领导对特种作业人员名单和工种进行审批。

节点 3：教培部门对审批通过的特种作业人员名单和工种开展报送、外培和取证工作。

节点 4：建立特种作业人员档案，并报安监部备案。

节点 5：安监部对特种作业人员档案备案。

节点 6：使用单位对特种作业人员的使用和日常管理工作。

节点 7：安监部门对特种作业人员的使用和日常管理工作情况进行检查监督。

（二）特种设备管理流程

该流程主要适用于特种设备购置、安装、使用、维护等工作，如图 14-18 所示。

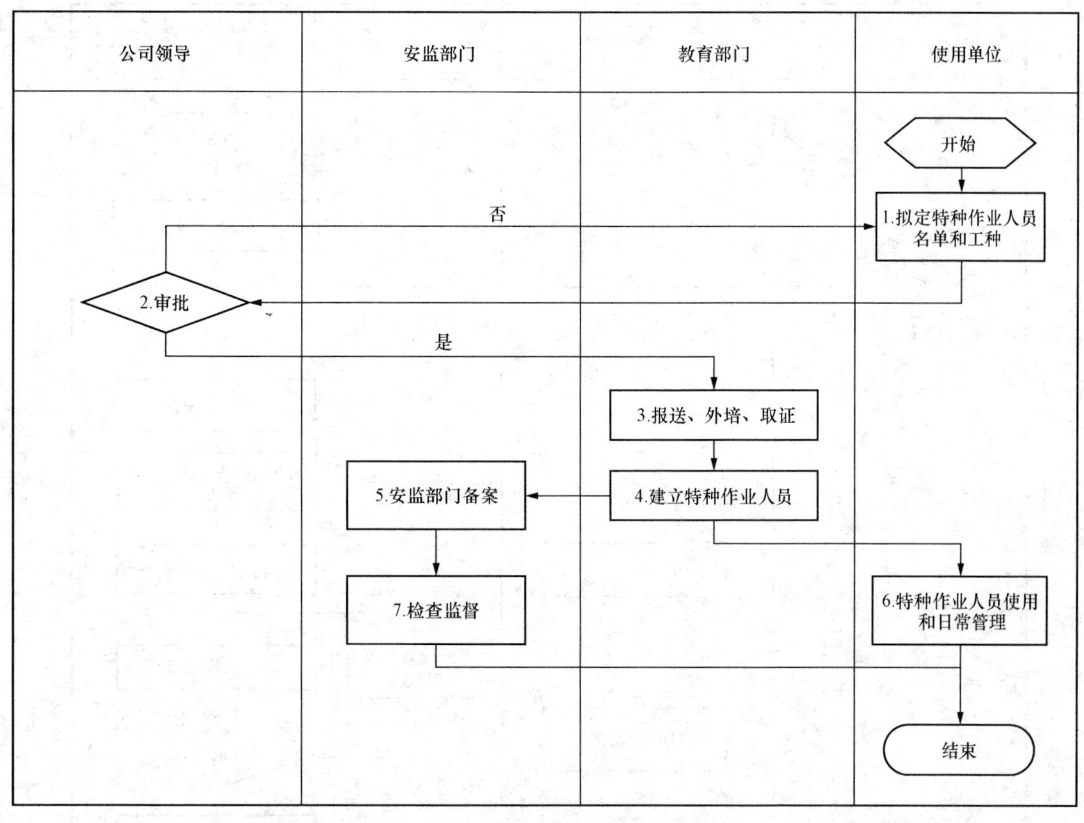

图 14-17　特种作业人员管理流程

1. 特种设备管理

（1）企业领导职责。负责对全企业范围内特种设备配置申请进行审批。

（2）安监部门职责。负责对特种设备台账备案登记，检查监督特种设备的使用、维护和检验工作开展情况。

（3）使用单位职责。负责对特种设备配置申请、报批、购置、建档、使用、维护和检验，同时负责报技术监督局对特种设备进行验收、备案。

2. 特种设备管理流程图过程控制方法说明

节点 1：使用单位对特种设备配置提出申请，并报公司领导审批。

节点 2：企业领导对特种设备配置申请审批。

节点 3：使用单位对特种设备进行购置、安装。

节点 4：使用单位对购置的特种设备办理使用许可手续。

节点 5：使用单位建立特种设备台账，并报安监部门备案。

节点 6：安监部门对特种设备台账备案登记。

节点 7：使用单位对特种设备进行正常使用、维护。

节点 8：使用单位对特种设备安排进行定期检验。

节点 9：对检验不合格的特种设备进行检修，检修后合格的设备恢复正常使用。

节点 10：使用单位对检修后不合格的特种设备，按公司设备报废手续淘汰更新设备。

节点 11：安监部门对特种设备使用管理情况进行检查监督。

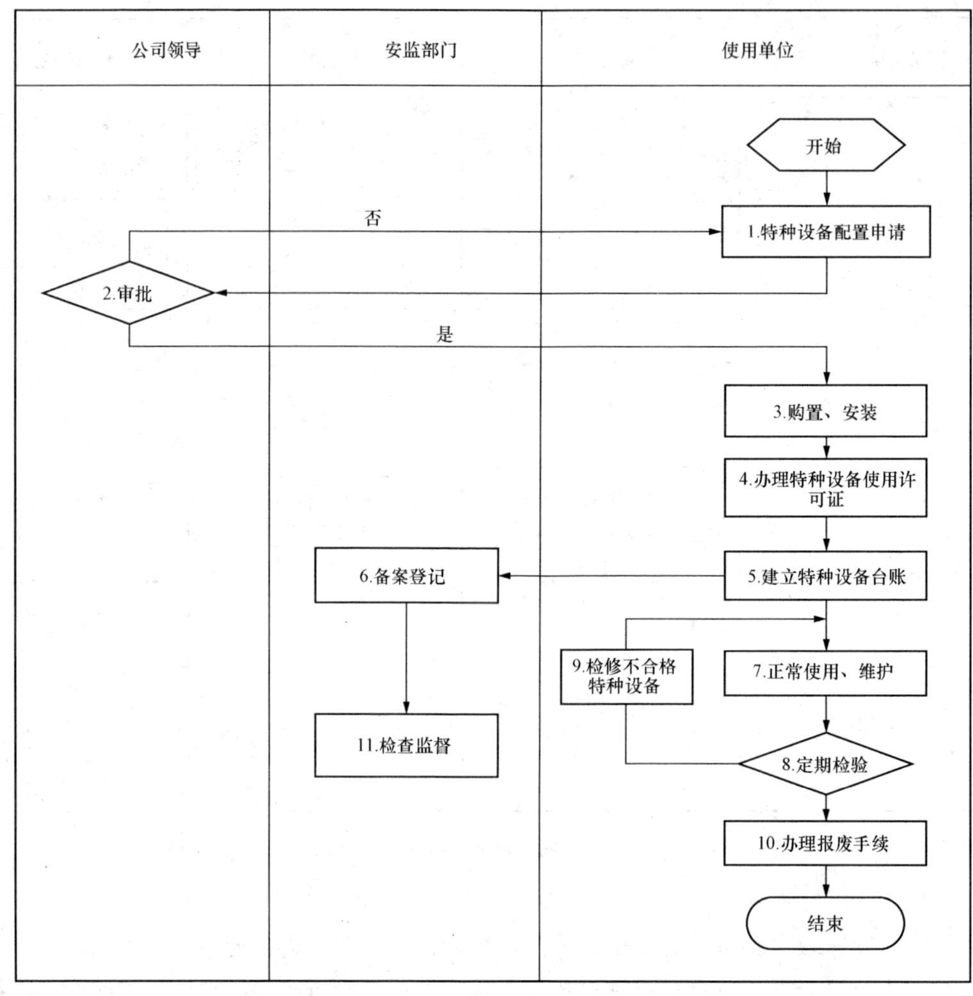

图 14-18　特种设备管理流程

八、工程安全管理

（一）施工队伍安全资质审查管理流程

该流程主要适用于施工队伍安全资质的审查。对施工队伍提供的相关资质材料进行初审，再进入实地考察队伍基地，审查合格的施工队伍需经安全培训、《安规》考试后，方可公布入网施工的队伍名单，最终将资质审查批准的资料归档，如图 14-19 所示。

1. 施工队伍资质审查管理涉及单位职责

（1）安监部门职责。负责组织施工队伍安全资质审查，对符合审查条件的施工队伍开展安全培训并组织考试，建立健全施工队伍审查资料档案。

（2）工程项目管理部门职责。负责推荐施工队伍并对资质进行初审，实地考察施工队伍基地并提交入网推荐书和施工队伍资质材料。

（3）施工队伍职责。负责提交施工队伍入网申请表和资质材料，接受审查。

2. 施工队伍资质审查管理流程过程控制节点说明

节点 1：工程项目管理部门根据工程项目需求联系相应专业施工队伍。

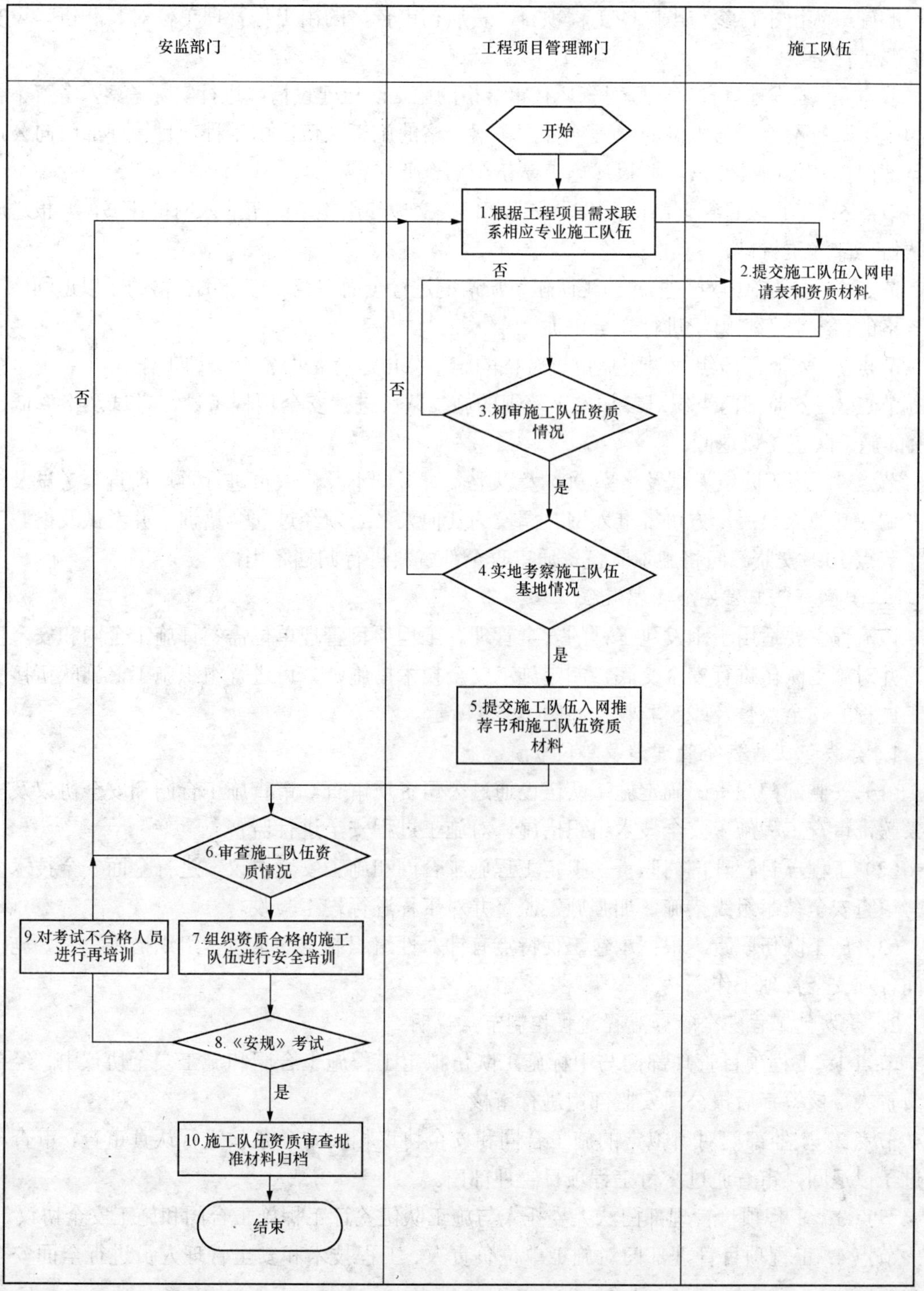

安监部门	工程项目管理部门	施工队伍
	开始	
	1.根据工程项目需求联系相应专业施工队伍	
		2.提交施工队伍入网申请表和资质材料
	3.初审施工队伍资质情况（否→2；是→4）	
	4.实地考察施工队伍基地情况（否→1；是→5）	
	5.提交施工队伍入网推荐书和施工队伍资质材料	
6.审查施工队伍资质情况（否→1）		
7.组织资质合格的施工队伍进行安全培训		
8.《安规》考试（是→10；否→9）		
9.对考试不合格人员进行再培训		
10.施工队伍资质审查批准材料归档		
结束		

图 14-19　施工队伍安全资质审查管理流程

节点 2：接到通知的施工队伍如有入网意愿，向工程项目管理部门提交入网申请和本单位资质材料。

节点 3：工程项目管理部门对提交申请的施工队伍资质情况进行初步审查，资质初审不

合格的施工队伍不得参与电网的工程项目，资质初审合格的由工程管理单位对其队伍建设实际情况进行考察。

节点 4：工程项目管理部门对资质初审合格的施工队伍建设情况进行实际考察，考察不合格的施工队伍不得参与电网的工程项目，考察合格的施工队伍，由工程项目管理部门向公司安监部门提交入网推荐书，并报送施工队伍全部资质材料。

节点 5：工程项目管理部门向公司安监部门提交拟使用施工队伍的入网推荐书，并报送施工队伍全部资质材料。

节点 6：安监部门对呈报的施工队伍资质情况进行全面审查，审查不合格的予以退回，审查合格的由安监部门组织进行安全培训。

节点 7：安监部门组织对资质审查合格的施工队伍进行全面安全培训工作。

节点 8：安监部门组织对参加安全培训的施工队伍进行安全规程考试，考试及格率低于 90%的施工队伍予以退回。

节点 9：施工队伍考试及格率 90%及以上，对考试不及格人员进行再培训直至考试及格或者调换其他人员后，方可批准入网。调换的其他人员必须经过安全培训，并考试及格。

节点 10：安监部门将施工队伍资质审查全部资料进行归档备用。

（二）承发包工程安全管理流程

该流程主要适用于承发包工程的安全管理。工程项目管理单位需签订施工合同和安全协议，并对施工队伍进行安全交底，制定施工安全技术措施，方可进行组织施工，施队伍接受施工过程的安全监督及竣工验收，如图 14-20 所示。

1. 承发包工程安全管理涉及单位职责

（1）安监部门职责。确定施工队伍已通过公司资质审查，审查施工合同和安全协议及安全条款，审查工程施工安全技术组织措施，对施工过程安全进行监督。

（2）工程项目管理部门职责。拟定工程施工合同和施工安全协议，进行全面安全技术交底，审查安全技术组织措施，加强施工监督并对工程进行竣工验收。

（3）施工队伍职责。根据承包工程特点有针对性组织制定安全技术组织措施，做好施工期间各项安全管理工作。

2. 承发包工程安全管理流程过程控制节点说明

节点 1：工程项目管理部门与中标施工队伍拟定工程施工合同和施工安全协议书。经单位负责人审核签字后报公司安监部门进行审核。

节点 2：安监部门对所拟定的施工合同和安全协议相关安全条款进行认真审查，审查不通过予以退回，审查通过交付工程项目管理部门。

节点 3：工程项目管理部门法人委托人与施工队伍签订工程施工合同和施工安全协议。

节点 4：工程项目管理部门对施工单位负责人、工程技术和安全管理人员进行全面安全技术交底。

节点 5：施工队伍针对安全技术交底情况、工程项目勘察情况和施工过程危险点情况制定工程施工安全技术组织措施，报工程项目管理部门审查。

节点 6：工程项目管理部门对施工队伍制定的工程安全技术组织措施进行全面审查，审查不合格，退回施工队伍重新制定，审查合格报公司安监部门进一步审查。

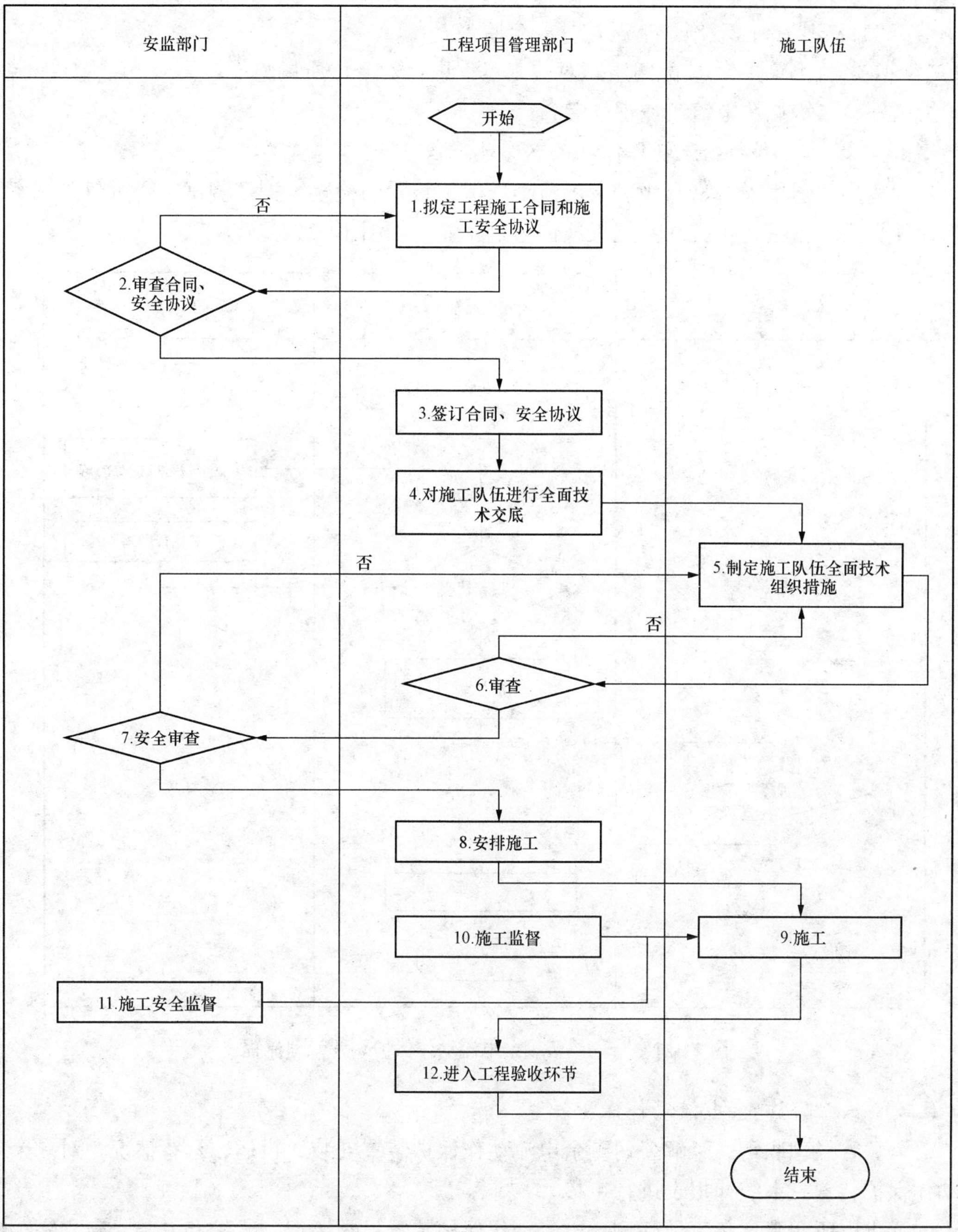

安监部门	工程项目管理部门	施工队伍
	开始	
否	1.拟定工程施工合同和施工安全协议	
2.审查合同、安全协议		
	3.签订合同、安全协议	
	4.对施工队伍进行全面技术交底	
否		5.制定施工队伍全面技术组织措施
	6.审查	否
7.安全审查		
	8.安排施工	
	10.施工监督	9.施工
11.施工安全监督		
	12.进入工程验收环节	
		结束

图 14-20 承发包工程安全管理流程

节点 7：安监部门对工程施工安全技术组织措施进行认真审查，审查合格的安全技术组织措施准予执行，审查不合格的退回工程项目管理部门重新组织拟定。

节点 8：工程项目管理部门安排施工队伍进行施工。

节点 9：施工队伍按照工程施工程序组织施工。

节点 10：工程项目管理部门对施工过程进行监督。

节点 11：安监部门对施工情况进行安全监督。

节点 12：工程项目管理部门组织对竣工工程进行安全、质量验收。

九、一、二级剩余电流动作保护装置

（一）一、二级剩余电流动作保护装置管理流程

该流程主要适用于一、二级剩余电流动作保护装置的检查维护及测试，通过对“三率”的汇总统计进行审核、备案，并上报地市供电企业，如图 14-21 所示。

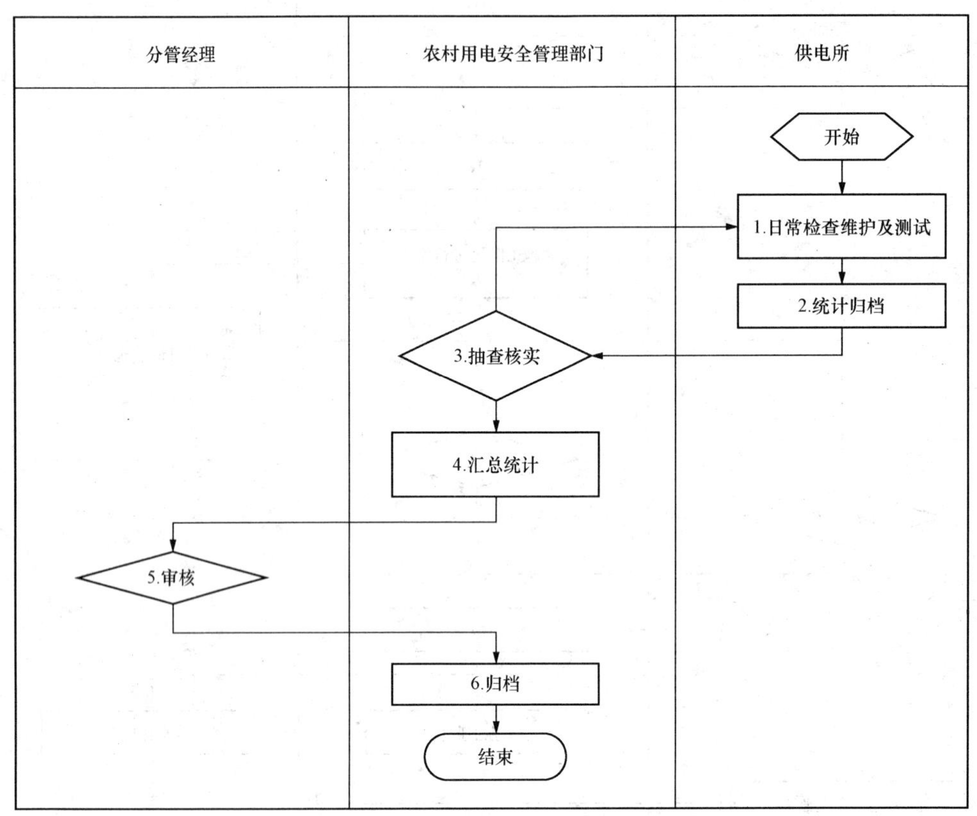

图 14-21　一、二级剩余电流动作保护装置管理流程

（二）一、二级剩余电流动作保护装置

（1）分管经理职责。了解公司剩余电流动作保护装置安装、投运、运行情况，对剩余电流动作保护装置三率统计报表进行审核。

（2）供电所职责。负责做好剩余电流动作保护装置日常运行、维护和安装，建立完善剩余电流动作保护装置台账、记录，做好本所负责的剩余电流动作保护装置“三率”统计工作。

（3）农村用电安全管理部门。对各供电所剩余电流动作保护装置安装、投运和日常运行维护情况进行检查，做好剩余电流动作保护装置“三率”统计工作。

（三）一、二级剩余电流动作保护装置管理流程过程控制节点说明

节点 1：供电所定期开展本单位剩余电流动作保护装置的检查、维护及测试工作。

节点 2：供电所对剩余电流动作保护装置“三率”情况进行检查核实。发现不合格，查明原因，进行维修或更换。

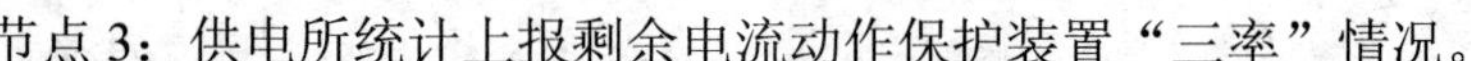

节点 3：供电所统计上报剩余电流动作保护装置“三率”情况。

节点 4：农村用电安全管理部门审查供电所剩余电流动作保护装置运行情况。

节点 5：农村用电安全管理部门定期汇总统计全公司剩余电流动作保护装置“三率”情况，形成剩余电流动作保护装置“三率”统计报表。

节点 6：分管经理对企业剩余电流动作保护装置“三率”统计表进行审核。

节点 7：农村用电安全管理部门将“三率”统计情况进行归档。

十、事故调查统计与分析

（一）电网事故及障碍调查统计与分析

该流程主要适用于农电企业发生电网各类事故处理和统计分析过程，如图 14-22 所示。

1. 电网事故及障碍调查统计与分析

（1）上级单位职责。对重大电网事故组织成立事故调查组，按事故调查规程规定开展事故调查工作。批复事故调查组提出的《事故处理报告》。

（2）企业领导职责。对一般电网事故组织成立事故调查组，按事故调查规程规定开展事故调查工作，按“四不放过”原则处理事故。

（3）安监部职责。事故发生后，组织收集事故原始资料，按“四不放过”原则进行处理，做好事故障碍的统计分析工作。

（4）生技部职责。统计汇总所有事故或异常信息，配合上级和公司调查组做好事故调查，针对电网一类障碍情况，组织进行调查分析。

（5）运行单位职责。负责第一时间汇报事故情况，提供相关资料，保护好事故现场，配合上级和调查组做好事故调查。

2. 电网事故、障碍调查统计与分析过程控制节点说明

节点 1：运行单位确认事故发生。

节点 2：运行单位对事故现场进行保护。

节点 3：运行单位向公司生技部汇报事故情况。

节点 4：生技部汇总所有事故或异常信息。

节点 5：安监部对发生的异常情况进行判断，确定事故性质。

节点 6：生技部组织对五级及以下电网事件进行调查。

节点 7：生技部根据障碍调查情况出具障碍调查报告及防范措施。

节点 8：安监部根据障碍调查情况提出处理意见并进行落实。

节点 9：生技部根据障碍情况填报五级及以下电网事件报告，并报安监部门备案。

节点 10：企业领导针对一般电网事故组织成立事故调查组，安监、生技、调度等部门参加。

节点 11：事故调查组组织开展事故调查。

节点 12：事故调查组根据事故调查情况出具事故调查报告和防范措施。

节点 13：事故调查组出具事故处理报告。

节点 14：事故调查组将事故处理报告上报上级部门。

节点 15：事故调查组组织落实事故处理意见和防范措施。

节点 16：事故调查组技术人员填报重大/一般设备事故报告。

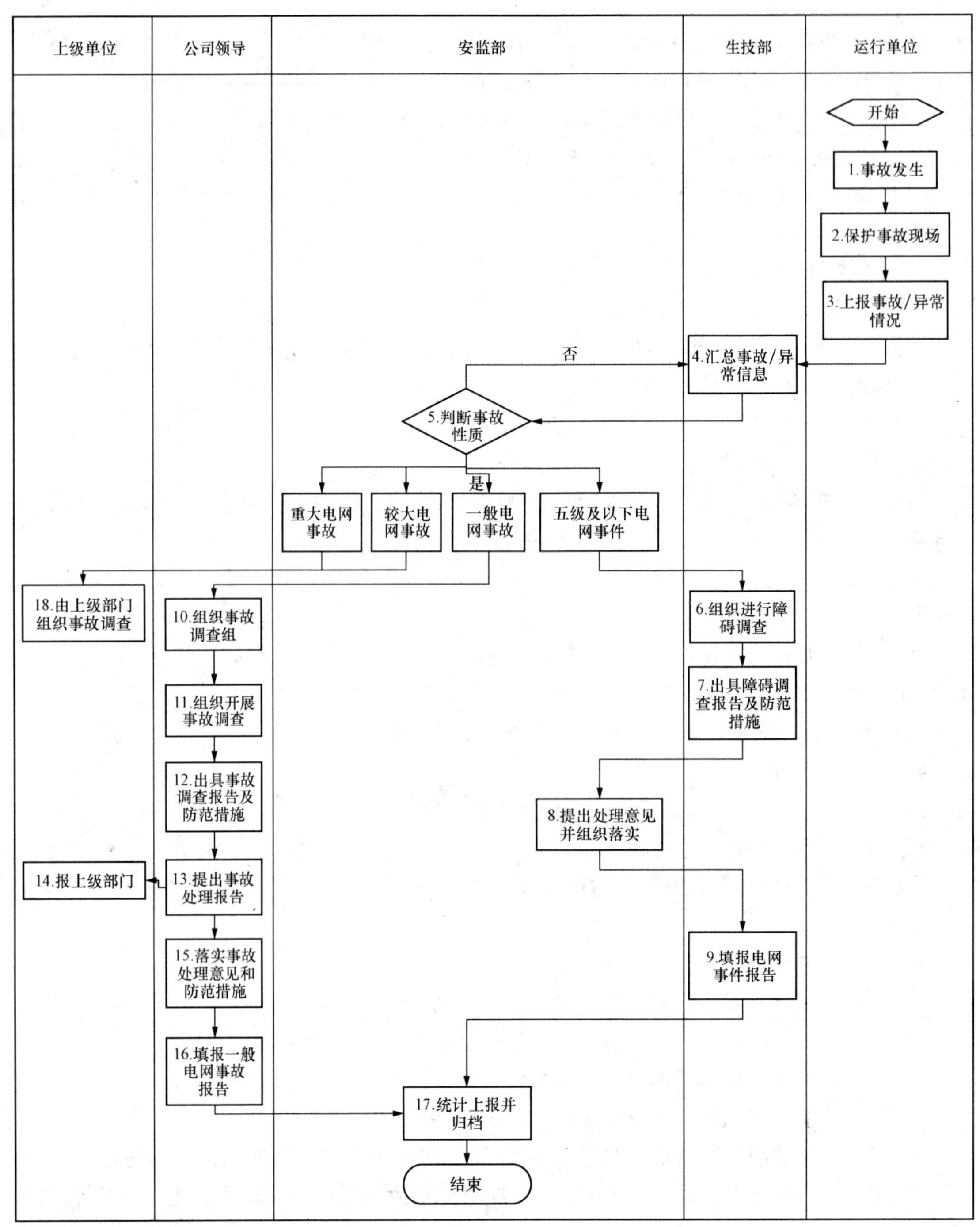

图 14-22　电网事故、事件调查及统计流程

节点 17：安监部对事故障碍情况进行统计、分析和上报，并做好事故档案归档。

节点 18：发生重大电网事故由上级部门组织成立事故调查组进行事故调查。

（二）设备事故及障碍调查统计与分析

该流程主要适用于农电企业各类设备事故的处理和统计分析过程，如图 14-23 所示。

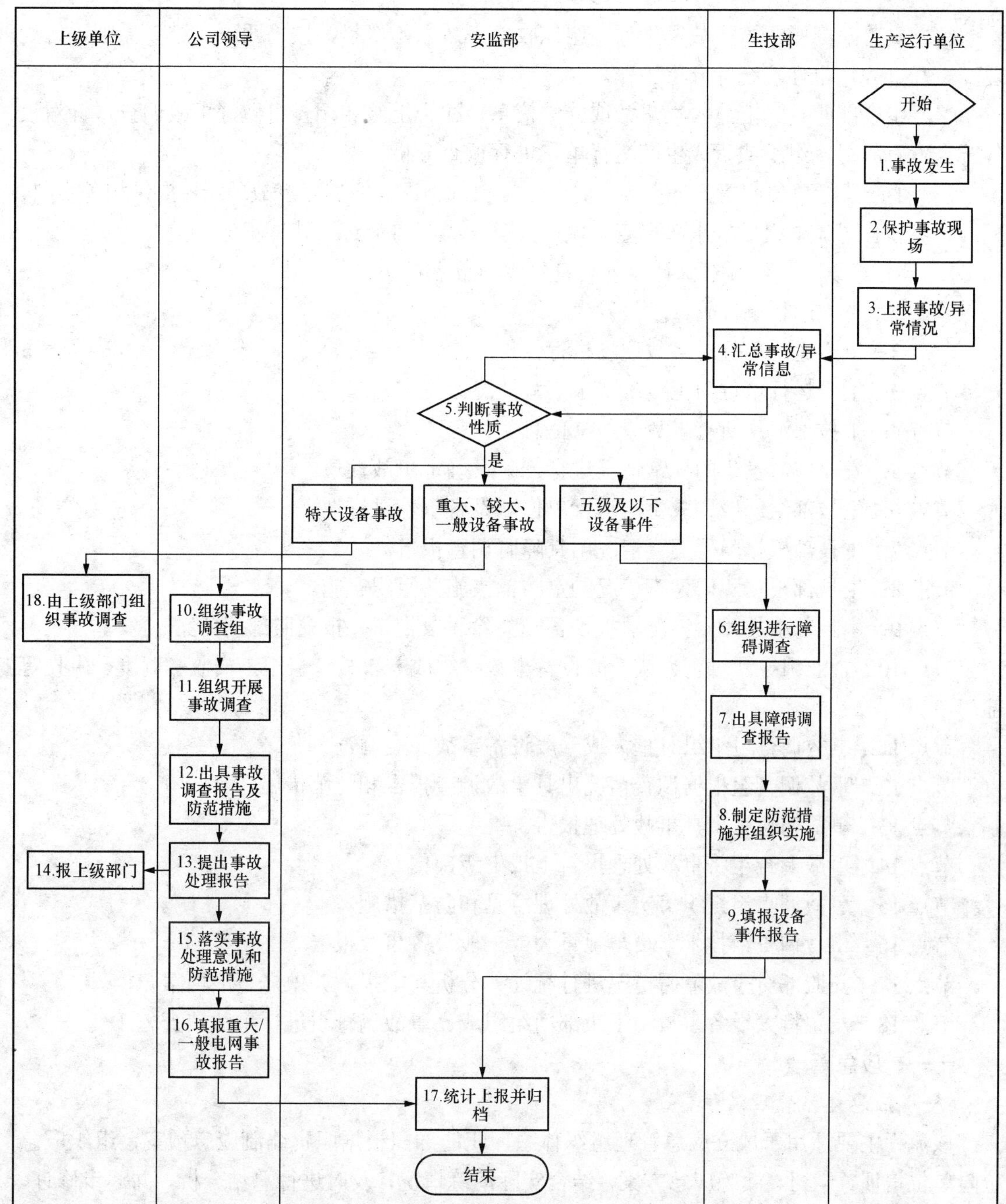

图 14-23　设备事故、事件调查及统计流程

1. 设备事故及障碍调查统计与分析管理涉及单位职责

（1）上级单位职责。对特大设备事故组织成立事故调查组，按事故调查规程规定开展事故调查工作，批复事故调查组提出的《事故处理报告》。

（2）企业领导职责。对重大、较大、一般设备事故组织成立事故调查组，按事故调查规程规定开展事故调查工作，按“四不放过”原则处理事故。

（3）安监部门职责。事故发生后，组织收集事故原始资料，按“四不放过”原则进行处理，做好事故、事件的统计分析工作。

（4）生技部职责。汇总收集事故或异常信息，配合上级和调查组做好事故调查，针对设备一类障碍情况，组织或责成生产运行单位进行调查分析。

（5）生产运行单位职责。负责第一时间汇报事故情况，保护好事故现场，提供相关资料，配合上级和公司调查组做好事故调查，做好设备一类障碍调查、处理工作。

2. 设备事故、障碍调查统计与分析过程控制节点说明

节点1：生产运行单位确认事故发生。

节点2：生产运行单位对事故现场进行保护。

节点3：生产运行单位向生技部上报事故情况。

节点4：生技部汇总所有事故或异常信息。

节点5：安监部对发生的异常情况进行判断，确定事故性质。

节点6：生技部组织或责成生产运行单位对设备事件进行调查。

节点7：生技部根据障碍调查情况出具障碍调查报告。

节点8：生技部根据障碍调查情况制定防范措施并组织实施。

节点9：生技部根据障碍情况填报设备一类障碍报告，并报安监部门备案。

节点10：企业领导针对重大或一般设备事故组织成立事故调查组，安监、调度、生技等部门参加。

节点11：事故调查组组织对重大或一般设备事故开展调查。

节点12：事故调查组根据调查情况出具事故调查报告和防范措施。

节点13：事故调查组出具事故处理报告。

节点14：事故调查组将事故处理报告上报上级部门。

节点15：事故调查组组织落实事故处理意见和防范措施。

节点16：事故调查组技术人员填报重大或一般设备事故报告。

节点17：安监部对事故障碍情况进行统计、分析和上报，并做好事故档案归档。

节点18：发生特大设备事故由上级部门组织成立事故调查组进行事故调查。

十一、应急管理

（一）应急体系管理流程

该流程主要适用于成立应急管理组织体系，职能部门根据职责编制应急预案，组织应急抢险单位培训、学习、演练应急方案，结合实际演练情况，及时进行总结分析，并逐步修订、完善应急预案和应急体系，如图14-24所示。

1. 应急体系管理

（1）企业领导职责。负责组织建立健全公司应急管理体系，审批各类应急处置预案。

（2）安监部门职责。负责企业应急体系管理工作的组织牵头，组织编制、修订各类应急处置预案。

（3）职能部门职责。负责组织编制职责范围内的各类应急处置预案，建立健全应急管理体系，组织备足应急物资、人员、机具、车辆，组织应急预案的培训及应急演练，总结分析并不断修订完善应急预案内容，确保预案内容符合实际。

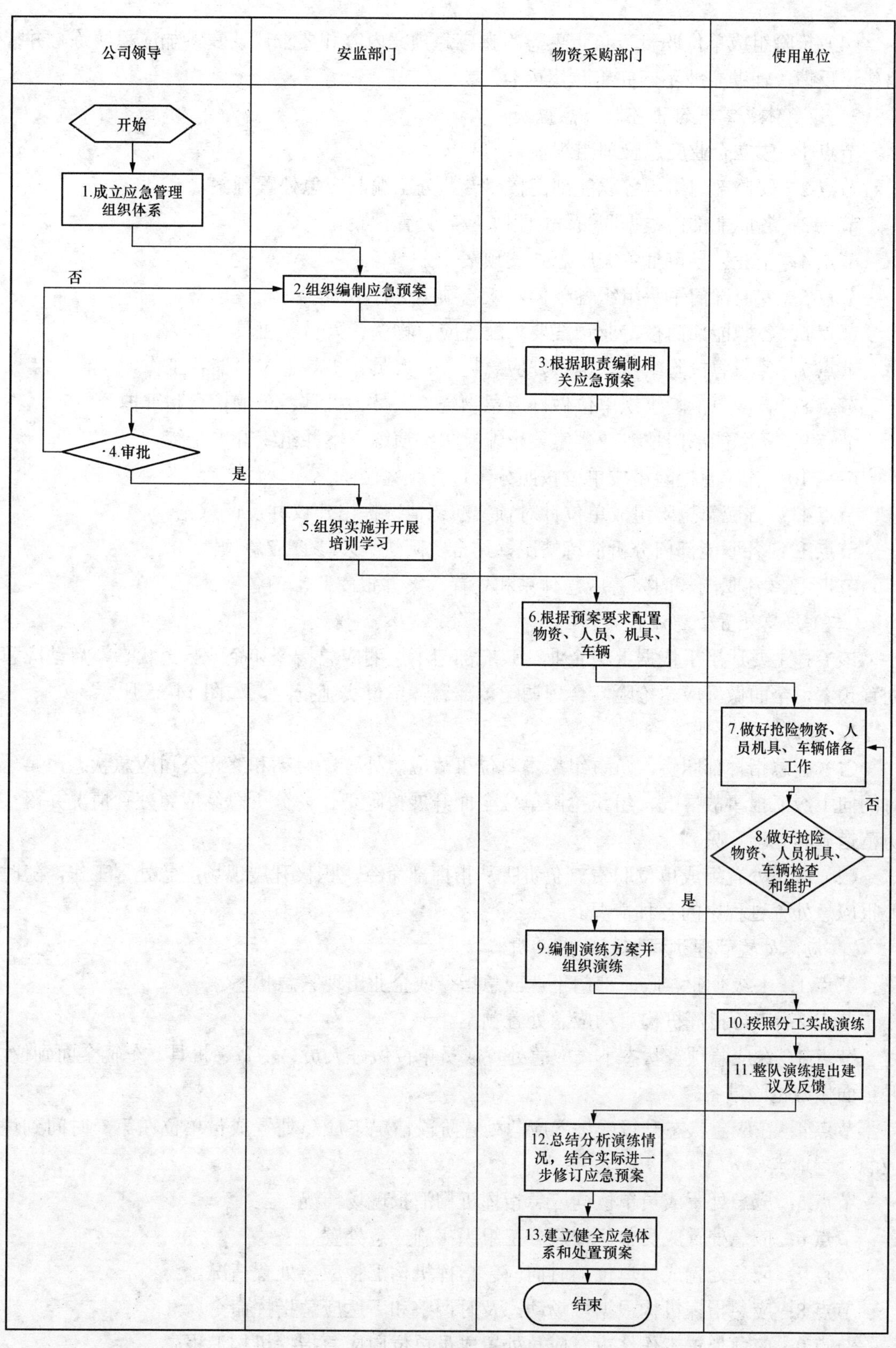

图 14-24 应急体系管理流程

（4）抢险组成单位职责。负责熟悉掌握应急预案内容和要求，认真参加应急演练，并提出建议反馈，辅助企业不断完善预案内容。

2. 应急体系管理过程控制节点说明

节点 1：成立企业应急管理组织体系。

节点 2：安监部门组织各职能部门按照专业分工编制应急处置预案。

节点 3：各职能部门根据职责编制相关应急处置预案。

节点 4：企业领导审批各类应急处置预案。

节点 5：安监部门牵头组织各单位对应急预案进行培训学习。

节点 6：各职能部门按专业预案要求配置应急物资、人员、机具、车辆。

节点 7：各应急抢险组织单位做好应急物资、人员、机具、车辆储备工作。

节点 8：各应急抢险组织单位做好应急物资、人员、机具、车辆检查和维护。

节点 9：各职能部门按专业预案要求编制预案演练方案并组织开展演练。

节点 10：各应急抢险组成单位按照分工进行预案演练。

节点 11：各应急抢险组成单位针对预案演练情况提出建议并反馈意见。

节点 12：各职能部门分析演练情况，结合实际进一步修订应急预案。

节点 13：各职能部门完善应急体系和处置预案并报安监部门备案。

（二）应急处置管理流程

该流程主要适用于依据上级企业、政府部门下达的应急指令和企业紧急状态，启动应急处置预案，全面做好应急抢险，合理调配、部署各单位实施抢险，如图 14-25 所示。

1. 应急处置管理

（1）应急指挥部职责。负责组织本单位事故应急处置，启动和终止公司应急状态，第一时间向上级汇报事故情况，组织抢险单位全面开展抢险工作，分析总结应急处置情况并落实防范措施和处理意见。

（2）应急处置组成单位职责。负责听从指挥部命令，积极开展现场应急处置工作，随时汇报应急处置过程中的各种情况。

2. 应急处置管理过程控制节点说明

节点 1：上级企业、政府部门下达应急指令或企业出现紧急状态。

节点 2：应急指挥机构启动应急处置预案。

节点 3：在应急预警状态下，应急处置成员单位做好人员、物资、机具、车辆全面到位，并全面做好抢险准备。

节点 4：在应急状态升级或进入应急处置阶段情况下应急处置成员单位在第一时间到达应急处置地点。

节点 5：应急处置成员单位同应急指挥机构汇报现场情况。

节点 6：应急处置成员单位按照分工组织实施应急处置。

节点 7：应急处置成员单位随时向应急指挥机构汇报应急处置情况。

节点 8：应急指挥机构根据现场动态及时调整和下达应急指挥命令。

节点 9：应急处置工作结束，应急处置成员单位向应急指挥机构汇报。

节点 10：应急指挥机构确认应急工作结束，下达解除应急状态指令。

节点 11：应急处置成员单位根据应急指挥机构指令组织现场撤离。

节点 12：应急指挥机构对应急工作进行总结分析并整理归档。

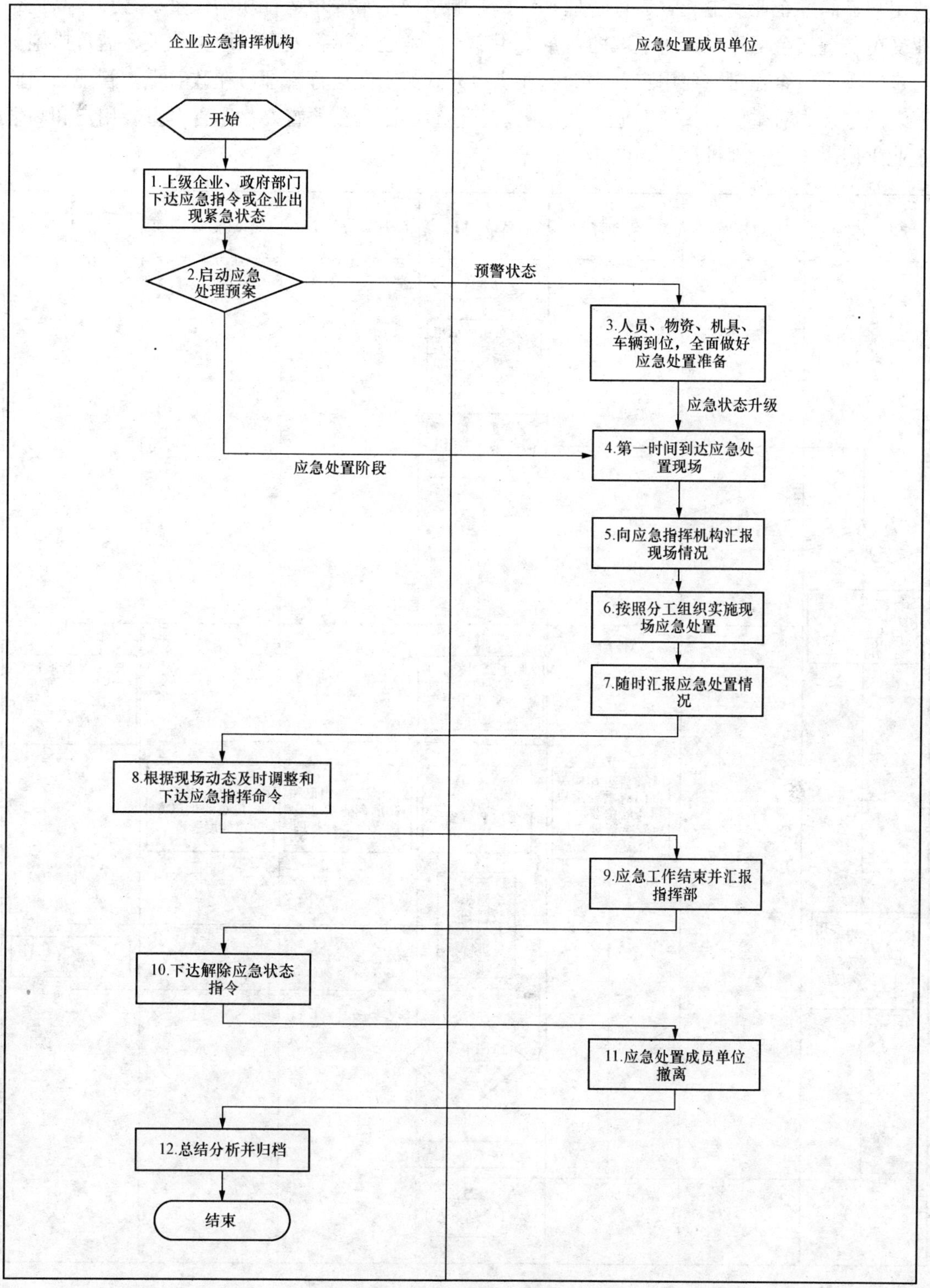

图 14-25　应急处置管理流程

十二、重要客户和高危企业供用电安全管理

该流程主要适用于供电企业为加强重要用户和高危企业供用电安全管理，有效防止因重要用户、高危企业受电装置运行管理不善，影响电网正常安全运行和确保重要客户、高危企业受电装置安全可靠运行所采取的对重要用户、高危企业进行安全供用电管理、监督措施。通过完善供电企业对重要用户、高危企业供电方式的安全运行管理，在政府电力管理部门监管之下，加强对重要用户、高危企业受电装置检查和隐患整改督办，完善对重要用户和高危企业供用电安全管理过程，如图 14-26 所示。

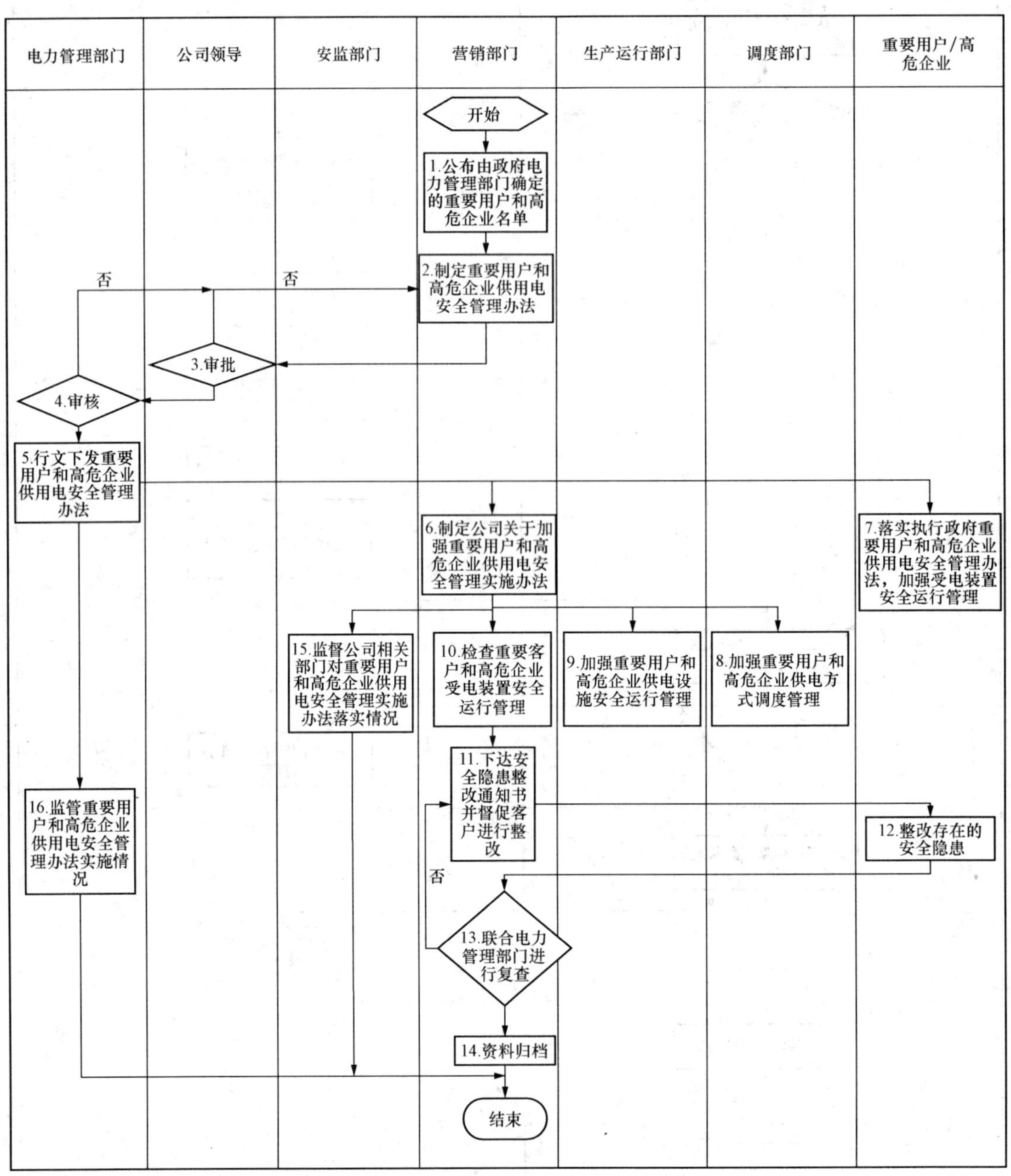

图 14-26　重要客户和高危企业供电安全管理流程

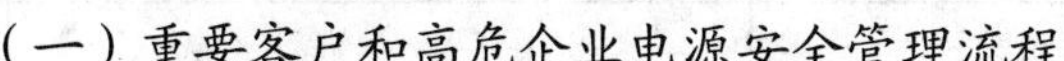

（一）重要客户和高危企业电源安全管理流程

（1）电力管理部门职责。出台重要用户和高危企业供用电安全管理办法，做好对重要用户和高危企业供用电安全管理监管工作。

（2）企业领导职责。加强供电企业对重要客户和高危企业电源安全管理工作，审核重要用户和高危企业供用电管理办法，审批企业关于加强重要用户和高危企业供用电安全管理实施办法。

（3）安监部门职责。负责监督企业相关部门对重要用户和高危企业供用电安全管理工作情况。

（4）营销部门职责。负责制定企业关于加强重要用户和高危企业供用电安全管理实施办法，负责对重要用户和高危企业受电装置安全运行管理情况检查，并根据检查情况下发整改通知书，督促客户进行隐患整改，完善资料归档工作。

（5）生产部门职责。根据企业关于加强重要用户和高危企业供用电安全管理实施办法分工职责要求，做好重要用户和高危企业供电设施安全运行管理工作。

（6）调度部门职责。根据企业关于加强重要用户和高危企业供用电安全管理实施办法分工职责要求，做好重要用户和高危企业供电方式调度运行管理工作。

（7）客户职责。落实政府电力管理部门重要用户和高危企业供用电安全管理办法，做好受电装置安全运行管理工作，配合供电部门安全用电检查并根据安全隐患整改通知书所列内容，及时进行安全隐患整改。

（二）重要客户和高危企业电源安全管理过程控制节点说明

节点1、2：营销部根据上级部门行文下发的重要客户和高危企业供用电安全管理办法，制定供电企业的实施办法，报企业领导审批后执行。

节点3：营销部组织对重要用户和高危企业供用电情况进行检查，供电企业安监、营销、生产运行、调度主要部门参加。

节点4：调度部门按照职责分工检查重要用户和高危企业双电源管理以及应急供电管理情况。

节点5：生产运行部门按照职责分工组织做好重要用户和高危企业供电设施的运行、维护管理。

节点6：营销部门开展对重要用户和高危企业受电装置安全运行管理检查工作。

节点7：营销部门根据对重要用户和高危企业受电装置安全运行管理检查情况向客户下达安全隐患整改通知书并督促客户进行整改。

节点8：客户根据整改通知书对隐患进行整改，并将整改情况报供电部门。

节点9：营销部联合电力管理部门对客户安全隐患整改情况进行复查。

节点10：营销部做好对客户安全用电管理督办检查情况资料归档工作。

节点11：安监部监督企业相关部门对重要用户和高危企业供用电安全管理实施办法落实情况。

十三、“两票”管理

（一）两票评价与考核流程

该流程主要适用于企业两票评价与考核管理，如图14-27所示。

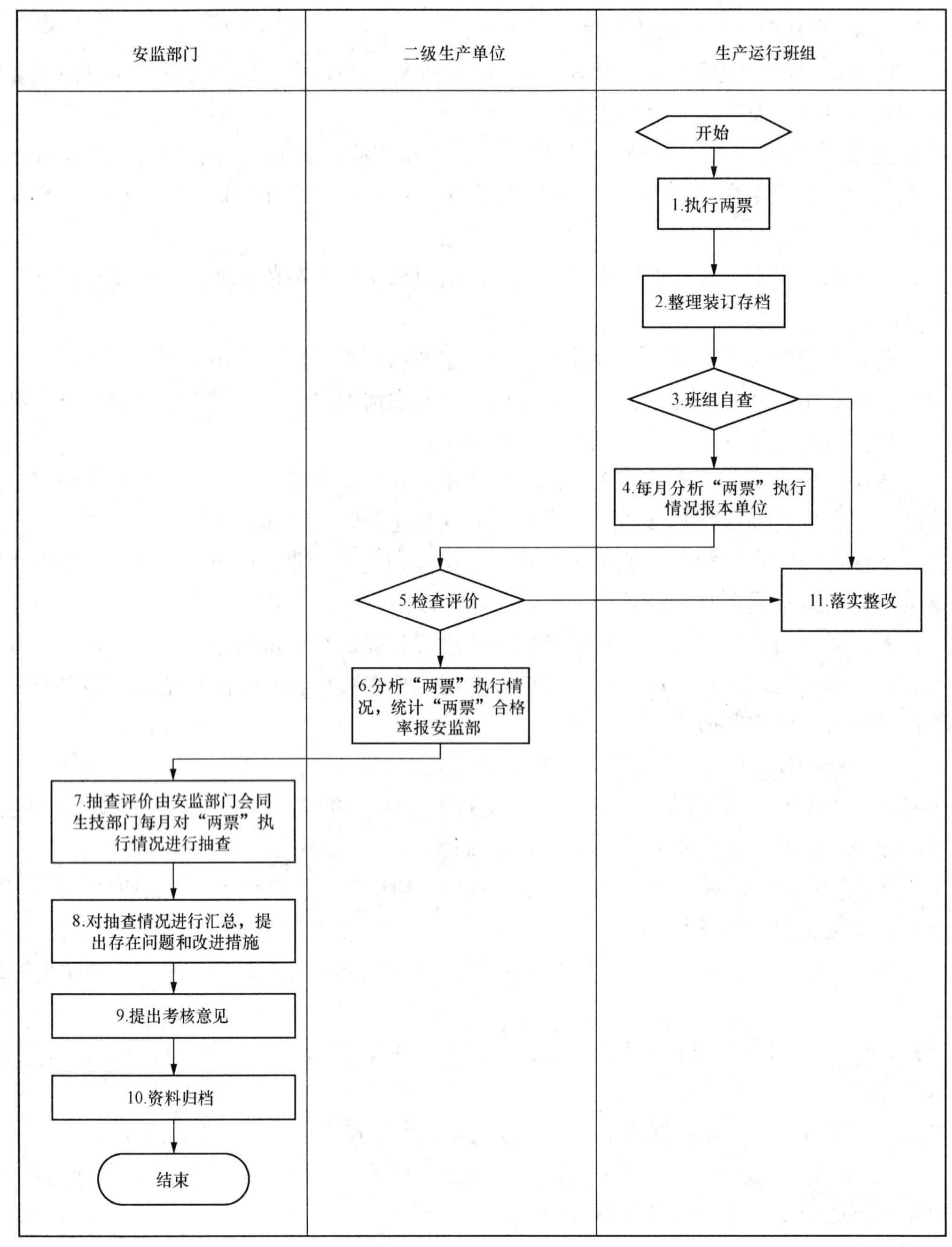

图 14-27　两票评价与考核管理流程

1.“两票”评价与考核管理

（1）安监部门职责。全面监督企业各单位“两票”管理和执行情况，定期抽查各单位“两票”管理工作内容并提出考核意见，做好企业“两票”合格率统计和资料归档。

（2）二级单位职责。加强对本单位和所属班组“两票”管理工作，完成本单位“两票”检查和统计工作。

（3）生产班组职责。做好生产工作“两票”执行工作，定期分析统计班组“两票”执行

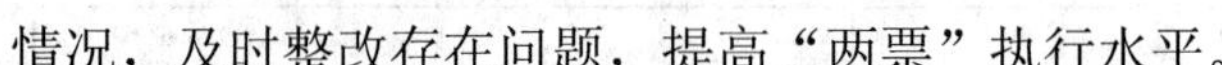

情况，及时整改存在问题，提高“两票”执行水平。

2.“两票”评价与考核管理过程控制节点说明

节点 1：生产运行班组根据本单位的“两票”执行规定，执行“两票”流程。

节点 2：执行完毕后，由班组整理装订存档。

节点 3：生产运行班组每天或安全活动日检查当日或几天的“两票”执行情况，如存在问题，则进行落实整改（节点 9）。

节点 4：月底汇总分析执行情况报本单位。

节点 5、6：二级生产单位指定主管运行、检修的技术人员于每月五日前审核上月全部已执行的“两票”，作出综合分析和汇总评价。本单位生产主任（所长）每月至少应检查一个班组或变电站已执行的“两票”，对以上所检查的“两票”均应签字，指出存在的问题，提出改进意见，对实际执行情况作出评价。每月向安监部门汇报“两票”执行情况分析和“两票”合格率。

节点 7、8：按“两票”执行规定，对“两票”开展企业级抽查。由安监部门汇同生产技术部门，每月抽查 1～2 个变电站或线路运行单位及其他车间已执行的“两票”。抽查后均应在月度装订“两票”封面上签字，审查“两票”合格率，指出问题，提出改进意见。

节点 9：安监部门负责对“两票”管理和执行情况提出考核意见。

节点 10：安监部门做好企业“两票”资料归档工作。

（二）工作票执行流程

该流程主要适用于供电企业工作票执行过程管理，如图 14-28 所示。

节点说明：

节点 1：工作负责人按要求填写工作票。

节点 2、3：工作票签发人负责审核并签发工作票。

节点 4：工作许可人审核工作票，检查所列安措是否正确完善，填写应补充的安全措施。

节点 5：工作许可人按照工作票要求现场布置安全措施。

节点 6：调度命令要使用规范的调度术语，并严格执行复诵、录音记录制度。

节点 7：工作负责人会同工作许可人现场核查所做安全措施是否正确、完备。

节点 8：工作许可人与工作负责人办理工作许可手续。

节点 9：工作负责人召开班前会，班前会中工作负责人要向工作班成员交代清楚工作任务、现场安措布置、危险点和工作注意事项。

节点 10、11、12：工作开工，进入现场工作。工作负责人严格按照《安规》要求履行好自己的监护职责，及时纠正不安全行为，确保工作安全。全部工作完毕、工作班整理现场后，工作负责人还要进行周密地检查。

节点 13：工作许可人会同工作负责人再次检查工作现场，确认全部工作完毕。

节点 14：工作许可人与工作负责人办理工作票终结手续。

节点 15：工作许可人拆除工作票所列安全措施，汇报调度。

节点 16：值班调度员接受工作负责人的工作终结汇报，下达调度命令。

节点 17：工作班召开班后会，对工作票执行环节进行总结、整改和完善。

节点 18：工作票整理后归档，保存一年。

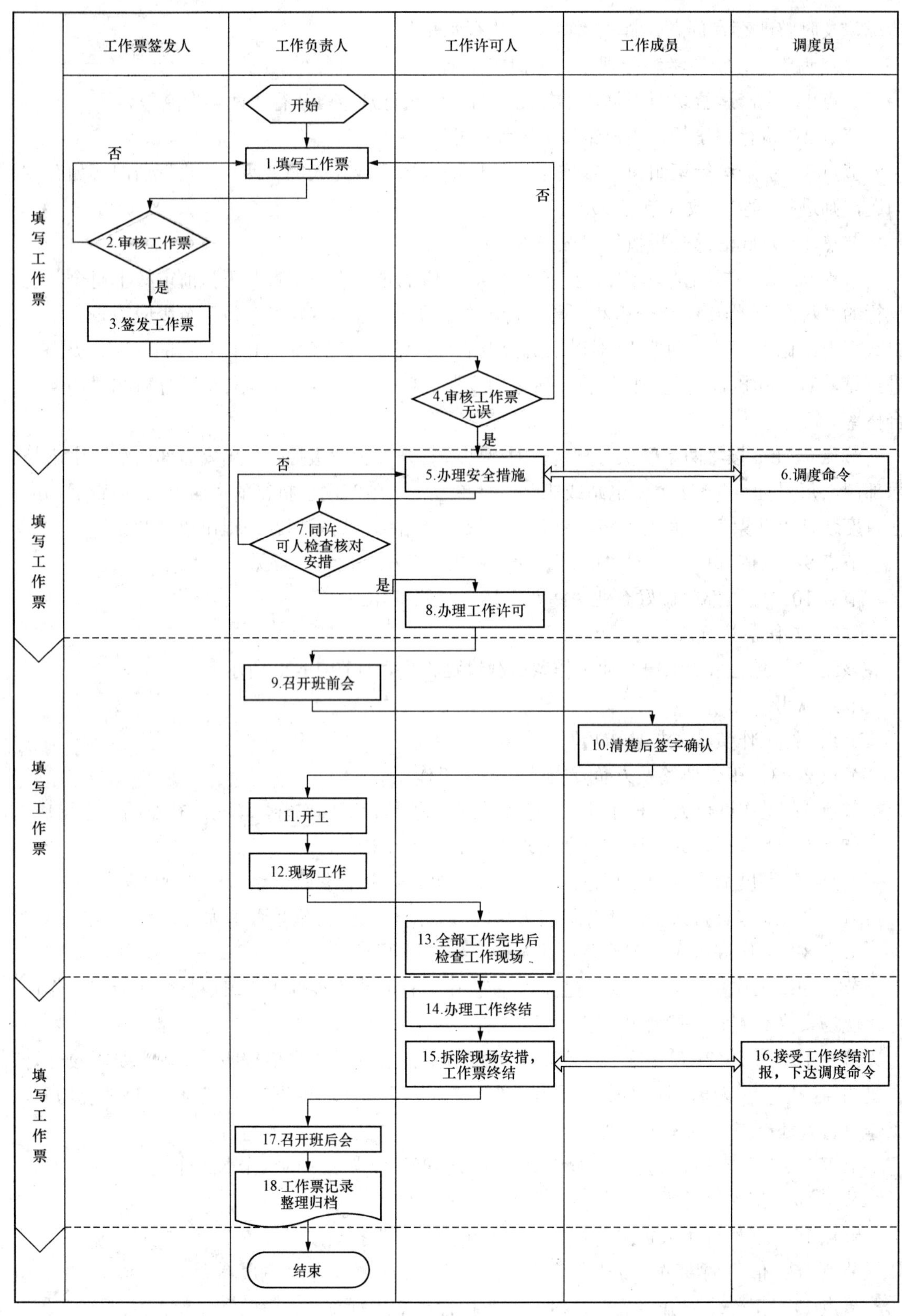

图 14-28　工作票执行流程图

（三）操作票执行流程（见图 14-29）

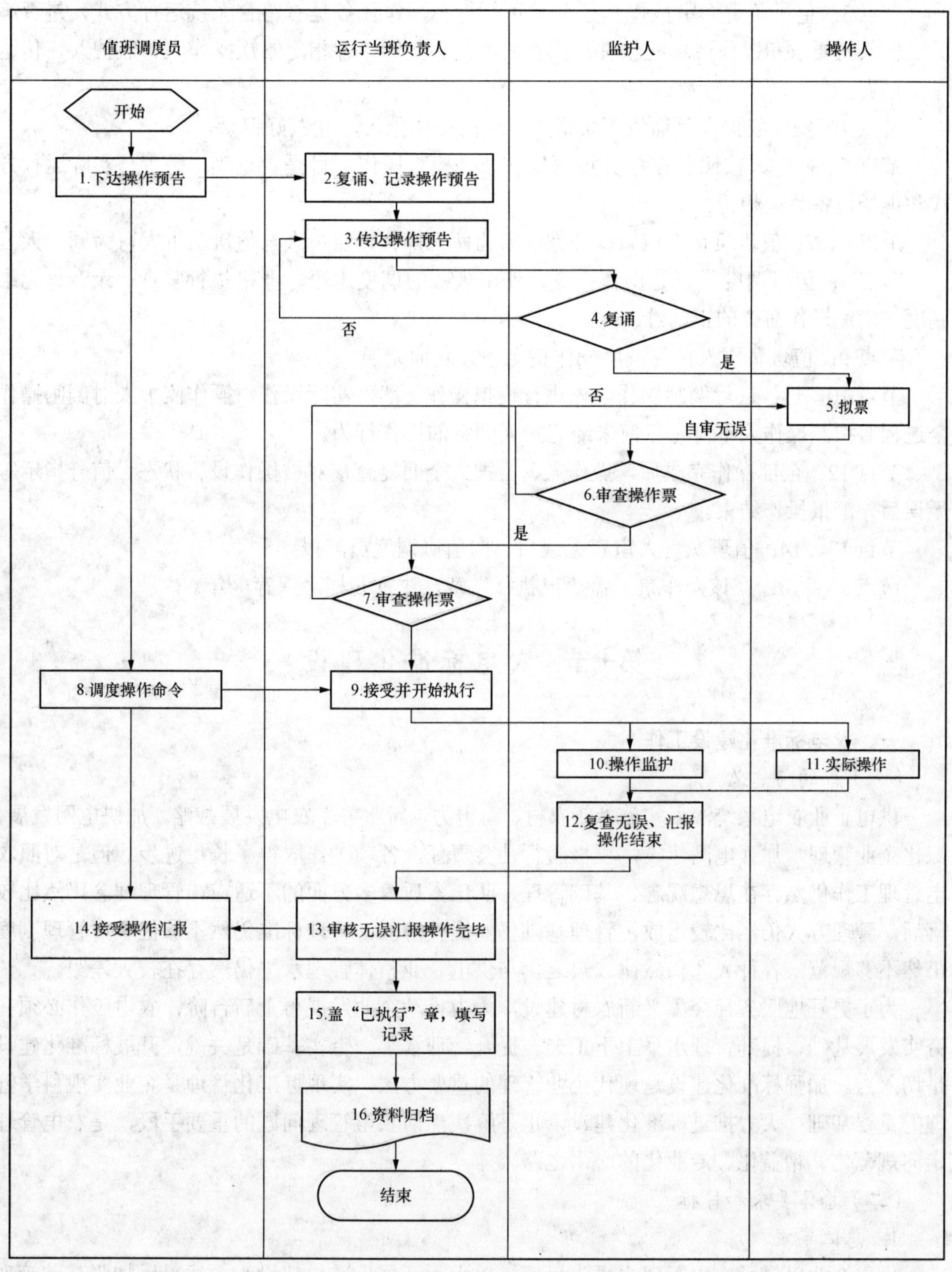

图 14-29 倒闸操作票执行流程图

节点说明：

节点 1：下达操作预告时要使用规范的调度术语，严格执行复诵、录音、记录制度，确保操作预告的正确性，复诵时要冠以“操作预告”、“重复操作预告”。

节点 3：值班负责人审核操作任务的可行性，操作任务是否符合系统运行方式，是否满足工作票的要求和操作现场的条件，操作时间是否足够，并指定本次操作人、监护人，传达操作预告。

节点 4：操作监护人复诵值班负责人传达的操作预告，并做好记录。

节点 5：操作人按照操作任务填写操作票，检查操作项目是否正确，是否与实际运行方式和现场设备状况相符。

节点 6、7：值班负责人审查操作票（若为两人操作，监护人与值班负责人可为同一人）。

节点 8：值班调度员下达操作命令，使用规范的调度术语，严格执行复诵、录音、记录制度，确保操作命令的正确性。

节点 9：值班负责人接受调度操作指令，并复诵无误。

节点 10、11：进行倒闸操作。先进行模拟操作，然后实际操作，操作监护人对倒闸操作全过程监护，操作人不得有任何未经监护人同意的操作行为。

节点 12：全部操作完成后，操作人、监护人全面复查核对被操作设备状态、信号指示等无误后，汇报操作结束。

节点 13、14：值班负责人审查无误后，向值班调度员汇报。

节点 15、16：在该操作票上盖“已执行”章，进行归档，保存一年。

第七节　农电标准化建设

一、农电标准化建设工作

（一）目的与意义

供电企业农电系统深入实施“新农村、新电力、新服务”农电发展战略，加快电网发展，深化企业管理，加强电网建设，积极履行社会责任，各项工作取得了长足进步。但是对照农电管理工作仍然存在思想观念、基础管理、队伍素质等多方面的不适应，管理理念仍然比较落后，管理方式仍然比较粗放，管理基础仍然比较薄弱，管理标准仍然不够健全，管理制度仍然不够规范，各种人才仍然比较缺乏，与供电企业整体管理水平仍然存在较大差距。

为了更好地服务社会主义新农村建设，大力推动企业发展再上新台阶，农电工作必须在夯实发展基础、提升管理水平上下工夫。提升管理水平、夯实基础是关键，开展标准化建设是切入点。加强标准化建设是现代企业管理的重要方法，实现标准化管理是企业实现科学管理的重要基础；大力推进标准化建设，也是解决当前农电管理问题的重要手段，是农电管理走向规范化、精益化、专业化的必由之路。

（二）总体要求和目标

1. 总体要求

供电企业以提升农电管理水平为目标，以大力开展标准化建设为主线，以加强基础管理为重点，以建立评价机制和强化指标管理为手段，不断强化制度建设，完善标准体系，深化专业管理，规范作业流程，力争用三年左右的时间，使农电安全生产基础、精益管理能力、供电服务水平和队伍整体素质明显进步，努力推动农电管理与供电企业管理尽快接轨。

2. 工作目标

（1）夯实基础管理。全面建立各级供电企业、县供电企业和供电所三级标准体系；深入开展企业贯标工作，不断优化和规范管理工作流程；继续推进供电所规范化建设，促进农电基础管理水平明显提高。

（2）强化专业管理。不断优化作业组织结构，基本完成供电所作业组织专业化整合；大力推广“典型设计”应用，进一步规范农网建设标准，提高工程建设效率；全面推行线损规范化管理模式，提升精益化管理能力；深入开展标准化作业和安全性评价，不断夯实安全生产基础；进一步强化供电优质服务常态机制建设，大力提高优质服务水平。

（3）完善管理手段。深入开展同业对标工作，全面加强企业管理基础，提升管理水平。积极依靠科技进步，大力推广计算机信息技术，按照供电企业总体部署，以生产、经营、服务为重点，加快推进农电信息化建设。

（4）加强队伍建设。加强人力资源管理和农电队伍建设，深入实施“农电队伍素质工程”，不断提高员工队伍的工作执行力和创新力，逐步建立经营管理、专业技术和作业技能人才专家库，努力打造一支“业务熟练、作风优良、结构合理、服务优质”的新型农电队伍。

（三）工作要求

农电标准化建设涉及农电工作的方方面面，需要全体员工的共同参与，必须精心组织、有序推进、稳步实施、力求实效。工作中需要牢牢把握以下几个方面。

（1）落实工作责任。要高度重视，广泛动员，明确责任。各级供电企业农电工作部是该项工作的责任部门，各县供电企业也应指定相应的职能部门，负责做好本单位农电标准化建设工作的组织部署、贯彻落实和检查督导工作，确保取得实效。

（2）制订工作规划。各单位要按照供电企业统一部署，结合本单位实际，认真制订开展农电标准化建设工作三年规划和详细的工作计划，把工作分解到部门、班组，将标准化建设工作落到实处。

（3）确保有序推进。根据农电特点及业务范围，按照夯实基础、加强管理的基本要求，以县供电企业为重点，以全面落实标准为核心，推进农电标准化建设工作。要结合实际制定相应的考核和管理办法，保障标准化建设工作有序推进。

（4）坚持以点带面。农电标准化建设贯穿于农电企业管理的各项工作中，要以在日常工作中贯彻落实标准为基础，以专项工作为抓手，推进标准化建设工作全面开展。

（5）培育典型示范。各区域供电企业要密切关注工作动态，通过抓典型、树先进等工作，总结经验，发现问题，积极推动，引领各单位分期分批实现工作目标。

（6）严格考核监督。农电标准化建设工作完成情况将列入对各区域供电企业农电工作的评价内容，并作为创建一流县供电企业的基本条件。供电企业将定期统计、通报各下属单位工作开展情况，采用督查、抽查方式检查工作进度和工作质量。

“抓基础、上台阶，大力推进农电标准化建设”工作，是一项十分重要的工作。各单位要高度重视，强化管理，大力推进，确保通过努力，使农电管理工作取得新进步、迈上新台阶。

二、农电标准化建设专项工作方案

供电企业对八项专项工作制定如下工作方案。

（一）开展农电标准体系建设工作

1. 工作目的

推动供电企业标准化建设向县级供电企业延伸，完善和统一不同体制、不同地域、不同发展水平的农电企业基本标准，夯实农电管理基础，推进标准化建设进程，实现标准化管理，促进农电基础工作迈上新台阶。

2. 企业组织开展的工作

（1）按照相关专业工作要求，根据农电管理工作特点和实际需要，对各级供电企业、县供电企业、供电所三级，按照技术标准、管理标准、工作标准三类，建立《农电基础标准目录》，编制相关标准。

（2）组织各级供电企业和县供电企业标准体系建设培训，宣贯标准体系和有关工作要求。

（3）对供电企业印发的有关标准进行修订、整理，并在农电网站发布，方便基层单位查询。

（4）在各单位标准体系建设工作基础上，收集整理有关标准，编印《农电基础标准汇编》。

（5）组织研讨会，交流工作经验。

3. 各单位组织开展的工作

（1）制定本单位工作计划，确定工作目标、实施方案和落实措施，并定期向企业上报有关情况和材料。

（2）以供电企业的标准目录为基本要求，结合本单位工作需要，补充完善相关内容，建立满足上级要求并符合本单位工作实际的标准目录。

（3）按照标准目录，整理相关标准。清理、修订、完善本单位已制定的标准，废除过时标准，补充制订工作需要的新标准，建立符合本单位实际、覆盖农电各项工作的较为完善的标准体系。

（4）建立相应的考核办法，对所属单位工作进展情况和工作效果进行考核评价，督促有关标准的执行，实现标准体系建设工作提出的各项工作目标。

4. 其他要求

（1）明确工作责任。供电企业农电部管理处牵头负责农电标准体系建设工作，其他处室按照专业分工分别负责相关标准的制定、修改和执行中的指导工作。各级供电企业负责本单位的建标工作，并负责县供电企业、供电所建标工作的组织领导。县供电企业负责本企业建标工作，并负责供电所建标工作的组织指导。供电所认真落实相关工作要求，负责本所建标工作。

（2）建立工作机制。农电标准体系建设工作覆盖面广，涉及专业多，各级单位在建设过程中要建立领导机制和工作机制，明确各专业、部门和岗位的责任，确保工作扎实落实。

（3）充分利用计算机和网络技术发布和管理标准。各级单位应充分利用内部网站、办公自动化系统及综合信息系统，将工作标准、技术标准、管理标准、法律法规等在网络上进行发布，方便检索，提高效率，更好地发挥标准体系对工作的指导作用。

（4）动态完善标准体系。在完成阶段性目标后，要继续对有关标准进行动态完善，按实际工作需要补充、完善、制定有关标准，保证标准的针对性和时效性。

（二）开展作业组织专业化工作

1. 工作目的

在总结分析试点工作经验的基础上，结合各地实际，对供电所作业组织实行专业化整合，

在县供电企业范围内，最大限度地进行专业化作业和集中检修，进一步夯实安全生产和营业服务管理基础，加快提高农电队伍职业素质，提升农电专业化管理水平。

2. 供电企业组织开展的工作

（1）总结试点经验，推出典型模式。

（2）适时了解各单位工作开展情况，对工作较为复杂的单位进行实地调研，指导其因地制宜地开展工作。

（3）指导各单位在作业组织专业化工作中，优化业务管理流程，完善工作标准、制度，确保专业工作有序开展。

（4）召开现场工作会，总结经验，推广典型，查找问题，提出措施。

3. 各单位组织开展的工作

（1）依据《关于推行农村供电所作业组织专业化的指导意见》，参考供电企业总结的作业组织专业化典型模式，坚持因地制宜的原则，制定农村供电所作业组织专业化工作规划、计划，明确作业组织设置方式。

（2）按照规划要求，制订工作方案，明确各阶段工作任务和各单位、各部门工作职责。

（3）统筹兼顾，正确处理安全生产、供电服务与工作效率、效益之间的关系。

（4）结合供电所定岗定薪工作，规范岗位设置，合理制定岗位薪酬标准，建立健全专业工作考核奖惩机制。

（5）依据专业化作业组织结构，根据供电企业标准化管理和作业要求，优化业务管理流程，明晰职责，促进各项工作有机衔接。

4. 其他要求

明确工作责任。供电企业农电部牵头负责作业组织专业化工作，安质处协助。各级供电企业负责本单位相关工作的组织和实施。县供电企业是具体工作执行落实单位。

（三）全面实施现场标准化作业工作

1. 目的与目标

工作目的：在县供电企业全面开展现场标准化作业工作，将标准化管理、规范化作业的工作要求，落实到每项作业过程当中，增强作业风险辨识与控制能力，推动安全生产管理从“事后分析”的被动型管理模式向“全过程控制”的主动管理模式转变，实现安全生产的可控、能控、在控。

2. 供电企业组织开展的工作

（1）对标准化作业工作开展情况进行调研，及时总结经验，提出改进措施，指导和督促各单位建立标准化作业管理机制。

（2）完善现场标准化作业的基本流程，对现行基本流程进行优化。

（3）研究建立 110kV 及以下现场作业危险点知识库、工艺质量标准库。

（4）组织开发县供电企业输配电现场标准化作业指导书（卡）辅助生成软件，建立现场标准化作业指导书（卡）辅助生成平台。组织召开座谈会，培训指导卡辅助生成软件的使用方法。

（5）组织摄制农村配电网现场安全管理及标准化作业演示片。

3. 各单位组织开展的工作

（1）开展实效性评估，持续改善现场标准化作业工作。

1）组织开展标准化作业评估工作。各级供电企业要组织对现场标准化作业工作进行评估，针对存在的问题，完善作业标准、工艺质量标准、作业流程等，进一步突出对作业过程中风险的控制措施，增强对现场作业的指导作用。

2）强化风险防范，完善标准化体系文件。根据现场执行情况，对未纳入到标准化作业范围的作业项目，制定相应的作业标准，编制指导书（卡）范例，不断提高标准化作业的覆盖面。特别是针对多班组、多专业协同的作业项目和《农网配电典型作业防止重特大人身事故措施（试行）》中明确的典型作业项目，要组织完善标准化作业书（卡）。

3）建立标准化作业管理机制。在标准化作业的日常管理、统计分析、检查考核、持续改进等方面建立相应管理制度，从机制上解决标准化作业开展不深入的问题。

（2）强化供电所安全生产的流程管理。

1）在开展生产现场标准化作业的基础上，进一步强化供电所安全生产的流程管理，以流程来控制、指导日常安全生产管理活动。

2）完善供电所日常业务管理流程，对每个工作节点的责任人、工作要求、进度和形成的质量记录等方面予以明确，做到流程规范、责任落实。

（3）提高标准化作业科技含量和工作效率。

1）应用标准化作业辅助软件，利用信息化管理手段提高标准化作业的工作效率。

2）逐步开展掌上电脑（PDA）在标准化作业中的应用。今年开展试点，适时组织总结和完善，逐步推广应用。

（4）典型示范，以点带面。省、地、县三级供电企业都要建立现场标准化作业示范点，生产班组要有现场标准化作业示范项目。各单位要明确培育典型，抓好示范的责任部门和责任人，积极组织开展示范交流工作，促进现场标准化作业的全面实施。

（5）加强培训和指导，提高员工标准化作业水平。采取集中培训、现场观摩、操作演练、技能竞赛等多层面、多方式的培训，使生产管理人员、工程技术人员熟知作业流程的设计及优化，作业指导书（卡）的内容与考评；使现场作业人员掌握作业流程、作业标准、危险点的辨识控制及工艺质量标准的内容，并运用到现场工作中，不断提高员工标准化作业水平。

4. 其他要求

供电企业农电部牵头负责全面实施现场标准化作业工作。各级供电企业负责本单位相关工作的组织和实施。县供电企业是具体工作执行落实单位。

（四）推进农网工程“典型设计”应用工作

1. 目的与目标

（1）工作目的。不断提高农网工程建设标准化水平，规范工程管理，统一建设标准，提高建设质量，加快建设步伐，进一步降低电网建设和运行成本，实现又好又快建设新型农网。

（2）工作目标。所有农网新建变电站（断路器站、配电站）、输配电线路和电缆敷设工程全面实施“典型设计”，扩建工程参考执行，已建工程要在电网改造中逐步执行，有条件的用户工程也应执行“典型设计”，促进农网建设水平明显提高，农网安全运行水平明显提高，农网环保节能效果明显提高。

2. 供电企业组织开展的工作

（1）制定、收集、汇总、发布农网工程所遵循的“典型设计”、“典型造价”和新农村电气化“典型供电模式”，并根据农网建设和发展要求，以及科技进步状况，及时对“典型设计”、“典型供电模式”进行修订、补充。

（2）组织开展培训研讨活动，使基层单位尽快了解、掌握，并能很好应用“典型设计”和“供电模式”等。

（3）加强检查督导，及时掌握了解工作计划落实情况，不断改进工作措施，加强信息交流和总结推广工作。

3. 各单位组织开展的工作

（1）加强领导、周密安排，科学制定工作方案，层层分解工作目标任务，确保上级要求得到贯彻落实。

（2）大力推行“典型设计”。农网建设要坚持“两型一化”（资源节约型、环境友好型、工业化）基本要求，突出供电可靠、降损节能、节约土地、保护环境，全面实施“典型设计”，应用“典型造价”。在工程可行性研究和初步设计阶段，必须贯彻标准化设计思想，采用模块化设计手段；在工程设计评审中，应以典型设计为标准；在新农村电气化建设中，把应用“典型供电模式”作为工程验收重要内容。

（3）加强农网规划，优化网络布局，积极推进农网技术进步，加快新技术、新设备、新材料、新工艺应用步伐，不断提高无油断路器和有载调压变压器比例，大力推广应用节能配电变压器、新型熔断器、线路复合绝缘子、低压平行集束导线等新技术、新产品，逐步实现农网设备标准化、规范化、系列化。

（4）加强对基层单位的工作指导，加强农网设计人员培训，积极开展“典型设计”试点、示范工程建设，以点带面推动农网工程标准化建设工作。

（5）开展输配电设施“两清理”工作。

4. 其他要求

供电企业农电工作部技术处牵头负责建设标准化农村电网工作。各级供电企业、县供电企业分级负责本单位相关工作的组织、实施和落实。

（五）开展输配电设施“两清理”工作

1. 工作目的

通过规范和整治输配电线路标识以及配电设施对地安全距离（包括交叉跨越安全距离），使之符合安全生产规程、规范要求，推进农网输配电设施标准化建设进程，为农网安全运行和减少人身触电伤亡打下坚实的物质基础。

2. 清理对象

（1）清理输配电线路标识，主要包括线路、设备的杆号牌、设备名称牌是否按规定安装齐全并与图纸和现场实际相符；跨越公路、供人垂钓的鱼塘附近的电力设施等是否按规定安装各类安全警示牌；清理相序牌、分界点、双电源等各类标识牌以及清理不同电源高低压同杆架设隐患。

（2）清理配电设施对地安全距离，主要包括配电变压器台及其他配电装置对地（含建筑物、构筑物、树木）安全距离、线路对地（含建筑物、构筑物、树木）安全距离、线路交叉跨越之间的安全距离、杆塔爬梯对地距离等是否符合《线路安全工作规程》要求。

3. 供电企业组织开展的工作

（1）编制“两清理”专项工作规范。按照输配电设施运行技术标准及安全管理规定，组织制订《输配电设施“两清理”专项工作规范》，明确相关标准及工作要求。

（2）建立季度报表制度，定期掌握工作进展情况。

（3）组织开展“两清理”专项工作督导，指导清理、整治工作开展。

4. 各单位组织开展的工作

（1）制订清理、整治计划。制订清理工作计划，明确时间要求，结合设施巡视，组织进行全面清理，完善相关的台账资料。根据清理情况，按照供电企业确定的总体进度安排，统筹制订整治工作。

（2）完善相关管理制度，建立常态机制。梳理清理工作中暴露出的建设、验收及运行管理环节存在的问题，完善相关制度，明确各环节的责任，严格执行各项标准，建立管理常态机制。

（3）落实整治资金。结合农网建设、大修及技改等工作，落实整治资金，扎实开展专项整治工作。

（4）加强工作督导，有序、有效推进整治工作。开展输配电设施“两清理”专项工作涉及面广、时间跨度长、清理整治工作量大，要加强对工作的督导，有序、有效地推进整治工作。

5. 其他要求

明确工作责任。供电企业农电工作部安质处牵头负责输配电设施“两清理”专项工作。各级供电企业负责本单位相关工作的组织和实施。县供电企业是具体工作执行落实单位。

（六）深入开展农网节能降损工作

1. 工作目的

进一步推广应用农电线损规范化管理模式，通过加强管理和打击偷窃电活动，降低农网综合线损率，规范供用电秩序、强化科学管理手段，提高企业经营效益。

2. 供电企业组织开展的工作

（1）分解下达线损指标计划。

（2）指导有关单位做好线损分析工作，对线损指标变化异常的单位进行重点指导，选派专家参加分析会，帮助查找分析原因，制定改进措施。

（3）组织召开线损专项整治工作现场会，总结推广典型经验；组织对线损理论计算、分析、指标控制及降损的措施进行研讨。

（4）举办农电系统线损管理培训班。

3. 各单位组织开展的工作

（1）制定本单位工作规划和计划，分解下达指标任务。

（2）继续推广应用线损规范化管理模式，定期开展考评工作。

（3）按时进行工作进展情况及成效的统计分析，组织有关培训，提高工作人员技能素质。

（4）重点针对 10kV 和低压线路开展管理降损，指导县供电企业做好下列工作：①开展线损理论计算：县供电企业根据相关规定，对 10kV 线路和配电台区全面开展线损理论计算工作；②制定降损计划：对比理论计算和日常统计数据，确定重点整治的线路和台区，明确阶段性目标，制定三年降损工作方案和预期指标，依据工作方案和计划，逐级分解工作任务；③加强电压无功管理：按照《电力系统无功补偿配置原则》配置无功补偿装置，严格执行力率调整电费，促使客户端加强无功补偿，提高 10kV 线路和配电台区功率因数；④加强计量管理：严格计量器具定期轮校、轮换规定，严格计量装置铅封管理，新更换低压表计应尽量采用节能型电表，核定高压客户 TA 变比与客户档案的一致性；⑤加强营业管理：核定客户用电计费类别，严格电费抄、核、收分离，定期进行电能表轮抄并查验表底数，积极推广应用集抄、远抄等技术减少抄表时差，减少估抄、漏抄、错抄等现象；⑥开展营业普查和打击偷窃电活动：及时发现表计故障、用电性质转变、非法转供电等问题，重点打击内外勾结等偷窃电行为。

（5）加强线损分析和工作考核。按照供电企业规定，健全线损分析制度，对线损变化异常的线路、台区要认真分析原因，制定整改措施，及时组织落实；合理制定各级线损指标，严格兑现工作奖惩。

4. 其他要求

明确工作责任。供电企业农电工作部牵头负责农网 10kV 线路和配电台区节能降损工作。各级供电企业负责本单位相关工作的组织和实施。县供电企业是具体工作执行落实单位。

（七）大力推进供电所人员持证上岗工作

1. 工作目的

以实施农电素质工程为基础，通过提高培训质量，加快供电所人员持证上岗工作进程，深入开展农电标准化建设工作，提升农电安全生产、优质服务工作水平，夯实人员队伍素质基础。

2. 供电企业组织开展的工作

（1）统计各单位供电所人员持证上岗完成情况，制定下达各单位工作指标计划。

（2）结合持证上岗培训工作需要，制定印发《农电培训基地建设基本要求》，并督促各单位贯彻落实。

（3）以持证上岗工作为重点，制定《农电培训工作质量评价办法》，指导各区域供电企业开展培训工作质量评价。

（4）组织召开座谈会，研讨有关工作，总结经验，针对工作中遇到的困难和问题提出解决对策。

（5）制作实际操作工作的示范影像材料，专项指导供电所人员技能培训。

（6）适时组织统考、调考、知识竞赛和技术比武等活动，检查各单位持证上岗工作成果，查找工作薄弱环节，调动供电所人员学习热情。

3. 各单位组织开展的工作

（1）严格执行供电企业关于供电所人员必须持证上岗的规定，强化持证上岗工作要求，明确最终时限要求，超过规定时限未取得上岗证书的人员一律不得从事供电所生产、经营、服务工作。

（2）根据上级单位下达的年度培训计划，将工作任务分解下达到市、县供电企业。制定具体实施方案，明确责任单位和部门，加强工作督导。各县供电企业要结合全年工作，排定培训时间和参加人次。

（3）落实资金，按照《农电培训基地建设基本要求》，加强农电培训基地建设，建立健全省、市、县三级农电培训体系。

（4）贯彻落实《培训项目质量管理暂行办法》，依据《农电培训工作质量评价办法》，开展以持证上岗工作为主要内容的培训质量评价。

（5）在实现持证上岗的基础上，鼓励和指导供电所人员参加劳动部门技能等级鉴定，取得相应的技师、技工资格，进一步提高供电所人员技术、技能素质。

4. 其他要求

明确工作责任。供电企业农电工作部牵头负责加快完成供电所人员持证上岗工作。各级供电企业和县供电企业负责本单位相关工作的组织、落实。

（八）推进农电信息化建设工作

1. 工作目的

针对当前农电系统信息化建设实际情况，开展“SG186”工程农电管理业务应用建设工作，解决建设标准不统一、不完备，信息共享程度低等问题，以信息化促进农电企业管理水平和经济效益的提高，探索农电信息化建设的可持续发展之路。

2. 供电企业组织开展的工作

（1）按照供电企业的统一规划和部署，制定农电信息化建设规划和分年度工作计划，并根据不同时期农电管理业务需求变化，及时调整实施计划。

（2）组建以两院两所为核心的农电信息化建设骨干队伍，不断补充和完善农电管理数据体系和业务应用功能规范，优化农电管理业务应用软件的设计和实现。

（3）制定农电信息化开发、建设、应用和运行维护等方面的技术标准和管理标准，督促检查各种标准的执行情况。

（4）组织做好农电管理业务应用试点和试点工作总结，不断探索和完善农电信息化的最佳实现模式。

（5）做好农电信息化建设的培训、指导和监理，并根据不同时期农电管理业务需求变化，及时做好农电信息化建设咨询。

（6）组织召开农电信息化建设经验交流和推广大会，总结农电信息化建设工作典型经验，完善业务应用系统，全面推进农电信息化建设。

（7）全面掌握各单位农电信息化建设进展情况，定期通报有关信息，推广先进经验，加强项目沟通协调，重点督导和帮助工作进度、工作质量完成不理想的单位，分析查找原因，制定改进措施，确保农电信息化建设不偏离方向。

3. 各单位组织开展的工作

（1）根据供电企业农电信息化建设统筹安排，规范本单位农电管理模式，优化业务流程，加强业务培训，推进农电信息化建设。

（2）制定本单位农电信息化建设规划和分年度工作计划，并根据农电管理业务需求变化，及时调整实施计划。

（3）建立本地化的农电信息化建设队伍，降低农电信息化建设成本，缩短建设周期，提高经济效益。加强农电信息化业务知识培训，促进各级农电业务、管理和运行维护人员尽快掌握农电系统应用和农电企业应用的相关知识和要求，重点培养计算机技术和专业管理的复合型人才。

（4）按照供电企业的统一要求，建立和健全各项农电信息化建设管理制度，保证农电信息化建设、运行、维护和管理的有序衔接。

4. 其他要求

明确工作责任。农电信息化建设服从供电企业统一安排，供电企业农电工作部牵头负责推进农电信息化建设工作。各级供电企业负责本单位相关工作的组织和实施。县供电企业是具体工作执行落实单位。

第八节 农电工作评价标准

各级供电企业先组织农电工作自评。供电企业农电工作部在各单位自评基础上，对农电安全生产、优质服务和队伍稳定等各项工作进行综合评价，并确定先进农电工作部。发生农电生产人身死亡事故、优质服务和队伍稳定出现严重影响企业形象负面事件的单位，不参评先进农电工作部。

（1）评价内容分为常规工作（8 项）、重点工作（6 项）和综合定性评价三大类。

（2）常规工作和重点工作设有得分项、加分项和减分项。得分项总分 950 分，其中常规工作 600 分，重点工作 350 分。加分项最高加分 95 分，其中“常规工作”设加分 65 分，“重点工作”设加分 30 分。减分项所减分数以标准内规定为准。

（3）综合评价评定各区域供电企业类别，最高折合得分 50 分，最低 0 分。

（4）各单位最终评价得分=标准项得分+加分项分值−减分项分值+综合定性评价分值。最高得分 1095 分，最低得分 0 分。

（5）评价结果分优秀、良好、一般、较差四档。其中：得分在 950 分及以上为优秀，950 分以下至 850 分及以上为良好，850 分以下至 700 分及以上为一般，700 分以下为较差。

农电工作评价标准见表 14-5。

表 14-5 农电工作评价标准

项目		评价内容	标准分	评价标准	自评分	考评分
一、常规工作评价（600 分）	（一）安全管理（80 分）	不发生生产和农网工程施工人身死亡事故	50	发生生产人身死亡事故、农网工程施工中发生建设方负同责及以上人身伤亡事故，每一起扣 30 分		
		不发生恶性误操作事故		发生一起扣 30 分		
		不发生较大电网和设备事故		发生一起扣 30 分		
		不发生有社会影响的供电安全事件		发生一次扣 30 分		
		不发生县域电网全停事故		与主网单回连接的，发生县域电网全停扣 10 分；与主网多回连接的，发生县域电网全停扣 15 分		
		防止小水电站垮坝事故		发生县供电企业管理的小水电站垮坝事故，扣 30 分；造成重大影响的扣 40 分。重大水工隐患治理不及时或未按计划治理，扣 10 分		
		不发生有人员责任的重要设备损坏事故		发生一次扣 10 分		

续表

项目		评价内容	标准分	评价标准	自评分	考评分
一、常规工作评价（600分）	（一）安全管理（80分）	不发生重大火灾事故、负同等及以上责任的重大交通事故		发生一次扣10分		
		认真组织开展各类安全检查	5	按时高质量完成检查工作，坚持闭环并举一反三整治隐患得5分；质量不高或工作进展情况上报不及时，酌情扣1～5分		
		组织开展“两票”管理和执行情况调查，加强“两票”管理	5	按时高质量完成调查分析工作，得2分；针对存在的问题，积极采取措施改进并取得明显成效，得2～3分；质量不高或工作进展情况上报不及时，酌情扣1～3分		
		组织开展安全培训，扎实开展农电工逐级调考	15	组织逐级开展调考，及时、全面上报区域供电企业调考工作总结，得4分；供电企业组织的农电工调考，调考人员成绩均在76分及以上，得8分；低于75分，扣0.5分/人；成绩取得前10名的单位，分别加1～3分		
		推进农电安全生产“五个机制”建设	5	结合各供电企业农电安全生产管理特点，制定实施方案，推动责任、制度、技术、应急、素质保障机制建设，得2分，完成年度计划得3分		
		安全报表及时、全面、准确	减分	工作中由供电企业发现需报告的事项差错、遗漏，每次扣5分；月度报表每迟报1天扣1分，最多扣5分；事故障碍统计报表所填事项不全，每次扣2分		
		注重经验总结，积极开展安全管理创新研究和应用	加分	安全管理经验及做法得到推广，加3分。每个供电企业累计加分不超过3分		
		按要求完成委托开展的安全管理相关研究工作，成效显著	加分	高质量、按时完成任务，加3分。每个供电企业累计加分不超过3分		
	（二）生产管理（70分）	电压无功管理规范，电压合格率指标真实可靠，完成年度综合计划指标	10	符合要求得满分。电压合格率指标比计划每降低0.1%扣3分。国家有关部委检查发现并通报的供电质量管理问题，供电企业各类检查发现指标严重虚报高估等，每一类问题扣10分		
		供电可靠性管理规范，供电可靠率指标真实可靠，完成年度综合计划指标	10	符合要求得满分。供电可靠率指标比计划每降低0.01%扣3分。国家有关部委检查发现并通报的供电质量管理问题，供电企业各类检查发现指标严重虚报高估等，每一类问题扣10分		
		积极开展低电压综合整治，效果明显	15	按计划完成低电压整治工作，措施得当，效果明显得满分。工作推进较慢，低电压整治效果较差，酌情扣2～5分		
		农网“两率”及相关管理报表、工作总结，上报及时、完整、准确	10	符合要求得满分，每有一项不符合要求扣2分		

续表

项目		评价内容	标准分	评价标准	自评分	考评分
一、常规工作评价（600分）	（二）生产管理（70分）	完成供电企业年度提高农网“两率”重点措施计划项目，及时上报完成情况	5	符合要求得满分，每有一项未完成扣2分		
		全面推进跨越电气化铁路及高速公路电力线路隐患治理	5	全面完成跨越电气化铁路及高速公路电力线路隐患治理工作得满分。发现一处不合格扣1分。全年已完成或不存在此类隐患得满分		
		全面推进列入供电企业《年度电网责任隐患整治计划》所涉农网项目整治	5	全面完成《年度电网责任隐患整治计划》所涉农网项目整治工作得满分。有一处没完成扣1分，全年已完成或不存在此类隐患计满分		
		积极开展电力设施保护，扎实推进“三线搭挂”整治工作	5	不发生电力设施被盗、被破坏现象，“三线搭挂”整治效果显著得满分，否则酌情扣1～3分		
		积极开展设备状态检修和安全性评价，推进设备全寿命管理工作	5	积极开展设备状态检修和安全性评价，推进设备全寿命管理工作，成效显著得满分。否则酌情扣1～2分		
		积极处理抗旱、抢险、救灾等应急保电事件，组织有序，成效突出，及时上报工作信息	加分	根据工作开展情况每次酌情加3～5分，各供电企业累计加分不超过5分		
		积极开展无功优化补偿建设试点，效果明显	加分	按计划完成试点，成绩突出，可酌情加2～3分。各供电企业累计加分不超过3分		
		按要求完成委托开展的生产管理相关研究工作，成效显著	加分	保质保量完成任务，加3分		
	（三）电网建设与科技进步（80分）	按照供电企业要求做好农网规划工作，将农网规划纳入公司整体电网发展规划，保证农村电网与各级电网协调发展	20	符合要求，并按规定及时上报有关材料得满分。未按期上报，每晚一天减1分，质量不合格酌情扣1～5分		
		认真贯彻落实国家和供电企业有关政策要求，农网工程（含国家安排的各项专项工程，下同）管理规范，不发生影响公司形象的管理问题	20	符合要求得满分。国家有关部委或供电企业有关部门检查发现严重问题，对企业形象造成恶劣影响一次扣20分，一般问题酌情扣5～10分		
		完善农网工程管理机制和体系，健全农网工程管理各项制度和标准，各部门、各单位责任明确，切实履行工程管理责任，工程各项管理工作可控、在控	10	符合要求得满分。经检查发现制度不健全或不落实，每发现一处问题酌情扣5～10分		

续表

项　　目		评价内容	标准分	评　价　标　准	自评分	考评分
一、常规工作评价（600分）	（三）电网建设与科技进步（80分）	及时开展农网工程检查和验收工作	10	根据工作进度安排，及时组织对农网工程建设与管理工作进行检查和验收，检查验收不及时酌情扣5～10分		
		认真组织实施企业下达的农网年度科技进步实施计划，认真组织实施计划项目、提炼优秀项目推广应用价值并及时汇报项目完成情况	20	未按要求及时上报计划项目扣5分，未认真组织实施计划项目扣5分，提炼项目推广应用价值不高扣5分。工作质量、效果较差酌情扣分		
		按时上报农网工程月报及其他各种报表，上报及时、数据准确、内容详实	减分	上报情况出现严重差错或遗漏，每次扣5分；未按时上报每迟报1天扣1分，最多扣5分		
		按照国家及供电企业要求按期完成农网工程年度投资计划	减分	不能按时完成任务的，每低于1个百分点扣1分		
		积极参与供电企业组织的电网建设与改造技术标准、典型设计、管理办法等起草和修订工作	加分	负责起草一项标准或制度，并且在工作中起到突出作用加2分，每个区域供电公司累计加分不超过5分		
		认真组织开展“科技进步先进（县）供电企业”建设，确保创建工作取得实效	加分	一个县级供电站被评为“科技进步先进（县）供电企业”加3分，各供电企业累计加分不超过5分		
	（四）经营管理（60分）	完成企业下达的电费回收指标	10	符合要求得满分。未完成新欠和陈欠指标各扣5分。指标不真实不得分		
		完成供电企业下达的线损率指标	10	完成指标得满分。完成线损率比指标每升高0.05个百分点扣1分，扣完为止。指标不真实不得分		
		指导县供电企业积极开展经济活动分析工作	10	工作普遍开展，成效良好的得满分。供电企业组织对下属县供电企业经济活动分析工作进行抽查（抽查面不小于15%），每发现1个单位不符合要求扣2分；经上级供电企业抽查，每发现1个县供电企业未开展工作扣10分，工作质量较差每发现1次扣5分		
		完善线损规范化管理模式。积极推进线损规范化管理，建立健全节能降损管理、技术、监督保障体系，保证各项管理流程的规范运行，实现线损指标的闭环动态管理	7	符合要求得满分。完不成任务目标不得分		
		加强农网线损理论计算。35kV及以上电网线损理论计算，每半年至少组织一次；10kV及400V以下电网线损理论计算，每年至少组织一次	8	符合要求得满分。经上级供电企业抽查，每发现1个县供电企业未落实扣1分；经供电企业抽查，每发现1个单位未全面落实扣5分		

续表

项目		评价内容	标准分	评价标准	自评分	考评分
一、常规工作评价（600分）	（四）经营管理（60分）	开展线损管理示范单位、示范台区建设工作。每个区域供电企业至少选树1个县供电企业，每个供电企业至少选树1个供电所为线损管理示范单位，每个县供电企业至少选树1个台区为节能降损示范台区，及时总结工作经验并积极推广	15	符合要求得满分。示范单位和示范台区建设未完成目标任务的不得分，为及时总结经验扣5分，推广不力扣5分		
		按时、高质量完成综合统计年报、用电季报、线损率、电费回收、节能降损等统计报表和分析工作	减分	年报未按时上报扣8分，数据不准确、分析不全面酌情扣3～5分。其他报表每晚报1次扣3分，数据不准确、分析不深入1次扣2分。每个区域供电企业累计扣分不超过该项总分		
		积极开展节能降损综合措施辅助决策系统研发试点工作	加分	实现工作目标且成效明显，研发牵头单位加2分，主要参与单位加1分，每个试点单位加1分。每个区域供电企业累计加分不超过3分		
		经营管理工作有创新，对供电企业工作水平提升做出贡献	加分	有关经验由供电企业农电工作部推广的，每有1项加1～2分，各供电企业累计加分不超过3分		
	（五）营销管理与优质服务（70分）	服务承诺兑现率达到100%	5	符合要求得满分。每降低0.01%扣1分，扣完为止。指标不真实不得分		
		县供电企业行风评议名列地方前三名的比例≥80%	5	符合要求得满分。每降低1%扣1分，扣完为止。指标不真实不得分		
		提高营销管理水平，做好“三电”（增加售电、争取电价、电费回收）工作	10	“三电”工作有制度、有计划、有措施、落实效果好，得满分。未开展“三电”工作不得分；制度、计划、措施不完善，每发现一个县供电企业扣2分；“三电”工作落实效果不好，每发现一次扣3分		
		严格执行供电企业各项营销管理工作标准、制度和工作流程，努力提升营销工作水平。积极开展供电营业普查，杜绝不规范行为，堵塞管理漏洞	10	对县供电企业营销工作标准、制度、流程执行情况和供电营业普查情况进行抽查，符合要求得5分，不符合要求的每发现1处扣1分，最多扣5分。县供电企业供电营业普查每年至少应开展2次，未开展供电营业普查工作扣5分，每少一次扣2分		
		拓展电费收取方式，创新和丰富服务手段，推广电费充值卡、POS机、自助缴费终端等新型电费收取方式，实现以1～2种收费方式为主导，多种收费方式为补充的电费收取体系，方便客户缴费	15	积极拓展和创新收费方式，实施效果好得满分。未开展工作不得分；未及时总结经验、不断提升工作效果，酌情扣3～8分		

续表

项目		评价内容	标准分	评价标准	自评分	考评分
一、常规工作评价（600分）	（五）营销管理与优质服务（70分）	深入开展农电特色服务。结合农村用电互动化需求，明确服务内容和范围，规范服务流程，形成农电特色服务工作体系提升农电优质服务水平	15	积极开展特色服务，工作有计划、有目标、有制度、有措施且实施效果良好得满分，未开展特色服务，该项不得分；计划、目标、制度、措施不完善，每发现1项扣5分；特色服务效果不好，扣5～10分		
		集中开展业扩报装、供电服务等方面的专项治理，严禁“三指定”行为	10	符合要求得满分，未开展专项治理活动不得分，活动开展后仍发现违规问题，每发现1次扣3分，扣完为止		
		严防发生服务事故，避免在社会造成负面影响	减分	出现服务事故，在全国范围内产生负面影响的，每起视严重程度酌情扣10～20分；在国家有关部委检查中发现并通报的，每起扣3～5分（电价执行、客户工程三指定等每起扣5分）。每个区域供电企业累计扣分不超过该项总分		
		加强用电安全工作，积极开展用电安全宣传，不发生负同责及以上外人触电死亡事件	减分	发生一起扣10分。每个区域供电企业累计扣分不超过该项总分		
		积极参加企业组织的营销服务课题研究工作	加分	完成工作任务的牵头单位加2分，主要参与单位加1分；积极开展试点工作的，每有1个单位加1分。每个区域供电企业累计加分不超过3分		
		不断探索创新营销、服务管理工作，取得突出的带头示范作用	加分	取得经验并由供电企业农电工作部推广的，每有1项加1～2分，每个区域供电企业累计加分不超过3分		
	（六）农电队伍建设（70分）	加强县公司领导班子和干部队伍的思想政治建设、作风建设和能力建设。干部交流安排合理	10	县供电企业领导班子成员出现违规违纪问题，每有1起扣3分；未建立县级供电企业领导班子激励约束机制，扣3分；干部队伍培养教育缺乏规划或执行不到位，扣3分。区域供电企业未出台干部交流制度、办法扣3分；地市供电企业与县级供电企业之间只进行单向交流的，扣3分。以上累计扣分最多为10分		
		完善“十二五”农电工人力资源规划，建设农电工人力资源信息管控系统	10	规划目标明确，措施具体，得7分；建立了完善的农电工人力资源信息管理系统，得3分。工作不完善，分项酌情扣分		
		健全农电工用工管理机制，农电工用工形式合法、合规，加强用工计划和招聘管理工作，健全人员进入、退出机制，队伍稳定	10	符合要求得满分。用工形式不合法、不合规，扣5分；用工计划和招聘管理不严，未建立统一的人员进入、退出制度，扣5分		
		健全完善农电工薪酬待遇机制，按规定缴纳社会保险，建立工资正常调整机制	10	符合要求得满分。每发现一个县公司未制定和实施，扣3分，最多扣5分。地方政策允许，由于企业自身原因未办理相应社会保险的，每发现1个单位扣3分，最多扣5分		

续表

项目		评价内容	标准分	评价标准	自评分	考评分
一、常规工作评价（600分）	（六）农电队伍建设（70分）	加强农电员工培训，不断提高员工综合素质和业务	30	统一规范培训内容，统一技能操作标准，得5分，每缺1项扣2.5分		
				培训质量评价机制健全并积极开展工作得5分，未开展评价工作不得分，机制不健全、评价工作不深入酌情扣1～3分		
				统筹利用现有的省、市、县三级农电培训基地和培训师资队伍资源，实现资源共享，各级农电培训基地健全，得5分，基地不健全或重复建设扣3分，师资资源未统一调配扣2分		
				开展优秀人才培养和选拔工作，成效明显得15分；未及时开展技能鉴定工作，扣5分；未积极参加供电企业农电工人才选拔培养“133”工程的扣10分；本单位未开展选拔培养工作的扣5分，累计最多扣10分		
		继续推进解决农电混岗问题，巩固混岗治理成果	减分	未全面完成解决混岗问题工作扣10分；因供电企业认定的特殊情况未完成的扣3分。混岗成果未巩固，再次出现混岗问题的，每发现1个县供电企业扣3分，累计最多扣10分		
		加强信访工作，确保农电队伍稳定	减分	发生因企业责任引发的不稳定事件，视其对社会影响的严重程度每起酌情扣5～30分。未及时上报信访统计报表和其他队伍稳定情况的，每出现1次扣3分。因企业责任引发的信访投诉案件数量最多的5个区域供电企业，酌情扣1～5分。本项每个区域供电企业累计扣分不超过60分		
		积极配合开展农村供电所定员标准补充完善工作	加分	完成工作任务的牵头单位加2分，主要参与单位加1分，积极开展试点工作的每有1个单位加1分。每个区域供电企业累计加分不超过3分		
		不断探索创新农电队伍建设工作，取得突出的带头示范作用	加分	取得经验并由供电企业农电工作部推广的，每有1项加1～2分，每个区域供电企业累计加分不超过3分		
	（七）企业管理（90分）	加强新标准和管理办法宣贯，推动新标准得到及时全面推广应用	10	符合要求得满分，没有对新标准进行宣传推广不得分，推广效果不佳扣2分		
		在供电企业组织的企业动态考核中，总体评价良好，没有被通报或摘牌的单位	10	符合要求得满分，企业工作存在问题被通报，一次扣5分；被摘牌，一次扣20分		
		按照供电企业要求稳妥实施一流企业申报工作，加强工作沟通，严格把关、保证质量	10	符合要求得满分，未按时上报或申报数量不符合要求各扣2.5分		

续表

项　　目		评价内容	标准分	评　价　标　准	自评分	考评分
一、常规工作评价（600 分）	（七）企业管理（90 分）	在供电企业开展的一流企业考评中，总体评价结果良好，考评成绩突出	10	总体评价优得满分，良好得 7.5 分，合格得 5 分，考评未通过不得分		
		根据工作安排，及时准确上报同业对标数据	5	符合要求得满分，同业对标数据未按时上报扣 1～3 分，数据不准确扣 2 分		
		认真贯彻落实供电企业农电同业对标工作精神，组织、指导县级供电企业积极开展同业对标工作，对标流程规范，对标成效明显	5	符合要求得满分，未组织县公司开展同业对标工作扣 3 分，同业对标流程不规范扣 2 分		
		供电所管理和建设标准体系健全，建立了符合实际的标准化供电所建设与评价标准	5	根据供电企业要求，整合有关供电所规章制度，制订了科学的标准化供电所建设标准，得满分；未制定本区域供电企业建设标准，不得分；标准未报供电企业总部备案，扣 2 分		
		深入推进标准化供电所建设工作，积极创建标准化示范供电所	20	积极开展标准化供电所建设，组织较好，效果明显，得 10 分；选树标准化示范供电所经供电企业验收合格，得 5 分。各县供电企业创建积极性高，建立了激励措施，得 5 分。工作质量、效果较差酌情扣 5～10 分		
		通过推广应用供电所信息系统等手段实施标准化供电所建设	5	符合要求得满分，未采用供电企业要求的信息化管理手段酌情扣 3～8 分		
		维护管理费的管理与使用严格按照政策执行，符合供电企业维护管理费管理有关规定要求	10	符合要求得满分，在国家或供电企业组织的审计和检查工作中，发现严重问题的，不得分；维管费使用计划、预算管理、核算方式、调剂机制未执行、未建立每有 1 项扣 2 分		
	（八）综合管理（80 分）	制订宣传工作计划，积极做好供电企业农电宣传工作	35	紧密结合供电企业要求，制订宣传本单位年度农电宣传工作计划，下达农电宣传工作要求以发文为准，得 5 分。未制订计划扣 2 分，未下达要求扣 2 分，未及时上报宣传工作计划扣 1 分		
				积极跟踪重点工作及热点问题进行报道得 4 分，未跟踪报道扣 2 分/次，报道不及时或未报农电工作部的每次扣 2 分 优质、高效完成供电企业下达的各项宣传工作任务，得 3 分，完成任务不及时扣 2 分，稿件质量不好扣 2 分		
				在行业媒体发表文章，宣传工作完成出色的得 17 分。以媒体和企业《农电月度重点工作通报》录用稿件统计，按录用稿件总量和县均录用稿件量综合排名。前 5 名得 17 分，以后按照排名顺序每降一位得分减 0.5 分，无稿件不得分		

续表

项目		评价内容	标准分	评价标准	自评分	考评分
一、常规工作评价（600分）	（八）综合管理（80分）	制订宣传工作计划，积极做好供电企业农电宣传工作	35	在人民日报、中央电视台每发表一篇计2分，最高6分。超过3篇的部分按加分计算		
		落实供电企业年度农电工作会议精神，组织召开本单位年度农电会议，制订年度工作计划，并将情况及时报告企业农电工作部	10	按企业要求及时报送落实企业年度农电工作会议情况得5分。未及时报送的该项工作不得分；落实会议要求不到位扣3分，汇报材料简单空洞扣2分		
				按要求组织召开本单位年度农电会议，制订年度工作计划，得5分。未召开会议不得分；无特殊情况，企业年度农电工作会召开一月后未召开本单位年度农电会的扣3分；年度工作措施制订的不够全面、具体、针对性不强的扣3分		
		认真做好年度农电工作总结	10	总结质量高得10分，一般得5分，差不得分。报送不及时的扣3分		
		及时完成企业下达的其他工作任务	15	每项工作完成不及时的扣3分，完成质量不高的扣2分，未完成不得分		
		执行重大事项报告制度	10	重大情况每漏报1件扣3分。节假日等特殊时期值班制度不落实，每漏报1次扣2分		
		积极履行扶贫职责	加分	每年做好定点扶贫计划，认真落实扶贫项目，及时完成扶贫工作。农电工作部如为牵头部门加5分，参与部门加2分		
		依靠国家级主流媒体加大宣传力度	加分	稿件被《农电月度重点工作通报》采用，每篇加0.5分。稿件被《人民日报》、中央电视台采用，超过3篇以上每加一篇加1分。稿件被《光明日报》、《经济日报》、《参考消息》、《农民日报》、中央人民广播电台采用的每篇加0.5分。每个区域供电企业累计最高加3分		
		农电工作得到省级政府表彰	加分	各级供电企业农电工作得到省政府表彰的（以正式文件为准）每项加1分，每个区域供电企业累计最高加2分		
		积极配合供电企业召开农电有关会议，出色完成会议任务	加分	优质承办供电企业农电工作综合会议每次加3分，优质承办专业会议每次加1分。每个供电企业累计最高加3分		
		积极配合供电企业开展专项调研活动，出色完成调研任务	加分	积极配合供电企业开展专项调研活动，具体负责某一个专题调研的加2分，参与调研的每参加1项加1分。每个区域供电企业累计最高加2分		
二、重点工作评价（350分）	（一）加强农电统一管理（70分）	健全管理组织机构和农电管理体系	15	符合要求得满分，管理机构不健全酌情扣2～6分，管理职责不清晰酌情扣1～3。人员配置不合理酌情扣1～3分，相应工作机制未建立酌情扣1～3分		

续表

<table>
<tr><th colspan="2">项　目</th><th>评价内容</th><th>标准分</th><th>评　价　标　准</th><th>自评分</th><th>考评分</th></tr>
<tr><td rowspan="14">二、重点工作评价（350分）</td><td rowspan="9">（一）加强农电统一管理（70分）</td><td>全面推行农电人、财、物统一管理。建立健全各项管理办法和实施细则，规范同类型县供电企业组织机构设置和定岗定编，将县供电企业领导班子和农电队伍建设纳入各级供电企业统一管理、统一培训、统一考核；坚持工作月报和分析，强化工作落实，确保年内全面完成农电人、财、物统一管理</td><td>20</td><td>工作有计划、有目标、有制度、有措施，月报及分析上报准确、及时，年内实现农电人、财、物管理得满分。未完成工作任务不得分，计划、目标、制度、措施不完善，每发现一项扣5分，月报及分析不及时或数据不真实，一次扣5分</td><td></td><td></td></tr>
<tr><td>加强农网规划统一管理，满足工作要求得满分</td><td>5</td><td>每有1项工作要求未落实扣1分，扣完为止</td><td></td><td></td></tr>
<tr><td>加强农网建设统一管理，满足工作要求得满分</td><td>5</td><td>每有1项工作要求未落实扣1分，扣完为止</td><td></td><td></td></tr>
<tr><td>加强农网运行统一管理，满足工作要求得满分</td><td>5</td><td>每有1项工作要求未落实扣1分，扣完为止</td><td></td><td></td></tr>
<tr><td>加强农网生产统一管理，满足工作要求得满分</td><td>5</td><td>每有1项工作要求未落实扣1分，扣完为止</td><td></td><td></td></tr>
<tr><td>加强农电营销统一管理，满足工作要求得满分</td><td>5</td><td>每有1项工作要求未落实扣1分，扣完为止</td><td></td><td></td></tr>
<tr><td>开展本单位的农电综合评价工作</td><td>5</td><td>符合要求得满分。未开展不得分，完成评价2周内未及时上报评价结果扣3分</td><td></td><td></td></tr>
<tr><td>对县供电企业实行经济责任制考核，执行到位</td><td>5</td><td>符合要求得满分。抽查中发现执行不到位情况每次扣3分</td><td></td><td></td></tr>
<tr><td>积极开展试点工作，工作有创新</td><td>加分</td><td>完成试点任务，酌情加2～5分。农电统一管理工作经验被推广每有1项加1～2分。每个区域供电企业累计最多加5分</td><td></td><td></td></tr>
<tr><td rowspan="5">（二）各类“违章”排查整治（50分）</td><td>上半年完成已排查出的“违章”问题整治工作</td><td>10</td><td>及时上报整治工作开展情况，得2分；举一反三，根据揭示的问题，深入排查，全面完成整改，得满分。未全面排查，扣10分；未按期完成整治，每降低5%，扣1分</td><td></td><td></td></tr>
<tr><td>推进依法从严治企长效机制建设</td><td>5</td><td>根据排查中揭示问题，从制度、流程、机制等方面入手，结合标准化建设工作，及时完善相关制度、优化流程、建立机制；未及时完善制度、流程及建立机制酌情扣1～5分</td><td></td><td></td></tr>
<tr><td>举一反三，整改外部检查揭示问题</td><td>5</td><td>外部检查又发现同类问题，并在检查报告中通报，本项不得分；供电企业组织检查发现同类问题，每个问题扣5分</td><td></td><td></td></tr>
<tr><td>经营管理反“违章”工作</td><td>5</td><td>未开展专项治理活动不得分，专项整治活动开展后仍发现同类违规问题，并在检查报告中通报，本项不得分</td><td></td><td></td></tr>
<tr><td>供电服务反“违章”工作</td><td>5</td><td>未开展专项治理活动不得分，专项整治活动开展后仍发现同类违规问题，并在检查报告中通报，本项不得分</td><td></td><td></td></tr>
</table>

续表

项目		评价内容	标准分	评价标准	自评分	考评分
二、重点工作评价（350 分）	（二）各类“违章”排查整治（50 分）	队伍建设反“违章”工作	5	未开展专项治理活动不得分，专项整治活动开展后仍发现同类违规问题，并在检查报告中通报，本项不得分		
		大力开展安全生产反“违章”工作	5	大力开展反违章工作，成效显著得 4 分；无违章创建工作开展扎实、成效显著，得 2 分，根据实效性、全面性，酌情扣 1～2 分；建立检修施工计划内部网上公布制度并严格执行，得 1 分；推进“三线搭挂”整治成效显著得 3 分，推进不明显酌情扣 1～3 分		
		工程建设检查与整改工作	5	按要求定期开展工程检查且整改效果较好得满分。工作表现一般扣 2 分，没按要求开展工作的不得分，外部检查出现较大问题的扣 5 分		
		议事制度及廉政建设	5	未建立相关制度机制每有 1 项扣 2 分，执行不力视情况酌情扣 1～3 分		
	（三）农电标准化建设工作（70 分）	采取有效方式，加强监督指导，统一农电标准制度，全面开展贯标工作	15	符合条件得满分，贯标工作流于形式，未认真执行有关制度标准规定，酌情扣 2～10 分；在农电部组织的贯标抽查中，发现基层单位有章不循、明显违反制度规定的，酌情扣 1～3 分		
		推进农网建设标准化，积极开展对工程设计、管理、技术人员的业务培训，在农网建设与改造工程中按照要求推广使用“三通一标”等标准化建设	10	推广应用效果显著得 10 分；工作质量、效果较差，酌情扣 3～5 分		
		积极推进 35kV 变电站标准化建设工作	10	结合标准化建设，建立标准化变电站建设标准，制定标准化建设计划，积极推进变电站标准化建设工作，成效明显、完成年度计划得满分；计划不具体、资金不落实、成效不明显酌情扣 4～6 分		
		积极推进 10kV 及以下配电线路及配电台区标准化建设工作	10	结合标准化建设，建立标准化线路、配电台区建设标准，制定标准化建设计划，积极推进标准化线路、配电台区建设工作，成效明显、完成年度计划得满分；计划不具体、资金不落实、成效不明显酌情扣 4～6 分		
		深化现场标准化作业	10	输变配电专业按照要求开展现场标准化作业，得 5 分；结合风险辨识与防范，完善标准化作业范本，得 2 分；各级供电企业组织整合现场作业文本，得 2 分；工作质量、效果较差酌情扣 5～9 分		
		开展农网节能降损工作，完成所有 10kV 线路和配电台区的降损整治工作，公司系统 10kV 和低压线损率平均降到 7.5% 和 9%以下	5	符合要求得满分，年度目标未完成不得分，工作质量、效果较差酌情扣 2～4 分		

续表

项目		评价内容	标准分	评价标准	自评分	考评分
二、重点工作评价（350分）	（三）农电标准化建设工作（70分）	完成SG186农电信息化建设工作，积极推进农电系统应用实用化，实现农电管理各业务数据通过系统报送并建立相关管理运维制度。加快推进农电企业应用试点和推广，实现农电企业应用与农电系统应用间的纵向贯通和数据集成	10	未通过系统上报年报扣2分，系统应用实用化程度不高扣3～7分，工作质量、效果较差酌情扣分		
		工作有创新，对推动系统整体工作有贡献	加分	有关经验被供电企业推广的每项加2分，各供电企业最多加5分。根据新农村电气化建设实施方案，大力推进新农村电气化建设，全面完成年度建设目标		
	（四）实施新农村电气化建设（60分）	根据新农村电气化建设实施方案，大力推进新农村电气化建设，全面完成年度建设目标	15	符合要求得满分，电气化县完成目标每少一个扣3分，电气化乡镇和新农村电气化村完成目标每降低1%分别扣0.5分		
		按月及时准确上报新农村电气化建设工程进度报表	10	符合要求得满分，未按时上报每月扣1～2分		
		充分发挥“新农村电气化建设工作领导小组”的组织、协调和推动作用，不断优化工程建设环境，扎实推进工程进展，规范实施工程验收，工作效果突出	15	符合要求得满分，领导小组工作效果不明显，无相关落实文件和办法等扣5分，新农村电气化考评命名不规范扣3分		
		在企业组织的新农村电气化建设调研抽查和工程考评验收中，工程建设规范，工作扎实，评价良好	10	符合要求得满分，工程建设不规范、考评标准执行不严扣3分，实际工程完成情况与报表进度不符扣5分		
		按照企业统一要求，认真组织工程五年规划编制并按时上报，规划科学、合理、可行	10	符合要求得满分，未组织规划编制不得分，规划未按时上报扣10分，规划不合理、深度不够扣10分		
	（五）推进农电“三个建设（50分）	认真贯彻公司关于加强农电“三个建设”文件精神，制定贯彻落实计划，建立健全工作组织领导和推进长效机制，目标明确，分工明晰，责任到人，指导有力	5	建立完善领导组织，制定推进保障机制（以发文为准）得2分；制定本单位实施计划（以发文为准）、有创新，得3分，有计划但结合实际不够，酌情扣1～2分		
		加强供电企业品牌建设，规范供电企业标识使用，提高品牌影响力	5	符合要求得满分。每发现一处不符合要求，扣2分		

续表

项	目	评价内容	标准分	评 价 标 准	自评分	考评分
二、重点工作评价（350分）	（五）推进农电“三个建设（50分）	加强对县供电企业党的建设的工作指导，完善党组织在企业中的政治核心作用，促进员工作风建设和提高党性修养	20	指导县公司开展“四好”班子建设、争创“四强”党组织和“四优”共产党员等活动（以文件为准），得4分。加强党支部建设，有3个以上党员的基层工区、变电站和供电所均成立党支部，理顺农电工的党团组织关系，党支部战斗堡垒作用好，得4分，党支部组建不健全每发现一个单位扣3分。党员干部党性强、作风正，积极发挥先锋模范作用，得3分，受党内处分每有一人次扣2分。建立反腐倡廉内外控机制，构建“三化三有”特色惩防体系，得4分，出现违法乱纪每人次扣2分		
		坚持以“四统一”为基础，培育统一的企业核心价值体系，积极探索具有农电特色，贴近“三农”工作的企业文化，稳步推进落实“三大工程”	20	根据公司部署，制定县供电企业的企业文化建设规划、实施方案和建立建设企业文化领导组织和运行机制，得10分，无规划和实施方案不得分，机制运转不正常扣5分 推进“三大工程”活动，各类活动内容健康向上，得10分，每缺一项扣5分，工作缺乏创新扣3分/项		
		积极开展创建示范单位活动，企业联系点创建工作成绩显著	加分	深入开展企业文化“四统一”主题实践活动，贯彻企业行为准则，企业核心价值观深入人心，得10分，一人次不符合要求扣2分 年终被评为企业“三个建设”示范单位，每有1个县供电企业加2分；被确定为企业联系点，每县供电企业加1分；工作经验及做法在供电企业系统交流，每项加1分。各供电企业累计最多加3分		
		积极参与加强农电“三个建设”研究和配合调研工作	加分	参与供电企业组织的研究工作负责其中一个专题的得1分，派员参与研究的得0.5分，配合供电企业调研并提供经验材料得1分，每个区域供电企业累计最多加2分		
	（六）开展重大课题研究（50分）	完成深化“三新”农电发展战略研究和研究成果的宣贯工作	10	参与研究成果的最终修改和评审审核，专题组长单位得3分，派员参与评审单位得2分 承办深化“三新”农电发展战略成果发布会或课题宣贯会（培训班）每项得3分 结合实际制订并印发《深化“三新”农电发展战略实施计划》（以发文为准）内容丰富、措施具体得5分，结合实际不多、内容空乏得2分，未报农电工作部少得1分，无计划不得分 采取多种形式积极宣贯“三新”战略得4分，未开宣贯会或培训班少得3分		

续表

<table>
<tr><th colspan="2">项　目</th><th>评价内容</th><th>标准分</th><th>评　价　标　准</th><th>自评分</th><th>考评分</th></tr>
<tr><td rowspan="4">二、重点工作评价（350分）</td><td rowspan="4">（六）开展重大课题研究（50分）</td><td>做好农电体制改革配合工作</td><td>30</td><td>圆满完成配合工作取得积极效果得满分。工作部署周密细致得5分，直接负责有关方面调研报告编写得5分，派员参与视情况得1～3分，上报材料经供电企业审查，上报及时、内容翔实、论据充分得5分，积极参与工作调研安排得5分，有关意见与相关部门取得一致视情况得2～10分，积极参与普遍服务、电价机制、电网发展等专题研究并作出积极贡献的得5分</td><td></td><td></td></tr>
<tr><td>积极稳妥开展理顺农电管理关系工作</td><td>10</td><td>认真完成体制现状分析工作得5分，按照供电企业要求制定科学、可行的工作方案得3分，有序进行工作落实得2分</td><td></td><td></td></tr>
<tr><td>理顺农电管理关系工作取得成效</td><td>加分</td><td>视工作完成情况酌情加2～10分</td><td></td><td></td></tr>
<tr><td>开展农网智能化试点研究，积极实施试点工程建设，保证项目有序推进</td><td>加分</td><td>积极参加研究工作加2分，积极组织试点工程且效果较好的加3分。每个区域供电企业累计加分最多5分</td><td></td><td></td></tr>
<tr><td>三、综合定性评价（50分）</td><td colspan="2">综合考虑各区域供电企业对农电工作的重视程度、农电管理机制的建立运行情况、各级单位工作执行力度、取得的进步与成效、工作创新与积极影响等因素，定性评议各单位类别</td><td></td><td>一类单位得分40～50分，二类单位得分30～39分，三类单位得分20～29分</td><td></td><td></td></tr>
<tr><td colspan="3">评价成绩合计</td><td></td><td></td><td></td><td></td></tr>
</table>

第十五章

安全工程专业介绍及安全管理展望

第一节　安全工程与安全管理学

一、安全工程

1. 定义

（1）安全。是指人的身心免受外界因素危害的存在状态（即健康状况）及其保障条件。这一定义有两方面内容：①人存在的安全状态；②事物的客观保障条件且这一保障条件并不仅仅存在于生产过程之中。在生产领域，安全常被定义为免遭不可接受的风险和伤害。在安全管理领域，安全被定义为人们在劳动生产中所处于的一种状态，这种状态的目的是消除可能导致人员伤亡、职业危害、设备及财产损失或危及环境的潜在因素。

（2）安全科学。从人体免受外界因素危害的角度出发，以在生产、生活、生存过程中创造保障人的健康条件为着眼点，在对整个客观世界及其规律总结的基础上产生的知识体系。研究安全科学是为人们在生产和生活中，生命健康得到保障，身心与相关设备、财产以及事物免受危害等，揭示安全的客观规律并提供安全学科理论、专业理论和应用理论。

（3）安全工程。是指在具体的安全存在领域中，运用的种种安全技术及其综合集成，以保障人体动态安全的方法、手段、措施。安全工程的实践作用体现在为保证人们在生产和生活中，生命和健康得到保障，身体及其设备、财产不受到损害，提供直接和间接的保障。

构建和谐社会的第一基础是安全。对事故和灾害的控制能力是一个国家科技发展、综合国力和国际声誉的具体体现。安全生产与人民群众生命和国家财产的安全息息相关，是保护和发展社会生产力、促进社会和经济持续健康发展的基本条件，也是社会文明与进步的重要标志。

安全生产专业中，人才是最宝贵的资源之一，安全生产专业人才的培养关系到安全生产的发展和未来。高校的安全专业工程承担着安全生产专业人才的培养任务，肩负着社会和时代所赋予的重要责任和使命。

随着社会的不断进步，珍爱生命、以人为本的理念深入人心，全社会对安全越来越重视，对生产活动中安全健康的保障要求越来越高。安全科技创造安全的作业条件和作业环境，而科技的进步离不开以教育作先导。因此，安全工程专业教育的地位和作用在社会的发展中越来越凸显，为安全工程专业的发展提供了良好的发展空间。安全工程专业在自身地不断发展，必将对社会和经济做出不可替代的贡献。

全世界平均每天发生约 68.5 万起事故，造成约 2200 人死亡的事实，使我们认识到，安全就是生命。安全生产不仅是经济社会发展的综合反映，也是社会文明和进步的重要标志。国内外实践证明，安全生产具有全局性、社会性、长期性、复杂性、科学性和规律性的特点，随着社会的不断进步，工业化进程的加快，安全生产工作的内涵发生了重大变化，它突破了时间和空间的限制，存在于人们日常生活和生产活动的全过程中，成为一个集中反映在安全领域的复杂多变的社会问题。安全问题不仅直接关系着生命个体，而且对社会稳定和经济发展也产生着重要的影响。安全发展是科学发展观理论体系的重要组成部分，安全发展与构建和谐社会有着密切的内在联系，以人为本，首先就是要以人的生命为本。

“安全、生命、稳定、发展”是一个良性循环。安全科技工作者的任务就是促进、保证这一良性循环的正常运转。在我国，安全生产的严峻形势之一就是安全科技人才的匮乏，所以加快培养安全科技人才的培养是解开安全难题的钥匙之一。

2. 历史沿革

我国安全工程专业教育起始于20世纪50年代。1954年由原国家劳动部部长李立三同志倡议，创立北京劳动干部学校，1956年2月正式开学，设立“劳动保护”、“锅炉检查”和“劳动经济”三个专业，每班招生100人，1958年，劳动干部学校升格为北京劳动学院（现首都经济贸易大学的前身），开设“工业安全技术”和“工业卫生技术”本科专业。

现今的“安全工程”本科专业是在1958年建立的“工业安全技术”、“工业卫生技术”和1983年建立的“矿山通风与安全”本科专业基础上发展起来的。1984年，国家教育委员会将“安全工程”专业作为试办专业列入普通高等学校本科专业目录之中。1998年7月6日，教育部发文颁布《普通高等学校本科专业目录》，“安全工程”本科专业（代号：081002）属于工学门类的“环境与安全类”（代号：0810）学科下的两个专业之一。据“安全工程专业教学指导委员会”1997年的调查结果显示，自1958～1996年底，全国各高校累计培养安全工程专业本科生8130人。近年，安全工程本科专业得到快速发展，到2005年底，在教育部备案的设有安全工程本科专业的高校已达75所，2005年全国安全工程专业本科招生人数近3900名。

按照《普通高等学校本科专业目录》（1998）的要求，原来已设有与“安全工程专业”相近但专业名称有所差异的高校，现在大都更名为“安全工程”专业。专业名称统一后的“安全工程”专业，专业覆盖面大大拓宽。同时，随着经济社会发展对安全工程专业人才要求的更新，安全工程专业的内涵也发生很大变化，相应的专业培养目标、培养要求、主干学科、主要课程、主要实践性教学环节等都有了不同程度的变化，学生毕业后的执业身份是注册安全工程师。

安全工程专业经过近50年的发展，逐渐形成一定的规模。21世纪以来，随着党和国家对安全的进一步高度重视，社会对安全的关注度越来越高。全国高校中，安全工程专业本科办学点的数量以每年10余所院校的新增速率快速攀升，在2006年达到86所，目前已经增加到101所。至今，我国的安全教育领域已经形成一套完整的学士、硕士、博士三级学位教育及博士后研究的安全工程教育体系。

3. 人才培养

安全工程培养的是能从事安全技术及工程、安全科学与研究、安全监察与管理、安全健康环境检测与监测、安全设计与生产、安全教育与培训等方面复合型的高级工程技术人才。在专业方面主要学习矿山与地下建筑、交通、航空航天、工厂、物业、商厦与地面建筑的灾害防治技术及工程和通风、净化与空气调节、安全监测与监控、安全原理、安全系统工程、安全监察和管理等专业知识和实践。学生能够掌握安全工程系统设计及劳动保护装置的研究能力，能够应用计算机进行安全工程设计，灾害过程模拟，培养学生具有安全监察与管理，

安全健康环境检测与监测等能力，建设项目（工程）劳动安全卫生预评价能力，能够进行安全教育与培训等能力。

安全工程专业的毕业生应具备以下几方面的知识和能力。

（1）具有较扎实的自然科学基础，较好的人文社会科学基础和外语语言综合能力。

（2）掌握流体力学、工程热力学与传热学、工程力学、分析化学与物理化学、燃烧学与爆炸学。

（3）掌握安全原理、安全人机工程和安全系统工程等基础知识。

（4）掌握电子学、电工学及安全检测与监测仪表与技术。

（5）掌握安全工程、通风与空气调节工程设计、施工、监察和管理的知识与能力。

（6）掌握应用计算机进行安全工程与通风工程设计、模拟、计算机管理等方面的能力。

安全工程专业课程设置为：英语、安全工程专业英语、高等数学、体育、无机化学、无机化学实验、大学物理、物理实验、中国革命史与社会主义、画法几何与制图、线性代数、概率论与数理统计、哲学、有机化学、分析化学、物理化学、计算机语言与程序设计、计算机辅助设计、机械设计基础、机械零件设计、电工技术、专业外语、电子技术、企业经济管理、政治经济学与社会主义经济、流体力学、断裂力学、工程力学、热工学、安全监测与监控技术、安全学原理、安全管理学、安全系统工程、安全人机工程学、工业通风与除尘、电器安全、物理因素危害、建筑安全、起重机械安全、防火防爆、工业防毒技术、锅炉与压力容器安全、设备安全、安全法律法规、危险评价、安全经济学等。

4. 专业领域

安全工程专业是一个相对独立的以安全科学技术为基础的专业领域。安全科学技术以风险控制和管理为标志，其关心的核心问题是事故的致因和预防。人类自存在开始，就面临着如何面对各种各样的事故。人类正是在同各种事故的斗争和对事故的规律不断认识过程中，逐渐积累和丰富了防范事故的本领和对策。可以说，安全科学与技术是伴随着人类发展和社会进步而产生和发展起来的。

二、安全管理学

安全管理学是企业管理的一个子系统，属于一门综合性的交叉学科。安全管理就是利用管理的形式，将事故预防、应急措施与保险补偿三种手段有机地结合起来，以达到安全保障的目的。

安全管理就是运用管理学和安全工程学的理论、观点和方法，以安全为目的，进行有关决策、计划、组织和控制方面的活动。通过管理手段，控制事故、消除隐患、减小损失，使整个企业达到最佳的安全水平。安全管理工作的核心是控制事故，而其最好的方式是进行事故预防，通过技术手段和管理方法的结合，消除事故隐患，控制不安全行为，保障劳动生产的安全。

专业安全工作者在企业的安全管理系统中起着重要的作用，他们既是企业内部上下沟通的纽带，也是企业领导者在安全管理方面的得力助手。他们在掌握充分资料的基础上，为企业监管企业日常的安全生产工作，并向有关部门和领导提出安全管理、改造等方面的建议。专业安全工作者的工作分为分析、决策、信息管理、测定 4 个部分。

（1）分析。这是事故预防的基础，对事故产生的条件进行判断和估计，并对事故的可能性和严重性进行评价，即进行危险分析与安全评价。

（2）决策。确定事故预防和损失控制的方法、程序和规划，在分析的基础上制订出合理可行的事故预防、应急措施及保险补偿的总体方案，并向有关部门或领导提出建议。

（3）信息管理。负责为决策者提供依据，通过收集、管理并交流与事故和损失控制有关的资料、情报信息，及时反馈给有关部门和领导，保证信息的及时交流和更新。

（4）测定。对事故和损失控制系统的放能进行测定和评价，并为取得最佳效果做出必要的改进。

1. 安全管理的定义

在企业管理系统中，含有多个具有某种特定功能的子系统，安全管理就是其中的一个。这个子系统是由企业中有关部门的相应人员组成的，它的主要作用就是通过管理的手段，实现控制事故、消除隐患、减少损失的目的，为劳动者创造安全的工作环境，使整个企业达到最佳的安全水平。因此安全管理可以定义为：以安全为目的，进行有关决策、计划、组织和控制方面的活动。

安全管理工作的核心是控制事故，而控制事故最好的方式就是预防，通过管理和技术手段的结合，消除事故隐患，控制不安全行为，保障劳动者的安全，这也是“预防为主”的本质所在。

但根据事故的特性可知，由于受技术水平、经济条件等各方面的限制，完全的预防是很难做到的。因此，控制事故的第二种手段就是应急措施，即通过紧急的手段，在事故发生后控制事故的蔓延，把事故的损失减少到最小。

事故的发生必然会伴随着经济损失，对于一个企业来说，由于一个重大事故造成经济上的打击有时甚至是致命的。因而在实施事故预防和应急措施的基础上，以购买财产、工伤、责任等保险的形式，保证企业的经济平衡和在发生事故后恢复生产的基本能力，也是控制事故的手段之一。

所以，安全管理就是通过管理的方式，将事故预防、应急措施与保险补偿三种手段有机地结合在一起，从而达到保障安全的目的。

2. 安全管理发展历史及现状

（1）安全管理的发展。安全问题随着人类文明的产生就存在，自古至今已发展几千年。隋代医学家巢元方所著《病源诸侯论》一书中就记有凡进古井深洞，必须先放入羽毛，如观其旋转，说明有毒气上浮，便不得入内。明代科学家宋应星所著《天工开物》中记述了采煤时防止瓦斯中毒的方法，“深至丈许，方始得煤，初见煤端时，毒气灼人，有将巨竹凿去中节，尖锐其末，插入炭中，其毒烟从竹中透上”就有着安全管理的雏形。而孟元志所若《东京梦华录》一书记述的北宋首都汴京（现河南开封）严密的消防组织就已显示出较高的安全管理水平了：“每坊巷三百步许，有军巡铺一所，铺兵五人”，“高处砖砌望火楼，楼上有人卓望，下有官屋数间，屯住军兵百余人。乃有救火家事，谓如大小桶、洒子、麻搭、斧锯、梯子、火叉、火索、铁锚儿之类”，一旦发生火警，由骑兵驰报各有关部门。

在世界范围内，18 世纪中叶，蒸汽机的发明带来了一场工业革命。传统的手工业劳动逐渐为大规模的机器生产所代替，生产率大大提高。但工人们在极其恶劣的环境下，每天劳动 10h 以上，伤亡事故接连发生，工人健康受到严重摧残。这迫使工人奋起反抗，维护自身的安全和健康。此举得到了社会进步人士的同情与支持。19 世纪初，英、法、比利时等国相继颁布了安全法令，如英国 1802 年通过的纺织厂和其他工厂学徒健康风险保护法，1820 年比利时制定的矿场检查法案及公众危害防止法案等。另一方面，由于事故造成的巨大经济损失以及在事故诉讼中所支付的巨额费用，使资本家从自身利益出发，也要考虑和关注安全问题，这些都在一定程度上促进了安全技术和安全管理的发展。

进入 20 世纪以后，工业发展速度加快，环境污染和重大工业事故相继发生，职业危害也日益严重。如 1984 年 12 月 3 日，美国联合碳化物公司在印度博帕尔市的农药厂发生毒气泄漏事故，45t 剧毒物质甲基异氰酪使 3500 多人丧生，20 万人受到不同程度的伤害，空气、水等被严重污染，损失数以亿计。1986 年 1 月 28 日，美国航天飞机挑战者号在起飞 73s 后由于机械事故不幸爆炸，7 名宇航员遇难。1986 年 4 月 26 日，前苏联基辅的切尔诺贝利核电站第 4 号反应堆爆炸起火，大量放射性物质外溢，造成 7 人死亡，35 人重伤，229 人受到严重的核辐射。这些震惊世界的惨祸，在社会上引起强烈的反响，也使对安全的呼声日益高涨。

与此同时，由于一系列恶性事故的发生，使得人们把劳动安全与卫生作为现代科学技术和工业发展中的重大课题，关注度越来越高。1929 年，美国的海因里希发表著名的《工业事故预防》一书，比较系统地阐述了安全管理的思想和经验。美、英等发达国家也相继在 70 年代初建立了职业安全卫生法规，设立了相应的执法机构和研究机构，加大了安全卫生教育的力度，包括在高等院校设立安全类专业、开设安全类课程等，并通过各类组织对各类人员采用了形式多样的培训方式，重视安全技术开发工作，提出了一系列的有关安全分析、危险评价和风险管理的理论和方法，使得安全管理水平有了较大的提高，也促进了这些国家安全工作的飞速发展，取得了较好的效果。

20 世纪 90 年代以来，国际上又进一步提出了“可持续发展”的口号，人们也充分认识到了安全问题与可持续发展间的辩证关系，进而又提出了职业安全卫生管理体系（OHSMS）的基本概念和实施方法，使安全管理工作走向了标准化和现代化。

从安全管理的发展过程，我们可以看出，安全管理随着社会的进步逐渐发展而成的，它始终契合着工业生产的发展和人们的安全需求。初级阶段的安全管理，是纯粹的事后管理，完全被动地面对事故，承受事故造成的损失；在经验教训积累到一定程度后，管理者采用了条例管理的方式，即事故后总结经验教训，制定出一系列的规章制度来约束人的行为，或采取一定的安全技术措施控制系统或设备的状态避免事故的再发生，这便是最开始的事故预防概念。在现代安全管理中，重要的标志是职业安全卫生管理体系的诞生。

新中国成立以来，党和政府一直重视安全卫生工作，在劳动条件不断改善的同时，制定了一系列的安全法规和标准及较为严谨完善的安全管理体制，如安全生产责任制、安全一票否决制等，确立了“安全第一，预防为主”的安全生产方针，建立、健全了各级安全管理组织机构。这些对促进我国安全工作起到了重要的作用，也使我国的安全管理水平及职业安全卫生研究工作有了较大提高。

20 世纪 70 年代末以来，人们努力探索新的管理原则和方法来适应改革开放形势和企业管理工作的需求，引进了国外先进的安全管理方法、理论，并积极研究适合中国国情的安全管理模式，探索和推广了一系列的安全管理方法，如危险源辨识与管理、企业安全评价等。以鞍山钢铁公司的“0123 安全管理模式”为代表的、符合我国工业安全生产实际的安全管理模式的出现，反映了我国在安全管理理论和实践方面的迅速进步。

但另一方面，由于历史原因，我国安全管理体制等方面都存在着一定的缺陷，使得我国的安全卫生工作仍大大落后于发达国家。如事故死亡率比发达国家高出一倍以上，最严重的是矿山，每年死亡近两万人；更为严重的职业病中，仅尘肺病，我国的确诊或疑似患者的数量从 1992 年起，就接近了世界其他各国的总和。近年来，更是恶性事故不断，在国际、国内都造成了极大的负面影响，与我国日益增长的国际地位是不相称的。

（2）安全管理技术的发展。管理是一种技术，它是保证安全管理效能的重要因素。

1）从管理对象的角度，安全管理由近代的事故管理发展到现代的隐患管理。人们在早期用事故管理的方法进行安全管理，显然仅仅围绕事故本身做文章，效果是有限的。要进行高效的事故预防，只有强化隐患的控制，消除危险。20 世纪 60 年代发展起来的安全系统工程强调了系统的危险控制，揭示了隐患管理的机理；21 世纪，隐患管理逐渐得到推行和普及。

2）从管理过程的角度，从早期的事故后管理，进展到 20 世纪 60 年代强化超前和预防型管理（以安全系统工程为标志）。人们随着安全管理科学的发展逐步认识到，安全管理是预防事故的三大对策之一，科学的管理要协调安全系统中的人、设备和环境的因素，管理不仅是技术的一种补充，更是对生产人员、生产技术和生产过程的控制与协调。

3）从管理理论的角度，从建立在事故致因理论基础上的管理，发展到现代的科学管理。20 世纪 30 年代美国著名的安全工程师海因里希，提出了 1:29:300 安全管理法则，到 20 世纪末期，现代的安全管理理论有了全面的发展，如安全系统工程、安全人机工程、安全行为科学、安全法学、安全经济学、风险分析与安全评价等。

4）从管理技法的角度，传统的有行政手段、经济手段，以及常规的监督检查；现代的有法治手段、科学手段和文化手段，从基本的标准化、规范化管理，发展到以人为本、科学管理的技巧与方法。21 世纪，安全文化也将成为一个重要安全管理方法。

（3）现代安全管理方法及特点。安全管理科学首先涉及的是传统的常规安全管理，如安全行政管理、安全监督检查、安全设备设施管理、劳动环境及卫生条件管理、事故管理等。具体到执行上述安全生产方针、安全生产工作体制、安全生产五大原则、全面安全管理等综合管理方法；也包括“5S”活动、“五不动火”管理、审批火票的“五信五不信”、“四查五整顿”、“巡检挂牌制”、防电气误操作“五步操作管理法”等生产现场微观安全管理技术。

随着现代企业制度的建立和安全科学技术的发展，现代企业需要的是科学、合理、有效的安全管理方法和技术，这是现代社会和现代企业实现现代安全生产和安全生活的必由之路。一个现代的生产企业，离不开相适应的现代安全管理科学。目前，现代安全管理是安全管理工程中最活跃、最前沿的研究和发展领域。

现代安全管理工程的理论和方法有：安全哲学原理、安全系统论原理、安全控制论原理、安全信息论原理、安全经济学原理、安全协调学原理、安全思维模式的原理、事故预测与预防原理、事故突变原理、事故致因理论、事故模型学、安全法制管理、安全目标管理法、无隐患管理法、安全行为抽样技术、安全经济技术与方法、安全评价、安全行为科学、安全管理的微机应用、安全决策、事故判定技术、本质安全技术、危险分析方法、风险分析方法、系统安全分析方法、系统危险分析、故障树分析、PDCA 循环法、危险控制技术、安全文化建设等。

现代安全管理的意义和特点在于：①要变传统的纵向单因素安全管理为现代的横向综合安全管理；②变传统的事故管理为现代的事件分析与隐患管理（变事后型为预防型）；③变传统的被动安全管理对象为现代的安全管理动力；④变传统的静态安全管理为现代的安全动态管理；⑤变过去企业只顾生产经济效益的安全辅助管理为现代的效益、环境、安全与卫生的综合效果管理；⑥变传统的被动、辅助、滞后的安全管理程式为现代的主动、本质、超前的安全管理程式；⑦变传统的外迫型安全指标管理为内激型的安全目标管理。

3. 研究安全管理的意义

安全管理方法与对策进步，需要安全理论作为基础，需要有战略和方向的指导。为了实现安全管理的目标，我们需要研究和认识安全的科学理论，揭示安全科学的规律，搞清安全管理的科学原理。

安全科学以及安全管理科学的基础是安全原理，这是人类安全活动的基本理论和策略，是人类预防事故的重要理论核心。现代企业的制度要求，随着安全管理科学的发展，以及职业安全管理体系标准的推行，我们要不断地探求先进、适用、有效的安全科学原理。

丰富而充实的安全理论是安全科学技术发展的坚实基础。人类掌握了真正的安全原理，才能改变自身对事故的认识和态度，才能从被动承受转变为主动掌握。

安全管理原理是现代企业安全科学管理的基础、战略和纲领，现代管理方法会成为将来传统的方法。一门科学只有不断的创新和发展，才会有生命力。

现代安全管理要通过不断地创新和进步才能满足现代企业安全生产现代管理的需要，才能为降低人类利用技术的生命、健康、经济、环境的风险代价做出应有的贡献。

三、影响我国安全工作形势的因素

安全工作是一个多方面的问题，特别是在我国，安全形势除了国际上的共性之外，也有一些我们自身的因素。

（1）社会舆论。在现代社会中，新闻媒介在社会舆论中扮演着重要的角色，它所产生的影响是相当巨大的。记者正是因为其能了解并利用新闻作为媒介的导向作用，披露社会现象，影响人们对于特定事件的认识与看法。所以社会舆论对安全问题的关注程度和剖析深度，直接影响到人们，当然也包括各级领导对安全问题的重视程度。比如，媒体对安全隐患予以曝光，就会使领导者或当事者顾忌和收敛不安全的行为，使政府和企业更加重视安全。

（2）人的价值。生命应该是无价的，但在实际工作中，经营者们在决定安全问题时，总会以金钱来衡量。如果工伤死亡一人花费数万元就可以了结，谁会花数十万、上百万元去搞安全整改呢？值得注意的是，近年来我国的工伤索赔案例中，大额赔偿案例逐渐增多，相信假以时日，一定会改变金钱衡量生命价值的误区。例如，美国的福特汽车公司，因设计产生的一个小失误导致产品安全缺陷，进而引发伤害事故，被政府一次罚款 3 亿美元，赔偿受害者 19 亿美元，有这样大力度的处罚力度，企业只能在安全上加大投入以取得更好的效益。

（3）人员素质。人的安全素质对于安全管理的影响是不言而喻的，而最为重要的是产品及其工艺设计人员、管理人员以及政府有关部门官员。据调查表明，人的安全素质高低并不直接关系于其受教育的程度。遗憾的是，我们的高等教育却在很大程度上忽略了这一点，使得我们在培养了极少量的安全专业人才的同时，却培养了大批不具备基本安全素质的各类“人才”，由这些“人才”设计的产品、工艺，或者由他们管理的企业不可避免地会存在安全上的缺陷，成为社会中的安全隐患。另一方面，他们在从事科学研究、技术开发、试验等各类活动中，也因事故的屡屡发生而遭受伤害和损失，而其中相当一部分事故对于具备基本安全素质的人来说，却是完全可以避免的。此外，安全素质的高低也体现在紧急状态下的反应能力上，冷静地面对正在发生的意外事件，及时地采取正确的应对措施，与束手无策、听天由命相比，其结果可能会大相径庭。

（4）法律的完善。在现代社会，法律起着约束人的行为，维护社会稳定的重要作用，对安全问题也是如此。一个公正的竞争环境，需要一个完整的安全法律法规体系，否则就会助长短期行为，产生恶性事故。我国改革开放初期，一些来中国投资者就钻了我国安全法规体系不完善的漏洞，使得工伤事故，特别是职业卫生问题日益严重，同时也严重挫伤了国际一流企业来中国投资的信心和积极性。美国 1970 年实施的《职业安全卫生法》，被美国职业安全界称之为美国安全史上的里程碑，也正是因其体现了法制的重要地位。

（5）总体管理水平。安全管理系统是整个企业管理系统中的一个子系统，密切关系着企业管理水平，甚至政府的管理水平。当前国内总体低下的管理水平，势必会影响到安全的管理水平，国内传统上重技术、轻管理的观念也对安全管理影响巨大。改进管理水平才会使安全管理水平有根本性的变化，而安全管理中安全与经济效益相脱节的问题就是管理水平较低的一种表现方式。

随着世界经济一体化潮流的冲击和信息社会与知识经济的到来，我国的安全管理工作将面对比以往更大的挑战。尽快解决包括上述问题在内的相关问题，尽快缩短我国在安全管理工作方面与发达国家的差距，无疑是安全科学界近年来最重要的工作之一，这是与我国可持续发展的国策息息相关的。只有做到这些，安全水平才能跃上新的台阶，接近世界先进水平；否则，就会拖整个国民经济的后腿，甚至影响社会安定，这是我们必须深刻认识的问题。

第二节　安全生产标准化

为进一步落实企业安全生产的主体责任，全面推进企业安全生产标准化工作，深入贯彻落实国家关于安全生产的方针政策和法律法规，有必要制定规范企业安全生产工作的基本规定，使企业的安全生产工作有据可依、有章可循。当前，各行业都陆续开展了自己行业内部的标准化工作，但是在形式要求、基本内容、考评办法等方面还需要作出相对一致的规定，以进一步规范各项工作的开展。同时，为调动企业开展安全生产标准化工作的积极性和主动性，结合企业安全生产工作的共性特点，制定可操作性较强的安全生产工作规范，以行业标准的形式予以发布。

一、出台背景及发展历史

2004 年，《国务院关于进一步加强安全生产工作的决定》（国发〔2004〕2 号）提出了在全国所有的工矿、商贸、交通、建筑施工等企业普遍开展安全质量标准化活动的要求。国家安全生产监督管理总局发布了《关于开展安全质量标准化活动的指导意见》，煤矿、非煤矿山、危险化学品、冶金、机械、电力等行业、领域均开展了安全质量标准化创建工作。随后，除煤炭行业强调了煤矿安全生产状况与质量管理相结合外，其他多数行业逐步弱化了质量的内容，提出了安全生产标准化的概念。

国家安全监管总局在推动标准化过程中，出台了相关的配套措施，促进标准化进程。国家安监总局《关于做好安全生产许可证延期换证工作的通知》（安监总政法〔2008〕127 号）中明确要求："要结合换证工作，积极推动生产企业安全标准化活动。对已经取得《安全标准化企业证书》的企业，当其提出安全生产许可证延期申请时，可直接办理延期换证手续"。

《国务院关于进一步加强企业安全生产工作的通知》（国发〔2010〕23 号）要求：全面开展安全达标，深入开展以岗位达标、专业达标和企业达标为内容的安全生产标准化建设。凡在规定时间内未实现达标的企业要依法暂扣生产许可证和安全生产许可证，责令停产整顿；对整改逾期未达标的，地方政府要予以关闭。

2010 年 4 月 15 日，国家安监总局以 2010 年第 9 号公告发布了《企业安全生产标准化基本规范》安全生产行业标准，标准编号为 AQ/T 9006—2010，自 2010 年 6 月 1 日起实施。

《国务院办公厅关于继续深化"安全生产年"活动的通知》（国办发〔2011〕11 号）指出：有序推进企业安全标准化达标升级，在工矿商贸和交通运输企业广泛开展以"企业达标升级"为主要内容的安全生产标准化创建活动，着力推进岗位达标、专业达标和企业达标。各有关部门要加快制定完善有关标准，分类指导、分步实施，促进企业安全基础不断强化。

国家安全监管总局在 2011 年的工作要点中提出：全面开展安全生产标准化创建活动。高危行业的危险化学品企业必须在 2012 年底前、煤矿等其他高危行业的企业必须在 2011 年底前达到三级以上安全生产标准化水平，重点企业要达到一级标准。冶金、机械等其他行业的企业必须制定达标规划，确保三年内全部达标，逾期不达标的要依法停产整顿直至依法关闭。

二、标准化的内涵

1. 标准与标准化

（1）标准。对重复性事物和概念作出的统一规定。它以科学、技术和社会实践的综合成果为基础，经有关方面协商一致，由主管部门批准，以特定形式发布，作为共同遵守的准则和依据。

标准的对象特征就是"重复性"。

标准的本质在于统一。

标准的属性是一种规范性文件，要具有统一的格式和制定颁布程序。

（2）标准化。标准化是一个过程，主要是通过制定、实施国家、行业等标准，来规范各种生产行为，以获得最佳生产秩序和社会效益的过程。

1）标准化的目的：在一定范围内获得最佳秩序。

2）标准化的作用：①现代化大生产的必要条件；②科学管理的基础；③调整产品结构和产业结构的需要；④扩大市场的需要。

2. 安全生产标准化

通过建立安全生产责任制，制定安全管理制度和操作规程，排查治理隐患和监控重大危险源，建立预防机制，规范生产行为，使各生产环节符合有关安全生产法律法规和标准规范的要求，人、机、物、环处于良好的生产状态，并持续改进，不断加强企业安全生产规范化建设。这一定义涵盖了企业安全生产工作的全局，是企业开展安全生产工作的基本要求和衡量尺度，也是企业加强安全管理的重要方法和手段。

三、主要特点

（1）管理方法的先进性。采用了国际通用的PDCA现代安全管理模式，能够更好地促进企业安全绩效的持续改进和安全生产长效机制的建立。

（2）内容的系统性。内容系统、全面地涉及安全生产的各个方面，包括安全生产目标、组织机构和职责、安全投入、法律法规和安全管理制度、隐患排查和治理、培训教育、生产设备设施、作业安全等。

（3）较强的可操作性。企业在贯彻时，全员参与并进行定期评估检查，这样使得规章制度、操作规程与企业的实际情况紧密结合，避免“两张皮”情况的发生，有较强的可操作性，便于企业实施。

（4）广泛的适用性。总结归纳了煤矿、危险化学品、金属非金属矿山、烟花爆竹、冶金、机械等已经颁布的行业安全生产标准化标准中的共性内容，提出了安全生产管理的共性基本要求。

（5）管理的量化性。吸收了传统标准化量化分级管理的思想，根据对比衡量得到量化的评价结果，能够比较真实地反映自身的安全管理水平和改进方向，便于企业进行有针对性的改进、完善。

四、主要作用

（1）落实企业主体责任、规范安全生产工作的基本手段。

（2）体现安全管理先进思想、提升企业安全管理水平的重要方法。

（3）搞好安全生产的基础保障、提高企业本质安全水平的有效途径。

（4）预防控制风险、降低事故发生的有效办法。

（5）政府部门实施分类监管和指导的重要依据。

五、主要内容

（1）适用范围。《企业安全生产标准化基本规范》适用于工矿企业的创建、咨询等，其他企业可以参照执行；相关行业制定安全生产标准应满足本标准的要求，已制定行业安全生产标准的，优先使用行业安全生产标准。

（2）《企业安全生产标准化基本规范》的规范性引用文件包括：GB 2894—2008《安全标志及其使用导则》、GBZ 158—2003（2010）《工作场所职业病危害警示标识》、总局16号令《安全生产事故隐患排查治理暂行规定》、GB 18218—2009《危险化学品重大危险源辨识》、AQ/T 9002—2006《生产经营单位安全生产事故应急预案编制导则》、AQ/T 9004—2008《企业安全文化建设导则》、总局3号令《生产经营单位安全培训规定》、总局23号令《作业场所职业健康监督管理暂行规定》、总局30号令《特种作业人员安全技术培训考核管理规定等》。

六、内容解读

1. 目标

规范要求：根据实际，制定总体和年度安全生产目标；按照职能，制定安全生产指标和考核办法。

制定年度安全目标时，应尽可能地符合“SMART”标准，即Specific（具体、明确）、Measurable（可衡量）、Actionable（可实现）、Realistic（实实在在）、Timetable（有时间表）。

2. 组织机构和职责

（1）组织机构。规范要求：设置安全生产管理机构，配备安全生产管理人员。

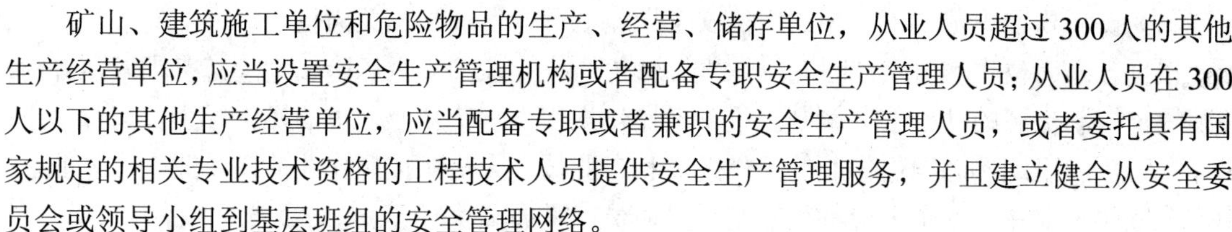

矿山、建筑施工单位和危险物品的生产、经营、储存单位，从业人员超过 300 人的其他生产经营单位，应当设置安全生产管理机构或者配备专职安全生产管理人员；从业人员在 300 人以下的其他生产经营单位，应当配备专职或者兼职的安全生产管理人员，或者委托具有国家规定的相关专业技术资格的工程技术人员提供安全生产管理服务，并且建立健全从安全委员会或领导小组到基层班组的安全管理网络。

（2）职责。规范要求：企业主要负责人全面负责安全生产工作，并履行安全生产义务。

企业应建立安全生产责任制，明确各级单位、部门和人员的安全生产职责。从主要负责人到全体员工，要覆盖企业的所有方面。

企业主要负责人职责（法定代表人、董事长、总经理等）：①全面负责企业的安全生产工作，落实国家安全生产的方针、政策，严格执行有关安全生产的法律法规和标准，建立健全安全生产责任制；②建立健全安全生产管理机构，配备与岗位要求能力相适应的人员；③组织制定安全生产规章制度和操作规程，督促检查执行落实情况；④加强全员的安全教育和技能培训；⑤保证各项安全生产投入的有效落实；⑥组织开展隐患排查治理工作，及时消除生产安全事故隐患；⑦完善生产安全事故应急预案，保证应急处置；⑧及时、如实报告生产安全事故；⑨及时解决各种影响企业安全生产的问题。

（3）安全生产投入。规范要求：建立安全生产投入保障制度，按规定提取安全费用，专款专用，建立安全费用台账。

企业需要完善、改造和维护安全防护设备设施，配备劳动防护用品和加强教育培训，对重大危险源监控、重大事故隐患评估和整改，对设备的安全性能进行检验，对员工进行应急救援器材、装备的配备及救援演练等。

3. 法律法规与安全管理制度

（1）法律法规、标准规范要求。企业应建立识别和获取适用的安全生产法律法规、标准规范的制度，明确主管部门，确定获取的渠道、方式，及时识别和获取适用的安全生产法律法规、标准规范。

企业各职能部门应及时识别和获取本部门适用的安全生产法律法规、标准规范，并跟踪、掌握有关法律法规、标准规范的修订情况，及时提供给企业内负责识别和获取适用的安全生产法律法规的主管部门汇总。

企业应将适用的安全生产法律法规、标准规范及其他要求及时传达给从业人员。

企业应遵守安全生产法律法规、标准规范，并将相关要求及时转化为本单位的规章制度，贯彻到各项工作中：①国家、地方性的法律法规要求；②与政府机构、顾客的协议；③非法规性指南；④行业要求；⑤协会与社区团体或非政府组织的要求；⑥上级公司对公众的承诺。

（2）规章制度规范要求。企业应建立健全安全生产规章制度，并发放到相关工作岗位，规范从业人员的生产作业行为。

安全生产规章制度至少应包含下列内容：安全生产职责、安全生产投入、文件和档案管理、隐患排查与治理、安全教育培训、特种作业人员管理、设备设施安全管理、建设项目安全设施“三同时”管理、生产设备设施验收管理、生产设备设施报废管理、施工和检修安全管理、危险物品及重大危险源管理、作业安全管理、相关方及外用工管理，职业健康管理、防护用品管理、应急管理、事故管理等。

（3）操作规程规范要求。编制岗位安全操作规程，发放到相关岗位。

根据各个岗位生产特点，在充分识别、评价岗位存在的安全风险、危险有害因素，针对性地提出控制措施的基础上，编制岗位安全操作规程，规范从业人员的操作行为。岗位安全操作规程可以组织熟悉岗位作业的操作人员和专业技术人员，按照作业前、作业中、作业后的作业顺序中存在的安全风险进行编制，方便员工掌握和执行。

（4）评估规范要求。企业应每年至少一次对安全生产法律法规、标准规范、规章制度、操作规程的执行情况进行检查评估。

序号	法律法规及其他要求	实施日期	简介及重点关注条款	执行情况	备注（不满足原因）

评估部门：　　　　　　评价时间：　　年　　月　　日

（5）修订规范要求。企业应根据评估情况、安全检查反馈的问题、生产安全事故案例、绩效评定结果等，对安全生产管理规章制度和操作规程进行修订，确保其有效和适用，保证每个岗位所使用的为最新有效版本。

1）根据安全生产法律法规、标准规范、规章制度、操作规程执行情况检查评估的结果，保留肯定的内容，及时修订需整改的内容。

2）对安全检查反馈的问题进行分析，对涉及规章制度、操作规程产生的问题，应及时修订相应的规章制度和操作规程。

3）收集本企业、其他企业发生的事故案例，分析事故的原因，借鉴相关事故教训，修订规章制度和操作规程。

4）在安全生产绩效评定后，根据规章制度和操作规程的适宜性、充分性、有效性的绩效评定情况，以及安全生产目标、指标完成情况等绩效评定结果，及时修订规章制度和操作规程。

5）国家以及所在地的法律法规、标准规范有最新要求，及时做好修订工作。随着国家对安全生产要求的不断重视和提高，有关安全生产的法律法规、标准等不断完善更新，企业应及时修订有关规章制度、操作规程，避免“违法不知”带来不必要的影响和后果。

6）国际、国内有先进的安全管理理论和方法。

（6）文件和档案管理规范要求。企业应严格执行文件和档案管理制度，确保安全规章制度和操作规程编制、使用、评审、修订的效力。

企业应建立主要安全生产过程、事件、活动、检查的安全记录档案，并加强对安全记录的有效管理。

4. 教育培训

（1）教育培训管理规范要求。企业应确定安全教育培训主管部门，按规定及岗位需要，定期识别安全教育培训需求，制定、实施安全教育培训计划，提供相应的资源保证。

企业应定期收集和分析员工的培训需求，开展教育培训工作，并做好记录，建立安全教育培训档案，实施分级管理，并对培训效果进行评估和改进。

（2）安全生产管理人员教育培训规范要求。企业的主要负责人和安全生产管理人员，必须具备与本单位所从事的生产经营活动相适应的安全生产知识和管理能力。法律法规要求必

须对其安全生产知识和管理能力进行考核的，须经考核合格后方可任职。

企业的主要负责人和安全生产管理人员按照《生产经营单位安全培训规定》（国家安全监管总局 3 号令）的有关要求，完成相关的教育培训。

（3）操作岗位人员教育培训规范要求。企业应对操作岗位人员进行安全教育和生产技能培训，使其熟悉有关的安全生产规章制度和安全操作规程，并确认其能力符合岗位要求。未经安全教育培训或培训考核不合格的从业人员，不得上岗作业。

新入厂（矿）人员在上岗前必须经过厂（矿）、车间（工段、区、队）、班组三级安全教育培训；在新工艺、新技术、新材料、新设备设施投入使用前，应对有关操作岗位人员进行专门的安全教育和培训；操作岗位人员转岗、离岗一年以上重新上岗者，应进行车间（工段）、班组安全教育培训，经考核合格后，方可上岗工作；从事特种作业的人员应取得特种作业操作资格证书，方可上岗作业。

（4）其他人员教育培训规范要求。企业应对相关方的作业人员进行安全教育培训。作业人员进入作业现场前，应由作业现场所在单位对其进行进入现场前的安全教育培训。

企业应对外来参观、学习等人员进行有关安全规定、可能接触到的危害及应急知识的教育和告知。

（5）安全文化建设规范要求。企业应通过安全文化建设，促进安全生产工作。

企业应采取多种形式的安全文化活动，引导全体从业人员的安全态度和安全行为，逐步形成为全体员工所认同、共同遵守、带有本单位特点的安全价值观，实现法律和政府监管要求之上的安全自我约束，保障企业安全生产水平持续提高。

5. 生产设备设施

（1）生产设备设施建设规范要求。企业建设项目的所有设备设施应符合有关法律法规和标准规范要求，安全设备、设施应与建设项目主体工程同时设计、同时施工、同时投入生产和使用。

企业应按规定对项目建议书、可行性研究、初步设计、总体开工方案、开工前安全条件确认和竣工验收等阶段进行规范管理。生产设备设施变更应执行变更管理制度，履行变更程序，并对变更的全过程进行隐患控制。

（2）设备设施运行管理规范要求。企业应对生产设备设施进行规范化管理，保证其安全运行。

企业应有专人负责管理各种安全设备设施，建立台账，定期检维修。对安全设备、设施应制定检修、维修计划。

（3）新设备设施验收及旧设备拆除、报废规范要求。设备的设计、制造、安装、使用、检测、维修、改造、拆除和报废，应符合有关法律法规、标准规范的要求。

企业应执行生产设备设施到货验收和报废管理制度，应使用质量合格、设计符合要求的生产设备、设施。

6. 作业安全

（1）生产现场管理和生产过程控制规范要求。企业应加强生产现场安全管理和生产过程的控制。对生产过程及物料、设备、设施、器材、通道、作业环境等存在的隐患，应进行分析和控制；对动火作业、受限空间内作业、临时用电作业、高处作业等危险性较高的作业活动实施作业许可管理，严格履行审批手续。作业许可证应包含危害因素分析和安全措施等内容。

企业进行爆破、吊装等危险作业时，应当安排专人进行现场安全管理，确保安全规程的遵守和安全措施的落实。

（2）作业行为管理规范要求。企业应加强生产作业行为的安全管理。对作业行为隐患、设备设施使用隐患、工艺技术隐患等进行分析，采取控制措施。

预先进行系统的分析，找出隐患，包括当事人自身行为的不恰当、有关设备设施存在的缺陷、工艺技术的不合理等可能带来的危险，然后根据排查出隐患的特点，制订有针对性的措施。

（3）警示标志规范要求。企业应根据作业场所的实际情况，按照 GB 2894—2008《安全标志及其使用导则》及企业内部规定，在有较大危险因素的作业场所和设备设施上，设置明显的安全警示标志，进行危险提示、警示，告知危险的种类、后果及应急措施等。

企业应在设备、设施检修、维修、施工、吊装等作业现场设置警戒区域和警示标志，在检修、维修现场的坑、井、洼、沟、陡坡等场所设置围栏和警示标志。

（4）相关方管理规范要求。企业应执行承包商、供应商等相关方管理制度，对其资格预审、选择、服务前准备、作业过程、提供的产品、技术服务、表现评估、续用等进行管理。

企业应建立合格相关方的名录和档案，根据服务作业行为定期识别服务行为风险，并采取行之有效的控制措施。

企业应对进入同一作业区的相关方进行统一安全管理。

不得将项目委托给不具备相应资质或条件的相关方。企业和相关方的项目协议应明确规定双方的安全生产责任和义务。

（5）变更。规范要求。企业应执行变更管理制度，对机构、人员、工艺、技术、设备设施、作业过程及环境等永久性或暂时性的变化进行有计划的控制。变更的实施应履行审批及验收程序，并对变更过程及变更所产生的隐患进行分析和控制。

7. 隐患排查治理

（1）隐患排查规范要求。企业应组织事故隐患排查工作，对隐患进行分析评估，确定隐患等级，登记建档，及时采取有效的治理措施。

法律法规、标准规范发生变更或有新的公布，以及企业操作条件或工艺改变，新建、改建、扩建项目建设，相关方进入、撤出或改变，对事故、事件或其他信息有新的认识，组织机构发生大的调整的，应及时组织隐患排查。

隐患排查前应制定排查方案，明确排查的目的、范围，选择合适的排查方法。排查方案应依据：

1）有关安全生产法律、法规要求。

2）设计规范、管理标准、技术标准。

3）企业的安全生产目标等。

下列情形需及时组织隐患排查：①法律法规、标准规范发生变更或有新的公布；②企业操作条件或工艺改变；③新建、改建、扩建项目建设；④相关方进入、撤出或改变；⑤对事故、事件或其他信息有新的认识；⑥组织机构发生大的调整（兼并、跨行业经营）。

（2）排查范围与方法规范要求。企业隐患排查的范围应包括所有与生产经营相关的场所、

环境、人员、设备设施和活动。

企业应根据安全生产的需要和特点，采用综合检查、专业检查、季节性检查、节假日检查、日常检查等方式进行隐患排查。

（3）隐患治理规范要求。企业应根据隐患排查的结果，制定隐患治理方案，对隐患及时进行治理。

隐患治理方案应包括目标和任务、方法和措施、经费和物资、机构和人员、时限和要求。重大事故隐患在治理前应采取临时控制措施并制定应急预案。

隐患治理措施包括工程技术措施、管理措施、教育措施、防护措施和应急措施。

治理完成后，应对治理情况进行验证和效果评估。

（4）预测预警规范要求。企业应根据生产经营状况及隐患排查治理情况，运用定量的安全生产预测预警技术，建立体现企业安全生产状况及发展趋势的预警指数系统。

传统的安全管理实质是被动的事后管理，现实可行的安全生产预警工作方法就是对企业定期排查出的安全隐患进行统计、分析、处理，并对隐患可能导致的后果进行定性分级。

8. 重大危险源控制

（1）辨识与评估规范要求。企业应依据有关标准对本单位的危险设施或场所进行重大危险源辨识与安全评估。

（2）登记建档与备案规范要求。企业应当对确认的重大危险源及时登记建档，并按规定备案。

（3）监控与管理规范要求。企业应建立健全重大危险源安全管理制度，制定重大危险源安全管理技术措施。

9. 职业健康

（1）职业健康管理规范要求。企业应按照法律法规、标准规范的要求，为从业人员提供符合职业健康要求的工作环境和条件，配备与职业健康保护相适应的设施、工具。

企业应定期对作业场所职业危害进行检测，在检测点设置标识牌予以告知，并将检测结果存入职业健康档案。

对可能发生急性职业危害的有毒、有害工作场所，应设置报警装置，制定应急预案，配置现场急救用品、设备，设置应急撤离通道和必要的泄险区。

各种防护器具应定点存放在安全、便于取用的地方，并有专人负责保管，定期校验和维护。

企业应对现场急救用品、设备和防护用品进行经常性的检维修，定期检测其性能，确保其处于正常状态。

职业健康监测包括：①识别和确定生产过程中产生的各种物理性、化学性职业危害因素；②确定企业内职业病危害因素监测的范围和要求；③确定监测的内容、频次；④明确资质、人员、仪器的控制要求；⑤确定监测结果的保存和公布要求。

（2）职业危害告知和警示规范要求：企业与从业人员订立劳动合同时，应将工作过程中可能产生的职业危害及其后果和防护措施如实告知从业人员，并在劳动合同中写明。

企业应采用有效的方式对从业人员及相关方进行宣传，使其了解生产过程中的职业危害、预防和应急处理措施，降低或消除危害后果。

对存在严重职业危害的作业岗位，应按照 GBZ 158—2003（2010）《工作场所职业病危害警示标志》要求设置警示标识和警示说明。警示说明应载明职业危害的种类、后果、预防和应急救治措施。

（3）职业危害申报规范要求。企业应按规定，及时、如实向当地主管部门申报生产过程存在的职业危害因素，并依法接受其监督。

职业危害申报内容包括：①用人单位基本情况；②作业场所职业危害因素种类、浓度或强度；③产生职业危害因素的生产技术、工艺和材料；④职业危害防护设施，应急救援设施等。

10. 应急救援

（1）应急机构和队伍规范要求。企业应按规定建立安全生产应急管理机构或指定专人负责安全生产应急管理工作。

企业应建立与本单位安全生产特点相适应的专兼职应急救援队伍或指定专兼职应急救援人员，并组织训练；无需建立应急救援队伍的，可与附近具备专业资质的应急救援队伍签订服务协议。

（2）应急预案规范要求。企业应按规定制定生产安全事故应急预案，并针对重点作业岗位制定应急处置方案或措施，形成安全生产应急预案体系。

应急预案应根据有关规定报当地主管部门备案，并通报有关应急协作单位。

应急预案应定期评审，并根据评审结果或实际情况的变化进行修订和完善。

（3）应急设施、装备、物资规范要求。企业应按规定建立应急设施，配备应急装备，储备应急物资，并进行经常性的检查、维护、保养，确保其完好、可靠。

（4）应急演练规范要求。企业应组织生产安全事故应急演练，并对演练效果进行评估。根据评估结果，修订、完善应急预案，改进应急管理工作。

（5）事故救援规范要求。企业发生事故后，应立即启动相关应急预案，积极开展事故救援。

11. 事故报告、调查和处理

（1）事故报告规范要求。企业发生事故后，应按规定及时向上级单位、政府有关部门报告，并妥善保护事故现场及有关证据，必要时向相关单位和人员通报。

（2）事故调查和处理规范要求。企业发生事故后，应按规定成立事故调查组，明确其职责与权限，进行事故调查或配合上级部门的事故调查。

事故调查应查明事故发生的时间、经过、原因、人员伤亡情况及直接经济损失等。

事故调查组应根据有关证据、资料，分析事故的直接、间接原因和事故责任，提出整改措施和处理建议，编制事故调查报告。

12. 绩效评定和持续改进

（1）绩效评定。规范要求。企业应每年至少一次对本单位安全生产标准化的实施情况进行评定，验证各项安全生产制度措施的适宜性、充分性和有效性，检查安全生产工作目标、指标的完成情况。

企业主要负责人应对绩效评定工作全面负责。评定工作应形成正式文件，并将结果向所有部门、所属单位和从业人员通报，作为年度考评的重要依据。

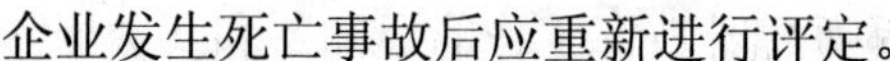

企业发生死亡事故后应重新进行评定。

（2）持续改进规范要求。企业应根据安全生产标准化的评定结果和安全生产预警指数系统所反映的趋势，对安全生产目标、指标、规章制度、操作规程等进行修改完善，持续改进，不断提高安全绩效。

安全生产标准化的评定结果要明确下列事项：①系统运行效果；②系统运行中出现的问题和缺陷，所采取的改进措施；③统计技术、信息技术等在系统中的使用情况和效果；④系统中各种资源的使用效果；⑤绩效监测系统的适宜性以及结果的准确性；⑥与相关方的关系。

第三节　注册安全工程师

注册安全工程师制度是国家对生产经营单位中安全生产管理、安全工程技术工作和为安全生产提供技术服务的中介机构的专业技术人员实行的执业资格制度，纳入全国专业技术人员执业资格制度统一规划。为适应新形势下我国日益严峻的安全生产形势要求，2002 年 9 月，原人事部和国家安监总局联合发布了《注册安全工程师执业资格制度暂行规定》和《注册安全工程师执业资格认定办法》，标志着我国注册安全工程师执业资格制度开始启动，标志着我国安全领域人才评价工作开始与国际接轨。

注册安全工程师是指通过全国统一考试，取得《中华人民共和国注册安全工程师执业资格证书》，并经注册的专业技术人员。注册安全工程师英文译称“CertifiedSafetyEngineer”，生产经营单位中安全生产管理、安全工程技术工作等岗位及为安全生产提供技术服务的中介机构，必须配备一定数量的注册安全工程师。经原国家经济贸易委员会授权，国家安全生产监督管理局负责实施注册安全工程师执业资格制度的有关工作。

一、注册安全工程师制度的创立历史与发展过程

为适应新形势下我国社会经济发展的需求并与国际化标准接轨，1998 年原国家经贸委人事司和安全生产监督管理局在原劳动部对安全工程专业技术人员量化评审的基础上，提出在我国实施注册安全工程师执业资格制度的建议。

2002 年 3 月，国家安监总局召开了由人事部专业技术人员管理司领导和安全工程方面的有关专家共同参加的注册安全工程师执业资格制度专家论证会。这次论证会上，与会同志对《注册安全工程师执业资格制度暂行规定》初稿进行了认真修改，形成了送审稿。

2002 年 9 月，原人事部和国家安监总局联合颁发了《注册安全工程师资格制度暂行规定》和《注册安全工程师资格认定办法》。这两个文件标志着我国注册安全工程师执业资格制度的正式启动，也是我国开始安全生产领域关键技术岗位资格认定的标志，更是我国安全领域人才评价工作正式与国际接轨的标志。

2003 年 8 月，原人事部和国家安监总局又联合出台了《注册安全工程师执业资格考试实施办法》，确定了具体的考试办法和 4 个考试科目，分别为：《安全生产法及相关法律知识》、《安全生产管理知识》、《安全生产技术》和《安全生产事故案例分析》。

2004 年 5 月，国家安监总局公布了《注册安全工程师注册管理办法》（局第 12 号令），对注册安全工程师的注册管理和执业行为要求等作了规定。

2005 年，为了能顺利开展注册安全工程师的注册管理工作，国家安监总局办公厅于 4 月

18 日和 19 日连续发布了《关于做好注册安全工程师注册教育工作的通知》和《关于做好注册安全工程师注册管理工作有关事项的通知》两个文件，进一步明确了注册安全工程师注册管理工作的要求。

2006 年 4 月，国家安监总局在重庆召开了全国注册安全工程师工作座谈会，会议对《注册安全工程师执业资格制度“十一五”发展规划》（讨论稿）、《注册安全工程师执业管理暂行规定》（讨论稿）和《注册安全工程师事务所资质管理办法》（讨论稿）等文件进行了讨论和修改，并且对当前我国注册安全工程师发展中存在的问题进行了分析和研讨。

2006 年 12 月国家安监总局颁布了《注册安全工程师管理规定》（第 11 号令），自 2007 年 3 月 1 日起实行，主要规定了注册安全工程师注册管理和执业行为的要求。

2007 年 9 月 23 日，为适应中小企业安全生产管理工作的实际需要和贯彻落实《国务院关于进一步加强安全生产工作的决定》的精神，原人事部、国家安监总局联合下发了关于实施《注册安全工程师执业资格制度暂行规定》补充规定的通知，明确了在注册安全工程师制度中增设助理级资格，并进一步细化和明确了助理级资格的级别名称与适用范围、评价办法与科目设置、证书效用与注册管理、组织实施与有关要求。

2008 年 2 月 25 日、26 日，国家安监总局在广州市召开了实施注册安全工程师分级考试座谈会。会议总结了重庆会议以来的注册安全工程师工作，讨论并修改了《注册安全工程师执业资格考试大纲》，研究实施分级考试有关问题，研究讨论了《注册助理安全工程师资格考试大纲》，参观考察了中小企业实施注册安全主任制度情况。

二、注册安全工程师执业资格制度

我国的执业资格制度是 1993 年提出的，至今我国已建立了包括注册安全工程师在内的 30 多个执业资格制度。注册安全工程师执业资格制度于 2002 年 9 月在我国开展，适用于生产经营单位中从事安全生产管理、安全工程技术工作和为安全生产提供技术服务的中介机构的专业技术人员。

注册安全工程师实行注册登记制度。取得《中华人民共和国注册安全工程师执业资格证书》的人员，必须经过注册登记才能以注册安全工程师的名义执业。

注册安全工程师的职业范围包括：①安全生产管理；②安全生产检查；③安全评价或者安全评估；④安全检测检验；⑤安全生产技术咨询、服务；⑥安全生产教育和培训；⑦法律、法规规定的其他安全生产技术服务。

我国建立注册安全工程师制度，其目的之一是希望通过合理的制度设计，提高企业安全生产管理人员的素质，建立、健全企业内部安全监督管理机制，强化安全生产监察工作。注册安全工程师执业资格制度的建立既顺应了社会主义市场经济的发展潮流，又为改善我国严峻的安全生产形势提供了一条新途径，对遏制安全生产事故的发生、保障人民群众生命财产安全有重大的意义。

三、注册安全工程师的管理规定

2006 年 12 月 22 日国家安监总局局长办公会议审议通过了《注册安全工程师管理规定》，（以下简称《管理规定》）自 2007 年 3 月 1 日起施行，同时废止 2004 年公布的《注册安全工程师注册管理办法》。《管理规定》是为了加强注册安全工程师的管理，保障注册安全工程师依法执业，根据《安全生产法》等有关法律、行政法规制定的，适用于取得中华人民共和国注册安全工程师执业资格证书的人员注册以及注册后的执业、继续教育及其监督管理。注册安全工程师应严格执行法律、法规和《管理规定》，国家安监总局对全国注册安全工程师的注册、执业活动实施统一监督管理，国务院有关主管部门对本系统注册安全工程师的注册、执业活动实施监督管理。从业人员在300人以上的煤矿、非煤矿矿山、建筑施工单位和危险物品生产、经营单位，应当按照不少于安全生产管理人员15%比例配备注册安全工程师；安全管理人员在7人以下的，至少配备1名。

申请注册安全工程师的人员，必须具备的条件是：①取得资格证书；②在生产经营单位从事安全生产管理、安全技术工作或者在安全生产中介机构从事安全生产专业服务工作。注册安全工程师实行分类注册，其注册类别包括煤矿安全、非煤矿矿山安全、建筑施工安全、危险物品安全和其他安全等。取得资格证书的人员，经注册取得执业证和执业印章后方可以注册安全工程师的名义执业。

申请人有以下情形之一的，不予注册：①不具有完全民事行为能力的；②在申请注册过程中有弄虚作假行为的；③同时在两个或者两个以上聘用单位申请注册的；④安全监管总局规定的不予注册的其他情形。

注册安全工程师的有效期为3年，自准予之日起计算；注册有效期满需要延续注册的，申请人应当在有效期满30日前，按照《管理规定》第十条规定的程序提出申请。注册审批机关应当在有效期满前作出是否准予延续注册的决定；逾期未作决定的，视为准予延续。

在注册有效期内，注册安全工程师变更执业单位，应当按照《管理规定》第十条规定的程序提出申请，办理变更注册手续，办理变更注册手续期间不得执业，变更注册后仍延续原注册有效期。

执业证颁发机关发现有下列情形之一的，应当将执业证和执业印章收回，并办理注销注册手续：①注册安全工程师受到刑事处罚的；②《管理规定》第十五条规定情形之一未申请重新注册或者变更注册的；③法律、法规规定的其他情形。

注册安全工程师的执业范围包括：①安全生产管理；②安全生产检查；③安全评价或者安全评估；④安全检测检验；⑤安全生产技术咨询、服务；⑥安全生产教育和培训；⑦法律、法规规定的其他安全生产技术服务。

生产经营单位的下列安全生产工作，应有注册安全工程师参与并签署意见：①制定安全生产规章制度、安全技术操作规程和作业规程；②排查事故隐患，制定整改方案和安全措施；③制定从业人员安全培训计划；④选用和发放劳动防护用品；⑤生产安全事故调查；⑥制定重大危险源检测、评估、监控措施和应急救援预案；⑦其他安全生产工作事项。

注册安全工程师的权利包括：①使用注册安全工程师称谓；②从事规定范围内的执业活动；③对执业中发现的不符合安全生产要求的事项提出意见和建议；④参加继续教育；⑤使用本人的执业证和执业印章；⑥获得相应的劳动报酬；⑦对侵犯本人权利的行为进行申诉；⑧法律、法规规定的其他权利。

注册安全工程师的义务包括：①保证执业活动的质量，承担相应的责任；②接受继续教育，不断提高执业水准；③在本人执业活动所形成的有关报告上署名；④维护国家、公众的利益和受聘单位的合法权益；⑤保守执业活动中的秘密；⑥不得出租、出借、涂改、变造执业证和执业印章；⑦不得同时在两个或者两个以上单位受聘执业；⑧法律、法规规定的其他义务。

注册安全工程师的监督管理，应坚持公开、公正、公平的原则，严格按照法律、行政法规及《管理规定》，由安全生产监督管理部门、煤矿安全检查机构和有关主管部门的工作人员对申请注册人员进行资格审查，同时对其执业活动进行监督检查。安全监管总局对准予注册以及注销注册、撤销注册、吊销执业证的人员名单向社会公告，接受监督。

注册安全工程师有下列行为之一的，由县级以上安全生产监督管理部门、有关主管部门或者煤矿安全监察机构处三万元以下的罚款；由执业证颁发机关吊销其执业证，当事人五年内不得再次申请注册；造成损失的，依法承担赔偿责任；构成犯罪的，依法追究刑事责任：①准许他人以本人名义执业的；②以个人名义承接业务、收取费用的；③出租、出借、涂改、变造执业证和执业印章的；④泄漏执业过程中应当保守的秘密并造成严重后果的；⑤利用执业之便，贪污、索贿、受贿或者谋取不正当利益的；⑥提供虚假执业活动成果的；⑦超出执业范围或者聘用单位业务范围从事执业活动的；⑧法律、法规、规章规定的其他违法行为。

未经注册擅自以注册安全工程师名义执业的，由县级以上安全生产监督管理部门、有关主管部门或者煤矿安全监察机构责令其停止违法活动，没收违法所得，并处三万元以下的罚款；造成损失的，依法承担赔偿责任。

四、我国注册安全工程师职业发展存在的问题

2002 年我国逐步引进注册安全工程师制度以来，政府部门逐步扩大并完善了行业监管制度体系。由于注册安全工程师在我国创立和发展的时间较短，尚未步入正轨，许多层面上还存在各种亟需解决的问题。主要体现在以下几个方面。

（1）注册安全工程师执业资格法律法规制度有待完善，现有制度的法律效力比较低，配套规章和政策措施不健全，部分规章制度需要改进和调整。我国注册安全工程师执业资格制度刚刚建立，制度的实施涉及众多行业，离开了高层次法律制度的约束很难顺利推行。目前我国出台的《注册安全工程师管理规定》，对注册安全工程师具体的业务范围、权利和义务有一定的说明，但是由于缺少相应的法律效力（制度是国家安监总局和人事部联合发布的规章，没有法律层次的法规制度），强制力不够，权威性不高，不能真正发挥作用。

（2）注册安全工程师考试制度、注册管理制度等有待完善，执业制度、评估制度等急需建立。参照国外执业资格制度建立的通行做法，执业资格制度基本上应当包括考试制度、注册制度、继续教育制度、教育评估制度、社会信用制度等基本制度。但目前我国注册安全工程师的规章制度主要集中在考试、注册、继续教育方面，对执业人员的评估和社会信用制度基本空白，执业管理、事务所管理、收费标准与惩戒问题还处于无章可循的状态，距离注册安全工程师发展所需的完备的制度体系要还相差甚远。

（3）目前注册安全工程师数量不足，存在行业与地区分布不均的现象。据相关调查资料显示：目前我国从业人员约为 23940 万人，安全监察人员只有 2 万人；按英国的比例，我国应有监察人员 10.77 万人；按德国的比例，我国应有安监人员 8.38 万人；按美国的比例，我国应有监察人员 5.03 万人。我国现有的从事安监察的注册安全工程师数量占从业人员数量的比例偏低，要想提高我国安全监察人的知识、素质和能力，就必须加快注册安全工程师的培养，使更多的注册安全工程能进入到安全监察的岗位工作，为切实提高我国安全监管水平做出贡献。

（4）注册安全工程师执业资格与管理制度实施机制不健全，注册安全工程师的作用没有得到充分的发挥。特别是企业的注册安全工程师，受属地管理限制，不能尽到实际监督管理责任，无法真正履行对企业安全的监督管理职责。注册安全工程师在企业和中介机构的位置不明确，绝大多数注册安全工程师未能更好地发挥作用。

（5）各级注册管理机构力量薄弱，各省级注册管理机构设立的专门注册管理部门，多数为注册安全工程师协会，政府监管力量严重不足，造成安全工程师的注册管理工作在效率和质量上都难以得到保证。

针对目前我国注册安全工程师存在的以上问题，还需要加强以下几方面的建设。

（1）完善执业资格制度相关的法律法规。依据《中华人民共和国安全生产法》，按照注册安全工程师执业资格制度发展的需要，出台一些具体、有权威性并具备一定操作性的法律、法规，或者提高现有规章制度的法律地位。完善法律法规的目标是使注册安全工程师执业资格制度实施的各个环节都有法可依，对影响深刻和涉及面广的问题提高文件的法律地位和实施力度，最终形成内容完整、层次分明、权威性高和可操作性强的执业资格制度法律法规体系。

（2）规范和实施注册安全工程师事务所制度。注册安全工程师执业资格制度实施注册后，将有很多的注册安全工程师受聘于安全生产中介机构。随着注册安全工程师执业资格制度的推进，注册安全工程师队伍开展相关业务必将日益活跃和重要。出台注册安全工程师执业资格制度的一个重要原因就是通过中介机构，让有资质的人员为广大中小企业提供安全生产技术和管理服务。以中介机构形式运行的注册安全工程师事务所必将发挥非常重要的作用，不仅能够吸引并留住人才，还能提高他们的执业水平。但是中国的安全生产技术服务还是一个刚起步的产业，不能满足企业的需要。因此，我们需要建立相应的管理规定，为注册安全工程师事务所的规范有序发展提供保障，避免不正当竞争和恶性竞争等不良现象的发生。

（3）高危行业和大型企业推行注册安全工程师强制配备制度。强制高风险行业企业或大规模作业场所配备安全工程师是很多国家或地区的常见做法，目前我国高风险行业重大事故频发，安全管理水平落后，安全技术人员水平亟待提高。注册安全工程师的强制配备制度可以综合考虑行业风险的特点和企业的规模，根据重大危险源的数量、职工数量、安全生产业绩、风险指数等，按比例逐步强制配备。强制配备的注册安全工程师，要赋予一定的权力并规定相应的义务，强制要求企业的某些特定活动由注册安全工程师参与或执行。

（4）提高执业资格考试的科学性和针对性。目前，注册安全工程师的考试大纲和辅导教材分法律、管理、技术和事故案例分析 4 个科目，都是以安全生产管理和技术服务工作所必备的基础知识和基本技能为考核重点。随着安全生产领域新问题、新政策、新技术和新方法的不断出现，考试大纲与辅导教材应做相应改进。注册安全工程师执业资格全国统一考试是选拔合格的安全生产管理和技术人才的重要手段。考试的主要目标是选择胜任企业安全生产管理和技术服务的专业人才。但是，目前考试理论性还是过强，而实践性不足，如何使考试更好地考查参考人员现场工作能力，体现各行业和各岗位对注册安全工程师实际能力的需要，引导安全生产管理与技术人员学习并掌握核心的实用技术，紧跟安全生产工作发展的动向等都有待进一步研究解决。

（5）建立执业监管及自律机制。随着注册安全工程师执业工作的开展，涉及的利益关系必将深入而广泛，如果处理不当，将会出现很多新的问题。注册安全工程师执业资格制度应当吸取国内外执业资格制度建立过程中的成功经验，做到合法、公正、公开为安全生产工作提供技术服务，如何保护注册安全工程师、企业、中介机构的合法利益，充分发挥各方的积极性，除了需要制定合理的制度之外，还需要建立适当的监督管理机制。

五、注册安全工程师在电力企业中应发挥的作用

供电企业虽然不属于国家《注册安全工程师管理规定》中第六条规定的煤矿、非煤矿山、建筑施工单位和危险物品生产、经营单位等强制比例配备注册安全工程师的高危行业，但作为国计民生的支柱产业，应以专业的方式管理安全，科学地识别出企业存在的危险源点，有效控制危险源，降低危险程度，实现安全生产管理、安全生产检查、安全评价或者风险评估以及安全检测检验的规范化。通过专业化的教育培训手段，提高员工应知的安全知识、应会的安全技能，降低安全生产事故，保障经济社会的发展。

随着注册安全工程师执业资格制度的不断完善和推进，供电企业的注册安全工程师队伍也在不断壮大。因此，应积极发挥注册安全工程师的执业权威性和专业技能，使其为企业安全生产服务，成为维护企业正常安全生产秩序的重要技术力量。

（一）充分发挥安全工程师的积极作用

注册安全工程师队伍能否获得应有的社会认知度，取决于广大注册安全工程师是否有为安全生产提供技术服务的能力和责任感，是否以身作则，合法、高效、公正、自律地执行注册安全工程师的法规。

注册安全工程师应时刻为企业的安全生产出谋划策，通过自己专业化的安全管理工作，树立安全专家形象，为企业提供规范化、专业化服务的同时，不断积累执业经验。作为安全法律、法规和企业的联系桥梁，做好安全相关法律、法规的宣传和执行，逐步规范企业的安全管理，使企业安全生产管理活动向法制化迈进。《管理规定》第十九条规定：生产经营单位制定安全生产规章制度、安全技术操作规程和作业规程；排查事故隐患，制定整改方案和安全措施；制定从业人员安全培训计划；选用和发放劳动防护用品；生产安全事故调查；制定重大危险源检测、评估、监控措施和应急救援预案等其他安全生产工作事项，应有注册安全工程师参与并签署意见。因此，注册安全工程师可以依照规定，积极参与企业的安全生产管理工作。

随着现代化建设和安全科学技术的发展，新的问题层出不穷，新的技术和新的设施、设备不断出现，注册安全工程师需要不断加强学习，更新和掌握相关行业或领域安全生产方面新颁布的法律、法规、标准和规范，熟悉相关行业或领域安全生产新理论、新方法、新技术，完善相关专业知识结构，提升专业素质执业能力和职业道德素养，促进安全生产管理水平和安全工程技术队伍整体素质的提高。

（二）积极构建注册安全工程师执业平台

建立一支数量充足、结构合理、素质优良安全生产技术专业人才队伍，并发挥其作用是一项影响企业安全生产全局的基础性工作。目前，供电企业现有注册安全工程师的数量还比较小。编者认为，应根据企业重大危险源的数量、职工数量、安全生产业绩、风险指数等，按比例逐步配置注册安全工程师。

在壮大队伍的过程中，企业应合理调整人员结构。目前，供电企业报考注册安全工程师并取得执业资格的人员绝大多数是从事安全监察专业人员，而且已取得资质人员占全体安全监察人员的比例仍比较低。因此，企业可以通过开展工作鼓励企业安监、生技、调度、营销等专业人员报考。通过注册安全工程师执业资格制度的逐步实施，尽快将企业的安全生产管理工作纳入法制化、规范化轨道。

同时，针对安全生产工作任务重、技术性和综合性强的特点，企业应为注册安全工程师营造良好的执业氛围，建立有效的发展机制，在促进注册安全工程师队伍持续健康发展的同时，实现企业的安全生产目标。